KB197362

최신 상담 및 심리치료의 이론과 실제

신성만 · 금창민 · 김이삭 · 김주은 · 김향미 · 남소정
신정미 · 이아람 · 이영희 · 정정운 · 최희락 · 추교현 공저

Theory and Practice Of Counseling and Psychotherapy

학지사

머리말

저자 대표는 심리학과 상담학을 가르치는 교수로 지난 20여 년간 학생들을 가르쳐 왔다. 교수 생활 이전의 10여 년은 미국에서 상담을 깊이 공부하고 현장에서 정신장애와 중독의 문제를 경험하는 많은 사람을 만나서 돕기도 하였다. 그 시간을 통해 이 분야를 대표하는 수많은 개론서를 공부했고 강의에 사용해 왔으며 각각의 장점과 아쉬운 점들을 체감해 왔다. 욕심이 과해서였는지 강의에서는 항상 몇 권의 책들을 교과서로 동시에 사용해 왔는데, 학생들이 부담스러워한다는 것을 느꼈다. 학부의 고학년 학생들이나 이제 막 상담과 심리치료 영역에 들어선 대학원생들이 어렵게 느끼지 않으면서도 깊고 복잡한 인간 내면을, 그리고 그들의 고통의 진정성을 잃지 않고 살펴볼 수 있도록 돕는 지침서가 더욱 절실해지는 시점에 유능한 제자들의 도움을 입어 이 책을 계획하고 펼쳐 낼 수 있게 되었다.

이전 세대와는 너무도 다른 새로운 세대의 출현으로 물질주의의 심화, ICT의 고도화가 진행되고 있으며, 이는 심리·사회적 문제와 고통을 이전과는 다른 방향으로 심화시키고 있다. 이에 따라 상담과 심리치료도 새로운 과제와 도전에 직면하게 되었다. 소장파 학자들을 중심으로 쓰인 이 책은 심리치료 이론들이 지닌 시대를 초월하는 지혜와 위대한 이론가들의 혜안을 담고 있으면서도 가장 현대적이고 지금 세대에 적합한 방향의 초점을 지니고 있어 실용성과 균형 잡힌 내용이라는 두 마리 토끼를 잡았다. 그리고 독자들로 하여금 흥미를 잃지 않으면서도 내용의 질과 양이 부족하지 않도록 잘 쓰여 대단히 기쁘고 만족스럽다. 한편, 제자들이 훌륭한 학자요, 전문가로 성장한 것을 목격하는 것은 저자 대표로서의 숨겨진 기쁨이었음을 말씀드리는 바이다.

항상 좋은 책과 배움을 만들고 나누는 데 한결같은 열심을 가지신 학지사 김진환 사장님께 특별히 감사 말씀을 드린다. 사장님의 지지와 격려가 없었다면 이 책이 이렇게 훌륭하게 세상에 나올 수 없었을 것이다. AI가 마치 모든 문제를 해결해 줄 듯 과도하게 들떠 가는 요즘 시대에 인간의 고통과 약점이 오히려 인간 됨의 의미를 담고 있을 것이라는 생각을 한다.

그리고 인간의 고통을 함께 나눌 수 있는 분야에 소명을 감당하고 있음에 더욱 감사하게 된다. 부디 이 책이 그 길을 함께 가고 있는 분들의 걸음이 가벼워지는 데 도움이 되는 길잡이 역할이 되어 주기를 기도하는 마음이다.

2025년

포항 한동대 연구실에서 저자 대표

차례

제4장 실존치료 • 169

제5장 구성주의 치료 • 205

제6장 게슈탈트 치료 • 235

제7장 현실치료 • 269

제8장 인간중심치료 • 299

제9장 행동치료 • 355

상담 및 심리치료

김이삭

1. 상담 및 심리치료

1) 상담 및 심리치료의 개념

2) 생애발달 단계에 따른 상담 및 심리치료의 대상

3) 상담 및 심리치료의 현장

4) 상담 및 심리치료의 형태

5) 상담 및 심리치료의 매개

2. 상담 및 심리치료의 모델

1) 이건의 유능한 조력자 모델

2) 힐의 상담 과정 3단계 모델

3. 상담 및 심리치료에서의 근거중심실천

1) 상담 및 심리치료 효과성 연구의 발달

2) 공통요인 모델

4. 상담 및 심리치료 관련 학회

1) 국내 학회

2) 미국 학회

5. 상담 및 심리치료의 자격

1) 국가자격

2) 민간자격

3) 미국 자격제도

6. 상담 및 심리치료의 윤리

1) 전문가로서의 능력 및 태도

2) 비밀보장 및 사생활 존중

3) 다중관계 제한

4) 연구 및 출판의 윤리

5) 사회적 책임

7. 요약 및 리뷰

학습 목표

- 상담과 심리치료의 개념, 대상, 현장, 형태 및 매개에 대해 이해한다.
- 이건과 힐의 모델을 중심으로 상담 및 심리치료의 단계적인 과정에 대해 알아본다.
- 상담 및 심리치료가 작동하게 만드는 요인들에 대해 학습한다.
- 상담 및 심리치료 영역의 학회 및 자격 요건에 대해 알아본다.
- 상담 및 심리치료의 대표적인 윤리강령에 대해 이해한다.

상담 및 심리치료를 공부함에 있어서 가장 기초적이면서도 근본적인 질문은 '상담 및 심리치료란 무엇인가?'일 것이다. 상담 및 심리치료는 다른 학문에 비해 그 역사가 비교적 짧은 반면 지금도 그 영역과 범위가 지속적으로 확장 및 변화하는 과정 중에 있다. 뿐만 아니라 상담 및 심리치료 안에는 현재까지도 논의가 지속되고 있는 다양한 쟁점이 존재하기 때문에 이 장에서 상담 및 심리치료에 대해 명확한 정의를 내리고 경계를 짓기란 불가능할 것이다. 그럼에도 각 주요 이론들을 살피기에 앞서 상담 및 심리치료가 꾸준히 발전하며 형성해 온 현재의 외연 및 분류체계를 간략하게 소개하는 것은 상담 및 심리치료 전체를 이해하는 데 큰 도움이 될 것이다.

이 장에서는 우선 상담 및 심리치료의 개념, 대상, 현장, 형태, 매개를 중심으로 상담 및 심리치료가 무엇인지에 대해 살펴보고자 한다. 그리고 상담 및 심리치료의 주요 모델과 근거중심실천을 소개한 뒤 국내와 미국의 상담 및 심리치료 관련 학회와 자격제도를 개관할 것이다. 마지막으로 상담 및 심리치료에서의 윤리를 소개하고자 한다.

1. 상담 및 심리치료

1) 상담 및 심리치료의 개념

상담 및 심리치료에 대한 폭넓은 이해를 위해서는 우선 상담과 심리치료 양자의 관계성에 대해 이해할 필요가 있다. 김계현 등(2011)은 상담(counseling)과 심리치료(psychotherapy)에 대해 두 개념을 구분하는 관점과 구분하지 않는 관점을 구분하여 소개하였다. 상담과 심리치료를 구분하는 관점에서는 양자의 중복성과 차별성을 모두 인정하는 입장을 취한다. 상담과 심리치료는 기본적으로 전문적 훈련을 받은 상담자 또는 치료자가 도움을 필요로 하는 내담자가 건강한 성장 및 발달을 이루고 문제 해결을 할 수 있도록 조력한다는 점에서 공통분모를 가진다. 하지만 각각이 다루고자 하는 문제의 범위와 지향하는 목적성에 대해서는 차이가 있을 수 있다. 예를 들면, 심리치료는 정신장애 진단 및 통계 편람(DSM) 등에 근거를 둔 다양한 정신장애, 즉 불안장애, 주요우울장애, 성격장애 등의 문제를 다루고자 하는 반면, 상담은 인간관계, 진로문제, 학업문제, 적응 및 부적응의 문제에 초점을 두는 것으로 이해할 수 있다.

한편, 상담과 심리치료를 구분하지 않는 관점도 존재한다. 이 관점에서는 상담과 심리치료의 제공자, 이러한 관점은 상담사와 심리치료사의 활동이 명확하게 구분되지 않는다는 주장에 기초한다(Corey, 2015). 이와 같은 관점을 취하는 경우 이론, 인간관, 기법 등에서 상담과 심리치료 간의 구분을 두지 않고 설명한다. 즉, 상담과 심리치료의 구분 여부는 이론적 및 실천적 접근에 따라 다양하게 해석될 수 있다. 이러한 이해는 상담 및 심리치료를 효과적으로 적용하고자 하는 전문가들에게 필수적이며, 내담자에게 가장 적합한 도움을 제공하는 데 중요한 역할을 한다.

2) 생애발달 단계에 따른 상담 및 심리치료의 대상

인간은 발달 단계별 또는 생애주기별로 다른 신체적, 심리적, 사회적 발달 특징을 나타내는데 이에 따라 상담에서는 발달 연령에 따른 내담자의 특성을 충분히 고려하고자 인간의 발달 단계에 따라 상담 및 심리치료를 구분해 왔다. 앞서 상담과 심리치료를 구분하는 관점에서 살펴보았듯이 특정한 정신장애에 대한 심리치료가 아니라 관계, 진로, 적응, 욕구의 좌절 등을 다루는 상담의 관점에서 보면 생애주기별로 경험하는 문제의 주제와 양상이 다르게 나타나는 경향이 있다. 따라서 발달 단계에 따라 상담 및 심리치료의 대상을 구분하는 것이 중요하게 여겨지고 있다. 대표적인 발달 단계별 구분으로는 아동, 청소년, 성인, 노인을 대상으로 하는 상담 및 심리치료가 일반적이다.

(1) 아동에 대한 상담 및 심리치료

현행법(「아동복지법」)에서 아동은 일반적으로 만 18세 미만의 사람을 일컬으나 상담 및 심리치료에서는 국내를 기준으로 대략 3~4세의 유아부터 초등학교 시기의 아동까지가 해당된다. 아동상담에서는 이른 나이에 발병하여 아동이 겪는 주요 정신장애와 더불어 아동이 주로 가정에서 경험하는 아동기 역경 경험(Adverse Childhood Experiences)과 그로 인한 적응의 어려움, 그리고 발달장애 등이 상담 및 심리치료의 주요한 주제가 된다. 아동, 특히 유아의 경우 스스로의 생각과 감정을 언어로 표현하는 데 한계가 있기 때문에 언어뿐 아니라 놀이를 통하여 의사소통 및 치료적 개입을 하는 놀이치료가 많이 활용되기도 한다. 놀이치료에서는 인형, 자동차, 그림도구, 모래놀이 등 다양한 놀이도구를 활용하여 아동의 긴장과 불안을 완화하고, 아동이 내면의 소망, 욕구, 불안, 공격성, 좌절, 두려움 등을 더욱 용이하게 표출할 수 있도록 돕는다.

▲ 특히 만 12세 미만의 아동에 대해서는 꼭 놀이치료를 실행하지 않더라도 상담의 과정에 어느 정도 놀이의 요소가 들어가도록 하는 것이 권장된다.

(2) 청소년에 대한 상담 및 심리치료

상담 및 심리치료의 대상으로 아동과 청소년을 큰 구분 없이 이해하는 경우도 많으나, 언급한 신체적, 심리적, 사회적 발달 과정을 고려하면 아동과 청소년은 뚜렷하게 다른 발달적 특성을 나타내기에 구분해서 이해하는 편이 유익하다. 청소년기는 아동기와 청년기의 중간 시기에 해당하는데 청소년에 대한 연령 규정은 법령이나 규범에 따라 일관적이지 않다. 「청소년기본법」, 「청소년복지 지원법」, 「학교 밖 청소년 지원에 관한 법률」에서는 청소년을 「청소년기본법」에 준하여 9세에서 24세 사이의 사람으로 규정한 반면에, 보호를 주목적으로 하는 법령인 「청소년 보호법」, 「아동 · 청소년의 성보호에 관한 법률」에서는 청소년의 범위를 19세 미만으로 정의하고 있다. 상담 및 심리치료에서는 청소년을 '아동과 구분되는 학령기', 즉 중학생 및 고등학생 나이에 해당하는 만 13~19세를 칭하는 경우가 가장 보편적이다. 이러한 청소년기에는 2차 성징 등의 신체적 발달, 또래와의 관계 발달, 외모 및 신체에 대한 관심, 성적 관심의 증가, 동시다발적인 관심, 진로 및 학업 스트레스, 공격성 및 반항적 행동 등의 사회발달적 특성이 상담 및 심리치료의 주제와 관련되는 경우가 많다. 뿐만 아니라 청소년기는 불안장애와 우울장애의 발병이 급증하는 시기이기도 하다. 따라서 청소년 내담자와 작업하는 치료자는 내담자의 사회적 관계, 일상생활의 문제, 발달적 특성, 가정 및 사회적 환경 등을 고려하여 정신장애의 증상을 경감하고 인간관계 및 적응기술을 증진하는 것을 목표로 삼는다.

(3) 노인에 대한 상담 및 심리치료

노인을 위한 상담 및 심리치료 또한 일반 성인을 대상으로 하는 것과 구분하여 이해할 필요가 있다. 노인상담은 전문적 훈련을 받은 상담자가 도움을 필요로 하는 노인에게 감정, 사고, 행동 등에 개입하여 개인적, 신체적, 경제적 및 환경적인 문제를 해결하고 성공적인 노후생활을 할 수 있도록 돕는 과정이라고 할 수 있다. 노인들의 경우 다른 연령대에 비해 상담 및 심리치료 서비스를 찾고 이용하는 비율이 낮으며 국내에서 노인에 대한 전문적인 상담 및 심리치료가 논의된 역사도 짧은 편이다. 이는 노인들이 공통적으로 가지고 있는 특성, 즉 약점이나 문제나 부족함, 정서적 취약성을 타인에게 잘 꺼내 놓지 않으려는 경향성이 영향을 미친다고 볼 수도 있다. 이러한 저조한 상담 및 심리치료의 이용에도 불구하고 노인집단은 앞선 정의에서 살펴볼 수 있듯이 정신장애뿐 아니라 삶의 발달 단계에 따른 고유한 특성 및 문제들을 지니고 있다. 즉, 노인집단이 건강 또는 경제력의 상실, 자원의 결여, 관계단절 등의 신체적, 심리적, 사회적 특성 및 문제를 경험할 때에 이 집단의 특성을 고려한 전문적이고 특수화된 상담 및 심리치료가 필요하다.

3) 상담 및 심리치료의 현장

인간의 발달 단계를 고려한 내담자의 대상에 따라 상담 및 심리치료를 이해하는 방법이 있듯이, 다양한 현장에 따라 상담 및 심리치료를 분류하기도 한다. 대표적으로는 초·중·고등학교에서 이루어지는 학교상담, 학교상담과 구분되어 대학 내 상담기관을 중심으로 이루어지는 대학상담, 기업의 근로자를 대상으로 하는 기업상담, 기술 습득 및 취업 지원을 목적으로 하는 직업상담, 교도소와 같은 교정시설에서 이루어지는 교정상담, 지역사회 곳곳에서 개인 상담자 및 심리치료자가 운영하는 사설 상담 및 심리치료센터, 병원에서 이루어지는 정신과 심리치료 및 환자관리 차원에서 이루어지는 상담 등이 있다.

4) 상담 및 심리치료의 형태

상담과 심리치료에 대한 이해의 폭을 넓히는 또 다른 방법은 상담 및 심리치료의 여러 가지 형태(modality)에 대해 알아보는 것이다. 각 형태에 따라 다른 이론과 기술 및 접근이 상용되고 있으므로 각기 다른 형태에 대해 이해할 필요가 있다. 상담 및 심리치료의 유형(type)이라고도 불리는 형태는 크게 개인, 집단, 부부/커플/가족, 심리교육으로 구분할 수 있다. 다음의 설명을 통해 각 형태 간의 기본적인 차이점들에 대해 간략하게 기술하고자 하였으며, 같은 형태를 가지고 있다고 해도 상담 및 심리치료가 행해지는 방식에 대해서는 여전히 매우 다양한 양상을 나타낼 수 있음을 기억해야 한다.

(1) 개인을 대상으로 하는 상담 및 심리치료

개인상담 및 심리치료는 가장 일반적인 형태의 상담 및 심리치료로서, 치료자와 내담자 간에 개인 대 개인으로 일대일 관계를 형성하는 것이 주요한 특징이다. 이러한 일대일 관계는 상담의 대상, 현장, 그리고 치료자의 이론적 지향점에 따라 그 모습이 상이하게 나타날 수 있겠으나, 기본적으로 수용적인 분위기와 상호협력적인 관계를 토대로 다양한 상담 및 심리치료 기술과 개입이 일어난다고 볼 수 있다. 대부분의 경우 치료자는 내담자의 문제 증상을 경감시키거나 개인의 성장 및 발달과업과 관련된 목표를 가지고 회기를 진행하는데, 이 과정에서 내담자는 상담자와의 상호작용 및 내적 역동에 대한 탐색 등을 통해 개인의 감정, 행동, 그리고 인지양식에 대한 이해를 넓히게 된다.

(2) 집단을 대상으로 하는 상담 및 심리치료

집단상담 및 심리치료는 초기에 그 고유한 특성과 치료적 효과를 인정받기보다는 개인상담에서 파생되거나 변형된 형태의 상담 형태로 여겨져 왔다. 그러나 시간이 지남에 따라 집단상담은 개인상담 및 심리치료만으로는 얻을 수 없는 효과를 위한 상담의 개입방식으로 인

▲ 집단상담에서는 상담자 1~2명이 다수의 집단원을 대상으로 상담을 진행한다.

정받고 있다. 집단상담 및 심리치료는 주로 10명 내외로 구성된 집단원들의 역동 및 상호작용을 활용하여 개인 및 집단 전체의 자기이해 증진 및 성장을 촉진한다. 집단상담 및 심리치료 연구자들은 집단 조건에서 나타나는 치료적 요인(therapeutic factors)에 관심을 가져 왔는데, 대표적인 치료적 요인으로 상호작용, 정서 및 사고의 표출, 수용 경험, 집단 응집력, 사회적 기술 습득, 이타주의, 보편성 등이 있다. 이러한 특성들로 인해 집단상담 및 심리치료는 대인관계능력이나 집단 내에서의 행동양식에 대한 개입에 더욱 두드러지는 효과성을 나타내는 것으로 보고되었다.

(3) 부부, 커플, 가족을 대상으로 하는 상담 및 심리치료

부부, 커플, 가족을 위한 상담 및 심리치료는 개인 및 집단 상담 및 심리치료와 구별되는 형태이다. 개인을 다루는 상담 및 심리치료에 비하여 부부, 커플, 가족을 대상으로 하는 상담 및 심리치료는 상담 및 심리치료 내에서 치료자의 직접적인 개입과 역할의 수행을 더욱 강조하는 경향이 있다. 예를 들어, 치료자는 부부의 의사소통 경향에 대해 질문하고 분석하여 그들의 상호작용에 대해 구체적인 피드백을 제공하거나 제안을 하기도 한다. 개인상담으로 먼저 시작하여 부부, 커플, 가족상담으로 확장되는 경우가 있는 반면 이와는 반대로 부부 또는 가족상담으로 시작하였다가 개인에 대한 개입이 더욱 시급한 경우에 개인상담 및 심리치료로 넘어가는 경우도 있다. 부부, 커플, 가족상담 및 치료의 경우 관계 내에서의 역동, 역할, 갈등의 축적 등으로 인해 많은 경우 개인상담 및 심리치료보다 더욱 강도 높은 상담 과정이 진행되는 경우가 많다. 가족상담 및 심리치료의 경우 체계적 관점, 전략적 관점, 구조적 관점, 경험적 관점 등 일반적인 상담 이론에서 잘 다루지 않는 이론 및 접근법을 통하여 가족이라는 사회적 집합체에 개입한다는 특징이 있다.

(4) 심리교육

마지막으로 심리교육(psychoeducation)은 지지적이고 공감적인 환경에서 내담자와 가족, 친구 등 내담자의 주변인에게 다양한 지식 및 기술을 가르치거나 필요한 교육과 자원을 제공하는 형태이다. 특정한 정신장애를 지니고 있거나 정신건강과 관련하여 고유한 어려움을 겪는 경우에 개개인 및 당사자의 가족들은 특정 장애와 앞으로의 대처에 대한 정보가 부족한 경우가 많다. 예를 들면, 주요우울장애의 진단을 받은 경우에 내담자가 상담 및 심리치료에서는 무엇을 기대할 수 있는지, 어떠한 약물치료가 가능하며 어떤 효과와 부작용을 예상할 수 있는지, 가족들은 주요우울장애를 지닌 내담자를 어떻게 지지해 줄 수 있을지 등에 대한 심리교육이 이루어질 수 있다. 심리교육은 개인을 대상으로 할 수도 있고 집단에 대해 진행될 수도 있다. 집단을 대상으로 하는 심리교육의 경우 집단원 간의 상호작용보다는 구조화된 내용의 교육에 중점을 둔다. 따라서 집단의 역동이 덜 강조되는 경향이 있으며 집단 내의 상호작용이 많이 이뤄지지 않기 때문에 집단의 크기도 더욱 큰 경향이 있다.

(5) 형태에 따른 회기 시간의 차이

이렇듯 서로 다른 형태는 상담 및 심리치료의 시간과 밀접한 연관성이 있는데, 이를테면 개인상담 및 심리치료의 경우 대부분 주 1회기를 기준으로 하며 한 회기는 50분 동안 진행된다. 내담자의 수가 1인 이상이 되는 집단 그리고 커플 및 가족상담 및 심리치료의 경우에는 상담 시간이 더 길어지는 것이 일반적이다. 커플 및 가족을 대상으로 하는 경우 상담 및 심리치료는 80분 또는 90분을 기준으로 하는 경우가 빈번하다. 집단상담의 경우 일반적인 상담 및 심리치료의 형태 중 가장 많은 내담자를 대상으로 하기 때문에, 일반적으로 각 회기마다 90분에서 120분 남짓의 시간을 할애한다. '마라톤 집단상담'이라고 불리는 집단상담의 경우, 전체 집단상담의 마지막 회기에 진행될 때는 4~6시간 동안 연달아 진행되기도 하며 아예 하루 또는 이틀의 기간 동안 합숙을 하며 강도 높은 집단과정을 가지기도 한다.

5) 상담 및 심리치료의 매개

현대 상담 및 심리치료는 다양한 매개를 통해 이루어지고 있다. 심리치료의 개념이 처음으로 대두되고 도입되었던 19세기 말과 20세기 초반에는 모든 심리치료가 같은 공간 안에서 면담의 방식을 통해 이루어졌다. 그러나 기술과 인터넷이 발달하면서 여러 기술을 활용하여 원격 또는 온라인으로 상담 및 심리치료를 확장하여 접근성을 높이고 시간과 공간의 제약을 극복하고자 하는 시도들이 있어 왔으며, 그 사용은 지난 20년 동안 꾸준히 증가하고 있다. 여기에서는 주류를 이루는 면접의 방식과 이후에 차례대로 발달해 온 전화, 텍스트, 비디오콘퍼런싱, 가상현실 및 증강현실의 매개체에 대해 간략하게 살펴보기로 한다.

(1) 면접(면담)상담 및 심리치료

면접의 방식을 택하는 상담 및 심리치료는 가장 전형적인 상담 및 심리치료의 방법으로, 치료자와 내담자가 주로 밀폐된 개별적 공간에서 면담을 하는 방식이다. 앞에서 언급한 상담의 형태를 불문하고, 현재까지 대부분의 상담 및 심리치료는 면접상담을 통해 진행되어 왔다. COVID-19 이후에 '대면' 또는 '비대면'이라는 용어들이 사회 전반에 걸쳐 사용되고 있으므로 최근에는 비대면으로 진행하는 전화상담 또는 온라인상담 등과 대비하여 면접상담을 '대면상담'으로 부르는 경우도 많아지고 있다. 대면면담을 활용하는 면접상담이 아닌 상담 및 심리치료에 대해서는 비슷한 의미를 지닌 여러 용어가 혼용되어 왔는데, 대표적으로는 원격 상담 및 심리치료(distance counseling and remote psychotherapy) 그리고 온라인 상담 및 심리치료(online counseling and psychotherapy) 등이 있으며, 최근에는 대면상담의 반대되는 의미로 '비대면 심리상담'으로 불리기도 한다. 여기서는 이러한 여러 가지 용어 중의 하나를 택하여 쓰기보다는 각 상담 및 심리치료의 방법이 소개되는 맥락에 맞게 혼용하여 사용하고자 한다.

(2) 전화상담

전화상담은 면접을 통하지 않고 이루어지는 비대면 상담의 유형 중 가장 대표적이며 오랜 역사를 지니고 있다. 전화상담은 20세기에 미국에서 도입되기 시작하였으며 우리나라의 경우 '생명의 전화' 서울지부를 시작으로 '여성의 전화', '성폭력 전화' 등 기관을 중심으로 사용 목적과 이용대상자가 점차 다양화되기 시작하였다. 전화상담은 여러 특성과 장점으로 인해 현재까지도 효과적으로 활용되고 있는데, 시간과 공간의 제약을 초월하여 언제 어디에서든 이용이 가능하다는 편의성이 대표적인 장점으로 꼽힌다. 또한 내담자의 익명성을 보장할 수 있어서 접근이 용이하다는 장점을 지닌다. 앞서 언급된 전화상담의 예시로부터도 알 수 있듯이, 전화상담은 주기적이고 장기적으로 이루어지는 상담 및 심리치료라기보다는 단기적, 일차적, 예방적인 특성을 지닌다.

(3) 텍스트 상담

텍스트를 통한 심리상담에는 이메일, 채팅, 문자 메시지, 게시판 등을 활용한 방법이 포함된다. 텍스트 상담도 전화상담과 마찬가지로 국내의 경우 기관을 중심으로 서비스가 확장되기 시작하였는데 2010년대에 들어서는 메신저 채팅이나 이메일 등을 통해 심리상담을 제공하는 사설업체들이 생기기 시작했다. 역시 전화상담처럼 시간과 공간의 제약을 극복하는 편의성과 저렴한 가격을 통해 접근성이 높다는 장점을 지닌다. 현재 국내에서는 여성가족부에서 주관하고 한국청소년상담복지개발원에서 위탁 운영하고 있는 청소년사이버상담센터에서 가족갈등, 가출, 위기상황에 있는 위기 청소년들에게 게시판 및 채팅을 활용한 상담을 제공하고 있다.

(4) 비디오콘퍼런싱 심리치료

비디오콘퍼런싱 심리치료(videoconferencing psychotherapy)는 화상 상담 및 심리치료라고 불리기도 하는데 음성 및 화상 대화를 활용하는 방법이다. 비디오콘퍼런싱 심리치료는 미국을 중심으로 시골 지역 등 사회적 자원이 부족한 지역에 있는 내담자들이 정신건강 서비스를 이용하는 데 대한 여러 제약을 해소하기 위해 시작되었다. 비디오콘퍼런싱 심리치료가 활용되기 시작한 초반에는 대면상담이 가능하지 않은 불가피한 경우에 고려되는 대체재 성격의 방안이었다. 하지만 점차 편리하고 실용적인 상담 및 심리치료의 방법으로 신뢰를 얻기 시작했다. 다른 원격상담과 마찬가지로 비디오콘퍼런싱을 활용한 심리치료도 여러 장점이 있다. 즉, 이동에 대한 비용과 시간 소모를 줄이고, 지역의 제약을 극복할 수 있다. 또한 지역사회에서 이용할 수 있는 상담 및 심리치료 서비스가 제한적일 때 생길 수 있는 낙인에 대한 우려와 그로 인해 서비스를 이용하지 않게 되는 경우에 대해서도 비디오콘퍼런싱을 통해 다른 지역의 치료자와 연결될 수 있으므로 도움을 쉽게 얻을 수 있다. 전화 또는 텍스트 상담과는 구별되는 비디오콘퍼런싱의 강점은 화상으로 이루어지기 때문에 상담자와 내담자가 서로의 얼굴을 볼 수 있다는 점이다. 따라서 상담자는 내담자의 얼굴 표정이나 행동적 특성 등의 비언어적인 단서를 더욱 쉽고 즉각적으로 파악할 수 있다. 2020년 코로나바이러스의 창궐로 인해 대면서비스의 사용에 제약이 생기면서 비디오콘퍼런싱 심리치료는 학교, 대학, 사설 상담업체 등을 중심으로 더욱 빠르게 대중화되었다.

▲ COVID-19 팬데믹 이후 온라인 공간에서의 비대면 상담의 수요가 전 세계적으로 크게 늘었으며 보편적인 상담 및 심리치료의 매개로 자리 잡게 되었다.

(5) 가상현실 및 증강현실의 활용

마지막으로, 가상현실(virtual reality) 또는 증강현실(augmented reality)을 활용한 상담 및 심리치료와 이에 대한 효과성 연구가 증가하는 추세이다. 본래 가상현실을 활용한 심리치료는 특정 공포증 또는 외상후 스트레스 장애 등을 지닌 내담자에게 효과적인 중재 방안으로 도입되었다. 이는 가상현실을 활용한 심리치료가 기본적으로 노출치료의 형태를 취하고 있기 때문인데, 즉 특정 대상에 대한 공포심 또는 외상사건에 가상현실을 통해 점진적인 노출을 시킴으로써 자극에 대해 둔감화되는 과정을 겪게 하는 것이다. 공포증과 외상후 스트레스 장애 외에도, 불안장애, 우울장애, 자폐 스펙트럼 장애, 대인관계 기술, 분노조절 등을 효과적으로 다루는 것으로 알려져 있으며 그 활용의 범위가 점점 넓어지고 있는 추세이다. 게다가 인공지능과 같은 기술의 발전과 결합하여 앞으로도 가상현실 및 증강현실을 활용한 상담 및 심리치료는 더욱 성장할 것으로 전망된다.

2. 상담 및 심리치료의 모델

1) 이건의 유능한 조력자 모델

이건(2013)이 제안한 '유능한 조력자 모델(The Skilled Helper)'은 치료자가 내담자에게 도움을 주는 과정을 '문제 해결'의 관점에서 효율적으로 설명하는 모델 중 하나이다. 이 모델에서 이건은 치료자와 내담자 사이의 협력적 관계를 강조함과 동시에 내담자가 문제를 해결하고 관리할 수 있는 역량을 길러서 스스로의 문제를 해결할 수 있는 것을 목적으로 제시한다. 유능한 조력자 모델은 상담 및 심리치료, 비즈니스, 간호, 코칭 등 다양한 분야에서 지난 30년 동안 지대한 영향을 미쳐 왔다. 여기에서는 이건이 제시한 ① 내담자들이 도움을 구하러 올 때 놓인 상황이 어떠한지, ② 조력과정에서 유념해야 할 주요 목표가 무엇인지, ③ 조력과정이 실제로 일어나게 되는 세 가지 단계에 대해 살펴보기로 한다.

(1) 내담자의 '문제 상황'과 '활용되지 않은 기회'

이건은 내담자가 도움을 구할 때 처해 있는 상황과 이후의 효과적인 조력과정을 설명하기 위해 두 가지 개념을 소개하였는데, 바로 내담자의 문제 상황(problem situations)과 '활용되지 않은 기회(unused opportunites)'이다. 이건은 내담자가 상담에 오는 이유가 크게 이 두 가지로 요약될 수 있다고 설명하였다. 즉, 당면한 문제 상황에 적절하게 대응하지 못하거나, 스스로가 원하고 바라는 정도만큼의 충분한 삶의 가능성들을 피워 내며 살지 못하거나, 또는 이 두 가지 모두를 경험하기 때문에 도움을 얻기 위해 상담을 찾아오게 된다는 것이다.

그중 첫 번째로, 조력과정에서는 내담자의 '문제 상황'을 이해하는 것이 중요하다. 여기서 문제란, 내담자들이 당면한 위기상황, 관계에서의 갈등, 선택의 딜레마, 자기에 대한 의구심, 좌절 경험, 그리고 이 외에도 삶의 여러 영역에 걸쳐 있는 걱정 및 깊은 고민 등을 통칭한다. 더욱 구체적으로, 비합리적인 불안감이나 공포, 알코올 및 약물의 과도하거나 부적절한 사용, 결혼생활의 실패, 사내 정치싸움에 휘말리는 일, 갑작스러운 직업의 상실과 그로 인한 경제적 어려움, 심각한 신체적 질병의 발병 등이 해당된다. 즉, 내담자의 문제 상황이란 개인적으로 경험하는 문제뿐 아니라 사회적인 존재인 한 개인이 가정 또는 직장 등 삶의 다양한 장면에서 여러 역할을 수행하면서 마주할 수 있는 문제를 모두 포함한다고 볼 수 있다. 이런 문제들은 종종 극심한 정서적 혼란을 야기하여 내담자의 삶에 중대한 지장을 준다. 그럼에도 내담자들은 문제 상황으로부터 빠져나갈 해결방안을 스스로 떠올리지 못하거나, 자기 자신은 문제를 해결할 만한 능력 또는 자원이 부족하다고 여기는 경우가 많다. 또는 이미 내담자가 나름대로 문제를 해결하기 위해 여러 방법을 시도해 봤으나 번번이 실패를 경험하고 조력자를 찾아오는 경우도 많을 것이다. 그렇기에 상담자가 내담자와 함께 정확한 문제 상황을 파악하는 것은, 후에 내담자가 스스로 자신의 문제에 보다 효과적으로 대응하고 문제를 해결해 나가게끔 하는 데 필수적인 요소가 된다.

두 번째로, 내담자가 도움을 구하러 올 때 처한 상황을 이해하기 위하여 내담자의 '활용되지 않은 기회'를 탐색하는 것이 중요하다고 하였다. 앞서 언급하였듯이, 어떤 내담자들은 문제 상황으로 인한 어려움보다는 여러 자원과 기회를 아직 완전하게 활용하지 못하고 있다는 사실에 문제의식을 가지고 상담을 찾는다. 이들은 스스로의 가능성을 완전하게 실현시키지 못함으로써 최고 상태의 자신으로 살지 못하는 상태에 대해 도움을 받길 원한다. 구체적으로는, 삶에서 두드러지는 큰 문제는 없지만 삶의 충만한 의미를 느끼지 못하거나, 하나의 목표를 이루고 난 뒤 그다음 단계의 목표를 찾지 못하고 있거나, 스스로의 가치관과 부합하는 삶을 살지 못하는 데 따르는 죄책감 또는 수치심을 느끼는 경우나, 직업 또는 인간관계 등의 삶의 영역에서 현재의 모습 또는 수준이 스스로 기대하는 수준에 미치지 못한다고 여기는 경우 등이 있다. 이러한 내담자들은 문제를 해결하기 원한다기보다는 더 나은 삶을 살길 원한다. 즉, 뭐가 잘못되었는지에 대한 탐색과 확인보다는 무엇이 향상될 수 있는지의 질문에 초점을 두게 된다. 조력과정의 이러한 측면은 긍정심리학과 접점이 있기도 한데, 긍정심리학에서도 마찬가지로 인간을 병리적인 관점에서 이해하기보다는 개인이 지닌 강점, 행복 및 의미에 대한 추구, 주관적인 안녕감과 삶의 만족감 등을 강조한 바가 있기 때문이다.

(2) 결과지향적인 세 가지 목표

아직 활용되지 않은 기회를 탐색하는 것과 더불어 내담자의 문제 상황을 정확히 인지하고 확인하는 것은 여전히 중요한 과제이나, 상담자가 내담자의 문제를 직접적으로 해결해 주거나 관리해 주는 것은 아니다. 상담자는 어디까지나 내담자가 변화의 주체가 될 수 있도록 조력하는 역할을 맡아야 하기 때문이다. 내담자가 변화의 주체가 되어야만 변화에 힘이 생기고 변화가 지속 가능해진다. 여기에서 변화란 문제 상황을 더 나은 방식으로 관리하고 삶의 기회들을 활용하거나 더 개발하여 결과적으로 삶이 향상되는 결과를 가져오는 상황을 일컫는다. 즉, 상담 과정은 내담자가 변화의 주체가 되어 향상된 삶의 결과를 가져오는 과정이라고 할 수도 있다. 이러한 과정을 내담자주도-결과지향적(client-directed and outcome-oriented)이라고 얘기하기도 한다. 이건은 상담 과정이 지향해야 할 목표를 세 가지로 구체화하여 설명하였다.

첫 번째 목표는 '내담자의 삶을 향상시키는 결과'에 대한 것이다. 앞서 내담자의 문제 상황과 활용되지 않은 기회에 대해 다루었듯이, 상담자는 내담자가 문제 상황을 보다 효과적으로 관리하고 아직 사용되지 않은 기회와 자원들을 더욱 적극적으로 활용할 수 있도록 돕는 것을 목표로 세운다. 그리고 이런 조력의 과정은 내담자의 삶에 변화된 결과로 이어져야 하며, 변화와 결과는 내담자 자신, 동료, 가족, 친구 등이 인식할 수 있을 정도로 상당한 변화와 향상된 결과로 나타나야 한다. 여기에서 주의해야 할 점은 변화의 주체는 여전히 내담자임을 기억하는 것이다. 문제 상황을 더욱 효과적으로 관리하기 위한 방법은 한 가지가 아니라 여러 가지가 있을 수 있다. 마찬가지로 내담자의 삶에서 활용되지 않은 자원이나 기회들도 하나가 아닌 여러 가지일 것이다. 그러므로 결국 어떠한 방식으로 문제를 관리할지 또는 어떤 기회들을 활용할지에 대해서는 내담자의 가치판단과 선택이 요구된다. 이때 상담자는 내담자가 여러 방법과 기회 및 어떤 방법을 택했을 때의 장단점 등에 대해 탐색하도록 돕지만 직접적으로 선택을 내려 주진 않는다. 선택은 온전히 내담자의 몫이어야 한다.

두 번째 목표는 내담자가 '스스로를 어떻게 도울지 학습'하는 것이다. 두 번째 목표를 위해 상담자는 일상에서 마주하는 여러 문제 상황을 다루고 기회들을 활용하는 데 있어서 더 나은 역량을 갖추도록 조력하게 된다. 이 목표는 문제 해결 능력이 일종의 '역량'이라는 관점에 기반하는데, 즉 문제 상황 및 문제 해결에 대해 더 많은 지식과 기술을 학습하거나 태도를 수정하고 연습함으로써 문제 해결 능력을 향상시킬 수 있다는 가정을 지니고 있다. 뿐만 아니라 내담자들이 삶의 위기나 어려움에 당면할 때에는 대개 기존에 가지고 있던 문제 해결 능력마저 쇠퇴하거나 사라지는 경향이 있기 때문에, 상담자는 내담자가 스스로를 돕는 방법에 대해 학습할 수 있도록 돕는 것이 매우 중요하다. 두 번째 목표가 중요한 또 한 가지 측면은, 조력과정이란 대개 한정된 시간 안에서 이루어지며 조력하는 상담자가 상담자의 일상에서 일어나는 일 하나하나에 대해 모두 개입할 수 없다는 점이다. 다시 말해 내담자는 조력을 얻는 중이라고 할지라도 일상에서 일어나는 다양한 문제 상황을 스스로 다뤄 나가야 하며, 상담 과정이 모두 종결된 이후에도 마찬가지로 스스로 문제들을 관리하고 더 나은 삶을 위해 나아갈 수 있어야 한다. 따라서 조력과정에서의 두 번째 목표를 위해 상담자는 문제 해결에 대한 지식 및 기술을 교육하고 함께 문제 해결에 대한 다양한 전략을 수립하여 내담자가 자기 자신을 조력할 수 있도록 돕게 된다.

마지막으로 세 번째 목표는 '예방시스템'을 마련하는 것이다. 예방이란 특정한 문제 상황이나 사건을 겪거나 재발할 확률을 줄이려는 노력이다. 문제가 생기기 전에 예방하는 것이 좋다는 사실을 모르는 이는 없지만 예방책을 마련해 두는 것은 쉽지 않다. 예방을 위한 노력은 직접적인 효과를 측정하거나 체험적으로 깨닫기 어렵기 때문에 중요성이 간과되기 쉽다. 즉, 예방이 잘 이루어진다면 문제 상황이 일어날 확률이 감소하겠지만, 정작 문제 상황이 일어나지 않았을 때 우리는 그것이 예방책이 잘 마련된 덕분이라는 것을 알기가 어렵다. 그럼에도 예방은 실제적으로 모든 면에서 여러 비용을 절감해 준다. 예방시스템을 세우는 데 들어가는 자원은 문제가 이미 생긴 뒤에 들여야 하는 시간, 에너지, 노력, 결심, 경제적 비용에 비해 훨씬 적다. 상담 과정에서 예방을 위해 할 수 있는 일들은 여러 가지가 있다. 즉, 문제 상황이 생길 수 있는 확률을 평가하거나, 비적응적인 대처방식 대신 긍정적인 대처방식을 개발하는 일, 직업 또는 사회적 영역에서 성찰과 인식을 증진시키기, 식습관과 운동을 통해 건강한 라이프스타일을 유지하기, 상담 장면뿐 아니라 개인의 생애발달 단계, 가족관계, 직업적, 법적 측면 등 다학제적이며 다층적으로 접근하는 일 등이 포함된다.

(3) 조력과정의 세 가지 단계

한편, 이건은 유능한 조력자 모델에서 조력의 과정을 세 가지 단계로 나누어 제시하였는데, 첫 번째 단계는 '현재 상태(current picture)'에 대한 탐험이다. 즉, 내담자가 작업하기 원하는 호소문제와 고민이 무엇인지, 아직 활용하지 않은 대안과 기회들은 어떤 것들이 있는지에 대하여 치료자와 내담자가 함께 탐색하는 단계이다. 두 번째 단계는 '목표 상태(preferred

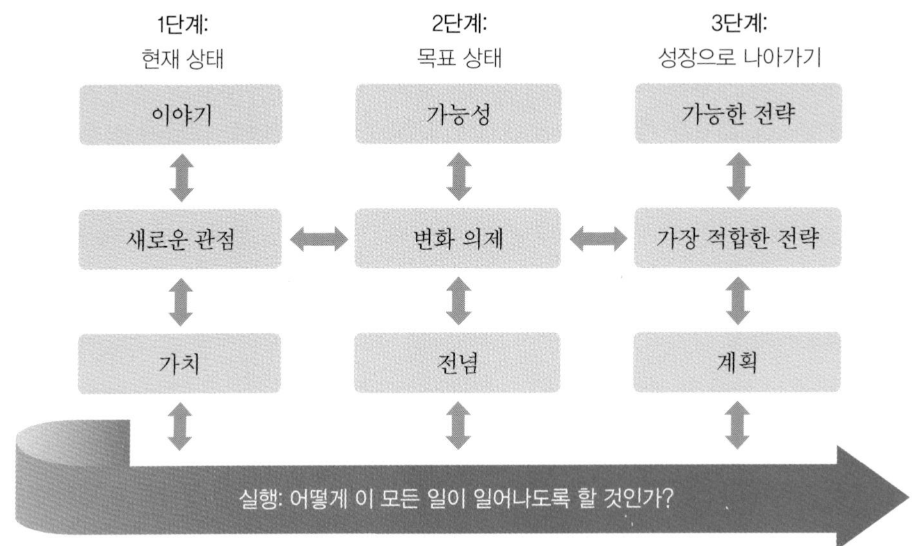

[그림 1-1] 유능한 조력자 모델

출처: Egan (2013).

picture)'에 대한 탐색이며 이 단계에서 치료자는 내담자가 스스로 필요로 하거나 원하는 것이 무엇인지 탐색하도록 돕는다. 세 번째 단계는 '성장으로 나아가기(the way forward)'이며, 이 단계에서 치료자는 내담자가 실행방안을 탐색하고 계획을 세울 수 있도록 돕는다. 즉, 내담자가 전방위적이면서도 구체적인 행동을 실천할 수 있도록 돕게 된다. 이건은 이러한 세 단계를 아우르는 '실행'에 대한 질문, 즉 '어떻게 이 모든 일이 일어나도록 할 것인가?'라는 핵심 질문을 덧붙였다. 이러한 세 가지 단계와 그에 수반되는 핵심 질문들은 내담자가 상담 및 심리치료를 통하여 치료자의 도움을 얻는 과정에서 순차적으로 이루어지게 된다.

① 첫 번째 단계: 현재 상태

내담자들은 그들이 삶에서 당면한 문제들을 더욱 효과적으로 관리하기 위하여 조력자를 찾게 된다. 첫 번째 단계에서 치료자는 내담자가 현재 상태 및 상황에 대해 조망하고 이해할 수 있도록 돕는다. 또한 그들의 이야기를 재구조화하고, 새로운 이야기를 만들어 내며, 문제를 관리하고 해결하는 데 더욱 효과적인 새로운 이야기를 탐색하도록 조력한다. 내담자는 각 단계마다 특정한 과제를 수행하여 자신이 바라던 결과에 다가서게 된다. 이건은, 각 단계의 이러한 과제들이 서로 구분되어 서술돼 있으나 실제로 과제들은 긴밀하게 연관되어 있다고 설명하였다. 1단계에서 다루게 되는 세 가지 과제는 다음과 같다.

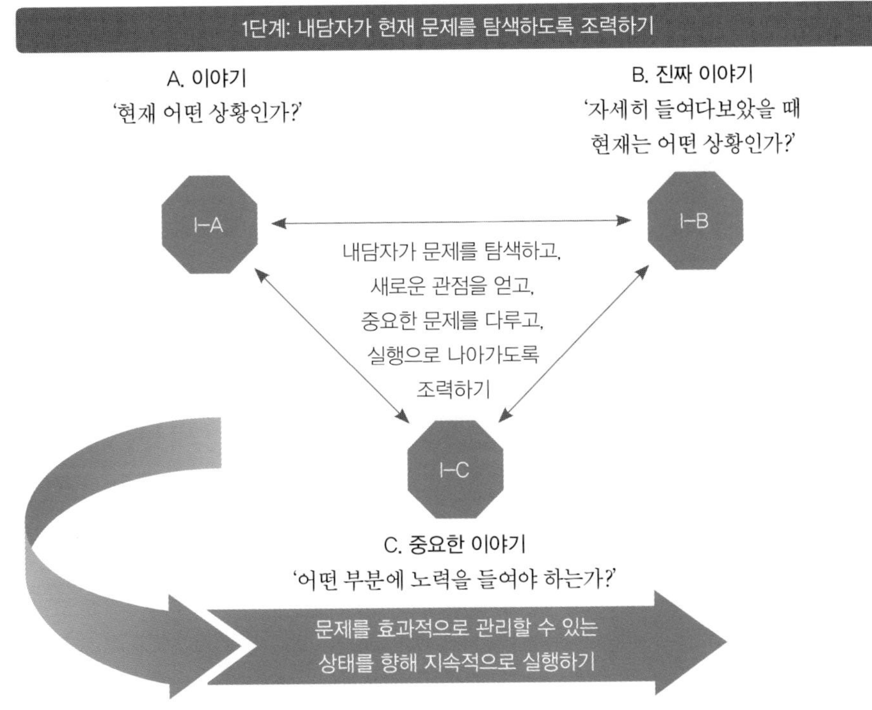

[그림 1-2] 유능한 조력자 모델의 1단계

출처: Egan (2013).

- 과제 1. 이야기: 문제 상황. 이 과제에 대한 핵심 질문은 '현재 어떤 상황인가?', '나의 주된 문제는 무엇인가?'이다.
- 과제 2. 진짜 이야기: 새로운 관점. 이 과제에서 핵심 질문은 '좀 더 자세히 들여다보았을 때 현재는 어떤 상황인가?', '어떤 새로운 관점이 문제를 다루는 데 도움이 되는가?'이다.
- 과제 3. 중요한 이야기(the right story): 중요 이슈. '어떤 부분에 노력을 들여야 하는가?', '어떤 이슈를 다루었을 때 내 삶의 변화가 생길 것인가?'

② 두 번째 단계: 목표 상태

세 번째 단계와 더불어 두 번째 단계는 유능한 조력자 모델의 가장 중요한 부분이다. 이 단계에서부터 치료자는 내담자가 주도적으로 자신의 목표를 설정하고 구체적인 결과를 그릴 수 있도록 돕기 때문이다. 다음에서 소개할 세 가지 과제는 서로 높은 연관성을 가지고 있는데, 즉 치료자가 내담자로 하여금 더 나은 미래를 탐색하고 그려 볼 수 있도록 협력하는 과제들이다. 앞서 언급하였듯이 이러한 과제를 수행함으로써 내담자는 자신이 바라던 결과

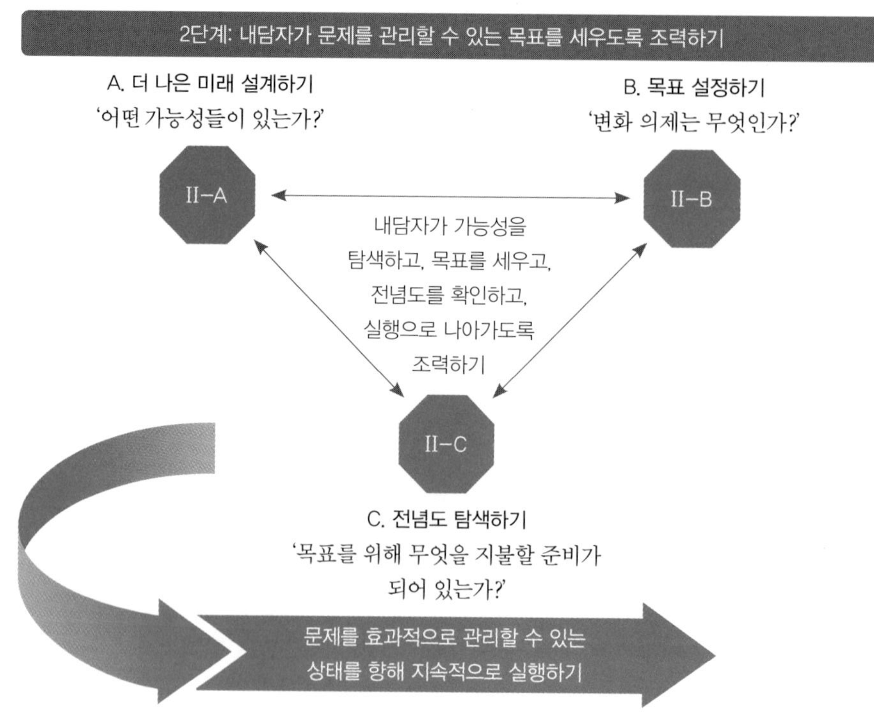

[그림 1-3] 유능한 조력자 모델의 2단계

출처: Egan (2013).

로 더욱 가까이 나아가게 된다.

- **과제 1. 가능성:** 이 과제에서의 핵심 질문은 '더 나은 미래를 위해 나는 어떠한 가능성을 지니고 있는가?', '나는 어떤 미래를 바라는가?', '문제를 잘 관리했을 때 어떤 결과를 기대할 수 있는가?' 등이다.
- **과제 2. 목표/결과:** 여기서의 핵심 질문은 '내가 진정으로 원하고 필요로 하는 것은 무엇인가?', '어떠한 해결책이 나에게 가장 적합한가?'이다.
- **과제 3: 전념(commitment):** 이 단계에서는 '내가 원하는 걸 얻기 위한 대가로 무엇을 지불할 준비가 되어 있는가?'의 핵심 질문을 작업한다.

③ 세 번째 단계: 성장으로 나아가기

두 번째 단계가 목표, 결과, 성취에 탐색하고 상상해 보는 작업이었다면 세 번째 단계는 목표를 실제로 성취하기 위해 구체적인 전략과 방안들을 마련하는 단계이다. 세 번째 단계 역시 상호연관성이 높은 세 가지 과제를 제안한다. 이러한 과제들은 목표를 이루고 문제를

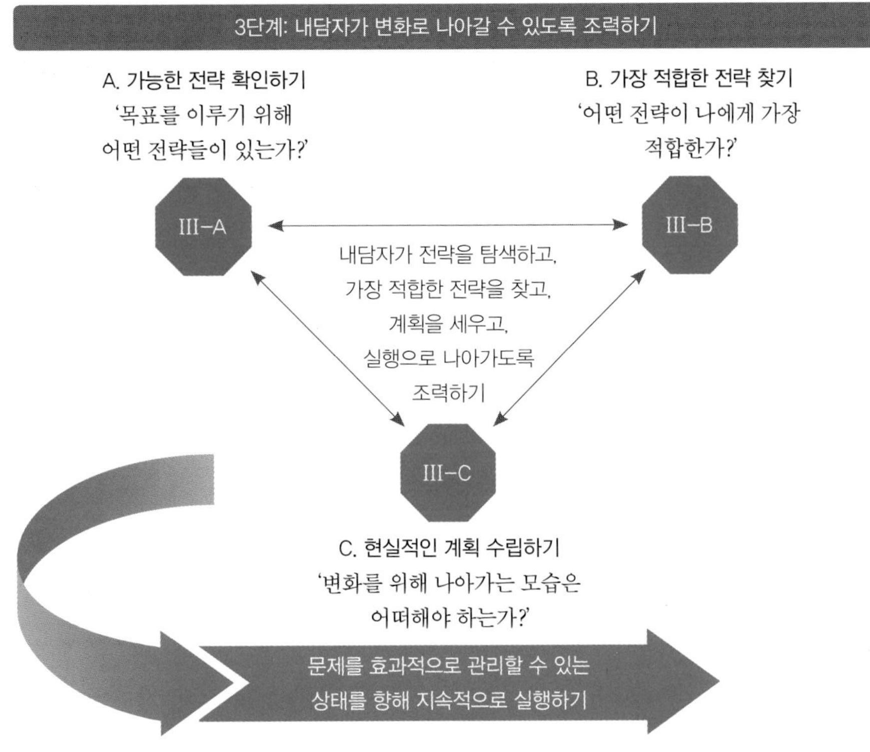

[그림 1-4] 유능한 조력자 모델의 3단계

출처: Egan (2013).

관리하는 현실적인 계획을 세우는 일들로 이루어져 있다.

- **과제 1. 가능한 전략 모두 확인하기:** 여기서의 핵심 질문은 '목표를 이루기 위해 가능한 경로들은 어떤 것들이 있는가?', '어떤 조치를 취하는 것이 내가 원하고 필요로 하는 것을 얻는 데 도움이 되는가?', '어떻게 앞으로 나아갈 수 있는가?'이다.
- **과제 2. 가장 적합한 전략 찾기:** 이 과제를 위한 핵심 질문은 '어떠한 전략이 나에게 가장 적합한가?', '어떠한 전략이 내가 활용 가능한 자원에 부합하는가?'이다.
- **과제 3. 목표 성취를 위한 계획 수립:** 이 과제의 핵심 질문은 '건설적인 변화를 위한 나의 전략은 어떠해야 하는가?', '목표를 성취하기 위해 내가 택한 전략들을 어떻게 체계화할 것인가?', '가장 먼저, 그리고 그다음 해야 할 일들은 무엇인가?' 등이다.

④ 실행: 어떻게 이 모든 일이 일어나도록 할 것인가?

이건은 내담자가 이 모든 일이 일어나게끔 하기 위해 어떠한 실행 전략을 개발해야 하는지에 대해 소개했다. 단계 1~3에서 거론된 아홉 가지의 과제는 모두 직접적으로 변화를 만들어 내기보다는 변화를 위해 계획을 수립하는 데 도움을 준다. 현재 상태를 탐색하고, 목표를 세우고, 목표를 이루기 위한 구체적인 전략을 수립하는 과정에서 내담자는 스스로에게 다음과 같은 질문을 던져야 한다. '현재 상태 탐색, 목표 설정, 전략 수립을 넘어 문제를 관리하고 기회를 개발하는 결과로 나아가기 위해 무엇이 필요한가?' 이건은 조력자의 도움이 내담자의 변화를 향해 있어야 하며, 그러한 변화를 만드는 데에는 노력이 필요하다고 설명했다. 이에 따라 유능한 치료자는 첫 번째 단계에서 세 번째 단계에 걸쳐 내담자가 세운 목표와 전략을 위해 노력할 수 있도록 돕게 된다.

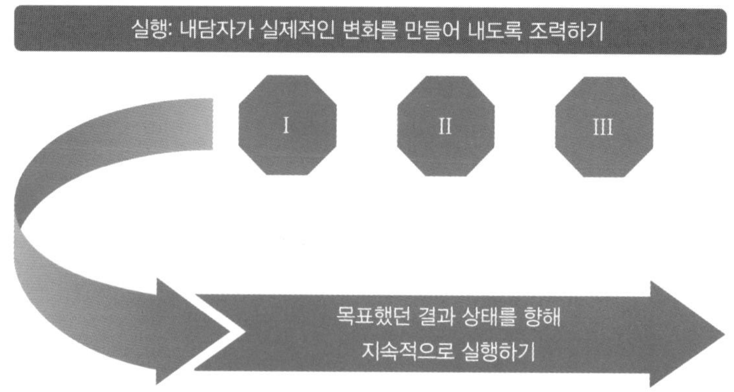

문제를 효과적으로 관리하는 실행전략은
- 즉각적으로 실행될 수 있고,
- 조력과정 전체에 걸쳐 지속될 수 있고,
- 내담자가 목표하는 결과 상태로 이끌 수 있어야 한다.

[그림 1-5] 유능한 조력자 모델에서의 실행

출처: Egan (2013).

2) 힐의 상담 과정 3단계 모델

힐(2014)은 치료자가 내담자를 도와주는 상담 과정을 이건의 모델과 마찬가지로 3단계로 구분하여 설명하였다. 즉, 상담 과정의 3단계를 탐색(exploration)−통찰(insight)−실행(action)으로 분류하였다. 힐은 내담자가 문제에 대한 스스로의 생각과 감정에 대해 깊이 생각하고 탐색하는 것이 변화의 첫걸음이라고 보았다. 즉, 먼저 깊이 탐색을 하게 되면 이후에 자연스럽게 문제를 새로운 또는 더욱 심도 있는 시각으로 바라보는 통찰을 얻게 되고, 문제에 대한 그런 깊은 수준의 이해에 도달하게 되면 변화를 위해 할 수 있는 일들을 실행에 옮기게 된다는 것이다. 앞서 살펴본 이건의 모델이 인본주의적 상담 이론에 조금 더 강조점을 두었다면 힐의 모델은 정신분석학 이론을 보다 적극적으로 활용하고자 했다. 예를 들어, 특히 통찰 단계에서 정신분석학 이론에 따라 내담자의 경험에 해석을 부여하거나 내담자에게 도전을 줄 것을 얘기했다. 힐은 상담에서 치료자와 내담자 간의 작업동맹 관계가 상담의 성패를 가늠하는 가장 결정적인 요인이 된다고 보았으며, 이에 따라 치료자는 상담의 맥락적 요소를 잘 고려하여 매 순간 상호작용에 따른 변화와 요구를 파악하고 반응할 수 있어야 한다고 설명했다. 이러한 상호작용은 전이(내담자가 과거에 중요하게 여겼던 관계에서 느꼈던 감정을 치료자에게 옮겨 온 감정적 반응)와 역전이(치료자가 내담자에 대해 무의식적으로 나타내는 감정적 반응)를 포함한다.

여기서는 힐의 상담모델의 기초가 되는 인간관, 3단계 상담모델, 세 가지 촉진조건, 그리고 마지막으로 상담 과정 및 결과에 영향을 주는 요인들에 대해 간단하게 살펴보고자 한다.

(1) 인간 본성에 대한 가정

힐은 3단계 모델을 이해하기에 앞서 인간에 대하여 여러 가정을 제시하였는데 그중 몇 가지를 소개하자면 다음과 같다.

인간은 다양한 가능성을 가지고 태어난다. 즉, 심리적, 지적, 신체적, 기질적, 그리고 관계적인 영역에서 서로 다른 가능성을 지닌 존재로 태어난다. 인간은 이러한 가능성들을 실현시키고자 하는 경향성이 있다.

환경은 인간이 발달하는 데 도움을 줄 수도 있고 위협이 될 수도 있다. 건강한 발달에 도움이 되는 환경이란 인간이 신체적으로 또는 심리적으로 가지고 있는 기본적인 욕구를 충족시켜 주는 환경이다. 즉, 음식, 안전한 주거지, 관계에서 오는 정서적 충족감, 수용의 경험, 사랑과 지지의 경험, 성취에 대한 인정 등이다.

애착과 관련된 초기 경험은 인간이 성격을 형성하는 데 결정적인 역할을 한다. 유아 시절 애착의 욕구를 충족시키는 데 어려움이 있었던 경우 불안 또는 회피적인 성격을 지니게 될 수 있다.

초기 경험의 영향은 매우 중요하지만 인간은 후에 자신이 원하는 것을 탐색하고 그에 알맞은 목표를 설정하고 실행에 옮김으로써 미래를 만들어 갈 수 있다.

인간은 아동기 및 생애에 걸쳐 불안을 다루기 위한 방어기제를 발달시킨다. 적절하게 사용되는 방어기제는 인간의 발달 및 적응에 도움을 주지만, 방어기제가 경우를 적절하게 구분하지 못하고 남용될 때는 문제가 생긴다. 그럼에도 인간은 여전히 '자기' 안에 선택을 내릴 수 있는 힘을 지니고 있다.

정서, 인지, 행동은 타인과 함께 존재하는 사회적 맥락 안에서 성격을 이루는 중요한 요소들이다. 이들은 개별적으로 구별되어 작동하기보다는 함께 상호작용한다. 마찬가지로 몸과 마음도 분리될 수 없다. 즉, 어떻게 생각하는지는 어떻게 느끼고 행동하는지에 영향을 미칠 수 있으며, 어떻게 느끼는지에 따라 우리가 어떻게 생각하고 행동하는지에 영향을 주고, 행동은 어떻게 느끼는지와 생각하는지에 영향을 준다.

인간은 생물학적인 영향과 환경적인 영향 모두로부터 영향을 받는다. 힐이 제시한 인간에 대한 이러한 가정은 인간의 발달과 행동, 그리고 문제를 이해하고 돕는 데 있어서 다차원적이고 복합적인 이해가 필요함을 시사한다.

① 1단계: 탐색

1단계의 주된 목표는 내담자가 표현하는 모든 언어적 또는 비언어적 메시지를 경청하는 것이다. 이 단계의 치료자는 내담자중심 접근을 활용하여 내담자의 말에 적극적으로 경청하는 것이 중요하다. 즉, 치료자는 열린 자세를 취하고, 눈을 맞추고, 고개를 끄덕이는 등의 비언어적 표현을 통해 내담자의 말을 적극적으로 듣는다. 또한 이 단계에서는 열린 질문과 재진술 등의 상담기법을 활용하여 내담자가 생각과 느낌을 탐험하고 명료화할 수 있도록 돕는다. 이러한 탐색(exploration)의 과정은 내담자가 자신의 문제에 대해 가지고 있는 사고와 정서를 표현하는 데 도움이 된다. 내담자 입장에서는 치료자가 마치 거울이 되어 상담 과정을 함께해 줄 때, 자신의 생각과 느낌을 확인하고 표현하는 것이 훨씬 더 수월하기 때문이다.

탐색 단계에서 내담자가 이와 같은 작업을 하는 동안 치료자는 내담자에 대해 정보를 모으고 폭넓은 이해를 할 수 있는 기회를 얻는다. 이 단계에서 치료자는 내담자가 온전히 자신의 생각과 감정을 탐색하는 것을 방해하는 반응이나 개입을 최소화해야 한다. 이를테면 내담자와 비슷한 인구통계학적 특성 또는 성장환경을 지녔다는 이유로 내담자의 생각과 느낌을 이미 알고 있다고 가정하지 않도록 아주 유의해야 한다. 예를 들어, 치료자가 내담자와 같은 성별 및 연령대를 지니고 있고 비슷한 부모님의 양육방식을 경험했다고 해서 치료자가 아직 확인되지 않은 내담자의 생각이나 감정에 대해 공감을 해 줄 경우 내담자의 탐색을 오히려 방해할 수 있다는 점을 잘 기억하고 있어야 한다. 뿐만 아니라 치료자가 내담자의 말을 평가하거나, 다음에 나타낼 반응을 미리 생각하느라 내담자의 말에 온전히 집중하지 못하거나, 적절한 반영이나 재진술 없이 너무 많은 질문을 던지거나, 성급하게 치료자 자신의 이야기를 개방하거나, 또 성급하게 내담자의 문제를 확인하고 해결책을 제시하려 하는 등의 반응을 하지 않도록 주의해야 한다. 치료자의 이런 모든 반응 및 개입은 내담자가 스스로에게 집중하여 탐색하는 것을 방해하기 때문이다.

② 2단계: 통찰

내담자 중 아주 일부분은 자신의 생각과 느낌을 탐색한 것만으로도 스스로 문제를 다루는 더 나은 방안을 떠올리기도 한다. 그러나 대부분의 내담자는 1단계 이후에도 스스로의 문제를 어떻게 해결할 수 있을지 실마리를 잡지 못하는 경우가 많다. 그러므로 통찰(insight) 단계에서 먼저 고려해야 할 목표는 내담자의 인식을 증진시키는 일이다. 다시 말해 자신의 감정과 행동에 대해 통찰을 얻고, 무의식을 의식의 수준으로 끌어오고, 연결되어 있지 않던 생각, 감정, 행동의 고리를 연결하는 일이라고 할 수 있다. 이를 위해 치료자는 내담자의 행동 또는 사고과정에 대해 피드백을 제공하기도 하는데, 어떻게 그러한 행동과 사고양식이 발달하게 되었으며 현재의 문제와 관련하여 어떤 방식으로 작용하고 있는지에 대해 설명을 할 수도 있다. 또한 치료자는 내담자가 나타내는 여러 불일치에 대한 인식을 증진시키기 위하여 불일치를 직면하도록 돕는다. 예를 들어, 아버지와의 관계에 대해 아무런 문제가 없다고 말하지만 아버지에 대한 얘기를 할 때마다 손톱을 물어뜯는 내담자에게 생각과 행동 간의 불일치를 직면할 수 있도록 도울 수 있다. 이렇듯 2단계에서 치료자는 완전한 내담자중심 접근법으로 내담자에게 반응적인 태도만을 취하기보다는 협력자의 관점에서 내담자에게 도전하기도 하고 피드백을 주기도 하며 함께 의미를 발견하고 구성해 나가는 것이 중요하다.

통찰 단계에서는 새로운 관점으로 자신을 이해하거나, 내담자 스스로의 삶에서 반복적으로 나타나는 패턴을 이해하거나, 특정한 생각과 감정을 가지게 된 원인을 이해하게 되는 것 등을 포함한다. 이 단계에서 치료자는 계속해서 열린 질문 등을 사용하여 내담자가 새로운 통찰을 얻을 수 있게끔 격려한다. 또는 내담자의 이야기에 대한 해석을 들려줄 수도 있다. 마지막으로 통찰 단계에서 치료자는 치료적 관계 자체에 대한 작업을 하게 되는데, 즉시성을 사용하는 것이 대표적이다. 즉시성이란 지금-여기에서 일어나는 일을 상담 과정의 자원으로 활용하는 것인데, 예를 들면 어렸을 때 폭력과 따돌림을 당했던 경험으로 인해 일대일 대화를 포함한 대인관계 접촉에 불안과 불편함을 느끼는 호소문제를 가진 내담자에게 치료자와 대화를 나누는 현재 어떤 느낌이 드는지에 대해 질문할 수 있다.

③ 3단계: 실행

마지막 3단계의 주요한 목표는 내담자가 실행계획을 조정하고 행동으로 옮길 수 있도록 돕는 것이다. 즉, 실행(insight) 단계는 치료자와 내담자가 협력하여 구체적인 변화를 이끌어 낼 수 있는 방안을 마련하는 단계이다. 구체적으로 치료자와 내담자는 내담자가 진정한 변화를 원하는지, 현재 가능한 변화는 어떤 것들이 있는지, 변화한다는 것은 내담자에게 어떠한 의미인지 등의 질문에 대해 함께 탐색한다. 치료자는 실행에 대한 열린 질문, 정보 제공, 실행 과정에 대한 조언, 실행전략에 대한 논의 등을 통하여 내담자가 변화로 나아갈 수 있게끔 돕는다. 변화로 나아가는 데 필요한 자원이나 기술이 부족할 경우 치료자는 내담자에게 자원에 대한 정보를 제공하거나 직접적으로 기술을 가르치고 연습하도록 할 수 있다. 예를 들어, 내담자 본인은 모르고 있었으나 내담자의 특정한 화법 또는 행동양식이 주변인과의 관계를 저하시키고 있었던 경우에 치료자는 내담자에게 사회적 기술을 가르치고 연습하도록 도울 수 있다.

실행계획의 유형은 네 가지로 분류될 수 있는데 ① 이완(relaxation), ② 행동 변화(behavior change), ③ 행동 시연(behavioral rehearsal), ④ 의사결정(decision-making)이다. 각 전략을 실행하기 위해 치료자는 단계적으로 적절한 기법을 적용하여 진행하게 된다. 이 과정에서 치료자와 내담자는 실행계획이 어떤 결과를 낳는지 지속적으로 평가하고 필요에 따라 계획을 수정해 나가게 된다. 또한 치료자는 지속적으로 내담자가 변화 자체에 대한 생각이나 느낌을 인식하고 표현할 수 있도록 돕는다. 예를 들면, 변화를 원하지만 동시에 변화에 대한 거부감이나 불안을 느끼고 있는 경우에 그러한 생각과 느낌에 대해서도 충분히 탐색할 수 있도록 함으로써 결과적으로 내담자가 변화에 대해 전념하고 변화가 지속 가능해질 수 있도록 도와준다.

표 1-1 힐 3단계 모델의 단계별 목표 및 관련 기법(Hill, 2014)

단계	목표	관련 기법
탐색	경청, 관찰	비언어적 행동을 통한 경청의 표현, 언어적 개입의 최소화
	생각의 탐색	재진술, 생각에 대한 열린 질문
	감정의 탐색	감정반영, 감정에 대한 열린 질문, 감정에 대한 개방
통찰	인식의 증진	직면, 도전
	통찰의 촉진	통찰을 위한 열린 질문, 해석, 통찰에 대한 개방
	통찰을 관계에 적용	즉시성
실행	실행의 촉진	실행에 대한 열린 질문, 정보 제공, 과정에 대한 조언, 전략에 대한 개방

(2) 세 단계의 관계성

힐은 세 단계의 순서는 절대적이지 않으며 각 단계에 할애되는 시간 또한 내담자의 특성에 따라 모두 다를 수 있다고 하였다. 즉, 논리적으로 볼 때, 탐색에서 시작하여 통찰을 거쳐 실행 단계로 가는 것이 자연스럽게 여겨질 수 있으나 실제 내담자와의 상담 및 심리치료 과정은 늘 그렇게 순차적이고 명확한 경계를 지닌 채로 진행되지는 않는다. 치료자와 내담자는 각 단계를 앞뒤로 오가기도 한다. 특히 구체적인 실행을 논하기 전에 통찰 단계에서 작업하던 치료자와 내담자는 종종 이전 단계로 돌아가 과거의 경험, 새롭게 알게 된 사실, 그에 대한 사고 및 감정에 대해 다시 탐색의 과정을 밟는다.

특정한 문제에 대해서는 탐색과 통찰을 최소화하고 바로 실행 단계로 넘어가야 할 수도 있다. 응급 상황의 신체적인 질병이 수반되어 있거나, 또는 위기 상황에 있는 내담자의 경우가 대표적인 예이다. 예를 들어, 내담자에게서 위험한 수준의 자살사고 또는 자살시도가 확인된다면 실행계획을 동반한 즉각적인 위기개입이 매우 중요할 것이다. 즉, 향후 24시간 또는 일주일 동안의 안전 계획(safety plan)을 수립하고, 위기 상황에서 연락할 수 있는 핫라인 등의 정보를 제공하는 등의 실행계획이 필요하다.

(3) 촉진 조건

힐은 모든 단계에 걸쳐 상담 과정을 촉진하는 데 필수적인 세 가지 조건을 소개하였는데, 이러한 조건들은 특정한 상담기술이나 개입방법이라기보다는 치료자가 지니는 태도 또는 상담 과정에서의 존재양식에 가깝다. 첫 번째 조건은 치료자의 '공감'이다. 공감이란 내담자의 생각과 감정을 최대한으로 이해하고 수용하고자 하는 태도라고 할 수 있다. 공감은 다차원적인 개념인데, 보통 인지적 수준과 정서적 수준으로 구분된다. 인지적 공감은 쉽게 말해 역지사지의 자세로 내담자의 상황이 되어 내담자가 겪는 상황을 이해하는 것이다. 반면, 정서적 공감은 상대방의 고통, 기쁨, 걱정 등의 정서를 이해하고 느끼는 것이다. 언급하였듯이 공감은 감정반영 또는 재진술과 같은 하나의 특정한 기술이 아니기 때문에 이러한 상담기술을 비롯하여 다양한 모습으로 나타나거나 표현될 수 있다. 예를 들면, 내담자가 겪은 고통에 대해 얘기할 때 공감적인 치료자는 자연스럽게 얼굴표정 등에서 나타나는 공감적 태도를 비언어적으로 전달할 수도 있다.

두 번째 조건은 '컴패션'이다. 컴패션은 직역하면 연민, 동정 등으로 번역되기도 하지만 상담 및 심리치료 관련 문헌에서는 공감(예: Compassion-fatigue, 공감피로), 자비(예: Self-compassion, 자기자비) 등으로 번역되기도 한다. 하나의 단어로 의미를 온전하게 표현하기에는 어려움이 있어 여기에서는 컴패션이라는 용어를 그대로 사용하고 설명을 덧붙이고자 한다. 컴패션은 내담자가 느끼는 고통을 판단 없이 있는 그대로 함께 느껴 주는 태도를 말한다. 첫 번째 조건인 공감이 내담자를 이해하고자 하는 노력이라면, 컴패션은 내담자의 마음을 돌보고자 하는 자애로운 마음을 지니고 내담자의 고통 한가운데로 함께 들어가는 것이라고 할 수 있다. 컴패션의 핵심은 치료자의 판단이 개입되지 않는다는 점이다. 상담 과정에서 내담자가 호소하는 심리적 고통에 대해 치료자의 관점에서 무의식적으로 판단하게 될 때가 무수히 많다. 예를 들면, 내담자가 호소하는 고통이 정말 공감받을 만한 일인지, 또는 그 고통의 크기가 정말 내담자가 호소하는 정도인지 등에 대해 치료자는 무의식적으로 판단을 내리기가 쉽다. 컴패션의 태도를 통하여 치료자는 이런저런 판단 없이 내담자가 호소하는 바에 더욱 열린 마음으로 나아갈 수 있다.

세 번째 조건은 '협력'이다. 기본적으로 치료자는 내담자와 협력적인 관계를 발전시켜 나가며 그러한 협력적인 관계 안에서 조력의 단계를 밟게 된다. 협력적인 관계에 반하는 태도는 치료자가 상담에서 주도권을 가지거나, 협력자로서의 태도보다는 전문가로서의 특성만을 취하여 내담자에게 일방적으로 조언을 하거나 가르치려 하는 태도 등이 있다. 치료자는 이렇듯 고압적으로 내담자가 해야 할 결정들을 대신해 주는 것이 아니라 내담자가 스스로의 생각과 감정을 잘 탐색하고 스스로 변화로 나아가게끔 도와야 한다. 물론 치료자는 때때로 내담자를 가르치거나 교육하는 역할을 맡기도 한다. 하지만 치료자가 가르쳐야 할 것은 내담자의 문제에 대한 정답이나 해결책이 아니라 어떻게 생각과 감정을 탐색하고 실행으로 옮길 수 있는지에 관련된 것이어야 한다. 이러한 위계적인 관계가 아닌 협력적 관계는 내담자로 하여금 자율감을 느끼게 하고 자기 삶에 대한 주인의식을 높여 준다. 이렇듯 치료자는 내담자의 열망과 목표를 최대한으로 존중하며 변화로 나아갈 수 있는 비옥한 환경을 조성해 주어야 한다.

(4) 상담 과정 및 결과에 영향을 주는 요인들

주요우울장애를 가지고 있는 열 명의 내담자는 모두 같은 양상으로 문제와 증상을 경험하는가? 인지행동치료를 사용하는 치료자 열 명은 모두 같은 방식으로 내담자의 문제에 접근하는가? 물론 그렇지 않다. 열 명의 내담자는 그들의 가족환경, 성별, 성격, 가치관 등 무수히 많은 개인적 또는 환경적 요인에 따라 같은 진단명을 공유하더라도 서로 다른 경험을 한다. 마찬가지로 같은 이론적 접근을 취하는 치료자 열 명도 그들의 인구통계학적 특성, 경력, 성격 등 복합적인 요인에 따라 상이한 접근을 취하게 된다. 이렇듯 서로 다른 다양한 배경을 지닌 치료자와 내담자가 만나서 만들어 내는 치료적 관계와 상호작용은 무궁무진하며 상담 과정과 결과에 더욱 복합적인 차이를 만들어 낸다. 지구의 모든 인구 중 완벽하게 똑같은 인간이 존재하지 않듯이, 백 가지의 상담사례가 있다면 백 가지의 다른 상담 과정과 결과가 생성되는 것이다. 힐은 상담의 과정 및 결과에 영향을 미치는 이러한 복합적인 요인을 배경변수, 치료적 관계, 상호작용의 연계성으로 구분하여 제시하였다.

① 배경변수

배경변수는 앞에서 간략하게 설명하였듯이 치료자 배경변수와 내담자 배경변수로 나눌 수 있다. 치료자 및 내담자의 공통적인 배경변수로는 개인으로서의 성격, 신념 체계, 세계관, 문화적 배경, 인구사회학적 특성 등을 꼽을 수 있다. 치료자의 경우는 치료자로서의 특수성, 즉 어떠한 이론적 접근을 취하는지 또는 이전 상담 및 심리치료에서 얻은 경험 등 또한 배경변수가 된다. 내담자의 경우 치료자와 구별되어 큰 차이를 만들어 내는 배경변수 중 하나로 변화에 대한 준비도를 들 수 있다. 예를 들어, 프로차스카와 디클레멘트(2005)는 내담자 변화의 준비도에 대한 단계적 모델을 제시하였는데, 전숙고 단계, 숙고 단계, 준비 단계, 실행 단계, 유지 단계로 이루어져 있다. 이러한 단계에 따라 내담자들은 변화에 대한 필요성, 준비도, 변화를 만들어 내기 위한 노력 등에서 각기 다른 수준을 지니고 있다고 볼 수 있다. 내담자가 지닌 변화 준비도의 단계와 수준에 따라 상담 과정 및 결과에 중대한 차이를 가져오게 된다.

② 치료적 관계

치료적 관계는 상담결과에 영향을 주는 또 다른 주요한 요인 중 하나이다. 겔소와 카터(1985)는 치료적 관계란 "상담에 참여하는 이들이 서로에 대해 가지고 있는 느낌과 태도 및 그러한 느낌과 태도가 표현되는 방식(p. 159)"이라고 정의하였다. 이 정의에 따르면, 치료자가 사용하는 이론적 지향이나 상담 및 심리치료의 기술은 치료적 관계와 연관성이 있을 수는 있지만 치료적 관계가 어떠한지에 대해 직접적으로 답을 내려 줄 수는 없다. 그렇다면 치료적 관계는 어떠한 구성요소를 가지는가? 겔소와 카터는 치료적 관계는 '진실한 관계(Real relationship)', '작업동맹(Working alliance)', '전이/역전이'로 구성된다고 설명하였다. 진실한 관계란 치료자와 내담자 간에 왜곡되지 않은 진실되고 진심 어린 상호작용에 기반한 관계를 말한다. 작업동맹은 목표를 설정하고, 치료적 유대를 키우고, 실행전략을 함께 세우는 등 치료자와 내담자가 공동으로 실행하는 치료적 작업이다. 전이와 역전이는 치료자와 내담자

각자가 지닌 과거의 중요한 관계경험이 현재의 치료자-내담자 관계를 왜곡시키는 관계적 역동을 말한다. 치료자가 공감적이고 수용적인 태도를 바탕으로 내담자와 함께 효과적인 치료적 관계를 만들어 나갈 때 상담 및 심리치료의 과정과 예후는 훨씬 긍정적이라고 할 수 있다.

③ 상호작용의 연계성

치료자-내담자 간 상호작용의 연계성은 치료자의 의도, 치료자의 기술, 내담자의 반응 및 치료자의 의도에 대한 지각, 내담자의 필요 및 목표, 그리고 치료자의 재평가 순으로 이루어진다. 먼저, '치료자의 의도'는 상담에서 치료자가 하는 말과 행동 등에 대해 '왜' 그렇게 했는지에 대한 설명이다. 여기에는 과거 경험 탐색하기, 구체화하기, 정서적 지지하기, 부정적 패턴 또는 인지적 왜곡 확인하기, 문제에 초점 맞추기, 감정에 머무르기, 변화 촉진하기, 강점 강화하기 등 다양한 치료자의 의도가 포함될 수 있다. 두 번째로 '치료자의 기술'은 치료자가 치료적 의도를 달성하기 위해 사용하는 특정한 상담 및 심리치료 기술을 일컫는다. 같은 치료적 의도를 위해 사용할 수 있는 기술은 여러 가지일 수 있다. 예를 들어, 내담자에게 정서적 지지를 전달하기 위해 치료자는 언어화된 감정반영이나 타당화를 사용할 수 있고 비언어적으로 공감적인 반응을 나타낼 수도 있다. 또한 같은 기술이더라도 치료자의 표정 또는 어투 등을 통해 전달되는 방식에 따라 그 효과의 방향과 크기는 달라질 수 있다. 치료자가 치료적 의도를 상담기술을 통해 효과적으로 전달하였을 때 '내담자의 반응'을 기대할 수 있다. 내담자는 치료자의 개입을 긍정적이고 수용적으로 받아들일 수 있고 부정적이거나 거부적인 태도를 보일 수도 있다. 또는 겉으로는 협조적이지만 내적으로는 저항이 생길 수도 있다. 내담자의 반응은 내담자가 지각한 치료자의 의도, 치료적 관계에 영향을 받을 수 있다. '내담자의 필요 및 목표' 역시 내담자의 반응에 영향을 미칠 수 있는 요인이다. 치료자가 내담자가 문제를 직면할 수 있도록 했을 때 정서적 지지를 가장 필요로 하는 내담자의 경우 치료자의 개입이 부정적으로 다가올 수 있는 한편, 스스로의 문제에 대한 정확한 이해를 목표를 하는 내담자는 치료자의 직면을 효과적인 개입으로 여기고 더 깊은 탐색을 할 수 있을 것이다. 이어서 치료자는 '내담자 반응 평가 및 목표 재평가'를 하게 된다. 이때 치료자는 내담자들이 치료자에 대해 부정적인 태도가 있을 경우 이를 곧잘 숨긴다는 점을 유의하여 정확한 평가를 할 수 있도록 해야 한다.

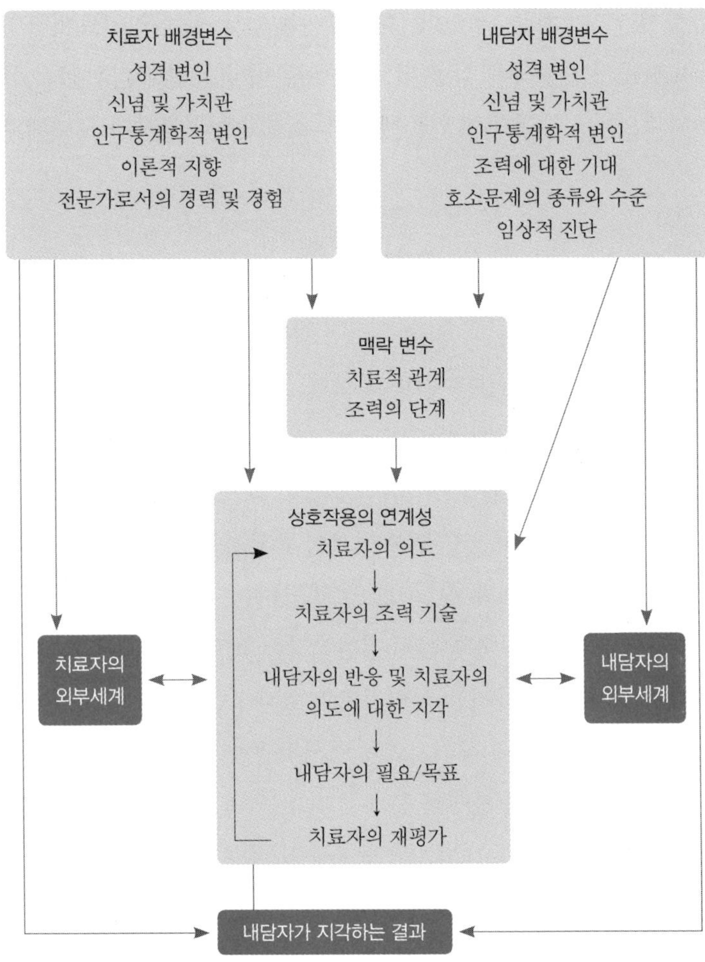

[그림 1-6] 상담 과정 및 결과에 영향을 주는 요인들

출처: Hill (2014).

3. 상담 및 심리치료에서의 근거중심실천

현대의 상담 및 심리치료에는 수백 가지에 달하는 이론적 접근이 존재한다. 이러한 상담 및 심리치료 이론들은 지속적으로 변모하고 발달할 뿐만 아니라 현재도 새로운 이론들이 계속해서 고안되고 있다. 상담 및 심리치료의 여러 이론과 접근이 실제로 효과가 있는지 밝히기 위해 심리치료자 및 연구자들은 과학적 근거에 기반한 여러 심리학적 방법을 사용해 왔다. 이를 상담 및 심리치료에서의 근거중심실천(Evidence-Based Practice: EBP) 또는 근거중심치료(Evidence-Based Therapy: EBT)라고 한다. 근거중심실천의 목적은 궁극적으로 처치의

질과 책임을 향상시키고자 하는 데 있다. 여기에서는 상담 및 심리치료에서 효과성 연구가 어떻게 이루어져 왔는지 간략하게 살핀 뒤, 특정 이론이나 기법에 상관없이 상담 및 심리치료에서 효과를 가져오는 공통적인 요인들에 대해 설명하는 공통요인 모델에 대해 소개하고자 한다.

1) 상담 및 심리치료 효과성 연구의 발달

상담 및 심리치료의 효과성에 대한 연구는 의학 분야에서의 임상실험에 그 뿌리를 두고 있다. 새로운 약과 처치가 계속해서 개발되는 가운데 그러한 처치들이 특정한 건강 문제를 해결하는 데 효과적인지에 대한 임상실험이 급증했기 때문이다. 임상실험들은 판매가 가능하다는 승인을 얻기 전에 반드시 일정 수준 이상의 효과가 일관되게 나타난다는 결과를 증명해야 했으며, 이에 따라 자연스레 경험적으로 타당하며 근거를 지닌 치료에 대한 관심과 노력이 증가했다. 이러한 관심과 경향성은 정신건강에 종사하던 정신과 의사, 심리치료사, 연구자 등에게 영향을 미쳤다. 하지만 심리치료의 효과성을 밝히는 것은 약의 효과를 밝히는 것보다 더 복잡한 면이 있었다. 심리치료에 종사하던 이들은 환자와 내담자의 문제가 완화되는 것을 보며 특정한 방법이 분명히 문제를 다루는 데 효과가 있다고 생각하게 되었지만, 그 방법을 다른 치료자가 다른 내담자에게 사용할 때는 똑같은 결과를 기대하기가 어려웠다. 이와 같은 어려움으로 인해 초기의 심리치료자들은 심리치료의 특정 개입방법을 실험 등을 통해 경험적으로 타당화하는 것을 꺼리는 풍조가 있었으며 이러한 경향성은 점차 수그러들었지만 1970년대까지도 어느 정도 이어졌다.

아이젱크(1952)의 연구는 이러한 풍조를 뒤바꾸는 중요한 계기가 되었다. 성격심리와 실험심리의 대가로 여겨지는 그는 문헌연구를 통해 정신역동치료 및 절충적 치료법과 함께 단순 간호를 받았던 환자들의 데이터를 활용한 24개의 연구를 살펴보았다. 아이젱크는 프로이트식 정신역동심리치료를 받은 환자의 44%만이 효과를 나타냈다고 결론 지었는데, 이 수치는 절충적 접근(64%)이나 병원에서의 단순 간호(72%)보다도 훨씬 낮은 수치였다. 비록 신경증에 대한 처치에 한정된 것이었으나 이러한 결론은 심리치료가 환자의 회복과 관련이 없다는 주장을 넘어서 오히려 역효과, 즉 부적 상관을 가진다는 주장이었다. 아이젱크의 주장은 많은 심리치료자의 반향을 불러일으켰다. 이후 심리치료자들은 심리치료의 효과는 경험적 연구로 제대로 측정될 수 없는 것이라고 주장하기도 하였으며, 일부 회의론자들은 심리치료의 효과가 플라세보 효과(위약효과)나 실험자 편향 효과 때문이라고 주장하기도 하였다. 즉, 심리치료가 효과가 있는 것으로 나타나는 이유는 심리치료 자체가 효과적이라기보다는 심리치료를 받는 환자들이 심리치료가 효과가 있을 것으로 '기대'했기 때문, 혹은 연구를 진행하는 실험자가 실험에 참여한 환자들에게 효과가 나타나도록 영향을 미쳤기 때문이라는 것이다.

이러한 맥락과 함께, 1960년대 이전에는 상담이나 심리치료의 보편적인 효과성에 대해 연구했지만, 1960년대 후반 및 1970년대에 들어와서는 '어떤 환자 또는 내담자에게 어떤 상담 및 심리치료의 접근이 효과적인가?'에 대한 특수성 질문이 제기되었다. 이에 답하기 위해 실시된 시도 중 성공적인 사례로 가장 잘 알려진 것은 미국정신보건국(National Institute of Mental Health: NIMH)이 실행한 TDCRP(Treatment of Depression Collaborative Research Program) 연구이다. 이 방대한 연구에서는 연구의 관심을 우울증으로 국한시켜 '심리치료가 우울증의 경감이나 극복에 효과가 있는가?'라는 질문에 답하고자, 인지행동치료(Cognitive-Behavioral Therapy)와 관계중심심리치료(Interpersonal psychotherapy)의 효과성을 약물치료와 비교할 수 있도록 설계하였다. 각 심리치료의 절차와 기법을 표준화하기 위하여 연구에 참여하는 심리치료 전문가들은 각 접근법의 권위자들로부터 치료자 교육을 받아 훈련과 평가를 거쳤다. 통제집단은 두 집단이 설정되었는데 표준처치집단[항우울제인 이미프라민(IMI)을 투여받으며 정기적으로 임상적 관리를 받는 집단]과 플라세보 집단, 즉 가짜 이미프라민을 투여받으면서 정기적으로 임상적 관리를 받는 집단이었다. 이중맹검(double-blind)을 위해 의사 또한 어떤 약이 진짜인지 알 수 없게 하였으며, 통제집단의 의사들 또한 임상적 관리의 일관성을 위해 교육과 감독을 받았다. 이 연구는 독립변인을 심리치료로 명확히 설정하고자 노력하였던 점에서 큰 의의가 있으며 심리치료의 효과성 연구에 큰 발전을 가져왔다. 뿐만 아니라 치료법의 절차와 기술을 가능한 표준화하고 치료자에 대한 교육과 감독을 통해 신뢰도와 타당도를 높였다. 이로 인해 심리치료는 그 효과성을 측정하기 어렵다고 여겨지던 통념에 반론을 제기하고 심리치료도 표준화를 통한 효과성 연구가 가능하다는 것을 보여주었다.

앞서 상담 및 심리치료의 효과성 연구에 대한 주요 논의들과 기념비적인 연구들을 간략하게 살펴보았다. 이처럼 심리치료의 효과성에 대한 논의와 연구가 지속되고 또 새로운 이론들이 계속해서 등장함과 함께 상담 및 심리치료의 효과성에 대한 연구는 점차 보편화되기 시작했다. 현재에도 최첨단 이론 및 변화하는 시대에 발맞춰 상담 및 심리치료의 효과성 연구는 다양한 이론적 접근, 특정 상담 및 심리치료 기법, 내담자 문제, 대상군, 모듈에 대해 진행되고 있다.

2) 공통요인 모델

'심리치료는 어떻게 내담자에게 작동하는가?'에 대한 질문에 답하기 위해 효과성 연구와 더불어 공통요인 모델(The common factors model)에 대한 논의가 있어 왔다. 로젠바이크(1936)는 처음으로 공통요인 모델의 개념을 제시하였는데, 그는 다양한 심리치료의 이론적 접근들이 그 효과성 면에서 큰 차이를 나타내기보다는 유사하다고 보았다. 그가 제시했던 초창기 공통요인 모델의 네 가지 요인은 다음과 같다. 첫째로 '카타르시스와 같은 암묵적이거나 비언어적인 요인', 둘째로 '효과적인 치료자의 성격 요인', 셋째로 '재통합의 기반이 되는 일관된 치료적 사상', 그리고 마지막으로 '심리적 사건들의 재구성'이 이에 해당한다. 로젠바이크의 제안 이후 많은 심리치료 연구자가 특정한 이론적 접근을 넘어서는 공통요인들을 밝혀내고자 노력해 왔다. 공통요인 모델의 확장과 정립에 애써 온 대표적인 연구자로는 웜폴드, 램버트, 이멜 등이 있다. 연구자들은 공통요인이 심리치료의 성과에서 적게는 40%, 많게는 85%를 차지한다고 주장하였다. 현재 폭넓게 인정받고 있는 공통요인들로는 내담자 요인, 치료자 요인, 치료적 관계 요인, 변화과정 요인, 치료의 구조적 요인, 기대 요인 등이 있다. 여기에서는 내담자 요인, 치료자-내담자 관계 요인, 기대 요인에 대해 간략하게 정리하고자 한다.

(1) 내담자 요인

내담자 요인은 공통요인 모델의 요인 가운데 가장 큰 부분을 설명하는 것으로 알려져 있다. 즉, 심리치료의 성과는 치료자의 유형이나 이론적 접근 또는 치료적 관계보다도 내담자와 관련된 여러 특성에 의해 가장 영향을 받는다는 것이다. 아세이와 램버트(1999)는 내담자 요인을 심리치료 외적인 요인이라고 칭하기도 하였는데, 공통요인 모델에 대한 그들의 기념비적인 연구에서 내담자 요인이 심리치료 성과의 약 40%를 설명한다고 하였다. 대표적인 내담자 특성으로는 내담자가 호소하는 문제의 종류와 수준, 즉 내담자가 도움을 얻고자 하는 문제에 관련된 것이다. 어떤 종류의 문제들은 상담 및 심리치료에 잘 반응하고 비교적 쉽게 변화로 나아갈 수 있지만, 그렇지 않은 경우도 있다. 즉, 내담자가 더 큰 저항을 나타내거나 짧은 시간 안에 변화를 이루기 어려운 종류의 문제도 있는 것이다. 내담자의 인지적 특성 또한 중요한 내담자 요인이다. 예를 들면, 내담자의 지능 또는 인지적 유연성이 이에 해당한다. 2000년대 이후에 들어서는 성공적인 치료의 결과와 연관되는 내담자 요인에 대해 더욱 활발한 연구들이 행해져 왔는데, 긍정적인 치료 결과를 가져올 수 있는 대표적인 내담자 요인으로 상담 및 심리치료에 대한 높은 동기와 전념도, 변화에 대한 높은 준비도 등이 있다.

(2) 치료자–내담자 관계 요인

아세이와 램버트의 같은 연구에서 이들은 치료자–내담자 관계가 치료 성과의 약 30%를 설명한다고 하였다. 성공적인 심리치료에서 치료적 관계의 중요성은 상담 및 심리치료의 여러 주요 이론에서 쉽게 확인할 수 있다. 정신분석 이론의 창시자인 프로이트는 일찍이 치료자–내담자 간의 관계가 성공적인 심리치료의 핵심이라는 점을 설파했다. 그는 '전이'와 '역전이'라는 개념을 처음으로 소개하였는데, 이는 내담자와 치료자가 각각 심리치료 밖에서 경험한 관계에서 겪은 감정을 상담 장면으로 가져오는 것을 뜻한다. 전이의 예시로, 권위적인 아버지에게 부정적인 감정을 경험한 내담자가 그 당시의 아버지와 비슷한 연령대인 중년 남성의 치료자에게 반감을 느끼게 되는 경우를 들 수 있다. 프로이트는 이렇듯 모든 관계란 고유한 역동을 만들어 내며 치료자와 내담자 간의 관계와 그 관계가 만들어 내는 전이 및 역전이가 치료의 성과에 중요한 요인이라고 보았다. 내담자중심치료를 고안한 칼 로저스 또한 치료자의 진솔한 공감이 만들어 내는 치료자와 내담자 간의 공감적 유대감이 치료의 핵심적인 성공 요인이라고 보았다. 다른 이론들에서도 각기 이를 설명하는 방식에는 차이가 있으나 거의 대부분의 이론이 심리치료의 성과에서 치료자–내담자 관계의 중요성을 인정하고 있다.

(3) 기대 요인

기대 요인은 치료 성과에서 약 15% 정도를 설명하는 것으로 알려져 있다(Asay & Lambert, 1999; Norcross & Lambert, 2011). 기대 요인은 앞서 살펴본 내담자 요인 및 치료적 관계 요인에 비하여 개념을 이해하는 데 혼동의 소지가 있을 수 있다. 이를테면 위약효과, 낙관적 태도, 내담자의 선호 등의 개념과 혼동될 수 있기 때문이다. 그러나 여기에서 기대 요인이란 단순히 긍정적인 결과를 향해 가지는 희망이나 내담자가 생각하는 바람직한 또는 선호하는 상태라기보다는, 내담자의 자기충족적 예언(self-fulfilling prophecies)에 더 가깝다. 자기충족적 예언이란 어떤 일이 발생할 것이라고 예상하거나 기대하는 것으로, 그러한 예상이나 기대가 현실에서 실현되는 것은 오로지 자신이 그렇게 될 것이라 믿기 때문에 그 믿음에 행동과 인지 체계가 맞춰지기 때문이다. 이를 상담 장면에 적용하면, 내담자가 상담 또는 심리치료로부터 적절한 도움을 받을 것이라 믿기 때문에 이후 진행되는 상담 과정에서 행동과 인지 체계를 그 믿음에 맞춰 가는 것이다. 즉, 이러한 예상, 기대, 또는 믿음을 가지고 상담 및

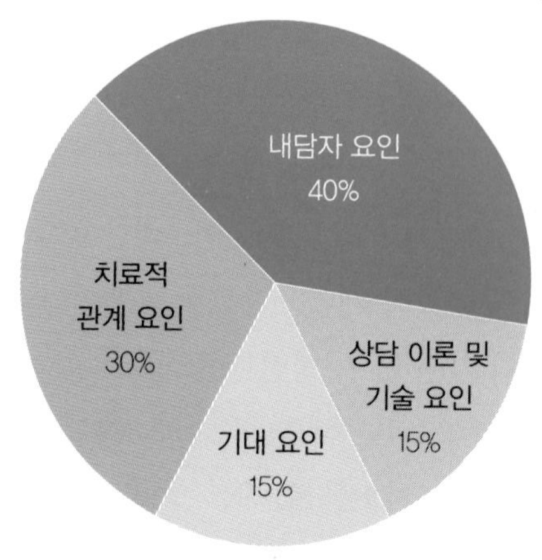

[그림 1-7] 심리치료의 공통요인과 각 요인의 비율

출처: Asay & Lambert (1999).

심리치료에 임하는 내담자는 이미 성공적인 심리치료에 한 발짝 더 나아가는 것이라고 볼 수 있다.

4. 상담 및 심리치료 관련 학회

1) 국내 학회

상담 및 심리치료 전문가들이 모인 국내의 대표적인 학회로는 한국상담심리학회, 한국상담학회, 한국임상심리학회, 한국가족치료학회 등이 있다. 한국상담심리학회에서는 상담심리사, 한국상담학회에서는 전문상담사, 한국임상심리학회에서는 임상심리전문가, 한국가족치료학회에서는 가족치료사라는 전문가 자격제도를 운영하고 있다. 각 학회에 대해 간략하게 살펴본 연혁 및 소개내용은 다음과 같다.

(1) 한국상담심리학회

한국상담심리학회는 1946년에 창립된 한국심리학학회의 분과학회로 처음에는 임상심리분과회와 함께 묶여 있다가 1987년에 처음으로 '상담심리 및 심리치료학회'로 발족하였다. 이후 2003년에 현재의 '한국상담심리학회'의 명칭을 가지게 되었다. 연간 학술대회뿐 아니라 사례 심포지엄을 통해 상담심리의 연구와 실제를 알려 왔으며, 상담심리사 자격취득을 운영하여 공신력 있는 상담심리 전문가들을 배출하는 데 크게 이바지하고 있다. 발행하는 학술지로는 『한국심리학회지: 상담 및 심리치료』가 있다.

(2) 한국상담학회

한국상담학회는 한국상담의 독립화, 전문화, 대중화를 사명으로 2000년 창립되었다. 한국상담학회는 모든 국민이 자신의 행복, 안전, 정신건강을 위해 효과적인 상담서비스를 받을 수 있어야 하며, 이를 위해 독립된 학문영역으로서 상담학의 발전, 전문상담사의 지속적인 교육 및 훈련, 그리고 법적 · 제도적 장치와 경제 · 사회 · 문화적 환경의 구축이라는 목표를 가지고 상담 및 정신건강 분야의 대표적 학회로 발전해 오고 있다. 현재까지 약 8천여 명에 이르는 1급 및 2급 전문상담사를 배출하였다. 14개의 분과학회 및 9개 지역학회로 구성되어 있으며 발행하는 학술지로는 국내 학술지인 『상담학 연구』 및 『상담학 연구: 사례 및 실제』와 더불어 국제학술지인 『The Journal of Asia Pacific Counseling(JAPC)』을 발행하고 있다.

(3) 한국임상심리학회

한국임상심리학회는 한국상담심리학회와 마찬가지로 한국심리학회의 분과학회이다. 1964년에 처음 '임상심리분과회'로 출범하였으며 1987년에 상담심리학회와 완전히 나누어지며 임상심리학회로 재창립하였다. 국내의 경우 임상심리학회는 주로 대학이나 병원 현장에서 심리평가 및 심리치료를 해 왔으며 최근에는 사설 심리치료센터, 법원, 학교 등 다양한 현장에서 그 역할을 확대해 가고 있다. 전국적으로 약 1,700여 명이 전문가가 한국심리학회가 공인하는 수련과정을 마친 뒤 임상심리전문가의 자격을 갖추어 활동하고 있다. 발행하는 학술지로는 영문판인 『Korean Journal of Clinical Psychology』와 한국어판인 『한국심리학회지: 임상심리 연구와 실제』가 있다.

(4) 한국가족치료학회

한국가족치료학회는 1988년에 설립되어 가족치료 분야의 연구, 교육, 실천이 논의되는 장을 마련해 왔으며, 이를 통해 개인, 가족, 사회의 안녕과 성장에 기여하는 것을 목적으로 현재까지 가족치료 분야의 발전에 원동력이 되어 왔다. 한국가족치료학회가 발급하는 가족치료관련 전문가 자격증은 '부부가족상담 수퍼바이저'와 '부부가족상담전문가' 1급 및 2급이 있다. 발간하는 학술지로는 국내 학술지인 『가족과 가족치료』가 있다.

2) 미국 학회

국내의 상담 및 심리치료 관련 학회들이 창립되고 분과를 이루어 온 연혁은 미국에서 상담 및 심리치료에 대한 학문이 발전하고 학회가 설립되어 온 역사와 긴밀한 연관성이 있기 때문에, 미국의 학회를 간략하게 살펴보고자 한다. 여기서는 미국상담학회와 미국심리학회의 상담심리 분과를 중심으로 소개할 것이다.

(1) 미국상담학회

미국상담학회(American Counseling Association: ACA)는 1952년에 직업지도학회(The National Vocational Guidance Association)를 모태로 설립되었으며, 그 이후 몇 차례의 개칭을 거쳐 1992년에 다양한 영역에서 일하는 상담전문가들을 대표하기 위해 현재의 이름으로 개칭하여 이어져 오고 있다. 현재 미국상담학회는 전문상담가들을 대표하는 가장 큰 규모의 단체이다. '모든 사람은 더 나은 삶을 위해 양질의 전문상담을 접할 수 있어야 한다'는 미션을 가지고 상담자들의 개인적 성장과 직업적 발달뿐만 아니라 사회 소외계층을 위한 다양한 활동을 펼치고 있다. 학회의 공식 학술지로 『상담 및 발달 저널(Journal of Counseling & Development)』을 연 4회 발행하고 있다. 2020년 기준 18개의 분과학회를 지니고 있으며 56개의 지점을 두고 있다. 18개 분과학회의 목록은 다음과 같다.

- 성인 · 노인발달학회(Association for Adult Development and Aging: AADA)
- 상담평가 · 연구학회(Association for Assessment and Research in Counseling: AARC)
- 아동 · 청소년상담학회(Association for Child and Adolescent Counseling: ACAC)
- 창의상담학회(Association for Creativity in Counseling: ACC)
- 전미대학상담학회(American College Counseling Association: ACCA)
- 상담자교육 · 수퍼비전학회(Association for Counselor Education and Supervision: ACES)
- 인본주의상담학회(Association for Humanistic Counseling: AHC)
- 다문화상담 · 발달학회(Association for Multicultural Counseling and Development: AMCD)
- 전미재활상담학회(American Rehabilitation Counseling Association: ARCA)
- 영성 · 윤리 · 종교적가치상담학회(Association for Spiritual, Ethical, and Religious Values in Counseling: ASERVIC)
- 집단상담학회(Association for Specialists in Group Work: ASGW)

- 사회정의상담학회(Counselors for Social Justice: CSJ)
- 국제중독 · 가해자상담학회(International Association of Addictions and Offender Counselors: IAAOC)
- 국제결혼 · 가정상담학회(International Association of Marriage and Family Counselors IAMFC)
- 군 · 정부상담학회(Military and Government Counseling Association: MGCA)
- 진로발달학회(National Career Development Association: NCDA)
- 고용상담학회(National Employment Counseling Association: NECA)
- 성 · 간성 · 젠더정체성협회(Society for Sexual, Affectional, Intersex, and Gender Expansive Identities: SAIGE)

(2) 미국심리학회 17분과: 상담심리학협회

미국심리학회의 17번째 분과인 상담심리학협회(Society of Counseling Psychology)는 다양한 상황에서의 개인적, 교육적, 직업적 적응을 도모하기 위한 목적으로 1946년에 설립되었다. 소속에서 알 수 있듯이, 미국상담심리학협회는 심리학이라는 거대한 틀 안에서 상담심리 학문의 발전과 학회원들을 조력하는 활동을 해 오고 있다. 상담심리를 심리학 지식에 근거하여 개인 및 집단을 대상으로 정상 범주의 생애발달에 대한 이슈뿐 아니라 정신 및 행동장애 등에 초점을 두는 학문으로 규정하여 회원들을 대상으로 훈련, 교육, 학술대회 등을 주기적으로 제공하고 있다. 학회의 공식 학술지인『상담심리학자(The Counseling Psychologist)』를 연 6회 발행하고 있다. 2020년 기준 상담심리학협회에 속한 분과는 다음과 같다.

- 여성 발전(Advancement of Women)
- 대학상담센터(University Counseling Centers)
- 직업심리학(Vocational Psychology)
- 인간-동물 상호작용(Human-Animal Interaction)
- 긍정심리학(Positive Psychology)
- 국제분과(International Section)
- 건강심리학(Health Psychology)
- 인종다양성(Ethnic and Racial Diversity)
- 상담심리실제(Professional Practice)

- 심리치료과학(Psychotherapy Science Promotion)
- LGBT 이슈(Lesbian, Gay, Bisexual & Transgender Issues)
- 예방(Prevention)
- 수퍼비전 및 훈련(Supervision & Training)

이 외에도 SIG(Special Interest Group)라는 이름으로 여러 주제에 대한 관심사를 교류하는 다양한 단체가 있다.

5. 상담 및 심리치료의 자격

국내 상담 및 심리치료 자격관리 체계는 단순하지 않다. 그 이유로 소수의 국가자격증과 무수히 많은 민간자격증이 혼재되어 있고, 각 자격증이 보장하는 전문성 및 공신력 또한 제각각임을 들 수 있다. 또한 학위과정에서 이수하는 교과과정에 대하여 체계적인 기준이 존재하지 않아서 교육과정의 편성, 운영의 충실도, 교육 여건 등이 기관별로 일관되지 않고 큰 차이가 있다. 이와 같은 상황에서 학위만으로 상담 및 심리치료 전문가 자격을 인정받기는 쉽지 않은 실정이다. 그러므로 학위과정을 이수하는 것 외에도 외부에서 훈련과 교육을 받고 국가 또는 학회에서 발급하는 자격증을 받아야 상담 및 심리치료 전문가로 인정을 받고 관련 기관 등에 취업을 할 수 있다.

국가자격은 법령으로 규정된 바에 근거하여 정부부처 또는 위탁기관이 자격검정을 관리하는 경우를 일컬으며 대표적인 국가자격의 종류로는 전문상담교사, 청소년상담사, 직업상담사, 임상심리사가 있다. 민간자격증은 학회 또는 민간단체에서 자체적으로 규정을 만들어 자격을 관리하는 경우이다. 민간단체에서 자격증을 만드는 경우 이를 세세하게 규제할 수 있는 방안이 마땅치 않기 때문에 신용하기 어려운 민간자격증들이 남발되고 있는 상황에 주의할 필요가 있다. 공신력을 가진 상담 및 심리치료의 대표적인 민간자격으로는 한국상담학회(전문상담사), 한국상담심리학회(상담심리사), 한국임상심리학회(임상심리전문가), 한국가족치료학회(부부가족상담전문가), 한국중독심리학회(중독심리사)에서 관리하는 자격증이 있다.

1) 국가자격

전문상담교사 자격에 대한 규정은「초 · 중등교육법」에 기반을 두고 있으며 1급과 2급으로 분류된다. 전문상담교사 제도는 교사를 학교상담인력으로 활용하는 방법 대신 2005년부터 상담 관련 전공자들을 임용고시를 통해 학교의 정규직 교사로 채용하여 운영되고 있다. 각급 학교에 전문상담교사를 운영 및 배치하는 내용은「초 · 중등교육법」및「학교폭력예방 및 대책에 관한 법률」에서 규정하고 있다. 전문상담교사 2급 응시를 위해서는 대학의 상담심리관련학과 졸업자로 재학 중 소정의 교직학점을 취득하거나, 교육부에서 지정한 대학원의 상담 및 심리교육학과에서 전문상담 교육과정을 이수하고 석사학위를 받은 경우, 또는 2급 이상의 교사자격증을 가진 자로서 교육부에서 지정한 대학원에서 전문상담교사 양성과정을 이수한 자의 자격이 필요하다.

청소년상담사 자격에 대한 규정은「청소년기본법」(제22조 제1항)에 근거를 두고 있으며 1급, 2급, 3급의 자격이 있다. 소관부처는 여성가족부이며 한국청소년상담복지개발원에서 실질적인 자격 심사 및 관리를 맡고 있다. 매년 1회 산업인력공단을 통해 필기 및 면접 자격시험이 실시된다. 청소년상담과 관련된 국내 유일의 국가자격증이며, 학교폭력, 가출, 집단 괴롭힘, 약물 오남용, 청소년 성매매 등 다양하고 복합적인 청소년문제에 특화된 질 높은 상담서비스를 제공하는 전문 인력을 확보하기 위하여 운영되고 있다. 이 자격증을 취득한 상담사는 자격을 관리하는 한국청소년상담복지개발원을 비롯한 국가정책적 차원의 청소년 상담 분야뿐 아니라 초 · 중 · 고등학교, 대학상담센터, 사회복지기관 등 교육 및 민간 차원에서도 전문성을 인정받으며 활동하고 있다.

직업상담사 자격은 고용노동부 소관이며 1급과 2급으로 분류된다. 산업인력공단에서 필기 및 실기 시험을 주관하는데, 2급 필기시험의 경우 직업상담학, 직업심리학, 직업정보론, 노동시장론, 노동관계법규의 다섯 가지 과목으로 이루어진다. 실기에서는 직업상담실무에 대한 내용을 주관식으로 답하게 된다. 1급에 응시하기 위해서는 직업상담사 2급을 소지한 채로 3년 이상의 실무 경력이 있거나, 대졸자로서 5년 이상 실무 경력을 필요로 한다. 관련 학과로는 대학 및 전문대학의 심리학과, 경영학과, 경제학과, 법정계열학과, 교육심리학과 등이 있으나 전공이 시험의 응시자격에 영향을 주진 않는다.

정신건강임상심리사의 자격을 수여하는 기관은 보건복지부이며, 자격증을 발급하는 기관은 국립정신건강센터이다. 1급과 2급으로 구분되어 있다. 2016년도에「정신보건법」을 전신으로 개정된「정신건강증진 및 정신질환자 복지서비스 지원에 관한 법률」에 근거를 두고 있다. 2급에 응시하기 위한 자격으로 심리학에 대한 학사학위 이상을 소지한 채로 수련기관에서 1년 이상 수련을 마칠 것이 요구된다. 1급 응시 자격은 대학원에서 심리학과를 전공하여 임상심리 관련 교과목들을 이수하고 지정된 수련기관에서 3년 이상 수련할 것이 요구된다.

2) 민간자격

한국상담학회가 주관하는 '전문상담사' 자격은 1급과 2급으로 구분된다. 대학 및 대학원에서 일정량 이상의 상담 관련 과목을 이수한 자에 한하여 필기시험, 수련요건 심사, 면접시험을 거쳐 자격증을 취득하게 된다. 2급 필기시험의 경우 상담 이론과 실제, 심리검사와 상담, 집단상담 이론과 실제, 상담윤리, 상담연구방법론, 진로상담, 가족상담의 7가지 영역 중 6과목을 선택하여 응시한다. 2급 전문상담사가 되기 위한 수련요건은 1년 이상의 기간 동안 개인 및 집단상담에서의 내담자 경험을 포함하여 개인 및 집단상담에서의 수퍼비전, 사례보고서, 공계사례발표회 참여 등 총 180시간의 수련을 필요로 한다. 1급의 필기시험은 상담철학과 윤리, 고급상담 이론과 실제, 집단상담 프로그램 개발, 심리평가와 진단, 고급 상담연구방법론, 상담수퍼비전의 이론과 실제의 필기과목을 포함한다. 수련요건은 범주에 따라 3년 이상 총 수련시간 540시간 또는 4년 이상 총 수련시간 720시간을 필요로 한다.

한국상담심리학회에서는 모학회인 한국심리학회에서 발급하는 '상담심리사' 1급과 2급 자격증을 관리하고 있다. 1급과 2급 상담심리사는 공통적으로 개인 및 집단을 대상으로 하는 심리치료, 심리평가, 기업 자문 및 심리교육, 상담 및 심리치료에 대한 연구, 지역사회 상담교육 및 예방 활동 등을 수행한다. 1급 상담심리사는 다른 상담심리사에 대한 교육지도와 수퍼비전, 상담실 책임운영, 수련내용 평가 및 자격 추천의 직무를 수행할 자격이 있다는 점에서 2급과 구분된다. 2급 자격증을 얻기 위해서는 역시 필기 자격시험과 수련내용을 충족시켜야 하는데, 필기시험에서는 상담심리학, 발달심리학, 이상심리학, 학습심리학, 심리검사의 5과목을 시험으로 치르게 된다. 수련내용으로는 접수면접, 개인 및 집단상담, 심리평가, 공개사례발표 등의 영역에서 정해진 사례 또는 시간의 수련요건을 충족시켜야 한다. 1급의 경우 필기시험에서 상담 및 심리치료이론, 집단상담 및 가족치료, 심리진단 및 평가, 성격심리 및 정신병리, 심리통계 및 연구방법론의 다섯 과목이 해당되며, 2급과 마찬가지로 1급 수준에서 요구되는 수련내용의 기준을 통과해야 한다.

한국임상심리학회 역시 모학회인 한국심리학회에서 발급하는 '임상심리전문가' 자격검정을 시행하고 있다. 임상심리전문가의 경우 따로 급수를 나누고 있지는 않으며 석사취득자와 박사과정 그리고 박사취득자에 대해 요구하는 수련기간 및 요건을 다르게 적용하고 있다(석사취득자: 3년 이상, 3,000시간 이상; 박사과정: 2년 이상, 2,000시간 이상; 박사취득자: 1년 이상, 1,000시간 이상). 수련내용으로는 심리평가, 심리치료, 사례 발표, 논문 발표, 학회 참석, 필수교육 이수 등이 포함된다. 필기시험과 면접, 자격심사를 거쳐 자격증을 취득하게 되는데, 필기시험은 기초과목으로 생리심리학, 임상심리연구방법론, 성격심리학, 인지 및 학습심리학을 포함하고 임상과목으로 정신병리학, 심리치료, 심리평가를 포함한다. 이후 전문가 윤리와 전문지식 및 태도에 대한 면접과 자격심사를 거쳐 자격증을 발급받는다.

한국가족치료학회에서는 자격등급을 부부가족상담전문가 2급, 부부가족상담전문가 1급, 부부가족상담 수퍼바이저의 세 등급으로 구분한다. 공통적으로 가족 구성원의 개인 및 가족을 대상으로 부부가족상담의 전반적인 업무를 수행하지만 1급 이상부터 부부가족상담에 관한 연구 수행 및 관련기관을 운영할 수 있는 자격이 주어지며, 수퍼바이저는 부부가족상담 수퍼비전에 대한 구조화와 지도감독, 정부정책 참여, 기업체 자문 등의 업무도 맡게 된다. 부부가족상담 관련 전공자로서 자격요건심사 및 수련요건심사로 이루어지는 자격심사와 필기시험 및 면접시험으로 구분되는 자격시험을 통과하여야 한다. 필기시험의 경우 2급은 가족치료, 가족관계, 상담심리, 인간발달의 과목이 해당되며 1급의 경우 여기에 연구방법과 가족치료실제 과목이 추가된다. 부부가족상담 수퍼바이저가 되기 위해서는 1급을 취득한 뒤 만 5년이 경과한 후 학회가 요구하는 수련요건과 자격심사를 통과해야 한다.

한국중독심리학회에서는 '중독심리심리사'와 '중독심리전문가'의 이름으로 급을 구분하여 자격검정을 실시하고 있다. 한국중독심리학회의 자격시험 시행 세칙을 따라 필기시험과 사례면접시험을 통해 자격시험을 치르게 된다. 중독심리심리사는 중독심리학 또는 관련 학과에서 자격시험에 필요한 필수 및 선택과목을 이수한 뒤 1년 이상의 수련을 마친 경우, 한국심리학회에서 인정하는 심리사 또는 2급 이상의 자격증을 소지하여 중독분야에서 6개월 이상의 수련을 마친 뒤 학회가 주관하는 40시간의 중독심리 교육과정을 이수한 경우, 중독상담 혹은 치료 기관에서 3년 이상 상담업무를 담당하고 중독심리 교육과정을 이수한 경우에 자격증 시험을 거치고 중독심리심리사가 될 수 있다. 중독심리전문가는 보다 상위 수준의 학위, 자격증, 전문적 훈련 및 임상 경험을 보유한 자에 한해 자격시험과 자격심사에 합격한 후 중독심리전문가 자격증을 취득할 수 있다.

3) 미국 자격제도

미국의 학회를 설명하였듯이 미국의 자격제도에 대해 간략하게 설명하고자 한다. 미국 역시 상담, 심리학, 사회복지 등 여러 분야에 걸쳐 일반심리상담, 중독상담, 가족치료 등 다양한 영역에 대한 수많은 상담 및 심리치료 관련 자격제도가 혼재하여 있다. 더군다나 연방국가인 미국은 주(state)마다도 자격검정제도에 차이가 있어서 자격제도를 짧게 요약하여 제시하는 것이 쉽지 않다. 여기에서는 국가공인상담사 자격위원회(National Board for Certified Counselors: NBCC)에서 시행하는 '국가공인상담사(National Certified Counselor: NCC)'와 각 주마다 적용되는 상담자격증 기준에 대해 간략하게 살펴보도록 한다.

먼저, 국가공인상담사(NCC)는 현재 국가적인 수준에서 미국에서 가장 널리 보급되어 있는 자격증이다. 중독, 임상정신건강, 학교상담의 세 가지 전문영역에 대한 자격을 가질 수 있다. 이 자격증을 얻기 위해서 상담사는 석사학위 이상의 학위를 소지해야 하는데, 여기에서 석사학위는 상담 및 관련 교육 프로그램 인증위원회(The Council for Accreditation of Counseling and Related Educational Programs: CACREP)의 인증을 거친 학교프로그램에서 이수해야 한다. 그렇지 않을 경우 인증프로그램에서 표준화되어 실행하는 그에 상응하는 상당한 양의 상담 및 수퍼비전 시간이 요구된다. 또한 국가공인상담사가 되기 위해서는 국가상담사자격시험(Natioanl Counselor Exmaination: NCE) 또는 국가임상정신건강상담자격시험(National Clinical Mental Health Counseling Examination: NCMHCE) 필기시험을 통과해야 한다. 앞서 언급한 전문영역에 대해 자격을 얻기 위해서는 시험에서 추가 영역을 응시하여 통과할 것이 요구된다.

미국에서는 50개의 주와 수도인 워싱턴 D.C.에 걸쳐 자격증 명칭과 자격요건에 대해 차이가 있다. 주마다 다른 자격증은 곧 주정부에서 인정하는 전문상담에 대한 자격을 뜻하며, 해당 주에서 사설상담센터를 운영하거나 의료보험과 연계하여 내담자들에게 보험혜택을 줄 수 있는 자격이 주어진다. 가장 많이 사용되는 명칭은 '전문상담사(Licensed Professional Counselor: LPC)'이다. 다른 명칭으로는 일리노이, 캔자스주 등에서 사용되는 '임상전문상담사(Licensed Clinical Professional Counselor: LCPC)'나 캘리포니아주 등에서 사용되는 '전문임상상담사(Licensed Professional Clinical Counselor: LCPC)' 등의 명칭이 있다. 수련요건에 대한 기준도 제각각이나 많은 주의 경우 상담관련교육프로그램에서 석사과정을 마친 뒤 대략 2~3년에 걸쳐 약 3,000시간 내외의 시간을 자격증을 수퍼바이저가 제공하는 수퍼비전하에서 상담 및 관련 활동으로 시간을 채울 것이 요구된다.

6. 상담 및 심리치료의 윤리

상담 및 심리치료 전문가는 자격 요건을 갖춤과 동시에 복합적인 여러 업무를 수행하는 데 있어서 윤리강령(code of ethics)을 지켜야 한다. 윤리강령을 지키지 못하는 경우에는 전문가로서의 자격이 박탈될 수 있을 뿐 아니라 법적인 책임까지 더해질 수 있다. 실제로 미국에서는 매해 상담 및 심리치료사가 윤리강령을 어김으로써 법의 판결을 받는 사례들이 지속적으로 보고되고 있다. 우리나라에서도 그 사례가 많지는 않으나 상담 및 심리치료 전문가가 위력을 사용하여 성범죄를 저지른 일이 최근 사회적인 이슈가 된 바 있다. 각 자격에 따른 상담 및 심리치료 전문가 자격의 윤리규정은 해당 학회의 홈페이지, 자격검정 시행기관의 홈페이지에서 쉽게 찾아볼 수 있으므로, 여기에서는 많은 학회에서 공통적으로 제시하는 일반적인 윤리규정 몇 가지만을 간략하게 소개하고자 한다.

1) 전문가로서의 능력 및 태도

상담 및 심리치료 전문가는 자신의 전문적인 능력과 태도를 통하여 내담자에게 가장 좋은 서비스를 제공하기 위하여 노력해야 한다. 먼저, 지속적인 교육, 수련, 경험을 통하여 준비된 역량의 범위 안에서 전문적인 서비스를 제공해야 할 의무가 있다. 교육과 수련은 관련 학회에서의 활동 및 학술대회 등을 통한 수련, 연수, 워크숍 참여 등의 활동을 포함한다. 이러한 활동을 통하여 가장 최신의 과학적이고 전문적인 정보와 지식을 유지해야 한다. 또한 한국상담심리학회는 상담심리사가 문화, 신념, 종교, 인종, 성적 지향, 성적 정체성, 신체적 또는 정신적 특성에 대해 스스로의 편향된 사고를 자각하고 이를 극복하기 위해 노력해야 함을 강조하였다.

만약 치료자가 자신의 가치체계와 능력 또는 기법의 한계를 인식하여 특정 사례에 대해 적절한 도움을 주지 못할 것으로 판단하는 경우에는 내담자의 동의를 구한 뒤 다른 동료 전문가 또는 유관 기관으로 연결하는 것이 좋다. 상담 및 치료의 과정을 비롯하여 윤리적 쟁점 등에 대해 의문이 생길 경우에는 다른 상담자나 수퍼바이저, 그리고 관련 전문가들에게 자문을 구하도록 해야 한다. 한국상담학회의 윤리규정은 상담자 또는 내담자의 질병, 사고, 이동, 또는 내담자의 재정적 한계 등의 요인에 의해 상담을 중단해야 할 경우, 이에 대해 적절한 조치를 취할 것을 안내하고 있다. 보다 구체적으로, 상담자에게 신체적 또는 심리적으로 손상(impairment)이 있어서 내담자에게 적절한 도움을 주지 못할 것으로 판단되거나, 상담자가 소속기관을 옮겨서 내담자의 의지와 무관하게 불가피하게 상담이 중단되는 경우에는 사전에 내담자에게 필요한 안내를 제공해야 한다.

2) 비밀보장 및 사생활 존중

비밀보장(confidentiality)은 상담자 및 치료자로서 요구받는 가장 대표적이며 기본적인 윤리규정이다. 상담자는 내담자의 사생활과 비밀 유지를 최대한으로 존중할 의무가 있다. 상담자는 필연적으로 내담자의 여러 가지 사생활 및 사적인 정보를 접하게 되는데, 오직 상담 및 치료 과정에 유익하다는 전제하에 이러한 정보를 요구하거나 질문해야 한다. 상담에서 다루어지는 대부분의 정보는 비밀보장을 원칙으로 한다. 이는 상담자가 몇 가지 예외적인 경우를 제외하고는 내담자의 서면 동의 없이 상담과 관련된 어떠한 정보도 제3자에게 전달하거나 공개할 수 없음을 뜻한다. 비밀보장의 대상이 되는 정보란 내담자의 신상 정보 또는 상담 및 심리치료의 주제 및 진행상황 등을 포함한다. 상담과 관련된 법적 제도가 정비되어 있는 미국의 경우 비밀보장의 의무는 윤리적 규정일 뿐 아니라 법적인 의무이기도 하다. 국내의 경우 아직 상담 관련 정보를 보호하는 법이 제정되어 있지 않다. 비밀보장 의무는 상담을 시작하는 접수면접과 사전동의를 통해 내담자에게 충분히 고지되어야 하며, 필요시 상담 및 심리치료가 진행되는 중에도 상담자가 내담자에게 반복적으로 상기시켜 줄 필요가 있다.

언급하였듯이 상담자의 비밀보장 의무에는 몇 가지 예외적인 사항이 있다. 먼저, 자신이나 타인 또는 사회에 해가 될 큰 위험이 있는 경우이다. 즉, 스스로에게 심각하게 해를 입힐 가능성이 있거나(예: 심각한 수준의 자해 및 자살시도), 타인에게 심각한 해를 입히고자 하는 분명한 의도 및 계획 등이 확인될 때에 상담자는 수퍼바이저 및 소속 학회의 윤리위원회와의 신중한 의논을 통하여 내담자와 관련된 정보를 전문가 및 기관 등에 제공할 수 있다. 또 다른 경우로 내담자가 아동학대에 연관되어 있는 경우이다. 이는 내담자가 아동학대를 저지르고 있는 경우뿐 아니라 미성년인 내담자가 학대를 당하고 있는 경우를 포함한다. 이 외에도 치명적인 감염성 질병이 있다는 확실한 정보를 얻은 경우나 법적으로 정보 공개가 요구되는 경우 비밀보장의 의무가 예외적으로 적용될 수 있다. 마지막으로 수퍼비전의 경우처럼 내담자에 대한 상담 및 치료 과정이 다른 전문가 또는 전문가 집단에게 지속적으로 보고되고 있다면 그러한 과정에 대하여 상담자는 내담자에게 알려야 한다.

비밀보장과 관련된 현행 법률로 대표적인 것은 사생활 보호를 명시한 대한민국「헌법」이다.「헌법」제17조의 '모든 국민은 사생활의 비밀과 자유를 침해받지 아니한다.'는 조항은 상담자는 모든 내담자의 비밀을 보호할 의무의 근간이 된다. 반면, 경고의 의무에 있어서는「학교폭력예방 및 대책에 관한 법률」제20조에서 일반 시민이나 상담자가 학교폭력 현장을 발견할 경우 관련 기관에 보고해야 한다는 조항이 여기에 해당된다. 또한 아동의 건강 복지를 해치거나 정상적 발달을 저해할 수 있는 신체적 · 정신적 · 성적 폭력 또는 가혹행위에 대한「아동복지법」제26조는 아동학대 신고의무와 관련되는 법이라 할 수 있다. 그리고 1군 전염병 환자 또는 제1군 전염병으로 인한 사망자가 있을 때는 신고해야 한다는「감염병 예방 및 관리에 관한 법률」제12조도 관련 법률 중 하나이다.「민사소송법」제315조는 증언거부권에 대한 내용으로, 변호사 · 변리사 · 공증인 · 공인회계사 · 세무사 · 의료인 · 약사 · 그 밖의 법령에 따라 비밀을 지킬 의무가 있는 직책에 있는 사람은 비밀에 해당하는 사항에 대하여 증인으로서 증언을 거부할 수 있다고 명시되어 있다. 그러나 그 대상으로 상담자가 명시되어 있지 않아 아직 이 법률을 근거로 상담자의 증언거부권이 보장받는다고 말하기에는 무리가 있다.「형사소송법」제149조는 업무상 알게 된 사항에 대하여 본인의 승낙이 있거나 공익상 필요할 경우에는 증언거부에 예외가 있을 수 있으나, 업무상 위탁을 받은 관계로 알게 된 사실에 대하여는 타인의 비밀사항에 대해 증언을 거부할 수 있다고 명시한다.

▲ 윤리강령은 상담 및 심리치료 전문가에게 일반적이고 폭넓은 지침을 제공해 주지만 모든 상황에 대한 답을 제시하지는 않기 때문에 상담 및 심리치료 전문가는 윤리적 딜레마의 상황에 마주할 수 있다.

3) 다중관계 제한

상담 및 심리치료 전문가는 상담의 객관성 및 전문적인 판단에 영향을 미칠 수 있는 다중관계(multiple relationship)를 피해야 한다. 이는 상담자가 내담자와의 친밀한 관계에 대해 충분히 인지를 하되 내담자에 대한 존중을 유지하여 상담자 개인의 필요를 위해 내담자를 이용하지 않아야 할 의무를 포함한다. 또한 상담자와 내담자의 관계는 오직 상담관계 안에서만 이루어져야 함을 의미하기도 한다. 즉, 상담자는 아주 특별한 경우를 제외하고는 내담자와 상담실 밖에서 사적인 관계를 이어 나가지 않아야 한다. 이와 반대로 이미 형성되어 있는 관계, 즉 사제관계, 고용관계, 상하관계, 금전적 관계, 사적 친밀관계 등을 상담관계로 발전시키지 않아야 한다. 이미 형성되어 있는 관계의 경우에는 다른 전문가에게 의뢰를 하는 등의 조치를 취하도록 권장한다. 상담 및 심리치료 업무수행에 위험요인이 되지 않고 상대에게 해를 입히지 않을 것으로 생각되는 다중관계는 비윤리적이지 않다고 보는 관점도 있으므로 상담자는 각 학회의 윤리강령을 잘 숙지하여 판단을 내려야 하며, 필요한 경우 수퍼바이저 및 윤리위원회 등의 도움을 얻는 것이 좋다.

다중관계를 논할 때에는 상담자가 상담관계에서 지켜야 할 성적 관계의 경계에 대한 논의도 포함하게 된다. 상담자는 내담자를 비롯하여 내담자의 가족들과 성적 관계 또는 어떠한 친밀한 관계도 갖지 않아야 한다. 역시 반대의 경우, 즉 상담자가 내담자 또는 내담자의 가족과 성적 관계를 맺었거나 유지하는 경우에도 상담관계를 형성해서는 안 된다. 한국상담학회에서는 상담관계가 종결되었다고 하더라도 최소 2년 내에는 내담자와 성적 관계를 맺지 않을 것을 강조하고 있다. 뿐만 아니라 2년이 지난 후에 내담자와 성적인 관계를 맺는 경우에도 이 관계가 착취적이 아니라는 것을 철저하게 검증할 책임이 있음을 명시하고 있다. 이는 상담 및 심리치료 전문가와 내담자 간 사이에는 위력의 차이가 있으며 특히 의존적 성향을 가진 내담자의 경우 치료자에게 과의존하게 되며 착취적인 관계로 발전할 소지가 있기 때문에 상담자 및 치료자는 내담자와의 관계에서 이런 고려사항들을 충분히 숙지하고 주의를 기울일 책무가 있다.

4) 연구 및 출판의 윤리

내담자 중에는 간혹 상담자로부터 상담자가 지닌 비밀보장의 의무를 고지받았음에도 불구하고 혹시 상담 및 심리치료의 내용이 연구에 사용되는 것은 아닌지 물어오는 경우가 있는데, 일반인 중에도 이런 오해를 가지고 있는 경우가 있다. 그러나 이러한 우려는 오해에 불과하며 상담 및 심리치료 전문가들은 엄격한 연구윤리를 따르도록 교육받는다. 상담 및 심리치료 연구자는 연구의 결과가 학문에 바람직한 기여를 하도록 노력할 뿐 아니라, 연구 참여자의 삶에 혼란이 초래되거나 어떠한 해도 입히지 않으며 언제든 참여자가 원할 때 참여를 중단할 수 있도록 안내해야 한다. 연구 또는 출판을 목적으로 상담관계로부터 얻어진 자료를 사용할 때에는 반드시 내담자의 동의를 먼저 구해야 하며, 동의를 얻은 뒤에도 개인의 익명성이 최대한 보장되도록 자료를 적절하게 변형하거나 신상 정보는 삭제하는 등의 노력을 다해야 한다. 한국임상심리학회는 연구참여자들에게 연구의 목적 및 결과, 결론 등에 대해 정보를 제공하는 것이 과학적 및 인간적 가치를 손상시키지 않는 한, 연구참여자들이 연구에 대한 정보를 제공받아야 함을 규정하였다. 또한 연구절차가 연구참여자들에게 피해를 입혔다는 것을 알게 된다면 그 피해를 최소화하기 위한 조치를 취해야 한다.

5) 사회적 책임

상담 및 심리치료 전문가는 내담자의 웰빙과 복지를 최대한으로 존중함과 동시에 사회적인 책임을 다해야 할 윤리적 의무가 있다. 즉, 사회의 법령, 윤리, 도덕적 기준을 존중하고 사회 전반 및 몸을 담은 직종의 바람직한 공익을 위해 최선을 다해야 한다. 이러한 노력에는 상담비용 책정 시 내담자의 재정상태 및 지역성을 고려한다거나 해당 사례를 맡지 않더라도 내담자가 가장 적합한 서비스를 합리적인 비용으로 받을 수 있도록 연결해 주는 등의 일이 포함된다. 상담 및 심리치료 전문가는 고용 기관과의 관계에 있어서도 종사하는 기관의 목적에 부합하는 공헌을 할 책임이 있다. 근무하는 기관에서 이루어지는 상담업무, 비밀보장, 기록된 정보의 관리 등의 제반사항에 대해 관리자 및 동료들과 적절한 상호동의 절차를 거쳐야 한다. 마지막으로, 다른 전문직과의 관계에서 협력을 필요로 하는 사안이 있을 경우에 개방적이고 정직하며 정확한 의사소통을 기반으로 내담자의 이익과 사회 공익을 도모해야 할 책임이 있다.

이러한 주요 윤리조항 외에도 평가 및 심리검사, 원격 상담 및 심리치료, 수퍼비전 및 상담자교육에 대한 윤리규정 등이 있다.

7. 요약 및 리뷰

- 상담 및 심리치료에 대해 두 개념을 구분하는 관점과 구분하지 않는 관점이 있다. 이 중 둘을 구분하는 경우, 심리치료는 진단에 근거하여 정신장애를 다루는 데 초점을 두는 반면 상담은 인간관계, 진로문제, 학업문제, 적응 및 부적응의 문제에 보다 중점을 두는 경향이 있다.
- 생애발달 단계에 따른 상담 및 심리치료의 대상을 고려할 때에 아동상담, 청소년상담, 노인상담 등으로 구분할 수 있으며, 이러한 발달적 집단이 나타내는 고유한 특성을 고려하여 전문적이며 특수화된 상담 및 심리치료가 제공되고 있다.
- 상담 및 심리치료가 행해지는 다양한 현장에 따라 이를 구분할 때 학교상담, 대학상담, 기업상담, 교정상담, 직업상담 등의 영역을 구분할 수 있다.
- 상담 및 심리치료의 대표적인 형태로는 개인상담, 집단상담, 부부/커플/가족상담, 심리교육이 있으며, 각 형태에 따라 회기의 시간에 차이가 있을 수 있다.
- 상담 및 심리치료의 가장 오래된 매개로는 같은 공간 안에서 이루어지는 대면 면담의 방식이 있다. 점차 기술과 인터넷 등이 발달하며 전화 및 텍스트 상담을 거쳐 비디오콘퍼런싱 또는 가상현실 및 증강현실을 활용한 상담 등 다양한 매개를 통해 상담 및 심리치료가 이루어지고 있다.
- 이건의 유능한 조력자 모델은 문제 해결에 초점을 두고 내담자의 삶을 향상시킬 수 있는 대안적인 안과 내담자가 자력적으로 문제를 해결할 수 있도록 역량을 키우는 것을 목표로 한다.
- 이건의 모델은 조력의 단계를 세 가지 단계로 나누어 제시하였는데 '현재 상태'에 대한 탐색, '목표 상태'에 대한 탐색, 그리고 '성장으로 나아가기'로 구성된다. 또한 이 세 단계를 통틀어 실행, 즉 어떻게 이 모든 일을 일어나도록 할 것인지에 대해 관심을 둔다.
- 힐 또한 치료자가 내담자를 도와주는 과정을 3단계로 구분하여 설명하였는데 탐색-통찰-실행으로 구성된다. 탐색 단계에서 치료자는 내담자가 표현하는 모든 언어적-비언어적 메시지를 경청하여 내담자에 대해 폭넓은 정보를 모으고 내담자가 자신의 생각과 감정을 탐색할 수 있도록 돕는다. 통찰 단계에서 치료자는 내담자가 스스로의 행동 또는 사고과정에 대한 인식을 증진시켜서 새로운 관점으로 스스로를 이해하거나 삶에서 반복적으로 나타내는 패턴을 이해하도록 돕는다. 마지막 실행 단계에서 치료자는

내담자가 실행계획을 세우고 행동으로 옮겨 구체적인 변화를 이끌어 낼 수 있도록 조력한다.

- '심리치료는 어떻게 내담자에게 효과를 가져다 주는가'의 질문에 답하기 위해 효과성 연구와 더불어 공통요인 모델에 대한 논의가 있어 왔다. 폭넓게 인정받고 있는 공통요인으로는 내담자 요인, 치료자 요인, 변화과정 요인, 치료의 구조적 요인, 기대 요인 등이 있다.
- 다양한 학회에서는 상담 및 심리치료 전문가가 따라야 할 윤리강령을 제안하고 있으며 그 대표적인 내용으로는 전문가로서의 능력 및 태도, 비밀보장 및 사생활 존중, 다중관계 제한, 연구 및 출판의 윤리, 사회적 책임 등이 있다.

학습 문제

1. 상담과 심리치료의 두 개념을 공통점과 차이점을 들어 설명해 봅시다.
2. 이건과 힐의 모델에서 공통적으로 나타나는 상담 및 심리치료의 과정을 설명해 봅시다.
3. 상담 과정 및 결과에 영향을 주는 요인에는 어떤 것들이 있나요? 힐과 공통요인 모델을 참고하여 설명해 봅시다.
4. 상담 및 심리치료의 여러 분과학회에서 다루는 주제 중 다섯 가지를 나열해 봅시다.
5. 국내에서 상담 및 심리치료 전문가가 되기 위해 필요한 자격과 그 조건에 대해 설명해 봅시다.
6. 비밀보장의 의무란 무엇이며 이에 대한 예외적인 경우에는 어떤 것들이 있는지 말해 봅시다.

제 2 장

정신분석적 심리치료

신정미

1. 정신분석적 심리치료 소개

1) 주요 발전

2) 주요 학자 전기

2. 정신분석적 심리치료의 주요 이론

1) 정신결정론

2) 이중 본능 이론

3) 유혹가설에서 유아 성욕설로

4) 지형학적 이론

5) 구조 이론

6) 마음의 지형학적, 구조적 모델

7) 불안과 방어

8) 심리성적 발달 단계

9) 대상관계 이론

3. 정신분석적 심리치료의 실제

1) 정신분석과 정신분석적 심리치료

2) 치료적 관계

3) 치료 기법

4. 관련 최신 치료법: 시간제한 역동 심리치료

1) 목적과 변화 원리

2) 사례개념화

3) 핵심 치료 전략

5. 주요 기술 실습

6. 요약 및 리뷰

학습 목표

- 정신분석적 계보의 주요 인물들을 알 수 있다.
- 정신분석적 치료의 주요 개념들을 이해한다.
- 인간의 생각과 감정, 행동에 영향을 미치는 무의식적 힘(drives)의 작용을 이해한다.
- 인간의 성격 구조인 원초아, 자아, 초자아 간 상호작용에 대해 이해한다.
- 불안을 다루기 위한 자아의 방어기제들을 설명할 수 있다.
- 성격 발달에 대한 심리성적 발달 단계와 심리사회적 발달 단계를 설명할 수 있다.
- 정신분석적 치료에서 활용되는 전이와 역전이에 대해 이해한다.

1. 정신분석적 심리치료 소개

1) 주요 발전

'정신분석'이라는 용어를 들을 때, 당신의 머릿속에는 무엇이 떠오르는가. 그중에는 아마도 프로이트와 카우치가 포함되어 있을 법하다. 프로이트는 내담자들을 치료하는 방법으로 그들을 기다란 카우치에 눕게 하고 지금 여기에서 떠오르는 생각들을 그대로 말하게 하였다. 그 말의 대부분은 당시 면전에 대고 말하기에는 낯 뜨겁고 거북할 수 있는 성적인 것이거나 수치심을 느낄 만한 것들이었기에 프로이트는 내담자들과 마주 앉지 않고 그들이 누운 머리 뒤쪽에 앉았다. 이것이 카우치에 누워서 하는 프로이트의 자유연상 기법이다. 하루 종일 내담자의 시선을 받는 것이 프로이트에게도 지치는 일이었을 것이며 내담자에게는 눈맞춤의 부담 없이 긴장을 풀 수 있는 방법이었을 것이다.

정신분석은 한 세기 이상을 지나 오면서 진화하고 발전해 가는 가운데 매우 복잡해진 이론이라 할 수 있다. 만약 정신분석을 단순히 프로이트에게만 한정시킨다면 그것은 마치 오늘날 박물관의 진귀한 유산에 대해 논하는 것과 비슷할 것이다. 그럼에도 상담 및 심리치료의 이론을 망라하며 개관하는 저서들은 대부분 프로이트로부터 시작한다. 그것은 프로이트의 정신분석이 인간 마음의 심층과 역동적 요소를 잘 이해하도록 설명해 주는 기초가 되고 또 지금과 같은 다양한 상담 및 심리치료의 이론들이 찬반을 거쳐 분화되고 발전해 나가게

[그림 2-1] 카우치에 누워서 하는 프로이트의 자유연상 기법

해 준 모태가 되었기 때문이다.

프로이트가 우리에게 남겨 준 유산 중 가장 큰 공로는 오래전부터 철학에서도 이미 사고하고 있었던 인간의 의식 및 인간의 마음에 대한 모호한 추상적 개념들을 일반인들도 알 만한 것으로 구체화시켜 보다 명확히 했다는 점이다. 이로써 인간의 의식과 마음은 관찰이 가능해지고 그것에 관해 거론할 수 있게 되었으며 접근할 수 있는 대상이 되었다. 일례로, 인간 심리에 대한 물리적 기계와 본능적인 야수의 비유가 그것이다. 인간의 마음을 대상화하였다는 비판에도 불구하고 추상적이고 알기 어려운 마음의 개념을 은유적으로, 우리가 알만한 것에 빗대어 묘사함으로써 그것에 대해 말할 수 있고 수긍이 되게 했다는 점, 탈바꿈(변형)이 가능하게 했다는 점은 프로이트의 뛰어난 업적이라 하지 않을 수 없다.

프로이트가 명명한 정신분석(psychoanalysis)은 한 사람(one-person)의 심리내적 모델이다. 즉, 정신분석가는 빈 스크린의 역할을 하면서 내담자의 반복되고 부적응적인 행동패턴의 저변에 있는 무의식적 갈등과 동기를 발굴한다. 한편, 현대의 정신분석적 접근이라고 간주되는 자아심리학, 대상관계, 자기심리학, 관계정신분석 등은 치료의 장을 두 사람(Two-person), 다시 말해 치료자와 내담자 두 사람의 무의식, 심리내적, 관계적 상호작용이 펼쳐지는 장으로 본다(Bass, 2015; Renik, 1993; Wachtel, 2010; Sommers-Flanagan & Sommers-Flanagan, 2018). 쉽게 말하면 치료적 관계에서 일어나는 모든 것에는 치료자와 내담자 둘 다 기여하는 바가 있다고 가정하는 관점이다. 특히 관계적 정신분석가들은 전통적인 기법에서 말하는, 치료자의 중립성과 객관성이 과연 가능한 것인가에 의문을 제기하였다. 그들이 이해하는 치료자-내담자 쌍은 치료자가 내담자를 향해 또는 치료자가 내담자에게 무엇인가를 한다는 것이라기보다는 치료자와 내담자가 함께 공동으로 만들어 가는 치료 과정이다. 이러한 2인 모델은 프로이트의 전통적인 정신분석적 입장을 취하는 이들의 인식에도 점차적으로 영향을 미치게 되었다(McWilliams, 2011).

정신분석적 심리치료는 대개는 정신역동적 심리치료라고도 하며 무의식적 행동 패턴을 강조하고 통찰을 치료의 주요 도구로 본다. 그리고 전이와 저항을 다룬다. 이 장에서 전개할 정신분석적 심리치료는 우선적으로 프로이트의 고전적(전통적) 정신분석 이론에 초점을 두지만 앞서 말한 대로 정신분석이 그것에만 한정되지 않는다는 것을 짚어 두고자 한다. 그럼에도 주어진 지면상 이 장에서는 고전정신분석 이론의 창시자인 프로이트의 주요 개념에 우선 중점을 두고, 이후 현대 정신분석으로 발달해 가는 과정에 영향을 미친 멜라니 클라인의 대상관계 이론과 위니컷의 대상관계 이론을 간략히 소개할 것이다.

2) 주요 학자 전기

(1) 지그문트 프로이트(Sigmund Freud, 1856~1939)

프로이트는 1856년 당시 오스트리아령이었던 모라비아(Moravia: 현재는 체코 공화국령에 속함)의 작은 마을에서 태어났다. 프로이트는 유태인인 아버지 야콥이 40세에 스무 살 연하인 아말리아와 재혼하여 낳은 첫아들이다. 아말리아는 프로이트의 전 부인이 낳은 두 아들과 거의 같은 연배였다. 어린 프로이트에게는 자신이 '젊은 부부(어머니와 이복형들 중 한 명)'의 아들이라고 상상했을 수도 있을 만큼 이것은 혼란스러운 일이었을 것이다. 8남매의 맏이였던 프로이트는 넉넉하지 않은 가정형편으로 작은 아파트에서 살았지만 단독 침대를 쓰고 학업을 지속할 수 있을 만큼 장남으로서의 특권을 누리며 어머니의 총애를 듬뿍 받고 자랐다.

1860년 프로이트의 가족은 비엔나로 이주하였다. 프로이트는 다방면에 관심이 많았지만, 유태인이라는 이유로 직업에 제한이 있어 의사가 되기로 한다. 1873년 비엔나 대학교에서 의학을 공부하고 1876년부터 1882년까지 저명한 생리학자인 브뤼케 교수 밑에서 연구를 했다. 그를 통해 생리학자이자 의사인 요제프 브로이어를 소개받게 되는데, 브로이어는 이후 프로이트에게 히스테리를 알려 주었다. 1885년 파리에서 수련 기회를 가진 프로이트는 최면을 사용하는 신경학자 장 샤르코의 최면 치료 과정을 보게 된다. 프로이트는 일부 마비 증상을 보이는 히스테리 환자들이 최면 상태에서 어떤 중요 사건을 이야기하고 최면에서 깨어난 이후에는 그것을 기억하지 못하는 것을 목격하면서 의식에서 통제되지 않는 마음, 즉 무의식적인 마음의 중요성과 그 영향에 대해 어렴풋이 인식하게 된다. 신경 기능의 손상이 아닌, 생각(마음)들이 마비 증상을 일으키고 또한 치료에도 영향을 미치는 것을 보며 환자가 의식할 수 없으나 그럼에도 경험과 행동을 통제하는 생각들이 있다는 것을 알게 된다. 가장으로서의 경제적 책임을 지기 위해 연구를 이어 가지 못하고 개업을 하게 된 프로이트는 히스테리 증상을 가진 성인 여성 환자들을 많이 만났으나 기대만큼 최면 유도가 잘되지 않았다. 당시 브로이어는 히스테리 증상을 최면이 아닌 '카타르시스 방법'으로 다루고 있었는데 이후 프로이트는 최면, 카타르시스 방법 대신 자유연상이라는 기법을 사용하게 된다. 이것은 카우치에 편안하게 누워 지금 의식의 표면에 떠오르는 것을 거르지 않고 있는 그대로 말하게 하는 기법이다.

1895년 프로이트는 브로이어와 함께 『히스테리에 대한 연구』를 공동 출판한다. 여기에 브로이어의 환자, 안나O의 히스테리 증상의 치료가 소개되어 있다. 히스테리 증상에 대하여 그는 매우 고통스러운 기억 및 그것과 관련된 감정이 표현되지 않음으로써 발생한다는 가설을 제시하였다. 저항과 방어란 병인적 표상이 '자아(ego)'에 도달하지 못하게 의식과 기억 바깥으로 몰아내는 심리 기제라고 설명하였다. 만약 방출되지 않은 정서가 환자가 견딜 수 없을 만큼 강력하다면, 심리적 에너지는 그만큼에 해당하는 신체적인 것으로 전환되고 이 전환 기제에 따라 히스테리 증상이 일어난다고 보았다(Quidonoz, 2016). 『히스테리에 대한 연구』(1895)는 무의식, 저항, 방어기제, 전이 등과 같은 정신분석의 기초가 되는 임상적, 기법적, 이론적 내용이 기술된 최초의 정신분석학 책으로 간주된다.

안나O(본명: Bertha Pappenheim)는 브로이어의 21세 여성 환자로, 심한 발작적 기침과 감정의 기복, 시각 장애, 오른쪽 마비, 촉각 감각 상실 등 여러 히스테리 증상에 시달리고 있었다. 안나O와 긴 이야기를 나누는 과정에서 브로이어는 안나O가 증상이 처음 나타났던 기억(병인적 기억)을 자세히 말하는 동시에 그때 느꼈던 강렬한 정서를 다시 경험할 때 증상이 사라지는 것을 알게 되었다. 안나O는 이러한 치료 과정을 '대화 치료(talking cure)'라고 부르고 자신의 증상을 일으킨 기억을 회상함으로써 증상이 사라지는 것을 두고 '굴뚝 청소(chimney sweeping)'라고 묘사하였다(Freud & Breuer, 1895, p. 30: Mitchell & Black, 1995에서 재인용). 프로이트와 브로이어는 심리적 상처와 연결된 감정이 말을 통해 방출되고 정화되면서 증상이 호전되는 것으로 보았다.

1897년에는 자신이 가정했던 유아기 유혹 이론을 폐기하고 유아기 성욕에 관한 이론 정립에 착수한다. 여기에서 프로이트는 유아 및 아동이 성적으로 순진하다는 당시의 전제를 재고하면서 신경증 환자들의 저변에 있는 갈등, 충동이 외부의 환경 또는 타인에게서 유래된 것이 아니라 그들의 아동기 마음에서 비롯된 것이라는 충격적인 주장을 하게 된다. 즉, 아동에게는 타고난 성욕이 있다는 것으로, 몇 년에 걸친 작업 후 『성욕에 관한 세 편의 에세이』(1905)를 출판하기에 이른다. 여기에서 생후 발달 단계마다 성적본능인 리비도가 발생하는 특정한 신체부위가 있어 해당 신체부위의 활동이 본능적으로 활발해진다는 심리성적 발달 단계를 설명하였다. 성욕이론의 기본적 개념인 추동(욕동)은 이후 모든 이론의 초석이 되었다.

1909년 프로이트는 칼 융과 함께 정신분석을 미국에 소개하는 강연을 하기 위해 처음으로 미국을 방문하였다. 당시 프로이트에게 미국은 미성숙하고 억압된 나라로 비쳐졌다(Short & Thomas, 2014). 융은 프로이트가 후계자로 삼고자 할 만큼 긴밀한 관계였으나 이론적, 임상적 문제에서 의견의 불일치를 보여 결국 멀어지고 각자의 이론을 전개하게 되었다(융의 이론은 분석심리학이라고 함). 프로이트는 1923년『자아와 이드』에서 종전에 의식, 전의식, 무의식으로 나누었던 정신의 지형학적 모델을 보완하기 위해 원초아, 자아, 초자아라는 세 개의 대리자를 상정하고 이를 구조모델로 제시하였다. 이 해 즈음, 프로이트는 턱의 종양을 제거하는 수술을 받아야 했고 이후에도 재발로 인해 16년 동안 무려 33번의 수술을 받게 된다. 위턱과 입천장을 제거하고 인공 보철물을 삽입했음에도 그의 시가(cigar) 사랑은 멈추지 않았다. 구강 고착에 대한 자신의 이론에 비추어 볼 때, 구강암으로 죽기까지 시가를 피웠다는 것은 깊은 인상을 남긴다.

1926년『억제, 증상 그리고 불안』에서 프로이트는 불안을 다스리기 위한 자아의 방어기제를 제시하고 있다. 안나 프로이트는 이후 아버지 프로이트의 사고를 정교하게 다듬어『자아와 방어기제』(1936)를 출간하고 의식으로 뚫고 들어오는 본능적 추동의 요구와 초자아의 요구 그리고 이것과 외부 현실세계 간의 갈등에 대처하려는 자아의 광범위한 방어기제들을 설명하였다. 1938년 나치 침공으로 유태인인 프로이트 가족은 런던으로 망명한다. 프로이트는 악화된 건강에도 불구하고 방사선 치료를 받으며 저서와 분석 작업을 이어 갔다. 1939년 9월 23일 프로이트는 자신의 주치의에게 처음 동의했던 대로, 모르핀으로 고통을 끝내 줄 것을 부탁하고 자택에서 기품 있게 생을 마쳤다.

(2) 멜라니 클라인(Melanie Klein, 1882~1960)

멜라니 클라인은 비엔나에서 1882년 4남매 중 막내로 태어났다. 클라인의 아버지는 랍비가 되길 바라는 할아버지의 기대와 달리 의사가 되었다. 그는 10개 국어를 구사할 정도로 박식했다. 클라인은 아버지가 유독 큰언니만을 사랑한다고 느꼈지만 아버지의 지적인 측면은 늘 흠모하고 존경하였다. 클라인은 생애 동안 가족의 죽음을 여러 번 경험하는데 8세 때는 남매 중 가장 가까웠던 네 살 위인 작은 언니의 죽음을, 20세에는 큰오빠의 죽음을, 52세에는 큰아들의 죽음을 겪어야 했다. 오빠의 죽음 이후 그에 대한 상실과 애도가 멎지 않은 가운데 결혼을 하고 아들 두 명과 딸 한 명을 낳았다. 그러나 그녀의 결혼생활은 시작부터 전반적으로 행복하지 않았다. 원하지 않았던 막내의 임신으로 우울증이 더 심해졌다. 그런 와중 꿈에 관한 프로이트의 저서를 읽고서 거기에 매료되고 1918년 헝가리 부다페스트에서 열린 정신분석 국제학술대회에 참석하여 프로이트의 발표를 접하고는 정신분석에 자신을 헌신할 마음을 가질 정도로 그에게 깊은 감명을 받게 된다. 이후 프로이트의 제자이자 절친한 사이였던 페렌치에게 분석을 받으며 정신분석학에 입문한다. 그녀는 자신의 자녀들을 분석하고 1919년 37세에 헝가리 정신분석학회에서 첫 사례 분석으로 자신의 막내아들 사례를 발표하였다. 아동에 대한 관찰을 바탕으로 아동 정신분석학과 관련된 논문을 발표하였고 이에 관심을 가진 아브라함의 초청으로 베를린으로 이사하여 1923년 베를린 정신분석학회에 회원이 되었다. 아브라함이 갑자기 사망하기까지 짧은 기간 동안 그로부터 정신분석을 받았다. 클라인은 자신의 분석가이자 베를린에서의 후원자였던 아브라함의 죽음 이후 클라인은 베를린에서 고립되고 아동의 무의식을 너무 깊이 탐색한다는 점, 의사가 아니라는 점 등으로 반대에 부딪히기 시작했다. 1926년 프로이트의 전기 작가인 존스로부터 영국으로 이주하라는 초청을 받고 임종을 맞을 때까지 영국에 정착하여 연구들을 지속하였다.

클라인은 프로이트의 가설을 아동에 대한 관찰과 임상으로 확인하고 확장시키고자 했으나 프로이트는 클라인의 이론을 반기지 않았다. 클라인과 안나 프로이트는 아동에 대한 분석과 기법에서 차이를 보이기 시작하였는데 1938년 프로이트와 안나 프로이트가 런던으로 간 이후, 프로이트의 다른 동료들도 비엔나에서 런던으로 오기 시작하면서 점차 클라인 추종자들과 안나 프로이트 추종자들 간의 논쟁이 극에 치닫게 되었다. 영국 정신분석학회 안에서는 이 두 세력이 주장하는 이론과 기법의 커다란 차이로 인해 서로를 힐난하는 논쟁들이 끊이지 않았다(물론 정치적인 충성도 한몫했을 것이다). 그 결과 1942년 영국 정신분석학회는 학회원들 간의 분란을 조정하기 위해 특별회의를 열어 클라인 학파와 안나 프로이트학파, 독립 학파 세 그룹을 각각 승인하였고 오늘에까지 이르고 있다.

(3) 도널드 우즈 위니컷(Donald Woods Winnicott, 1896~1971)

영국의 소아과 의사이자 정신분석가였던 위니컷은 1896년 영국의 플리머스(Plymouth)에서 3남매 중 막내, 외아들로 태어났다. 그의 아버지는 부유한 상인으로서 플리머스에서 두 번의 시장을 역임하고 기사(Sir) 작위를 받은 바 있다. 위니컷의 가족은 풍요롭고 대체로 행복했으나 우울 성향이 있는 어머니에 의해 집에 다소 어두운 분위기가 있었다. 위니컷은 우울 성

향이 있는 어머니의 기분을 돋우기 위해 어린 시절 노력한 것을 이후에 언급하기도 하였다. 아버지는 위니컷의 창의성을 북돋아 주고 지지할 만큼 자유로운 사상가였다. 그러나 어머니의 어두운 분위기로 인해 자신을 억제하며 '착하게' 행동하려는 청소년기를 보냈다. 1914년 케임브리지 대학교 의예과에 입학하였으나 제1차 세계대전으로 수련의 과정을 마치지 못한 채 1917년 군의관으로 해군에 지원하고 수련의로 일하였다. 1919년 위니컷은 자신이 자신의 꿈을 기억하지 못한다는 것을 인식하고 이를 일종의 증상으로 여겨 프로이트의『꿈의 해석』을 접하게 되고 이를 계기로 정신분석에 관심을 갖게 된다. 1923년 도예가이자 예술가인 앨리스와 결혼을 하고 패딩턴 그린 어린이 병원에서 40년간 자문의사로 일하였다. 동시에 1931년에는 개업의로서 겸업을 하며 수많은 어린이를 돌보았다. 1923년 런던의 정신분석학회가 설립될 당시 위니컷은 존스의 소개로 스트레이치에게 분석을 받기 시작하였고, 1927년 런던의 첫 번째 정신분석 수련생이 되었다. 그 후에는 클라인 학파의 여성 분석가 리비에르에게도 분석을 받은 바 있다. 1935년에 영국정신분석학회 최초로 남자 아동분석가가 된 위니컷은 1935년부터 1940년까지 분석가로서 일하면서 클라인에게 사례 수퍼비전을 받고, 클라인은 위니컷에게 자신의 막내아들의 치료를 부탁하기도 하였다. 위니컷은 자신의 논문에서 클라인의 이론에 충실한 면모를 보이기도 하고 논문의 서두에 클라인과 리비에르에게 감사를 표하기도 하였으나 점차 이들과의 견해에 차이를 보이기 시작하였다. 위니컷은 아기의 심리정서 발달에 미치는 어머니의 영향을 강조하면서 개인의 정신건강에 지대한 영향을 미치는 것은 환경이라는 입장을 피력하였다. 위니컷은 클라인과 협력하면서 많은 유익을 얻고 클라인 역시 위니컷을 '자신에게서 수련을 받은 5인' 중 한 사람으로 지목할 만큼 각별했으나 이 둘 간의 동행은 계속 이어지지 않았다. 1942년 클라인은 위니컷이 자신에게 헌신하지 않는다는 이유로 실망하고 그를 자신의 협력자 명단에서 제외하였다. 위니컷은 자녀가 없었으나 소아과 의사이면서 정신분석가로 지내는 동안 다양한 유아, 어머니, 아동들을 만났으며 그 외에도 퇴행한 성인 환자, 정신장애가 있는 비행 청소년 등을 가까이에서 관찰하고 치료하였다. 임상의로서뿐만 아니라 자녀를 양육하는 어머니를 위한 BBC 라디오 방송에 오랫동안 출연하고 대학에서 강의를 하는 등 다양한 활동을 전개하였다.

2. 정신분석적 심리치료의 주요 이론

1) 정신결정론

프로이트는 인간의 신체가 호흡, 혈액순환, 내분비 활동, 근육과 같은 신체의 기능을 수행하기 위해 에너지를 사용하는 것과 같이 정신 역시 하나의 닫힌 체계로서 사고, 기억, 심상 등과 같은 정신(마음) 기능에 사용되는 에너지가 있다고 보고 이를 정신에너지(psychic energy)라 하였다. 이러한 에너지는 물리학의 에너지 보존 법칙과 같이 파괴되거나 없어지지 않고 변형, 전환될 뿐이다. 프로이트는 인간의 행동 및 정신영역에서 일어나는 것은 우연이 아니며 그것의 원인이 되는 신체, 심리적 동기가 있다고 보았다. 인간의 행동과 사고, 정서는 그 기저에 그것을 일으키는 의식적 요인 외에도 무의식적 힘과 동기, 충동이 있다는 것이다. 뚜렷한 외적 이유 없이 지나치게 잠을 많이 자는 행동을 정신결정론으로 설명하면, 무언가 자신이 회피하고 싶은 일이나 잊고 싶은 사건, 사람이 있기 때문에 그렇다고 할 수 있다. 프로이트의 관점에서 우리의 성격은 우리가 무의식적인 힘과 동기, 충동을 다루기 위해 택한 반복적이고 습관적인 방식이다. 그에 따르면 인간의 성격 및 행동은 생애 초기 6년 동안의 중요한 심리성적 발달 단계에 따라 전개되는 생물학적이고 본능적인 충동 그리고 그때의 양육자와의 상호작용에 의해 결정되는 것이다.

2) 이중 본능 이론

본능은 프로이트 이론의 핵심이다. 프로이트는 본능을 광범위한 두 범주로 분류하였는데 하나는 에로스(Eros)라고 하는 삶의 본능이고 다른 하나는 타나토스(Thanatos)라는 죽음의 본능이다. 삶의 본능은 개인과 인류의 생존과 관련이 있고, 성에 대한 욕구뿐 아니라 성장, 발달, 활력, 사랑, 창조성에 관여하는 에너지이다. 이러한 삶의 본능적 에너지를 리비도(Libido)라고 한다. 프로이트는 또한 모든 살아 있는 것은 쇠하고 죽는다는 점에 주목하며 죽음과 파괴 역시 선천적인 본능으로 추론하고 이를 타나토스라고 칭하였다. 죽음의 본능은 인간의 공격적 욕구와 관련되는 것이다. 간단히 말해 성적 추동과 공격적 추동은 인간 행동을 결정하는 강력한 요인이다. 프로이트가 보는 인간은 이성적인 존재이기보다 충동에 의해 동기화되며 성적, 공격적 욕구를 만족시키기 위해 애쓰는 존재이다. 자라면서 이러한 성적, 공격적 추동은 그대로 나타나기보다 억압되고 사회적으로 용인되는 방식으로 표현하게끔 사회화된다.

3) 유혹가설에서 유아 성욕설로

프로이트를 찾아오는 성인 환자의 대부분은 비교적 균질한 그룹으로 19세기 후반 성적으로 심하게 억압된 사회에 살고 있던 오스트리아 상류층 여성들이 대부분이었다. 그의 환자들 대부분이 아동기에 가까운 어떤 성인으로부터 유혹을 받았다는 이야기를 했고 이를 통해 프로이트는 아주 이른 시기의 성적 경험이 억압되면 이것이 히스테리 증상의 원인이 된다고 보았다. 그러나 임상자료가 쌓여 감에 따라 프로이트는 자신의 환자들이 회상하는 유혹 사건이 실제 일어난 사실일까 하는 의문을 갖기 시작하고 만약 그렇다면 아동에 대한 도착적인 행동들이 그 정도로 사회에 만연해 있는 것인가에 대한 의구심을 갖게 된다.

이러한 시기에 프로이트는 아버지의 죽음과 더불어 자기분석에 몰입하게 되고 그 과정에서 자신의 가족 내에 전혀 성적 유혹의 사실이 없었음에도 자신 속에 신경증적 증상이 있다는 것을 발견하면서 환자들이 말하는 어린 시절의 유혹 사건이 실제가 아닌, 유아적 소망과 환상을 이야기한 것일지도 모른다는 생각을 하게 된다. 다시 말해, 환자(내담자)가 보고하는 어린 시절의 성적 유혹이 항상 실제 일어난 사실적 사건을 반영하는 것이 아니라 환자의 환상과 성적 소망이 만들어 낸 산물일 수 있다는 생각에 이른다. 이로써 프로이트는 히스테리 증상의 원인이라고 보았던 유혹가설을 철회하고 유아 성욕설을 히스테리의 원인으로 수정한다. 어린 아동들 역시 성적인 감각, 사고, 환상을 갖고 있다는 그의 가설은 당시 매우 보수적이었던 비엔나 사회로부터 상당한 물의를 일으키고 거부와 비난을 받았다. 이로 인해 프로이트는 사회적, 학문적, 직업적으로 고립되고 소외되었다.

유혹가설이 유아 성욕설로 바뀐다는 것은 중요한 의미를 지닌다. 왜냐하면 유혹가설은 신경증의 원인이 외부의 타인에게 있다는 것인 반면, 유아 성욕설은 그 원인이 (환자) 자신의 내면에 있다는 것을 의미하기 때문이다(최영민, 2010). 유혹가설은 성적 유혹의 상처가 의식에서 감지되는 것을 막기 위해 이것과 관련된 기억들이 방어에 의해 해리되고 그 기억과 얽힌 감정이 억압되고 막힌 것이 신경증의 증상을 형성한다고 본 것이라면, 유아 성욕설은 어릴 때부터 자신이 의식하지 못하는 추동이 본래부터 존재하고 있고 이를 무의식적으로 억압하는 심리적 힘, 기능 또한 있다는 것을 말해 준다. 이와 같은 성적 추동은 성인에게만 있는 것이 아니라 아동기부터 존재하는 본능적인 추동으로 모든 성적 소망의 근원이 된다. 이처럼 본능적 추동에 근거한 프로이트의 초기 이론을 추동심리학 또는 욕동심리학(drive psychology)이라고 한다.

자기분석의 시간 동안 프로이트는 어린 시절, 어머니를 사랑하고 아버지를 질투했던 자신을 발견하고서는—이를 오이디푸스 콤플렉스라고 칭함—이것을 아동기에 발생하는 보편적 현상으로 간주하였다. 그가 말하는 넓은 의미의 성욕은 사춘기에 시작되는 것이 아니라, 초기 아동기부터 존재하며 외부 성인에 의해 촉발된 홍분과 무관하게 나타나고 성인기에 이르기까지 줄곧 발달하는 것이다.

4) 지형학적 이론

지형학적 이론(topographic theory)이란 인간의 정신이 서로 다르게, 그러나 상호 밀접하게 연관되어 작동하는 세 영역으로 구성되어 있다는 개념이다. 마치 인간의 마음을 지형학적 장소에 구분하여 위치시킨다는 점에서 지형학적 이론이라고 한다. 그 각각은 의식과 전의식 그리고 무의식이다.

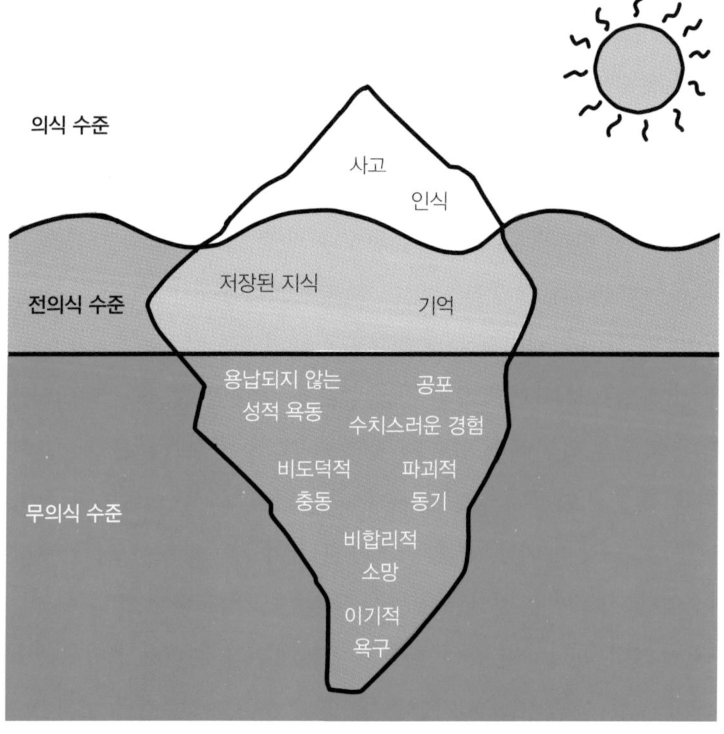

[그림 2-2] 빙산으로 표현한 마음

(1) 의식

의식은 우리가 지금, 현재 인식하고 있는 모든 것을 포함하는 영역이다. 지금 나를 둘러싼 주변을 돌아보며 내가 자각할 수 있는 것들이 여기에 해당한다. 이 순간 책을 읽으며, 모니터를 보며 눈이 뻑뻑하다는 것을 인식하는 것, 책상 위가 너저분하다는 생각 등이 의식의 영역이다. 그러나 바다 수면 위 빙산의 일각과 같이 의식은 인간 심리의 심해에 비하자면 매우 작은 부분을 차지할 뿐이다.

(2) 전의식

전의식은 사건 또는 경험에 대한 기억으로 연상에 의해 의식 위로 쉽게 떠오를 수 있는 내용이 저장된 곳이다. 몇 달 전 친구와 통화했던 내용, '그때 그곳'에서 보았던 광경 등 대개는 우리의 의식 수준에 존재하지 않지만, 필요할 경우 어렵지 않게 접근할 수 있다. 의식에서 아직 포착되지 않고 잠재적 상태에 머물러 있다는 측면에서는 무의식적으로 간주되기도 하나 주의를 기울일 때 곧 의식화될 수 있다. 또한 전의식은 의식과 무의식 사이에 있는 영역으로 용납할 수 없는 무의식의 내용이 의식으로 침투하는 것을 막는 차단, 검열, 억압의 장벽과 같은 역할을 한다. 그런가 하면, 무의식의 내용들을 의식에서 인식할 수 있게 연결해주는 중간 다리 역할도 한다. 인간 정신에서 전의식은 무의식보다는 작으나 의식보다는 훨씬 큰 영역을 차지한다.

(3) 무의식

무의식은 말 그대로 미지의 정신세계이면서 인간 정신의 가장 큰 영역을 형성한다. 무의식은 직접 의식할 수는 없지만 은연중에 우리의 생각과 감정, 행동에 영향을 미치는 것으로 동물의 본능과 같이 인간의 마음에 처음부터 갖고 태어나는 본능적 소망과 추동, 욕망 그리고 용납할 수 없는 생각과 감정을 포함한다. 두 가지 주요한 본능적 추동(이중 본능)은 삶 추동(에로스 또는 리비도, 성적 욕동)과 죽음 추동(타나토스 또는 공격성, 파괴적 본능)이다. 무의식의 작용은 일상생활에서 꿈, 말실수, 망각, 유머나 농담 등을 통해 드러나기도 한다. 무의식의 원시적인 성적, 공격적 본능에 압도되지 않은 채 만족을 얻을 수 있도록 억압을 잘 통제하는 것, 무의식적인 내용을 의식적 수준으로 끌어올리는 것이 치료에서의 중요한 작업이다.

5) 구조 이론

지형학적 모델에서 더 나아가 1923년 프로이트는 원초아(Id, 이드), 자아(Ego), 초자아(Superego)라는 세 개의 대리자를 설정하여 인간의 정신 활동을 설명하였다. 프로이트가 사용한 독일어 본래 용어의 영어 직역은 'it', 'I', 'I above'로 매우 직접적이었으나 이것을 라틴어 용어인 'id', 'ego', 'superego'로 바꿈으로써(Bettelheim, 1983) 다소 그 의미가 모호해졌다. 원초아가 생물학적 힘과 같이 원시적이고 충동적인 힘이라면 초자아는 사회적 가치, 도덕적, 종교적, 양심의 목소리라고 할 수 있다. 자아는 원초아와 초자아 사이에서 이 둘을 중재하며 현실을 다루는 합리적인 사고이다. 이 셋이 하나의 전체로 있지만 서로 갈등한다는 것이 프로이트의 인간 심리의 갈등적 측면에 대한 설명이다. 각각에 대하여 살펴보자.

(1) 원초아(이드)

갓 태어난 유아에게는 무의식에 위치한 원초아(Id)만 있다. 생물학적 · 유전적 힘들이 유아를 움직이게 하며 자신의 모든 에너지를 욕구를 만족시키는 데 사용하며 욕구를 만족시켜 주는 대상(예를 들어, 젖가슴)에게 에너지를 투여한다. 현실에 대한 지각이 전혀 없으며 맹목적이다. 긴장을 참지 못하며 즉각적으로 긴장을 해소하고 평형 상태로 돌아오려고 한다. 오로지 만족만을 추구하며 전적으로 본능적 추동에 의해 지배되는, 완전히 무의식적인 정신 내적 요소이다. 쾌는 추구하고 불쾌나 고통은 피하는 방식으로 작용하는 쾌락원리(pleasure principle)를 따른다. 자신의 욕구를 만족시키거나 욕구가 좌절되는 것의 고통을 경감시키기 위해 성적 또는 공격적 추동으로 가득한 어떤 대상의 이미지를 형성하기도 하는데 이를 일차적 과정(primary process) 사고라 부른다. 마치 꿈속에 나타나는 요소들처럼 모순되며 연관성이 없는 사고이다. 이드는 혼돈과 흥분의 도가니, 열정과 리비도의 저장소로 표현되며 이기적일 뿐 도덕의 눈망울은 없다.

(2) 자아

정신 현상과 관련해 자아(Ego)는 의사결정 및 조절 기능을 하는 대리자이다. 충동적 에너지들이 들끓는 '리비도의 저장고'인 이드의 요구와 본능적 추동을 현실에 맞게 지연시키고 통제하고 규제하는 기능을 한다. 현실원칙(reality principle)에 따라 외적 세계인 현실, 사회적 제약 등을 고려하는 동시에 이드의 욕구와 충동을 의식적으로 통제하고 적절한 방향으로 돌려서 충족시키려 한다. 가령, 배가 고플 때 마냥 떼를 쓰고 우는 대신 먹을 것을 요구하거나 냉장고를 향해 걸어가는 식으로 욕구를 만족시켜 준다. 이렇게 본능적 추동에 대처하여 논리적 사고와 문제 해결을 하는 현실지향적인 인지를 이차적 과정(secondary process) 사고라고 부른다. 의식과 연관되며 숙고할 수 있는 사고의 토대이다. 자아는 현실에 대한 지각과 합리적, 논리적 사고를 통해 만족을 지연시킬 수 있으며 욕구를 만족시키기 위해 계획을 세울 수 있다. 자아는 의식적인 면과 무의식적인 면 모두를 가진다. 무의식적인 측면은 이후에 보게 될 방어과정과 관련된다.

(3) 초자아

초자아(Superego)는 초기 어린 시절, 우리가 흠모하고 두려워한 존재와 동일시하는 과정과 관련이 있다. 말 그대로 초자아(I above, Superego)는 달리 말해 자아보다 높은 자아 이상으로서, 도덕적 양심, 자기비판, 죄책감의 형태로 자아에게 개입하거나 지배한다. 부모나 교사 그리고 다른 권위 있는 인물의 명령이나 금지들이 내면화되어 이와 같은 양심, 가치관을 형성한다. 이러한 양심의 요구와 실제 행동 간의 불일치 및 긴장은 죄책감이나 자기처벌로 경험된다. 그런가 하면, 자부심, 보람, 긍지와 같은 심리적 보상을 주는 역할도 한다. 이처럼 자아와 구분되는 또 다른 대리자인 초자아는 당근과 채찍의 역할을 한다.

(4) 원초아-자아-초자아

자아와 원초아 그리고 초자아 간의 상충된 요구로 야기된 무의식적 갈등과 긴장은 인간 성격 발달에 지속적인 영향을 미친다. 곧 성격이란, 서로 다른 세력들 간의 분투와 그것들 간에 확립된 역동적 균형의 결과물인 것이다. 특히 자아는 외부세계와 원초아, 초자아의 주장과 요구를 최선으로 조화시키기 위해 원초아와 초자아보다 강해야 한다. 지형학적 모델의 접근에서 말한 치료의 목적이 '무의식의 의식화'라면 구조이론에서는 이것을 "원초아가 있는 곳에 자아가 있게 하라"(Freud, 1932: Quinodoz, 2016, p. 323에서 재인용)라는 말로 표현할 수 있다. 마치 말을 탄 사람이 날뛰는 말의 고삐를 잡고 제어하려 하듯이, 자아는 원초아의 습격에 수동적으로 복종하지 않으면서 원초아를 통제하고 또 현실적으로 가능한 방식으로 원초아의 요구를 충족시켜 주려 한다. 한편, 혹독하고 지나치게 강한 초자아는 비현실적인 완벽성을 추구하고 자기비난과 죄책감, 도덕적 불안에 사로잡히게 할 수 있다.

6) 마음의 지형학적, 구조적 모델

프로이트의 마음의 지형학적 구조적 모델로 보자면, 신경증을 가진 사람과 정신증을 가진 사람은 다르게 구분된다. 신경증적인 사람은 자아의 방어가 지나치게 자동적이고 경직되어 있어서 원초아의 에너지를 창조적으로 활기 있게 사용할 수 없다. 마치 박제된 인간과 같이 원초아 안에 있는 삶의 열정, 활기가 나올 수 있는 길이 억압으로 인해 차단되고 이로 인해 고통을 겪는다. 한편, 정신증적인 사람은 자아의 방어가 너무 약한 나머지, 원초아의 원시적, 본능적 자료들이 의식으로 침투되고 무기력하게 압도당하여 고통을 받는 경우이다. 억압 과정은 무의식에 존재하는 원초아의 본능적 내용이 의식으로 떠오르는 것은 막지만 그 자체를 제거하지는 못한다. 따라서 원초아의 본능적 추동은 무의식에 남은 채 의식에 계속 영향을 미치게 된다. 본능적 추동은 꿈이나 이미지, 언어와 같은 표상 또는 정동에 부착되어 의식화될 수 있다.

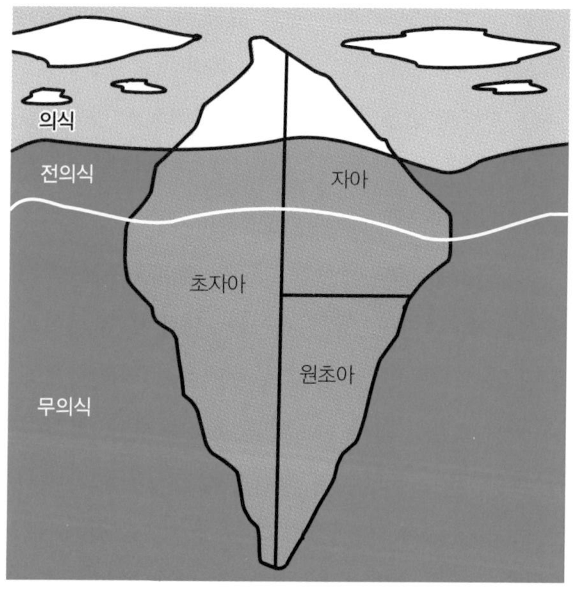

[그림 2-3] 마음의 지형학적, 구조적 모델

7) 불안과 방어

(1) 불안

현실적 불안은 정상적인 불안으로 객관적으로나 신체적으로 혹은 정서적으로 어떤 위협이 있을 만한 상황에서 느끼는 불안이다. 따라서 현실적 불안은 대개 우리로 하여금 위험으로부터 안전하게 대처하도록 하는 순기능의 정서이다. 한편, 신경증적 불안은 개인 내부에서 발생하는 것으로 현실적인 위험이 없는 상황임에도 불구하고 지속적으로 과도한 불안을 느끼는 것을 말한다.

앞서 보았듯이, 1923년에 도입된 프로이트의 구조 모델은 인간의 마음을 원초아, 자아, 초자아라는 세 가지 내적 대리자 사이의 갈등으로 설명한다. 즉, 유아적, 본능적 추동(성욕, 공격성)을 충족시키려는 원초아와 충동의 표출과 만족을 도덕적으로 비난하며 저지하려는 초자아 그리고 현실 사이의 갈등이 신경증적 불안을 일으킨다는 것이다. 이 양자와 외부 현실 세계 간의 요구들을 중재하려는 자아는 원초아의 충동을 만족시키려 하는 동시에 본능적 충동을 교묘하게 위장하여 그 충동의 표현 방식을 바꿈으로써 초자아로부터의 비난 또는 사회적, 도덕적 눈망울의 비난을 피해 가려는 무의식적인 타협을 시도한다. 가령, 신경증의 경우, 증상의 출현이라는 위장된 형태로 원초아의 금지된 충동을 해소해 주지만 그 대신 사회적으로 위축되거나 불편한 증상을 경험하게 한다. 내담자가 보이는 괴로운 증상 및 사회적 위축과 문제라는 측면에서 볼 때 이는 내적 처벌이 되어 초자아의 요구를 만족시켜 주는 셈이 된다. 이러한 양자를 만족시키려는 자아의 무의식적인 타협 및 절충은 방어기제를 통해 이루어진다. 서로 갈등하는 내적 대리자들 간에 평화를 유지하고 사회적, 현실적으로 용납되는 방식을 선택하려는 것이다. 이와 같은 구조 모델은 이후 자아심리학(Ego psychology)의 기반이 되었고 원초아, 자아, 초자아라는 세 대리자 간의 갈등을 마음이 어떻게 해소해 가는지 이해하는 것이 치료의 목표가 되었다.

(2) 자아의 방어기제

기본적으로 방어는 개인을 불안으로부터 보호하려는 자아의 무의식적인 기능이다. 신경증적이지 않은 사람이라도 극심한 스트레스 상황에서, 적절한 대처 능력이 결핍되었을 때, 자아가 너무 약할 때, 심리적으로 취약할 때, 상황 자체가 합리적으로 해결될 수 없는 성질의 것일 때 대부분 불안이나 경도된 정서 상태를 다루는 것이 어렵기 마련이다. 방어기제는 이런 상황에서 보편적으로 보일 수 있는 정상적인 반응이며 갖가지 위협으로부터 우리를 보호하는 기능을 하는 것으로 간주된다. 방어기제가 없는 사람은 없으며, 우리가 사용하는 방어들을 통해서 우리 자신에 대해 더 많은 것이 드러나게 된다. 프로이트가 개념화한 정신병리란 방어하려는 자아의 기능이 효과를 보지 못한 상태, 즉 불안을 막기 위한 방어에도 불구하고 여전히 불안이 느껴지는 상태 또는 불안을 감추는 행동이 자기파괴적인 상태이다

(McWilliams, 2011).

방어에 관한 연구(Cramer, 2008)에서는 다음과 같은 일곱 가지 방어의 특징을 보여 준다. 첫째, 방어는 의식 밖에서 작동한다. 둘째, 방어는 아동이 성장함에 따라 예측 가능한 순서대로 발달한다. 셋째, 정상적인 성격 안에 속한다. 넷째, 스트레스를 받을수록 더 많이 사용된다. 다섯째, 방어는 부정적인 정서가 의식적으로 경험되는 것을 감소시켜 준다. 여섯째, 자율신경계를 통해 작동한다. 일곱째, 방어가 과도하게 사용되는 경우는 정신병리와 연관된다.

어떤 방어들은 보다 더 원시적인데, 예를 들어 '부인'은 '억압'보다 더 원시적이다. 어떤 불안을 야기하는 일이 일어났음에도 "일어나지 않았다."라고 하는 즉각적이고 비이성적인 과정이 부인이라면, "그 일이 일어났지만 나는 잊어버릴 것이다."가 억압이다. 원시적인 방어일 경우, 언어 이전의 발달 단계 특징을 가진다는 점에서 마술적으로 고통을 없애 버리려 하거나 분열시켜 버리는 속성이 있다.

프로이트의 막내딸인 안나 프로이트로 대표되는 자아심리학에서는 불안을 다루는 방어의 기능을 강조한다. 안나 프로이트는 프로이트가 말한 방어에 추가적인 방어기제들을 제시하였고 치료 중에 방어기제들이 저항으로서 내담자에게 어떻게 나타나는지 주의를 기울여야 한다고 주장하였다. 여기에서는 대표적인 방어 몇 가지만을 하나씩 소개하고자 한다. 그러나 실제 방어들이 작동하여 우리에게 기능할 때는 서로 개별적, 단독으로 나타나기보다 여러 개가 중첩되어 나온다. 일례로 증오를 사랑으로 바꾸는 것(반동형성)에는 증오를 느끼지 않으려는 부인이 포함되어 있으나 보다 정교하고 복잡한 부인의 형태이다.

① 억압

억압(repression)이란 심각한 정신적 외상을 초래할 정도의 기억들, 용납될 수 없는 생각이나 충동, 경험을 의식에서 몰아내어 무의식 속에 넣어 가두는 것으로 가장 보편적으로 사용되는 방어기제이다. 억압이 과도하거나 고정적으로 작동할 경우, 억압된 내용이 원인이 되어 신체적 기능이나 성기능의 장애, 신체 질병을 유발할 수 있다. 일상생활에서는 공식석상에서 자신이 소개해야 할 주요 인물에 대해 무의식적으로 부정적인 감정을 갖고 있었을 때, 그 사람의 이름을 잠시 잊어버리는 실수를 범했다면 이는 억압의 예시가 될 수 있다. 자신의 충동, 기억, 어지러운 생각 모두를 항상 의식하고 있다면 우리는 늘 그것에 압도당한 채 살아가게 될 것이다. 다른 방어와 마찬가지로 억압은 불필요한 생각들을 안전하게 의식 밖에 둠으로써 우리가 현실을 수용하며 적응할 수 있게 해 주는 긍정적인 측면이 있다.

② 부인

부인(denial)이란 유아들이 사용하는 매직봉과 같이 불쾌한 또는 불안을 초래하는 사건을 사라지게 하고 일어나지 않았다고 믿는 것이다. 흔히 중요한 사람이 죽었다는 갑작스러운 비보를 접할 때 우리의 입에서 "그럴 리가 없다."는 말이 툭 튀어나오는 것과 같이, 어떤 재앙을 만날 때 우리 모두의 마음속에서 자동적으로 일어나는 첫 번째 반응이 부인이다. 억압이 내적 충동이나 소망에 방어하는 것이라면, 부인은 감당하기 어려운 현실을 맞닥뜨렸을 때 외적 현실에 대하여 방어하는 것이다(Gabbard, 2016). 학대를 일삼는 배우자와 함께 사는 것이 위험하다는 현실을 부인하는 아내, 사랑하는 사람이 죽은 사실을 받아들이지 않고 계절이 바뀔 때마다 배우자의 옷 정리를 하는 경우 등이 부인의 예시가 될 수 있다. 타인에게도 분명하게 보이는 현실임에도 고통스러운 면을 인식하기를 거부하는 것이다.

보다 성숙한 방어로 작동하는 부인의 일례는 좋아하는 사람에게 거절당했을 때, 나를 거절한 사람이 사실은 나를 원했지만 아직 준비가 안 되었기 때문에 거절한 것이라고 생각하고 싶어 하는 경우이다. 이러한 생각은 우리에게 위안을 주지만 우리 자신이 거절당했다는 사실을 부인하는 것이기도 하다. 부인을 주요 방어로 사용하는 정신병리의 예는 조증(manic)이다(McWilliams, 2011). 이들은 자신의 신체적 한계, 약점, 재정적인 어려움, 심지어 죽음까지 부인하고 사소하게 여긴다.

③ 투사

자신의 용납할 수 없는 바람과 감정을 다른 사람이나 외부에 있는 것으로 돌리는 것이다. 투사(projection)는 자기 안에 있는 것을 마치 바깥에서 오는 것인 양 오해하는 과정이지만 긍정적이고 성숙한 투사는 공감의 토대가 되기도 한다. 타인의 주관적 세계를 이해하기 위해서는 자신의 경험을 투사할 수 있어야 하기 때문이다. 사랑에 빠진 두 사람이 상대방의 마음을 읽는 것도 투사의 긍정적 예이다. 한편, 부정적인 투사는 투사하는 대상을 심각하게 왜곡하거나 투사된 것이 자기의 일부라고 절대 인정할 수 없을 만큼 매우 부정적인 자기의 부분들로 이루어져 있을 때이다. 이러한 투사는 대인관계의 손상과 악화를 초래한다. 공격적이고 악의적인 사람은 다른 사람이 자신에게 악의를 품고 음해하려 한다고 생각한다. 만약 어떤 사람이 세상을 이해하고 삶에 대처하는 주된 방법으로 투사를 사용한다면, 그리고 투사되고 있는 것을 부인하거나 자기 것이 아니라고 한다면 그 사람은 편집증적 성격을 가졌다고 할 수 있다.

④ 투사적 동일시

투사적 동일시(projective identification)는 정신내적 방어기제의 역할을 함과 동시에 대인관계적 차원을 가지는 것으로 일종의 의사소통 수단이 되기도 한다. 자기 또는 내적 대상의 특정한 한 측면을 다른 사람에게 투사하여 투사를 받는 사람은 마치 자신이 그 투사된 사람의 특성을 가진 사람처럼 느끼거나 생각하고 행동하게 된다. 상담자와 내담자의 관계에서 보자면, 내담자는 자기 표상이나 대상 표상을 상담자에게 투사하고, 상담자는 투사된 것을 무의식적으로 동일시하여 마치 투사된 대상표상 또는 투사된 자기표상처럼 행동한다. 즉, 상담자는 내담자가 생각하는 바로 그 사람처럼 느끼기 시작할 것이다. 이처럼 투사적 동일시는 대인관계적 요인을 내포하기에 내담자는 상담자로 하여금 억지로 내담자 자신의 기분과 비슷한 기분을 느끼게 만들고, 내담자의 대상관계 양식을 유추할 수 있는 단서가 되기도 한다.

⑤ 퇴행

퇴행(regression)은 지금보다 이전 발달 단계, 또는 아동기로 되돌아가는 것을 말한다. 대소변을 잘 가리던 다섯 살짜리 여아가 여동생이 태어난 후 갑자기 오줌을 못 가리게 되는 경우가 여기에 해당한다. 아이들이 짜증나거나 배고플 때 '아기처럼 구는' 이전 성숙의 단계로 되돌아가는 것을 우리는 흔히 볼 수 있다. 성인도 피곤하거나 스트레스가 많을 때 아이처럼 불평하거나 징징대고 싶은 마음이 들기 마련이다. 중요한 서류가 담긴 파일이 사라졌을 때 합리적, 논리적으로 대처할 방법을 생각하기보다 울며불며 발을 동동거리며 화내는 행동을 보이기도 한다. 건강염려증과 같이 삶의 고통스러운 측면에 대처하는 방법으로 무력한 환자 역할로의 퇴행을 사용하는 경우도 여기에 해당한다.

⑥ 신체화

신체화(somatization)는 받아들이기 어려운 정서를 경험하는 대신 신체 증상을 통하여 정서를 표현하는 것을 말한다. 우리 속담에 '사촌이 땅을 사면 배가 아프다'가 여기에 해당한다. 우리는 아동기 때 처음에는 무엇인지 모르나 어떤 신체적 반응, 신체적 각성으로 느껴지는 경험을 먼저 하고 나중에서야 이것을 언어로 표현하는 법을 서서히 습득하게 된다. 그런데 만약 아동이 신체적 경험을 언어로 표현하고 익히는 과정에서 성인으로부터 제대로 도움을 받지 못할 경우, 신체적 반응만이 자신의 정서적 상태를 표현하게 하는 유일한 언어가 되어 버릴 수 있다(Gilleland, Suveg, Jacob, & Thomassin, 2009). 몸과 마음은 긴밀하게 엮여 있어

극심한 스트레스 상황이나 삶이 힘들 때 신체가 반응하는 것은 기본적이고 보편적이다. 그러나 만약 누군가 다년간에 걸쳐 스트레스에 대해 규칙적으로 신체기관의 문제, 질병으로 반응한다고 할 경우, 이것은 신체화와 관련이 있다고 할 수 있다. 고전적으로 히스테리성(연극성) 성격에서 많이 나타났던 마비나 시력소실과 같은 전환 장애(conversion disorder) 역시 심리적 갈등이 신체에 상징적으로 표출된 것이다.

⑦ 전치

전치(displacement) 또는 치환이라고 하는 이 방어는 어떤 추동이나 정서, 행동, 집착의 방향을 본래의 대상으로부터 다른 대상으로 바꾸는 것을 말한다. 본래의 방향이 어떤 이유에서건 불안을 유발하기 때문에 그보다 자신에게 조금 더 만만한 대상에게로 방향을 바꾸어 버린다. 단순한 예로, 직장에서 상사에게 심한 꾸지람을 들은 남자가 집에 돌아와 개에게 고함을 지르는 경우이다.

또는 불륜을 저지른 배우자(남편이나 아내)가 아닌 상대방에게 증오심을 퍼붓는 경우가 여기에 해당한다. 나의 배우자는 피해자이며, 상대방은 가정 파괴범인 것이다. 이것은 배우자의 배신으로 심한 고통을 받는 자신이 배우자에게 직접적으로 비난을 퍼부을 경우 더 나빠질 관계 악화로부터 자신을 보호하려는 방어로 볼 수 있다. 성욕 역시 전치될 수 있는데, 성도착물은 성적 관심을 성기가 아닌 그와 관련된 대상, 물건 영역으로 방향을 바꾼 것이다.

바람직한 형태의 전치는 불안이나 공격성을 생산적인 영역으로 옮긴 것으로, 가령 매우 화가 나거나 흥분했을 때 집안일을 무지막지하게 해내는 경우가 될 수 있다. 또 불가능하고 금지된 성적 대상을 향한 성적 욕구를 자신의 적절한 파트너에게로 방향을 바꾸는 것 등이다.

⑧ 반동형성

반동형성(reaction formation)은 불안감을 일으키는 충동적 의식이나 감정을 그와 반대되는 감정으로 짐짓 꾸며서 불안감에서 벗어나려는 것으로 우리 속담에 '미운 놈 떡 하나 더'가 여기에 해당한다. 증오를 애정으로, 동경을 경멸로 전환하는 것으로 무언가 우리에게 위협적인 것을 덜 위협적인 것으로 만들기 위해 정반대의 방향으로 돌리는 것이다. 어린 나이에 남동생이 생긴 누나가 동생이 너무 귀엽다며 볼을 세게 꼬집는 경우, 남편을 증오하는 아내가 완벽하게 내조하는 역할을 수행하는 경우, 형부에 대한 애정이 위협적이어서 형부를 힐난하고 차갑게 대하는 경우가 반동형성의 예가 될 수 있다. 강박적인 사람들은 권위에 대해 오직 존경과 감사의 마음만을 갖고 있다고 믿으며 깍듯이 대하지만, 권위에 대한 거부감이 반동 형성이라는 방어로 반대로 표현된 것일 수도 있다.

⑨ 승화

방어 중 성숙한 '좋은' 방어로 알려진 것으로 원시적 충동과 그것을 억제하려는 힘 사이의 내적 갈등을 사회적으로 유익하고 창조적이며 건강한 방식으로 표현하는 것을 말한다. 우리 안에 있는 유아적인 본성은 성인이 되어도 여전히 살아남아 있기에 그것은 없애거나 몰아낼 수 있는 성질의 것이 아니다. 승화(sublimation)는 반동형성과 같이 충동을 다른 것으로 변형하거나 부인 또는 억압과 같이 충동을 상쇄하는 데 에너지를 과도하게 낭비하지 않는다. 승화는 관련된 충동을 방출할 뿐이다. 유아적 추동을 더 좋은, 건강하고 창조적인 방식으로 다루는 것으로 경쟁적이고 치열한 운동선수는 공격성을 승화하고, 치과의사는 가학증을 승화하고 있다고 말할 수 있다.

⑩ 합리화

이솝우화의 '여우의 신포도'가 여기에 해당한다. 바라고 원했던 것을 얻지 못했을 때 그것을 실제로는 그다지 원하지 않았다고 여기거나 그럴듯한 이유를 들어 합리화(rationalization)할 수 있다. 상처를 입은 자신을 그럴듯한 이유와 변명거리로 위안한다. 어려운 상황에서 이끌어 낼 수 있는 최선이라는 점에서 긍정적으로 작동할 수 있으나, 때로 자신의 공격성을 그럴싸한 말로 포장하여 합리화할 수도 있다. 학생들에게 매주 엄청난 분량의 시험을 치게 하고 '공부시킨다'고 하는 교수나 자식을 때린 부모가 자녀가 '다 잘되라고' 때린다고 하는 것은 자신의 공격성을 합리화한 일례이다. 합리화는 일상에서도 흔히 사용되는 방어로 무엇이든 이유나 구실을 가져다 만들 수 있다. 시험을 망쳤을 때 자신이 공부하지 않은 부분에서만 문제가 출제되었다고 하거나, 회사 면접에서 낙방했을 때 자신은 본래 월급쟁이가 적성에 맞지 않다고 하거나, 친구가 구매한 타운하우스를 자신도 사고 싶으나 실제 살 여력이 없을 때 그렇게 큰 집은 우리에게 필요 없다고 결론짓는 것 등 합리화의 예는 일상에서도 쉽게 볼 수 있다.

⑪ 주지화

지성에서 감정을 격리하여 정서적 과부하를 다루는 방어이다. 정서적인 고통 또는 위협적인 무언가를 피하기 위해 지나치게 난해한 관념을 사용하면서 그것과 관련된 감정과는 거리를 둔다. 주지화(intellectualization)를 하는 사람은 감정에 '관하여' 말을 잘하나, 듣는 이들은 그 사람의 감정이 메말라 있다고 느낄 수 있다. 흔히, 불편한 감정에 관하여 아주 담담하게 잘 받아들이듯 말하지만 마치 다른 사람의 감정을 이야기하는 것처럼 들린다. 이는 머리로는 받아들이지만 실제 그 감정대로 느끼고 표현하는 것은 억제하고 있음을 의미한다. 감정적인 상황에서 이성적으로 생각할 수 있다는 것은 자아의 강도가 강하다는 뜻이지만 감정적 자극을 받을 만한 상황에서도 인지적으로만 반응하는 사람은 사람들에게 감정적으로 솔직하지 못하다는 인상을 줄 수 있다. 주지화에 얽매여 있는 사람은 유머나 농담, 예술적 표현 등 재미와 만족을 주는 다른 놀이 또한 제대로 즐기지 못할 가능성이 높다.

8) 심리성적 발달 단계

성적 본능은 서로 다른 신체 부위에서 발생하는 긴장들을 효과적으로 배출하고 해소하기 원하며 그 방법을 찾는다. 프로이트는 발달 단계마다 추동이 발생하는 두드러진 신체 부위가 있고 그 부위의 본능적 활동이 해당 시기에 활발해진다고 보았다. 예를 들어, 신생아의 경우는 입 부위가 본능적 추동이 발생하는 근원지이며 입과 관련된 활동에 대한 욕구가 생겨난다.

프로이트가 제안한 발달 단계 각각에는 예측 가능한 주제와 해결되어야 할 갈등이 있다. 초기 심리성적 발달 단계에서의 과제와 갈등은 유아의 선천적 기질과 양육자의 반응 간 상호작용에 따라 성취되고 극복된다. 그러나 어느 단계든 지나치면 탈이다. 만약, 특정 단계에

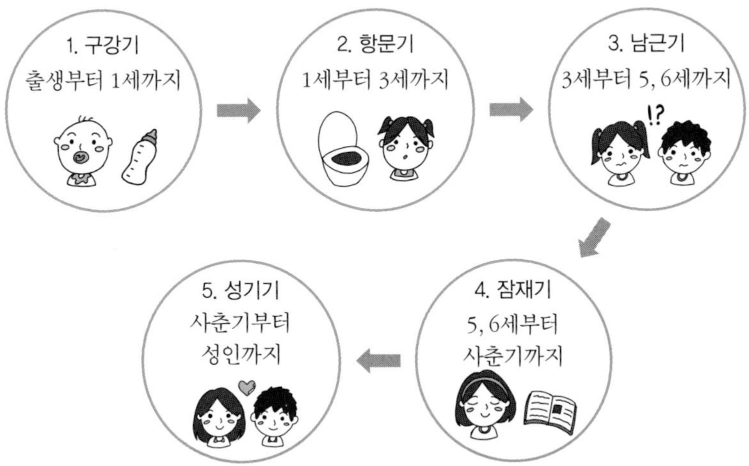

[그림 2-4] 프로이트의 심리성적 발달 단계

서 유아 또는 아동의 성적 추동이 지나치게 좌절되거나 또는 지나치게 만족될 경우, 성적 에너지는 그 단계에 '고착'되고 이러한 고착의 영향이 장기적으로 표현되어 굳어지면 해당 단계의 특징을 보이는 성격이 된다. 이것은 초기 아동기의 어느 특정 단계에서 해결했어야 할 발달 과제를 극복하지 못해 내담자의 문제가 생겼다고 보는 관점이다.

요약하자면, 심리성적 발달의 각 단계마다 만족 또는 쾌와 관련된 신체 부위, 즉 주요 성감대가 있고, 유아는 성감대를 느끼는 신체 부위를 따라 발달하며 이때 양육자와의 상호작용이 어떠했는가가 이후 성격 형성에 영향을 미친다. 프로이트는 생애 초기 6년을 성격 형성에 결정적인 영향을 미치는 중요한 시기로 보았다. 6세까지의 성적 추동이 입에서 항문 그리고 남근 부위로 이동해 간다고 하여 발달 단계를 구강기, 항문기, 남근기로 구분했다.

(1) 구강기(Oral stage): 출생부터 1세까지

구강기에는 입과 입술로 엄마의 젖을 빨면서 영양분을 섭취하고 쾌감을 느낀다. 젖가슴을 빠는 동안 젖가슴이 본능적 쾌락을 채워 주는 근원임을 발견하게 되고 자신의 본능적 욕구를 만족시켜 주는 대상(젖가슴)에 대한 애착이 생겨난다. 입은 유아가 세상과 연결되는 통로이다. 구강기 유아에게 엄마의 젖가슴은 마치 세상과도 같은 것이다. 이 시기에 입을 통한 만족감을 충분히 얻는 것은 중요한데 유아가 필요로 할 때, 즉 울음과 같은 시그널로 누군가를 부를 때 그에 대해 응답하는 이가 있다는 것은 세상에 대한 기본적 신뢰를 형성하는 데 중요한 역할을 한다. 그러나 유아의 욕구가 심하게 좌절되면 이후 세상 및 타인에 대한 불신이 생기며 친밀한 관계를 형성하는 데 어려움을 느낄 수 있다. 구강기에 고착된 사람은 흡연, 먹기, 마시기, 신랄한 말, 험담 늘어놓기와 같이 입과 관련된 활동을 즐기는 성향이 있다.

(2) 항문기(Anal stage): 1세부터 3세까지

항문기부터는 항문 부위가 본능적 추동이 발생하는 근원지, 성감대가 된다. 이 단계는 배변훈련과 관련된 시기이다. 아동은 자기가 원할 때 언제 어디서든 배변할 수 있기를 강력하게 원한다. 한편, 부모는 사회화 과정에서 이러한 아동의 소원을 제한하고 깔끔함을 요구하며 특별한 상황에서만 배설하도록 지배하고 통제한다. 이처럼 항문기는 자기가 원하는 대로 배설을 함으로써 즉각적인 만족을 원하는 원초아와 지연된 만족을 경험하도록 장려하는 자아 사이에서의 갈등을 경험하고 이를 해결하는 방법을 배우는 시기이다. 양육자가 대소변 훈련을 할 때 보이는 감정이나 태도는 유아의 성격형성에 중요한 영향을 미친다. 배설을 참고 대소변의 압박감을 즐기는 아이는 항문 보유적 성향을 보이게 되어 이후 지나치게 완고

하거나 강박적일 수 있으며 매사에 질서정연하고 깔끔한 특성을 보일 수 있다. 이들은 항문기적 충동을 방어하는 데 주력하는 사람들이다. 반면, 배설하는 느낌을 즐기며 부적절한 때 배출해 버리는 아이는 항문 배출적 성향을 지녀 이후 지저분하거나 무절제한 또는 난폭한 성향을 보일 수 있다. 단정한 환경에서는 억압과 답답함을 느끼는 부류의 사람으로 항문기적 충동의 만족을 더럽히거나 어지럽히는 식의 위장된 형태로 나타낸다.

(3) 남근기(Phallic stage): 3세부터 5, 6세까지

3세부터 5세, 6세 사이에는 성적 욕구를 만족시켜 주는 부위가 항문에서 생식기 주변으로 이동한다. 남근기 아동은 성기를 만지거나 문지르면서 좋은 느낌을 갖고 이러한 느낌은 중요한 사람에게로 향한다. 남근기에는 반대 성을 가진 부모를 향한 성적 욕망이 강하고 남자아이의 경우, 자신의 성기가 없어질지 모른다는 거세불안이 강렬한 시기로 오이디푸스 콤플렉스(Oedipus complex)가 특징이며 이를 극복하는 과정에 개인의 성 정체성이 구조화된다. 남자아이는 어머니에 대한 사랑을 느끼며 그 사랑을 독점하고 싶어 한다. 그러나 어머니 곁에는 어머니를 자신의 것이라고 주장하는 아버지가 있다. 이러한 아버지를 질투하고 죽이고 싶어 하지만, 자신보다 월등하게 우월한 힘을 가진 아버지가 이를 알고 결국 자신을 해하거나 거세할지도 모른다는 두려움을 갖게 된다. 이러한 환상과 연결되어 있는 불안은 아버지처럼 되고자 하는 동일시를 통해 해결된다. 아동의 근친상간적인 소망이 포기되는 것은 이 거세의 위협 때문이다. 자신의 불안을 해소하기를 원하는 아동은 동일시를 통해 남근기의 갈등을 해결하고 남성성을 발달시킨다. 이와 유사하게 여자아이는 자신의 어머니와 동일시하여 아버지로부터 사랑과 인정을 얻으려 하며 자신의 여성성을 강화한다. 여아는 엘렉트라 콤플렉스(Electra complex)를 극복하는 과정에서 여성성이 발달한다. 이 시기는 갈등을 해결하는 과정에서 부모와 동일시하고 부모의 가치관을 내면화함으로써 자아 이상이라는 초자아가 형성되는 시기이기도 하다.

(4) 잠재기(Latency stage): 5, 6세부터 12세까지

잠재기 단계에서는 특별히 성적 만족을 추구하기보다 사회화 과정에 참여하면서 학교생활의 재미, 또래 집단과 여타 다양한 놀이, 취미활동에서 홍미를 찾는다. 성적 욕구는 휴면기에 놓여 있다고 할 수 있다.

(5) 성기기(Genital stage): 12세 이상

생리학적으로 성인으로서의 성적 기능을 갖게 되고 성적 만족의 초점이 부모가 아닌 이성에게로 향하면서 이성과 친밀한 관계를 발달시킨다. 초기 6세까지의 아동기가 자기만족, 자기애에 에너지가 집중되어 있었다면 성기기에서는 성적인 에너지의 초점이 근친상간적이지 않은 다른 성에게로 향한다. 성적 추동을 다스리는 능력을 키우고 부모에게 의존했던 것으로부터의 독립을 점차 이루어 가야 한다. '일하며 사랑하는' 성인으로서 타인을 돌보고 사회의 생산적인 일원이 되어 간다.

프로이트의 심리성적 발달 단계는 원초아에 기초하여 성적 본능과 심리내적 갈등이 성격 발달에 기본 요인이라는 입장이다. 이에 대해 안나 프로이트의 제자였던 에릭 에릭슨은 원초아의 기능보다는 자아의 기능을 강조하며 심리내적 과제뿐 아니라 외부 세계와 상호작용하는 대인관계적 영향을 중시하였고 이를 심리사회적 발달 단계로 제시하였다. 그는 프로이트의 심리성적 발달 단계를 재구성하여 발달 단계를 전 생애로 확장시키고 각 단계에서 해결해야 하는 것을 위기로 표현하였다(60세 이상 이후 '초월'을 에릭슨이 자신의 인생 말기에 추가).

표 2-1 프로이트의 심리성적 발달 단계와 에릭슨의 심리사회적 발달 단계

기간	프로이트의 심리성적 발달 단계	에릭슨의 심리사회적 발달 단계
출생~1세	구강기	유아기: 기본적 신뢰 대 불신 젖먹이와 양육자와의 관계를 바탕으로 타인을 신뢰하고 의지할 수 있는 능력을 발달시킴. 이 단계의 성공적인 실현은 안전과 신뢰로 이어지는 반면, 부적절한 경우 불안과 불신으로 이어짐
1~3세	항문기	아동 초기: 자율성 대 수치심과 의심 배변훈련을 통해 자신의 신체에 대한 통제감을 발달시킴. 이 단계의 성공적인 실현은 개인의 자율성과 독립성으로 이어지는 반면, 부적절한 경우 수치심이나 자기의심으로 이어짐
3~5, 6세	남근기	학령 전기: 주도성 대 죄책감 탐험을 통해 주변 환경에 대한 통제감을 발달시킴. 이 단계의 성공적인 실현은 주도성과 목적의식으로 이어지는 반면, 부적절한 경우 죄책감으로 이어짐

5, 6~12세	잠재기	학령기: 근면성 대 열등감 학교에 들어가면서 새로운 사회화 과정에 참여하며 학업과 실력의 향상, 또래 관계에 전념하면서 근면성을 발달시킴. 이 단계의 성공적인 실현은 유능감으로 이어지는 반면, 부적절한 경우 열등감으로 이어짐
12~18세	성기기	청소년기: 정체성 대 역할혼미 십대 청소년은 원가족 너머 타인과의 관계를 통해 개인의 정체성과 자기감을 발달시킴. 이 단계의 성공적인 실현은 뚜렷한 자기감(나는 누구인가)으로 이어지는 반면, 부적절한 경우 약한 자기감 및 역할혼미로 이어짐
18~35세	성기기	초기 성인기: 친밀감 대 고립감 타인과 친밀하고 깊은 관계를 발달시킴. 이 단계의 성공적인 실현은 친밀한 관계를 맺을 수 있는 능력으로 이어지는 반면, 부적절한 경우 외로움과 고립으로 이어짐
35~60세	성기기	중년기: 생산성 대 침체 자신의 죽음 이후에도 지속적으로 유지될 수 있는 무언가를 생산하기 위한 사명감을 발달시킴. 이 단계의 성공적인 실현은 성취감과 유익한 존재감으로 이어지는 반면, 부적절한 경우 심리적 침체로 이어짐
60세 이상	성기기	노년기: 통합 대 절망 자기는 물론 인생에 대해 성찰하고 통합하는 능력을 발달시킴. 이 단계의 성공적인 실현은 지혜와 자기성취로 이어지는 반면, 부적절한 경우 후회와 절망, 통한으로 이어짐

이처럼 에릭슨의 심리사회적 단계는 발달 단계마다 해결해야 할 특정 위기가 있으며 초기에 한정된 것이 아닌, 전 생애에 걸친 과정이다. 발달 단계 각각의 주요 주제는 위기의 성공적인 해결과 실패라는 대립으로 표현되지만 실패했을 경우의 주제도 발달되기 마련이다. 불신, 수치심, 죄책감, 열등감 등도 발달 과정에서 우리가 느끼고 인식해야 하는 필요한 요인들이다. 여기에서는 그 정도를 말하는 것으로 무엇이 현저한 승자이냐의 문제로 이해하는 것이 좋다. 프로이트의 고전적 정신분석이 원초아의 본능과 심리내적 갈등이 성격을 형성하는 기본요인이라고 본 반면, 에릭슨과 같은 자아심리학, 즉 현대 정신분석에서는 본능과 심리내적 갈등에 덧붙여 자아의 역할을 강조한다. 따라서 나의 선택이 나를 주도적으로 느끼게 할 수 있고, 반면 수치스럽게 할 수도 있다. 프로이트의 심리성적 발달과 마찬가지로 에릭슨의 각 단계의 주제 역시 이후 단계에 영향을 미치고 전 생애 동안 누적되어 나타난다.

9) 대상관계 이론

인간의 기본적 동기를 '욕동 추구'로 보았던 고전적 정신분석 학파와 달리 '대상 추구'를 인간의 기본 동기라고 생각하는 새로운 학파가 정신분석에서 흘러나왔다. 1940년대 초 영국의 정신분석학회는 크게 세 그룹으로 나뉘는데, 안나 프로이트를 중심으로 하는 고전적(정통) 프로이트 학파와 멜라니 클라인 학파 그리고 양쪽 어디에도 속하지 않는 독립 학파가 그것이다.

여기서는 프로이트의 이론에서 시작하였지만 그와 다른 이론을 전개해 나간 클라인의 주요 개념을 간략히 소개한다. 이어서 클라인에게 분석을 받고 클라인 학파의 일원이었으나 이후 자신만의 독창적인 견해를 펼치고 독립 학파로 분류된 위니컷의 주요 개념을 살펴본다.

(1) 클라인의 대상관계 이론

프로이트가 성인 환자에 대한 자신의 임상 경험을 바탕으로 욕동(추동) 구조 모델을 형성하였다면, 클라인은 자신의 자녀는 물론, 실제 아동들을 대상으로 연구하고 아동들을 통해 얻어진 기법과 통찰을 성인에게 적용하였다. 아동의 언어적 한계로 인해 아동의 놀이를 관찰하고 이를 해석하는 접근 방법으로 자신의 이론을 발전시켜 나갔다. 프로이트가 5, 6세 정도의 아동들이 근친상간적 소망과 갈등을 겪는 오이디푸스기를 중요시했다면 클라인은 그보다 더 어린, 전언어적 시기의 아동들에게 관심을 가졌다.

대상관계 이론에서의 '대상(object)'은 외적 대상(external object)과 내적 대상(internal object)으로 구분할 수 있다. 외적 대상은 객관적 · 직접적으로 관찰이 가능한 실재하는 사람이나 사건, 사물, 장소 등을 말하고, 내적 대상은 외적 대상과 관련되어 심리적으로 경험되는 심리적 표상을 말한다. 다시 말해, 내적 대상이란 외적 대상에 대해 자신이 갖는 이미지, 환상, 감정, 생각, 기억, 심상 등을 말한다. 따라서 실재하는 외적 대상과 외적 대상에 대한 심리적 표상인 내적 대상은 서로 다르게 묘사될 수 있다.

대상관계 이론의 기본은 어릴 적에 맺은 중요한 타인과의 관계에 대한 내적 표상이 이후 성인인 우리의 관계 방식을 형성하며 뿐만 아니라 그 방식이 반복된다는 것이다. '나는 관계를 어떤 방식으로 감지하는가', '내가 주로 만나는 연애 상대의 특징과 친구 유형은 무엇인가' 등 우리의 내적 표상이 타인과 관계를 형성하는 데 지속적인 영향을 미친다고 본다. 이 내적 표상은 내적 대상 혹은 내적 대상관계로도 불린다(Safran, 2012).

클라인은 내적 대상이 본능적인 무의식적 환상과 실제 경험이 상호작용하는 가운데 만들어진다고 보았다. 프로이트가 말한 대로 클라인 역시 인간은 사랑과 공격성 모두와 관련이 있는 본능적인 추동을 가지고 태어난다는 것에서 출발한다. 그러나 클라인은 이 두 가지가 타인과의 관계에 대한 무의식적 환상, 이미지와 연결되어 있다고 보았다. 본능에 연결되어 있는 무의식적 환상은 타인과 실제로 만나기 이전부터 존재하는 것이고 타인을 인식하기 위한 기본적인 심리적 틀, 다시 말해 선험적인 인식의 틀 역할을 한다고 개념화하였다(Safran, 2012; Ogden, 1986). 예를 들어, 갈증을 경험하는 것은 물을 마시기도 전에 이미 어떤 모호하고 불명확한 방식이기는 하나 그 갈증의 대상(여기에서는 물)을 갈망하는 것이라는 의미이다. 욕망하는 대상이 막연하지만 욕망이라는 충동 안에 함께 내재되어 있다는 것이다. 사랑하고 돌보려는 본능적 충동 안에는 사랑할 만하고 사랑스러운 대상의 이미지가 담겨 있고, 미워하고 파괴하고자 하는 공격적 본능의 충동 안에는 증오스럽고 증오할 만한 대상의 이미지가 담겨 있다고 본다. 대상의 본성에 대한 유아의 직관 능력은 타고난 것으로, 달리 말해 인간 심리의 심층 구조에서 비롯된 것이다. 이와 같이 클라인은 유아의 무의식적 환상을 계통발생학적으로 이미 유전되어 소유하고 있는 코드에서 나온다고 보았다. 프로이트에게 대상은 충동을 충족시키려는 과정에서 우연하게 발견하는 별개의 것, 충동을 해소(만족)시키기 위한 수단이라면(예를 들어, 유아는 욕동을 만족시키려는 과정에서 우연히 젖가슴이 그 대상임을 발견하게 됨), 클라인에게 대상은 충동이라는 경험 안에 목표로서 이미 함께 존재하는, 선험적으로 내재되어 있는 것이다(젖가슴에 대한 지식을 가지고 태어남).

① 편집-분열적 자리

클라인은 갓 태어난 유아의 현실이 환상으로 가득 차 있다고 보았다. 유아가 기대하는 경험은 프로이트가 제시한 것과 같이 크게 삶의 본능 그리고 죽음 본능과 관련된다. 그러나 클라인은 프로이트와 달리 초기에는 삶의 본능보다 죽음 본능이 일찍이 더 큰 불안을 일으키며 유아의 경험을 조직하는 데 더 큰 영향을 미친다고 보았다. 따라서 유아의 초기 환상은 위협적이고 파괴적이며 공격적인 내용들로 가득 차 있다. 이러한 유아에게 주어지는 첫 심리적 임무는 죽음 본능에서 나오는 위험을 잘 다루는 것이다. 자신의 본능적 공격성을 마치 자신을 해할 것 같은 세력으로 보고 박해불안을 느끼기 때문이다. 초기 공격적 본능으로 인한 위협, 멸절의 공포와 불안을 처리하기 위해 유아가 기울이는 안간힘은 '분열'이다. 내적 파괴성인 죽음 본능으로부터 자신을 지키기 위해 분열이라는 원시적 방어기제를 사용하는 것이다.

초기 유아는 바람직하거나 또 바람직하지 않은 모습, 다시 말해 사랑과 미움, 이 둘 다를 지니고 있는 엄마에 대한 복잡한 표상을 아직은 발달시킬 수 없다. 가령, 배가 고플 때 즉각적으로 젖을 제공해 주는 좋은 엄마와 배고픈 상태를 방치해 두는 나쁜 엄마를 같은 존재로 인식할 수 없다. 이러한 혼란스러운 엄마로부터 안전감을 느끼기 위해 유아는 먼저 엄마(대상)에 대한 두 가지 분리된 표상을 만든다. 즉, 전적으로 좋은 표상과 전적으로 나쁜 표상 이렇게 분리해 버림으로써 유아는 매 순간 둘 중 더 지배적인 표상에 따라 엄마를 모두 좋은 대상 혹은 모두 나쁜 대상으로, 별개로 나누어 경험한다. 유아의 입장에서는 이것이 곧 좋은 젖가슴 또는 나쁜 젖가슴이 될 것이다. 분열은 유아가 혼돈을 견디기 위해 질서를 창조하는 과정의 일부이다. 쉽게 말해 사고를 이분법적으로 양극화시키는 양식이다. 따라서 편집 분열적 자리에 있는 유아는 한 번에 하나의 감정만 경험할 수 있다. 유아는 배고픔을 느낄 때, 즉 좋은 대상의 부재를 경험할 때, 나쁜 대상에 의해 공격과 박해를 받는다고 느낀다.

유아는 위협하고 미워하는 요소로부터 자기의 사랑스러운 부분을 보호하기 위해 증오스러운 나쁜 부분을 외부로 투사한다. 이후에는 밖에 있는 미워하는 외부 대상에 의해 자신이 위협받는다고 느껴 다시 자신 안에 들이는데[이를 '내사(intorjection)'라고 한다] 왜냐하면 자신 안에 있는 대상을 자신이 보다 더 잘 통제할 수 있다는 환상 때문이다. 자신 안에 있는 위협적인 대상을 밖으로 방출하면 자신 안으로 들어오지 못한다는 환상 그리고 위협적 대상이 밖에 있는 것보다 안에 있을 때 더 잘 통제할 수 있다는 환상을 반복적으로 되풀이하면서 안전과 위험을 계속적으로 조절한다. 이것이 생후 3개월까지의 유아가 자신의 경험을 조직하는 편집-분열적 자리의 양식이다. 투사와 내사의 이러한 지속적 반복은 아동이 좋은 엄마와 나쁜 엄마가 실제로는 서로 다른 존재가 아니고 동일인이라는 사실을 알게 될 때까지 지속된다(Gabbard, 2016).

엄마에 대한 좋고 나쁜 표상들을 하나로 통합하는 능력은 유아가 발달함에 따라 이후에(우울적 자리에서) 기능하게 되는 것이다. 이것은 타인에 대한 양가적인(좋기도 하고 나쁘기도 한) 감정을 견디는 능력을 발달시키는 것과도 관련이 있다. 만약 자신의 주변 사람들에 대해 항상 전적으로 좋거나 그렇지 않으면 완전 악하다고만 여기는 경우, 그 사람은 편집-분열적 자리, 즉 유아의 초기 단계와 같이 덜 발달된, 미숙한 자리에 있다고 볼 수 있다. 이처럼 분열을 고정적인 주된 방어로 사용하는 성인은 타인에 대하여 극단적인 감정적 변동을 경험한다. 타인을 완벽하게 이상화하거나 그렇지 않으면 악인처럼 사악하게 보는 것 사이를 널뛰듯 오간다. 이럴 경우 타인과의 안정적인 관계를 유지하기란 참으로 어려울 것이다.

② 우울적 자리

편집-분열적 자리에서의 유아가 자신의 경험을 좋은 대상과 나쁜 대상이라는 부분 대상들로 나누어 반응했다면 이제는 전체로서의 혼합된 대상을 경험하게 된다. 즉, 좋은 대상과 나쁜 대상의 통합이 일어나는 자리이다. 유아는 이전과는 다른 관점에서 대상과 관계를 맺기 시작한다. 전적으로 좋은 대상과 전적으로 나쁜 대상이 별개로 있는 것이 아니라, 한 대상 안에 양립하는 다른 면모들이 있다는 것을 깨닫기 시작한다. 그러면서 또 다른 불안이 발생하는데 이는 자신의 공격성이 사랑을 포함한 전체 대상을 파괴함으로써 사랑하는 대상까지 해칠지도 모른다는 불안으로 클라인은 이를 우울불안이라고 하였다. 편집-분열적 자리에서의 공격성은 나쁜 젖가슴과의 관계에만 한정된 것이었기에 사랑을 받는 대상과 미움을 받는 대상은 각기 다른 대상이었다. 그러나 우울적 자리에서 유아가 파괴하는 대상은 전체 대상으로서, 미워하는 동시에 사랑하는 대상이다. 타고난 공격성으로 인해 사랑하는 대상까지 파괴했다고 여기게 됨으로써 유아는 죄책감을 느낀다. 그러나 우울적 자리의 유아에게는 성적 본능에서 비롯된 사랑으로 이 파괴된 엄마를 치유하고 회복시키려는 환상이 발생한다. 엄마에 대한 자신의 사랑과 돌봄을 통해 파괴된 엄마를 회복시킬 수 있다고 여긴다. 유아는 증오와 사랑, 파괴성과 치유능력, 이 상반된 본능 간의 순환을 통해 전체 대상과의 관계를 유지한다. 따라서 이들 간의 균형을 이루는 것은 매우 중요하며 파괴성 속에서도 사랑이 살아남을 수 있다는 것을 믿을 수 있어야 한다. 이 과정에서는 실제 엄마의 사랑과 돌봄이 중요한 역할을 한다. 옥덴(1986)은 우울적 자리에서의 유아가 겪는 심리 과정은 우울보다 애도에 가깝다고 보았다. 과거의 대상과 관계 맺던 방식이 더 이상 존재하지 않는다는 것, 다시 말해 완전히 좋기만 한 대상, 그런 세계가 없다는 것, 대상을 완전히 통제할 수 없다는 것은 오히려 슬픔과 애도에 가깝다고 본 것이다.

편집-분열적 자리와 우울적 자리는 어린 시절 단번에 완성되고 유지되는 것이 아니다. 클라인은 이 두 자리 간의 왕복이 성인이 되어서도 나타난다고 보았다. 흔히 사랑하는 대상으로부터 거부와 좌절, 상실을 겪을 때, 한동안 분노와 공격성으로 그 대상을 증오하거나 저주하는 모습을 보이기도 한다. 이러한 순간은 편집-분열적 자리로 퇴행한 것이라 할 수 있다. 그러다가 자신이 상처를 입히고 아프게 했다는 미안한 마음에 자책하며 대상을 사랑으로 돌보고 치유하려는 노력을 기울이기도 한다. 이렇듯 인간은 애증, 사랑과 미움을 모든 경험 안에서 반복하기 때문에 우울불안은 인간의 주요 특성이라 할 수 있다.

(2) 위니컷의 대상관계 이론

위니컷은 1940년대 영국정신분석학회가 세 갈래로 나뉘었을 때, 프로이트 학파와 클라인 학파 그 어디에도 속하지 않은 중간 그룹, 독립 학파의 대표적 인물이다. 클라인에게 있어 유아는 그다지 행복한 존재가 아니었다. 타고난 공격성으로 인해 멸절의 위협과 공포, 박해로 불안해하는 존재로서 이를 완화하는 것이 유아기의 첫 과제이다. 한편, 위니컷은 죽음본능에서 파생된 공격성으로 불안해한다는 클라인의 견해를 따르지 않았다. 위니컷의 유아는 자신의 환경과 조화롭게 상호작용할 수 있는 유아이며, 유아의 성장이 왜곡되는 것은 부적절한 양육, 환경 때문이었다. 위니컷이 강조하는 것을 한 문장으로 말하면, '개인의 정신건강에는 환경이 지대한 영향을 미친다'이다. 프로이트가 인간을 본성(nature)을 주축으로 설명하는 극단에 있다면 위니컷은 양육(nuture)을 중심으로 설명하는 반대편 극단에 있다고 할 수 있다(최영민, 2010).

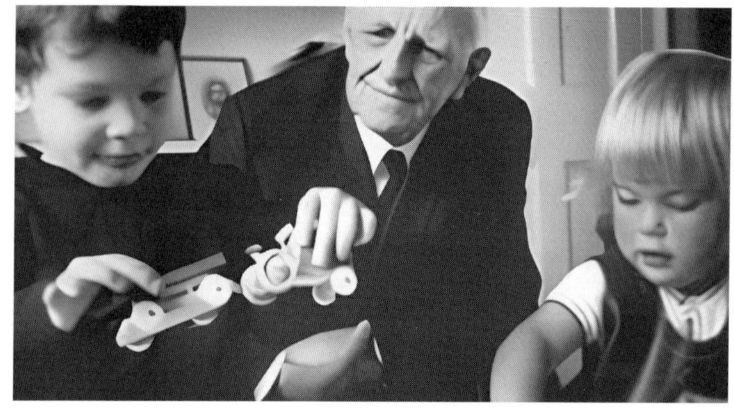

[그림 2-5] 놀이, 이야기 그리고 우정

출처: https://humanities.utulsa.edu/play-talk-and-friendships/

① 유아의 성장

위니컷은 사랑 없이도 유아를 키울 수는 있지만, 사랑이 없는 비인격적인 방식으로는 참신하고 자율적인 인간으로 키울 수 없다고 보았다(Winnicott, 1997). 위니컷은 유아와 어머니의 관계에 지대한 관심을 갖고 이를 치료 장면의 내담자와 치료자의 관계에 적용하였다. 영아는 태어나면서부터 이미 자기실현의 경향성, 자기 자신이 되고자 하는 동기를 품고 나오며 이것은 양육자 또는 다른 사람들에 의해 촉진되기도 하고 저해되기도 한다. 위니컷은 증상이나 성격장애가 아닌, 주관적인 삶의 질에 관심을 두었다. 그의 임상적 관심은 증상이나 성격장애가 아니었다. 그는 개인에게 의미 있는 삶, 생생하고 창조적인 자기경험과 그 중심에 있는 자기이미지 등과 같은 주관적인 삶의 질에 관심을 두었다. 자기됨을 느끼지 못하는 장애는 초기 유아와 어머니의 상호작용에서 유래한다. 이것은 심한 박탈과 학대에서 오는 것이 아닌, 어머니가 유아를 대하는 태도 그리고 양육의 질에서 비롯된다. 앞서 말한 대로 단순히 먹을 것을 가져다 먹이는 것이 아닌 사랑이어야 하며, 단순한 욕구 충족이 아닌 유아의 개인적 특성에 대한 어머니의 반응이 자기됨의 핵심이다. **신생한 유아는 '유아-엄마'의 단위로서만 존재한다.** 즉, 모성 돌봄과 별개로 생존하는 아기는 없다는 의미이다. 생의 초기 몇 달 동안 유아가 겪는 경험의 질은 어머니가 제공하는 환경에 따르며 이것이 유아의 성격을 형성하는 데 결정적인 역할을 한다. 위니컷이 강조하는 '충분히 좋은 엄마(good enough mother)'는 임신 말기에 아기에게 몰두할 수 있도록 생물학적, 진화론적으로 자연스럽게 준비된다. 성장과 발달의 소인을 가진 유아에게 성장을 촉진시키는 환경이 되어 주고자, 엄마는 당분간 자신의 존재와 모든 활동을 아기의 바람과 욕구 중심으로 맞추게 된다. 이러한 엄마의 아기를 향한 몰두와 즉각적인 반응 및 공급으로 인해 유아는 생후 몇 개월 동안 일명 '주관적 전능감'을 경험한다. 즉, '내가 소망하면 이루어진다', '내가 원하면 (젖가슴을) 창조한다'는 느낌이다. 이후 점진적으로 엄마는 본인의 신체, 걱정거리, 여타 관심사를 갖게 되면서 자연스레 아기의 요구와 몸짓에는 이전보다 덜, 그리고 더디게 반응하게 된다. 이로써 유아는 성장하는데, 다시 말해 내가 원한다고 곧바로 그것이 충족되는 것이 아님을 점차 깨닫는다. 자신이 전능해서가 아니라 엄마의 반응이 충족해 주었기 때문임을 알게 되면서 자신이 의존적이라는 것을 느끼기 시작한다. 이제 자신의 원함을 충족시키기 위해서는 다른 욕망을 가진 타인과의 협상이 필요하다는 것을 깨닫는 것이다.

② 안아 주는 환경: 충분히 좋은 엄마

엄마는 아기가 필요로 할 때 곁에서 반응하고 있어 주어야 하는 것만큼 필요로 하지 않을 때 물러나 주는 것 또한 중요하다. 유아의 몸짓과 욕구의 대상으로서 반응하는 엄마와, 자극 없이 편안히 홀로 있음을 느끼도록 그저 고요히 감싸 안는 환경으로서 존재하는 엄마가 필요하다. 유아가 홀로 있다는 것은 아무도 없이 혼자 있다는 의미가 아니라, 엄마가 유아를 침범하거나 요구하지 않고 유아가 자기에게, 자기와의 관계에 몰두할 수 있도록 고요히 환경으로서만 있어 준다는 의미이다. 실제로 유아는 보호받고 있음에도 보호받는다는 것을 의식하지 못한 채 자신만의 물리적, 심리적 공간을 창조한다. 이를 위해서는 보호 가운데 물러서 있는 엄마의 안아 주는 환경(holding environment)이 필요하다. 따라서 충분히 좋은 엄마는 아기가 찾을 때 응답하고 찾지 않을 때 가만히 내버려 둘 수 있는 엄마이다.

③ 참 자기와 거짓 자기

위니컷은 자기의 개념을 두 가지로 구분하여 설명하였다. 참 자기(true self, 진정한 자기)는 심장 박동, 호흡, 감각 등 신체 기능에 근거하며 앞서 말한 주관적 전능감과 관련된 존재의 핵심적인 부분이다. 좋지 않은 엄마는 유아로 하여금 갖가지 형태의 침범을 경험하게 하는데, 유아가 자발적으로 욕망을 표현했음에도 그 욕망이 충족되지 않으면 유아는 무시받거나 잘못된 것으로 느끼고 일종의 침범으로 경험한다. 내가 욕망했으나 충족되지 못함으로 인해 유아는 존재의 연속성을 경험하지 못한다. 이럴 때 유아는 중심적 자기(참 자기)는 숨기고 거짓 자기(false self), 즉 존재의 표피적인 껍질에 해당하는 자기를 발달시킨다. 유아의 전능성에 반응해 주지 못하고 자기애적으로 반응하는 엄마(예: 엄마 중심으로 돌봄을 받는 경우, "엄마 지금 너무 피곤하니 보채지 말고 가만히 있어." 또는 "내 자식이니까 너는 오점이 없어야 해.")에게 유아는 자기의 것을 표현하지 못하고 순응하여 결국 엄마의 것을 자신의 것인 양 대체하여 받아들인다. 엄마의 필요와 바람에 적응하기 위해 '거짓된 자기'를 발달시킨다. 이런 아이는 조숙하게 외부세계를 파악하는 데 주력하게 되고 그것에 순응하게 되며 '나'라는 자기감각과 주관성을 발달시키지 못하고 방해받는다. 극단적인 거짓 자기는 자신의 인생을 살지 못하고, 자발성을 잃고 타인에게 순응하는, 의미 없는 삶으로 나타난다.

④ 중간대상

초기의 주관적 전능감과 이에 대한 적절한 엄마의 반응은 유아 자신의 자발적인 욕망과 몸짓이 중요하고 의미가 있다는 자기 감각을 갖게 하므로 유아에게 이것은 소중한 자원이 된다. 이러한 경험 없이는 오직 타인들의 기대에 부응하고 외부의 자극에 따라 이리저리 반응하는 거짓 자기의 삶을 살게 된다.

위니컷은 주관적 전능감과 객관적 현실의 두 가지 경험 사이에 제3의 중간경험과 중간대상이 있다고 보았다. 이 중간대상은 주관적으로 창조하거나 마음대로 통제할 수 있는 것이 아니며 동시에 외부세계에서만 발견하는, 자신과 분리된 것도 아니다. 중간대상은 주관적 세계와 현실 세계 사이 어딘가에 있다. 흔히 곰 인형, 이불 등이 중간대상 역할을 한다. 곰 인형과 같은 중간대상은 아이가 엄마와 떨어져 있는 동안 엄마와의 상상적인 유대를 유지하도록 도와준다. 이것은 내가 대상을 마음대로 움직였던 주관적 전능 세계와, 한편으로는 외부에 독립적으로 존재하는 타인(엄마)을 인정하고 적응, 협조해야 하는 객관적 현실세계, 이 둘 사이의 충격을 보호해 주는 완충작용을 한다(Mitchell & Black, 1995). 그러므로 더럽고 낡은 곰 인형을 어디에나 안고 가는 아이의 행동을 우리는 존중해 주어야 한다.

3. 정신분석적 심리치료의 실제

1) 정신분석과 정신분석적 심리치료

미국의 정신분석은 정신분석이 시작된 유럽 대륙의 정신분석보다 낙관적이고 실용적인 경향이 있다. 미국을 위시하여 정신분석이 여러 나라로 보급되었을 때, 각기 다른 특성과 욕구를 지닌 다양한 내담자에게 정신분석을 적용하기 위해서 고전적 정신분석을 수정할 필요가 생겼다. 정신분석을 적용하기에 부적절하거나 정신분석이 그다지 효과적이지 않은 사람들을 위해 프로이트의 정신분석보다는 덜 철저하지만 그의 이론에서 유래한 개념에 근거하여 내담자들의 필요에 맞게, 단기간에 보다 구체적인 문제에 초점을 맞추는 방향으로 수정하였다. 이러한 형태의 정신분석을 '정신역동적 치료' 혹은 '정신분석적 심리치료'라고 하였다. 이것과 '순수한' 정신분석 간 용어를 구별하여 칭하는 것이 정신분석이 보급된 초창기에는 중요하게 여겨졌다. 한편에서는 이러한 구분이 이론적 기준의 차이보다는 정치적인 문제, 엘리트 의식과 연관된다고 지적하기도 한다(Safran, 2012; McWilliams, 2004).

정신분석과 정신분석적 심리치료 간의 차이를 살펴보면 다음과 같다(Short & Thomas, 2014; Safran, 2012). 고전적 정신분석으로 알려진 정신분석은, 첫째, 4년 또는 그 이상의 기간이 소요되는 장기치료이며 매주 최소 4회기를 만날 정도로 집중적이며 종결 시기나 치료 횟수에 제한을 두지 않는다. 둘째, 내담자가 자신의 무의식적 동기를 의식하도록 돕는 것이 중요하다. 셋째, 치료자는 내담자에게 충고나 지시를 삼간다. 넷째, 치료자는 자신의 믿음, 가치를 개방하지 않는다. 이로써 내담자에게 미치는 영향을 최소화하려고 노력한다. 다섯째, 치료자는 자신의 개인적 생활, 자신의 감정 등을 노출하지 않음으로써 어느 정도의 익명성을 유지하려고 노력한다. 여섯째, 치료자는 과정에 몰두하는 참여자이기보다는 객관적이고 중립적인 관찰자로서의 자세를 유지하려 한다. 일곱째, 내담자는 카우치에 눕고 치료자는 내담자의 시야를 벗어나 앉는다.

정신분석적 심리치료는 일주일에 1회 또는 2회, 20회기 정도의 비교적 짧은 기간 동안 만나며 내담자와 치료자가 마주 앉아 대화한다. 성격의 재구성보다는 보다 실제적이고 구체적인 문제에 초점을 맞추며 치료자는 맥락에 따라 시의적절한 자기개방을 할 수 있다. 필요에 따라 공감과 지지의 표현, 제안 등의 개입을 충분히 사용하며 과거의 관계보다는 지금 여기에서의 관계를 강조한다. 치료자의 중립성을 덜 강조하며 전이와 역전이 반응에 주목하고 관심을 많이 기울이며 환상보다는 실제적인 고민을 보다 더 중시한다.

그러나 점차로 정신분석가들은 이러한 경직된 구분을 하지 않는 편이다. 정신분석적 계보에 속하는 치료적 접근들은 형식이나 기법의 엄격함보다는 의식되지 않은 것을 자각할 것과 우리 자신의 동기에 대한 정직(진실할 것)을 공통적으로 강조한다. 우리 내면에 있으나 인식하기를 거부하고 무의식적인 것으로 유지하기 위해 자기기만에 소요하는 에너지를 활기 있고 생산적인 삶, 참된 자기로 살아가는 데 사용하도록 돕고자 한다. 정신분석적 접근들은 모든 치료적 만남이 고유한 특성을 갖는다고 본다. 따라서 치료적 개입의 보편화, 표준화를 지양하며 특정 내담자와 특정 순간에 치료자가 어떻게 행동하는 것이 최선인지를 숙고하는 것을 중시한다.

2) 치료적 관계

정신분석의 진화 과정에서 발달한 중요한 변화는 한 사람 심리학으로부터 두 사람 심리학으로 이동했다는 점이다. 프로이트의 고전적 관점에서 치료자는 내담자에 대해 빈 스크린의 역할을 하는 객관적이고 중립적인 관찰자였다. 내담자의 무의식적 동기, 욕망, 환상 등이 잘 투영될 수 있도록 치료자는 최대한 빈 화면이 되어 주어야 한다고 보았다. 전통적으로는 이처럼 치료자의 절제와 익명성, 중립이 강조되었다면 현대 정신분석에서의 치료자는 내담자와 서로 의식적, 무의식적 수준에서 상호 영향을 주고받는 과정에 함께 참여하는, 공동 참여자이다. 최신의 관계 정신분석은 치료자와 내담자가 함께 협력하는 치료적 관계를 형성할 때 상담에서 최선의 결과를 얻을 수 있다는 입장으로 내담자의 고유한 주관성과 치료자의 주관성이 통합되어 나타나는 치료적 순간을 촉진시키고자 한다. 현대 정신분석에서 치료자는 내담자뿐 아니라 자신이 내담자와의 관계에 어떻게 기여하고 있는지를 스스로 탐색하고 자각해야 한다. 이 같은 치료자의 자기탐색, 자기성찰 과정은 내담자를 이해하는 데 병행해야 할 중요한 과정으로 간주된다.

또한 고전적 정신분석에서 내담자는 의식적 자각에 한계가 있어 자신에 대해 스스로 알 수 없으므로 치료자가 대신 이러한 것들을 알아차리고 말해 주는, 치료자의 능력이 강조되었고, 그런 만큼 수련과 전문성을 갖춘 치료자의 권위, 우월성이 존재했다. 그러나 두 사람

심리학으로의 이동과 함께 현대 정신분석에서는 치료적 관계의 상호성이 보다 더 강조된다. 다르게 말해, 이전의 내담자의 무의식에 대한 전문가로서 치료자의 위상은 박탈되었다고 할 수 있다.

이러한 치료자와 내담자의 관계는 내담자의 저항이라는 개념에도 다르게 적용된다. 일반적으로 저항은 치료자의 의도나 목표, 치료 과정을 좌절시키거나 방해하는 내담자의 어떤 행동을 말한다. 변화에 대한 양가적인 마음, 자신의 익숙한 방식을 포기하는 데 따르는 두려움, 고통스럽고 위협적인 감정을 회피하려는 무의식적 동기 등 저항의 이유는 다양할 수 있다. 저항을 내담자의 자기보호적인 측면(안전망 같은 역할을 한다는 점)에서 보자면 저항을 공감적으로 이해할 수 있는 여지도 있다. 그럼에도 치료자는 저항으로 인해 치료 목표나 의도에 방해를 받기에 대개는 저항을 문제로 인식한다. 한 사람 심리학에서는 저항의 원천을 내담자 개인에게서 찾았지만 두 사람 심리학에서는 저항이 생기는 데에는 치료자 역시 일정 부분 기여하는 바가 있다고 본다. 치료자가 공감적 이해를 잘하지 못하였거나 내담자의 저항을 유발할 만한 원인 제공을 할 수도 있다는 것이다.

3) 치료 기법

특정 내담자의 사례를 이해하려는 개념화 과정은 여러 가지 다양한 원천으로부터 얻은 정보를 종합하는 것이다. 치료자는 내담자가 현재의 대인관계와 부모를 포함한 과거의 대인관계에 대해서 이야기하는 과정 속에 나타나는 반복되는 주제를 찾는다. 또한 치료적 관계에서 드러나는 패턴 혹은 주제들에도 주의를 기울인다. 앞으로 살펴볼 기법에서도 반복적으로 나오겠지만 정신분석적 치료에서 치료자는 자신의 감정과 경험의 미묘한 변동에 주목할 것을 요구받는다. 그리고 치료적 관계와 상담에서 일어나는 모든 것에 치료자 자신이 어떻게 기여하고 있는지 계속 숙고하는 과정이 필요하다.

치료자가 이론적 관점으로 내담자의 사례를 개념화하더라도 계속적으로 드러나는 정보에 개방적이고 수용적인 태도를 유지하는 훈련을 하는 것은 매우 중요하다. 치료자 자신의 예상과 일치하지 않는 것들도 보고 들을 수 있게 열려 있어야 하며 모호함이나 불확실성을 견딜 수 있어야 한다. 치료자 자신의 무의식적 경험으로부터 오는 정보에도 주의를 기울이는 것 또한 중시한다. 현대의 관계 정신분석은 치료자가 내담자와 관계를 맺고 치료자 역시 내담자로부터 영향을 받도록 허용한다. 서로가 서로에게 영향을 받게 함으로써 내담자의 관계적 세계 속으로 들어가고 이 관계적 경험을 통해 치료자는 자신의 역전이를 경험하고 이를 다시 숙고함으로써 내담자를 보다 잘 이해할 수 있다고 본다. 이러한 관점하에서 정신분석적 심리치료의 기법들을 소개하고자 한다.

(1) 해석

해석이란 전통적으로 정신분석 및 정신분석적 치료자가 사용하는 개입으로 '내담자가 자신의 무의식적인 심리내적 경험과 관계패턴을 자각하도록 돕는 치료자의 시도'라고 개념화할 수 있다(Safran, 2012). 정신분석적 계보가 과거에서 현재로 진화해 온 가운데 생긴 큰 변화를 간략히 한마디로 말하자면 '해석에서 관계로(from interpretation to relationship)'의 변화라고 할 수 있다. 전통적인 관점에서 해석은 내담자의 의식 밖에 있는 것을 전달하려는 시도로 무의식의 심층적 수준에서부터 의식에 근접하는 표면적 수준에까지 이른다. 해석이 곧 변화로 이어지지는 않더라도 내담자에게 일면의 배움과 통찰을 가져다주기도 한다. 특히 내담자가 해석을 지적이나 비판, 직면이 아닌 공감적으로 이해받고 존중받는다고 느낄 때, 해석에 대하여 보다 더 수용적이게 된다. 그리고 내담자가 자신의 내적 경험을 개방하고 탐색하며 무의식적인 갈등의 영향이 있을 수 있음을 받아들일 준비가 되었을 때, 단언이 아닌 가설 형식으로 하는 것이 유용하다.

(2) 전이와 역전이의 활용

프로이트는 카우치를 활용하여 내담자들의 긴장을 완화시키고 가능한 한 의식에 떠오르는 모든 생각과 감정을 자유롭게 말하라고 하였다. 그러나 프로이트의 내담자들은 이 과정에서 마음에 떠오르는 모든 것을 말하려 하지 않았다(저항). 뿐만 아니라 내담자들이 프로이트를 있는 그대로 대하기보다 마치 자신에게 중요했던 과거의 애착대상처럼 여기고 대한다는 것을 알게 되면서 이를 '전이(transference)'라고 불렀다. 다시 말해, 전이란 치료 장면에서 내담자가 자신의 삶에 중요한 사람에 대한 감정을 치료자에게로 옮기는 것을 말한다. 한편, 이러한 내담자의 태도로 인해 강한 감정이 치료자에게 유발되는 것을 알게 되면서 이를 '역전이(countertransference)'라고 칭하고 프로이트는 역전이를 치료적 노력에 방해가 되는 것으로 보았다. 특히 이러한 감정이 성적 욕망과 관련된 것일 때 그것을 충족시키지 않도록 삼가야 할 것, 사적으로 이용(예: 특정 생각을 주입하기, 착취행위 등)하지 말 것을 경고하였다. 이처럼 프로이트의 정신분석에서 역전이 반응은 내담자의 전이에 대해서 치료자가 느끼고 반응하는 것이다. 따라서 역전이는 치료에 방해가 되므로 수퍼비전이나 자기분석 등을 통해 분석하고 제거해야 하는 것으로 여겨졌다. 그러나 현대 정신분석에서 역전이의 의미는 고전적인 의미보다 훨씬 더 광범위하다. 다시 말해, 내담자에 대한 치료자의 의식적이고 적절한 모든 감정 반응, 연상, 즉각적으로 떠오르는 이미지, 환상 등을 포함하는 것으로 내담자에 대한 치료자의 모든 반응을 아우르는 넓은 의미로 정의된다. 또한 역전이를 내담자를 이해할 수 있는 중요한 수단으로 본다는 점에서 역전이에 대한 태도 또한 긍정적으로 바뀌었다고 할 수 있다.

역전이는 일치적 역전이와 상보적 역전이로 나눌 수 있는데(Racker, 1968), 일치적 역전이는 내담자의 느낌과 일치하는 것으로 내담자가 과거 어린 시절 중요 대상과의 관계에서 아이로서 느꼈던 것을 치료자도 공감하며 느끼는 것이고, 상보적 역전이는 아이(내담자)와 관계한 어떤 대상이 느꼈을 만한 것을 치료자가 느끼는 것으로 내담자 입장에서는 공감적이지 않게 느끼는 것이다. 쉬운 예로, 만약 내담자가 지금 눈물을 보이며 슬퍼하는데 치료자는 인색하고 차가운 마음이 들 경우, 이는 상보적 역전이로 내담자의 아동기에서 중요한 대상이었던 어떤 이의 정서 상태와 닮았다고 추론해 볼 수 있다. 이처럼 치료자는 자신의 감정, 반응을 들여다봄으로써 내담자를 이해하는 데 단서로 참고할 수 있다.

내담자가 호소하는 관계 문제 역시 치료자와의 관계에서 반복, 드러날 것임을 안다면 전이를 치료적 재료로 활용할 수 있다. 내담자가 증오에 차 치료자에게 욕설을 퍼부을 때 치료자는 다른 사람이 내담자에게 했듯이 화를 내거나 내담자를 거부하는 행동으로 반응하지 않는다. 대신 과거의 어떤 관계가 현재에 반복되는지 탐색하고, 내담자에게 과거의 애착 대상과는 다른 인물로 경험되도록 하는 것이 중요하다. 치료적 관계에서 과거의 건강하지 못한 관계 패턴이 불가피하게 반복되어 나타날 때 치료자는 이를 기꺼이 견뎌 내고, 명명하고 함께 논의하고, 살피고 그에 대한 감정을 표현한다. 물론, 내담자가 보이는 반응 모두를 전이라고 단정짓지 않도록 주의해야 할 것이다. 치료자의 행동이나 태도에 대하여 내담자가 실제로 타당하게 반응하는 것일 수도 있기에 내담자의 반응이 현실적인 상호관계에서 비롯된 것인지 지속적으로 세심하게 관찰해야 한다(Gabbard, 2016). 가령, 상담 중 손목시계를 보는 상담자를 향해 형식적, 사무적, 수입 수단으로 자신을 대할 뿐이라고 비난하는 내담자가 있다고 할 때, 상담자는 실제로 권태로운 기분을 느껴 이를 내담자가 알도록 한 것인지, 아니면 내담자가 상담자를 오해하고 상황을 왜곡하고 있는 것인지 알아보아야 한다. 만일 권태가 실제로 문제였다면 상담자는 자기 개인의 문제 때문에 흥미를 잃고 지겨워한 것인지, 아니면 내담자의 어떤 면이 권태로움을 일으켰는지, 혹은 그 둘 모두인지를 분별할 필요가 있다. 역전이가 치료적 관계의 양쪽 구성원 모두로부터 기인하는, 연합에 의한 산물인 만큼, 내담자에 대한 감정반응을 사적인 것으로 받아들이지 않으면서 자신의 주관적인 감정을 상담에 활용할 수 있기 위해서는 치료자의 충분한 훈련과 자기분석, 자기인식능력이 필요하다.

(3) 꿈의 활용

수면 중에는 의식이 느슨해짐으로 인해 우리가 받아들일 수 없는 무의식적 충동, 억압된 소망들이 방출되어 새어 나오기 쉽다. 프로이트는 자신의 환자들이 보고하는 꿈을 자유연상과 동일한 것으로 간주하였다. 자신의 꿈 분석과정과 환자들의 꿈을 통해 그는 꿈을 어떤 금지된 소망들이 위장된 형태로 변형되어 드러난, 일종의 소망 성취로 보았다. 이처럼 꿈에는 무의식적 소망과 욕구 또는 두려움이 상징적으로 표현되기 때문에 프로이트는 꿈을 '무의식으로 가는 왕도'로 여기기도 했다.

꿈은 내담자가 상담에서 자신의 내면세계를 접촉하고 표현하는 것을 어려워할 때 특히 유용하다. 내담자에게 자신의 꿈에 주목하고 꿈을 적어 보라고 제안하고 상담에 와서 그것을 이야기하게 할 수 있다. 내담자들이 보고하는 꿈은 주로 생생하게 기억되는 꿈이거나 기이하고 충격적인 이미지와 결부되는 감정이 실린 꿈일 수 있다. 그렇기에 꿈은 내담자와 치료자가 함께 참여할 수 있는 상호작용의 기회를 제공해 준다. 또한 자신이 꾼 꿈 자료를 제시하기 때문에 방어의 제약을 덜 받는 점도 있다.

꿈 꾼 사람이 기억하고 지각하는 대로의 겉으로 드러난 내용을 발현몽이라고 하고 그 꿈에 내재된 상징적이며 억압된 무의식적인 동기를 잠재적 내용으로 구분하여 잠재몽이라고 한다(Corey, 2009). 꿈에 나타난 어떤 요소에 대해 자유연상을 시키고 연상과 함께 촉발되는 느낌을 탐색하여 상징의 의미에 대한 통찰을 얻도록 할 수 있다. 또한 치료자는 내담자가 꿈에 대해서 말할 때 어떤 방식으로 말하는지, 내담자의 정서적 체험이 꿈을 회상하는 동안에 어떻게 변하는지 등에 주의를 기울인다. 꿈에 대해 어떻게 생각하는지 내담자에게 묻고 꿈에 대한 내담자 본인의 해석을 듣는다. 만약 치료자 자신의 마음속에 불현듯 떠오르는 생각이 있거나 내담자의 해석과 다를 경우, 이를 표현해 보고 내담자가 어떻게 반응하는지 탐색해 볼 수 있다. 내담자의 꿈이 현실과는 어떤 연결점이 있는지, 주는 메시지가 있는지 또한 주목해 본다.

(4) 저항과 방어 다루기

저항은 개인이 변화에 저항하거나 치료 과정을 약화시키는 방식으로 행동하는 경향이다. 즉, 통찰을 추구하여 변화를 모색하려는 치료자의 목표나 노력, 의도를 방해하기 위한 방어

과정이 상담시간에 드러나는 방식이다. 현 상태를 유지하고 변화를 막고자 하는 모든 생각, 감정, 행동, 태도로, 예컨대 내담자가 할 말이 없다고 하거나 기억이 나지 않는다고 하는 것, 지속적으로 상담시간에 늦게 오거나 잊어버리는 것, 피상적인 대화로 화제를 바꾸거나 주변적인 이야기를 하는 것도 저항의 한 형태로 볼 수 있다. 단순히 저항을 상담이나 치료에 비협조적인 것을 지칭할 때 사용하는 경우가 많은데 프로이트가 원래 의도한 저항의 개념은 무의식적인 것으로 물리학자들이 사용하는 저항 개념과 유사하다. 상담 실제에서는 대인관계의 과정에서 발생한다고 보지만, 본래는 심리내적인 과정을 설명하는 용어로 인간의 심리구조가 새로운 경험에 쉽게 변화되지 않으며 새로운 경험조차도 과거의 경험에 근거해서 재해석하려 한다는 것을 말해 주는 개념이다.

변화에 대한 저항은 많은 요인으로부터 기인한다. 변화에 대한 막연한 두려움, 자기를 잃어버릴 것 같은 두려움, 수치심이나 고통스러운 감정을 피하고 싶은 마음, 상담자나 상담 자체에 대한 부정적인 감정, 현재의 증상이나 행동을 유지하는 것에서 비롯되는 이차적인 이득, 이전의 익숙한 관계패턴에 대한 애착 등 저항의 이유는 다양하다. 저항은 간략히 말해, 불안에 대한 방어이다.

상담 및 심리치료와 같이 낯선 사람에게 자신의 내밀하고도 고통스러운 혹은 수치스러운 경험을 밝혀야 하는 상황은 심한 스트레스 상황이라 할 수 있다. 이렇기에 내담자가 상담에서 방어를 하는 것은 어찌 보면 자연스러운 현상이다. 상담에 오는 사람들은 자신의 고통스러운 문제에 대해 말하고 싶은가 하면 동시에 상담자에게 부정적으로 보이지 않기 위해 문제를 축소하는 경향도 있다.

상담자는 방어에 대한 설명과 함께 방어를 탐색하는 이유와 필요성을 설명해 주는 것이 좋다. 내담자가 자신의 무의식적 소망, 환상 또는 위협이 되는 생각, 감정 등을 무의식적으로 회피하지 않고 이를 자각할 수 있을 때 자신의 행동을 동기화하는 것을 보다 잘 이해할 수 있고 주어진 상황에서 자신이 정말 원하는 것, 의미 있는 것이 무엇인지 알고 선택할 수 있는 가능성이 커지기 때문이다.

내담자의 전반적인 행동을 통해 그 개인이 사용하는 특정 방어를 관찰할 수 있고 혹은 직접적으로 "스트레스가 극심하거나 불안할 때 대개 어떻게 하나요?", "흥분할 때 나는 마음을 어떻게 가라앉히나요?", "자신에게 어떤 느낌이 드나요?", "자신이 어떻게 보이나요?" 등과 같이 시의적절하게 물어볼 수도 있다. 내담자가 자신의 이야기나 감정에 대해 강 건너 불 보듯, 거리를 두고 이야기하거나 3인칭으로 감정을 나타낼 경우, 예를 들어 "그런 상황에서는 다들 기분 나빠하지 않나요?" 또는 "음……. 그냥 그저 그랬어요."라고 모호하게 말할 때 1인칭의 목소리로 보다 구체적으로 표현해 보라고 요청할 수 있다.

내담자가 자신의 두렵고 혼란스러운 내면 상태를 스스로 안정시키기 위해 자신의 생각, 감정, 행동을 어떻게 (무의식적으로) 조작하는지 내담자 개인의 독특한 방식을 확인하고 방어가 상담 시간, 현재에 드러날 때 내담자가 이를 자각하도록 상담자가 개입한다. 이로써 내담자는 지금 이 순간에 주목할 수 있게 되고 추측이나 가정이 아닌 경험이 바탕이 되는 탐색 과정에 바로 참여할 수 있게 된다. 이성적으로 주지화하거나 정반대되는 방식으로 감정을 표현하는 반동형성 등 방어가 나타날 때 상담자는 표현함으로써 내담자가 이를 자각하도록 돕는다. 특정 감정, 소망, 환상을 경험하는 것을 방어하는 방법 그리고 이를 막고 있는 무의식적인 두려움, 기대, 믿음 등을 실시간으로 탐색하도록 한다. 물론 방어에 대한 탐색과 해석은 상담자와의 관계에서 내담자가 자신의 내적 경험을 개방해도 될 만큼 안전감을 느껴야 가능한 일일 것이다.

4. 관련 최신 치료법: 시간제한 역동 심리치료

'역동(dynamic)'이라는 용어가 말해 주듯이 정신역동은 무의식의 '움직이는', '동적인' 요소가 우리의 사고, 감정, 행동에 영향을 미친다고 가정하며 이를 기반으로 하는 상담 및 심리치료를 정신역동 상담 또는 정신역동 치료라고 한다. 내담자의 자아 강도가 어느 정도 강할 때는 무의식의 요소나 작용을 드러내고, 아직 내담자의 자아 강도나 기능이 이를 받아들이기 어려운 정도라면 내담자를 지지하는 것을 우선으로 한다(Cabaniss et al., 2011). 최근의 관계적 정신분석은 고전적인 입장보다 상담자와 내담자의 관계를 평등하게 상정한다. 이 시대가 권위와 위계보다 평등적 관계를 선호한다는 점에서 관계적 패러다임이 인기를 얻고 있다는 점은 이해할 만하다. 관계적 정신분석에서는 상담자와 내담자 양측의 주관적 경험이 서로에게 영향을 미치는 쌍방향을 강조한다. 상담실에 올 때 내담자와 상담자 모두 기대와 불안, 자신의 개인사를 지닌 채 들어온다. 따라서 상담은 독특한 두 사람의 조합이 만들어 내는 과정이다. 내담자뿐 아니라 상담자도 어린 시절 또는 과거의 드라마를 회상시키는 역동적 관계에 빠져든다고 본다. 어린 시절에 형성된 부모와의 애착 관계 양식은 성인이 된 이후의 대인관계에서도 반복되어 나타나는데 상담에서 맺는 관계도 예외는 아니다. 이는 상담자 자신이 타인과 맺는 관계 양식에도 적용되며 상담자는 이러한 점을 반드시 숙지할 필요가 있다. 상담자와 내담자 모두는 자신의 과거 경험이나 배경, 정체성 및 자기감과 무관하게 관계를 형성하지 않는다. 이런 전제하에 상담자는 내담자가 맺는 관계 양식 그리고 유기적으로 변하는 상담관계에 주의를 기울인다. 내담자의 경험을 강조하되 상담자 자신이 상담과정에서 발생하는 것들에 어떤 영향을 미치고 있는지 숙고하고 성찰하는 것 역시 매우 중요하다.

여기에서 소개하는 시간제한 역동 심리치료(Time Limited Dynamic Psychotherapy: 이하 TLDP)는 대상관계(object relations)와 대인관계 이론(interpersonal theories)을 개입의 틀로 적용한 단기 정신역동 치료이다(Betan & Binder, 2017). 스트루프와 바인더(1984)는 종전까지 부모와 연결된 전이 해석에 초점을 두던 단기 정신역동을 상담자와 내담자 간의 치료적 관계에서 나타나는 내담자의 즉각적인 대인 간 기대와 가정을 이해하는 방향으로 그 초점을 옮겼다. 그들에 따르면 심리적 어려움은 무의식적으로 반복되는, 타인과 맺는 부적응적 대인관계 양식의 결과로 출현하는 것이다. 중요한 또는 주된 애착 대상과 관계를 맺는 방식, 즉 중요한 타인과의 관계가 어떻게 나타나는가, 이를 관계 양식(relational pattern) 또는 관계 패턴이라고 한다(McWilliams, 1999).

스트루프와 바인더(1984)는 순환적 부적응 양식(Cyclical Maladaptive Pattern: 이하 CMP)이라는 대인 간 상호작용 패턴을 기술하는 기본구조(framework)를 제시했다. 이 프레임워크는 내담자가 의도하지는 않았음에도 어떻게 다른 사람들로부터 부정적인 반응을 기대, 예상하고 유발하며 또 이에 반응하는가와 같은 일련의 상호작용을 설명해 주는 틀이다. 주로 치료적 관계에 중점을 두어 내담자가 상담자와 어떻게 상호작용하는지 알아 가고, 바로 그 방식이 내담자의 기본적인 대인관계 스키마를 표현한다고 본다. 내담자는 무의식적으로 상담자를 중요한 어떤 인물의 역할로 캐스팅하여 자신의 기대에 따라 상담자를 인식한다고 보는 관점이다.

1) 목적과 변화 원리

TLDP의 목적은 내담자의 내재된 대인관계 기능의 패턴을 변화시켜 내담자가 타인과 더 긍정적인 방식으로 관계를 맺고 자기를 표현할 수 있는 능력을 확장하는 것이다. 이를 위해서 내담자의 부적응적 대인 간 패턴을 이해하고 교정적 관계 경험을 제공하는 것이 중요하다. 교정적 관계 경험은 상담자가 내담자의 부정적인 기대와 달리 반응함으로써 또는 그 기대와 일치하는 방식의 반응 정도를 최소한도로 함으로써 가능하다. 이는 전이와 역전이가 별개로 뗄 수 없이 서로 얽혀 있다는 관점을 반영한다. 이 같은 변화의 핵심 원리는, 첫째, 정서적으로 두드러지는 문제를 말하게 함으로써 반복적이고 부적응적인 관계 패턴에 대한 내담자의 통찰력을 촉진하는 것, 둘째, 성찰 능력을 강화하는 것, 셋째, 교정적 대인관계 경험을 제공하는 것, 마지막으로 자신의 관계 경험을 인식하고 이에 반응하는 대안적 방법을 연습하는 것이다.

통찰은 내담자가 새로운 대인관계 상황임에도 어떤 식으로, 어떤 이유로 이전의 고통스러운 관계와 마찬가지로 반응하는지 그리고 긍정적 상호작용의 가능성을 무의식적으로 어떻게 제한하는지 이에 대해 알게끔 도와주는 것이다. 초기 양육자와의 경험이 주로 고통스럽고 혼란스러운 경우, 개인은 자기를 보호하고 애착을 보존 유지하는 데 지나치게 신경을 쓸 수 있다. 어린 시절에는 적응적이었을 수 있으나 성인이 되면서 이러한 관계에서 예상되는 고통을 피하려 취하는 과거와 동일한 노력이 이제는 부적응적이고 자기파괴적인 것으로 나타날 수 있다. 이 통찰은 이후에 살펴볼 '탐구'와 '대화'라는 과정을 통해 촉진된다. 성찰 기능은 타인의 마음 상태를 인식하고 의미를 해석할 수 있는 능력으로 생각, 감정, 의도, 동기에 대한 현실적인 판단 및 이해를 하는 데 필요한 능력이다. 성찰 기능은 행동을 예측하고 설명하는 능력이자 일관되고 통합된 정신적 표상 형성에도 관여한다. 높은 성찰력을 가진 사람은 자신과 타인의 다면적인 생각, 감정, 동기에 따른 행동을 추론할 수 있다. 대인관계에서 어떤 일이 일어나고 있는지 한 걸음 물러서 생각해 보게 하는 성찰력의 촉진은 내담자가 자신의 반복되고 부적응적인 대인관계 패턴을 알아차리게 하는 통찰력의 향상을 높인다(Betan & Binder, 2017). 따라서 성찰력의 향상은 통찰력 향상과 결을 같이한다.

교정적 대인관계 경험은 치료적 관계를 맺고 안전한 환경을 제공한 후에 일어나는 치료적 탐색으로, 타인에 대한 두려운 기대를 마주하고 타인과 겪은 경험과는 다른 결과를 창출하는 경험을 제공하는 것이다. 교정적 관계 경험은 상담자의 공감적 이해에 달려 있으며 긍정적인 치료적 관계 맥락에서 일어나는 것이 중요하다. 치료적 유대는 내담자가 관계를 어떻게 인식하고 있는지 이에 대한 깊고 진정성 있는 관심을 표현함으로써 촉진된다. 관계 양식의 변화를 위해서는 자기성찰과 통찰력의 향상이 필요하며 다른 방식으로 타인을 인식하고 다가가는 대안적 경험도 필요하다. 내담자가 부적응적인 대인관계 패턴을 재연하고 있는 자신을 발견, 알아차리면 일단 멈추고 상황에 다르게 응답하고 다르게 처신할 수 있도록 상담자와 내담자는 구체적인 대안적 방법을 함께 논의하고 대인관계 상황을 더 효과적으로 다루는 연습을 한다.

2) 사례개념화

TLDP의 사례개념화는 다음에서 제시하는 CMP 범주 각각에서 수집한 정보를 이야기(내러티브) 형식으로 서술함으로써 가능하다. 내담자의 삶에서 계속적으로 반복되는 대인관계 양식을 구성하는 데 사용하는 범주로 이 범주에서 나온 데이터를 종합하면 대개는 특정 내담자의 독특한 그러나 어려움을 지속적으로 야기하는 대인관계 이야기 및 시나리오를 이해할 수 있다(Binder, 2004; Binder & Betan, 2012; Levenson, 2012; Strupp & Binder, 1984). CMP 각 범주를 탐구할 때는 해당하는 질문과 반영 기술을 적절하게 사용할 수 있어야 한다.

(1) 범주 1. 관계에서 갖는 내담자의 욕구와 소망

대인관계에서 내담자가 갖는 특정한 욕구와 바람을 탐색한다. 우리는 대개 사랑과 돌봄을 바라며 인정받고 추앙받기를 원한다. 부적응적인 대인관계 이야기(내러티브)에 등장하는 내담자는 어떤 식으로든 이러한 욕구와 바람이 저해, 좌절된 것으로 경험할 가능성이 높다. 그렇기에 내담자는 타인에 대한 부정적인 기대대로 이루어지지 않고, 고통스러운 관계 및 감정을 느끼지 않기 위해 방어하려는 노력을 하는 것이다.

(2) 범주 2. 다른 사람들에 대한 기대나 예상

내담자는 타인이 어떻게 행동할 것으로 기대 또는 예상하는지를 살펴본다. 초기 중요 양육자와의 경험은 이후 대인 간 상호작용에 대한 인식과 경험에 영향을 미치는 어떤 기대를 낳기 마련이다. 다른 사람이 실제로 어떻게 반응하든, 내담자는 모든 대인관계 상호작용에서 그와 유사한 반응을 기대한다. 이런 식으로 대인 스키마가 좁고 경직되면 부적응적인 관계를 반복하게 된다.

(3) 범주 3. 자기를 보호하려는 행동, 시도

타인으로부터 부정적인 반응이 예상되면, 자신에게 상처가 될 것이라고 생각하여 예상되는 행동을 피하거나 부정적인 감정 상태를 느끼지 않기 위해 내담자는 특정 행동을 취한다. 자기를 보호하려는 이러한 노력은 오히려 대인 상호작용에서는 부정적으로 작용할 수 있는데, 내담자가 보이는 행동은 자신의 부정적인 기대, 예상에 더 부합하는 행동일 가능성이 높기 때문이다. 더군다나 자기보호적인 행동은 관계에서 내담자가 실제로 바라는 소망과 욕구와는 상충하는 행동일 수 있다. 예를 들어, 내담자는 사람들이 자신을 좋아하고 환영해 주길 바라지만 자신을 그럴 만하다고 느끼지 않아 다른 사람들이 거부, 거절할 것이라고 기대(예상)한다. 그러면 내담자는 타인의 수용 및 환대를 갈망하는 고통을 피하려고 무심결에 아무도 필요하지 않은 듯, 거만하고 차갑게 행동할 수 있다. 결과적으로 내담자의 거만한 행동, 깔보듯 하는 행동을 본 타인들은 내담자를 멀리하고, 내담자는 예상했던 거부를 타인으로부터 더 자주 경험할 가능성이 높아진다.

(4) 범주 4. 다른 사람들의 반응에 대한 내담자의 경험

다른 사람들의 반응을 내담자가 어떻게 경험하는지 탐구하는 물음이다. 이것은 다른 사람들의 실제 반응을 말하는 것이기도 하지만 내담자가 타인의 행동을 '어떻게 인식하는가'에 더 초점이 있다. 내담자가 다른 사람들의 반응과 의도를 본래와 다르게 잘못 받아들이면, 이것은 관계에 대한 내담자의 기대가 왜곡된 것을 보여 준다. 그러나 타인의 반응에 대한 내담자의 인식이 항상 왜곡된 것은 아닐 수도 있기 때문에 실제로 타인이 내담자의 기대와 일치하게 반응하는지 혹은 내담자가 타인의 행동을 자신이 기대한 대로 인식하는지 구별하여 이해하는 것은 중요하다. 왜냐하면 내담자가 자신의 기대대로 다른 사람들의 반응을 조절할 수 있기 때문이다. 다시 말해, 내담자가 보이는 행동 패턴이 본인의 예상 및 기대와 맞물려 다른 사람들의 반응을 조절하고 있는 것일 수 있기 때문이다.

(5) 범주 5. 내담자 스스로를 향한 태도, 평가, 행동

내담자의 자신을 향한 태도, 평가, 대우는 어떠한지를 탐구하는 범주이다. 부정적인 인간관계 경험은 일반적으로 정서적 고통과 자기파괴적인 신념을 가져오고 다른 사람들이 부정적으로 반응하리라는 기대를 강화하여 부적응적인 관계 패턴을 유지하게 만든다. 더 나아가 자기가치에 대한 공격, 자기 평가절하는 관계적 욕구와 소망을 더 예민하게 인식하게 만들어, 아주 사소한 것도 민감하게 포착하며 '그것 봐 맞지.'라는 부정적 기대를 확증시킨다. 내담자는 중요한 어떤 사람이 자신에게 대하듯 자신을 대하는 경향이 있으므로 여기에 상담자의 몫이 있다.

(6) 범주 6. 내담자와의 관계에서 일어나는 상담자의 역전이

앞의 다섯 가지 범주 외에도 상담자는 내담자에 대한 자신의 반응을 고려한다. 이 내담자와 함께 있는 것에 대해 나는 어떤 감정을 느끼는지, 무엇을 하려고 하는지 또는 하지 않으려고 하는지, 어떤 인상을 받는지와 같은 것들이다. 내담자에 대한 상담자의 내적 외적 반응은 내담자의 상호작용 패턴을 이해하는 데 중요한 단서가 될 수 있다. 내담자에 대한 상담자 자신의 반응은 특정 내담자의 대인관계 패턴을 고려할 때, 상담자가 이해할 만해야 한다. 물론 각각의 상담자는 내담자가 유발한 반응에 특별한 음영을 가미할 수 있는 상담자 나름의 독특성을 가지고 있을 수 있지만, 이 관점은 상담자의 개인적 갈등, 미해결된 문제가 치료를 약화시킬 정도로 너무 크지 않아야 한다는 것을 전제로 하고 있다.

이상의 여섯 범주는 순서대로 이어지는 선형적인 것은 아니다. 어느 하나로 시작하더라도 유사한 시나리오를 만들어 나갈 수 있다. 이들은 모두 하나의 동적이고 서로 얽혀 있는 구조를 형성하며 상호작용한다. 예를 들어, 내담자가 자신을 어떻게 대하는지를 기술하고 그래서 다른 사람에게 어떻게 행동하는지, 그리고 다른 사람은 다시 어떻게 반응하는지 연결해 갈 수 있다.

앞에서 제시한 CMP 범주를 통합하여 내담자 A를 기술하자면 다음과 같다.

> "나는 다른 사람을 믿지 않아요. 어차피 그들은 내가 필요로 하는 것을 충족시켜 줄 수 없고 나를 속으로는 부담스러워할 것이기 때문에 나는 알아서 자립해야 합니다. 다른 사람에게 의지해서는 안 돼요. 사람들이 나더러 면도날같이 날카롭고 엄청 예민하다고 하더군요. 초면에는 경계심이 높다 보니 더욱 경계하듯 대하기도 합니다. 고슴도치 같죠. 그렇지 않아도 사람들은 나를 조심하며 가까이하기를 꺼려합니다. 나를 사이코패스라고 부르기도 했어요. 이런저런 말해 봤자 아무도 나를 이해할 수 없어요. 내 속뜻을 알아주는 이는 아무도 없습니다."

범주 6에 해당하는 것으로 내담자 A와 있을 때 상담자는 다음과 같은 반응을 알아차린다.

> '너무 많은 말을 들어 머리가 가득 찬 것 같다. 그래서 피곤하다. 힐끗 나를 본 표정이 뭔가 내가 못마땅하다는 듯한 인상을 받는다. 초반에 나는 긴장되고 내가 별로 맘에 안 드나? 그런 생각이 들어 상담자로서 격식을 갖추게 된다. A는 굉장히 사변적이고 설명이 많고 어려운 용어를 쓴다. 이해한다고 함부로 말하지 마시오라고 말하는 것 같다. 나는 쉽사리 이해한다거나 공감한다는 표현을 하면 안 되겠다. A 앞에서는 평소의 나보다 조금 더 상냥하게 말하고 내 목소리가 미세하게 떨리는 것 같다.'

3) 핵심 치료 전략

TLDP의 핵심 치료 전략은 탐구(inquiry)와 대화(dialogue)로 이는 씨실과 날실처럼 서로 얽혀 있는 치료적 과정이자 전략이다.

(1) 탐구 단계

탐구는 내담자의 세계로 '들어가는(stepping into)' 것과 같다. 내담자의 주요 관계에서 내담자에게 크게 영향을 미치고 있는 두드러지는 욕구, 기대, 반응 등이 담긴 내러티브를 구성하는 데 중점을 두면서 내담자를 알아 가는 과정이다. 내담자의 변화를 돕기 이전에 우리는 먼저 내담자를 이해해야 한다. 충분히 아는 것은 내담자의 관계적 세계로 들어가 내담자의 주관적 경험과 공감적으로 연결되는 데 있어서 필수적이다. 호기심을 가지고 귀 기울여 듣되, 판단은 유보한다. 상담자의 좋은 탐구적 질문은 관계에서 무슨 일이 일어났는지 그 자체보다 내담자의 자기인식, 자기 알아차림을 촉진한다. 자애로우면서도 탐구적이고 강인한 상담자의 호기심은 내담자의 자기발견을 지지한다(Schafer, 1992). 내담자가 특정 경험에 대해 떠올릴 때 그로 인해 불러일으켜지는 감정은 어떠한 것인지 세밀히 알고자 하며 이를 통해 내담자의 고통을 참으로 이해하고자 노력한다. 대인관계 사건의 맥락과 색조, 톤, 감정, 내용, 결과, 또 그로 인해 내담자가 느끼는 감정과 결말까지 정교하게 말할 수 있도록 장려한다.

탐구 과정에서 내담자가 자신의 삶을 이야기할 때 상담자는 거기에서 드러나는 대인관계 테마, 즉 주제를 찾는다. 내담자가 자신의 어려움을 어떤 식으로 묘사하든, 상담자는 그 어려움을 대인관계 맥락 내에서 기술하려고 노력한다. 이것은 내담자가 관계에서 갖는 주요 고통, 자기 및 타인에 대한 가정 또는 기대, 어려움을 유발하는 상호작용의 전형적인 방식을 포착하는 내러티브를 만드는 토대가 된다. 반복되는 부적응적 대인관계 패턴을 파악하는 것은 TLDP의 사례개념화와 치료적 대화의 기초이다. 이 과정에서 상담자의 초점 있는 질문과 반영은 필수적이다.

(2) 대화 단계

탐구가 내담자의 이야기로 들어가서 내담자의 눈으로 보기 위해 내담자의 세상에 발을 들이는 것이라면, 대화 과정은 내담자의 이야기에서 '나와서(stepping out)' 내담자가 우리에게 들려준 것에 대해 얘기하고, 우리가 주목한, 필연적으로 있을 수밖에 없는 내러티브의 불

규칙성을 조명한다. 탐구와 대화는 마치 그네를 타고 스윙하듯이 내담자 세계로 들어가고 내담자의 세계에서 나오는 것과 같다. 내담자와 함께 협력하는 대화는 생산적인 삶을 방해하는 내담자의 경직된 가정과 반응이 무엇인지 확인하고, 이를 검토하고 의문을 제기하고 도전하는 방향으로 나아가는 상담자와 내담자 간 공동의 토론을 의미한다. 대화(dialogue)는 내담자의 대인관계 내러티브를 해체하는(deconstructing) 과정으로 내담자와 함께 성찰적인 토론을 통해 내담자의 이야기를 반추하고, 재정립하는 것을 포함한다. 다시 말해, 내담자의 대인관계 및 자기 서사(narrative)를 상담자와 협력적으로 기술하고 재구성(reconstructing)하고 다시 이야기(retelling)하는 과정이다.

내담자의 고착된 대인관계 패턴은 의심하지 않고 무작정 받아들인 가정이나 전제로 인하여 파생된 고통일 수 있다. 따라서 내담자의 고착된 대인관계 패턴의 내러티브를 파악한 후, 치료적 대화에서는 호기심과 발견의 정신으로 상담자와 내담자가 함께, 내담자 자신의 가정과 신념에 의문을 제기할 수 있도록 유도한다. 어떠한 의심, 의문도 던지지 않고 품고 있었던 가정을 식별하고 대화를 통해 의문을 제기하고 치료적으로 다룬다. 상담자는 내담자의 기대와 해석에서 발견되는 모순, 공백 또는 모호성을 드러낼 수 있다. 대인 경험에 대한 가능하고도 수용할 만한 대안적 해석을 제시하고 내담자에게 그 의미를 고려해 보라고 할 수 있다. "만약~"이라고 묻거나, 내담자가 플롯을 변경하거나 새로운 역할을 시도하도록 안내할 수 있다. 다시 말해, 특정한 사건이나 상황에서 그 이야기의 흐름이나 전개를 변경하도록 권해 다양한 관점을 생각해 보도록 안내하는 것이다. 대화를 통해 내담자는 본인의 생각과 믿음을 살펴보고 새로운 의미, 대인관계에서의 새로운 가능성을 탐험할 수 있게 된다. 부적응적이며 경직, 만성적인 관계 패턴을 해체하고 새로운 관점, 의미와 가능성을 위한 공간을 마련해 줌으로써 변화와 성장을 촉진한다.

대화 단계에서 초점을 두는 것은 다음과 같다. 첫째, 내담자가 새로운 관계에서조차 어떻게 이전의 고통스러운 관계에서 하던 방식 그대로 유사하게 반응하는지 알아차릴 수 있도록 돕고 이 같은 자각을 높이는 데 중점을 둔다. 둘째, 내담자 자신도 모르게 어떻게 상대방으로부터 특정 반응을 유도하여 부정적인 경험을 되풀이하는지, 이로써 자신을 괴롭히는 신념과 가정을 확증하는지 이 같은 구도에 대한 통찰을 촉진한다. 셋째, 내담자가 부적응적인 관계 패턴으로부터 탈피할 수 있게 자신의 경험을 다르게 해석하는 대안을 찾아 부적응적인 대인관계 양식에서 벗어나도록 하는 데 중점을 둔다.

5. 주요 기술 실습

① 다음은 방어기제에 대한 예시이다. 무엇에 해당하는지 학습한 내용을 바탕으로 적어 본다.

직장에서 상사에게 모욕을 당한 최 씨는 언짢은 기분으로 퇴근길에 나섰다. 교통이 정체되어 지루해하는 와중에 갑자기 경차가 끼어들었다. 평소와 달리 온갖 욕설을 해대며 절대 양보하지 않았다.

지난 주말 친구와 나는 카페에서 우리가 싫어하는 교수의 뒷담화를 실컷 하며 맞장구를 쳤다. 오늘 오전에 그 교수님을 엘리베이터에서 우연히 마주쳤는데 나는 밝은 얼굴로 깍듯이 인사하고 상냥하게 안부를 여쭈었다.

성적이 엉망으로 나왔는데 알고 보니 내가 미처 공부하지 않은 부분에서 문제가 출제된 것이었기에 그럴 만도 하다 여겼다.

② 내가 주로 사용하는 방어는 무엇일까?

나의 지난날을 돌아보며 내가 극심한 스트레스를 받거나 매우 당혹스럽고 불안할 때, 나는 주로 어떤 방어를 사용하는지 생각해 보자. 그러한 상황에서 내가 어떻게 대처했는지 기억해 보면 나의 방어들을 추론할 수 있을 것이다.

③ 잠들기 전, 조금 노곤한 상태에서 또는 방해받지 않고 편안히 혼자 있을 수 있는 장소에서 눈을 감고 10여 분간 떠오르는 단어들을 녹음하거나 적어 본다. 논리적인 연결이나 체계, 의미 등을 생각하지 말고 무엇이든지 떠오르는 대로 내버려 둔다. 어떤 한 단어로 시작하고 곧바로 연이어 마음속에 떠오르는 단어나 이미지, 생각, 느낌 등 무엇이든 소리 내어 발화해 본다. 가능하면 발화시간 간격을 일정하게 하면 좋다. 떠오른 생각을 통제하거나 필터링하지 않도록 한다.

녹음 또는 기록을 마친 후, 자유연상을 하는 동안 어떤 느낌이었는지, 나의 경험을 적어 보자.

자유연상 녹음을 하는 동안 주로 작동한 나의 방어기제는 무엇인 것 같은지 생각해 보고 그렇게 생각한 이유도 함께 적어 보자.

④ 지금 내가 있는 곳, 나의 주변을 잠시 둘러보자. 무엇이 보이는가, 창문 너머로는 무엇이 보이는가? 평소에 눈여겨보지 않았던 것들도 찬찬히 한번 바라보자. 자, 그럼 이제부터 내 주변의 것들 중 눈에 들어오는 무언가를 한 가지 정해 보자. 그런 후, 내가 그것으로 변신하여 그 사물의 심정 그리고 그 사물로부터 본 주변의 상황 및 정경을 묘사해 본다. 다음 예시를 참고하여 작성해 본다.

예시 1.

나는 (　　　)입니다. 나는 에너지가 있어요. 그리고 웬만해서는 흐트러지지 않죠. 경쾌하기도 하고 때론 조용하기도 하지만, 그것은 겉으로만 그렇지, 내 중심은 항상 리드미컬하죠. 학생들이 나에게 보내는 시선은 하루에도 수십 번에 달해서 나는 외롭지 않습니다. 나는 때로 학생들을 통제하고 관리하는 역할을 하기도 합니다. 나는 학생들에게 있어 없어서는 안 될 존재예요. 학생들이 함부로 바꿀 수 있는 그런 호락호락한 내가 결코 아닙니다.

예시 2.

나는 (　　　)입니다. 나는 수업 중에 학생들이 강의를 집중해서 듣는다든지, 잡담을 한다든지, 문자를 보내는 것을 알지만 나는 쉼 없이 움직이고 있습니다. 나도 때론 느긋하게 천천히 가고 싶다는 생각을 하는데, 나는 한시도 쉬거나 놀거나 딴짓을 할 수가 없어요. 늘 정해진 대로 변함없이 묵묵히 일을 하고 있죠. 나의 모토는 성실입니다. 한편, 나는 정확하지 않으면 사람들이 좋아하지 않는다는 것을 알기에 늘 긴장상태로 살아가죠. 나를 통해서 사람들이 도움을 받긴 하지만, 도움 주는 일이 때로는 지치기도 합니다. 특히나 요즘은 지쳐서인지 한동안 좀 쉬고 싶습니다.

예시 1과 예시 2의 사물은 '시계'이다. 동일한 사물이지만 그것을 바라보는 사람에 따라 다른 묘사가 기술될 수 있다. 그 사물의 입장이 되는 사람이 자신의 마음과 생각을 사물에 투사하여 이해하기 때문이다. 나는 어떤 사물로 변신해 볼까?

나는 (   )입니다.

작성한 후, 나의 기분이나 심정과 중복되는 부분이 있는지 살펴보고, 있다면 표시한 후 나의 어떠한 면이 그 대상과 유사한지 적어 본다.

6. 요약 및 리뷰

- 정신분석을 보다 다양한 층의 내담자들과 그들의 욕구에 맞게 적용하기 위해 고전적 정신분석의 개념을 근간으로 하되 그보다는 덜 철저하고 덜 권위적인, 보다 더 실용적인 방식으로 수정하고 변경한 정신분석을 정신역동 및 정신분석적 치료라고 한다.
- 정신분석은 장구한 세월만큼 진화와 성장, 변화가 많이 일어난 이론이다. 그 변화를 단명하게 표현하자면 '한 사람 심리학에서 두 사람 심리학으로', '해석에서 관계로'라는 말로 요약할 수 있다.
- 정신분석의 창시자 프로이트에서부터 현대 정신분석 이론으로 발달, 진화해 온 흐름은 욕동추구에서 대상추구 그리고 관계추구라 할 수 있다.
- 욕동(추동) 이론이 대상과의 관계로 전환하는 데 있어 이론적 기반을 제공한 주요 인물은 멜라니 클라인이다. 안나 프로이트를 중심으로 정통 프로이트를 따르는 프로이트 학파와 클라인을 따르는 클라인 학파 그리고 어디에도 속하지 않는 중간 그룹인 독립 학파로 나뉘어 있고 마지막 중간 그룹의 대표적 인물이 위니컷이다.
- 프로이트에게 인간은 갈등하는 인간이다. 인간의 마음은 전체로서 통일성을 지니지만

다면적이면서 서로 분리되어 갈등한다고 보았다. 프로이트는 인간 심리를 원초아(이드), 자아, 초자아로 나누어 세 대리자의 의식적, 무의식적 기능을 논하였다.

- 프로이트에게 인간은 이성적이기보다 의식하지 못하는 무의식적인 충동과 욕동에 의해 동기화되는 존재이다. 이러한 무의식적인 본능(사랑과 공격성)을 사회적, 도덕적으로 용납할 수 없을 때 우리는 불안해하며 이를 다루고자 부인과 억압, 퇴행, 투사, 반동형성, 전치, 합리화, 주지화, 신체화, 승화 등의 방어기제를 사용한다.
- 생애 초기 6년의 심리성적 발달은 구강기, 항문기, 남근기로 진행되며 이때의 경험은 성격 형성에 주요한 영향을 미친다. 어느 단계에서 좌절이나 만족이 지나칠 경우 그 단계에 고착되고, 그 단계에 해당하는 특징을 보이는 행동 및 성격을 형성한다.
- 에릭슨은 심리내적 과제뿐 아니라 외부 세계와 상호작용하는 대인관계적 측면을 중시하여 프로이트의 심리성적 발달을 심리사회적 발달로 재구성하고 전 생애로 확장시켰다.
- 클라인은 인간의 기본적 동기를 욕동이 아닌 대상으로 보고 성인이 아닌, 아동들을 관찰함으로써 유아의 정신세계를 기술하였다.
- 클라인은 인간은 태어날 때부터 본능적으로 대상에 대한 어렴풋한 지식(예: 좋은 대상과 나쁜 대상의 이미지)을 갖고 태어나며 이는 선험적인 것으로 인간 심리의 심층 구조에서 비롯된 것이라고 보았다.
- 클라인에 따르면 어린 유아는 성적 본능보다 앞서는 죽음 본능, 즉 공격성과 파괴성을 먼저 경험하며 이로 인해 박해불안을 느끼고 이를 해결해 가는 과정에서 보다 성숙한 자리(우울적 자리)로 옮겨 가게 된다.
- 위니컷은 유아의 성장을 촉진시키는 환경, 모성적 돌봄을 강조하였고 적응력과 성장할 잠재력을 지니고 있는 유아의 발달을 위해서는 '충분히 좋은 엄마'의 안아 주는 환경이 중요하다고 하였다.
- 위니컷은 좋지 않은 환경은 참 자기가 아닌 거짓 자기를 양산하고 자기감과 주체성이 결핍된 채 타인의 기대에 순응하며 무의미한 삶을 살아가게 한다고 보았다.
- 상담자와 내담자 간의 치료적 관계가 고전적 정신분석에서는 위계적, 권위적이었다면 현대 정신분석은 평등과 상호주관성을 강조한다. 프로이트가 제시한 자유연상, 전이, 역전이가 여전히 활용되지만 그 의미가 보다 구체화되고 확장, 유연하게 되었다.
- 역전이는 내담자에 대한 상담자의 모든 반응을 아우르는 넓은 의미로 내담자를 이해하는 도구로 활용된다.
- 시간제한 역동 심리치료(TLDP)는 정신역동과 대인관계 이론을 기반으로 하며, 정신기

능을 이해하는 핵심으로 관계에 방점을 둔다. 초기 부정적 경험은 이후 개인의 자기감과 타인에 대한 기대, 행동방식에 영향을 미칠 수 있다. 경직되고 부적응적인 관계 상호작용은 심리적 어려움을 야기하고 무의식적인 자기보호로 인해 부정적이고 고통스러운 관계가 유지된다.

- 시간제한 역동 심리치료의 목적은 고착된 대인관계 양식을 바꾸어 개인이 타인과 맺는 관계와 자기 표현의 가능성을 확장시키는 것이다. 변화 핵심원리는 내담자의 통찰, 자기인식을 촉진하고, 성찰기능의 강화, 교정적 대인관계 경험 제공 그리고 대인관계 경험에 대한 대안적인 인식 또는 반응을 연습하도록 장려하는 것이다.
- 시간제한 역동 심리치료는 내담자의 삶에서 어려움을 지속시키는 대인관계 주제를 찾는 이야기적 접근을 강조한다. 순환적인 부적응 양식(Cyclical Maladaptive Patterns: CMP) 모델을 활용한 사례개념화는 내담자의 타인에 대한 기대, 자기보호, 타인의 반응 경험, 이로 인한 자아에 대한 부정적 경험을 내러티브 방식으로 이해할 수 있다.
- 시간제한 역동 심리치료는 치료적 탐구와 대화의 과정을 통해 내담자의 관계 경험을 협력적으로 구성하고 해체하고 재구성하여 다시 이야기하는 과정이다.

학습 문제

1. 프로이트가 제시한 인간의 이중 본능을 쓰고 각 본능과 관련된 것들의 예시를 써 봅시다.
2. 자아의 방어기제 중 세 가지를 쓰고 예시를 들어 설명해 봅시다.
3. 지형학적 모델에서 말하는 의식, 전의식, 무의식을 그림으로 그리고 각각 설명해 봅시다.
4. 원초아, 자아, 초자아의 기능(역할) 및 특징은 무엇인지 설명해 봅시다.
5. 프로이트가 제시한 심리성적 발달 단계와 에릭슨의 심리사회적 발달 단계를 순서대로 적어 봅시다.

제 3 장

개인심리이론

금창민

1. 개인심리이론 소개
2. 개인심리이론 주요 이론
3. 개인심리이론 치료의 실제
4. 관련 최신 치료법
5. 주요 기술 실습
6. 요약 및 리뷰

1. 개인심리이론 소개

1) 주요 발전

2) 주요 학자 전기: 알프레드 아들러

2. 개인심리이론 주요 이론

1) 인간론(인간의 정신)

2) 주요 개념

3. 개인심리이론 치료의 실제

1) 아들러의 목적론

2) 치료 기법

4. 관련 최신 치료법

1) 아들러 개인심리이론이 미친 영향

2) 단기 아들러 심리역동 치료

3) 아들러 놀이 치료

5. 주요 기술 실습

1) 생활양식 검사지

6. 요약 및 리뷰

학습 목표

- 개인심리이론을 창시한 아들러의 생애와 이론의 연결성에 대해 이해할 수 있다.
- 개인심리이론에서 설명하는 인간관에 대해 이해할 수 있다.
- 개인심리이론의 핵심원리와 기본개념에 대해 이해할 수 있다.
- 개인심리이론에서 설명하는 치료와 치료 기법에 대해 이해할 수 있다.
- 개인심리이론의 영향을 받은 관련 최신 치료법들에 대해 이해할 수 있다.
- 개인심리이론에서 강조하는 생활양식을 검사지를 활용해 파악할 수 있다.

1. 개인심리이론 소개

1) 주요 발전

아들러는 본인의 심리학 체계를 '개인심리이론'이라 명명하였다. 그렇게 이름을 지은 이유는 개인(indivisual)이라는 단어가 가진 의미 때문이다. 개인의 단어 의미를 살펴보면, in-(not)이라는 접두사와 divide(나누다)라는 단어가 결합되어 있는 형태이다. 즉, 아들러는 개인을 더 이상 쪼갤 수 없는 최소의 단위로 보았으며, 인간에 대한 전체론적인 관점을 가지고 접근해야 한다고 주장하였다. 개인의 몸과 마음, 감정과 이성은 서로 유기적으로 영향을 주고받기 때문에 특정 부분으로 나누어서 전체인 개인에 대해 이야기하는 것이 크게 의미가 없다고 여겼다.

아들러의 개인심리학에서는 인간을 목적 지향적이며 사회적인 존재로 본다. 개인의 행동은 개인의 견해로부터 나타나는 것인데, 견해란 개인이 삶에 대해 가지고 있는 해석이나 나아가고자 하는 지향점을 의미한다. 사람들마다 각자의 인생에 부여하는 의미가 다 다를 수 있으며, 그 의미를 바탕으로 현실적 상황을 재해석하여 받아들이게 된다. 그 과정에서 부여된 의미를 통해 개인의 행동, 표현 방식, 습관, 성격과 같은 특징들이 영향을 받게 된다. 개인이 가진 삶의 의미는 모두 다르며 어떤 개인의 의미가 전부 다 좋거나 나쁘다고 판단될 수도 없다. 하지만 인간은 어떤 의미가 좀 더 좋은 의미인지 생각해 볼 수 있는데, 결론적으로 아들러는 '진정한 의미', 즉 좋은 의미란 인류 전반에 도움이 될 수 있으며 많은 사람이 공유할 수 있는 의미라 주장하였다.

아들러 심리이론에 영향을 받았던 루돌프 드레이커스는 개인심리이론을 체계화, 실용화시킨 인물로 평가받고 있다. 아들러와 같은 오스트리아 비엔나 출신이자 정신과 의사였던 그는 아들러의 영향을 받아 정신적 문제의 해결을 위해 지역사회의 역할을 강조하였으며, 상담, 심리치료, 부모교육, 학교 장면에서 아들러의 원리를 효과적으로 다루려는 노력을 기울였다. 미국으로 이주한 후에도 시카고를 기점으로 하여 아들러의 사상을 퍼트리려고 애썼으며, 북미 아들러 심리학회(North American Society of Adlerian Psychology)를 설립하여 일생에 걸쳐 활동을 하였다.

그는 인간의 잘못된 행동은 사회적 소속감 부재의 결과로 보았으며, 어린 시절 이를 경험한 아동들은 잘못된 목표를 설정한다고 하였다. 과도한 주의, 권력, 복수, 또는 부적절한 회피 중 하나의 목표를 설정하며, 따라서 학생들이 스스로 사회에 있어 소중한 공헌자라고 느끼도록 하여 합리적으로 협력하는 법을 배우도록 하는 데 중점을 두었다. 또한 아들러 이론을 기반으로 하여 가족치료와 집단 상담을 발전시킨 맨포드 손스테가드, 제임스 비터 등이 널리 알려져 있다.

2) 주요 학자 전기: 알프레드 아들러(Alfred Adler, 1870~1937)

"일반적인 인생의 의미는 없다. 인생의 의미는 자기 자신이 부여하는 것이다."

개인심리이론(indivisual psychology)의 창시자인 알프레드 아들러는 오스트리아 빈 근처에 있는 루돌프샤인이라는 도시에서 헝가리계 유대인 가정의 4남 2녀 중 둘째로 태어났다. 아버지는 곡물상을 운영했으며, 집안은 부유했다. 어린 시절 몸이 허약했던 그는 구루병 등 여러 질병을 경험하였으며, 바로 아래 동생인 루돌프가 바로 옆 침대에서 죽는 충격적인 경험을 하면서 삶과 죽음이라는 인생의 과제에 대해 마음 한 켠에 담아 두게 된다. 그 후 아들러가 다섯 살이 되었을 때 그 역시 폐렴으로 죽음의 고비를 넘기면서 의사가 되기로 다짐을 하였다.

아들러는 어린 시절부터 잦은 병치레를 했기 때문에 어머니의 관심을 많이 받았다. 어머니는 높은 수준의 교육을 받지는 못했지만, 지적이고 교양 있는 여성이었다. 그러나 동생의 출생으로 인해 어머니로부터 받던 사랑이 동생에게 가게 되자 이러한 상황에 대한 실망으로 어머니와 깊이 있는 관계를 형성하지 못하였다. 아버지 역시 지적인 사람으로 자녀 교육에 관심을 보였고 아들러와도 좋은 관계를 맺었다. 이후 아들러는 어린 시절 아버지가 했던 "모든 일에 있어 당연한 건 없다."는 말을 평생 동안 간직하며 살았다.

아들러는 자신의 병약함을 이겨 내고, 이로 인해 느껴지는 열등감을 극복하기 위해 노력하였다. 몸이 약했던 그는 무의식적으로 신체적 열등감을 느꼈으며 이를 극복하기 위해 운동을 꾸준히 하여 친구들이 자신을 무시하거나 함부로 하지 못하게 만들었다. 중학교 시절 아들러는 평범한 학생이었지만, 수학을 잘하지 못해 유급을 하기도 하였다. 그의 담임 선생님은 아들러의 아버지를 불러 특별한 재능이나 특기도 없으니 구두 수선이나 배우게 하여 일을 시키는 것이 어떻냐고 얘기하였다. 그러나 아들러의 아버지는 선생님의 충고에도 불구하고 아들러에게 공부할 기회를 계속 제공했으며 이러한 아버지의 격려로 학업에 매진하여 수학에서 탁월한 성취를 거두었고, 반에서도 우수한 성적으로 졸업을 하였다.

청년 시절 아들러는 심리학, 철학, 정치학 등 여러 다양한 학문 분야에 관심이 있었으며 비엔나 대학교 의과대학에 진학한 후에도 심리학 또는 철학 강의를 들으면서 지식의 폭을 확장해 갔고, 그의 배움은 학교 안에만 머물지 않았다. 빈곤 등 사회적 문제에도 관심이 많았던 그는 가난한 동료 학우의 과제를 도와주거나 직접 방문하여 사회적 문제에 대해 경험하고자 하였다. 또한 자녀양육, 학교개혁 등에도 많은 관심을 보였으며, 이러한 관심사 덕분에 여러 모임에도 참가하였다. 사회문제에 관심이 많았던 27세 청년 아들러는 사회주의자 모임에서 학문과 사상의 자유를 찾아 제정 러시아를 떠나 오스트리아로 유학 온 에프슈타인과 결혼하여 슬하에 네 자녀를 두었다.

의대 졸업 후, 비엔나 병원에서 일하다가 1898년 안과 전문의로 개업을 하였다. 이후 일반의로 변경하여 다양한 환자를 만나고 진료를 지속하였다. 그는 병이라는 것을 개별적인 병원체의 작용이라기보다는 개인의 인격 전체에 일어난 작용으로 보고자 하였다. 즉, 마음과 몸이 각각으로 작용한다기보다는 서로의 상호작용과 연계성 안에서 일어난 일로 이해하고자 하였다. 전인적인 관점을 가지고 치료를 하고자 하였으나 여러 심각한 질병 앞에서 환자의 죽음을 속수무책으로 볼 수밖에 없었던 그는 일반의를 그만두고 신경학으로 전향했으며, 철학, 심리학 등 기존의 관심 분야와 연결되어 정신의학자로서 자리를 잡는 데 큰 도움을 주었다.

아들러는 1902년에 프로이트로부터 '수요 심리학회'에 참석해 줄 것을 요청받았다. 아들러 역시 프로이트의 이론에 흥미를 가지고 있었기에 흔쾌히 참여하였으며, 이후 프로이트 심리학파에서 발간한 학술지의 편집위원을 거쳐 이후에는 '수요 심리학회'가 발전한 '비엔나 정신분석학회'의 학회장을 맡기도 하였다. 그러나 아들러는 처음부터 프로이트와는 많은 부분에서 견해가 달랐다. 아들러는 아동이 가진 기관 열등성(organic inferiority)을 강조했으며, 인간발달과정에서 사회적 요인을 강조하였다. '프로이트의 정신적 생활에 대한 비판'이라는 강연을 통해 자신의 입장을 표명한 후 정신분석학회에서 탈퇴하고 자신만의 독자적인 노선을 걷게 된다.

그 외에도 두 사람은 여러 방면에서 차이를 보였다. 환자를 대할 때도 프로이트는 연구에 비중을 두어 환자를 통한 자료 수집에 주목한 반면, 아들러는 환자를 만나서 진료하는 것 자체를 즐겼으며, 개인의 회복과 건강 자체에 보다 초점을 두었다. 또한 사회주의에 대한 관심과 종교에 대한 호의적인 태도 역시 프로이트와의 차이점이라 볼 수 있다. 아들러는 저술 활동보다는 강연을 즐겨 했으며, 자신의 이론이 학식이 높은 사람들에게 공유되는 것보다 일반인도 알아들을 수 있는 수준에서 널리 알려지길 원했다. 이러한 이유로 아들러의 저서는 프로이트에 비해 남겨져 있는 것이 상대적으로 적다. 하지만 아들러는 본인의 이론에서 주창한 '사회적 관심'을 본인의 인생을 통해 실천한 인물이라 할 수 있다.

제1차 세계대전 때 군의관으로 참전한 아들러는 비극적인 역사 가운데 존재하면서 이데올로기를 통해 세상을 바꿀 수 없다는 생각을 하게 되었고, 아동의 교육과 양육으로 눈을 돌렸다. 전쟁 후 비엔나로 돌아간 아들러는 공립학교 내에 아동상담소를 설립하였으며, 여기에서는 아동과 부모 상담뿐만 아니라 교사, 상담사, 의사 등 아동의 심리를 다룰 수 있는 전문가 양성을 위한 교육 역시 진행하였다.

나치의 탄압으로 인해 미국으로 건너간 아들러는 그곳에서도 왕성한 강연 활동 등을 하였다. 익숙하지 않은 영어로 하루에 수차례나 강연을 진행하면서 바쁜 나날을 보내던 중, 사랑하는 딸 발렌티네가 정치적 혐의를 받고 실종되면서 아들러 역시 큰 충격을 받게 된다. 체력적 소진과 정신적 충격으로 인해 괴로워하다 강연을 하러 갔던 스코틀랜드 아비딘 길거리에서 심부전으로 쓰러져 긴급히 병원에 후송되었으나 이송 도중에 사망하고 말았다. 1937년 5월 28일, 그의 나이 향년 67세였다.

2. 개인심리이론 주요 이론

1) 인간론(인간의 정신)

아들러의 개인심리이론은 인간에 대한 네 가지 가정을 가진다. 첫째, 인간은 '열등감'을 극복하고자 하는 존재이다. 열등감이란 자신이 뭔가 부족한 점이 있다는 존재라는 것에 대해 아는 것이다. 열등감은 괴로움을 수반하기도 하지만 반대로 자신이 무언가 지금보다는 더 나은 존재로 나아가고자 하는 마음을 가지고 있다는 것을 의미하기도 한다. 따라서 인간은 이러한 열등감을 극복하기 위해 노력을 기울이며, 그런 노력들은 개인이 현실에 안주하지 않고 창조성과 생산성으로 이끌 수 있다. 오랜 세월에 걸쳐서 인간이 생존을 하게 된 방법 역시 인간의 열등감을 극복하고자 하는 노력에서 비롯되었다고 볼 수 있다. 신체적인 특성상 인간은 스스로를 지키기에는 다른 동물들에 비해 상당히 약하다. 그렇지만 수많은 시행착오를 거치며 창조적인 방법으로 자신을 지킬 수 있는 도구를 만들었고, 이를 통해 다른 동물의 위협이나 자연재해로부터 안전한 환경을 조성하여 종의 보존과 번식을 도모하였다.

인간은 열등감을 통해서 이러한 보존과 극복을 추구한다. 현대 사회에서 인간은 보다 더 높은 수준의 발전을 이루고자 하는 데 노력을 기울인다.

둘째, 인간은 '목적론적 존재'이다. 아들러는 인간이 주어진 조건이나 세계에 수동적으로 반응하고 이미 결정된 것들에 의해 끌려가는 존재라기보다, 개인이 추구하는 목표, 방향성을 가지고 지속적으로 그것을 추구해 가는 존재로 여겼다. 성적 충동이 인간 행동의 주된 동기라 여긴 프로이트와 달리 아들러는 사회적 관계 안에서 개인이 가진 목적에 의해 동기화되는 것이 보다 중요하다고 보았다. 그에 따르면, 개인은 수많은 의미의 영역에서 살아간다. 다시 말하면, 개인이 살아가는 세계는 누구에게나 똑같이 주어진 '사실적 세계'라기보다는 개인이 그 세계를 어떻게 받아들이고 해석하는지에 따라 변화하는 '현상적 세계'이다. 이러한 현상적 세계에서 개인은 자신에게 의미 있는 것들을 선택할 수 있는데, 개인이 어떠한 의미를 선택했느냐에 따라서 개인의 행동이 영향을 받게 된다.

셋째, 인간은 '사회적 존재'이다. 인간은 타인에 대해 관심을 가지며 우리가 속한 사회와 공동체에 기여하고자 하는 의도를 보이기도 한다. 아들러는 이러한 것을 '사회적 관심(social interest)'이라고 하였다. 개인은 인류에게 의미 있는 것들을 추구하고, 서로 도움을 기꺼이 주고받으며 이로써 인간 공동체의 안녕을 추구한다. 공감, 유대감 등이 이와 관련 있다. 사회적 관심은 아동기 때부터 형성되기에 선천적인 부분도 있지만, 교육이나 사회적 훈련 등을 통해 개발될 수도 있다. 아들러는 인간이 사회적 관심을 가지는 것은 인간이 관계 안에 존재하기 때문이라고 하였다. 즉, 개인은 자신이 속한 인류 공동체를 떠나 홀로 생존할 수 있는 존재가 아니기 때문에 '공동체 안에서' 자신의 쓸모를 찾는 것을 중시하게 된다. 사회적 맥락과 별개로 개인을 이해할 수 없고, 그러한 제약 아래서 행복과 성공을 추구해 간다. 따라서 모든 개인은 사회적 관심이라 일컫는 공동체적 감정을 가지는데 이는 소속에 대한 인간의 진화적 욕구임과 동시에 개인이 삶의 의미를 추구할 수 있는 중요한 원동력이다.

넷째, 인간은 '총제적 존재'이다. 아들러는 인간을 여러 부분이 모여서 구성된 단순한 합으로 보기보단 하나의 통합된 존재로 보아야 한다고 하였다. 개인(individual)은 나눌 수 있는 최소한의 단위이며 그 이상으로 쪼개어 분석할 수 있지 않다. 개인의 심리와 신체, 이성과 정서, 과거와 미래는 각각을 부분으로 나누어 보는 것이 아닌 한 개인 내에서 통합적인 관점으로 이해되어야 한다고 하였다. 개인은 각자의 목표를 이루기 위해 자신의 신체, 인지, 정서, 의지 등을 활용하며 이러한 요소들이 서로 영향을 주고받으면서 행동을 형성해 간다. 때로는 마음이 신체에 영향을 주기도 하지만, 반대로 신체가 마음에 영향을 미치기도 한다. 아들러는 이러한 신체와 마음의 상호적 관계가 생후 6세쯤 되었을 때 한 개인 안에서 인생의 의미, 추구하는 목표, 문제 대처, 정서적인 특징 등으로 정립된다고 보았다.

2) 주요 개념

(1) 생활양식

생활양식(life style)은 개인이 인생을 살아가면서 가지게 되는 신념과 행동체계를 뜻한다. 개인을 더 이상 나눌 수 없는 전체로 보았던 아들러는 인간을 움직이는 여러 원동력이 서로 연계되어 하나의 삶의 태도를 이룬다고 설명하였다. 생활양식은 개인이 삶을 살아가면서 자신이 이루고자 하는 목적을 이루기 위한 일련의 인지, 정서, 행동적 체계이자 전략이라고 볼 수 있다. 아들러는 이를 "개인의 심리 내적 통일성을 이룸과 동시에 몸과 마음의 관계를 정립하는 것"이라 하였다(Adler, 2019).

한 개인의 생활양식이 형성되는 데에는 생애 초기 4~5년 정도가 중요하다. 해당 시기에는 부모를 비롯한 형제자매 등 가족 구성원과 맺는 관계가 삶의 대부분을 차지하며 이는 개인의 생활양식 형성에 가장 중요한 요소로 작용한다. 이러한 생활양식의 형성은 6세 무렵에

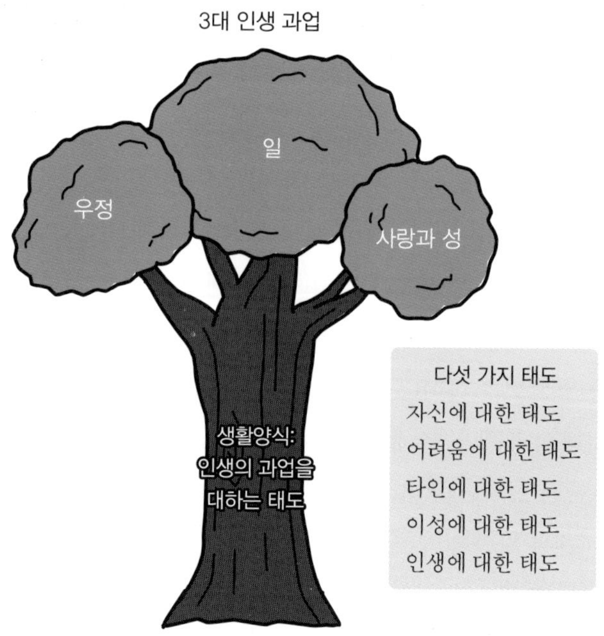

생활양식은 개인이 인생을 살아가면서 가지게 되는 신념과 행동체계를 의미한다. 생활양식은 인생의 과업을 대하는 태도를 형성하여, 우정, 일, 사랑과 같은 인생 과업에 영향을 미친다.

[그림 3-1] 아들러의 생활양식과 인생의 과업

는 완성이 되는데, 이때 개인이 인생에 부여한 의미, 추구하는 목표, 문제에 대처하는 태도, 정서적 특징들이 결정된다. 그러나 한 번 형성된 생활방식을 바꾸지 못하고 거기에 매여 살아야 하는 것은 아니다. 아들러는 심리치료를 통해 개인이 가지고 있는 생활양식을 탐색하고, 해당 생활양식이 개인의 목표를 이루어 가는 데 방해가 되는 신념이 있는지를 검토한 후, 수정하기 위한 의식적 노력을 기울인다면 충분히 바꿀 수 있다고 보았다.

생활양식은 개인의 삶에 많은 영향을 미친다. 특히 아들러가 인생의 3대 과업이라고 언급한 타인과의 우정, 사랑과 성(sex), 그리고 직업에 영향을 줄 수 있다. 개인이 추구하는 목표를 이루는 데 도움이 되는 방향으로 형성된 생활양식은 자기실현적인 인생의 과업(우정, 사랑, 직업) 성취에 영향을 주겠지만, 목표달성에 방해가 되는 생활양식은 과업을 성취하는 데 긍정적인 영향을 주기 어렵다.

(2) 초기기억

아들러는 개인이 가지고 있는 초기기억의 중요성을 강조하였다. 초기기억은 개인이 기억하고 있는 본인과 관련된 가장 처음의 기억이다. 초기기억은 개인이 가지고 있는 생활양식의 가장 핵심적이면서도 근원적인 부분이다. 그 기억이 실제로 있었는지 아닌지는 중요하지 않다. 그 기억을 통해서 개인이 가지고 있는 자신에 대한, 혹은 주 양육자에 대한, 환경에 대한 기본적인 해석을 확인할 수 있다. 개인사에 있어서 가장 오래된 기억은 개인의 주된 관심사 혹은 관점과 잇닿아 있다. 이러한 관심사와 관점은 성장 과정에서 큰 영향을 주었을 것이며 이는 생활양식이나 인생의 목표에 역시 영향을 주었을 것이다. 다시 말하면, 개인의 성장과 발달에 있어서 무엇을 시작점으로 삼고 있는지를 확인할 수 있게 해 준다. 때론 내담자가 초기기억에 대해 기억이 나지 않거나 기억이 나더라도 대답을 회피하는 것 역시 의미하는 바가 있다.

▲ 개인이 가지고 있는 초기기억은 모두 다르며, 심지어 실제가 아닐 수도 있다. 하지만 초기기억은 개인의 생활양식 형성에 영향을 미친다.

아직 상담자와 협력할 마음이 생기지 않았다는 것을 은연중에 표현하는 것일 수도 있고, 자신의 생각이나 관점을 들키고 싶어 하지 않는다는 신호일 수도 있다.

(3) 열등감/우월감

열등감이라는 용어는 아들러가 처음으로 사용하였다. 아들러에 따르면 열등감이란, 개인이 처한 상황에 대해 잘 적응하거나 준비되지 못해서 그 상황에서 발생한 문제를 해결할 수 없다는 자기 확신이다. 자신이 부족한 존재라는 인식이며, 그 이면에는 이를 극복하고자 하는 마음을 가지고 있다. 아들러는 열등감의 문제를 인간의 출생에서부터 찾았다. 인류는 누군가 혹은 무언가에게 의지할 수밖에 없는 존재이며, 특히 영아 시기의 아이는 수년 동안이나 누군가의 도움을 필요로 할 만큼 약하다. 누군가(주로 양육자)와 협력을 하지 않고서는 살아남을 수 없는 몇 년간의 시기를 보낸 인간은 고민할 겨를도 없이 자신의 열등함에 직면하게 된다. 개인적으로도 병약했던 어린 시절을 보냈던 아들러는 자신의 경험과 임상적 경험을 토대로 아동의 열등한 기관(organ inferiority)으로 인해 본능적으로 가지게 되는 열등감에 대해 주장하였다. 유아기에 신체적 열등을 경험하는 아동은 무력감, 생존이 담보되지 않은 상태에서 긴장, 불안 등의 부정적 감정을 느끼게 된다. 인간은 불편한 상태에서 빠져나오기 위해 이를 극복하고자 하는 노력을 기울인다. 누군가 실제로 도와줄 수 있는 사람들과의 협력을 추구하며, 동시에 자신의 불완전함을 극복하기 위해 노력하고 잘하기를 원한다. 자신을 성장시키고자 하는 노력을 기울여 현재의 상태보다 더 나은 상태가 되고자 한다. 예컨대, 네 발 자전거를 타는 아이가 두 발 자전거를 타기 위해서는 초반에 보호자와의 협력이 필요하고, 혼자 탈 수 있기 위해 필요한 균형감각과 근육이 형성되면 스스로 네 발에서 두 발 자전거로 성장하기 위해 노력한다. 이러한 노력의 결과로 두 발 자전거를 타게 되었을 때 보이는 성취의 미소가 현재의 열등한 상태에서 우월한 상태로 나아가고자 하는 인간의 시도에 속한다. 이렇듯 열등감과 우월감은 밀접한 관련이 있다. 우월감을 추구하는 것은 인간의 보편적인 욕구이며, 인간을 성숙과 숙련으로 나아가게 하여 발전이 가능하게끔 만든다.

아들러가 얘기한 열등감과 우월감은 타인과의 비교에 의해 형성되는 상대적인 개념이 아니다. 내가 다른 사람과 비교해서 '이걸 더 못해', '저걸 더 잘해'라는 개념이 아니고, 자신의 현재 상태에 있어서 자신의 부족함을 지각하는 것(열등감)이며, 지금보다 더 나은 상태로 나아가기를 추구하는 것(우월감)이다. 아들러에 의하면 사람들은 열등감과 우월감을 활용하여 자기성장의 길로 나아가게 된다. 어린 시절 신체적으로 유약했던 자신의 모습을 딛고 사람들을 치료하는 의료인의 꿈을 향해 가는 것, 발표불안으로 인해 다른 사람들 앞에서 얘기하기를 힘들어했던 모습을 극복하고자 노력하여 명연설가가 된 경우가 이에 속한다고 볼 수 있다.

(4) 열등 콤플렉스

열등감이 지나친 경우를 열등 콤플렉스(inferiority complex)라고 하는데 이는 열등감과 달리 개인의 성장을 방해할 수 있다. 열등 콤플렉스란 개인이 스스로에 대해서 지나치게 부정적으로 평가하여 성장을 위한 어떠한 노력도 하지 않은 채 자신의 부족함을 숨기는 데 급급한 상태를 뜻한다. 예를 들어, '나는 운동을 못한다'고 느끼는 학생이 '지금보다 더 많이 노력해서 운동을 더 잘해야지.'라고 생각한다면 이는 적절한 수준의 열등감을 가지고 있는 것이라 볼 수 있다. 그러나 '나는 운동을 못하니 노력해 봤자 아무런 변화가 없을 거야. 그러니 아무런 노력도 하지 않을 거야.'라고 생각하게 된다면 이는 열등 콤플렉스로 인한 것이라 볼 수 있다.

▲ 열등감은 자신의 부족함을 인식하여, 발전하고자 하는 방향으로 나가도록 돕지만, 열등 콤플렉스는 과도한 열등감으로 그 자리에 머무르거나 퇴보하게 만들 수 있다.

(5) 우월 콤플렉스

우월 콤플렉스(superiority complex) 역시 과도한 열등감으로 인해 발생하는 현상으로 열등 콤플렉스와는 다른 심리적 양상을 보인다. 우월 콤플렉스를 가진 이들은 자신의 열등한 모습을 보거나 패배에 대한 두려움 때문에 해야 하는 것들을 회피하는 태도를 보이는 사람들이다. 예를 들면, '나는 운동을 못한다'는 것을 인정하지 않기 위해서 아예 운동을 하지는 않으면서 운동을 잘하는 친구들이 많다는 것을 과시하는 것이 이에 속한다고 볼 수 있다. 예시에서도 드러

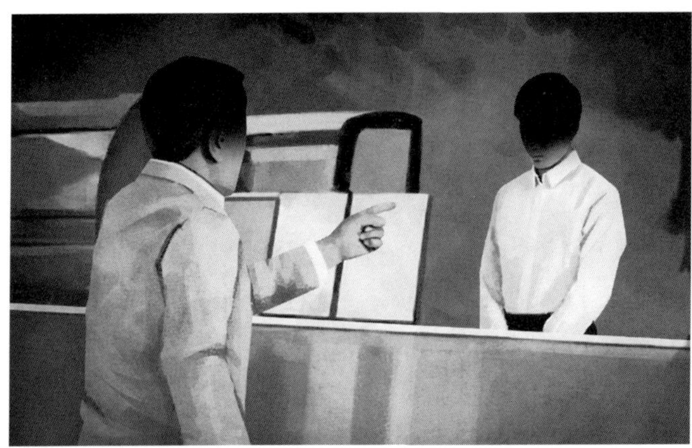

▲ 우월 콤플렉스는 과도한 열등감으로 인해 자신의 열등함을 직면하여 바라볼 용기가 없기에 이를 자신이 아닌 다른 것들과 연결시켜 자신의 우월함을 과도하게 드러내고자 하는 모습이다.

났듯이, 자신의 재물, 권력, 지식 등을 자신의 존재와 연결시켜 실제 이상으로 자신을 우월하게 여기는 태도가 바로 우월 콤플렉스이며, 그 이면에는 뿌리 깊은 열등감이 자리 잡고 있다. 즉, 자신의 열등함을 직면하여 바라볼 용기가 없기에 이를 자신이 아닌 다른 것들과 연결시켜 자신의 우월함을 과도하게 드러내고자 하는 모습을 보인다. 자신이 초인적인 능력을 지녔다고 믿는 태도나 지나치게 높은 콧대, 안하무인(眼下無人)적인 태도 등을 보이며, 과거에 이룬 영광을 걸핏하면 이야기하면서 우쭐해하는, 혹은 자신이 알고 있는 지식을 시간과 장소를 가리지 않고 뽐내기를 즐겨하는 사람들은 우월 콤플렉스를 가진 사람들이라 볼 수 있다.

(6) 사회적 관심

사회적 관심(social interest)은 아들러 이론의 핵심을 이루는 주된 요소이면서 동시에 다른 심리치료 이론에서 잘 찾아볼 수 없는 독특한 개념이다(Ansbacher, 1992). **사회적 관심이란, 타인과 공동체에 대해 관심을 가지며, 타인과 협동하고 더 나아가 헌신하고자 하는 것까지 포함한다. 모든 인류에 대한 진심 어린 관심이며, 타인을 돕기 위해 유용한 사람이 되고자 하는 바람, 타인의 복지 향상에 대한 관심이기도 하다.** 아들러는 사회적 관심을 진화론적인 관점에서 설명하면서 심리적으로 건강한 인간이 가진 본성이라고 설명하였다. 인류는 그 기원으로부터 지금까지 생존하기 위해서 무리를 지어 살아왔다. 신체적으로 봤을 때 강력한 무기가 없었던 인간에게 있어 무리생활은 다른 강력한 동물이나 종족으로부터 자신들을 보호할 수 있는 유일한 방법이었다. 이러한 공동체 생활이 생존과 연결되면서 자연스럽게 인간은 공동체 보존을 추구하게 되었으며 세대를 거쳐 오면서 인간 안에 자리 잡게 되었다. 이러한 공동체에 대한 관심은 용기, 공감, 배려, 참여, 협동의 형태로 나타날 수 있다(Bitter & Corey, 2012).

사회적 관심은 어린 시절부터 생겨나는데, 선천적으로 사회적 관심을 가진 사람들도 있지만 그렇지 않은 사람들도 존재한다. 그렇지만 사회적 관심은 후천적으로 학습되고 길러질 수 있는 것이며, 후천적 학습은 어린 시절에 주 양육자로부터 배우는 것이 중요하다고 보았다. 따라서 양육자는 아동의 사회적 관심의 개발을 위해 노력해야 하며, 이를 방해하는 양육적 태도를 지양해야 한다고 주장하였다. 먼저, 아동의 요구와 모든 응석을 받아 주는 것을 경계하도록 하였다. 아동의 요구를 다 수용하게 되면, 아동은 스스로 생각하고 독립적으로 행동할 수 있는 기회를 잃게 된다. 그러면 결국 양육자에게 의존적인 모습을 가진 응석받이로 남을 수 있다. 따라서 양육자는 애정을 주되 아동의 모든 것을 들어 주기 위해 애쓰지 말고, 어린 시절부터 스스로 문제를 해결할 수 있도록 지켜봐 주고 기다려 줄 필요가 있다. 반면에 부모가 지나치게 아무런 신경을 쓰지 않는 것도 문제가 될 수 있다. 부모가 아동을 방치하면 아동은 세상에 대한 신뢰와 안정감을 얻지 못하며 험난한 세상에서 스스로를 지키기 위해서 자기 자신만을 바라보게 된다. 그러한 아동은 나중에 성장해서 타인이나 공동체에 대한 관심을 가지고 그 관심을 키워 가기보다는 자신에만 몰두하여 이기적인 모습으로 자라나게 될 가능성이 높다. 따라서 양육자는 아동에 대한 충분한 애정을 바탕으로 스스로 행동할 수 있는 기회를 주되, 필요한 경우 적절한 수준에서 도움을 주려는 자세를 지녀야 한다.

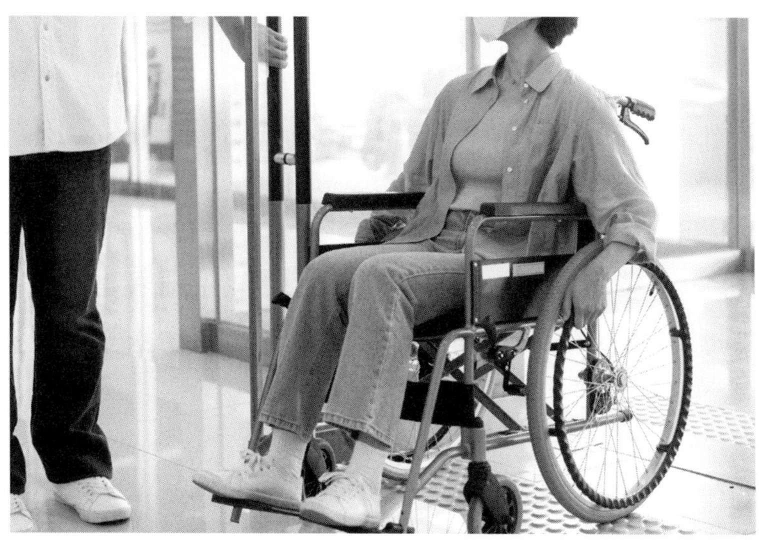

▲ 사회적 관심은 인류에 대한 진심 어린 관심이며, 타인을 돕기 위해 유용한 사람이 되고자 하는 바람, 타인의 복지 향상에 대한 관심이다.

(7) 출생순위

아들러는 가족 내에서의 개인의 위치가 심리 형성 및 발달에 미치는 영향에 대해 주목하였다. 특히 생활양식이 형성되는 6세 이전의 관계에서 가족은 막대한 영향을 미치며, 가족 내에서 개인의 위치가 어디인지에 따라 이후 삶에도 영향을 준다고 생각하였다. 아들러는 여러 가족을 조사하여 유사한 위치에 있는 개인들의 공통된 성향을 밝히고자 하였으며, 그 결과 개인의 출생순위에 따라서 가지는 독특한 심리적 특성이 있음을 밝혀내었다. 그러나 아들러는 출생순위만으로 개인의 심리적 특성을 충분히 설명하는 것을 경계하면서, 성별, 가족 문화, 사회 경제적 특성, 가족 내 갈등 등을 종합적으로 고려해야 개인을 온전히 이해할 수 있다고 강조하였다.

해당 출생순위를 고려할 때, 앞서 언급한 생활양식이 형성되는 시기를 기억할 필요가 있다. 6세 이후에는 개인의 생활양식이 어느 정도 완성되기에 형제/자매의 터울이 6세가 넘어가는 경우에는 다음에 제시된 특성에 부합하지 않을 수 있다. 예를 들어, 첫째와 둘째의 터울이 일곱 살이 넘게 난다면, 이는 첫째와 둘째의 특성이라기보다는 외동과 둘째 또는 외동과 막내의 구도로 보는 것이 더 적합할 수도 있다. 또한 출생순위에 따라 공통된 특성을 지니지만, 개인의 특성을 여기 제시된 자료에 끼워 맞추려는 것은 적절한 시도가 아니다. 개인의 고유하고 독특한 특성을 이해하는 데에 도움을 줄 수 있는 여러 관점 중 하나로 출생순위가 고려된다면 유용할 것이다.

① 첫째 아이

첫째 아이는 다른 위치에 있는 아이에 비해 부모의 관심을 오롯이 받는 기간을 가질 수 있으므로 성인들과 지내는 데 두려움이나 거부감이 적어 원만한 관계를 맺을 수 있다. 어른들의 가르침이나 가치를 수용하는 데 있어 거부감을 덜 보이며 전통적이거나 권위적인 가치관을 내면화하는 경우가 있다. 그러나 관심의 중심이 자기에게 있었던 경험으로 인해 응석받이로 키워질 가능성이 높으며 이러할 경우 다소 버릇없는 경향을 보일 수 있다. 동생이 태어나면서 부모의 관심이 갓난아이로 이동하게 되면 박탈감을 느낌과 동시에 자신의 위치에 대한 위협감을 가지게 된다. 이러한 위기 상황에서 첫째들은 부모에게는 착한 행동, 예쁨받을 만한 행동을 하면서 모면하고자 하거나 동생들을 힘으로 제압하거나 공격해 본인의 위치를 확보하고자 하는 모습을 보일 수 있다. 이럴 때 부모는 첫째의 특정한 문제행동에 과몰입하여 문제시하지 않아야 하며, 자신의 위치를 안전하게 인식할 수 있도록 지지해 주어야 한다. 첫째가 동생에 비해서는 나이가 많지만, 여전히 아이임을 인식하고 정서적, 물리적 지원을

▲ 첫째 아이는 동생이 태어남으로 인해 부모님의 사랑을 빼앗겼다는 생각에 박탈감과 위협감을 느낄 수 있다. 이때 부모는 첫째 아이에 대한 관심과 사랑이 여전함을 알려 줄 필요가 있다.

제공할 필요가 있다.

첫째들은 가정에서 또는 사회에서 책임감이 강한 편이며, 동생들에게 리더십을 발휘하거나 본보기가 되기도 한다. 하지만 본인이 원치 않는 것도 타인(주로 부모, 어른, 상급자 등)을 만족시키기 위해 과도하게 추구하려는 경향을 보일 수 있으며 제대로 조절되지 않을 시 본인이 진정으로 원하는 것에 집중하지 못하게 되고 삶의 문제를 야기할 수도 있다.

② 둘째 아이

둘째 아이는 부모의 사랑을 나누어 받아야 하는 누군가가 이미 존재하는 환경에서 태어난다. 둘째 아이의 특성은 첫째와의 나이 차이가 여섯 살 이내로 나는 경우에 해당될 수 있다. 두 자녀 간의 나이 차이가 여섯 살 이상 날 경우, 첫째와 둘째의 특성을 보이기보다는 외동의 특성을 보이게 될 가능성이 높다. 둘째에게 보이는 첫째의 모습은 언제나 자신보다 앞서가는 존재이며 어떻게 해야 관심을 받는지도 알고 있는 존재이다. 따라서 둘째들은 첫째들로부터 일종의 압박감을 받으면서도 동시에 부모의 사랑과 관심을 차지하기 위해 경쟁적이고 치열한 모습을 보이기도 한다. 첫째가 잘하는 것을 따라가기보다 자신만의 독특한 능력을 개발하고자 하며, 때로는 첫째가 실패한 것을 해내어 가족 내에서 자신의 위치를 확보하려고 하기도 한다.

이러한 둘째들의 성향은 사회에서도 영향을 미친다. 둘째들은 첫째에 비해 책임감이 덜하고 독립적인 경향을 보이며 경쟁적인 태도로 성취를 추구하고자 한다. 특히 자녀 간의 경쟁을 조장하는 가족 분위기에서 자라난 둘째들은 '성취로만 자신의 존재를 인정받을 수 있다'는 신념을 발달시킬 수 있다. 이러한 상황이 둘째 아이에게 강한 동기 부여의 요인으로 작용하여 학업, 스포츠, 예술 등에서 두각을 나타내는 데 도움을 줄 수 있으나, 성취에 실패하게 되면 자신에 대한 신뢰가 낮아져 자존감 저하가 나타날 수 있다. 그리고 반항적이고 도전적인 태도로 형제자매들 간에 관계 문제를 야기할 수 있다. 따라서 둘째들의 성취에 초점을 두어 이를 고취시키려 하기보다는, 개인의 존재 자체를 받아들여 주고 지지해 주는 부모의 태도가 필요하다.

③ 중간 아이

중간 아이는 위아래로 형제/자매를 둔 경우를 말한다. 세 명의 자녀를 가진 가족에서 중간은 이중으로 압박을 느낄 수 있다. 첫째로서의 위치도 가지지 못하고 막내로의 지위도 동생에게 빼앗겼다. 앞서가는 첫째를 넘어서고자 하며, 뒤따라오는 셋째에게 따라잡히지 않도록 경주해야 한다. 이러한 압박으로 인해 자신의 삶이 늘 쫓기는 것처럼 느껴져 인생이 피곤하고 불공평하다고 지각한다.

중간 아이는 여전히 자신만의 독립적인 방향을 가지고 움직일 것이다. 그러나 치열한 경쟁 가운데 위치한 그들은 더 성취와 결과에 몰두함으로써 자신의 지위를 견고히 하고자 할 수 있다. 이러한 상황은 중간 아이가 자율성을 가지도록 도울 수 있다. 그러나 경쟁적 상황에서 반복되는 실패 경험을 통해 지치면 자기 능력에 대한 불확실성이 증가하게 되고 이는 중간 아이가 의존적인 태도를 가지는 데 기여할 수 있다.

중간 아이는 가족 내에서 다양한 구성원과 상호작용을 할 수 있다. 부모, 손윗 형제/자매, 손아래 형제/자매 등 다양한 위치에 있는 사람들과의 소통을 통해 협상과 의사소통을 배울 수 있다. 따라서 중재자로서의 역할을 담당하기도 한다. 또한 다른 가족 구성원들과는 다른 관점에서 생각할 수 있는 경향을 보여 창의적으로 문제를 해결하는 데 기지를 발휘하기도 한다. 반대로 소외감을 느끼기도 하는데, 첫째가 부모의 관심을 많이 받고 막내가 가족의 애정을 독차지하게 되는 경우 중간 아이는 스스로를 이러지도 저러지도 못한 처지에 놓였다고 지각할 수 있다.

둘째 아이와 중간 아이의 경우 상황에 따라서 유사한 특성을 공유할 수 있으나 가족 구조에 따라 약간의 차이가 있다. 가족 내에 아동이 네 명 이상이 있다면, 둘째가 중간 아이의 성향을 띨 확률이 높으며, 셋째는 첫째와 연합을 형성하고 보다 느긋한 성향을 가질 확률이 높다. 그리고 둘째 아이와 중간 아이의 차이점도 존재하는데 먼저 둘째 아이의 경우 중간 아이보다 경쟁적인 성향이 강해 성취에 대한 욕구가 잘 드러날 수 있으며, 경쟁 속에서 자신의 정체성을 찾으려는 시도로 반항적인 행동을 보일 수 있다. 반면, 중간 아이는 협상 등 의사소통과 관련된 사회적 기술을 발달시키며, 다양한 가족 구성원 내에서 적응력과 유연성을 가질 수 있다. 하지만 여러 구성원 사이에서 자신의 위치를 확립하기 위한 과정에서 소외감을 느낄 수도 있다.

④ 막내 아이

막내의 경우, 가족 내에서 더 이상 동생이 없기 때문에 가족 구성원들의 사랑과 관심을 많이 받으면서 자라나게 될 가능성이 있다. 애교가 많고 가족 내 분위기를 만드는 데 일조하기도 한다. 다른 위치에 있는 손윗 형제/자매들과는 달리 인정받거나 사랑받으려는 노력을 많이 하지 않아도 상대적으로 충분한 사랑을 받는 위치이기에, 보다 자신에게 집중하기 수월하며 자기만의 독특한 방식으로 세상을 살아가는 데 두려움을 보이지 않는다. 자신이 원하는 것을 자유롭게 선택할 수 있는 환경은 아동의 도전적 태도를 강화시켜 남들이 하지 않은 시도를 하도록 하며 궁극적으로 성공으로 이끌 수 있게 된다.

종종 막내 아이는 사교적이며, 다른 사람들과도 잘 어울리는 모습을 보인다. 가족 구성원들에게 사랑을 받아 본 경험을 바탕으로 사랑받을 행동을 자신감 있으면서도 자연스럽게 보일 수 있다. 때로는 자신의 위치를 확보하거나 주장을 관철시키기 위해 유연하고 적응력이 뛰어난 사회적 기술을 발달시킬 수 있다.

하지만 부모의 과보호를 받은 경우 응석받이로 자라나기 쉽다. 항상 어린아이로 남아 있기를 원하며 책임감이 부족해 맡겨진 일을 소홀히 여기는 경향을 보인다. 또한 늘 주변의 관심과 집중을 받아 왔기 때문에 의존적이거나 고집이 센, 혹은 이기적인 태도를 보이기도 한다. 따라서 너무 의존적이지 않도록 독립적으로 의사결정을 할 수 있는 기회를 제공할 필요가 있으며, 또한 자기가 한 행동에 대해서는 책임을 지도록 적절한 훈육을 제공하면 좋다.

⑤ 외동아이

형제가 없기 때문에 또래 관계에서 형성되는 사회성 발달은 다소 느릴 수 있다. 그러나 다른 형제/자매의 등장으로 인해 좌절을 겪거나 경쟁을 하는 등의 상황에 처하지 않고 첫째아이와 유사하게 어른들과 많은 시간을 보내며 자라 왔기 때문에 윗사람들과 관계를 잘 맺는 경향성을 가지거나 때론 나이에 비해 성숙한 행동을 보일 수 있다. 부모로부터 많은 관심과 기대, 지원을 받으며 자란 외동아이는 높은 성취 욕구를 보이기도 하며 자신감이 높고 독립

▲ 아들러의 이론에 따르면, 아이들은 출생순위에 따른 독특한 심리적 특성을 가진다. 이러한 특성이 아동을 설명하는 전부는 아니지만 아이를 이해하는 하나의 도구로 활용할 수 있다.

적인 성향을 가지고 있을 수 있다.

형제/자매 관계 내에서 자신의 것을 다소 손해 보고 나누는 경험이 없기 때문에 또래들과의 관계에서 이기적인 모습을 보일 수 있으며 협력적인 태도 역시 습득하지 못했을 가능성이 있다. 또한 외동이기에 부모가 아이를 너무 과보호하면서 키우면 의존적인 모습으로 자라게 될 가능성이 있다. 따라서 부모는 아이가 독립적인 태도를 가질 수 있도록 하며, 또래와 협력하는 방법을 배울 수 있도록 도울 필요가 있다.

3. 개인심리이론 치료의 실제

1) 아들러의 목적론

아들러는 인간 심리의 복잡성을 이해하기 위해 개인의 내면적 동기와 생애 목표에 초점을 맞춘 목적론적 접근을 제시하였다. 그는 개인의 유전적인 요인이나 어린 시절부터 경험해 온 것들의 영향에 대해 개인의 형성에 영향을 준 것이라는 사실을 부정하지 않으면서도, 개인이 지닌 특질과 경험 그 자체보다 그것을 어떻게 받아들이고 어떠한 태도를 취하는지가 더 중요하다고 하였다. 그러한 관점에서 아들러의 심리학은 인간의 심리를 단순히 소유하는 소유심리학(Besitzpsychologie)이 아닌, 어떻게 사용하고 적용하는지에 초점을 둔 사용심리학

(Gebrauchspsychologie)이라 볼 수 있다. 즉, 무엇을 가지고 태어났고 과거에 어떠한 경험을 했는지보다 그것을 어떻게 인식하고 사용하느냐에 따라 개인의 삶이 충분히 달라질 수 있다고 보았다(Adler, 1930).

이러한 아들러의 관점은 목적론적인 관점이라 볼 수 있다. 개인이 설정한 생애의 목표가 인간의 삶을 이끌고, 개인의 생각, 정서, 행동 전략은 목표를 향하는 데 그 초점이 맞춰져 있다고 보았다. 목표가 개인과 그 개인의 삶을 형성해 나가는 것이다. 이러한 목표는 의식적인 것일 수도 있고, 무의식적인 것일 수도 있다. 그러나 이는 개인의 삶을 이끄는 근본적인 힘, 동력이 될 수 있다. 아들러의 관점에서 목적론은 인간을 단순히 과거의 산물로 보는 것이 아닌, 앞을 향해 나아가는 미래 지향적인 존재로 보는 것이다. 따라서 우리는 누군가를 이해하기 위해서 그 사람의 과거에만 집중하는 것이 아니라, 그가 어떠한 목표를 추구하며 목표 추구와 관련하여 어떠한 삶을 만들어 가는지 관심을 가져야 한다. 또한 스스로에 대한 이해를 위해서도 마찬가지이다.

아들러는 개인이 가진 다양한 목표 중 건강한 개인이 추구해야 하는 목표를 공동체 의식이라고 보았다. 그는 인간이 사회적 존재임을 인식하고, 자신의 행동이 타인과 공동체에 미치는 영향을 고려할 수 있는 존재라 여겼다. 이는 개인의 목표가 단순히 개인의 성공, 명예, 만족 등을 넘어서 타인과의 관계에서 의미를 찾고 사회적 책임을 이행하는 것을 포함한다.

▲ 아들러는 개인 지닌 특질과 경험 그 자체보다 그것을 어떻게 받아들이고 어떠한 태도를 취하는지가 더 중요하다고 하였다.

(1) 상담 목표

아들러는 상담자와 내담자가 동등한 상태로 서로 협력적인 관계를 맺는 것을 기본으로 보았다. 상담자가 내담자의 어려움을 들어 주고 공감해 주되 내담자는 주도적으로 문제를 해결을 위한 실천을 해 나갈 것을 상호 간에 합의해야 한다. 그리고 개인의 이야기를 공감적인 태도를 가지고 주의 깊게 경청하면서 내담자의 생활양식을 탐색한다. 이를 통해 내담자가 자신의 감정, 생각, 행동에 대해서 보다 명확하게 파악하게 되며, 그 이면에 있는 삶의 목표에 대해서 심도 있게 이해할 수 있다. 이 부분에서 상담자는 내담자의 생활양식을 점검하면서 질문을 통해 그 이면에 있는 목표에 대해 통찰적인 시각을 전달해야 한다. 해당 과정을 반복하면서 내담자는 보다 선명하고 의식화된 자신에 대한 정보를 확인하게 된다. 만약 삶의 목표가 내담자에게 있어서 유용하지 않거나 도움이 되지 않는 부분이 발견된다면, 이를 다시 검토하고 보다 도움이 되는 목표나 방향을 설정할 수 있도록 교육을 실시한다. 궁극적으로 삶의 목표는 공동체 감정과 사회적 관심을 증진하는 방향으로 나아가야 하므로 내담자가 가진 기본적 개념에 질문을 던져 이에 도전하고 수정하도록 돕는다(Dreikurs, 1967, 1997). 하지만 새롭게 알게 된 생활양식이나 삶의 목표를 변화할 것인지 최종적으로 결정하는 것은 내담자 본인이다. 상담자도, 그 누구도 그 역할을 대신해 줄 수 없고, 대신해 주어서도 안 된다. 상담자는 조력자로서 내담자가 스스로 변화를 결정해 가고, 변화의 과정에서 지속적으로 용기를 낼 수 있도록 도와주는 역할을 수행해야 한다.

드레이커스(1967, 1997)는 이러한 단계를 다음과 같이 단순화시켜서 제시하였다.

1단계: 관계형성(building a relationship)
2단계: 탐색(investigation)
3단계: 해석(interpretation)
4단계: 재교육 및 재정향(re-education or re-orientation)

여기에서는 각 단계의 내용에 대해서 자세히 살펴보도록 한다.

① 1단계: 관계형성

아들러는 상담자와 내담자가 상호협력적인 관계를 맺는 것이 중요하다고 하였다. 이를 위해서 상담자와 내담자는 서로를 신뢰하며 존중하려는 태도가 필요하다. 내담자는 상담을 단순히 받기만 하는 수동적이고 소극적인 수용자가 아니라, 상담관계에서 능동적이고 적극적으로 상담을 이끌어 가는 존재여야 한다. 상담에서의 목표 설정뿐만 아니라 상담의 모든 과정에서 내담자는 자신의 생각과 감정을 적극적으로 드러내고 또 이야기해야 한다. 아들러 상담에서는 초반에 상담 시작에 앞서 계약 단계에서 이러한 점을 분명하게 명시하고 설명하도록 한다. 이는 아들러 상담에 있어서 이러한 협력적 관계가 변화의 중요한 원동력이기 때문이다. 즉, 내담자가 상담 장면 안에서 적극적인 태도를 가지는 것 자체가 자기 삶의 일부분에서 용기를 내보는 연습일 수 있으며, 자신의 생각과 언행에 책임지고자 하는 모습이기 때문이다.

상담자와 내담자가 맺는 관계의 목적이 명확하다면 우리는 해당 관계에 대한 점검을 할 수 있다. 이는 자연스럽게 상담 과정에 대한 평가로 이어지게 된다. 상담자가 내담자의 의사결정을 얼마나 존중하는 태도로 대하는지, 그리고 내담자의 능력을 인정해 주는지, 용기를 내어 한 발자국 내딛기 힘든 상황에 처해 있는 내담자를 격려하여 성장하게끔 하는지 등을 확인하여 상담 과정을 평가할 수 있다.

관계형성 단계에서 상담자는 특정한 기법에 초점을 맞추어 상담을 진행하기보다는 내담자가 보고하는 주관적인 경험에 중점을 둔다. 상담자는 내담자의 이야기를 주의 깊게 듣고 공감적인 태도를 취하며, 내담자가 보고하는 경험을 자연스럽게 따라가기, 공동의 목표를 설정하고 합의하기, 내담자의 감정에 대한 통찰을 제시하기, 비언어적인 의사소통 확인하기, 내담자가 가지고 있는 잠정적 가정을 확인하고 격려하기 등이 포함된다. 아들러 상담자들은 대체로 초반에 활동적이다. 관계형성을 위한 구조를 제시하고 내담자들이 상담에서 다루고 싶은 목표를 설정하는 것을 돕는다. 또한 내담자에 대한 심리분석과 평가 및 해석을 제공하기도 한다(Carlson et al., 2006).

초반 관계형성에 있어서 주요한 접근은 '격려'이다. 상담을 통해 내담자가 자신의 가치와 강점에 대해서 새롭게 눈을 뜨고 그것을 받아들이는 과정에서 내담자는 주저하는 모습을 보일 수 있다. 이때 상담자는 내담자의 단점이나 부족함보다 내담자가 가지고 있는 긍정적이고 유용한 면모를 강조함으로써 목표를 향해 한 발짝 더 나아갈 수 있도록 한다. 내담자는 격려를 통해 자신의 생활양식과 목표를 긍정적인 방향으로 끌고 갈 수 있는 힘을 발견할 수 있으며, 지금껏 위협적인 방해물로 인식해 왔던 장벽과 장애물들을 덜 위협적으로 인식하고 나아가 성장의 발판으로 삼게 된다.

요약하면, 초기 탐색단계에서 아들러 상담자는 격려를 통해 내담자 마음의 문을 열고 언어적, 비언어적으로 보고하는 내담자의 생활양식에 접근하기를 원한다. 상담관계에서 탐색하는 내담자의 생활양식이 분명하게 그려지면 상담에서 다루고자 하는 목표 설정이 가능해진다. 결국, 이 단계에서는 내담자가 상담자의 다른 관점을 공격적으로 느끼지 않고 거부감

없이 수용할 수 있도록 신뢰를 형성하는 것이 중요하다.

② 2단계: 탐색

내담자와의 신뢰가 형성되었다면 본격적으로 심리적인 탐색을 시작한다. 아들러 상담에서 심리적 탐색이란 개인의 생활양식을 이해하고, 이 생활양식이 내담자의 주요한 삶의 과제에 어떻게 영향을 미치는지 확인하는 작업이다(Mosak & Dreikurs, 1973). 생활양식이란 자신과 타인, 그리고 세계에 대한 인식이며 일상생활을 영위해 나가는 감정과 행동이다. 개인의 생활양식은 주요한 삶의 과제를 수행해 가는 구체적이고 일상적인 경험에서 실현되는데, 따라서 상담자는 내담자가 삶의 과제를 어떻게 수행하고 있는지를 확인함으로써 역으로 내담자가 가진 생활양식을 보다 면밀하게 탐색하고 이해할 수 있게 된다. 여기서 삶의 과제란, 개인이 인생을 사는 동안 피해 갈 수 없는 삶의 영역을 의미하며 건강과 안녕을 위해 핵심적인 요소이기도 하다. 아들러는 사회적 관계, 직업, 성 세 가지를 삶의 과제로 여겼으며, 여기에 아들러 심리학자인 모삭과 드레이커스(1967)는 자기수용이라는 개념을 추가하였다. 다음은 내담자의 삶의 과제를 확인할 수 있는 질문들이다.

사회적 관계

당신의 사회생활은 어떠합니까?

친구들과의 관계는 어떤가요?

친구들과의 관계에서 만족감을 느끼나요?

(사회적으로) 소속감이나 수용된다는 느낌을 받나요?

직업

직장(학생일 경우 학교)에서의 일을 좋아하나요?

일(학생일 경우 학업)을 수행하는 데 어려움은 없나요?

당신은 일 중독자인가요?

직장에서 동료들과의 관계는 어떠한가요?

지금 하는 일에 대해서 어떻게 생각하나요? 가치 있고 성취감을 느끼는 일인가요, 아니면 별 의미 없는 하찮은 일처럼 느끼나요?

성

당신은 남성(혹은 여성)으로서 자신의 성에 만족하나요?

당신이 성적인 매력을 가졌다고 느끼시나요?

다른 사람으로부터 특별한 성적인 매력을 느끼신 적이 있나요?

자기수용

자기 자신에 대해 만족하십니까?

당신은 자기에 대해 수용적인 편입니까, 아니면 억압하는 편입니까?

당신은 자기 자신을 좋아하십니까?

그 외

당신의 삶의 목표는 무엇입니까?

당신에게 있어서 삶의 의미란 무엇입니까?

드레이커스(1997)는 내담자의 생활양식과 삶의 과제의 연계성을 파악하기 위해서 주관적 면접(subjective interview)과 객관적 면접(objective interview)을 사용할 것을 제안하였다. 주관적 면접이란, 내담자의 삶의 이야기를 내담자의 관점에서 하나의 완결된 스토리를 가질 수 있게 이야기하도록 하는 것이다. 이를 통해 상담자는 내담자가 가지고 있는 삶의 대처 방법이나 내담자의 삶의 목표에 대해서 파악할 수 있게 된다. 또한 내담자의 얘기를 들으면서 이를 파악하도록 주의를 기울여야 한다. 하지만 상담 장면 안에서 상담자는 온전한 공감과 수용을 통해 내담자가 자신의 스토리를 충분히 이야기할 수 있도록 분위기를 조성해 주어야 하며, 또한 내담자 삶에 있어 내담자가 최고의 전문가라는 것을 인식하면서 듣고자 노력해야 한다. 이 과정에서 상담자는 내담자에 대한 호기심과 강한 관심을 가질 필요가 있다. 이러한 관심이 내담자 스토리의 완성도를 높여 줄 수 있다. 개인의 스토리를 마무리하는 단계로 갈수록 상담자는 "내가 당신을 더 이해하기 위해서 조금 더 알아야 하는 부분이 있을까요? 그렇다면 말씀해 주시겠어요?"라고 질문할 수 있다. 객관적인 면접은 내담자를 둘러싼 환경과 의미 있는 사건, 타인의 피드백 등 보다 객관적으로 확인할 수 있는 정보를 수집하는 데 초점을 둔다. 상담실에 오는 데 결정적 역할을 한 삶의 문제가 언제부터 시작됐는지, 촉발사건이 있었는지, 의료적 개입, 사회경제적 여건, 내담자의 생활양식에 대한 가족을 포함한 주변 사람들의 반응은 어떠한지 등을 탐색한다. 드레이커스(1967)는 체계적으로 객관적 면담을 시작하기 위한 도구인 생활양식 검사지를 개발하였다. 생활양식 검사지는 크게 가족 구성(family constellation)과 초기회상(early recollection)을 탐색하는 질문들로 구성되어 있다. 가족 구성에서는 형제/자매 출생순위, 어린 시절 형제/자매 및 부모님과의 관계, 가족 내에서 내담자의 위치, 구성원들 간의 상호작용 방식 등을 탐색한다. 아들러는 가족 구성이 자신과 타인, 세계에 대한 톡특한 개인의 관점인 생활양식 형성에 큰 영향을 준다고 보았다. 따라서 가족 구성에 대한 질문들을 통해 내담자가 가진 생활양식을 이끌어 내는 데 도움이 될 수 있다. 또한 초기회상은 내담자 생애에 있어 가장 초기에 기억에 대해서 물어본다. 이는 내담자의 생활양식을 보다 직접적으로 파악하는 방식이라 볼 수 있다. 내담자가 가진 10세 이전의 기억나는 최초의 기억을 물어보는데 이를 통해 내담자가 스스로에 대해 어떻게 바라보며, 타인을 어떠한 존재로 여기는지, 또한 세계에 대한 관점은 어떠한지, 삶의 목표는 무엇이며, 어떠한 것에 동기부여되어 삶을 이끌어 가고 있는지 등을 확인할 수 있다(Clark, 2002; Mosak, & Di Pietro, 2007). 아들러는 내담자가 보고하는 초기기억이 얼마나 정확한 기억인지가 중요한 것이 아니라고 언급한다. 대신 내담자가 선택적인 기억을 통해 무엇을 중요한 가치라 여기며 살아왔으며, 그것이 지금 현재의 행동과 신념에 어떠한 영향을 미치고 있는지 그리고 개인의 삶의 태도와 전략을 어떠한 모습으로 형성했는지를 파악하는 것이 중요하다고 보았다.

③ 3단계: 해석

이 단계에서는 지금까지 상담을 통해 파악된 내담자에 대한 추론을 바탕으로 상담자의 해석이 제시된다. 상담자가 내담자에게 해석을 제공하는 이유는 내담자가 이미 가지고 있는 관점에서 벗어나 새로운 관점으로 자신을 바라볼 수 있도록 하여 궁극적으로 자기에 대한 이해를 확장시킬 수 있게 돕는 것이다. 이전 단계에서 다룬 주관적 면접과 객관적 면접을 통해서 확인된 정보에 기반해 상담자는 직관적인 통찰을 제시한다. 여기서 상담자의 해석을 어떻게 제시하느냐가 중요한데, 단정적이면서 단호한 어투로 제시될 경우 내담자가 이를 받아들이려 하지 않을 수 있다. 예를 들면, "당신은 지금껏 살면서 자신의 능력에 대해서 확신을 해 본 적이 단 한 번도 없군요."라고 선언적인 태도로 접근할 경우, 내담자의 저항을 불러일으킬 가능성이 높다. 따라서 상담자는 내담자의 의사를 존중하는 태도를 바탕으로 질문이나 가정의 형태로 해석을 제공할 필요가 있다. 앞에서 제시한 예시를 바꾸어 본다면 "조심스럽기는 하지만 당신의 이야기를 들으니 지금까지 살면서 자신의 능력에 대해 한 번도 확신을 가져 본 적이 없었단 걸로 들리는데요. 이 부분에 대해 어떻게 생각하시나요?" 정도가 될 수 있다. 그 외에도 "내가 틀릴 수도 있겠지만……", "……이라는 것에 대해 궁금합니다.", "……이라 추측이 가능해 보입니다." 등으로 시작할 수 있다. 이러한 가정의 제시는 내담자의 개입을 유도하며, 자유로운 논의의 과정을 거치기도 한다. 해당 해석에 대한 내담자와 상담자의 의견의 교환은 그 해석이 좀 더 정교하게 수정되는 데 도움을 주며 이를 통해 내담자가 추구하는 목표가 보다 선명하게 드러날 수 있다.

스위니(2005)의 언급처럼 해석은 도구일 뿐이다. 궁극적으로 해석이라는 도구를 통해 내담자의 관점이 확장되고 이것이 행동의 변화로까지 이어지는 것이 중요하다. 다시 말하면, 내담자가 상담자의 해석을 통해 제시된 관점에서 본인의 인식, 정서, 행동을 돌아볼 수 있는 기회를 갖고 이를 삶의 변화로까지 이어지도록 하는 것이 핵심이다.

④ 4단계: 재교육 및 재정향

아들러 상담에 있어 마지막 단계는 지금까지 상담을 통해 얻은 통찰을 바탕으로 실제 행동의 변화로까지 나아가는 것이다. 이 과정에서 역시 상담자는 내담자를 격려하여 변화를 시작하고 유지할 수 있도록 도와주어야 한다. 아들러 상담에 있어 격려는 초반부터 종료 시까지 계속적으로 중요한 상담자의 태도이다. 상담을 통해 분명하게 인지된 생활양식이 내담자가 진정으로 원하는 삶의 목표를 달성하는 데 효과적으로 작동할 수 있도록 재정향하는 방안을 모색한다. 그런 과정에서 필요하다면 상담자는 교육을 실시하기도 한다. 내담자가 삶에 도움이 되는 방향으로 목표를 설정할 수 있도록 사회적 관심에 대한 것이나 소속감, 용기, 실패나 부족함에 대한 수용, 자신감 등을 가질 수 있도록 도울 수 있으며, 반대로 삶에 도움이 되지 않는 열등 콤플렉스, 우월 콤플렉스, 인생 과제로부터의 회피 등에 대해서도 같이 이야기해 볼 수 있다.

아들러 상담은 행동수정 체제가 아니라 동기수정 체제이다(김춘경, 2006). 개인의 생활양식과 삶의 목표가 적합하게 연결되어 있고 유기적으로 잘 기능하는지를 상담으로 확인하는 작업을 통해 그것이 제대로 되어 있지 않다는 것을 알게 되면, 내담자는 자신의 생활양식을 변화하는 방향으로 나아갈지를 결정할 수 있다. 즉, 변화의 주체는 상담자가 아니라 내담자이다. 상담자는 협력자로서 내담자 본인에게 도움이 되는 의사결정을 할 수 있도록 이끌어 주고 해석을 통해 통찰을 제시해 줄 수는 있지만, 실제로 변화를 만들어 가는 존재는 바로 내담자이다. 상담자는 동기부여된 내담자가 변화해 나갈 때 용기를 잃지 않도록 격려로서 내담자를 지원해 주어야 한다.

내담자가 변화로 나아가기 위해서는 실현 가능한 목표를 수립해야 한다. 비현실적이고 지속

가능성이 적은 목표는 내담자에게 좌절감을 안겨 줄 수 있다. 따라서 실현 가능하고 성취 가능한 목표를 설정해 차근차근 변화를 만들어 가도록 해야 한다. 또한 변화로 인해 수반되는 반응들에 대해 얘기해 볼 필요가 있다. 아무리 작고 단순한 변화에도 여러 파장이 수반된다. 예를 들어, 상담에서 늘 늦잠을 자던 학생이 아침에 일찍 일어나려는 변화를 계획했다고 하자. 그러면 기존보다 잠자는 시간을 당겨야 하고, 늦은 밤에 하던 일들, 놀던 친구들과의 관계도 앞 시간으로 당기거나 없애야 한다. 또 아침에 생긴 시간을 어떻게 활용할 것인지에 대해서 고민해야 한다. 갑작스러운 이른 기상으로 초반에는 낮 수업 시간이나 오후 방과후 시간에 몰려오는 졸음에 못 이길 수도 있다. 그렇게 되면 학교 선생님이나 부모님, 주변 친구들로부터 달갑지 않은 반응들(예: "낮에 졸 거 뭐하러 일찍 일어나냐?" 등)을 받을 수 있다. 이렇게 작은 변화로부터 수반되는 변화들 역시 내담자가 감당해야 한다. 그 과정에서 상담자는 변화로 인해 생길 수 있는 예상되는 반응들에 대해 내담자와 상의해 보고 이를 통해 내담자가 용기를 잃지 않도록 도와주어야 한다.

또한 목표를 수행할 수 있는 시간을 제한해 두는 것도 도움이 된다. 상담 과정에서 얻은 변화의 동기를 행동으로 옮겼을 때 진정한 '자신의 것'이 될 수 있다. 따라서 상담자는 내담자가 실행 가능한 구체적인 행동 목표를 주도적으로 설정하도록 돕고, 해당 목표를 언제까지 달성할 수 있을지 합의를 한다. 내담자가 행동을 수행했을 때 상담자는 격려를 통해 내담자의 행동을 지지해 주고 해당 목표에 대한 의견을 교환하면서 현재까지의 진전과 앞으로 나아갈 방향에 대해서 논의해 볼 수 있다.

(2) 상담자의 역할과 태도

아들러 상담의 핵심은 개인이 가진 강점의 발견과 웰빙(well-being)의 증진이다. 상담이나 자기성찰의 과정을 통해서 개인이 가진 강점과 웰빙에 대한 접근이 확인되면, 자신의 열등감을 극복하고 지금보다 나은 이상향으로 가고자 하는 욕구가 발생하며 그 이상적 지향점은 결국 공동체를 지향하는 방향으로 나아가게 되어 있다고 주장한다. 따라서 상담자는 아들러가 이야기한 인간 변화에 대한 커다란 방향성을 생각하면서 내담자에게 어떻게 도움을 주어야 할지 고민할 필요가 있다.

이를 위해 먼저, 상담자는 내담자와 협력적인 관계를 맺어야 한다. 협력적인 관계란 상담의 목표와 방향성에 대해 누군가 일방적으로 정하는 것이 아니라 서로 합의하에 결정하고, 상담을 진행해 가는 과정 역시 두 사람이 동등한 입장에서 의견을 교환하면서 만들어 가는 관계를 의미한다. 하지만 때에 따라 상담자는 내담자에게 질문을 통해 다시 한번 생각해 보게끔 하는 맞서는 역할 혹은 내담자 생각 또는 행동에 대한 의문을 제기하는 역할을 하게 된다. 그러면서 이것이 내담자와의 협력적인 관계를 방해하지 않을까 하는 걱정을 한다. 우리의 염려와는 달리, 이러한 과정이 협력적 관계를 방해한다기보다는 오히려 긍정적으로 작용한다. 상담자의 질문이나 반박은 내담자로 하여금 자신의 생각을 보다 명료하게 정리하고 행동 이면에 있는 목표의 방향성에 대해 다시 돌아볼 수 있는 기회를 제공한다. 동시에 상담자와 내담자의 관계를 상담자가 우위에 있어 가이드를 제시하고, 내담자는 그것을 비판 없이 따르는 수직적인 관계에서 상호협력하는 동등한 관계를 경험할 수 있게끔 해 준다. 자신의 삶의 목적과 이유에 대해서 질문해 보고 그 해답에 대해 스스로 고민하고 답해 보면서 자연스럽게 삶의 주도권을 내담자가 가져갈 수 있게 된다.

상담자는 지지자 혹은 격려자로서의 역할을 수행해야 한다. 자신의 생활양식을 명료화하고 이면의 목표를 발견해 변화를 주도해 나아가는 과정은 말처럼 쉬운 일이 아니다. 일련의 과정을 거치기 위해서는 내담자의 시간과 노력, 에너지가 많이 소모될 수밖에 없다. 또한 삶의 어려움을 해결할 방법을 한 번에 찾기도 어렵기에 여러 번의 시행착오를 겪으면서 변화에 대한 용기를 잃기도 한다. 따라서 상담자는 내담자가 지치거나 실패로 인해 좌절하지 않도록 옆에서 지속적으로 용기를 북돋아 주어야 한다. 이는 아들러가 심리치료를 받기 위해 자신을 찾아오는 사람들을 '환자(patient)'라고 부르기보다는 '용기를 잃어 낙심한 사람(discouraged people)'으로 불렀다는 점에서 명확하게 알 수 있다. 내담자는 치명적인 문제를 가진 환자라기보다는 현재 삶의 문제를 해결해 가는 과정에서 잠시 용기를 잃어 낙심해 있는 상태의 사람인 것이다. 상담자의 이러한 관점은 내담자를 대하는 데 큰 차이를 가져온다. 내담자가 아무것도 할 수 없어 처음부터 다 떠먹여 주어야 하는 환자같은 존재가 아니라, 잠시 용기를 잃어 주변의 격려와 지지가 필요한 상태에 있는 사람으로 보게 된다.

마지막으로 상담자는 상담의 주요한 도구로서 삶에 대한 진지한 태도와 통찰을 지녀야 한다. 상담자는 내담자 행동에 대해서 통찰적인 해석을 제공해야 할 때도 있다. 인간 심리에 대한 지식을 통해 단순히 정보만을 전달할 수도 있지만, 그러한 지식의 전달만으로 사람의 마음을 움직이기는 어렵다. 내담자의 변화를 야기하기 위해서 상담자는 인간 본성 및 심리, 내적 변화 등에 대한 기본적인 이해를 갖추고 있어야 할 뿐만 아니라, 이를 자신의 삶에 적용해 본 경험을 통해 삶에 대한 일련의 성찰적이면서도 통합된 태도를 지니고 있어야 한다. 상담자가 그러한 태도를 갖추고 있다면 자연스럽게 자신감과 유연함이 배어 나올 것이며 이러한 태도가 내담자에게 영향을 주게 될 것이다. 상담은 인간 내면을 변화하게 만드는 곳이며, 이곳에서 상담자는 주된 상담 도구가 되어야 한다(Combs et al., 1969). 본인이 원하든 원하지 않든 내담자에게는 하나의 롤모델로서 기능하게 되며, 내담자는 상담자의 견해, 가치, 관점, 정서 등에 영향을 받게 된다는 사실을 유념하고 상담에 임해야 한다.

2) 치료 기법

(1) 격려하기

아들러의 심리치료에 있어 가장 핵심적인 태도는 '격려'이다. 격려는 개인이 자신의 한계와 약점을 수용함과 동시에 자신의 긍정적인 측면과 잠재력을 인식하여 이를 실현할 수 있도록 돕는 과정이다. 이는 사람들이 자신의 한계를 극복하고 자기수용을 증진하며, 사회에 필요한 기여를 할 수 있도록 동기를 부여한다. 격려는 영어로 encouragement인데, 이 단어의 의미는 '용기를 만들어 내는 것'이다. 개인이 삶의 문제와 어려움에 부딪혔을 때 이것에 맞설 수 있는 용기를 증진시키는 것이 바로 격려이다(Carlson & Englar-Carlson, 2017). 용기를 만들어 내기 위해서는 우선 개인이 통제할 수 있는 요인과 그렇지 않은 요인에 대해서 구분할 수 있어야 한다. 그것이 구분이 되어야 내가 어디에 힘을 쏟을지 결정할 수 있기 때문이다. 즉, 통제 가능한 것은 최대한으로 이용하되 통제 불가능한 것의 영향력은 최소화하려는 계획과 노력이 있다면 개인은 해당 삶의 영역에서 용기를 내어 볼 수 있게 된다.

일례로 본인이 원하던 자격증 시험에서 떨어졌다고 하자. 이 상황에서 통제할 수 없는 영역은 내가 태어난 나라, 가정환경, 학교환경, 재정, 지능, 신체적 특성 등이 있을 것이다. 그 이외의 많은 우연한 요소가 통제하기 어려울 수 있다. 반면에 통제 가능한 것들에는 나를 둘러싼 환경을 대하는 태도, 자신에 대한 믿음과 기대감, 목표를 향한 노력 등이 있다. 그렇기에 개인은 기능적인 생활양식을 토대로 목표 지향적인 삶을 살기 위해 통제 가능한 요인에 초점을 맞추고 문제를 해결하고자 하는 자세가 필요하다. 그러나 개인의 상태나 처한 상황에 따라 스스로 하기 어려운 경우가 생길 수 있으며, 이러한 경우 외부에서 격려를 통해서 개인이 당면한 문제를 해결할 용기를 획득할 수 있도록 도와줄 필요가 있다. 시험에 떨어져 힘들어하는 사람에게 개인의 통제력을 증진시킬 수 있는 방법은 다음과 같다.

- 시험에서 떨어진 여러 이유 중 변화 가능한 것에 초점 맞추기
- 자격증 시험을 봐야 하는 분명한 목적에 대해서 상기하기
- 시험을 통과하기 위해 조정 가능한 최선의 환경을 탐색하기
- 목표를 달성하기 위한 중간 목표를 설정하고 실행계획 세우기

▲ 격려(encouragement)는 개인이 자신의 한계와 약점을 수용함과 동시에 자신의 긍정적인 측면과 잠재력을 인식하여 이를 실현할 수 있도록 돕는 과정이다.

또한 통제할 수 없는 요인에 대해서 그 영향을 최소화하려는 노력 역시 기울여야 한다.

- '머리가 나쁘다'는 생각으로 인한 스트레스에서 벗어나고, '노력'에 많이 귀인하기
- 나와 유사한 상황에서 본인의 꿈을 이룬 개인들의 사례를 통해 자신감 얻기
- 가정환경이 내게 미친 영향을 인식하고 바꿀 수 없는 과거에 사로잡혀 나아가지 못하는 것의 비효율성에 대해 자각하기

(2) 생활양식 탐색

아들러 심리학에서는 개인의 생활양식을 분석하는 것을 매우 중요한 과정으로 본다. 생활양식의 수집은 비구조화된 면접으로부터 구조화된 면접 검사지를 활용한 방법까지 다양하게 존재하는데 이 책에서는 드레이커스(1967)가 개발한 생활양식 검사지를 토대로 설명하고자 한다.

생활양식 검사지에서는 가족 구성에 대해서 확인한다. 내담자를 포함한 형제/자매 관계는 어떠하며, 나이 차이는 얼마나 나는지 기록한다. 그리고 어린 시절 내담자가 기억하는 형제/자매의 특성과 그에 대한 내담자의 인상을 작성한다. 내담자와 가장 비슷한 형제/자매는 누구였으며, 반대로 누가 가장 달랐는지 등을 물어본다. 그리고 지능, 성취지향 수준, 매력, 순응정도, 예민함 등 특성을 평정하는 도구를 가지고 형제/자매의 특성에 대해서 확인한다.

이를 통해 내담자가 가족 구성원들을 어떻게 인식하고 있는지를 확인할 수 있음과 동시에 가족 내에서 내담자의 위치 역시 파악할 수 있다. 그리고 가족 구성원 간의 상호작용에 대해 확인한다. 가족 구성원 중 주로 누구와 어울렸으며, 형제/자매 간의 역동은 어떠했는지를 확인한다. 이에 더해 가족 내에서 공유되는 가치, 부모의 특성 및 부모님과의 관계, 어린 시절 내담자 스스로에 대한 인식, 어린 시절 꿈, 또래집단에서 내담자의 역할은 무엇이었는지 등을 파악한다.

이러한 정보를 통해 생활양식 보고서를 작성하며 상담자와 내담자는 이를 함께 읽으면서 수정할 부분이 있는지를 검토하는 과정을 거친다. 생활양식을 정리하는 과정을 통해 내담자는 자신이 삶에 대해 가지고 있는 신념을 보다 명확히 확인할 수 있으며 이에 대한 목표와 동기를 점검해 볼 수 있는 시간이 된다. 생활양식 분석의 목적은 의식화되지 못한 개인의 생활양식을 의식화하고 보다 분명히 하는 것에 있다.

(3) 초기기억 회상하기

아들러는 초기기억의 중요성에 대해 강조하였다. 초기기억은 10세 이전쯤에 경험한 어린 시절의 기억을 의미하는데, 개인은 태어나서 10여 년 정도를 살면서 수많은 경험을 하게 된다. 하지만 그중에 기억하기로 선택한 어린 시절의 초기기억은 개인의 생활양식의 원형이자 현재 자신의 행동에 영향을 주는 신념, 혹은 핵심적인 정서일 가능성이 높다. 해당 기억이 실제로 존재했는지, 혹은 실제 경험과 어떠한 차이가 있는지는 중요하지 않고, 그 경험에 대해서 내담자가 어떠한 의미를 부여하고 있으며, 그 경험을 떠올렸을 때 어떤 정서를 느끼는지가 더 중요하다. 이는 내담자가 자신, 타인, 그리고 세상을 바라보는 관점을 형성한다고 볼 수 있다. 초기기억을 탐색하는 것은 상담 장면에서 내담자에게 큰 경계 없이 이야기할 수 있도록 분위기를 조성하면서 동시에 특별히 중요하다 여기는 문제, 내담자의 실수, 때로는 내담자의 야망이나 세계관에 대해서 탐색할 수 있는 기회를 제공한다.

내담자가 보고한 초기기억을 탐색하기 위해서는 "○○ 씨의 어린 시절로 돌아가 봅시다. ○○ 씨가 생각해 낼 수 있는 어린 시절의 기억 중 가장 초기기억이라 생각되는 것을 얘기해 주세요."라고 시작할 수 있다. 초기기억의 회상은 일반적 어린 시절의 느낌에 대한 보고와는 구별되어야 한다. "전 행복한 어린 시절을 보냈어요.", "어머니는 늘 나를 혼냈어요."와 같은 일반화된 진술보다는 특정 사건에 기반을 둔 기억을 떠올려 보도록 하는 것이 중요하다.

초기기억의 탐색과 더불어 이에 대한 후속 질문을 통해 내담자의 심리적 특성을 탐색하는 것은 상담에서 요구되는 활동이며, 따라서 후속 질문 역시 매우 중요하다고 볼 수 있다.

초기기억은 하나만 얘기될 필요는 없으므로, 상담자는 내담자가 꺼낸 초기기억에 대한 얘기가 끝나면 혹시 떠오르는 다른 초기기억은 없는지를 묻는다. 이를 통해 추가적으로 탐색할 수 있는 초기기억이 있는지 여부를 확인한다. 더 이상 기억하는 초기기억이 없다면 상담자는 내담자에게 해당 초기기억에서 어떠한 부분이 가장 선명하게 기억나는지, 그 당시의 기분이나 느낌은 어땠는지를 확인한다. 이러한 추가 질문을 통해 상담자는 내담자의 기억에 담긴 핵심으로 접근할 수 있다.

내담자: (초기기억에 대한 이야기)
상담자: 그런 기억이 있으시군요. 혹시 생각나시는 다른 기억은 없을까요?
내담자: (몇 분간 고민 후) 더 이상은 없는 것 같아요.
상담자: 그러면, 처음 얘기해 주신 초기기억 얘기로 돌아가서, 혹시 해당 이야기에서 ○○ 씨에게 가장 생생하고 인상적인 장면은 어떤 장면인가요?
내담자: 제가 엄마에게 다가가다가 엄마가 몸을 피했을 때, 식탁 아래로 떨어지는 장면이 가장 생생하게 기억이 나요.
상담자: 그렇군요. 그럼 혹시 그 장면을 떠올렸을 때 어떤 느낌이 들었던 것 같나요?
내담자: 떨어지는 장면은 가슴이 철렁하는……. 공포스러운 느낌이 들었던 것 같아요.

(4) 역설적 의도

역설적 의도는 내담자가 보이는 문제행동을 의도적이고 계획적으로 더 지속해 보게끔 하여, 해당 문제행동을 내담자가 언제 사용하는지 확인함과 동시에 해당 행동의 결과가 내담자 자신에게 있음을 알려 주는 기법이다. 아들러는 이러한 역설적 기법을 상담에 최초로 적용한 사람이었으며, 이러한 개입이 다소 불합리해 보이기는 하지만 내담자가 문제행동에 맞서서 싸우게 하기보다는 개인이라는 전체적인 관점 안에서 자신과 문제행동을 함께 조망하고 이를 자연스럽게 변화시켜 나아가도록 하는 기법이라 볼 수 있다. 예를 들어, 아무리 사소한 의사결정이라도 매사에 누군가의 허락을 받아야만 결정을 할 수 있는 사람이 있다고 했을 때, 다음과 같은 역설적 의도 개입을 시도해 볼 수 있다.

내담자: 작은 결정도 스스로 하기 어려워요.
상담자: ○○ 씨가 앞으로 하는 모든 의사결정—매우 사소한 결정까지도 모두—에 주변 사람들의 허락을 받아 보시겠어요? 주변에 있는 누구라도 좋습니다. ○○ 씨

는 앞으로 한 주 동안 가능한 한 주변 사람들에게 전적으로 의지해 보세요.

(5) 마치 ~인 것처럼 행동하기

아들러가 개발한 마치 ~인 것처럼 행동하기(acting as ~ if)는 무언가 할 수 없다고 느끼는 내담자에게 할 수 있다는 가정하에 행동으로 옮겨 볼 수 있도록 도와주는 기법이다. 이는 일종의 인지행동적 기법이라 볼 수 있다. 특정한 행동을 해 보기도 전에 두려워하는 사람에게 보다 안전한 환경인 상담실 내에서 특정 행동을 수행해 보도록 요청함으로써 그에 따른 정서와 인지의 변화를 경험해 볼 수 있도록 돕는다.

인간은 과거의 경험보다 미래에 대한 기대에 의해 영향을 받는다(Norby & Hall, 1974). 그것이 개인에게 도움이 되는 것이든 그렇지 않은 것이든 상관없이 말이다. 미래에 대한 기대는 현재 일어난 상태가 아니기 때문에 허구적이지만 현재 나의 행동과 선택에 영향을 미친다. 그리고 그 기대로 인해 쌓인 행동과 결정들은 결국 자신이라는 존재를 형성해 간다. 이는 일종의 자기충족적 예언(self-fulfilling prophecy; Rosenthal & Jacobson, 1968)으로 볼 수 있는데, 내가 기대하는 나의 모습으로 자신을 만들어 가기 때문이다.

해당 기법의 대표적인 질문은 "만약 당신에게 ~에 대한 문제가 없었다면 어떻게 다르게 행동했을 수 있었을까요?" 혹은 "만약 당신이 ~를 할 수 있다면 어땠을까요?"이다. 다음의 예시를 통해서 해당 기법의 활용에 대해서 확인해 보도록 한다.

> **내담자:** 학교 성적으로만 평가하려는 엄마 때문에 너무 힘들어요. 그렇지만 나는 엄마에게 아무런 말도 꺼내지 못하겠어요.
>
> **상담자:** 만약 ○○ 씨가 엄마에게 말할 수 있는 상황이 주어진다고 가정한다면, 어떻게 말을 할 수 있을까요?

(6) 수프에 침 뱉기

수프에 침 뱉기(spitting in the client's soup)는 내담자가 반복적으로 수행하는 비생산적이고 자기패배적인 행동을 수정하기 위한 기법으로 내담자가 해당 행동에 부여한 가치를 낮추어 행동의 빈도를 줄이는 방법이다. 다시 말하면, 내담자는 해당 행동이 가지고 있는 무의식적인 동기나 의도를 읽어 줌으로써 내담자가 자신의 진짜 의도를 외면하지 못하고 자각하게 되어 자신을 해당 행동과 분리할 수 있게 된다.

예를 들어, 자신이 높은 도덕성을 가지고 있다는 것을 증명하기 위해 자신의 사소한 실수도 용납하지 못하지 못하는 내담자가 상담에 왔다. 20여 년 전 시험 시간에 친구의 시험지를 몰래 커닝하였고, 잘못을 저질렀다는 죄책감에 성인이 되어 해당 교사를 수소문하여 찾아가 자신의 커닝에 대한 용서를 구했다. 그랬더니 교사가 내담자의 용기와 정직함에 칭찬을 했지만 내담자는 여기에 만족하지 못한 채 다시 죄책감에 빠졌다. 자신의 죄는 용서받지 못할 것이며 죽을 때까지 고통 속에서 속죄하면서 살아야 한다고 하였다. 여기서 내담자 행동의 동기는 자신이 '도덕적으로 우월'하다는 것을 증명하는 것이다. 일종의 우월 콤플렉스로 볼 수 있는데, 그러한 우월감을 유지하기 위해 평생을 죄책감 속에서 살기로 행동한 것이다. 이러한 경우 다음과 같이 내담자의 동기를 확인해 주면서 자신의 행동에 대해서 다시 생각해 볼 수 있는 기회를 가지도록 유도한다.

> **내담자:** 나는 평생 그러한 죄책감에서 벗어날 수 없을 거예요.
>
> **상담자:** 당신은 자신이 도덕적으로 우월한 사람이라는 것을 증명하기 위해 스스로를 힘들게 하는 자리를 선택한 것처럼 보이는군요. 그러한 방법을 통해 도덕적 우월감을 느끼는 것이 ○○ 씨에게 정말로 도움이 되는 일인지 모르겠군요.

(7) 수렁 피하기

수렁 피하기(avoiding the tar baby) 기법은 내담자가 반복적으로 경험하는 문제 상황에 직면하기 전에 미리 대안행동을 고려하여 준비된 대안행동을 할 수 있게끔 하는 방법이다. 예를 들어, 스트레스를 받고 힘들 때마다 인터넷에 들어가서 시간을 낭비하는 행동을 보이는 사람이 있다고 했을 때, 그 사람이 스트레스를 받는 상황을 파악하여 해당 상황에서 스트레스를 줄이기 위해 할 수 있는 다른 행동들을 탐색해 보도록 하는 것이다.

> **내담자:** 스트레스를 받으면 자꾸 인터넷을 하게 돼요.
>
> **상담자:** ○○ 씨는 어떤 상황에서 주로 스트레스를 받나요?
>
> **내담자:** 일하는 직장에 상사에게 쓴소리를 들으면 스트레스를 받게 되는 것 같아요.
>
> **상담자:** 그러시군요. 그런 상황에서 스트레스를 풀기 위한 다른 대안적인 활동은 없을까요? 지금 같이 한번 얘기해 보시겠어요?

4. 관련 최신 치료법

1) 아들러 개인심리이론이 미친 영향

유연함과 통합성을 지향하는 아들러 상담의 이론은 이후 여러 다양한 이론에 영향을 미쳤다. 과거에 의해 개인의 특징이 정해진다는 프로이트의 결정론적 시각을 넘어 추구하는 목적에 따라 개인의 성격이 형성되며 이후에 목표가 변경되면 개인의 삶 역시 변화할 수 있다는 목적론적인 그의 이론은 이후 실존주의, 인본주의, 인지행동치료 등에 지대한 영향을 주었다. 실존주의 치료의 대표적인 학자인 빅터 프랭클과 롤로 메이는 아들러를 실존주의 상담의 선구자로 여겼다. 실존주의에서 강조하는 개인의 선택과 책임이라는 두 축의 기반은 개인이 자신의 삶을 자율적으로 만들어 나갈 수 있는 존재라는 가정으로부터 비롯된다고 볼 수 있는데, 아들러는 심리학 분야에서는 처음으로 이러한 주장을 한 인물이다. 그는 인간이라는 존재는 자신의 삶에 대한 목표를 가지고 있고 그 목표를 성취하기 위해서 자신의 인지, 감정, 그리고 행동 전략을 구성해 가며 필요에 따라서 수정해 갈 수 있는 존재로 보았다. 이러한 아들러의 인간관은 실존주의 상담에서 인간은 자신의 모습을 스스로 구성해 가는 존재라는 가정에 직접적인 영향을 미쳤다고 볼 수 있다.

또한 인본주의적 상담에도 영향을 주었다. 에이브러햄 매슬로, 칼 로저스와 같은 학자를 필두로 하는 인본주의적 심리학은 인간의 자기실현 가능성에 초점을 두는 것을 핵심으로 한다. 특별한 기법이나 기술이 존재하지 않으며 개인의 성장 가능성에 초점을 두고 무조건적인 수용과 진정성을 통해 개인이 스스로 성장하게 되는 실현화 경향성을 향해 나아간다. 아들러 역시 개인이 자신의 열등감에 대해서 자각과 수용의 과정을 거치게 되면 이를 극복하고 우월을 추구하는 과정을 통해 삶의 목표를 추구하게 되는 존재로 여겼다.

아들러 이론의 영향을 받은 실존주의와 인본주의 상담 이론의 경우 개인의 주관적 경험을 중시한다는 점과 내담자의 긍정적인 측면에 초점을 둔다는 측면에서는 유사하지만, 결정적인 차이는 실존에 의해 유발되는 불안에 대한 입장이다. 실존주의에서는 세상이라는 곳 자체가 가진 의미는 존재하지 않으며 이러한 불모에 떨어진 개인은 자신의 의미를 창조해야 한다는 불안을 느낀다고 가정한다. 하지만 인본주의에서는 그러한 불안의 존재에 집중하기보다는 개인의 가능성에 대해 더 초점을 두는 편이다(Cain, 2002; Schneider & Krug, 2010). 이러한 관점에서 봤을 때 아들러 이론의 철학은 인본주의보다는 실존주의 쪽에 더 가깝다고 볼 수 있다. 아들러는 개인은 누구나 열등감이라는 실존적 한계를 지닌 존재이며, 일차적으로 자신의 열등감에 대해서 직면하고 수용하는 과정을 거쳐야 이를 극복하고 우월을 추구하는 존재가 될 수 있다고 보았다. 개인은 자신의 실존과 그 실존으로부터 오는 불안 역시 수용해야 진정으로 자신이 원하는 목표를 추구할 수 있기 때문이다. 앞서 살펴본 실존주의와 인본주의 이외에도 합리적 정서행동치료의 창시자인 앨버트 엘리스, 신 프로이트 학파(Neo Freudian)로 분류되지만, 인간발달에 있어 사회문화적 과정에 중요성을 언급한 에릭 에릭슨, 카렌 호나이, 해리 설리번, 에리히 프롬 등을 신 아들러 학파(Neo Adlerian)로 불러야 한다는 주장이 있을 정도로 아들러의 영향력은 컸다(Schultz, 2005).

개인상담 이론뿐만 아니라 다른 영역에도 아들러의 이론은 영향을 미쳤다. 아들러 이론과 다른 개인상담 이론이 분명하게 구분되는 개념 중 하나가 바로 '사회적 관심'이다. 아들러는 자신과 타인을 돌보는 마음인 사회적 관심을 인간의 건강한 정신 상태를 판단할 수 있는 유일한 개념이라 여길 만큼 중요시하였다. 이러한 아들러의 관점은 개인상담을 넘어서 가족치료나 학교 영역에서의 상담, 혹은 아동 및 부모 교육 등에 영향을 주었다.

아들러는 인간을 사회적 관점과 통합적인 관점에서 바라보고자 하였다. 이러한 측면은 내담자의 문제가 단순히 개인의 문제가 아닌 한 개인을 둘러싼 체제의 문제로 여겨야 한다는 가족치료의 패러다임에 영향을 주었다. 또한 개인의 생활양식을 파악하기 위해 가족 구성, 가족들 과의 초기기억을 확인하는 작업, 출생순위에 대한 관점 역시 가족치료의 관점과 잇닿아 있는 부분이라고 볼 수 있다. 딩크메이어를 필두로 가족 및 체제치료가 시작된 점 역시 가족치료적 영역에서 아들러의 영향을 확인할 수 있는 증거라 볼 수 있다(Dinkmeyer & McKay, 1976).

또한 집단상담적 접근에도 활용되었다. 드레이커스는 시간을 절약하는 방법의 일환으로 집단상담을 고안해 실시하였지만, 집단상담만이 가진 고유한 치료적 효과가 있음을 발견하였다(Dreikurs, 1960). 이후에도 아들러 학파인 손스테가드나 비터 등에 의해 아들러식 집단상담이 발전하게 된다. 아들러 집단상담의 특성은 집단에서 구성원들 간의 대화와 논의, 때론 갈등을 겪는 과정을 통해 아들러 이론에서 핵심적인 요소인 사회적 관심과 공동체감을 증진시키는 것과 초기회상을 활용하는 것, 재정향 단계에서 다양한 행동 전략을 사용하는 것으로 정리할 수 있다(Sonstegard, Bitter, & Pelonis, 2020).

아들러는 많은 연구서나 저서를 통해 자신의 이론을 체계화하기보다는 여러 사람이 자신의 이론을 쉽게 받아들일 수 있도록 강연, 교육 등을 많이 열었으며, 이를 통해 여러 분야에 있는 사람들과 소통하는 것을 즐겼다. 아들러는 이에 대한 확고한 철학이 있었는데 자신의 이론 체계를 정립하는 것보다 심리학을 모르는 사람이라도 이해할 수 있고 적용할 수 있도록 돕는 것이 중요하다고 보았다. 이를 위해 어려운 전문 용어나 이론 체계보다는 보편적이면서도 평범한 일상의 언어로 자신의 생각을 전달하고자 노력하였다. 아들러는 "자신의 아들러 학파가, 그리고 개인심리이론이 사람들에게 기억되지 못해도 괜찮다. 개인심리이론이 사람들에게 상식으로 자리 잡기를 기대한다."고 언급하였다. 이러한 그의 철학 탓에 아쉽게도 아들러 이론의 과학적 체계는 그의 명성에 비해 미비하다. 하지만 최근 국내에서 오랜 기간 베스트셀러로 읽혀 온 기시미 이치로, 고가 후미타케(2014)의 『미움받을 용기』와 같은 서적을 통해 대중화된 아들러의 가르침이 각광을 받고 있다. 새로운 이론이나 최신의 기법은 아니지만 일반 대중에게 용기와 격려를 주고자 했던 아들러가 다시 한번 국내에 널리 알려지는 좋은 계기가 되었다.

이렇듯 여러 이론에 두루 영향을 준 아들러의 개인심리이론을 현대의 심리치료 이론에 좀 더 직접적으로 적용한 사례들이 있어 몇 가지를 소개하고자 한다.

2) 단기 아들러 심리역동 치료

단기 아들러 심리역동 치료(Brief Adlerian Psychodynamic Psychotherapy: 이하 BAPP)에서는 아들러의 개인심리이론에서 등장하는 생활양식, 열등감, 사회적 관심 등의 개념을 활용하되, 단기간에 집중적으로 내담자의 자기인식을 증진하며 변화를 유발하는 것을 목표로 한다. BAPP는 몇 가지 핵심적인 원칙이 있다. 첫째, 인간은 사회적 관계 속에서 자신의 정체성을 형성하며 이러한 관계는 개인의 문제에도 기여하지만 동시에 문제 해결에도 기여할 수 있다. 둘째, 개인은 자신의 신념과 행동에 책임을 지는 존재이며 자신의 삶을 이에 맞도록 의미 있게 만들어 갈 수 있는 존재이다. 셋째, 심리치료의 과정은 내담자가 자신의 생활양식을 깊이 있게 이해하고, 자신과 타인에 대한 태도를 변화시킬 수 있는 기회를 제공한다(Fassino, Amianto, & Ferrero, 2008; Nicoll, Bitter, Christensen, & Hawes, 2000). 치료 과정에서는 내담자와의 심층적인 대화를 통해 개인의 생활양식을 탐색하고, 이를 통해 삶의 목표와 의미, 가치관 등을 확인한다. 이러한 과정은 내담자가 삶에서 접하게 되는 문제와 관련된 무의식적 신념을 인식하게 도와주며, 이를 재평가하는 과정을 통해 문제 해결의 실마리를 발견한다. 또한 상담자는 내담자의 강점을 파악하여 목표를 이루는 데 도움이 될 수 있도록 격려하고 지지한다.

이러한 접근은 단기로 진행되므로 내담자와 상담자 간의 라포형성이 중요하다. 긴밀한 협력적 관계에 기초하여 내담자가 자신의 삶에 주도권을 가질 수 있도록 도울 수 있다. BAPP의 과정은 총 5단계로 구분할 수 있는데, 각 단계에 대한 설명은 다음과 같다(Fassino et al., 2008).

표 3-1 단기 아들러 심리역동 치료(BAPP)의 단계

단계	설명
1	내담자의 초기기억 수집, 스키마 체계 탐색, 현재와 과거 경험 사이의 공통 요소에 대한 가설 수립, 내담자의 성격 및 삶의 목표 파악, 치료적 동맹 관계 형성, 치료 동의 및 계약
2	내담자 삶의 목표 파악: 숙고, 감정, 환상 등 보다 분명한 문제에 대한 치료적 접근 시작 삶의 목표와 관련된 개인의 창조적 자아의 잠재력 인식
3	내담자의 삶의 목표에 대한 심도 깊은 탐색 더 방어적이고 깊숙이 숨겨져 있는 문제를 확인하고 설명 증상 대신에 대안적인 해결책을 위한 프로젝트 가설을 수립 분리의 문제(자신의 과거 경험, 감정, 부정적 자기인식으로부터의 분리)가 치료 과정에서 설정된 목표와 어떻게 연관이 있는지를 다룸
4	치료적 관계를 구체화하고 분리의 문제를 해결 격려를 통해 자존감을 높임
5	목표와 관련된 최근의 내면적, 관계적 자료 확인 내담자의 추가적인 요청이 있는지 확인 상담에서 다루어진 역동과 임상적 평가에 대해 요약 제공 긍정적인 전이 수정 상담 종료 후 내담자가 지속할 실존적인 프로젝트에 대해 논의

BAPP는 개인의 생활양식과 목표에 대한 깊이 있는 성찰을 통해서 자기인식과 자아개념을 확장시키고, 삶의 목표를 향해 나아갈 수 있도록 돕는 데 긍정적인 기여를 할 수 있다. 또한 개인의 심리적 역동을 목표와 연관지어 찾아냄으로써 단기간에 문제 해결에 접근할 수 있도록 돕는다는 장점이 있다. 반면, 단기치료의 특성상 복잡한 심리적 문제를 가지고 있거나 해결해야 하는 외부 상황이 있는 내담자에게는 제한적일 수 있으며, 개인의 변화를 위한 동기부여를 강조하기 때문에 동기가 없고 협력적이지 않은 비자발적인 내담자에게는 그 효과가 제한적일 수 있다.

3) 아들러 놀이 치료

Adlerian Play Therapy(이하 APT)는 아들러의 개인심리학 원리를 아동 치료에 적용한 접근법이다(Kottman, 2001). 이 치료법은 아동이 자연스러운 놀이 활동을 통해 자신의 감정, 생각,

행동양식을 표현하고 탐색할 수 있도록 돕는다. APT는 아동의 사회적 관심, 우월감과 열등감의 균형, 목표 설정 및 달성 능력 등 아들러의 개인심리이론에서 강조하는 개념들을 적극적으로 활용한다. 치료 과정에서 아동은 자신의 문제 혹은 외상, 부적응적인 감정을 안전하고 지지적인 환경에서 자유롭게 표현할 수 있다(Evans, 2020). 이를 통해 아동은 자기인식을 증진시키고, 사회적 기술을 개발하며, 적응적인 행동양식을 학습한다.

APT는 아동과의 상호작용, 놀이 활동의 선택과 진행, 치료적 대화를 통해 구체적으로 진행된다. 상담사는 아동의 놀이를 통해 나타나는 행동과 선택을 관찰하고, 이를 아들러 심리학의 원리에 따라 분석하여 아동의 생활양식과 문제의 근원을 이해한다. 이러한 이해를 바탕으로 상담사는 아동이 자신의 문제를 극복하고, 긍정적인 자아 개념을 형성할 수 있도록 돕는다(Kottman & Meany-Walen, 2016). 이러한 접근을 할 때 고려해야 할 점은 다음과 같다. 첫째, 상담사는 아동과 라포형성을 통해서 아동에게 안전하고 지지받고 있다는 느낌을 전달해야 한다. 이러한 라포형성이 상담의 성패에 매우 중요한 요소이다. 둘째, 치료의 계획을 세울 때 개인화된 접근법을 사용해야 한다. 모든 아동은 다르며, 처한 상황, 호소하는 문제 역시 모두 다르다. 따라서 아동의 개별성을 감안하여 접근할 수 있어야 한다. 셋째, 필요에 따라 가족의 참여를 도모한다. 가족 구성원이 상담에 참여하여 아동에게 지지와 격려를 제공한다면, 이는 상담 성과에 매우 긍정적인 영향을 줄 수 있다. 또한 상담을 통해 알게 된 점에 대해 가정에서 지속적으로 적용할 수 있다면 그 효과는 더 커질 수 있다.

아들러 놀이 치료는 아동의 정서적, 사회적 발달을 지원하고, 아동이 자신의 문제를 이해하고 해결하는 데 있어 중요한 역할을 하는 치료법이다. 이 접근법은 아들러의 개인심리학 원리를 통해 아동이 보다 건강하고 조화로운 개인으로 성장할 수 있도록 돕는다.

5. 주요 기술 실습

1) 생활양식 검사지

아들러 이론에서 개인 인생의 방향을 정하고, 건강한 목표로 나아가게 하는 데에 있어 중요한 것이 바로 생활양식의 점검이다. 아들러는 개인의 생활양식이 건강한 목표를 지향하는 방향으로 구성되어 있는지와, 그리고 개인이 생활양식을 명확하게 아는 것이 중요하다고 하였다. 상담 장면 내에서 생활양식을 면밀하게 파악하기 위해 만들어진 생활양식 검사지

(The lifestyle assessment)를 소개하고자 한다(Dreikurs, 1967; Shulman & Mosak, 1988). 해당 기술 실습지를 가지고 내담자에게 적용하여 실습을 하는 것도 좋지만, 먼저 자신의 생활양식을 파악하는 용도로 활용해 보는 것도 도움이 될 것이다.

(1) 가족 구성: 출생순위와 형제/자매 관계

생활양식을 확인하기 전에 생활양식 형성에 영향을 준 가족 구성에 대해서 먼저 작성한다. 아들러는 목적론을 중시했지만, 그렇다고 과거의 영향을 무시하려고 하지도 않았다. 따라서 이 검사에서는 우선적으로 어린 시절 개인의 생활양식 형성에 큰 영향을 주었다고 볼 수 있는 가족 구성원, 출생순위, 형제/자매 관계 등을 면밀히 살핀다.

① 기본정보

자신(내담자)을 포함하여 형제/자매 관계를 작성한다. 연장자부터 막내까지 나이 순으로 적되 내담자와 나이 차이가 얼마나 나는지를 확인하기 위해 내담자보다 나이가 많으면 (+), 적으면 (−)로 표시하도록 한다. 또한 형제/자매에 대한 간략한 설명을 포함한다. 예를 들어, 동거 여부, 내담자와의 대략적 관계, 사망 여부, 재산 상태 등 기초적인 정보를 작성하도록 한다.

형제/자매(나이 순)	연령	설명
1.		
2.		
3.		
4.		

② 자매 특성

내담자가 가지고 있는 10세 이전 가족, 특히 형제/자매와 관련된 기억에 대해서 탐색한다. 내담자의 어린 시절에 형제/자매는 어떠한 인상이었고 그들에 대한 혹은 그들과 관련된 어떠한 기억들을 가지고 있는지를 확인한다. 어린 시절에 대한 회상이 자연스럽게 되기 위해서는 편안하고 안전한 분위기를 조성하는 것이 중요하며, 이를 위해 다소 이완된 자세에서 눈을 감고 회상하도록 하는 것도 도움이 된다.

a. 나(내담자)와 가장 다른 형제는 누구였으며, 어떠한 점이 달랐는가?

b. 나(내담자)와 가장 비슷한 형제는 누구였으며, 어떠한 점이 비슷했고 또 달랐는가?

c. 어린 시절 나(내담자)는 어떠한 아이였나?

d. 어린 시절에 형제/자매들은 어떠했는가?(연령 순으로 정리함)

첫째:

둘째:

⋮

막내:

다음에 제시된 각각의 개인적 특성을 생각했을 때 최고라고 생각하는 형제/자매와 최저라고 생각하는 형제/자매를 떠올린다. 자신(내담자)도 포함하여 생각한다. 그러나 자신이 최고, 최저 두 영역 어디에도 포함되지 않는다면, 가운데에 자신의 이름을 적고 둘 중 어느 쪽으로 좀 더 가까운지 화살표로 표시한다. 만약 형제/자매가 없는 독자라면 나이 차이가 많이 나지 않으면서 함께 살았거나 오랜 시간을 함께 보냈던 비슷한 나이대의 친척을 떠올려 보는 것도 좋다.

e. 형제/자매 특성 평정

	최고	나	최저
지능			
성취 지향적인			
열심히 일하는			
즐거움을 주는			
자기 주장적인			
매력적인			
순응적인			
질서 있는			
운동을 잘하는			
반항적인			
버릇없는			
다른 사람을 비판하는			
두목 행세를 하는			
여성적인			
남성적인			
태평스러운			
대담한			
책임감 있는			
이상적인			
물질주의적인			
재미를 좋아하는			
요구가 지나친			
빼는			
예민한			
종교적인			

③ 형제/자매들 간의 상호관계

어린 시절(10세 이전)을 떠올리면서 가족 내에서 형제/자매들 간의 상호작용, 그리고 자신과 형제/자매와의 상호작용에 대해서 떠올리면서 작성한다. 만약 형제/자매가 없는 독자라면 나이 차이가 많이 나지 않으면서 함께 살았거나 오랜 시간을 함께 보냈던 비슷한 나이대의 친척을 떠올려 보는 것도 좋다.

a. 놀 때는 주로 어떻게 무리 지어 놀았는가?

b. 싸울 때는 누가 가장 많이 싸웠는가?

c. 돌보는 사람은 누구였으며, 누구를 돌보았나?

d. 형제/자매들 중에 특이한 성취를 한 사람이 있는가?

e. 사고를 당하거나 아픈 사람이 있었는가?

f. 나는 어떠한 아동이었나?

g. 나에게 학교는 어떠한 곳이었나?

h. 어린 시절 가지고 있던 두려움/공포는 무엇이었나?

i. 어린 시절 가지고 있던 야망/꿈은 무엇이었나?

j. 또래집단에서 나의 역할은 무엇이었나?

k. 자신의 신체적, 성적 발달과 관련하여 중요한 사건이 있는가?

l. 자신의 사회성 발달에 있어 가장 중요한 경험은 무엇인가?

m. 가족 내에 가장 중요한 가치는 무엇이었나?

n. 가족들과의 생활에서 가장 특별/특이하다고 생각하는 것은 무엇인가?

④ 부모의 특성과 관계

부모님의 특성에 대해 작성한다. c번부터는 어린 시절의 부모님의 모습을 떠올리면서 작성하도록 한다.

	아버지	어머니
a. 나이		
b. 직업		
c. 어떤 분이신지?		
d. 자녀들에 대한 야망은 어떠했는지?		
e. 어린 시절 부모님에 대한 나의 생각은 어땠는지?		
f. 자녀 중 가장 좋아했던 사람은? 그 이유는?		
g. 자녀들과의 관계는 어떠했는지?		
h. 자녀 중 아버지/어머니를 가장 닮은 사람은? 어떤 방식으로 닮았는지?		

i. 각 자녀들과 부모님의 관계에 대해서 설명하시오.

j. 일반적으로, 자녀들은 부모님을 어떻게 생각했으며 또 어떤 방식으로 반응했나?

k. 부모님과 자녀들과의 관계는 일반적으로 어떠했나?

l. 부모님 이외에 자신의 삶에서 중요한 어른들이 있는가? 그들은 누구이며, 자신에게 어떠한 영향을 미쳤나?

⑤ 초기회상

어린 시절을 떠올렸을 때 본인이 떠올릴 수 있는 가장 최초의 기억을 떠올려 본다. 그 기억이 얼마나 객관적으로 정확한지는 중요하지 않다. 이러한 초기기억은 개인에게 있어서 자신의 인생에 어떠한 의미를 부여하고 살아왔는지와 연결될 수 있다. 초기기억은 개인이 인생을 살아가면서 가지고 있는 독특한 대처법을 보여 주며, 그에 대한 해석이 현재까지 지속적으로 영향을 주고 있다는 것을 아는 것이 중요하다.

a. 자신의 가장 최초의 기억은 무엇인가?

b. 다른 초기기억은 무엇인가? 최대한 자세하게 제시하라.

c. 초기기억들을 떠올렸을 때, 어떤 느낌이 드는가?

d. 어린 시절에 꾸었던 꿈에 대해서 회상할 수 있나?

e. 계속해서 되풀이되는 꿈을 꾸는가?

⑥ 생활양식 요약

가족 구성과 초기기억은 생활양식 형성에 영향을 주었고, 현재에도 영향을 주고 있다. 따라서 이에 대해 살펴봄으로써 개인의 생활양식에 대해 보다 분명하게 이해할 수 있다.

a. 가족 구성에 대해서 요약하시오(가족 내에서 가장 눈에 띄는 자신의 역할은 무엇인가? 명령자, 책임자, 유아, 심판자 중에 어떠한 역할이었나? 가족사에 있어 반복되어 나타나는 주된 주제가 있는가?).

b. 초기기억에 대해서 요약하시오(초기기억들에서 반복적으로 나타나는 주제가 있는가? 초기기억을 통해 어떤 의미가 발견되었는가?).

c. 도움이 되지 않는 자기패배적 인식을 나열하시오(당신의 기본적인 실수들은 무엇이라고 보는가?).

d. 인간으로서 당신의 강점은 무엇이라고 생각하는지 요약하시오(당신의 자산은 무엇인가?).

마무리하면서 다음의 질문에 대해 생각해 본다.

e. 앞의 작업을 하면서 배우게 된 점은 무엇인가?

f. 앞에서 알게 된 것들 중 상담에서 하고 싶은 이야기는 무엇인가?

g. 과거의 기억과 현재의 자신을 연결시킬 수 있는 지점이 있는가? 미래를 향해 노력해 나가는 데 있어 당신의 과거가 지금까지 미치고 있는 영향이 있다면 무엇인가?

h. 당신의 삶에서 반복적으로 나타나는 패턴이 있는가? 어린 시절로부터 현재에 이르기까지 공통적으로 흘러온 주제가 있는가?

6. 요약 및 리뷰

- 아들러의 개인심리이론은 인간을 통합적인 관점에서 파악하고자 한 이론으로서 개인심리이론이라는 용어에서 알 수 있듯이 개인을 더 이상 환원적으로 나누어 파악할 수 없는(in + divide) 전체적인 존재로 보고 접근해야 한다고 주장하였다.
- 아들러의 개인심리학에서는 인간에 대한 네 가지 가정을 가지는데, 첫 번째는 인간은 열등감을 가지고 있으며, 이를 극복하고자 하는 존재라는 것이다. 둘째로는 인간은 과거에 얽매여 정해진 미래를 따라가는 존재가 아닌 개인의 목적을 가지고 이를 추구하는 존재로 보았다. 셋째로 인간은 사회적 존재라는 것이다. 인간은 혼자서 살아갈 수 없으며, 사회 안에서 존재할 수 있다. 따라서 인간은 더불어 사는 공동체 감각과 사회적 관심을 평생에 걸쳐서 고민하거나 발휘하면서 살아간다. 마지막으로 인간은 총체적 존재이다. 인간의 신체, 인지, 정서, 동기 등을 통합적으로 파악해야 하며 또한 과거와 미래 역시 개인 내에서 통합적으로 이해되어야 한다.
- 생활양식은 아들러 심리학에서 볼 수 있는 독특한 개념으로 개인이 가진 신념, 정서 및 행동체계를 의미한다. 개인의 행동체계는 개인이 추구하는 목표를 이루는 방향으로 정향되어 있으나, 잘못된 방향으로 구성되어 있을 경우 상담 등을 통하여 생활양식을 파악해 수정하려는 노력을 기울여야 한다.
- 초기기억을 강조하였다. 말 그대로 개인이 가진 가장 처음의 기억인 초기기억을 통해 상담자는 내담자의 자신, 타인, 그리고 세상에 대한 해석을 확인할 수 있다.
- 아들러가 정의한 열등감이란 자신이 부족한 존재라는 것에 대한 인식이다. 이는 누군가와의 비교를 통해 얻는 상대적 차원의 열등감이 아니라, 자신이 추구하고자 하는 이상향에 미치지 못하는 나에 대한 절대적 차원의 개념이다. 우월감 역시 남보다 나아지고자 하는 개념이라기보다는 지금보다 더 나은 상태로 발전하고자 하는 모습이다. 열

등감이 지나친 경우에는 자신의 부족함에 몰두하게 되는 열등 콤플렉스, 혹은 자신의 열등감을 회피하고 다른 부수적인 것으로 자신을 드러내고자 하는 우월 콤플렉스가 나타날 수 있다.

- 사회적 관심이란 타인과 공동체에 대해 관심을 가지고 협동하고 헌신하고자 하는 마음이다. 아들러는 인간은 생존을 위해 사회적 관심을 발달시켜 왔으며 건강한 사람은 이러한 공동체 감각과 사회적 관심을 가지고 있다고 주장하였다. 이를 발달시키지 못한 경우는 부모로부터 너무 과잉보호를 받고 자라난 응석받이 유형의 아동 또는 반대로 너무 방치되어 자신을 스스로 돌보느라 타인을 신경 쓸 겨를이 없었던 아동이라고 하였다. 그러나 사회적 관심은 후천적으로 습득이 가능하다고 보았다.
- 아들러는 가족의 구성, 출생순위 등에 따라 개인의 생활양식이 형성된다고 보았다.
- 아들러 상담에서는 과거의 영향을 무시하지는 않지만, 거기에 초점을 두기보다는 앞으로 어떠한 목표를 가지고 살아갈 것인지에 더 관심을 둔다. 이런 측면에서 목적론적인 관점이라고 볼 수 있다. 상담의 목표는 내담자의 생활양식을 파악하고 삶의 목표와의 정합성 여부를 탐색하는 것이며, 궁극적으로는 사회적 관심을 추구하는 방향으로 삶의 목표를 수정하도록 돕는 것이다. 상담의 단계는 관계형성–탐색–해석–재교육 및 재정향으로 이루어진다.
- 아들러 상담자는 내담자와 협력적인 관계를 맺으며 격려를 통해 내담자가 자율적으로 자신의 문제를 확인하고 해결해 나아갈 수 있도록 돕는다. 내담자는 커다란 문제를 가진 환자가 아니라 일시적으로 용기를 잃어 낙심한 사람일 뿐이다. 상담자의 지지와 격려를 통해 스스로 문제를 해결해 나아갈 수 있는 존재이다. 또한 상담자는 삶에 대한 진지한 태도와 통찰을 지녀야 한다.
- 아들러 상담에 있어 다양한 기법이 존재하나 가장 중요한 것은 '격려하기'이다. 격려를 통해서 내담자는 용기를 내어 자신의 삶의 문제에 직면할 수 있게 된다.

학습 문제

1. 아들러의 열등감의 개념을 설명하고, 열등감이 과도할 때 나타날 수 있는 현상에 대해 이야기해 봅시다.
2. 아들러의 출생순위에 대해 설명하고, 자신의 실제 출생순위와 아들러 설명의 공통점과 차이점을 이야기해 봅시다.
3. 아들러가 말하는 사회적 관심이 왜 중요한지 설명하고, 사회적 관심을 증진시킬 수 있는 방법은 무엇인지 설명해 봅시다.
4. 아들러의 상담 기법 중 하나를 택하여, 해당 기법을 활용해 내담자의 문제를 해결하는 데 어떻게 도움을 줄 수 있을지 설명해 봅시다.
5. 아들러가 얘기한 생활양식이 무엇인지 설명하고, 작성한 생활양식 검사지를 통해 확인한 자신의 특성에 대해 설명해 봅시다.

제 4 장

실존치료

신성만

1. 실존치료 소개
2. 실존치료 주요 이론
3. 실존치료의 실제
4. 주요 기술 실습
5. 요약 및 리뷰

1. 실존치료 소개

1) 주요 발전

2) 주요 학자 전기

2. 실존치료 주요 이론

1) 기본 개념

2) 성격관 및 발달관 문제의 뿌리

3. 실존치료의 실제

1) 상담의 목표

2) 상담의 과정 및 결과

3) 기술과 기법

4. 주요 기술 실습

1) 한계 탐색하기

2) 자유로운 선택을 부인하는 모습

3) 자유로운 선택에 대해 돌아보기

5. 요약 및 리뷰

학습 목표

- 실존철학과 실존치료 학파(현존재분석, 인본주의적 실존치료, 영국 실존치료 학파, 의미지향치료)에 대해 이해한다.
- 실존치료의 주요 인물을 알 수 있다.
- 실존치료의 주요 개념을 이해한다.
- 인간 존재의 13가지 특성에 대해 설명할 수 있다.
- 실존치료의 목표와 주제(한계, 자유, 의미, 소외)에 대해 설명할 수 있다.
- 실존치료의 주요 주제를 다루기 위한 기술과 기법을 습득할 수 있다.

1. 실존치료 소개

실존치료는 특정한 기법을 사용하는 치료법이라기보다는 삶을 대하는 태도와 생각의 방식에 가깝다. 실존치료는 죽음, 책임, 자유, 의미와 같이 불가피하게 마주하는 조건들과 자기인식에 관심을 둔 실존철학에 바탕을 두고 발전하였는데, 비본래적이거나 인위적이라고 간주될 수 있는 상담기법이나 과학적 연구보다 치료자의 철학과 태도에 더욱 집중한다(Cooper, 2014; Cooper, 2020; Sommers-Flanagan & Sommer-Flanagan, 2018).

실존치료를 한마디로 정의하는 것은 어렵다. 그 이유는 정신분석의 프로이트와 같이 시조가 되는 인물을 토대로 발전한 것이 아닌 여러 실존철학자의 주장을 기반으로 만들어졌기 때문이다. 실존철학자들의 철학 역시 다양하고 독특하며 때로는 이들 간의 관점이 상이하기 때문에, 실존치료의 기반이 되는 실존철학 또한 이해하기 어렵다. 키르케고르, 부버, 마르셀의 철학은 종교적인 경향이 나타나지만, 사르트르, 니체, 카뮈는 무신론적 입장으로 자신들의 철학을 전개해 나갔다(Cooper, 2020). 개인성을 강조하는 키르케고르, 니체와 달리 부버, 마르셀, 야스퍼스는 관계성을 강조하였다(Cooper, 2020). 의미를 발견하는 것을 중요하게 생각하는 실존주의자가 있는 반면에 궁극적인 존재의 무의미함을 이야기하는 사르트르, 카뮈와 같은 실존주의자도 있었다. 이렇듯 실존철학은 다양하며 정답보다는 딜레마를 중시하기에 때때로 실존철학은 혼란의 대상이 되기도 한다.

다양성을 중시하는 각각의 실존철학자들의 입장은 많은 부분에서 서로 달랐지만 모두 '실존'이라는 개념에 관심이 있었다. '실존은 본질에 앞선다(Sartre, 1943)'라는 말을 들어 본 적이 있는가? 여기에서 '실존(existence)'은 무엇이고, '본질(essence)'은 무엇일까? 본질은 '실체의 보편적이고 불변적인 특징이며, 다른 실체와 구별되는 변하지 않는 것'으로 실존과 대비되는 단어이다. 실존은 '실체가 가진 특별하고 구체적인 특징이고, 눈앞에 있는 사실 그대로의 것'이다(Cooper, 2014). 눈앞에 지우개가 있다고 상상해 보라. 지우개의 본질은 지우개가 만들어진 구체적이고 본질적인 이유인 '지우기 위한 것'이다. 반면에 이 지우개의 실존은 그

표 4-1 실존주의자들의 다양성

무신론적	사르트르, 니체, 카뮈 ——— 키르케고르, 부버, 마르셀	유신론적
개인성	키르케고르, 니체 ——— 부버, 마르셀, 야스퍼스	관계성
무의미	사르트르, 카뮈 ——— 프랭클	의미

지우개의 실체의 현실 그대로로서 '나의 눈앞에 있고, 반 정도 썼고, 한쪽이 뭉뚱그려져 조금은 오래된 모습을 지닌 것'이다.

그렇다면 '실존이 본질에 앞선다'는 의미는 무엇일까? 무신론적 관점에서 사르트르(1978)는 인간은 우연히 세상에 내던져진 존재이며 개개인의 본질은 정해지지 않았다고 보았다. 이는 인간이 스스로 자신의 삶을 결정하면서 자유롭게 발전시켜 나갈 수 있다는 의미이기도 하다. 사르트르처럼 실존철학자들은 인간을 사물과 같은 본질적인 요소로 보지 않았다. 이는 플라톤 때부터 이어진 '본질에 관심을 두며 불변의 진리를 찾는 것'과는 반대되는 모습이었다. 전통적인 철학자들은 과학 법칙을 발견해 내는 것과 같은 방식으로 인간의 본질을 탐구하려 했는데 실존주의자들은 인간을 물질연구에서처럼 환원시키는 것에 대해 비판했다. 인간을 공통적인 요소로 묶어서 영원하게 변하지 않는 진리로 단순화시키는 것은 인간을 1+1이 2라는 답과 동일하게 취급하는 것이므로 인간됨을 파괴한다고 보았다. 1+1이 2라는 것은 시공간을 초월하여 어디에서나 똑같지만, 실존주의자들은 인간의 존재는 불변의 특징이 아닌 '지금-여기'의 주어진 실체로 생생하게 체험해야만 하는 것이라고 주장했다.

1) 주요 발전

실존치료는 키르케고르, 니체, 하이데거 등의 실존철학자들이 고안해 낸 개념과 인간 이해를 토대로 발전했다. 쿠퍼(2014)는 유럽과 남아메리카에 주로 사용된 현존재분석, 주로 미국에서 발전하고 있는 인본주의적 실존치료, 영국에서 탄생한 영국 실존치료 학파, 그리고 빅터 프랭클로 유명한 의미치료로 실존치료 학파를 네 분류로 나누었다. 20세기 이후 실존치료는 치료 기법이 치료자의 수만큼 다양하지만 다른 심리치료 이론들과는 다르게 명료한 심리치료 이론을 내세우지 않고 내담자와 인격적 방식으로 관계를 맺으며 함께 인생의 길을 걸으려 한다는 공통점이 있다.

(1) 현존재분석

하이데거의 이론을 바탕으로 발전한 현존재분석(Daseinsanalysis)의 대표적인 이론가로는 스위스 정신과 의사인 루드비히 빈스방거(1881~1966)와 메다드 보스(1903~1990)가 있으며, 빈스방거는 현존재분석을 정신의학의 적절한 과학적 토대를 제공하기 위한 연구 방법으로 이해한 반면, 보스는 현존재분석을 정신분석적 심리치료의 실행을 위한 수정 방법으로 발전시켰다.

	자신이 안다	자신이 모른다
타인이 안다	열린 창(open)	보이지 않는 창(blind)
타인이 모른다	숨겨진 창(hidden)	미지의 창(unknown)

[그림 4-1] 조해리 창

출처: Ingham & Luft (1955).

프로이트의 정신분석에 대한 반발로 등장한 현존재분석은 꿈 분석과 같은 치료 기법을 사용한다는 점에서 정신분석과 유사하지만, 기법을 사용하는 목적이 다르다. 전통적인 정신분석가는 내담자를 재양육하는 과정을 통해 내담자가 내담자의 세상을 향한 잠재성을 온전히 발휘할 수 있도록 돕는 치료관계 구축을 목적으로 사용하는 반면, 현존재분석가는 내담자가 세상의 존재에 '닫힌 상태(closedness)'에서 벗어나 잠재성을 발현할 수 있도록 따뜻하고 허용적인 환경을 창조해 주고 내담자에 대한 가설이나 해석을 뒤로한 채 내담자의 경험을 있는 그대로 인식하는 것에 집중한다. 즉, 현존재분석은 정신분석에서 무의식적 추동이나 과거 경험을 알아차리는 것을 돕기 위해 던지는 '왜?'라는 질문 대신 '왜 안 되는가?'라는 질문을 던지고, '왜 저런 행동을 하게 되었을까?' 대신 '이 내담자가 자신의 세계를 어떻게 경험하고 있는 것일까?'를 궁금해한다. 이러한 차이는 자신이 아는지/모르는지, 타인이 아는지/모르는지 네 가지 영역으로 구분되는 조해리 창(Johari Window)을 이용해 설명할 수 있는데 정신분석은 자신이 모르는 영역인 '보이지 않는 창(blind)'과 '미지의 창(unknown)'을 해석하는 것에 초점을 두는 반면, 현존재분석은 두 영역을 탐색하여 내담자가 자신의 모르는 영역을 줄여 나갈 수 있도록 돕는 것에 초점을 둔다.

(2) 인본주의적 실존치료

현존재분석이 세상-속-존재로서의 통합적, 맥락적 인간을 강조한 반면에, 인본주의적 실존치료는 심리적 수준에서의 경험에 주로 초점을 둔다(Cooper, 2014). 인본주의적 실존치료의 대가라고 할 수 있는 롤로 메이(1909~1994)는 그의 동료들과 함께 『실존: 정신의학과 심리학의 새로운 차원(Existence: A New Dimension in Psychiatry and Psychology)』이라는 책을 발간했다. 메이와 그의 동료들에 의해 미국에서 발달된 인본주의적 실존치료는 그의 제자들에 의해 더 상세한 치료법으로 발전되었다. 그의 대표적인 제자인 제임스 부젠탈

(1915~2008), 어빈 얄롬(1931~), 커크 슈나이더(1956~)는 그들의 저서와 활동을 통해 미국 뿐 아니라 전 세계적으로 인본주의적 실존치료를 퍼트렸다.

'실존적-인간중심적(existential-humanistic)'이라는 용어를 처음 만들었던 부젠탈은 개인이 홀로 서는 것, 존재의 불안에 직면하는 용기와 같은 개인적인 요인들에 관심이 많았다. 그는 인본주의적 심리치료의 핵심을 '내적 추구'로 보았다. 내적 추구란, 지금 이 순간에 자신이 주관적으로 경험하는 것을 자각하고 그것을 마음대로 느끼는 자유이며 치료자는 내담자가 자신의 내적 경험에 집중하도록 돕는 것이다. 그는 자아 실현을 향상시키는 개인의 능력을 강조하는 인본주의적 접근과 비슷한 관점을 가졌다. 부젠탈은 자기 경험을 세부적으로 묘사하도록 요청하고, 현재형을 '나'라는 주어를 써서 표현하며, 현재 상황에서 치료자에게 느끼는 감정을 표현하는 것과 같은 방법을 사용하여 내담자가 더 깊이 자신의 내부를 탐색해 보도록 도왔다. 그는 인본주의 심리학회의 초대 회장이기도 하였는데, 이는 인본주의 심리학과 실존적 인간 중심 접근이 지속적으로 교류하며 이론을 발전시켜 왔다는 것을 보여 준다.

대표적인 인본주의적 실존치료자인 얄롬은 심리 내적 차원에서의 개인에 초점을 두기 때문에 정신역동이론에서의 저항, 방어기제, 무의식에 많은 부분 동의하였다. 그러나 그는 인간을 움직여지는(driven) 존재가 아닌 목표를 향해 분투하는(strive for some goal) 존재로 보았고, 불안의 근본적 원인을 무의식에서 일어나는 추동이 아닌 실존적 현실에 대한 자각으로 보았다. 그는 인간이 죽음, 자유, 무의미, 소외와 같은 네 가지 주어진 실존적 조건에 대한 자각으로부터 오는 심리적 고통을 느끼지 않으려 방어기제를 사용하게 된다고 주장했다. 지속적인 방어기제의 사용은 실존적 불안이 아닌 신경증적 불안을 일으키는데, 부젠탈은 이러한 방어기제를 '저항'이라고 표현했다. 인본주의적 실존치료자들은 내담자가 이러한 저항을 알아차리고 그 과정에서 느끼는 불안, 죄책감, 두려움 등의 감정들에 직면하여 '저항'으로부터 스스로 벗어날 수 있도록 내담자를 격려한다.

슈나이더(2003)는 저항을 다루기 위한 두 가지 방법을 소개했다. 첫 번째는 '생생하게 하기'로 "당신은 아버지의 죽음에 대해 이야기할 때마다 이야기를 전환하는 것 같아요."와 같은 말을 하여 내담자가 자신을 제한시키거나 저지하는 부분에 대해 '알람'을 켜서 자각하도록 하는 것이다. 두 번째 방법은 '직면'으로 내담자가 내적 추구를 자각할 수 없도록 방해하고 있는 저항 과정을 더 직설적으로, 강하게 마주하도록 하는 것이다.

(3) 의미치료

빅터 프랭클은 '자유'와 '책임'을 중요하게 여겼고 그에 따라서 내담자가 의미를 추구하는 과정에서 내담자의 선택과 책임을 중시하는 로고테라피(logotherapy)를 개발하였다. 로고테라피는 '의미를 통한 치료'라는 뜻을 가지고 있으며 내담자가 삶의 의미를 찾도록 돕는 것을 목표로 한다. 정신분석, 종교성, 막스 셸러의 현상학적 이론에 영향을 받아서 만들어진 로고테라피는 실존철학사상에서 발전한 다른 실존치료와는 맥락을 달리한다. 정신분석에서 영향을 받은 프랭클은 기존에 정신역동에서 내세웠던 쾌락 욕구, 권력 욕구와는 방향을 달리하여 '인간의 타고난 기본적 추동(drive)은 의미추구이다.'라는 가설을 세웠다. 프랭클은 나치 수용소에서의 경험을 자신의 심리치료에 접목하였는데 상황적 고통의 유무와는 별개로 스스로 부여한 삶의 의미가 있는지가 건강한 삶의 핵심 요소라는 것을 강조하였다. 프랭클은 로고테라피를 일반 대중 속에 존재하는 이론이자 실제라고 이야기하였지만, 프랭클의 이론에서 나타난 소명과 종교적 신념에 대한 영적인 이야기는 그와 종교성이 불가분의 관계에 있다는 것을 보여 준다.

프랭클은 인간을 의미를 향해 이끌리는 존재로 보았고, 인간이 방향성, 목표, 목적 등의 삶의 의미를 찾고 있는 존재라고 주장했다. 방향성이 없는 사람은 인생의 어느 순간에 반드시 실존적 공허함을 마주하게 되고, 이를 채우기 위해 결과적으로 자기파괴적 행동을 하게 될 수 있다. 치료자는 내담자가 이러한 자기파괴적 행동을 극복하고 삶의 의미를 발견할 수 있도록 돕는다. 프랭클은 중요한 삶의 과제에서 실패하거나, 가족의 죽음을 맞이하거나, 억울한 상황에 처했을 때도 태도를 바꾸는 의미 찾기의 과정을 통해 의미를 실현할 수 있다고 보았다. 태도의 변화뿐 아니라 창조적 가치, 경험적 가치를 통해서도 의미를 실현할 수 있다. 창조적 가치란 자신이 직면한 상황 속에서 잠재되어 있는 창조성이 발현되는 것으로, 일이나 예술 작품 등을 통해 실현된다. 예를 들어, 대기업에 취업하려는 시도에서 실패하게 될 경우, 자신의 재능을 살려 스타트업을 만드는 창조적 가치를 발휘할 수 있다. 경험적 가치는 자신의 세상을 더욱 깊이 있게 받아들이는 과정을 통해 나타나며, 사랑을 통해 더 증대될 수 있다(Cooper, 2014).

(4) 영국 실존치료 학파

영국 실존치료 학파는 1960년대에 스코틀랜드 정신병리학자인 로널드 데이비드 랭(1927~1989)에 의해 시작되었다. 랭의 작업에서 더 실존적 측면을 발전시킨 네덜란드 출신의 에미 밴 덜젠은 영국 실존치료 학파의 대표적 인물로서 실존분석 협회를 설립하고, 학술대회를 개최하였으며, 학술지를 출판했다. 그녀의 활동은 현재에도 이어지고 있으며 영국 실존치료는 영국을 넘어 다른 유럽 국가에 전반적으로 퍼지게 되었다(Cooper, 2014).

밴 덜젠은 인간은 수많은 도전, 불안, 긴장을 경험하고, 이러한 삶의 현실은 개인이 피하려고 해도 자신을 둘러싼 안전한 테두리가 무너지게 되면 결국 마주할 수밖에 없다고 주장했다(Cooper, 2014). 예를 들어, 소중한 사람이 죽거나, 안정된 수입을 잃거나, 재난의 상황에 처하게 된 개인은 공허, 불완전성, 불안과 직면하게 된다. 이때, 누군가는 이 문제를 직면하려 하지만 누군가는 회피하려 한다. 삶의 문제를 마주하지 않고 후퇴하는 것은 오히려 삶의 문제를 더욱 악화시키고, 스스로를 불행으로 이끌기 때문에 밴 덜젠은 치료를 통해 내담자가 매일의 삶에서 마주하게 되는 불가피한 삶의 도전들을 의연하게 직면하여 생기 넘치고 의미 있는 삶을 살도록 도와야 한다고 제안한다. 직면한다는 것은 내담자가 자신의 삶에 온전히 몰두하고, 자신의 내적인 장점을 발견하고 활용하여 창의적으로 삶의 도전들과 싸우는 것인데, 이러한 과정을 통해 내담자는 삶의 열정을 재발견한다. 밴 덜젠에 의하면 상담은 내담자가 삶의 다양한 방식을 경험하고, 자신이 자신의 세계의 주인임을 깨닫고, 자신이 이러한 문제를 받아들일 수 있을 만큼 강하다는 것을 알게 되어 역경들 앞에서 두려워 회피하기보다는 이를 받아들일 수 있게 돕는 역할을 한다고 말했다(van Deurzen, 2012).

영국 실존치료 학파의 가장 영향력 있는 인물 중 한 명인 어네스토 스피넬리(1949~)는 영국 실존치료자들 중에서 가장 현상학적인 접근에 가까운 인물이다. 스피넬리는 사회적 구성주의 철학자들의 영향을 받아 기존 치료에서 당연하게 여겨 왔던 것들에 의문을 품었고 기존의 관습에서 벗어나 개방적인 태도로 삶을 다양한 관점으로 바라볼 것을 강조했다. 그는 치료에서 치료자는 내담자에 대해 '알지 못한다(un-knowing)'는 태도를 유지할 필요가 있다고 주장했다(Cooper, 2014). 치료자가 이러한 태도를 견지하려고 할지라도 자신이 가지고 있는 가정들을 배제하기는 쉽지 않을 것이지만, 그런 태도와 노력이 내담자들에게 전달되는 것이 중요하다고 보았다. 실존치료자가 자신의 삶에서도 동일하게 경험하게 되는 불확실성과 약한 모습을 내담자에게 보여 주는 것에 대해서도 스피넬리는 찬성했다. 그 이유는 이러한 과정이 치료자도 자신과 같이 실수를 범하는 한 명의 인간이고 문제에 대한 해답을 가지고 있지 않으며 벗어날 수 없는 딜레마 속에 있다는 것을 내담자로 하여금 깨닫게 하기 때문이다. 이는 치료자에 대한 의존을 낮추고 내담자가 스스로 삶을 주도하도록 돕는 계

표 4-2 실존치료 학파의 차이점

관계중심	현존재분석 ——— 의미치료	기법중심
철학적 관점	밴 덜젠 ——— 인본주의적 실존치료	심리적 수준의 개별과정
현상학적 관점	스피넬리 ——— 의미치료	실존적 관점

기가 될 수 있다(Cooper, 2014).

2) 주요 학자 전기

(1) 롤로 메이(Rollo May, 1909~1994)

롤로 메이는 오하이오주에서 태어났고, 부모의 이혼과 동생의 정신분열증으로 인해서 힘든 어린 시절을 보냈다. 그는 집 안에서 많은 책임을 감당했고, 이러한 힘든 어린 시절은 그를 심리학과 상담에 발을 들이게 하였다. 오하이오주에 있는 오벌린 대학(Oberlin College)에서 영문학을 전공하고 1930년 졸업 후 그리스에서 2년 동안 교사로 일했다. 이 시기에 그는 자신의 가치관에 대해 불충분함을 느껴 심리학을 배웠고, 비엔나로 건너가 아들러의 강의를 들었다. 아들러의 강의에 많은 영감을 받은 메이는 미국으로 돌아와 칼 로저스가 다녔던 유니언 신학교(Union Theological Seminary)에서 1938년에 신학 학위를 받고 철학자 파울 틸리히와 함께 일하기 시작했다. 파울 틸리히는 메이의 멘토이자 친구였고 둘은 철학, 종교, 심리학에 대해 많은 시간 이야기를 하였다.

그는 목회자로 2년간 일했지만 심리적 돌봄을 통해서 사람들을 돕고자 목사직을 그만두었다. 그리고 컬럼비아 대학교에 입학하여 40세인 1949년에 임상심리 박사학위를 받았다. 메이는 박사 과정 중에 결핵으로 3년간 투병 생활을 했다. 그는 죽음의 위기를 겪으며 결핵 요양소에서 지냈고, 그 시간 동안 키르케고르의 책들을 공부하고 불안의 본질에 대해 고민했다. 투병 생활을 끝내고, 불안을 직접 경험한 투병의 시간을 바탕으로 하여『불안의 의미(The Meaning of Anxiety)』를 집필했다.

그는『사랑의 의미(Love and Will)』,『창조를 위한 용기(The Courage to Create)』,『자아를 잃어버린 현대인(Man's Search for Himself)』과 같은 저서를 남겼고, 지금도 실존치료사들에게 상당한 영향을 미치고 있다. 사실을 어떻게 인식하고 어떻게 행동할지가 중요한 부분이라고 본 그는 심리치료를 문제 해결을 위한 해결 방안이라고 생각하지 않고 삶의 의미를 발견하고 존재적 조건에 대한 문제를 다루는 것이라고 생각했다. 그는 또한 불안을 직면하고 이겨 내는 실존치료의 목표인 '본래성'이라는 용어를 대신해 '용기'라는 단어를 사용하였고, 사람들이 자신이 어떤 사람이 될 것인가에 대한 책임을 져야 한다고 보았다. 그의 업적은 이후 어빈 얄롬 등 미국의 실존치료 발전에 큰 영향을 미쳤다.

(2) 어빈 얄롬(Irvin Yalom, 1931∼)

어빈 얄롬의 부모는 제1차 세계대전 이후 미국으로 이민 온 러시아계 유대인이었다. 얄롬은 1931년 워싱턴 D.C에서 출생하였고, 경제적으로 어려운 어린 시절을 보냈다. 그는 위험한 지역에서 거주하였고 그의 부모는 얄롬에게 별다른 교육을 제공할 수 없는 상황이었기에 얄롬은 대부분의 시간을 집에서 독서를 하며 보냈다. 그에게 있어서 소설은 안식처였고, 그는 소설을 집필하는 것이 인간이 할 수 있는 최상의 행동이라고 생각했다.

톨스토이, 도스토옙스키와 가깝다고 느껴진 의과대학에 입학하였고 보스턴 대학교에서 정신의학을 공부했다. 그는 이후 스탠퍼드 대학교 의과대학에서 가르치면서 정신의학과 명예교수로 여러 권의 저명한 저서들을 쓰게 되었다. 그중에는 어릴 적부터 꿈이었던 소설 쓰기도 포함되어 있다. 그의 첫 책인『최신 집단정신치료의 이론과 실제(Theory and Practice of Group Psychotherapy)』는 70만 부 이상이 팔렸으며 20여 개의 언어로 번역되었고, 강의를 위해서 썼던『실존 심리치료(Existential Psychotherapy)』는 실존치료의 권위 있는 고전서가 되었다.

얄롬은 실존적 접근을 발전시켰으며, 실존주의 심리치료의 핵심 주제로 죽음(death), 자유(freedom), 소외(isolation), 무의미(meaningless)를 다루었다. 그는 기본적으로 네 가지 실존적 조건을 다루는 모든 심리치료를 실존심리치료로 보았다. 그는 우리가 이러한 주제를 어떤 태도로 다루는지에 따라 삶에 다른 영향을 끼친다고 했다. 그는 치료적 관계에 대해서도 이야기했는데 각각의 내담자는 독특한 자신만의 이야기가 있기 때문에 모두에게 그에 맞는 방법으로 개입해야 한다고 했다. 그는 내담자와의 관계에서 정직해야 하며, 필요할 경우 상담자가 자기개방을 하는 것에 대해서도 적극 찬성했다.

(3) 빅터 프랭클(Viktor Frankl, 1905∼1997)

빅터 프랭클은 비엔나에서 태어나서 유대인 가정에서 자랐다. 그는 만 4세 이전에 삶의 의미에 대한 질문을 던졌고, 인생의 허무함에 대한 고민 속에서 어린 나이부터 심리학에 관심을 보였다. 십대 때부터 그는 프로이트에게 서신을 보내어 그의 논문 중 하나를 출판할 수 있도록 허가를 요청했다. 그는 비엔나 대학교에서 의학 공부를 하면서 아들러의 이론에 관심을 갖게 되었다. 특히 우울증과 자살에 대한 연구에 관심을 가졌고, 1928년에 비엔나에

청소년상담센터를 세우고 십대들의 자살을 줄이기 위해 노력했다.

1929년경 그는 임상을 뛰어넘는 문제들이 인간의 철학적 문제와 깊게 관련이 있음을 인식하여 실존주의 철학을 적용한 로고테라피(Logotherapy: logos=의미, therapia=힐링)를 발전시켰다. 1930년에 프랭클은 비엔나 대학교에서 의학박사학위를 받은 이후에 비엔나에 있는 암 스타인호프 정신병원(Am Steinhof psychiatric hospital)에서 1933년부터 1937년까지 여성 자살 예방 프로그램을 이끌었다. 그는 개인 병원도 운영했지만 반유대주의가 기승을 부리면서 폐업할 수밖에 없었다.

제2차 세계대전이 터지고, 프랭클과 그의 아내, 그리고 그의 부모님은 독일의 강제 수용소에 갇혔으며, 그를 제외한 가족들은 수용소에서 죽게 되었다. 그는 수용소에서 의사로 일하며 끔찍한 상황 속에서 자신의 이론을 시험해 볼 수 있었다. "살아 있는 연구실에서 성자처럼 살아가는 사람도 있고, 돼지처럼 살아가는 사람도 있다. 누구든 이러한 삶도, 저러한 삶도 살 수 있지만, 어떻게 살지는 그 사람의 선택에 달려 있다."(Frankl, 1963)라는 말을 한 프랭클은 허무주의의 끝인 대학살 상황 속에서도 실존적 신념을 발견했고 '의미'가 인간 생존에 필수적인 요소라고 확신했다. 그는 수용소에서 삶의 의미가 삶에 지대한 영향을 미친다는 것을 깨달았고, 어떠한 끔찍한 상황에서도 인간은 자신의 태도를 선택할 수 있다는 것을 경험적으로 알게 되었다.

수용소에서의 그의 경험을 바탕으로 그는 1946년에 유명한 저서 『죽음의 수용소에서(Man's Search for Meaning)』를 출판했고, 그 책은 수십 개의 언어로 번역되어 세계적인 베스트셀러가 되었다. 그는 그의 이론을 미국으로 가져왔고, 샌디에이고 국제대학교, 하버드 대학교, 스탠퍼드 대학교 등 다수의 미국 대학에서 강의를 진행했다. 프랭클의 로고테라피는 내담자가 절망을 이겨 내고 자신의 삶의 이유를 발견하여 무엇을 향해 살아야 하는지를 발견하도록 하는 것에 목표를 두었다. 그는 그의 이론을 자신의 삶으로 살아 냈고, 현재 그의 이론은 실존치료에서뿐만 아니라 대인관계 훈련이나 사회복지 분야에서도 널리 사용되고 있다.

2. 실존치료 주요 이론

1) 기본 개념

(1) 현존재와 존재방식

현존재분석에서 말하는 현존재(Dasein, Being-in-the-World)의 개념은 존재한다는 감각(sense-of-existence)을 말한다. 이러한 존재의 방법은 주변 세계(umwelt), 공존 세계(mitwelt), 고유 세계(eigenwelt), 영적 세계(uberwelt)이며, 이 네 가지 세계는 서로 연관되어 있다(Sommers-Flanagan & Sommers-Flanagan, 2018). 주변 세계는 생물학적 세계 또는 환경을 의미하고 이는 존재를 둘러싸고 있는 자연법칙 또는 존재가 내던져진 세계(thrown world)로 모든 동물과 인간에게 나타난다. 본능적인 욕구 또는 사물로서 타인을 바라보는 관계인 주변 세계와는 달리 공존 세계에서의 관계는 타인과 함께하는 세상의 의미를 담고 있는 상호작용이기에 인간만이 가질 수 있다. 고유 세계는 실존치료에서 중요하게 여기는 자신과의 관계를 말하며, 세계를 바라보는 자신에 대한 인식이고 자기 자신과 갖는 관계이다. 개인은 외부세계에서 일어나는 자신의 행동이나 타인의 행동을 통해 자기인식을 하는데 이는 주관적이고 내적인 경험이다. 마지막으로, 밴 덜젠은 영적인 믿음의 중요성을 강조하여 이후에 영적 세계를 추가하였다. 영적 세계는 초월적 세계라는 의미를 지니고 세계에 대한 영적인 관계를 의미하며 이는 곧 개인이 원하는 이상적 세계이다(Van Deurzen, 1988).

(2) 자유, 선택, 책임

자유는 실존치료에서 가장 핵심적인 주제이다. 실존철학자 사르트르(1978)는 존재의 자유를 가장 강조했으며, 현재 자신의 모습은 자신이 선택한 것들의 산물이라고 보았다. 인간을 계속해서 자기 자신을 만들어 가는 존재로 본 사르트르의 철학적 영향을 받은 실존치료자들은 내담자를 상황, 과거의 경험, 그리고 유전에 의해 결정되는 존재로 보지 않았다. 그들은 내담자를 의지를 가지고 선택하며 행동하는 존재로 보았다. 과거에 어떠한 사건을 경험했든지 간에 내담자는 자신의 문제에서 벗어나 자신의 삶을 변화시킬 수 있는 자유를 가진 존재이고 과거가 아닌 현재에 초점을 둔 주체적인 유기체로 여겨진다.

인간이 자유로운 존재라는 것은 우리의 삶을 통해서 알 수 있다. 아침부터 저녁까지 당신의 삶을 돌아볼 때, 자신이 선택하고 있는 것에는 무엇이 있는가? 아침에 일어나서 양치질

하기를 선택하고, 노래를 틀고 외출 준비하기를 선택하며, 집에서 8시에 나가기를 선택했을 것이다. 그렇다면 당신이 선택하지 않은 것은 무엇인가? 당신이 출근하는 길에 버스에서 잠을 청하려 하는데 당신의 옆에 앉은 사람의 이어폰에서 시끄러운 음악 소리가 들리는 상황은 당신이 선택한 것이 아닐 수도 있다. 그러나 그 상황 속에서도 당신은 여전히 선택을 할 수 있을 것이다. 이어폰을 끼고 잠에 드는 선택을 하든지 다른 자리로 옮길 수 있다. 이처럼 우리는 수많은 자유로운 선택을 하며 살아간다.

이러한 자유에는 책임이 따르며 자유로운 선택 이후에 따르는 모든 것에는 그 누구의 탓도 하기 어렵다. 예를 들어, 상담을 공부하기로 선택한 학생은 자신이 선택할 수 있는 다른 선택지들을 포기하게 되고, 그러한 포기는 후회로 남을 수 있다. 상담을 공부하지 않고, 간호학을 공부했더라면 간호사라는 직업을 가질 수 있었을 것이라는 가능성을 포기한 것이기에, 이러한 배제된 선택들은 실존적 불안을 일으킨다. 특히 개인의 선택은 자신을 둘러싼 관계에도 영향을 미친다는 것을 알기에 선택에는 불안이 따른다. 치과의사를 포기하고 가수가 되기로 선택한 사람은 자신의 안정적인 생활을 뒤로하는 것으로, 자신뿐 아니라 자신의 가족에게도 영향을 끼친다는 불안을 갖게 된다. 그렇기에 이러한 불안을 피하기 위해서 사람들은 종종 자유로운 선택 자체를 부인하는 자기-기만의 태도로 살아가게 된다(Sartre, 1958). 자기-기만의 태도는 자신은 피해자이기 때문에 아무것도 할 수 없다는 입장을 취하거나 자신의 선택을 타인에게 위임하는 모습으로 나타날 수 있다.

외부나 내부에 책임을 돌리는 방법으로 선택을 부인할 수도 있다. 때때로 사람들은 '한국에서 태어났기 때문에 불행해.'와 같이 선택의 책임을 사회에 전가하거나 '내가 불행한 이유는 전부 엄마 때문이야.'라며 자신을 피해자로 여긴다. 이는 선택의 책임을 전부 외부에 돌리는 것으로 궁극적인 해결책은 아니다. '내가 지금 이렇게 우울한 것은 어릴 적 부모로부터의 상처 때문이고 그것이 내 무의식 안에서 지속적으로 작동하기 때문이야.'라며 유전이나 과거의 어릴 적 경험에 책임을 돌리는 경우도 있는데, 이 또한 자유를 회피하고 자유에 반항하며 선택을 미루는 것이다. 특히 무의식에 책임을 돌리는 내담자에게 얄롬은 "그 무의식은 누구의 것입니까?"라는 질문을 던지기도 한다(Yalom, 1980).

(3) 불안

이렇게 인간에게 실존적으로 주어진 자유는 불안의 원천이 되기도 한다. 불안은 정상적 불안과 신경증적 불안으로 나뉜다. 신경증적 불안과 달리 정상적 불안은 억제되지 않고 실존적 딜레마를 직면하는 기회를 제공하며 개인의 삶을 다루는 상황에 적합하다. 불안을 본래성과 자유를 이끄는 것으로 생각했던 실존철학자들의 영향을 받은 메이는 불안을 정상적이고 필수적이며 회피해야 하는 것이 아니라 탐색하고 건설적인 활동에 재연결해야 하는 것으로 보았다. 반면에 신경증적 불안은 실존적 주제들에 적극적이거나 창조적으로 반응하는 것이 아닌 절망에서 벗어나기 위해 반응할 때 나타난다. 즉, 인생의 중요한 요구를 부인하고 자신을 유지하지 않았기에 느끼는 어려움으로 정상적 불안과는 다르다.

실존치료자는 상황적 요인으로 인해 생기는 정상적 불안을 제거하는 것에 목적을 두지 않는다. 다만, 신경증적 불안을 줄이고 일상을 살아가다가 정상적인 불안에 직면하게 될 때, 효과적이고 창조적으로 불안에 대처하도록 돕는다.

(4) 불안의 회피

자신을 보호하기 위해 불안을 회피하는 것은 실제 당연한 문제를 해결하는 것이 아니다. 따라서 불안 회피는 신경증적 불안으로 진행되는 경향을 보일 수 있다. 예를 들어, 시험에 대한 걱정과 수많은 과제에 대한 스트레스 그리고 집안일까지 처리해야 하는 압박감에 놓인 개인은 두 가지 선택을 할 수 있다. 해야 할 일을 적어 놓고 시간별로 일을 나누거나 다른 이에게 도움을 구하는 등의 방법을 사용하여 효율적이고 창조적으로 일을 해결할 방법을 탐색할 수 있다. 그러나 지금 삶에 주어진 주 업무를 제대로 다루지 않고 스마트폰을 하거나 친구들이랑 놀러 가는 등의 행동을 하며 주의를 다른 데로 돌리면서 불안을 회피하는 방법을 선택할 수도 있다.

얄롬은 사람들이 피할 수 없는 죽음에 대한 불안으로부터 스스로를 보호하기 위해서 이용하는 방법을 소개했다. 첫 번째는 '자신이 특별하다는 믿음'을 가지는 것이며, 이를 나타내는 방법은 다양하다. 사회적으로 성공하거나, 타인을 통제하거나, 위험한 행동을 하는 것과 같은 방법으로 자신의 유능함을 통해 자신이 특별하다는 것을 드러내고 믿고자 한다. 두 번째 방법은 '궁극적 구원자' 의식이며, 이는 죽음으로부터 자신을 건져 낼 수 있는 사람(예: 신, 의사, 치료자 등)이 존재한다고 믿는 것이다. 얄롬은 때때로 사람들이 '불멸의 프로젝트'라는 방어기제를 사용하기도 하는데, 이는 일에 매달려서 자신의 사회활동을 통해 죽음을 넘어서는 프로젝트로 무언가를 남기는 행동으로 나타날 수 있다(Yalom, 1980).

실존치료자들은 내담자가 불안을 탐색하고 불안으로 인해 생기는 두려움을 직면하게 될 때 저항이 벗겨지고 자신의 삶을 더욱 충실하게 살아갈 수 있다고 보았다. 얄롬은 이러한 불안의 근원을 죽음, 자유, 소외, 무의미라는 주제로 분류하였고, 모든 사람이 이 네 가지 조건을 불가피하게 마주한다고 설명했다.

(5) 소외

많은 실존철학자가 인간은 홀로 태어나며 홀로 죽는다는 점에서 외로울 수밖에 없다고 주장했다. 이러한 근본적인 홀로 됨을 '실존적 소외'라 부른다. 실존적 소외를 받아들이고 살아가는 사람도 있지만, 많은 이는 소외에서 오는 불안과 공포감을 방어하기 위해 소외 자체를 부정하기도 한다. 실존적 소외를 회피하기 위해 사람들은 타인과 관계를 맺기도 한다. 자신의 소외를 부인하기 위해 타인과 관계를 맺는 것은 타인을 하나의 인격체가 아닌 수단으로 희생시키는 것이기에 '참만남'이 아니다. 참만남이 아닌 관계는 타인을 수단으로 이용하는 불안정한 관계이기에 '타인'은 사라지고, 타인은 도구로서의 '그것'이 된다. 그러한 관계에서 '자신' 또한 '그것'이 되기 때문에 참만남이 아닌 관계에서는 타인뿐 아니라 자신도 자신으로부터 소외된다(Cooper, 2020). 그렇기에 근본적인 소외의 자각을 피하기 위한 노력은 오히려 인간을 외롭게 만든다. 삶에서 인간이 목적이 아닌 수단으로 전락해 버리는 모든 상황은 인간 소외를 증가시킨다.

아무리 실존적 소외에서 도망치려 할지라도 관계가 깨지게 될 때에는 소외를 경험하게 된다. 그러나 그때조차 사람들은 실존적 소외에 머무르는 것이 괴로워 바로 다른 관계를 맺거나 불안을 감소시켜 줄 대상을 찾는다. 이러한 인간관계는 불안을 감소시키는 데 잠시나마 도움이 되기도 하지만 실존적 현실에서 도망치는 것을 도와주는 과도한 음주와 같은 중독적 행동이 사용되기도 한다. 타인과 관계를 맺게 될지라도 자신의 진짜 모습을 알면 다른 사람들이 자신을 사랑하지 않고 자신은 소외되고 말 것이라는 불안에서 벗어나기란 쉽지 않다. 그렇기 때문에 개인은 관계를 유지하기 위해 타인과 완전히 융합(fusion)될 수 있다. 융합된 관계는 타인과 지나치게 밀착된 관계로, 때때로 개인은 타인과의 융합 관계를 유지시키려 타인에게 사랑받는다고 생각하는 행동만 지속하거나 자신의 선택을 도외시하고 타인의 방식에 맹목적으로 따를 수 있다. 소외에 대한 불안을 회피하는 방식으로 관계에 지나치게 집착하는 방식이 아닌 물러서는 모습이 나타나기도 하는데 이러한 모든 방어전략은 결국에 신경증적 불안을 불러일으킨다.

(6) 의미

인간을 궁극적으로 삶의 목적과 의미에 대해 고심하는 존재로 보는 실존주의자들은 '삶의 의미'를 상담으로 내담자를 이끄는 주제 중 하나이자, 개인의 잠재성을 발휘하게 하고 자기 한계를 초월하게 하는 요소로 보았다. 빅터 프랭클은 인간의 기본적인 동기이자 삶의 주된 관심사는 삶의 의미를 발견하는 것이라고 보았는데(Frankl, 1963), 우리가 종종 '나는 왜 사는가?',

▲ "인생이란 궁극적으로 삶이 내게 던지는 질문에 대한 올바른 해답을 찾고, 개개인 앞에 놓인 과제를 수행해 나가기 위한 책임을 떠맡는 것을 의미한다." –『죽음의 수용소에서(Man's Search for Meaning)』(Frankl, 1963, p. 138)

'내가 존재하는 이유는 무엇인가?', '이렇게 살아가는 것이 무슨 의미가 있을까?', '무엇을 향하여 살아가야 하는가?'와 같은 질문을 하는 것에서 삶의 의미가 중요함을 미루어 알 수 있다.

의미에 대한 감각이 있는 사람은 삶의 가치가 내적인 우선순위에 의해 정해져 있기 때문에 자신의 삶에서 일어나는 사건을 잘 해석할 수 있다. 반면에 삶을 지속하는 의미를 잃은 사람은 혼란, 공허, 우울을 느끼고, 삶의 방향성을 잃는다. 의미를 찾지 못한 개인은 본래적 의미 또는 목적을 충족시키지 못하는데 이러한 개인은 '실존적 진공상태(existential vacuum)'에 있다고 볼 수 있다. 실존적 진공상태에 있는 개인은 실존적 공허감을 느끼고 실존적 공허감은 자기파괴적 행동으로 이어질 수 있다(Frankl, 1963). 그렇기에 프랭클은 의미를 발견하는 것의 중요성을 강조했다. 키르케고르를 필두로 하는 유신론적 실존주의자들은 신으로부터 부여된 궁극적 삶의 의미가 있다는 입장인 반면 니체와 사르트르를 중심으로 하는 무신론적 실존주의자들은 궁극적 의미는 없으며 무의미를 받아들여야 하고 자신 스스로 의미를 정해야 한다고 한다.

프랭클과 사르트르에 영향을 받은 얄롬은 인간에게 궁극적인 의미는 존재하지 않기에 인생이 무의미하다는 것을 직면하고 인정하는 것이 중요하다고 이야기했다. 그리고 무의미하다는 느낌은 불안을 일으키기에 인간이 직접 의미를 창조해 가는 과정 또한 필요하다고 주장했다. 얄롬은 무의미함을 느끼고 표현하는 사람은 소외 또는 죽음에 대한 불안에 대처하는 방안으로 무의미함을 선택하는 것일 수도 있기에 곧바로 의미를 탐색하기보다는 내담자가 삶에서 타인과 어떠한 관계를 맺는지, 죽음을 초월하는 의미를 찾고 싶은 것인지, 어떠한 배경과 불안이 있는지를 먼저 살펴보는 것 또한 중요하다고 보았다. 예를 들어, "삶의 의미가 없다."라고 말하는 내담자는 사실 이별로 인해 소외에 대한 불안을 겪고 있을 수 있다. 이러한 때에 상담자는 의미에 대한 물음을 던지는 대신에 내담자가 실존적 소외를 어떻게 다루는지를 살펴보고 소외를 먼저 마주하게 도와줄 수 있다(Yalom, 1980).

표 4-3 의미에 대한 다른 접근(의미와 무의미)

유신론적 실존주의	무신론적 실존주의
인간은 상위 의미, 초월적 의미를 가지고 있다고 믿음	인간의 삶은 본질적으로 무의미하다고 생각함
인간은 이 세상으로부터 어떤 주어진 의미와 목적을 가지고 있으며, 이는 모두에게 고유한 것으로 이를 통해서 우리는 무한한 가능성 너머를 깨달을 수 있음	삶에 있어서 개개인이 부여하는 것 이외에 어떤 의미나 전 우주에 걸친 거대한 계획 또는 지침은 존재하지 않음
각각의 상황은 우리가 실현하도록 부름받은 특정한 의미를 가짐	우리가 우리의 삶 전반을 추적하며 삶의 목적과 의미를 찾으려고 한다면 거기에는 견고한 토대가 없다는 사실을 발견하게 됨
치료의 목적은 내담자가 자신의 삶의 사명을 발견하도록 돕는 것임	궁극적인 실존적 무의미함에 용감하게 직면하는 것과 이러한 무의미함에도 불구하고 부분적인 의미와 목적을 추구하며 살아가는 방법을 찾아야 함
삶의 의미에 용감하게 직면해야 함	삶이 무의미하다는 사실에 용감하게 직면해야 함

(7) 자기인식

제임스 부젠탈은 얄롬이 주장한 주제들에 더해 자기인식(self-awareness)을 강조했다. 그는 자기인식을 통해 실존적 삶을 살아가는 것을 중요하게 생각했으며 자기인식을 다른 능력의 기본 토대이자 성장의 기초로 보았다. 자기인식은 개인의 잠재력을 발휘할 수 있도록 하고, 자율감을 확장시키는 본능적인 것이다. 그러나 어린 시절에 개인의 욕구, 감정, 성향이 사회에서 기대하는 방식과 갈등을 일으킬까 봐 부모 또는 선생님과 같은 대상으로부터 내적 감각을 부분적 또는 완전히 무시하라고 훈련받은 개인은 자기인식 기능을 점차 효율적으로 사용하지 못하게 된다(Bugental, 1976). 자기인식을 작동시키지 못하게 된 개인은 정서적으로 무감각해지거나, 인생의 궁극적인 관심사를 인정하고 조화시키지 못하게 되거나, 불안, 죄책감 또는 다른 의미 있는 감정들을 회피하게 된다(Sommers-Flanagan & Sommers-Flanagan, 2018).

부젠탈(1976)은 실존치료를 통해 내담자가 자신의 내면 전체를 더 완전하고 정확하게 표현하여 자기인식을 회복하고 확장시킬 수 있다고 주장했다. 그는 내적인 실제에 몰두하는 경험의 중요성을 강조하며 '지금-여기'의 치료 작업을 통해 개인이 인식을 확장시키고 잃어버린 존재(being)에 대한 자각을 회복시킬 수 있다고 제시했다. 이러한 회복을 촉진하기 위해 상담자는 내담자가 자신의 내면에 경청하는 경험을 어느 정도 높게 평가하는지 내면의 인식 정도를 결정하고, 내적 감각 발달에 방해가 되는 요소를 드러내도록 돕는다(Krug, 2009). 내담자는 상담을 통해 선택에 따르는 불안을 피하기 위해 자신이 의존을 택하고 있다는 인식, 삶에서 일어나는 사건들 자체를 바꿀 수는 없지만 그것에 대한 반응은 바꿀 수 있다는 인식, 완벽해야 존중받는 것이 아니라는 인식을 발달시킬 수 있다(Corey, 2017). 이러한 내면의 인식은 곧 내면의 존재 전체를 표현하는 것으로 내담자가 자신의 삶을 더욱 풍성하게 살 수 있도록 돕고 개인이 자신의 독특한 본성과 일치하는 경험을 하는지, 개인이 가고 싶은 방향이 무엇인지를 알게 한다(Bugental, 1976).

2) 성격관 및 발달관 문제의 뿌리

실존치료자들은 기존의 정신의학을 비판하며 인간이 DNA, 어린 시절의 경험, 교육만으로 이루어지지 않는다고 주장했다. 인간을 조건화 과정의 산물이나 부분들로 바라보는 치

표 4-4 13가지 존재의 특성

존재의 특성	의미
유일한 존재	독특하고 대체될 수 없는 특별한 존재
세상 속 존재	세상에 속해 있고 세상과 분리될 수 없는 존재
타인과 함께하는 존재	다른 사람과 밀접하게 연관되어 있고 서로 영향을 주고받는 존재
자유로운 선택권을 가진 존재	선택으로 자기 자신을 만들어 가는 존재. 지속적으로 선택할 수밖에 없는 존재
동사로서의 존재	고정되지 않고 변화하는 존재
미래를 향해, 과거를 참고로, 현재에 사는 존재	과거, 현재 및 미래와 불가분한 관계에 있고 미래의 목표와 의미를 향해 나아간다는 존재
유한한 존재	피할 수도, 해결할 수도, 초월할 수도 없는 수많은 '한계 상황'에 부딪치는 존재
불안한 존재	선택과 한계로 인해 불안을 경험하는 존재
체화된 존재	신체를 통해서 세상과 만나고 관계 맺는 존재
죄책감의 존재	최상의 잠재력을 발휘하지 못한 것에 대해 후회와 죄책감을 가진 존재
비본래적 존재	부정적인 감정을 회피하고자 자유와 책임을 부인하는 존재
본래적 존재	부정적 감정을 마주하고 진솔하게 삶의 문제에 대처하는 존재
타인을 향한 존재	초월적 타자에게 수용되기를 지향하는 존재

료에 대해 비판하고, 의미를 창출할 수 있고, 개인의 경험을 의식 수준에서 모두 접근할 수 있으며, 부분들의 합보다 큰 존재로 보았다. 실존치료자들은 인간을 결정론적으로 보는 것이 아니라 실존하는 존재로 보아야 한다고 주장한 다양한 실존철학자로부터 영향을 받았다. 쿠퍼(2014)는 실존철학자들의 실존에 대한 공통점을 다음과 같이 정리했다.

실존철학자 중에는 존재적 특성과 동시에 개인주의적 관점을 강조하는 실존철학자들이 있으며, 그중 키르케고르는 가장 개인주의적인 실존철학자이다(Guignon, 2002). 그는 인간은 고독한 존재이며, 오직 신만이 사람, 사물과 연결될 수 있다고 하였다. 이렇듯 모든 인간은 유일한 존재(existence as unique)이고, 인간의 내면에는 신이 거주하는 고독의 샘이 존재한다(Kierkegaard, 1980).

이러한 개인적 존재인 인간은 지극히 고독하나 동시에 세상 속에서 타인과 함께 존재한다. 세상 속 존재(existence as in-the-world)란 인간의 실존이 개인 내부에 있는 것이 아니라, 개인과 세계 사이에 있다는 것을 의미한다. 인간의 독특성과 외로움을 강조했던 초기 실존철학자들과 달리 후기 실존철학자들은 세상에 속한 존재로서의 인간을 강조했다. 모리스 메를로 퐁티는 사람은 세상에 속해 있고, 세상 속에서만 자신을 알 수 있다고 했다. 즉, 존재는 개인의 내면에 속한 것이 아닌, 개인과 세상 사이에 존재하며 인간과 세상은 분리될 수 없는 결합이다.

타인과 함께하는 존재(existence as with-others)란 각 개인은 다른 사람의 실존과 얽혀 있는 존재라는 뜻을 담고 있다. 인간은 세상 속에서 타인과 함께하고 각 개인은 다른 존재와 밀접하게 연결되어 있다. 하이데거는 존재란 필연적으로 다른 존재들과 서로 영향을 주고받는 연관성 속에 있다고 말했다. 이는 모든 것은 개인이 혼자 만들어 내는 것이 아니라, 타인과의 관계 속에서 작용될 때 의미가 있음을 뜻한다. 그는 이를 타인과의 관계에 뛰어들기(leaping in)와 단축하기(leaping ahead)로 설명했다. 뛰어들기는 가장 일반적인 관계의 방식으로, 타인의 일의 완성을 돕거나 일을 덜어 주는 것이고, 단축하기는 조금 더 진정한 태도로 스스로 해낼 수 있도록 조력하는 것을 말한다.

실존주의에서 가장 중요하게 생각하는 존재의 특성 중 하나는 자유로운 선택권을 가진 존재(existence as freely choosing)로서의 인간이다. 이는 인간이 근본적으로 자유로운 존재라는 의미이다(Macquarrie, 1972). 초기 심리학자들은 인간의 사고와 행동은 이미 주어진 상황이나 환경에 의해 결정된다고 주장하였으나, 키르케고르와 사르트르는 인간은 내던져진 존재라고 주장하며, 자유는 존재에게 주어진 것이 아니라 존재의 본질 자체라고 했다. 사르트르(1958, 1978)는 존재의 자유를 가장 우위에 두며 고정된 정체성이 아닌 무(無)로부터 갑자기 생겨난 존재가 바로 인간이라는 것과 인간은 자신을 만들어 나가는 존재임을 강조했다.

또한 인간은 선택을 통해 변화하는 동사로서의 존재(existence as verb-like)이다. 이는 인간이 역동적인 존재라는 의미이다. 실존철학자들은 자연과학자들과 다르게 인간을 끊임없이 변화하는(Merleau-Ponty, 1962) 과정으로서의 속성을 지닌 존재로 보는데, 이는 인간이 고정되고 정적인 존재가 아니라는 것을 말한다. 실존적 관점에서는 인간은 동사로서의 존재로 정의된 후에 명사로서의 존재로 정의된다. 이 관점은 '실존은 본질에 앞선다'는 사르트르의 말과 같은 맥락이다.

이처럼 인간에게 과거는 현재의 원인이 아니라, 현재와 얽혀 있는 것뿐이며, 현재에 드러나는 존재는 과거로부터 연결된 것이다(Heidegger, 2008). 실존철학자들은 인간의 존재는 과거, 현재 및 미래와 불가분한 관계라고 말했다. 그렇기에 실존철학자들은 인간을 미래를 향해, 과거를 참고로, 현재에 사는 존재(existence as towards-the future, drawing-on-the-past and in-the-present)로 보았다. 이는 인간이 과거, 현재 및 미래와 연결된 존재라는 뜻이다. 일반적으로 우리는 과거, 현재, 미래를 연속된 선상에 놓인 흘러가는 시간적 개념으로만 생각한다. 그러나 단순히 시간이 흘러 도달한다는 의미만으로 세상의 경험을 설명하기엔 부족하다. 그렇기에 연속적으로 사는 것은 과거를 현재에 적용하는 것에 더하여, 미래의 목표와 의미를 향해 나아간다는 의미를 내포한다. 사르트르는 '인간은 무엇보다 스스로를 미래를 향해 내던지는 존재이고, 미래의 자기 모습을 그려 볼 수 있는 존재'(Alexopoulos et al., 1996)라고 하였다. 실존주의 관점에서의 인간의 행동은 과거의 원인에 의한 것이라기보다 원하는 목표를 이루기 위해 시작되며, 이유가 아닌 동기에 의해 행동한다.

목표를 이루기 위한 자유로운 선택을 하는 존재에게 언제나 무한한 자유가 있지는 않다. 인간의 자유는 늘 수많은 방식으로 둘러싸여 있다(Macquarrie, 1972). 한계에 부딪치는 존재로서의 인간을 유한한 존재(existence as limited)라 부른다. 인간에게는 본질적으로 자신의 미래를 선택할 수 있는 자유가 있지만, 그들이 원한다고 무엇이든지 할 수는 없다. 야스퍼스(1986)는 인간은 피할 수도, 해결할 수도, 초월할 수도 없는 수많은 '한계 상황'에 부딪친다고 하였다. 하이데거(2008)는 존재의 첫 순간부터 자신의 선택으로 인한 것이 아닌 특정한 상황에 속하게 되는 것을 '내던져짐(thrownness)'이라는 개념을 통해 설명하였다. 인간은 자신이 살아갈 환경을 선택해서 태어난 것이 아니다. 각 상황에 처한 이유를 알 수 없는 것도 인간은 내던져진 존재이기 때문이다. 우리는 시작과 끝을 우리 마음대로 다룰 수 없으며, 기회를 비롯한 삶에서 생기는 모든 일을 완전하게 통제하는 것은 불가능하다. 다만, 이러한 한계에 직면하는 방법을 선택할 수 있을 뿐이다. 실존철학자들은 인간을 한계가 있는 존재이지만,

그렇다고 해서 선택의 여지가 없는 고정된 존재는 아니라고 보았다.

인간의 유한성을 보여 주는 것 중 한 가지는 신체를 선택할 수 없다는 것이다. 모든 인간은 체화된 존재(existence as embodied)로서 살아간다. 인간은 몸을 통해서 존재하며 관계한다. 많은 실존철학자는 이러한 체화된 본성을 강조했다. 정신으로부터 몸이 파생된다는 전통적 데카르트 학파의 관점과는 다르게, 실존철학자들은 몸의 경험은 심리적 경험과 관련이 있지만, 이로부터 파생된 것이 아니라 동등한 우위에 서는 것으로 보아야 한다고 주장했다.

다음으로 실존철학자들은 자유롭게 선택을 할 수 있다는 것 자체가 공포와 불안을 가져온다고 말하며 불안을 강조했다. 불안한 존재(existence as anxious)인 인간은 불안을 경험할 수밖에 없다. 키르케고르(1980)는 불안은 자유 속에 잠재되어 있고, 자유롭다는 것을 느끼고 행동할수록 더욱 불안을 경험한다고 주장했다. 인간이 불안을 경험하는 첫 번째 이유는, 대안이 배제되기 때문이다(Yalom, 2002). 한 가지를 선택하게 되면, 반대로 한 가지는 선택을 하지 못하는 것이다. 사르트르는 우리의 선택은 자신뿐만 아니라 타인과도 연관되어 있기에 그에 따른 책임이 부여된다고 주장하며, 인간의 자유는 축복이라기보다 형벌이라고까지 표현했다. 불안의 두 번째 이유는, 선택을 뒷받침하는 확실한 근거가 없기 때문이다. 인간의 삶은 스스로 개척하는 것이며 그 선택이 옳은 것인지, 틀린 것인지 구분해 주는 기준도 없다. 마지막으로 인간이 불안을 느끼는 이유는 선택에는 불안이 포함되기 때문이다. 삶에는 다양한 한계가 존재하고, 그 한계를 고려하여 선택해야 하는 상황 자체가 불안을 유발한다.

자유로운 선택권을 지닌 존재이기에 따라오는 존재의 특성은 죄책감의 존재(existence as guilty)이다. 인간은 존재적 죄책감을 느끼는 존재이다. 얄롬은 잘못된 자기 자신을 경험할 때, 최상의 잠재력을 발휘하지 못한 것에 대해 후회와 죄책감의 감정이 동반된다고 말했다. 이러한 죄책감은 피할 수 없는 것이며, 변화와 진정한 삶을 살고자 하는 강력한 동기의 근원이 될 수도 있다.

최상의 잠재력을 발휘하는 것에 대한 두려움 때문에 선택을 부정하며 살아간다면 비본래적 존재(existence as inauthentic)로 살아가는 것이다. 비본래적 존재란 부정적인 감정이나 현실을 억누르고 부정하려는 인간의 경향을 말한다. 대부분의 사람은 부정적인 감정을 회피하고자 하며, 때로는 군중 속에 숨어듦으로써 자유와 책임을 부인하곤 한다. 이는 스스로 선택하거나 책임을 지지 않기 위해 다른 사람의 행동이나 가치를 고수하는 것이다.

이에 비해 본래적 존재(existence as authentic)란 실존적 위기를 마주하고 진솔하게 삶의 문제에 대처하는 존재이다. 키르케고르는 옳은 방법으로 불안해지는 법을 배우는 사람은 모든 것을 배운 사람이라고 표현하기도 했다(Kierkegaard, 2015). 실존철학자들은 더욱 진실하게 살아가기 위해서는 '군중'으로부터 거리를 두어야 한다고 주장했다. 사회적인 구속이나 가치체계에서 완전히 자유롭기란 물론 쉽지 않지만 그럼에도 어떠한 사회적인 관습을 선택하는 존재로 우리는 여전히 살아갈 수 있다. 니체는 윤리적인 성인의 필수적인 요건은 집단의 가치를 거부하고 자신만의 가치를 만들어 내는 것이라고 강조했다.

키르케고르는 군중으로부터 멀어지고 실존적 불안과 직면하는 것은 신과의 진정한 관계를 갖기 위한 첫 발자국이라 하였다(Macquarrie, 1972). 신을 향한 자아의 초월을 강조한 또 다른 철학자는 틸리히로, 그 역시 자기수용을 넘어서 초월적 타자에게 수용되기를 지향한다고 보았다. 그는 사랑의 이유를 알지 못하더라도 수용받고 용서받는 개방성을 믿음이라고 보았다(Cooper, 2020). 부버 또한 자아의 내적 성장이 나와 타자 사이의 관계에서 완성된다고 보았는데, 그에게 영원한 당신(타자)은 신이었다. 이처럼 인간은 타인을 향한 존재(authenticity as towards otherness)로 마르셀(1949)은 이러한 존재가 어둠 속에서 우리를 인도해 온 빛, 더 이상 우리가 볼 수 없는 빛을 충실히 따르는 충성심을 가지고 살아간다고 보았다.

3. 실존치료의 실제

1) 상담의 목표

메이는 개인이 자신의 실존을 충분히 경험하는 것, 프랭클은 내담자가 자기 존재의 목적을 추구하는 것, 밴 덜젠은 개인이 자신을 속이는 순간을 깨닫고 진실한 존재로 살아가도록 돕는 것을 상담의 목표로 생각했다. 실존치료의 목표는 이처럼 조금씩 다르지만 궁극적인 목표는 '본래적 존재'의 회복이다. 본래적 존재로 산다는 것은 자신과 타인을 더욱 실재(presence)하도록 한다는 뜻을 담고 있으며 실재한다는 것은 어떤 상황에 전적으로 '존재한다'는 의미이다. 즉, '지금-여기'에서 어떠한 편견이나 왜곡 없는 그대로의 것을 '실재'하는 것으로 본다.

본래적 존재로 살아간다는 것은 또한 실존적 위기를 마주하고 실존적 질문에 진솔하게 대처한다는 의미를 가진다. 실존적 질문은 실존적 주제에서 도출된 것으로 인간이 불가피하게 마주하는 문제들에 관한 것이다. 이러한 문제들에 있어서 자기인식은 중요한 요소이다. 자기인식은 자신이 비본래적으로 살아가고 있다는 것에 대한 인식, 불안을 느끼고 있다는 인식, 진실한 존재로 살아가는 것을 방해하는 것들에 대한 인식, 대안적인 가능성에 대한

표 4-5 코바사와 메디의 본래적 존재와 비본래적 존재의 비교(Kobasa & Maddi, 1977)

	본래적 존재	비본래적 존재
가치와 목표	자신의 가치와 목표	타인의 가치를 기반으로 함
사회적 상호작용	친밀감을 지향함 사회에 관심을 가짐	표면적 관계를 지향함 사회에 관심을 덜 가짐
자기자각	큼	작음
변화에 대한 유연성	큼	작음
실존적 위기에 대한 대응	실존적 위기를 마주하고 실존적 질문에 진솔하게 대처함	정신병리적이고 부적응적인 수단으로 실존적 위기를 다룸
감정	실존적 주제와 관련된 실존적 불안을 경험함	기회상실에 대한 죄책감을 경험함

인식과 존재하는 방식을 변화시킬 수 있다는 인식을 포함한다.

자기인식 수준이 낮은 사람은 감정적으로 무감각해지거나 인생의 궁극적인 문제를 알아차리는 것에 실패하고 불안, 죄책감 등의 의미 있는 감정으로부터 회피하는 특징을 가진다. 이러한 회피는 심리적, 감정적, 행동적 증상을 가져오는 경향이 있다. 따라서 몇몇의 실존치료자들은 자기인식을 확장하여 자신의 삶을 온전히 살아가는 것이 성공적인 치료라고 생각한다. 상담은 이러한 자기인식을 확장시키고 내담자가 인생의 일들을 회피하지 않고 다룰 수 있도록 도와주는 연습의 장이 되기도 하는데, 상담 이후에 자기인식이 확장된 내담자는 실존적 현실을 인정하고 조화를 이루며 살 수 있게 된다.

2) 상담의 과정 및 결과

(1) 평가

평가 단계에서 상담자는 내담자와 실존적 접근에 대해 대화를 나누고, 실존적 상담의 여부를 결정한다. 그러한 결정을 내리기 위해서는 내담자가 실존적 주제를 정직하게 직면할 수 있는지, 자신의 문제에 대해 얼마나 인식하는지, 그 문제들에 얼마나 책임감을 가지는지, 분노 또는 우울과 같은 감정에 휘둘릴 가능성이 있는지를 평가하여 내담자가 탐색을 시작할 수 있을 만큼 상담에 전념할 수 있는 상황인지를 살펴본다.

이후에 적절한 목표를 설정하기 위한 평가의 과정은 특정한 문제나 행동이 아닌 내담자의 실존적 주제와 관련된 쟁점에 집중하여 이루어진다. 실존적 주제 평가는 어떠한 주제를 가지고 상담을 진행하면 좋을지를 결정하도록 돕는다. 또한 실존치료에서 때로는 꿈을 평가도구로 활용하기도 한다. 정신역동치료에서의 전통적인 꿈 해석과는 달리 실존치료에서 꿈 해석은 실존적 주제를 알아내기 위한 도구일 뿐이다. 죽음에 대한 꿈을 빈번하게 꾸는 내담자와 상담에서 '죽음'과 관련된 주제를 상담의 쟁점으로 두고 진행하는 것이 예가 될 수 있다. 평가 과정에서 모든 과정이 상담자와 내담자 간 상호작용 가운데 이루어지는 것처럼 꿈 해석 역시 일방적인 상담자의 해석이 아닌 내담자의 꿈에 대한 경험을 이야기하는 것과 상담자와 나누는 상호적인 대화로 진행된다.

평가 과정에서 실존치료자들이 사용할 수 있는 또 다른 도구는 투사검사와 객관화 도구이다. 로르샤흐 잉크 반점 검사(Rorschach Inkblot Test), 주제통각 검사(Thematic Apperception Test)와 같은 투사검사나 생애 목적 테스트(Purpose in Life Test: PIL), Noetic Goals 검사(SONGS), 템플러의 죽음에 대한 불안 척도(Templer Death Anxiety Scale)와 같은 객관화 검사가 종종 활용된다. 개인의 삶의 목적, 세계관 등을 평가하기 위해서 사용할 수 있는 PIL은 20문항짜리 척도로 로고테라피로부터 나왔다(Crumbaugh & Henrion, 1988). 이 검사의 축약 버전으로는 PIL-SF(Purpose in Life Test-Short Form)가 있으며 4문항으로 이루어져 있다(Schulenberg, Schnetzer, & Bunchanan, 2011). SONGS는 PIL을 보완해 주는 검사로 삶의 의미를 측정할 수 있으며, 내담자가 삶의 의미를 찾는 것에 대한 동기가 어느 정도 있는지를 알 수 있게 한다(Crumbaugh, 1977). 죽음불안은 죽음과 관련하여 생각나는 불안, 공포, 걱정과 같은 정서적 반응이며, 이러한 불안을 측정하는 템플러의 죽음불안 척도는 15문항짜리로 한국에서 번안되어 사용되고 있다(고효진, 최지욱, 이홍표, 2006).

(2) 치료적 관계

타인을 비인격적으로 여기는 '나-그것 태도'로 관계를 맺는 것은 타인을 필요할 때 사용하는 연장과 같은 무생물로 생각하는 것이다. 이는 '나-그것 태도'에서 경험되는 타인으로 타인을 자신의 관심을 끄는 대상으로만 바라보는 것이다. '나-그것 태도'로 관계를 지속하는 것은 나를 도구로써 대상화시키는 '그것-그것 태도'로도 이어지게 되므로 타인과 나를 동시에 소외시키는 이러한 관계의 지속은 경계해야 한다. 반면에 '나-너(I-Thou) 태도'에서는 타인을 충만하게 경험하여 타인이 단편적으로 경험되지 않고 이해된다.

부버(1970)의 이론에서 나온 '나-너'의 태도가 바탕이 된 치료적 관계는 실존치료에서 중요하다. 실존치료자들은 치료적 관계를 통해 타인을 인격적으로 바라보는 '나-너' 관계가 회복되는 치료적 변화를 기대한다. 실존치료자들은 정확히 규정된 기술이나 절차보다는 치료적 관계가 치료적 변화의 핵심이라고 보는데 그 이유는 치료적 관계를 통해서 내담자가 진실한 사랑을 경험하는 것은 내담자의 본질적 감각을 발달시키기 때문이다. 그렇기에 치료적 관계는 상담의 모든 과정에서 지속되며 내담자가 더욱 깊은 감정을 나누고 실존적 문제를 마주하며 실존적 이슈를 폭넓게 탐색하는 것의 기초이다.

3) 기술과 기법

실존주의자들은 특정한 기법을 선호하지 않는다. 심리장애에 대해서도 심리 진단적 범주를 통해 진단을 내리는 것을 경계하기에 실존적 주제에 초점을 두어 심리적 어려움을 개념화한다. 평가 과정 이후에 치료자는 내담자가 직면한 실존적 주제에 따라서 각기 다른 방법으로 어려움을 다룬다. 치료자들은 이러한 실존적 문제를 내담자가 홀로 겪는 것이 아님을 알려 주고 내담자가 실존적 문제와 투쟁하여 비본래적 삶에서 벗어나는 것을 돕는다.

(1) 주제 1: '한계'와 관련된 기술과 기법

모든 인간은 죽음과 같은 존재적 한계, 던져진 존재로서 우리에게는 주어진 사회적, 경제적, 정치적 환경이라는 한계를 마주하게 된다. 우리가 얻게 된 몸 또한 우리가 선택한 부분이 아니라 우리에게 주어진 것이다. 생리적 구조, 성별, 신체적 특징, 질병 등은 신체를 가지고 태어난 인간에게는 숙명적 한계이다. 내던져진 존재인 우리는 또한 삶의 시작과 끝을 선택할 수 없고 피할 수도 없다. 그저 피할 수 없는 죽음이라는 마지막 단계로 걸어가는 존재이다. 이러한 한계들 앞에서 인간이 할 수 있는 것은 한계를 어떻게 마주할 것인지를 선택하는 것이다. 우리는 한계를 부정할 수도 솔직하게 인정할 수도 있다. 진솔한 직면을 선택한 인간은 어느 길로 걸어가야 할지에 대해 집중할 수 있게 되지만 그 과정에서의 고통은 만만치 않다.

그렇기에 한계를 직면한다는 것은 곧 그에 따른 고통도 마주한다는 것으로 실존치료자들은 이러한 진솔한 직면에 따르는 고통의 과정을 돕는다. 먼저, 존재적 한계를 직면했을 때 상담자는 내담자가 느끼는 실망, 좌절, 상처, 불안 등의 감정을 당연한 것이라고 여기고 지나간 시간에 대한 후회와 상처로 힘들어하는 감정을 인정하고 반영해 준다. 동시에 자신도 비슷한 문제로 고군분투하고 있으며 공감한다는 것을 표현한다. 이때, 치료자의 불확실함과 무기력함에 대한 공유를 포함한 적절한 자기개방은 치료에 도움이 될 수 있다.

실존치료자들은 실존적 한계를 인정하고 자신의 가능성을 발휘하며 살아갈 수 있도록 몇 가지의 촉진 기술도 사용한다. 먼저, 내담자가 한계를 인정하도록 돕기 위해서 치료자는 내담자가 대면하고 있는 한계점을 직접적으로 제시한다. 상담자는 내담자에게 단호하게 한계를 제시하고 그 한계 내에서 내담자가 선택할 수 있는 것이 무엇인지를 탐색하도록 돕는다. 이렇게 존재적 한계를 명확히 제시하는 것은 실존에서 중요하게 생각하는 존재의 불확실성에 대한 부인일 수 있다. 그런 이유로 치료자가 내담자가 처해 있는 존재적 한계에 대해 지나치게 단호하게 제시하는 것은 주의해야 한다. 가령, 취업준비생인 내담자가 취업을 목표로 하지만 취업준비를 하는 시간보다 스마트폰으로 유튜브를 시청하는 시간이 더 많은 상황을 떠올려 보라. 치료자는 "당신이 스마트폰을 하루 종일 하면 취업을 할 수 없어요."라고 한계를 제시할 수 있다. 이는 상담자의 명료한 대응같이 보이지만 내담자가 유튜버로 성공할 가능성을 배제한 표현이자 미래에는 한계가 변화할 수 있는 영역이라는 변화가능성을 염두에 두지 않은 표현이다.

그러면 어떠한 방법으로 내담자의 가능성을 열어 두는 것과 동시에 내담자가 한계를 인정하도록 도울 수 있을까? "스마트폰을 하루 종일 하는 것에 대해서 어떻게 생각하세요?"라고 질문을 던지는 방식을 택하는 것이 좋다. 이는 내담자의 한계라고 여겨지는 것에도 미래에는 변화할 수 있다는 여지를 남겨 둔 표현이자 내담자의 한계는 내담자가 변화시킬 수 있는 영역이라는 가정을 포함한다.

상담자는 실존적 현실 앞에서 자신의 한계를 직면하게 될 때, 내담자가 마주하는 감정들을 누그러뜨리기 위해서 내담자가 실존적 한계를 회피하는 전략을 탐색해 보고 이를 내담자가 인정하도록 할 필요가 있다. 이를 통해 내담자는 자신의 실제 상황들을 더욱 효율적으로 활용할 수 있다. 죽음에 대한 두려움 때문에 자신의 이름을 남기기 위해 애쓰는 일에 중독되어 있는 내담자가 죽음을 회피하기 위해서 모든 것을 제쳐 두고 일에 몰입하는 예를 생각해 보자. 치료자는 내담자가 느끼는 죽음에 대한 불안을 정당화해 주고 인정해 주면서 그러한 감정을 느낄 수 있는 감정이라고 표현할 수 있다. 솔직하게 자신의 두려움을 마주한 내담자는 자신이 죽음이라는 한계를 인정해야 함을 깨닫게 되면 회피하는 삶에서 벗어나게 된다. 그리고 내담자는 궁극적으로 두려움으로 인한 일중독의 삶을 청산하고 일 외에 자신의 삶에서 중요한 가족 및 지인들과 함께 보내는 시간을 소중히 여기는 것과 같이 주어진 현실에서 최선의 선택을 진실되게 하게 된다.

(2) 주제 2: '자유'와 관련된 기술과 기법

실존치료의 과정을 통해 내담자가 자신의 자유와 선택 그리고 그에 따른 책임을 인정하게 되면 내담자는 주어진 삶에 통제감을 느끼면서 만족하며 살아갈 수 있다. 내담자의 진정한 자유 실현을 돕는 방법 중 한 가지는 내담자가 자신의 주체성을 드러내는 주도적인 단어를 활용할 수 있게 돕는 것이다. 주도적인 언어의 사용은 내담자가 과거나 상황에 의해 결정되어 있다는 감각에서 벗어나 내담자 본인에게 선택지가 있음을 느낄 수 있게 한다. 예를 들어, 상담자는 내담자에게 "부모님에게 비난을 받으면서 자라 왔기에 쉽게 의기소침해지고, 다른 이들과 관계에 어려움이 있으신 것 같네요."라고 반영하는 대신에 "당신은 비난으로부터 당신을 보호하는 방법을 배웠고 지금까지 유지하고 있는 것 같아 보이네요."라고 제시할 수 있다.

대학교 졸업을 앞두고 여러 직장에서 스카우트 제안을 받은 A씨는 선택 앞에서 불안하다. 자기 적성에 더 맞는 업무를 할 수 있는 A회사를 선택하고 싶지만, 월급을 더 주는 B회사에 가고 싶은 마음도 있다. 그는 A회사를 선택하면 B회사를 못 간 것을 후회할 것 같고, B회사를 선택하면 A회사를 못 간 것을 후회할 것 같아 결정을 못하고 있다. 그는 자신이 잘못된 선택을 하게 될 상황이 두렵다. 남들이 보기에 그의 상황이 복에 겨운 상황이라고 생각해서, 그는 자신의 고민을 쉽사리 누구와도 나누지 못하고 있다. 친구들은 취업조차 못하는 시점인 것을 알기에 이런 고민을 하는 것에 대해 죄책감도 느낀다. 이러한 상황에 놓여 있는 내담자를 어떻게 도와줄 수 있을까?

가장 먼저 상담자는 자유를 직면하게 될 때 내담자가 느끼는 높은 수준의 불안감을 충분히 이해해 주고 받아들여 준다. 죄책감이라는 이차 감정을 느끼고 있는 내담자에게 그러한 감정이 충분히 발생할 수 있다는 것을 공감해 주고 이해해 준다. 불확실함을 경험하면서 생기는 불안은 이상한 것이 아니라고 치료자가 수용해 주면 내담자는 자기 스스로를 수용하고 자신의 결정에 집중할 수 있으며 선택의 상황에서 스스로 해결해 갈 방법을 찾게 될 가능성이 생긴다.

이러한 과정 이후에 상담자는 내담자가 자유와 책임이 있는 존재임을 인식하고 인정할 수 있도록 돕는다. 이때 내담자를 향한 치료자의 도전은 온화한 방법부터 단호한 방법까지 실존치료 접근마다 다르게 나타난다. 예를 들어, 쇼핑을 많이 하는 내담자가 자신이 쇼핑을 하는 이유는 전부 남편의 무관심 때문이며 자신은 쇼핑 외에는 아무런 선택도 할 수 없다고 말할 때 상담자는 "부인에게도 그 행동을 선택한 책임이 있습니다."라고 직접적으로 도전할 수 있다. 그에 비해 부드러운 방법을 택하는 치료자는 그녀가 그러한 행동을 하게 된 이유를 충분히 수용해 주고 그럼에도 그녀가 다른 방법으로 남편에게 표현하는 것을 선택할 수 있음을 말해 줄 수도 있다. 자유 인정하기 과정에서 치료자는 내담자의 회피전략 탐색을 돕기도 한다. 이때 내담자가 자유를 회피하고 있는 것을 받아들이고 내담자가 왜 이러한 선택을 부인하는지에 대해 치료자는 직접적 또는 간접적으로 이유를 제시한다.

마지막은 재결정 과정으로, 이 단계에서 상담자는 자신의 저항을 인정하게 된 내담자가 자신의 인생을 다른 방식으로 살아가는 것을 선택하도록 돕는다. 예를 들어, 밤에 외로움이 찾아올 때마다 폭식을 하는 내담자에게 상담자는 음식으로 외로움을 채우는 것 대신에 다른 방법을 선택할 수 있다는 것을 확인하도록 돕는다. 내담자가 가장 최선으로 생각되는 결정을 하게 되면 상담자는 "이 상황에서 할 수 있는 선택은 무엇이 있을까요?"와 같은 질문을 한다. 이후에 상담자는 내담자가 실행까지 나아갈 수 있도록 격려한다.

실행 단계에서는 내담자가 구체적인 계획을 가지고 있을수록 변화가 확실하게 일어나기에 상담자는 구체적인 계획을 할 수 있도록 내담자를 돕는다. 예를 들어, 외로움이 많은 내담자가 운동을 통해 외로움을 극복하겠다고 다짐했을 때 다음 회기까지 몇 번의 운동을, 언제, 누구와, 몇 시에 할 것인지를 구체적으로 내담자가 직접 적어 볼 수 있도록 한다. 다음 회기가 돌아왔을 때 내담자가 실천한 부분을 나누어 보는 것은 변화를 더욱 굳건히 한다.

(3) 주제 3: '의미'와 관련된 기술과 기법

'로고테라피'는 내담자가 무의미함에서 오는 실존적 신경증의 어려움을 극복하고, 삶의 의미를 발견하게 돕는 치료법이다. 로고테라피 치료자들은 인간에게는 궁극적인 삶의 의미가 있고, 인간은 이러한 소명과 계획을 인정하고 알아가야 한다고 보았다. 실존치료자들은 치료를 통해서 '왜 사는가'를 내담자가 알게 되면 어떻게 살아가야 하는지에 대한 방향성도 알게 되어 내담자의 심리적 안녕에도 긍정적인 영향을 끼친다고 주장했다. 그러나 내담자가 의미를 찾아내려고 지나치게 몰두하면 할수록 역설적으로 의미를 발견하지 못할 수 있다. 그렇기에 프랭클은 자기중심적인 사람이 주변 상황과 관계를 통해서 삶의 의미를 찾아가도록 돕는다. 이는 개인을 초월하도록 돕는 것으로 내담자가 궁극적으로는 미래를 지향하고 목적과 방향을 갖도록 한다.

그러한 과정을 돕는 가장 강경한 기법은 '호소기법(appealing)'이다. 호소기법은 인생이 무의미하다고 생각하는 내담자에게 '삶은 의미가 있고, 고통마저도 태도를 변화시키면 이해 가능하다.'라고 말하는 것과 같이 치료자가 내담자에게 사실을 직접적으로 제안하는 것이다. 이러한 호소기법은 깊은 절망에 빠져서 삶에 대한 의지를 완전히 상실한 내담자에게는 효과적일 수 있으나 단기적인 효과만 있기에 권장하지는 않는다. 그 대신에 내담자의 능력을 신뢰하고 덜 강경한 '소크라테스 대화(Socratic Dialogue)'를 의미치료의 주된 기법으로 사용한다. 소크라테스 대화를 통해 내담자는 치료자와 논쟁을 하게 되고 다른 사람의 관점으로 자신의 신념과 가설에 질문을 하며 다른 각도에서 자신을 바라본다. 이를 통해 내담자는 자기이해의 폭을 넓히고 상황을 대하는 태도를 수정할 수 있다.

의미-중심 치료의 창시자인 파울 웡(1988)이 제시한 '테이프 빨리 감기'와 '기적질문'과 같은 구조화된 접근도 내담자가 자신의 삶에 대해 긍정적인 태도를 가지고 본인이 원하는 미래에 한발 더 가까이 갈 수 있도록 돕는다. 테이프 빨리 감기는 특정한 선택 이후에 시나리오를 가정하여 상상해 보도록 질문하는 것이다. "만약 당신이 의사라는 직업을 그만두었을 때 당신의 삶은 어떠할까요?", "이것이 당신이 원하는 삶인가요?"와 같은 질문을 할 수 있다. 기적질문은 내담자가 새로운 가능성을 생각해 보고 자신이 원하는 삶에 대해 더 깊은 통찰을 할 수 있도록 돕는다. "만약 당신이 모든 선택을 할 수 있다면, 어떠한 선택을 하고 싶으신가요?"나 "만약 알라딘의 지니가 나타나 세 가지 소원을 들어준다고 하면, 어떠한 소원을 빌 것 같으세요?"와 같은 질문으로 내담자가 잠시 자신이 현재 경험하고 있는 어려움에서 벗어나 최선의 미래를 만드는 방안에 대해서 충분히 생각할 수 있도록 돕는다.

실존적 신경증을 경험하는 내담자를 돕기 위해서 사용할 수 있는 기법으로는 역설적 의도(paradoxical intention)와 반성 제거(de-reflection)가 있다. 역설적 의도는 내담자가 자신의 증상을 심각하게 받아들이거나 두려워하지 않게 문제를 한 발자국 떨어져서 보게 하는 기법이다. 유머를 통해 내담자는 자신의 증상이 가진 모순점을 발견하고 심리적 증상에 압도되지 않을 수 있다. 오히려 자신의 증상을 증가시키는 상황을 만들어서 심리적 문제를 대하는 태도를 변화시킬 수 있다. 이는 강박관념과 공포증 환자에게 적합한데 강박관념이 있는 아이와 진흙탕에서 놀며 누가 더 자기를 더럽게 할 수 있는지 내기하는 것이 증상을 증가시키는 상황을 만드는 하나의 예가 된다. 이러한 상황에 최대한 오래 머물게 하는 역설적 의도는 내담자가 자신의 증상에 대수롭지 않게 반응하도록 하기 위함이다. 반성 제거는 성적 수행에 어려움이 있는 내담자가 자신이 아닌 파트너의 성적 쾌락에 집중하도록 하는 것과 같이 내담자가 자신의 문제가 아닌 다른 것에 관심을 돌리게 하는 것이다.

이러한 로고테라피를 통해 내담자는 목적 없는 고통에서 벗어나 고통의 상황에서도 의미를 발견할 수 있음을 경험하게 된다. 삶의 궁극적 의미를 찾는 것이 중요하다고 생각한 학자들과는 달리 인간이 하나의 최선의 궁극적 목적이 있다는 것을 그릇된 신념이라고 비판하는 학자들도 존재한다. 얄롬은 실존적 무의미함을 주장하면서 그럼에도 인간이 부분적인 의미를 만들어 내는 것이 중요하다고 주장했다. 그는 삶의 궁극적인 의미는 없지만 내담자가 삶이 무의미하다는 것을 인정하고 상황에 의미를 부여할 수 있다고 보았다. 얄롬에게 의미를 주제로 한 실존치료의 목적은 내담자의 의미 부여를 방해하는 주제를 찾고 내담자 스스로가 인생의 의미를 결정하도록 돕는 것이다.

(4) 주제 4: '소외'와 관련된 기술과 기법

실존적 소외는 관계에서 느끼는 소외와 달리 인간과 인간 사이에 메울 수 없는 틈이다. 그렇기에 존재라면 필연적으로 경험할 수밖에 없다. 이 때문에 소외 불안으로부터 생존하기 위해 맺는 관계는 근본적인 소외 상황을 없애지는 못한다. 이러한 실존적 현실인 소외 상태에 대한 내담자의 인정이 실존치료의 목표인 본질성을 회복하게 한다.

상담자는 내담자가 누군가에게 기대지 않고 스스로의 힘으로 고독을 견디는 힘이 있다는 것을 깨닫게 하는 것을 목표로 내담자가 고독의 상황에 머물러 보게 한다. 그러한 고독을 경험한 내담자는 자신에게 소외를 홀로 견뎌 내고 지낼 수 있는 잠재력이 있다는 것을 깨닫고 실존적 현실을 더 받아들일 수 있게 된다. 고독에 정직하게 직면한 내담자는 타인과도 건강한 관계를 맺을 수 있다.

비슷한 고독의 상황에 있는 타인인 상담자와 관계를 맺는 것을 통해서도 내담자는 소외의 불안을 마주할 수 있다. 상담에서 상담자와 내담자는 한 인간으로서 실재(presence)하게 되는데, 이러한 실재는 실존적 소외를 직면할 수 있는 용기와 고독을 이해하고 본인의 힘으로 대처할 수 있는 자신감을 증폭시킬 수 있도록 돕는다. 상담자는 내담자를 삶의 문제를 경험하는 행동의 근원인 '기능하는 개인'으로 바라보며, 내담자에게 진단명을 붙이거나 내담자를 해석하려 하지 않는다. 다만, 상담자는 여행의 동반자로서 내담자와 함께한다. 세상 속에서 흔히 경험하기가 힘든 나-너의 태도를 견지하여 내담자가 상호적인 관계 속에서 자신의 실재와 상담자의 실재를 온전히 경험할 수 있도록 노력한다. 나-너의 태도는 내담자와 상담자가 전인적으로 상담실 안에 존재하는 것으로, 상담자는 이때 내담자의 이야기에 전인적 경청을 하며 내담자를 전인적으로 이해하고 수용하려 한다. 전인적 수용이란 내담자의 한 요소가 아닌 모든 부분을 고르게 이해하는 것으로 진단명, 배경, 특정 사건을 각각의 부분들로 이해하는 것이라고 볼 수 있다. 이러한 전인적 수용을 위해 상담자는 내담자의 불확실성을 전제로 만난다. 상담자는 내담자의 고유함을 인정하고 미지의 세계를 만나는 것과 같은 태도로 내담자와 마주한다.

전인적 만남에는 내담자의 역할 또한 중요하기 때문에 내담자와의 전인적인 만남은 상담자가 내담자의 고유함을 인정하는 것만으로는 충분치 않다. 전인적 만남을 위해서는 내담자에 대한 수용, 내담자를 향한 상담자의 표현, 내담자의 표현, 상담자를 향한 내담자의 수용이 전부 이루어져야 한다. 상담자가 내담자를 개방적 태도로 받아들이기 위해서는 내담자를 향한 가정과 편견을 밀어내야 한다. 그리고 무엇이 상담실 안에서 둘을 실재하지 못하게 하는지를 알아서 방해 요소를 제거해야 한다. 상담자는 내담자의 치료 목표와 관련되었을 때 자신을 개방하기도 하는데, 때때로 이러한 표현이 상담자의 약한 부분과 관련이 있을 때 내담자가 상담자에게 의지하는 것이 아닌 스스로 더욱 주체적으로 살아갈 수 있도록 돕기도 한다. 내담자 자신의 표현을 늘리기 위해서는 기본적으로 내담자가 상담의 상황을 안전한 공간이라고 생각하여야 한다. 내담자의 표현을 촉진할 수 있도록 때때로 상담자는 '두 의자 기법(two-chair technique)'을 쓰기도 한다.

마지막으로 내담자도 상담자를 수용할 수 있도록 충분한 배려와 인정이 필요하다. 이러한 표현과 수용을 통해 서로의 실재를 경험한 내담자는 자신의 깊은 내면을 솔직하게 표현하고 드러내면서 자기 자신의 불안, 두려움을 인정하고 스스로를 이해하면서 타인과의 관계에서도 수단이 아닌 '주체'로서 타인을 이해하게 된다. 상담자는 내담자가 타인과의 관계에서 자신의 약점을 솔직하게 표현하고 자신감을 가진 채 상담실 밖에서의 참만남을 이루길 기대한다.

4. 주요 기술 실습

1) 한계 탐색하기

한계를 탐색하는 것은 자유롭게 선택할 수 있는 영역과 선택할 수 없는 영역을 알아차리는 과정이다. 다음의 실습은 내담자가 명확한 한계선을 살펴보고 그 안에서 더 적극적으로 자유로운 선택을 할 수 있도록 돕는다. 여기서 말하는 한계란 내가 태어난 환경, 신체적인 어려움, 죽음 등 다양하다. 그러한 한계 중에서 자신이 현재 크게 느끼는 한계적 상황은 무엇인지, 그 상황에 어떻게 대처하는지 알아보는 과정은 내담자가 처한 실존적 한계를 인정하여 자신의 삶을 더욱 실존적으로 살아갈 수 있게 돕는다.

① 당신이 지금 삶에서 느끼는 한계들은 무엇인가요?
(예시: 체력이 부족함, 많은 일을 하기엔 하루의 시간이 부족함, 얼굴에 주름이 생김, 죽음을 피할 수 없음)

② 어떠한 한계가 가장 받아들이기 어려운가요?

③ 그 한계에 대해서 어떠한 생각과 감정을 느끼고 있나요?

④ 당신의 삶 속에서 이러한 한계가 아예 없다면, 당신의 삶은 어떠할 것 같나요?

2) 자유로운 선택을 부인하는 모습

실존치료에서 내담자가 본인의 자유로운 선택을 얼마나 인정하고 있는지, 그에 알맞고 자유롭게 선택하며 살아가고 있는지는 상당히 중요한 부분이다. 때때로 자유로운 선택으로 인한 불안 때문에 내담자는 자신의 선택권을 인정하지 않고 운명이라고 생각하거나, 대중 안에 스며들어서 선택을 회피하는 전략을 사용한다. 이때 내담자가 자신이 자유를 부정하고 있다는 것을 알아차리는 것이 치료의 첫 단계에서 필요하다. 자신이 자유로운 선택을 부정하고 있다는 것을 알아차린 후에야 자신이 자유로운 선택을 할 수 있는 존재라는 것을 진정으로 인정하게 되는 과정을 밟을 수 있다. 다음의 실습을 통해 자유로운 선택권을 지닌 존재로서의 자신의 모습을 인정하는지 또는 부인하는지, 부인한다면 어떠한 방식으로 부인하는지를 살펴볼 수 있다.

① 당신은 자신의 삶에서 어느 정도 선택과 자유를 인정하는가?

1 ---------- 2 ---------- 3 ---------- 4 ---------- 5 ---------- 6 ---------- 7 ---------- 8 ---------- 9 ---------- 10

자유와 선택을 매우 인정하지 않음 / 자유와 선택을 매우 인정함

② 다음의 목록 중에서 자신의 자유와 선택을 부인하기 위해서 선택한 전략에 표시해 보시오.

1	운명이라고 생각한다.	○	×
2	대중이나 권위에 순응한다.	○	×
3	피해자의 역할을 자청한다.	○	×
4	애매한 태도를 취한다.	○	×
5	냉소적 태도나 가벼운 태도를 취한다.	○	×
6	모든 면에서 뛰어나려고 한다.	○	×
7	자신의 선택을 다른 사람에게 미룬다.	○	×
8	고정된 행동을 고수한다.	○	×
9	주장을 하지 않는다.	○	×
10	변덕스럽거나 충동적인 행동을 한다.	○	×
11	결정을 최대한 미룬다.	○	×

3) 자유로운 선택에 대해 돌아보기

자유로운 선택을 부인하면서 살아가는 내담자들에게 자유로운 선택에 대해 알려 줄 수 있는 좋은 방법 중 하나는 자신이 하루 동안 한 선택들을 돌이켜 생각해 보게 하는 것이다. 정말 사소한 것부터 큰 것까지 자신의 선택이 영향을 미치지 않는 부분이 거의 없다는 것을 아는 내담자들은 생각보다 자신이 많은 선택을 하고 살아왔고 그런 선택권을 지닌 존재라는 것을 직접적으로 알게 된다. 다음의 실습은 또한 내담자 본인이 선택하지 않는 한계의 상황들도 탐색해 보며 자신이 할 수 있을 법한 새로운 선택들을 제시함으로써 자유, 선택이 개인의 삶에서 중요한 요소로 작용 중임을 알 수 있게 한다.

① 아침부터 지금까지의 시간을 돌아보며 자신이 선택한 것들을 모두 적어 보자.

(예시: 버스가 아닌 택시 타기, 구두가 아닌 신발 신기, 친구와 언쟁하기를 선택함)

② 아침부터 지금까지의 시간을 다시 한번 생각하며, 자신이 선택하지 않은 상황을 적어 보자. 그리고 선택하지 않은 상황에서도 내가 선택할 수 있는 부분은 무엇이 있었는지도 생각해 보자.

(예시: 방에서 공부하는데, 누군가가 방문 앞에서 전화하는 소리를 듣는 것을 선택하지 않음)

⇨ 자신이 선택한 것과 선택하지 않은 것 중에 어떠한 것을 더 많이 행했는가?

③ 바로 지금-여기에서 자신이 선택하고 있는 것은 무엇인지 생각해 보자.

(예시: 나는 내가 지금 어떤 선택을 하고 있는지 생각해 보기를 선택하고 있음)

출처: Cooper (2020) 참조.

5. 요약 및 리뷰

- 실존치료는 특정한 기법을 사용하는 치료법이 아니라 삶을 대하는 태도와 생각의 방식과 관련이 깊다.
- 실존치료는 본질보다 실존을 중요하게 생각했던 키르케고르, 부버, 사르트르와 같은 실존철학자들의 주장을 기반으로 만들어졌다.
- 실존치료는 현존재분석, 인본주의적 실존치료, 영국 실존치료 학파, 의미치료 네 분류로 발전했으며 각각 치료의 중점은 달랐지만 명료한 심리치료 이론을 내세우지 않고 내담자와 인격적인 방식으로 관계를 맺는다는 공통점이 있다.
- 실존치료 중 가장 다양한 기법을 사용하는 로고테라피는 내담자가 무의미함에서 오는 실존적 신경증의 어려움을 극복하고, 삶의 의미를 발견하도록 호소기법, 역설적 의도, 반성 제거와 같은 기법을 사용한다.
- 쿠퍼(2014)의 13가지 존재의 특성은 유일한 존재, 세상 속 존재, 타인과 함께하는 존재, 자유로운 선택권을 가진 존재, 동사로서의 존재, 미래를 향해/과거를 참고로/현재에 사는 존재, 유한한 존재, 불안한 존재, 체화된 존재, 죄책감의 존재, 비본래적 존재, 본래적 존재, 타인을 향한 존재이다.
- 실존치료는 특별한 기법 없이 인간이라면 보편적으로 마주하게 되는 실존적 주제들(자유, 한계, 의미, 소외)을 중심으로 진행되고 한 개인이 실존을 충만하게 경험하며 본래적으로 살도록 하는 것을 목표로 하고 인간이 자유로운 선택을 할 수 있다는 점을 전제한다.
- 실존치료는 내담자가 본래적 존재로서 살아갈 수 있도록 실존적 현실로부터 일어나는 불안을 마주하고 그럼에도 자유로운 선택을 할 수 있는 존재로서의 충분한 능력이 있음을 깨닫도록 돕는다.

학습 문제

1. 실존치료의 네 가지 존재 방식이 무엇인지 설명해 봅시다.
2. 정상적 불안과 신경증적 불안을 비교하여 설명해 봅시다.
3. 쿠퍼가 제시한 13가지 존재의 특성에 대해 설명해 봅시다.
4. 실존치료의 치료적 목표는 무엇인지 설명해 봅시다.
5. 얄롬이 제시한 실존주의 심리치료의 네 가지 주제는 무엇인지 설명해 봅시다.
6. 부버가 제시한 '나-너'의 태도와 '나-그것'의 태도의 차이점은 무엇인지 설명해 봅시다.
7. 실존적 신경증을 극복하고 삶의 의미를 발견할 수 있도록 돕기 위한 기술과 기법에 대해 설명해 봅시다.

제 5 장

구성주의 치료

정정운

1. 구성주의 치료 소개
2. 이야기 치료의 주요 이론과 실제
3. 해결중심 단기치료의 주요 이론과 실제
4. 주요 기술 실습
5. 요약 및 리뷰

1. 구성주의 치료 소개

1) 구성주의 치료의 주요 발전

2) 주요 학자 전기

2. 이야기 치료의 주요 이론과 실제

1) 주요 개념

2) 이야기 치료의 실제

3) 이야기 치료 관련 최신 치료법

3. 해결중심 단기치료의 주요 이론과 실제

1) 주요 개념

2) 해결중심 단기치료의 실제

3) 해결중심 단기치료 관련 최신 치료법

4. 주요 기술 실습

1) 이야기 치료의 주요 기술 실습

2) 해결중심 단기치료의 주요 기술 실습

5. 요약 및 리뷰

학습 목표

- 구성주의 치료의 발달 과정을 이해한다.
- 구성주의 치료의 철학적 사상 및 주요 개념을 이해한다.
- 이야기 치료와 해결중심 단기치료의 주요 발전과 창시자들의 생애를 이해한다.
- 이야기 치료와 해결중심 단기치료의 상담 기법을 이해 및 적용한다.
- 이야기 치료의 해결중심 단기치료의 상담 적용에 대한 장점과 한계를 이해한다.

1. 구성주의 치료 소개

구성주의에서 '구성하다(construe)'라는 용어는 라틴어 'con struere'에서 유래되었다. 이 용어는 '구조를 배열하고 형태를 부여한다'는 뜻을 담고 있다(Raskin, 2002). 구성주의는 개인이 자신의 인식과 경험을 기반으로 자신만의 견해, 사건의 구성, 그리고 관계를 창조한다는 신념으로 특징지어지며, 이는 포스트모던 철학과 관련이 있다. 구성주의는 개인이 현실을 보는 방법에 따라 세상의 패러다임이 변하고, 이것이 개인이 과학과, 예술, 그리고 다양한 삶의 바라보는 새로운 관점이라고 소개하고 있다. 그리고 이로 인해 세상을 지탱하고 있던 가장 근본적인 지식들은 더 이상 절대적인 것들이 아니며, 다양한 관점에 대한 인식을 통해 단 하나의 객관적인 현실을 찾는 방법은 더 이상 무의미하다고 보고 있다. 또한 진리, 진실, 진위와 같은 개념들은 더 이상 객관적이지 않고 주관적이며, 개인이 세상을 바라보는 관점에 따라 각자의 다른 의미들이 존재할 수 있다고 강조한다. 따라서 현실은 다수가 동의하는 하나의 불변하는 것이 아닌, 개인의 주관적 경험과 인지에 의해 구성되는 것이다. 이러한 철학을 설명하는 용어가 바로 구성주의이다. 구성주의 상담자들은 그들의 내담자가 자신들이 겪는 문제가 어떤 의미인지, 또 어떻게 그 문제들을 이해하는지에 대해 유의한다.

섹스톤(1997)에 따르면, 인간이 살아온 각 시대마다 인간과 세상을 이해하는 주된 패러다임이 존재해 왔는데, 현 시대를 관통하는 주요 패러다임을 포스트모더니즘(postmodernism)이라고 얘기한다. 이 책에서 소개되는 대부분의 이론과 접근법이 창시되었던 20세기, 즉 포스트모더니즘 전 시대에는 많은 이론이 진리를 찾기 위한 방법으로 과학적인 관찰을 택했다. 현대주의자들은 보다 더 객관적인 방법만이 세상의 진리들을 증명하고 밝혀낼 수 있다고 믿었다(Gergen, 2009). 예를 들어, 이 책에서 대부분 서술되는 학자들은 인간의 행동과 인지, 정서를 설명하는 데 한 가지 옳은 방식이 있다는 생각을 기반으로 하고 있다. 하지만 학자들이 말하는 그 진리들이 동시에 공존할 수 있는지는, 또 인간이 자신을 삶을 살아가고 자신의 삶에 의미를 부여하는 방법에 옳고 그름이 있는지는 우리가 다시 한번 생각해 볼 문제이다(Kress et al., 2020).

마호니(1988)에 따르면, 구성주의 이론들은 개인이 심리적으로 인지하는 현실들이 집단에서 공유되었다고 하더라도 여전히 본질적으로 개인적인 현실들이며, 그러한 현실 또한 개인이 자기(self)를 형성해 가는 역동적 과정에서 변화한다. 또, 그는 심리적 구성은 인간의 지식과 경험이 개인의 현실에서의 능동적인 참여를 수반한다는 철학을 가진 이론들에 기반한다고 말했다.

마호니(2003)는 구성주의의 기본이 되는 주제를 다섯 가지로 서술했다.

첫째, 능동적 주체(active agency)로, 사람들은 자신의 삶을 이끌어 가는 주체적인 존재이다. 선택과 집중, 그리고 행동을 통해 끊임없이 그들의 삶을 결정해 나간다.

둘째, 질서(order)로, 사람들은 경험을 체계적으로 정리하고 의미를 부여하려고 한다. 지나친 질서는 과도한 감정 통제로 이어질 수 있고, 반면 너무 적은 질서는 균형과 방향을 잃게 할 수 있다.

셋째, 자기(self)와 정체성(identity)으로, 자기(self)와의 관계는 삶의 질에 중요한 역할을 한다. 예를 들어, 개인의 자기개념, 자기신체상, 자존감, 그리고 자기성찰과 자기안위를 할 수 있는 능력들에 따라 삶의 질이 달라진다. 자기에 대한 개인의 감각이 경직되고 분열되면, 우리는 자기 스스로와 대인 간의 관계에서 어려움을 겪게 된다.

넷째, 사회적–상징적 과정(social-symbolic processes)으로, 질서, 의미, 그리고 정체성은 사회적인 교류와 언어, 형상, 이야기 같은 상징적인 과정에서 온다.

다섯째, 역동적 변증법적 발달(dynamic dialectical development)로, 사람들은 안정(organization) 또는 혼란(disorganization)으로 이어질 수 있는 경험들을 주기적으로 한다. 또한 사람들은 균형을 찾고 스스로를 지키기 위해 변화에 저항하기도 하며, 때로는 다시 안정을 찾기 위해 혼란이 필요하기도 한다.

셀리그먼과 리첸버그는 구성주의 철학 안에 급진적 구성주의(radical constructivism), 사회적 구성주의(social constructivism), 비판적 구성주의(critical constructivism)와 같이 구분되는 철학들이 있다고 말했다. 각 구성주의의 차이는 개인과 세상의 관계를 보는 관점에서 온다. 먼저, 급진적 구성주의는 현실은 개인에게 다르며, 인간 두뇌의 생물학적 구조와 능력에 제한되어 있다고 강조한다. 그러므로 우리 마음의 한계를 넘어 현실이 존재하는지 알 수 없다고 말한다. 사회적 구성주의는 현실이 언어, 문화, 사회와 같은 사회적 구조들에 의해 만들어진다고 본다. 따라서 단 하나의 객관적인 현실은 존재하지 않고, 각 개개인이 보는 주관적인 현실이 존재한다. 비판적 구성주의는 기본적으로 사회적 구성주의와 철학을 공유하지만, 개인과 사회적 요소들이 현실을 창조한다고 본다(Neimeyer & Raskin, 2001). 그리고 각 개인의 의미는 개인과 사회의 교류 속에서 만들어진다고 정의한다. 이렇게 여러 구성주의 이론 학파가 개발되었지만, 이 책에서는 주로 사회적 구성주의에 대해 다룬다.

많은 상담 이론이 포스트모더니즘과 구성주의의 관점에서 생겨났다. 이야기 치료와 화이트와 엡스턴(1990), 앤더슨, 거건(1985)의 저서들, 그리고 긍정심리학과 해결중심 단기치료를 포함한 강점중심치료들이 모두 사회적 구성주의의 결과물이다. 페미니즘과 다문화상담 또한 구성주의에 기반을 두고 있으며, 이러한 이론들의 공통점은 사람들이 자기 자신과 세상에 대한 인식의 중점을 현상학적이고 경험적인 부분에 둔다는 것에 있다. 이와 같은 접근법들은 세상에 통용되고 객관적인 지식과 진리는 있을 수 없다는 포스트모더니즘의 가정에 기반하며 개인이 의미를 창조하고 경험하는 일은 인간의 삶에 아주 중요한 부분이라고 정의한다(Mahoney, 2003).

1) 구성주의 치료의 주요 발전

(1) 이야기 치료

이야기 치료의 뿌리는 마이클 화이트와 데이비드 엡스턴의 1990년도 저서에 있지만 많은 학자에 의해 계속해서 발전되어 왔다. 화이트와 엡스턴은 그레고리 베이트슨, 조지 켈리, 미셸 푸코와 같은 여러 학자에 의해 영향을 받았으며, 이후 전 세계의 많은 임상가와 연구자들이 이야기 치료에 관심을 가지게 되었다. 화이트의 철학은 가족체계이론, 인공두뇌학(cybernetics), 그리고 비고츠키 사회발달이론의 영향을 받았으며, 특히 프랑스 철학자 미셸 푸코의 철학에서 막대한 영향을 받았다. 화이트는 사회에서 소외되거나 억압을 받는 사람들을 돕는 일에 관심이 많았으며, 개인이 세상의 고정관념과 틀에 자신을 맞추고 순응하도록 하는 것이 얼마나 인간에게 부정적인 영향을 미치는지 강조하였다. 그는 이것이 개인의 다양성을 무력화하는 환경이라고 말했다. 또한 화이트(1986)에 따르면, 개인(individuals)은 해석적 이야기에서 자신들의 삶의 의미를 만들어 내며, 이는 '진리(truth)'로 받아들여지고, 또 사람들의 현실은 그들의 이야기에 의해 구성되고 행동을 결정하는 요소가 된다. 즉, 사람들은 스스로와 그들의 세계에 대한 의미를 이야기의 언어를 통해 만드는 해석적 존재인 것이다. 그리고 타인과의 상호작용을 통해 이야기를 만들어 가며, 그 이야기들로 자신의 세계와 경험을 이해한다(Gergen, 2009). 사람들은 지배적 문화(dominant culture) 속의 이야기들을 내면화하며, 그들의 삶의 가치와 태도에 일치하지 않는 역할과 행동들을 하기도 한다. 그래서 이야기 치료는 이러한 불일치 혹은 간극에서 문제가 되는 이야기들을 끊임없이 탐색 및 수정하여 대안적인 이야기를 만들어 내고, 이는 더 많은 자기결정권을 얻게 해 주며, 자신의 삶을 더욱 성공적으로 살아가는 데 도움을 줄 수 있도록 사람들을 돕는다(Kress et al., 2020).

이야기 치료는 여러 가지 중요한 부분에서 전통적인 상담 및 심리치료와 다르다. 화이트는 스스로를 컨설턴트로 묘사했으며, 내담자들을 치료하거나 고치려는 것이 아닌, 그들에 대해 배우고 이해하고 새로운 길을 찾도록 돕는 조력자 역할을 하는 것이 중요하다고 말했다. 이야기 치료사들은 사람들의 경험과 삶이 그들의 이야기에 의해 창조된다고 믿고, 본질적인 진리는 존재하지 않으며 현실은 언어와 사회적 상호작용 그리고 이야기로 구성된다고 강조한다(Lee, 1997; Mascher, 2002).

이야기 치료는 개인이 문제의 근원이나 문제에 대한 인식을 자신 혹은 타인에게 이야기하는 과정에 의해 형성된다는 견해를 기반으로 한다. 이야기 치료사들은 내담자에게 이러한 이야기를 나누도록 장려하며, 이야기를 나눔으로써 내담자들은 자신의 이야기를 새로운 시각에서 다시 검토할 수 있게 된다고 믿는다. '이야기'라는 단어는 사람들의 삶의 이야기에 중점을 두고 있으며, 그러한 이야기를 반복해서 말하는 것에서 변화가 만들어진다. 본질적으로 이야기 치료의 가장 중요한 측면은 내담자가 자신의 이야기를 다시 쓰거나 자신의 경험과 문제를 더 잘 이해할 수 있는 새로운 이야기를 새로 창조한다는 부분이다(Morgan, 2000).

(2) 해결중심 단기치료

해결중심 단기치료는 1994년 스티브 드 세이저와 인수 킴 버그에 의해 창조되었다. 기존에 있던 치료방법이 과거에 초점을 두었다면, 해결중심 단기치료는 현재와 미래에 더 초점을 두고 있으며, 내담자가 가진 자원에 초점을 맞추어 내담자가 원하는 삶을 살 수 있는 해결책을 찾을 수 있도록 돕는 단기치료이다. 구성주의 상담치료의 특징과 같이, 해결중심 단기치료의 상담자는 내담자는 유능하며 자신의 삶의 문제를 해결할 능력과 자원이 있다고 가정하고, 내담자의 문제보다는 해결에 초점을 두고 내담자를 돕는다. 상담 회기는 주로 10회로 정해져 있기 때문에, 단기간에 효과를 보기 위해 문제보다 해결에 초점을 둔 해결중심 단기치료가 최근 들어 더욱 각광을 받고 자주 사용되고 있다.

드 세이저와 버그는 단기 상담접근법에 큰 기여를 했으며, 해결중심 단기치료는 계속해서 발전하고 있다. 특히 상담 현장에서 주어진 시간 안에 상담자들이 결과를 내야 한다는 상당한 압박감을 고려했을 때, 해결중심 단기치료는 그 중요성을 다시 한번 인정 받고 있다. 자연스러움, 즉흥적, 그리고 융통성 등을 기반으로 하는 단기치료는 매우 효과적일 수 있고, 내담자를 마주하는 첫 상담 회기에서부터 그 효과를 나타낼 수 있다. 보통 상담 6회기 전에 변화가 빨리 일어날 수 있다(Winbolt, 2011).

2) 주요 학자 전기

(1) 이야기 치료

① 마이클 화이트(Michael White, 1948~2008)

이야기 치료의 창시자 중 한 명인 마이클 화이트는 호주에서 태어나고 자랐다. 화이트는 대학 진학 후 사회복지를 전공하고, 졸업 후에 Adelaide Children's Hospital에서 정신과 사회복지사로 일을 시작하면서 상담 분야에 발을 들이기 시작했다. 1970년대 후반, 화이트는 베이트슨의 이론을 접하면서, 인간이 어떻게 세계를 바라보는지 관심을 갖게 되었고, 미셸 푸코의 영향으로 개인의 문제를 외재화하는 독창적인 개입 방법을 생각해 냈다. 그리고 1983년에 그는 Adelaide에 있는 Dulwich Centre를 설립하고 공동 센터장으로 일했으며, 가족상담사로 개인상담 또한 시작했다. 2008년에는 Adelaide Narrative Therapy Centre를 설립하고 상담과 교육 서비스를 제공했다. 이야기 치료는 전 세계에 있는 많은 아이, 가족과 지역사회를 위해 보급되었으며, 원주민들을 대상으로 적용되기도 하였다. 또한 『Narrative Means to Therapeutic Ends』, 『Reauthoring Lives: Interviews and Essays』, 『Narrative of Therapists' Lives』, 『Maps of Narrative Practice』와 같은 책들을 저술하였으며, 2008년에 미국 샌디에이고에서 워크숍을 진행하던 중 사망하였다.

② 데이비드 엡스턴(David Epston, 1944~)

이야기 치료의 다른 창시자인 데이비드 엡스턴은 1944년 캐나다 온타리오(Ontario)주에서 태어나고 자랐지만, 1964년 뉴질랜드로 이주했다. 엡스턴은 오클랜드 대학교에서 사회학과 인류학을 공부했으며, 에든버러 대학교에서도 지역개발학을 공부했다. 그 후 영국에 있는 워릭 대학교에서 응용사회학 석사학위를 마치고 오클랜드에 있는 한 병원에서 선임 사회복지사로 일했다. 그 후, 1981년부터 1987년까지 Leslie Centre에서 가족상담사로 일했다. 엡스턴은 인류학에 대한 관심을 바탕으로 '이야기 은유(narrative metaphor)'라는 개념을 접하게 되면서, 그것을 내담자들의 치료에 접목하였고, 또 내담자들이 지속적으로 새로운 이야기를 창조해 낼 수 있도록 지지적인 공동체가 필요하다고 강조했다. 2024년 현재 그는 뉴질랜드 오클랜드에 위치한 Family Therapy Centre의 공동 센터장이자, 존 케네디 대학교의 초빙교수이며, 노스다코타 주립대학교의 부속교수로 활동하고 있다. 또한 『Narrative Means to Therapeutic Ends』, 『Playful Approaches to Serious Problems: Narrative Therapy with Children and Their Families』, 『Biting the Hand That Starves You』 등의 책들을 공동 저술했다.

(2) 해결중심 단기치료

① 스티브 드 세이저(Steve de Shazer, 1940~2005)

해결중심 단기치료의 공동 창시자인 스티브 드 세이저는 미국의 위스콘신주 밀워키에서 태어났다. 그는 밀워키에 있는 위스콘신 대학교에서 미술로 학사학위를 받고 재즈 색소폰 연주자였으나, 동 대학에서 사회복지 석사를 받은 후 가족치료 분야에서 활동을 시작하게 되었다. 1970년대, 드 세이저는 그의 아내인 인수 킴 버그를 캘리포니아에 있는 정신연구소(Mental Research Institute)에서 처음 만나 같이 일을 하게 되면서, 해결중심 단기치료를 개발하게 되었다. 그리고 1978년, 드 세이저와 버그는 밀워키에 단기가족치료 센터(Brief Family Therapy Center)를 설립하고 많은 워크숍과 강의를 통해 해결중심 단기치료를 세상에 알렸다. 그리고 『Keys to Solutions in Brief Therapy』, 『Putting Differences to Work』, 『Words Were Originally Magic』 등 많은 책을 출간하였다. 2005년, 드 세이저는 유럽에서 강의를 하던 중 세상을 떠났다.

② 김인수(Insoo Kim Berg, 1934~2007)

김인수는 1934년 서울에서 출생하였고, 이화여자대학교에서 약학을 전공하였으며, 1957년 미국의 밀워키에 있는 위스콘신 대학교에서 약학과 사회복지학 석사학위를 받았다. 그녀는 의학 분야에서 일하고 위암에 관해 연구를 진행하기도 했으나, 사회복지 분야로 관심이 옮겨 가면서 심리치료에 관심을 갖게 되었다. 그리고 미국 캘리포니아에 있는 정신연구소에서 공부를 하던 중 남편인 드 세이저를 만나 결혼하게 된다. 1978년 남편과 함께 단기 가족치료 센터를 설립하고, 해결중심 단기치료를 널리 퍼트렸다. 그리고『A Solution-Focused Approach』,『Working with the Problem Drinker: A Solution-Focused Approach』(1992),『Interviewing for Solutions』등의 책들을 공동 저술하였으며, 남편이 떠난 지 2년 후인 2007년 세상을 떠났다.

2. 이야기 치료의 주요 이론과 실제

1) 주요 개념

이야기 치료는 다른 전통적인 이론들과는 다르게 상담자로 하여금 내담자들의 이야기를 적극적으로 반영하고 협력적인 접근을 취하도록 권장한다. 또한 내담자가 자신들의 다양한 자원을 잘 활용했던 경험들을 찾아내고, 효과적인 질문을 통해 내담자의 탐구를 돕는다. 그리고 상담자가 내담자를 진단하지 않으며, 이야기를 통해 내담자가 겪고 있는 문제들이 그들의 삶에 어떻게 영향을 미쳤는지 이해할 수 있도록 돕는다. 마지막으로 내담자가 지배적인 이야기로부터 자신들을 분리하고 대안적인 이야기들을 만들어 낼 수 있도록 돕는다(Kress et al., 2020).

(1) 이야기

이야기 치료에서 가장 중요한 개념은 단연 '이야기(story)'이다. 인간은 각자 다양한 이야기를 지니고 있고, 모든 이야기는 타당하고 중요하게 여겨진다. 대부분의 사람은 하나의 지배적인 이야기(dominant story)를 가지고 있고, 그 지배적인 이야기는 그들이 누구인지를 형성하는 데 큰 영향을 준다. 이러한 지배적인 이야기는 주로 비지배적인 다른 이야기들을 검열하고, 또 변경하며 지워 버리는 부정적인 역할을 하기도 한다. 또한 화이트(1986)는 인격의 명세(specifications of personhood)라는 개념을 제시했는데, 이는 이야기 속의 정보로 개인이나 가족 구성원으로서 어떻게 행동해야 하는지 알려 주는 것이다. 이것은 사람들로 하여금 그들의 지배적인 이야기에서 벗어나지 못하도록 제약하기도 한다.

사람들은 지속적으로 자신의 삶에서 일어나는 일들을 이해하려고 노력하고, 또 그들이 스스로에게 전하는 이야기는 자신의 자아 정체성을 결정한다. 하지만 서로 상충되는 이야기는 개인에게 불행이나 역기능을 불러올 수 있다(Richert, 2010). 내담자의 부정적인 이야기들은 스스로를 제한하기도 하며, 더 나아가 그 이야기가 내담자에 의해 내면화될 수도 있다(Kress et al., 2020).

(2) 열린 마음으로 경청하기

이야기 치료에서 심리치료사 및 상담자들은 내담자들을 편견 없고 비난하지 않는 태도로 그들의 이야기를 듣는 것이 중요하다. 더불어 내담자를 긍정적으로 인정해 주고 존중하면서 상담자 자신의 가치나 견해를 강요해서는 안 된다. 또한 상담자는 정상 혹은 비정상이라는 판단 없이 내담자의 이야기를 들어야 하고, 상담자 혹은 세상이 정의하는 '정상'이라는 범주가 사람마다 다르게 적용될 수 있다는 점도 기억해야 한다. 내담자들은 그들의 경험과 그들이 정의하는 현실이 상담자로부터 공감을 받을 수 있어야 한다. 더 나아가 상담자는 내담자가 스스로의 의미를 찾고 이야기를 긍정적으로 수정해 나갈 수 있도록 열린 마음으로 경청하며 돕는 역할을 한다(Kress et al., 2020).

2) 이야기 치료의 실제

(1) 이야기 치료의 목표 및 상담자의 역할

이야기 치료의 목표는 개인의 이야기의 수정과 재구성이다. 치료의 대상은 내담자 혹은 그들의 환경이 아닌 바로 내담자들의 이야기이다. 예를 들어, 한 내담자의 사례를 살펴보자. 내담자는 어렸을 적 어머니를 잃었으며, 아버지는 학대와 방치를 일삼았다. 맏이로서 어린 동생들을 부모 대신 보살펴야 했고, 커서는 데이트 폭력으로 어려운 시간들을 보냈으며, 알코올 중독에 빠진 배우자를 도우며 힘든 시간을 보내고 있었다. 그리고 그 내담자는 자신을 비극적인 삶의 피해자라고 결론지었다. 이 사례에서 내담자를 위한 이야기 치료의 목표는 자신을 비극스러운 과거의 피해자로 보는 것이 아닌, 강인하며 책임감 있는 사람으로 볼 수 있도록 내담자의 이야기를 수정하는 것이다. 그리고 꾸준한 상담을 통해 과거의 상처받았던 이야기들을 현재와 분리시키고, 스스로에게 능력과 권한을 부여하는 이야기로 수정 및 재구성하는 것이다. 그리고 이야기 치료의 또 하나의 목표는 내담자로 하여금 그들의 지배적 문화(dominant culture)가 어떻게 그들의 삶에 영향을 미쳐 왔는지 깨닫게 도와주고, 새로운 관점과 다른 방향성들을 고려하며, 또 새로운 이야기를 재창조하도록 돕는 것이다.

이야기 치료에서 상담자의 역할은 다음과 같다. 먼저, 능동적인 자세로 내담자의 이야기에 경청한다. 내담자를 존중하며 자신의 삶과 이야기의 전문가로 간주하는 태도를 지닌다. 또한 내담자를 지배적인 이야기로부터 분리하고 대안적인 이야기를 꺼낼 수 있도록 돕는다. 서로 협력적인 관계를 추구하고 내담자의 적극적인 참여와 주장을 인정한다. 그리고 내담자가 이미 자신의 문제를 해결할 수 있는 능력과 자원을 가진 존재로 여기고, 내담자가 그 능력과 자원으로 새로운 이야기를 써 나갈 수 있도록 돕는다. 마지막으로 판단하지 않는 자세로 내담자의 이야기를 듣고 돕는다(Morgan, 2000; Winslade & Monk, 1999).

(2) 기본 가정

다른 이론들과 같이 이야기 치료에도 기본 가정이 있다(Winslade & Monk, 1999). 첫째는 인간의 이야기는 모두 주관적이며 구분되고, 자신의 이야기에 따라 삶을 살아간다. 둘째, 지배적인 문화 이야기는 사람들이 이야기를 만들어 가는 데 제한적인 역할을 한다. 셋째, 지배적인 이야기를 해체하는 것이 자신에 대한 이해와 새로운 삶의 가능성을 제시한다. 넷째, 이야기 속에는 각자의 경험이 담겨 있다. 다섯째, 인간은 각자의 이야기를 해체, 재구성, 그리고 창조할 수 있는 자원과 능력이 있다.

(3) 상담의 과정 및 결과

이야기 치료에는 여러 가지의 치료단계가 있고, 그중 널리 알려진 이야기 치료 단계 종류 중 하나는 7단계를 포함하고 있다.

① 1단계: 문제 확인 단계

첫 번째 단계는 문제를 확인하는 단계이다. 첫 번째 단계에서는 내담자가 치료를 받으러 온 이유와 목적에 대해서 내담자의 이야기로 확인한다. 앞에서 서술한 것처럼, 이때 상담자의 판단하지 않는 자세와 능동적으로 경청하는 자세가 필수적이다.

② 2단계: 문제의 영향 탐색 단계

그다음으로는 내담자가 겪고 있는 문제가 어떤 영향이 있는지 파악하는 단계이다. 이 단계에서는 여러 (열린) 질문을 통해 내담자가 겪고 있는 문제가 내담자의 관점에서 어떻게 영향을 주고 있는지 파악하고, 이때 상담자는 내담자가 그 문제를 파악하는 데 전문가라고 간주하며 열린 마음으로 내담자의 이야기를 경청한다.

③ 3단계: 대안적 이야기 창조 결정 단계

세 번째 단계에서는 상담자가 내담자로 하여금 문제를 야기했던 지배적 이야기들을 마주하고 또 대면하도록 도와준다. 이때 상담자는 내담자를 판단하지 않고 존중하는 자세로 대하며, 내담자가 지배적 이야기에서 벗어나 앞으로 대안적 이야기를 창조하는 것에 대한 결정과 협력을 약속한다.

④ 4단계: 제약 이해 단계

제약 이해 단계에서는 내담자의 지배적 이야기에 대해 탐구한다. 지배적 이야기가 내담자 안에서 어떻게 형성되었으며, 그러한 지배적 이야기가 내담자에게 어떤 방법으로 제약하는지 확인할 수 있도록 돕는다.

⑤ 5단계: 대안적 이야기 구성 단계

대안적 이야기 구성 단계에서 상담자는 내담자가 자신의 삶의 이전 이야기들을 해체하고 새로운 대안적 이야기를 구성할 수 있도록 돕는다. 그리고 상담자는 능동적 경청을 통해 내담자의 이야기를 지지한다.

⑥ 6단계: 이야기 재구성 단계

이야기 재구성 단계에서는 상담자가 내담자와 협동하여 내담자에게 권한을 부여할 수 있는 새로운 이야기를 재구성한다. 여기서 내담자는자신의 강점과 긍정적인 관점에서의 이야기에 중점을 두게 된다.

⑦ 7단계: 이야기 통합 및 미래 계획 단계

내담자는 지금까지의 변화와 진전을 반영하여, 재구성된 이야기를 자신의 이야기로 통합한다. 그리고 그러한 성취를 기념하고, 미래에 재구성된 이야기를 어떻게 유지하고 새로운 이야기들을 덧붙여 나갈지 계획한다.

또 다른 이야기 치료단계는 세 가지 단계를 포함하고 있다(Kress et al., 2020).

① 1단계: 이야기 끌어내기

이야기 치료의 처음 시작은 상담자가 내담자의 이야기를 이끌어 내고 또 경청하는 것으로 시작하며, 내담자 문제의 원인보다는 그 문제의 영향에 더 많은 초점을 둔다. 많은 사람은 스스로 이야기를 구성하며 또 그것을 나누는 것을 좋아한다. 하지만 지배적인 문화에서 나오는 이야기들은 표면적인 이야기에 가깝고, 상담자들은 표면적인 이야기들을 넘어 개인 고유의 이야기를 이끌어 내야 한다. 카(1998)는 상담자가 내담자로 하여금 하나의 사건 혹은 감정에 대해 대안적 이야기를 나누도록 도와야 한다고 했다. 또 상담자는 내담자가 제3자의 시선에서 자신과 자신의 삶에 대한 이야기를 창조하도록 하고 그들의 이야기가 미래에까지 뻗어 나갈 수 있도록 돕는 역할을 해야 한다고 주장했다. 마지막으로 상담자는 내담자가 나누는 이야기에서 간과된 부분이 없는지 알아보고, 현재 겪고 있는 문제보다 자신에게 더 큰 영향을 미칠 수 있는 이야기들에 대해 초점을 맞춘다.

② 2단계: 이야기 해체하기

이야기 해체 과정은 내담자의 이야기가 변질되기 전, 분해하고 분석하는 과정을 말한다. 이야기를 해체하기 위해 상담자들은 **외재화**(externalizing) 혹은 **매핑**(mapping)과 같은 여러 기술을 사용한다. 이야기 해체하기 단계의 주요 목표는 내담자의 이야기에서 두드러지게 나타나는 주제와 은유를 찾아내고, 내담자가 자신의 이야기가 스스로에게 어떻게 영향을 주는지 인지하고, 자신의 이야기를 처음부터 끝까지 능동적으로 창조하지 않았다는 것을 깨닫게 돕는 것이다. 그리고 내담자가 자신의 이야기에서 긍정적인 부분들을 찾도록 돕는 것이 이 과정에서 아주 중요한 부분이다.

내담자의 이야기에는 **의식의 풍경**(landscapes of consciousness)과 **행동의 풍경**(landscapes of action)이 모두 포함되어 있다(Bruner, 2002). 의식의 풍경은 내담자의 이야기에서 재현되는 가치, 감정, 동기, 신념 및 태도의 배경이며, 행동의 풍경은 내담자의 삶에서 일어나는 일들과 관련된 행동의 연속이다. 이 풍경들도 마찬가지로 그들의 이야기에서 재현되고 반복된다. 상담자의 역할은 내담자가 이러한 풍경을 인지하고, 이해하며, 의미를 결정하고, 더 나아가 수정할 수 있도록 도와주는 것이다. 앞의 내담자의 사례를 예로 들면, 그 내담자의 의식의 풍경은 일반적으로 절망, 슬픔 및 고통을 반영했고, 내담자의 이야기에서는 주로 아픔과 상실을 경험하는 사람들이 등장했다. 그리고 행동의 풍경에서 내담자는 주로 내성적이고 무기력했다고 짐작할 수 있다.

③ 3단계: 이야기 수정 및 재구성

내담자가 이야기를 상담자에게 나누고 해체를 시작하면, 그 이야기들은 수정되거나 재구성될 수 있다. 이 과정에서 상담자 또한 대안적 관점들을 제시하고 다양한 권한과 자원들로 내담자를 지원해 줄 수 있지만, 자신의 이야기를 만들고 수정할 수 있는 일은 오직 내담자만이 할 수 있다. 재구성은 내담자들이 자신의 삶에 대한 관점을 바꾸고 자신의 이야기를 수정하는 과정이며, 이 두 가지 과정은 분리할 수 없다. 내담자들이 이전의 이야기를 지배하던 규칙과 의미를 더 명확하게 볼 수 있게 되면 그들의 관점이 변하고, 또 새로운 이해와 해석들을 통해서 이야기가 수정될 수 있다. 이야기가 수정되는 과정에서 추가적인 이야기 해체의 기회들이 생겨나고, 그 추가적인 해체를 통해 이야기가 계속 수정된다. 점차적으로 지배적인 이야기에서 벗어나는 대안적 이야기들이 만들어지고 다양한 관점이 이야기에 덧붙여진다(White, 1989).

내담자들이 이야기 수정을 시작할 수 있게 되면, 재구성 또한 이루어질 수 있다. 상담자와 내담자가 이전 이야기를 새로 구성하게 되면서, 새로운 생각과 행동 및 감정을 경험할 수 있게 된다(Gottlieb & Gottlieb, 1996). 이야기를 재구성함으로써, 내담자는 자신의 의미 구성을 이해하고 자신에 대한 감정 및 다른 사람들과의 관계에 대해 더 생산적인 방향으로 나아갈 수 있다(Lee, 1997). 이야기 수정과 재구성을 통해, 내담자는 대안적인 이야기와 미래지향적인 자기 서사를 만들 수 있게 되며, 이때 자신을 문제보다 더 강력한 존재로 인식하게 된다(Carr, 1998; White, 1995). 그때 내담자는 자신이 얻어 가는 것들에 확신하게 되며 그것들은 타인과 공유할 수 있게 된다(Kress et al., 2020).

(4) 주요 치료 기법 및 기술

이야기 치료 상담자는 대부분 질문을 통해 개입한다. 상담자는 다음과 같은 기술들을 사용할 수 있지만, 그 어떤 것도 강요하거나 스스로 해석하지 않는다(Guy-Evans, 2023; Kottler & Montgomery, 2010).

① 이야기 완성하기

상담자는 이야기 완성하기를 통해 내담자가 자신을 잘 관찰하고 이해할 수 있도록 돕는다. 이를 통해 내담자는 자신의 삶의 사건들과 그 의미들을 탐험하고 자신의 생각을 표현한다. 내담자가 이야기를 완성하면 자신의 이야기를 관찰자의 관점으로 분석할 수 있고, 또 이를 상담자와 함께 들여다볼 수 있다. 상담자는 이 단계에서 내담자가 자신의 이야기의 전문가라고 간주하기 때문에 최대한 내담자의 관점과 언어에서 이야기를 이해한다.

② 문제 외재화하기

상담자는 외재화 기술을 통해 내담자가 자신의 문제나 행동을 자신에서 분리하고 외부적인 것으로 보도록 돕는다. 문제의 외재화를 통해 내담자는 문제로부터 발생하는 부정적인 감정이나 심리상태를 완화시킬 수 있고 또 자신이 문제가 아닌 문제 자체가 문제인 것을 깨닫게 된다.

③ 문제 영향력 알아보기

상담자는 내담자의 문제가 내담자에게 어떻게 그리고 얼마나 영향을 주는지 인지하도록 돕는다. 먼저, 외재화된 문제가 내담자에게 미치는 영향에 대해 알아보고, 그 문제로부터 파생되는 모든 영향을 탐색하게 한다. 대부분의 경우 그러한 문제는 다른 사람들도 같이 겪는 문제들이라는 것을 깨닫게 돕고, 자신이 그 문제에 어느 정도 영향을 미쳤는지 알아본다.

④ 정의 예식 진행하기

상담자는 정의 예식(definitional ceremony)을 통해 내담자가 자신의 정체성, 강점, 가치관 등을 더 잘 들여다보고 인지할 수 있도록 돕는다. 내담자는 자신에게 의미 있는 사람(증인)들 앞에서 자신의 삶을 이야기하고 또 재구성을 선포한다.

⑤ 독특한 결과 찾기

독특한 결과(unique outcome)는 '빛나는 사건(sparkling moments)'으로도 통용되며, 상담자는 내담자가 지배적인 이야기에서 벗어났던 경험을 찾을 수 있도록 질문한다. 또한 내담자가 현재 맞닥뜨리고 있는 문제가 없다면, 다른 어떤 이야기가 생겨날지 물어본다. 일단 문제 이야기가 확립이 되어 버리면 내담자들은 그 안에 갇히게 되어 대안적 이야기를 만들어 내지 못할 수도 있기 때문에 상담자는 내담자가 그런 대안적 이야기를 만들어 낼 수 있는 존재라고 믿고 내담자의 강점에 초점을 두고 능동적으로 경청한다.

⑥ 대안적 이야기하기

상담자의 모든 질문과 상담 목표는 내담자가 자신의 이야기를 수정하고 재구성할 수 있도록 돕는 것이다. 그래서 상담자는 내담자가 대안적 이야기를 구성하도록 돕고 내담자가 구성하는 새로운 이야기는 이전의 이야기를 해체하면서 이루어진다.

⑦ 이야기 해체하기

상담자는 내담자가 문제를 더 잘 이해할 수 있게, 내담자가 자신의 이야기를 더 작은 단위로 해체할 수 있도록 돕는다. 이를 통해 문제가 더 구체적으로 파악되고, 일반화가 줄어들며, 핵심 문제가 무엇인지 명확해질 수 있다. 또한 내담자는 자신의 정체성을 탐구함으로써 더 큰 사회가 내담자에게 어떻게 영향을 미치는지도 탐구한다.

3) 이야기 치료 관련 최신 치료법

이야기 치료의 효과에 대한 연구는 다른 치료법들에 비해 활발하게 이루어지진 않았으나, 지난 10년 동안 성격 및 전생애적 발달, 문화 및 임상 심리학 등을 포함하는 상담학적 이론적 방향을 제시하는 관련 연구들이 있었다(Adler, 2012). 기본적으로 이야기 치료는 진단에 중점을 두지 않고 각 개개인의 삶에 대한 다양한 관점을 존중하기 때문에, 다양한 집단과 문제에 효과적으로 사용될 수 있다. 기본적으로 이야기 치료는 우울을 겪는 내담자들을 치료하는 데 있어서 효과가 있고, 약물 및 알코올 중독을 겪는 사람들에게도 도움이 될 수 있다고 밝혀졌다(Lopes et al., 2014; Sanders, 2007; Winslade & Smith, 1997). 흥미로운 점 중 하나는 이야기 치료는 익명의 알코올 중독자들(Anonymous Alcoholics)에서 사용되는 전통적인 관점과는 상반되는 접근을 취한다. 익명의 알코올 중독자들(AA)에서는 중독자들의 문제를 내재화하고 받아들이도록 권장하는 반면, 이야기 치료에서는 중독자들이 자신의 문제를 외재화하고 또 명명하도록 돕는다. 이를 통해 중독자들은 알코올과 자신을 분리시키기 때문에 그들이 자신의 문제들을 다루는 데 더 큰 영향을 발휘할 수 있다고 믿는다. 또한 상담자가 대처 기술 및 전략들을 가르치는 대신, 내담자들이 이미 문제를 해결할 수 있는 힘과 자원이 있다고 본다(Sanders, 2007). 또한 사회적으로 소외되어 있거나, 다양한 환경에서 피해 및 부당한 일을 겪은 사람들을 치료하는 데에도 도움이 된다. 예를 들어, 가정폭력을 경험하고 있는 여성이나, 사회에서 소외된 노인 계층에게, 그들의 삶이 지배적 문화에서 벗어나 대안적 이야기를 쓰고 긍정적인 관점으로 삶을 변화시킬 수 있도록 도울 수 있다. 그리고 성소수자들을 상담하는 데 있어서 사회적 관점을 분해하고 자신의 이야기를 재구성할 수 있는 기회를 줄 수 있기 때문에 효과적으로 사용되고 있다(Mallory et al., 2017). 그 밖에 아동 및 청소년, 부부 및 가족, 자살 생존자, 외상을 경험한 사람들 등을 치료하는 데에도 효과적이다(van der Kolk, 2014; White, 2011). 마지막으로, 이야기 치료는 학교 환경이나 집단 환경에서도 유용하게 사용될 수 있다(Seo et al., 2015). 이렇게 이야기 치료는 다양한 환경과 대상에게 적용될 수 있지만, 아직까지 이야기 치료의 효과에 대한 대부분의 연구가 사례연구에 한정되어 있기 때문에, 더 다양한 연구방법과 대상을 통한 효과성 검증 연구들이 필요한 실정이다(Kress et al., 2020).

3. 해결중심 단기치료의 주요 이론과 실제

1) 주요 개념

해결중심 단기치료는 다음과 같은 세 가지 기본 규칙에 근거한다(James & Gilliland, 2003). 첫째, '부서지지 않았다면 고치지도 말라'. 둘째, '만약 효과가 있다면, 더 많이 하라'. 셋째, '만약 효과가 없다면, 다른 방법을 시도하라'(Sklare, 2014).

(1) 해결중심

문제 해결을 위한 해결책이나 단서를 찾는 것은 해결중심 단기치료의 중요한 구성요소이다. 상담자는 내담자가 실행 및 성공할 수 있는 전략들을 구상하는 반면 실패할 가능성이 있는 접근은 피해야 한다. 그리고 만약 내담자가 문제에 대한 효과적인 일들을 하고 있었다면, 그것을 지속해서 실행하는 것이다. 해결중심 단기치료에서 상담자는 내담자의 문제에는 예외(문제가 없는 상태)가 있다고 가정하고, 그 예외를 찾고 내담자가 이를 바탕으로 변화를 모색하도록 돕는다. 내담자가 예외를 찾고 또 무엇이 효과적인지 인지할 수 있다면 상담자는 그 효과적인 방법을 지속적으로 실행하도록 돕는다. 반대로 무엇이 효과적이지 않은지 깨닫는다면, 그 방법은 그만하고 새로운 방법을 시도하도록 장려한다(Kress et al., 2020).

표 5-1 해결책을 찾는 가이드라인(de Shazer, 1982)

- 내담자들을 자신의 문제와 그 문제에 대한 해결책을 찾아가는 일의 전문가로 가정한다.
- 내담자의 강점, 자원, 긍정적인 특징, 그리고 자신의 문제를 해결하는 능력을 강조한다.
- 내담자에게서 이미 진행 중인 자연스러운 변화에 중점을 둔다.
- 내담자가 이미 하고 있는 효과적인 행동을 정확히 파악하고, 이러한 행동을 통해 문제 해결을 촉진하는 새로운 방법을 모색한다.
- 상담자의 개입이 내담자에게 어떻게 효과적일 수 있는지를 설명하여, 내담자의 동기를 강화하고, 내담자가 회의적인 경우, 개입을 중단한다.
- 과거 내담자의 문제 해결을 위한 행동을 통해 앞으로의 해결책을 제시한다. 예를 들어, 내담자의 이전 행동이 효과적이고 긍정적인 결과를 가져왔다면, 그 행동을 계속해서 실시한다.
- 내담자의 반복적이고 비효과적인 행동 패턴을 중단하고 변경한다.
- 단순히 내담자가 하고 있던 효과 없는 행동을 중단하는 대신 새로운 행동을 장려한다.
- 칭찬과 격려를 통해 내담자가 긍정적으로 해결방안을 모색하도록 한다.
- 내담자에게 해결책을 주는 대신 질문을 통해 내담자 스스로 해결책을 찾게 한다.
- 해결책을 실질적이고 구체적으로 만들고, 내담자에게 맞는 해결책을 개발한다.
- 내담자의 세계관과 가치에 맞는 개입을 선택한다.
- 내담자에게 변화에 대한 기대를 불어넣는다.

(2) 강점기반

해결중심 단기치료는 인간은 원래 건강하고, 또 성장하고 변화할 능력과 자원이 있다고 가정한다. 그리고 인간은 자신들이 가지고 있는 것들에 대해 잘 인지하고 있지 못하고 그로 인해 변화를 위해 아무런 행동을 하지 못한다고 본다. 그렇기 때문에 상담자는 내담자가 자신들의 강점을 인지하고 또 그것을 통해 목표를 이룰 수 있도록 돕는다. 이 과정에서 긍정과 희망에 초점을 두고, 병리적인 것은 제시하지 않는다. 긍정심리학에서 제시하는 것들과 마찬가지로, 약점보다는 강점에 초점을 두고, 틀린 것보다는 맞는 것에 중점을 둔다. 내담자들은 대개 문제에 중점을 두기 때문에, 상담자는 내담자가 자신의 삶을 긍정적으로 바라보고, 모든 가능성을 열어 두고 해결책을 찾을 수 있도록 돕는다. 이러한 강점에 중점을 둔 접근 방법을 통해 내담자는 자신의 문제를 해결하고 목표를 이룰 수 있다(Kress et al., 2020).

(3) 미래지향

해결중심 단기치료는 이전에 개발되었던 상담 이론과는 많이 다를 수 있다. 왜냐하면 인간의 발달에 대한 혹은 과거의 경험 및 문제의 원인들에 대한 이해에 초점을 맞추지 않기 때문이다. 그렇기 때문에 과거에 대한 이해가 중요했던 기존의 전통적인 상담 이론들과는 다르게 분류된다. 대신 해결중심 단기치료는 내담자가 겪고 있는 문제에 대한 작은 이해만으로도 현재와 미래에 중점을 두고 문제에 대한 해결책을 찾아 그 문제를 해결할 수 있는다고 믿고, 또 내담자의 성장과 행동 변화를 통해 효과적인 치료 및 접근법을 찾는다(de Shazer, 1985).

2) 해결중심 단기치료의 실제

(1) 목표 및 상담자의 역할

해결중심 단기치료의 목표는 상담자가 내담자의 문제에 대한 해결책을 마련하도록 내담자를 돕는 것이다. 그리고 상담자는 내담자가 자신이 원하는 미래를 그리고, 또 그러한 미래로 나아가는 것을 돕는다. 이를 위해 내담자의 강점과 자원, 그리고 문제가 발생하지 않는 예외적 상황과 경험에 중점을 둔다. 그리고 내담자가 긍정적인 경험 및 문제가 발생하지 않는 작은 성공들을 지속적으로 경험하게 함으로써 내담자가 자신이 원하는 미래로 나아갈 수 있도록 한다. 상담자는 내담자가 새로운 가능성과 변화를 기대할 수 있는 긍정적인 환경을 만들어 주고, 내담자가 상담자로부터 이해받고 있다는 느낌을 받을 수 있도록 반영하며 경청한다. 기존의 전통적이었던 상담 이론에서와 달리 상담자가 아닌 내담자가 자기 자신에 대한 전문가로 변화를 모색한다.

(2) 기본 가정

해결중심 단기치료와 관련된 기본가정은 다음과 같다. 첫째, 틀린 것보다는 옳은 것에 초점을 두고, 문제를 일으키는 것보단 해결하는 것에 초점을 둔다. 둘째, 과거보단 현재와 미래에 초점을 둔다. 셋째, 내담자는 문제를 해결할 의욕과 능력과 자원이 있다. 넷째, 내담자의 작은 변화는 더 큰 변화를 불러올 수 있다. 다섯째, 내담자는 주로 자신의 한 부분만을 보여 준다. 여섯째, 긍정적인 용어로 목표를 세운다. 일곱째, 사람들은 매우 영향을 받기 쉽고 의존적이다. 여덟째, 내담자가 전에 성공하지 못했던 것들을 요구하지 않는다(Corey, 2005; James & Gilliland, 2003).

(3) 상담의 과정 및 결과

이름에서 알 수 있듯이 해결중심 단기치료는 다른 전통적인 상담치료 방법들보다 더 짧은 상담회기를 목표로 한다. 내담자의 문제에 대한 현재 해결책을 찾는 것에 중점을 두기 때문에 10회기 안으로 시간이 걸리고 보통 3~5회기 정도가 평균이다(Prochaska & Norcross, 2018). 그렇다고 해결중심 단기치료가 꼭 이러한 제한된 회기 안에 반드시 종결되어야 하는 것은 아니며, 내담자의 필요에 따라 얼마든지 연장될 수 있다. 해결중심 단기치료의 상담단계는 여러 가지가 있는데, 드 세이저가 말한 7단계는 다음과 같다(de Shazer, 1985).

① 문제확인 단계

상담에서 내담자의 문제를 확인하는 것은 첫 단계임과 동시에 가장 중요한 단계이다. 문제를 확인하는 것으로 목표와 개입 방법을 구축할 수 있고, 또 그로 인한 변화를 이끌어 낼 수 있다. 상담자는 내담자와 협력하여 문제를 확인할 수 있도록 도와주고 현실적인 해결방안을 모색한다. 상담자는 "무엇이 당신이 상담을 받도록 이끌었나요?" 혹은 "당신이 변화하기 위해 어떤 것들이 필요한가요?"와 같은 질문을 던질 수 있다.

② 목표확립 단계

내담자가 문제를 확인한 후, 상담자는 내담자가 상담에서 이루고 싶어 하는 목표를 설정하도록 돕는다. 상담 목표는 구체적이고, 측정 가능하며, 성취 가능하고, 현실적이며, 기간이 정해져 있는 것이 좋다. 주로 상담 목표는 내담자의 문제 상황에 대한 행동의 변화, 문제를 바라보는 내담자 시각의 변화, 그리고 내담자의 자원 및 강점, 그리고 해결방안 마련에 중점을 둔다(O'Hanlon & Weiner-Davis, 2003).

③ 개입설계 단계

상담자는 내담자에 대한 이해를 통해 내담자가 작은 변화라고 성취할 수 있는 상담 전략을 세운다. 이 단계에서는 "과거의 비슷한 문제를 경험했을 때 어떻게 대처했고 어떤 변화가 일어났나요?", "어떻게 하면 또 그러한 변화가 일어날 수 있을까요?"와 같은 질문을 할 수 있다.

④ 전략과제 단계

상담자는 내담자와 협동하여 내담자가 자신의 목표를 향한 과제들을 세워 나갈 수 있도록 돕는다. 상담자와 내담자가 과제를 선정할 때는 그 과제가 내담자에게 현실적이고 적절한지 신중하게 결정해야 한다. 또한 상담자는 내담자의 동기 상태를 점검해 보아야 한다. 상담자는 내담자들이 작은 과제라도 성취하게 되면 칭찬으로 또 다른 과제들을 이루어 나갈 수 있도록 장려해 준다.

⑤ 긍정행동 및 변화 단계

내담자가 과제를 완수하고 새로운 긍정행동과 변화를 보이는 단계이다. 상담자는 내담자의 변화와 가능성들에 대해 중심을 둔다. 이 단계에서 상담자는 "어떻게 변화를 인지했나요?", "어떻게 변화를 만들었나요?"와 같은 질문으로 내담자가 자신의 긍정행동과 변화에 대해 점검하도록 돕는다. 특히 이 단계에서 상담자는 내담자에게 응원단 같은 역할을 하고 칭찬과 격려로 내담자를 장려한다.

⑥ 안정화 단계

상담자는 내담자가 자신이 성취한 것들을 통합하게 도와주고, 그들이 더 긍정적인 관점을 가질 수 있도록 돕는다. 이 단계에서 내담자는 더 전진하지 않거나, 심지어 후퇴할 수도 있지만, 이것은 그들이 변화에 적응하고 성공적인 가는 길이라고 믿고 내담자가 낙담하지 않도록 독려한다.

⑦ 종결 단계

종결 단계는 주로 내담자가 자신의 목표를 다 이루었을 때, 내담자가 먼저 제시한다. 해결중심 단기치료는 내담자의 과거 문제가 아닌 현재 겪고 있는 문제에 초점을 맞추기 때문에, 내담자가 다시 상담을 받으러 올 수 있다는 것을 이해한다. 하지만 이것은 내담자가 단지 갑작스러운 문제들을 해결하러 올 때마다 받는 상담치료법은 아니다. 해결중심 단기치료는 내담자가 상담을 통해 자신감을 얻고, 또 공감받으며, 자신의 성취에 대해 칭찬해 주고 용기를 북돋아 주는 치료방법이다.

(4) 주요 치료 기법 및 기술

해결중심 단기치료는 질문을 통해 내담자가 원하는 미래로 나아가도록 돕는다. 이러한 과정을 이루어 가기 위해 다음과 같은 기법들을 사용한다.

① 기적 질문

상담자는 기적 질문(miracle question)을 통해 내담자가 원하는 미래의 구체적인 모습을 생각해 보게 한다. 기적 질문은 다음과 같다. "오늘 밤에 잠을 자고 있는 중에 기적이 일어나서 당신이 고민하고 있는 모든 문제가 해결됐다고 상상해 보세요. 당신은 아침에 일어나서 어떻게 기적이 일어났다고 알 수 있을까요? 기적이 일어난 모습은 지금과 어떻게 다를까요? 그러면 어떠한 일 때문에 이런 기적이 일어났을까요?"

② 척도 질문

상담자는 척도 질문(scaling question)을 통해 내담자가 문제에 대해 더 구체적으로 들여다보게 돕는다. 상담자는 내담자에게 지금 겪고 있는 문제와 기대, 그리고 해결에 관한 질문을 척도를 사용해서 묻는다. 예를 들어, "오늘 당신이 겪고 있는 문제에 대해 얼마나 힘이 드나요? 척도 1점(가장 힘든 상태)에서 10점(가장 좋은 상태)으로 말해 주세요." 만약 내담자가 4점이라고 했다면, 상담자는 "그럼 당신의 상태가 5점이 되기 위해서는 어떤 것들이 필요할까요?"와 같은 척도 질문을 통해 내담자가 원하는 미래와 해결방안을 모색하게 돕는다.

③ 예외 발견 질문

상담자는 예외 질문을 통해 내담자가 겪고 있는 문제가 나타나지 않았던 예외적인 상황을 탐색하도록 돕는다. 해결중심 단기치료에서는 부정적인 것에 중점을 두면 변화의 가능성이 더 적어진다고 가정하기 때문에 항상 긍정적인 관점을 장려한다. 예외 발견 질문(exception-seeking question)을 통해 상담자는 내담자가 문제로부터 받는 압박감을 줄여 주고, 문제 해결을 위한 해결방안을 찾도록 돕는다. 예외 발견 질문의 예시로는 "문제가 없었던 상황에서는 무엇이 달랐나요?", "과거에는 이러한 문제를 어떻게 해결했나요?" 등이 있다.

④ 해결 대화 및 문제를 다루지 않는 대화

상담자는 해결 대화(solution talk)를 통해 내담자가 희망과 긍정적인 생각을 더 할 수 있도록 돕는다. 해결 대화를 통해 내담자를 더욱 편안하게 만들고, 또 내담자의 강점과 자원을 발현하는 것을 촉진한다. 예시로는 "무엇이 삶에서 변화되었으면 좋겠고, 또 그 변화를 이루기 위해 어떤 것들이 필요할까요?"가 있다. 상담자는 문제를 직접적으로 다루지 않는 대화(problem-free talk)로 내담자의 삶의 영역에서 강점과 자원들을 찾고 이를 문제 해결에 활용할 수 있도록 돕는다. 예시로는 "여가시간에 어떤 일로 시간을 보내는 게 즐거운가요?", "최근에 당신을 기쁘게 한 일은 무엇인가요?" 등이 있다.

⑤ 대처 질문

상담자는 대처 질문(coping question)을 통해 내담자가 스스로 인지하고 있지 못하는 강점과 자원을 인지하도록 돕는다. 현재 내담자가 자신의 삶에서 잘 수행하고 있는 일들에 중점을 두고 강점과 자원을 인지하고 인정하도록 도우며 그러한 강점과 자원으로 문제 해결을 돕는다. 예를 들어, "무엇이 당신이 스스로를 해하는 것을 막아 주었나요?", "어떻게 계속해서 앞으로 나아갈 수 있었나요?" 등과 같은 질문들이 있다.

⑥ 미래에 대한 질문

상담자는 미래에 대한 질문(questions about the future)을 통해 내담자가 보다 뚜렷한 목표를 설정하고 원하는 미래의 모습을 더 정확하게 그릴 수 있도록 돕는다. 미래에 대한 질문은 문제가 존재하지 않는 미래에 초점을 맞추며, 상담자는 내담자가 보다 구체적으로 생각해 볼 수 있도록 계속해서 추가적인 질문을 던진다. 예를 들면, "당신의 주변 사람이 어떻게 문제가 나아졌다는 것을 알 수 있을까요?", "미래에 문제가 나아졌다면 무엇이 달라져 있을까요?", "더 상세하게 얘기해 주세요." 등과 같은 질문들이 있다.

⑦ 해결 처방

상담자는 해결 처방(solution prescription)을 통해 내담자가 문제에 대한 해결방안 찾을 수 있도록 돕는다. 예를 들어, "이번 주는 한 가지만 다르게 행동해 보세요.", "지난주에 성공적이었던 행동들을 이번 주에 지속해서 해 보세요.", "문제가 줄어들었을 때, 무엇을 했는지 기록해 보세요." 등이 있다.

3) 해결중심 단기치료 관련 최신 치료법

해결중심 단기치료는 사회 구성주의 및 가족체계 관점에서 발전되었기 때문에, 부부상담이나 가족상담에 효과가 있다. 또한 해결중심 단기치료는 내담자를 독려하고 새로운 관점을 가질 수 있도록 돕기 때문에, 거부감 없이 잘 받아들여진다. 또한 해결중심 단기치료는 상담자가 개입과 과제를 신중하게 사용하는 것을 장려하기 때문에, 인지행동치료, 합리적 감정행동치료, 현실치료 등과 같은 다른 상담 이론 및 접근법들과도 같이 통합해서 사용할 수 있다(Scholl & Hansen, 2018).

또한 해결중심 단기치료는 사람들의 동기, 그리고 작은 성공 경험들, 예외의 경험에 초점을 맞추기 때문에, 다양한 부분에서 삶의 어려움을 겪는 사람들에게 효과적일 수 있다. 불안이나 우울을 경험하고 있는 내담자들에게도 효과가 있다고 밝혀졌고, 트라우마나 행동 문제, 그리고 충동조절에 어려움을 겪는 사람들을 치료하는 데도 도움이 된다(Bond et al., 2013; Scholl & Hansen, 2018). 또한 중독이나 만성질환, 혹은 지적장애를 겪고 있는 사람들이나 내담자들에게도 효과를 보였다(Carr et al., 2014; Carrick & Randle-Phillips, 2018; Suitt et al., 2019; Lewis, 2014). 해결중심 단기치료는 위기상담에서도 사용되는데, 이는 자살 위험을 줄이고, 외상을 겪는 피해자들을 돕는 일에도 효과적이다. 특히 학대를 받은 아동 및 청소년들에게도 유용하다. 이렇듯 해결중심 단기치료는 성인뿐만 아니라 청소년 및 어린이들에게도 사용될 수 있으며, 학교 및 상담센터, 대학, 직장, 의료, 병원, 보호소 같은 환경에서도 효과적으로 사용될 수 있다(Kim & Franklin, 2009; Kress et al., 2019; Kress et al., 2020; Metcalf, 1998; Zhang et al., 2018).

4. 주요 기술 실습

1) 이야기 치료의 주요 기술 실습

이야기 치료에서 사용할 수 있는 기술들을 실습해 봅시다(Ellison, 2023).

(1) 인생 이야기 지도

타임라인, 마인드맵, 혹은 다른 형식을 사용해서 나의 인생 이야기 지도(life story map)를 그려 봅시다. 지도를 그릴 때 내 인생에서 중요했던 사건과 사람들, 그리고 어려움과 성공 경험 또한 생각해 보고, 다음의 질문에 답해 봅시다. 지도를 그린 뒤, 무엇이 보이나요? 어떤 패턴이 있나요? 자신에 대해 무엇을 깨달았나요?

(2) 문제를 다루지 않는 해결

현재 겪고 있는 문제와 상관없이 과거에 내가 강인했고 유능했던 시간들을 떠올려 보고, 다음의 질문에 답해 봅시다. 내가 과거의 문제들을 이겨 내기 위해 무엇을 했나요? 무엇이 나를 도왔나요? 그러한 경험으로부터 지금 문제를 이겨 내기 위해 응용할 수 있는 부분이 있나요?

(3) 강점 및 성취리스트

나의 강점과 성취한 것들에 대해서 리스트를 작성해 봅시다. 내가 무엇을 잘하고, 무엇에 자신이 있고, 또 어떤 것들을 이루어 왔는지 적어 보고, 다음의 질문에 답해 봅시다. 나에 대해 무엇을 새로 알았나요? 내가 현재 겪고 있는 문제들을 이겨 내기 위해 나의 강점과 성취 경험을 어떻게 이용할 수 있나요?

(4) 가치 성명서

내가 가장 중요하게 생각하는 가치들을 생각해 보고 가치 성명서(value statement)를 적어 보고, 다음의 질문에 답해 봅시다. 나는 무엇을 중요하고 소중하게 생각하나요? 나의 신념은 무엇인가요? 나는 어떠한 가치들을 지지하나요? 그리고 나는 어떻게 해야 내가 추구하는 가치와 일관된 삶을 살 수 있을까요?

(5) 미래의 나에게 보내는 편지

미래의 나에게 보내는 편지를 작성해 봅시다. 편지에는 미래에 대한 나의 희망, 꿈, 그리고 목표 등을 적어 보고, 편지를 다 적었으면, 오늘 내가 작성한 것들을 어떻게 이루어 갈 것인지, 또 미래의 내가 무엇을 원할지 생각해 봅시다.

2) 해결중심 단기치료의 주요 기술 실습

해결중심 단기치료에서 사용할 수 있는 기술들을 실습해 봅시다(권석만, 2012; Kress et al., 2020).

(1) 기적 질문

한밤중에 기적이 일어나서 당신이 고민하고 있는 모든 문제가 해결됐다고 상상해 보세요. 당신은 아침에 일어나서 언제 어떻게 기적이 일어났다고 알아차릴 수 있을까요? 기적이 일어난 모습은 지금과 어떻게 다를까요? 그러면 어떠한 이유 때문에 이런 기적이 일어났을까요?

(2) 척도 질문

오늘 당신이 겪고 있는 문제에 대해 얼마나 힘이 드나요? 척도 1점 가장 힘든 상태에서 10점 가장 좋은 상태 중 당신의 상태를 말해 주세요. 그럼 당신의 상태가 1점 더 높아지기 위해 어떤 것들이 필요할까요? 당신은 몇 점이 되면 문제가 해결됐다고 생각하나요?

(3) 예외 발견 질문

과거에 문제가 없었던 상황에서는 무엇이 달랐나요? 문제가 덜 심각했던 때는 언제인가요? 과거에는 이러한 문제를 어떻게 해결할 수 있었나요?

(4) 해결 대화 및 문제를 다루지 않는 대화

무엇이 삶에서 변화되었으면 좋겠고, 또 그 변화를 이루기 위해 어떤 것들이 필요한가요? 여가시간에 어떤 일로 시간을 보내는 게 즐거운가요? 최근에 당신을 기쁘게 한 일로는 무엇이 있나요?

(5) 대처 질문

무엇이 당신이 스스로를 해하는 것을 막아 주었나요? 어떻게 계속해서 앞으로 나아갈 수 있었나요?

(6) 미래에 대한 질문

당신의 주변 사람이 당신의 문제가 나아졌다는 것을 어떻게 알 수 있을까요? 미래에 문제가 나아졌다면 무엇이 달라져 있을까요? 조금 더 상세하게 얘기해 주세요.

(7) 해결 처방

현재 문제와 관련해서 이번 주는 한 가지만 다르게 행동해 보세요. 지난주에 성공적이었던 행동들을 이번 주에도 지속해서 해 보세요. 문제가 줄어들었을 때, 무엇을 했는지 기록해 보세요.

6. 요약 및 리뷰

- 구성주의는 세상을 지탱하고 있던 가장 근본적인 지식들은 더 이상 절대적인 것들이 아니며, 다양한 관점에 대한 인식을 통해 단 하나의 객관적인 현실을 찾는 방법은 더 이상 무의미하다고 강조한다.
- 구성주의는 세상에서의 진리, 진실, 진위와 같은 개념들은 더 이상 객관적이지 않고 주관적이며, 개인이 세상을 바라보는 관점에 따라 각자의 다른 의미들이 존재할 수 있다고 강조한다.
- 구성주의는 인간에 대한 전체론적 견해를 취하고 인간이 자신의 현실에서 능동적인 주체자라고 본다.
- 구성주의 철학 안에는 급진적 구성주의, 사회적 구성주의, 비판적 구성주의와 같은 다

른 철학들이 있다. 각 구성주의의 차이는 개인과 세상의 관계를 보는 관점에서 온다.

- 개인구성개념 이론은 인간이 현실에서 일어나는 사건을 보는 방식 및 견해를 설명하기 위한 지적 가설이다. 개인은 사건을 주관적으로 바라보고 해석하고 또 수정해 나간다.
- 이야기 치료는 '사람이 문제가 아니라, 문제가 문제다'를 강조하며, 사람과 문제를 분리시킨다.
- 이야기 치료의 목표는 개인의 이야기의 수정과 재구성이다. 치료의 대상은 내담자 혹은 가족 체계가 아닌 바로 내담자들의 이야기이다.
- 이야기 치료는 상담자가 내담자를 진단하지 않으며, 내담자가 겪고 있는 문제들이 그들의 삶에 어떻게 영향을 미쳤는지 이해할 수 있도록 이야기를 통해 돕는다. 그리고 내담자가 지배적인 이야기로부터 자신들을 분리하고 대안적인 이야기들을 만들 수 있도록 돕는다.
- 이야기 치료와 해결중심 단기치료 모두 상담자와 내담자의 협동적인 관계를 강조하며, 상담자가 아닌 내담자가 자신의 삶에 대한 전문가임을 강조한다.
- 해결중심 단기치료는 인간은 원래 건강하고, 유능하며, 자신의 삶에서의 문제들을 해결할 자원들을 가지고 있다고 강조한다.
- 해결중심 단기치료는 세 가지 기본 규칙에 근거한다. 첫째, '부서지지 않았다면 고치지도 말라'. 둘째, '만약 효과가 있다면, 더 많이 하라'. 셋째, '만약 효과가 없다면, 다른 방법을 시도하라'.

학습 문제

1. 구성주의 치료가 이전의 치료들과 비교했을 때 가장 큰 차이점은 무엇인지 설명해 봅시다.
2. 이야기 치료의 주요 개념 및 치료 목표는 무엇인지 설명해 봅시다.
3. 이야기 치료의 상담자 역할은 무엇인지 설명해 봅시다.
4. 해결중심 단기치료의 주요 개념 및 치료 목표는 무엇인지 설명해 봅시다.
5. 해결중심 단기치료의 상담자 역할은 무엇인지 설명해 봅시다.
6. 이야기 치료와 해결중심 단기치료의 유사점과 차이점을 설명해 봅시다.

제 6 장

게슈탈트 치료

이아람

1. 게슈탈트 치료 소개

1) 주요 발전 내용
2) 주요 학자 전기: 프리츠 펄스

2. 게슈탈트 치료 주요 이론

1) 게슈탈트 주요 개념
2) 게슈탈트와 건강한 자아
3) 형태와 배경
4) 접촉 주기
5) 게슈탈트 이론의 이상심리

3. 게슈탈트 치료의 실제

1) 상담자-내담자 관계
2) 평가 및 진단
3) 치료 목적

4. 치료 기법

1) 치료의 단계
2) 빈의자 기법
3) 상담자 언어 개입하기
4) 역할 바꾸기

5. 관련 최신 치료법: 감정중심치료

6. 주요 기술 실습

1) 알아차림 영역 적용하기
2) 내재화된 감정 표현하기

7. 요약 및 리뷰

학습 목표

- 게슈탈트 치료의 발달 과정을 이해한다.
- 게슈탈트 치료의 철학적 사상 및 주요 개념을 이해한다.
- 게슈탈트 치료의 상담 기법을 이해 및 적용한다.
- 게슈탈트 치료의 임상 예시를 이해한다.
- 게슈탈트 이론의 상담 적용에 대한 장점과 한계를 이해한다.

1. 게슈탈트 치료 소개

1) 주요 발전 내용

게슈탈트는 독일어 명사로 사전적 의미는 모양이나 패턴을 의미한다. 게슈탈트라는 단어는 영어로 직역되는 단어가 없기 때문에 영문철자 그대로 미국에서 사용되기 시작했다. 게슈탈트는 사물이나 경험의 부분이 아닌 전체를 말하는 것으로 그 전체는 개인의 주관적이고 개별적인 해석이 포함된다. 지금 이 책을 읽고 있는 나의 기분, 건강 상태, 주변의 환경, 또는 책을 읽기 전에 누군가와 했던 대화의 내용은 현재 내가 이 책의 내용을 어떻게 받아들이고 경험하는지에 영향을 미친다. 이러한 다양한 요소를 포함한 지금 여기에 있는 나의 경험이 게슈탈트라고 할 수 있다. 따라서 비록 나와 같은 시공간에서 같은 책을 읽고 있더라도 다른 사람은 그 사람만의 독특한 게슈탈트를 경험하는 것이다.

게슈탈트 치료에 영향을 미친 다양한 이론이 있지만 특징적인 두 가지는 현상학적 관점과 창의적 접근 방식이다. "전체가 부분의 합보다 크다(The whole is greater than the sum of its parts)."라는 말은 현상학적 관점을 기반으로 하는 게슈탈트 치료의 기본전제를 잘 말해 주는 문장이다. 예를 들어, 완성된 음식을 먹을 때 우리는 음식에 들어간 개별의 재료 맛을 느끼기보다는 각 부분이 하나로 어우러져서 어떠한 맛과 풍미를 내는지에 집중한다. 음식에 들어간 재료를 하나씩 개별적으로 먹었을 때와 그것들이 하나의 음식으로 완성되었을 때는 완전히 다른 현상과 경험을 만들어 낸다. 게슈탈트 치료는 전체주의를 기반으로 하여 정보나 지식을 취득하는 방법에 있어 과학적이거나 연역적인 추리 방법보다는 주관적인 경험이나 느낌을 기반으로 하는 것에 초점을 맞춘다(Wagner-Moore, 2004, p. 181에서 재인용). 따라서 전통적인 관점에서 과학적 연구의 방해요소로 취급받던 인간의 주관적 생각과 해석은 게슈탈트적인 관점에서 오히려 자연스러운 요소로 인정된다.

게슈탈트 치료의 창시자라고 할 수 있는 프리츠 펄스는 인지적, 지식적 이해보다는 경험적 이해를 중요시하였다(Sommers-Flanagan & Sommers-Flanagan, 2018). 음식의 비유로 돌아가면 재료들이 어우러진 전체의 음식 맛에 대한 평가는 개인의 식성, 문화 또는 입맛에 따라 다를 수밖에 없는 것이다. 결국, 게슈탈트 이론은 사물이나 현상을 일관적으로 설명할 수 있는 통일된 정의를 내리기보다 개인적이고 주관적이며 경험이 중심이 된다(Skottun & Krüger, 2021). 현상학적 관점을 기반으로 한 게슈탈트 치료는 상담의 과정에서도 내담자의 과거 경험을 파헤치려는 노력보다는 내담자가 상담 과정 중에 지금 여기서 경험하는 것을 목표로 한다. 실시간적으로 실제적인 경험을 통해서 내담자의 자기이해를 향상시키고 치료를 경험하게 하는 것이 목표이다(Sommers-Flanagan & Sommers-Flanagan, 2018).

게슈탈트 치료의 중심이 되는 또 하나의 관점은 창의적 접근이다. 게슈탈트 치료는 현재의 경험을 중요시하기 때문에 치료 과정에서 과거 있었던 경험에 대해 이야기하고 해석하기보다는 그 경험을 지금 여기로 가지고 와서 실시간으로 경험하게 하는 기법을 활용한다. 이제는 게슈탈트 치료 이외에도 많이 활용되고 있으며 대중에게 많이 알려져 있는 빈의자 기법을 예로 들 수 있다. 게슈탈트 치료에서는 과거에 나에게 지대한 영향을 미쳤던 부모, 형제 또는 연인과 자주 있었던 대화 내용이나 상호작용에 대해서 이야기할 때에 그것을 회상하거나 기억을 복귀하는 것에서 끝나지 않는다. 빈의자에 그 사람이 실제 앉아 있다고 생각하고 그에게 이야기를 하거나 내가 그 사람이 되어 마치 지금 과거에 있었던 중요한 대화가 일어나고 있는 것처럼 그 상황을 시연할 수 있다. 이렇게 과거의 경험 또는 내 안에 서로 상충되는 자아(긍정적인 나와 부정적인 나)를 현재의 시간으로 가지고 와서 과거를 새롭게 경험하고 치료를 실시간으로 경험하는 데에 다양한 창의적 접근법을 활용한다(Skottun & Krüger, 2021). 또한 게슈탈트 이론은 지금 여기에서 일어나는 경험이 중요하기 때문에 때때로 실시간으로 변하는 내담자의 경험에 따라서 상담자 개인의 창의력을 이용하여 치료 목적에 맞는 창의적인 방법을 순발력 있게 만들어 내는 것도 허용한다.

게슈탈트 치료의 창의적 접근법은 많은 사람의 흥미와 이목을 자극한다. 또한 임상적으로 그 효과와 적용 면에서 인정을 받기도 하여 게슈탈트 상담사가 아니더라도 게슈탈트 치료의 기법을 활용하기도 한다(Hackney & Bernard, 2021). 하지만 이러한 창의적 접근의 이면에는 게슈탈트 치료의 치명적인 한계가 드러난다. 그것은 다른 상담의 이론과 비교했을 때에 효과성에 대한 미약한 과학적 증거이다(Wagner-Moore, 2004). 웨그너-무어(2004)에 의하면 게슈탈트 이론의 오래된 약점은 미약한 과학적 증거와 이론의 부족한 획일성이라고 할 수 있다. 실증적이고 과학적인 증거 수집을 통해서 게슈탈트 치료의 효과를 증명하는 것이 게슈탈트 이론과 상반되는 접근일 수도 있지만 효과성에 대한 증거 수집은 이 이론의 계속적인 성장점이라고 할 수 있다(Wagner-Moore, 2004).

2) 주요 학자 전기: 프리츠 펄스

게슈탈트라는 말은 19세기 독일의 심리학자들에 의해서 사용되기 시작하였다. 독일 베를린 학파라 불리던 게슈탈트 심리학자들이 인간의 의식을 연구하는 과정에서 등장하게 된다(Skottun & Krüger, 2021). 프리츠 펄스는 게슈탈트 개념을 적극적으로 활용하여 게슈탈트 심리치료 이론을 저술하고 다양한 관련 전문가를 양성하였다. 프리츠는 독일 베를린의 한 유대교 가정에서 태어났다. 그는 고등학교를 졸업하고 의학대학교에 진학였지만 재학 중 제1차 세계대전으로 인해 의병으로 파병을 가게 되었다. 전쟁이 끝나고 그는 의학대학교를 졸업하고 신경정신과의 의사로 활동하였다. 그는 커트 골드스타인을 만나 뇌손상을 입은 군인들을 치료하면서 신체 한 부분의 손상이 신체 전체에 미치는 영향에 대해서 깨달으며 포괄적으로 전체적인 관점에서 인간을 이해하는 사상을 가지게 되었다(Clarkson & Mackewn, 1993). 프리츠는 당시 골드스타인을 도왔던 로라를 만났고 둘은 결혼하여 후에 게슈탈트 훈련 및 저술 활동을 함께하였다(Clarkson & Mackewn, 1993). 프리츠는 정신분석 치료 훈련을 받으며 인간의 심리상태 변화에 따른 신체 반응에 대해 관심을 가졌다(Mann, 2021). 그는 아내인 로라와 함께 아프리카에 머물며 제자를 양성하였고 게슈탈트 이론의 시초가 된 저술 활동을 하였다. 그가 창시한 게슈탈트 이론은 당시 환원주의에 젖어 있던 심리학에 획기적인 변화를 가져왔다. 제2차 세계대전이 끝나고 펄스는 미국 뉴욕으로 이민하였고 그곳에 뉴욕 게슈탈트 전문학교(New York Institute for Gestalt Therapy)를 세웠다. 이곳에서 많은 게슈탈트 치료자를 배출하였고 그들에 의해서 이론은 계속적으로 발전하고 진전되었다(Mann, 2021).

2. 게슈탈트 치료 주요 이론

1) 게슈탈트 주요 개념

욘테프(2010)는 게슈탈트 이론의 기본이 되는 세 가지 주요 개념을 정리하였다. 그것은 '나와 당신(I and Thou)', '지금 여기(Hereand now)', 그리고 '내용과 과정(what and how)'이다.

내용과 과정: 내담자가 이야기는 개인의 상황, 경험, 생각, 걱정, 그의 인생 이야기는 전부 치료에 필요한 부분이다. 하지만 그 내용만큼 중요한 것은 과정, 또는 이야기에 담겨 있는 관점이라고 할 수 있다. 상담자는 내담자가 전하려는 내용만큼 그가 어떤 관점에서 그 내용을

이해하고 있는지 그리고 현재 그 내용을 전하면서 어떠한 감정과 신체 반응을 경험하는지를 이해해야 한다. 이 과정을 통해서 내담자는 상담자가 내담자 자신을 인격적으로 이해하려고 노력한다는 것을 경험할 수 있으며 과거의 일들이 지금 현재에 미치는 영향에 대해서 더욱 깊이 이해할 수 있게 된다. 따라서 실제 게슈탈트 상담자들은 '왜'라는 질문보다는 '어떻게' 또는 '무엇이'라는 질문을 사용한다.

지금 여기: 지금 여기와 반대되는 개념은 그때 거기서(there and then)라고 할 수 있다. 게슈탈트 이론에서 지금 여기는 내담자의 실시간적인 경험을 말한다. 예를 들어, 내담자가 지금 시점에 어떤 특정 과거나 미래에 대해서 이야기하고자 하면 그것은 상담의 내용이 될 수 있다. 하지만 여기서 초점을 맞추어야 하는 것은 내담자 이야기의 내용과 동시에 그가 지금 그 특정 상황에 대해서 이야기하고 싶어 하는 상태와 그 상태를 이끌어 내는 요인들이다. 이러한 과정을 통해서 내용에 치중하기보다는 그 이야기의 현재의 의미를 탐색한다. 상담의 현장에서도 현재 진행되는 상담자-내담자 관계가 상담의 과정과 재료로 사용된다(Sommers-Flanagan & Sommers-Flanagan, 2018).

나와 당신: 나와 당신의 개념은 게슈탈트 치료에서 상담자와 내담자의 관계를 설명하는 개념이다. 펄스는 내담자에게 권위적이고 직설적인 태도와 기법을 많이 사용한 것으로 유명하다. 하지만 현대 게슈탈트 치료에서는 내담자와 진실되고 수평적인 관계를 중요시한다. 게슈탈트 치료는 현재에 초점을 맞추기 때문에 현재 상담 환경에 있는 상담자-내담자 관계 역시 지금 현재 경험의 일부로 인식한다. 게슈탈트 치료는 이러한 관계를 기반으로 한 기술적인 실험 또는 체험과 같은 치료 기법 안에서 이루어지는 현상인 것이다. 이 관계는 전문적인 관계이므로 윤리와 법적 테두리 안에서 존재해야 하지만 공감을 바탕으로 한 인본주의적 관계가 치료적 관계를 정의한다(Sommers-Flanagan & Sommers-Flanagan, 2018).

2) 게슈탈트와 건강한 자아

인간의 바람직한 정신건강을 게슈탈트 이론의 관점에서 살펴보자. 먼저, 게슈탈트 이론은 전체주의를 기반으로 하기 때문에 인간을 이해하는 과정에서도 인간의 몸과 마음을 분리하지 않는다. 게슈탈트 이론은 신체-정신-감정의 이론이라고 이해할 수 있다(Sommers-Flanagan & Sommers-Flanagan, 2018). 따라서 치료 과정 가운데에도 현재 지금 내담자가 자신의 내면 및 신체의 반응을 알아차리는 능력과 그 알아차림을 어떻게 행동으로 표현하는지를 이해한다. 게슈탈트 상담자는 내담자가 자기-실현을 할 수 있는 모든 가능성을 가지고 있다고 믿는다. 치료의 과정은 이러한 잠재능력을 깨우는 과정이라고 할 수 있다.

내담자가 자기-실현을 한다는 것은 욕구 충족을 통해서 이루어진다. 욕구 충족의 과정을 온전하게 완성하는 것은 자기조절(self regulation)이라고 할 수 있다. 이것이 게슈탈트 치료의 목표이다. 자기조절은 개인의 감정이나 욕구를 축소시켜 표현하거나 특정한 기준에 용납되는 기준에 맞추는 것을 의미하지 않는다. 게슈탈트 이론에서 말하는 자기조절은 자신의 현재 경험에 대해서 올바로 알고 그 가운데 일어나는 자신의 욕구나 필요를 적절하게 충족시키는 것을 말한다. 마치 잔잔한 연못에 바람이 불어 나뭇가지가 날아와 떨어지면서 물 위에 파동을 일으키는 것처럼, 잔잔했던 인간의 내면에 어떠한 욕구, 감각, 또는 자극이 생성되면서 그 잔잔함이 깨진다. 이때 개인의 인지 중심에 들어오는 환경의 자극이나 내면의 욕구 또는 원함이 전경으로 올라오고 다른 정보나 자극들은 배경으로 가게 된다(Fall et al., 2023). 어떠한 자극이나 욕구가 전경으로 올라오면 사람은 다시 처음의 잔잔함을 찾기 위해서 자신의 욕구, 감각을 통해 인지된 자극을 해결하거나 처리하기 위한 행동을 취한다. 그 과제가 잘 완성되면 전경으로 올라왔던 것은 다시 배경으로 후퇴한다. 게슈탈트 이론에서는 이러한 일련의 과정을 어떠한 방해나 막힘 없이 완성하는 것이 건강한 내면의 상태라고 말한다. 게슈탈트 이론에 의하면 인간은 이러한 방식으로 주변 환경과 계속적으로 상호작용하며 자신을 만들어 간다(Skottun & Krüger, 2021).

인간은 자신의 환경과 계속적으로 상호작용하며 개인의 욕구, 충동 또는 감정에 따라서 자신에게 주어지는 환경의 데이터를 나름의 모양으로 인지한다. 그것이 게슈탈트이다(Wagner-Moore, 2004). 그 인지된 게슈탈트, 전경으로 올라온 정보를 처리하고 배경으로 보내는 것이 게슈탈트를 완성하는 자기조절 과정이라고 할 수 있다. 이러한 과정에서 전경에 올라온 정보를 제대로 알아차리지 못하거나 왜곡된 형태로 알아차리는 경우에 내면의 어려움이 찾아오는 것이다. 게슈탈트 이론은 인간이 자신의 경험이나 필요를 알아차리는 것이 치료의 왕도라고 말한다(Skottun & Krüger, 2021). 게슈탈트에 충실한 삶은 과거나 미래가 아닌 현재 지금 내가 경험하는 욕구, 때로는 충동마저 온전히 충족시키는 것이다. 또한 개인의 내면 및 환경과 상호작용하는 자신을 온전히 이해하고 수용하는 것이다. 특정한 감정이나 생각에 중점을 두는 것보다 자신에게 속한 모든 영역을 알아차리고 인정하는 것이다. 이러한 과정에서 한 가지 중요시되는 것은 자신의 생각, 행동, 감정에 대한 개인의 책임이다. 개인의 경험을 자기의 것으로 온전히 받아들일 때에 자기실현을 이루어 낼 수 있는 능력을 인식하고 그 과정에 대한 책임을 갖게 된다. 따라서 인간은 계속적으로 환경에 영향을 받음과 동시에 자신의 선택을 통해 자신의 주변 환경에 영향을 주며 환경을 새롭게 만들어 가고 또

환경에 의해서 형성되어 간다(Skottun & Krüger, 2021).

3) 형태와 배경

형태와 배경 이론은 게슈탈트 관점에서 인간의 사고 체계의 바탕이 된다. 형태와 배경을 이해하기 앞서 게슈탈트 이론의 기반이 되는 장(field) 이론을 이해해 보자. 장은 상호 영향을 주는 모든 요소가 통합되어 있는 제한적인 장소와 시간을 의미한다(Skottun & Krüger, 2021, p. 14). 장 이론에 따르면 인간은 계속적으로 환경에 있는 다양한 요소와 상호작용한다. 장 이론의 기본이 되는 세 가지 관점은 다음과 같다(Skottun & Krüger, 2021, pp. 14-17).

장 안에서 일어나는 모든 일은 서로 영향을 주고받는다. 친구 몇 명이 모여서 이야기를 하고 있을 때 한 사람이 피곤한 기색을 내비치며 하품을 하였다. 한 친구가 그 모습을 보고 모두 집으로 돌아갈 것을 제안하고 하품을 한 친구는 혹시나 더 이야기하고 싶은 사람들이 있을 것이라는 생각에 사과를 하며 괜찮다는 말을 한다. 이렇게 두 사람은 서로에게 영향을 주고받는다. 뿐만 아니라 이러한 상호작용은 비록 그가 하품을 한 사람이 아니거나 그 사람과 직접 이야기하지 않았더라도 그곳에 모여 있는 모든 사람에게 어떠한 영향을 미치게 된다. 이렇게 모든 요인이 상호 의지적이다. 이것은 상담의 현장에도 적용된다. 게슈탈트 이론은 상담자와 내담자가 서로 장에서 다이내믹을 만들어 가는 주체로 이해한다. 따라서 내담자뿐만 아니라 상담자도 내담자의 행동, 경험, 게슈탈트에 영향을 미치는 주체가 된다.

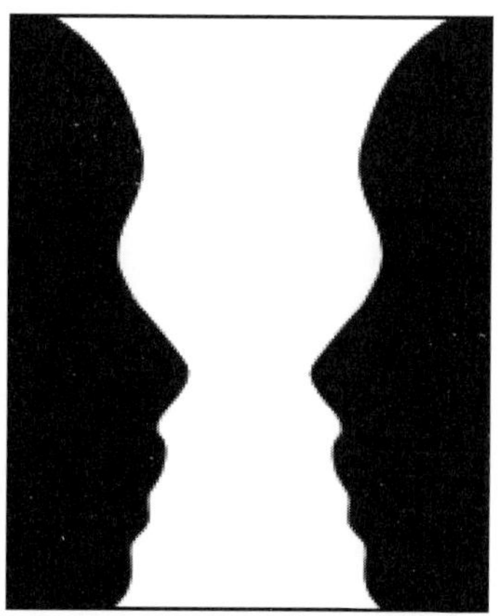

▲ 어떠한 부분에 집중하느냐에 따라서 인식되는 그림이 달라진다. 개인의 반사적 또는 선택적 집중에 따라서 배경에서 전경으로 형태가 떠오른다(Skottun & Krüger, 2022, p. 11에서 인용).

게슈탈트 이론에서 반복되는 요소 중 하나는 지금 여기라는 개념이다. 장 이론 역시 현재 이곳에서 일어나는 경험을 중요시한다. 장에서 이루어지는 상호작용은 언제나 실시간으로 이루어지고 그 실시간의 경험에 의미를 부여한다. 지금 이곳에서 일어나는 상호작용은 유의미하다. 상담의 현장에서 상담자의 역할은 다양한 기법을 활용하여 내담자가 현재의 장에서 자신의 경험을 이해하고 막혀 있는 부분을 인지하고 치료하는 것이다.

상호작용이 이루어지는 장에서 서로 대립되는 욕구가 있을 때에 긴장이 생긴다. 이전 예시로 돌아가면 현재 피곤함이나 지루함을 느끼는 사람과 또 그에게 동조하여 모임을 끝내려고 하는 사람이 있다. 하지만 그 안에는 친구들과 더 길게 시간을 보내고 싶은 사람도 있을 것이다. 이렇게 서로 상충되는 필요가 생겼을 때 장에는 긴장감이 생겨난다.

형태와 배경(figure and background)은 게슈탈트 이론의 또 다른 주요한 개념이다. 여기서 형태라는 것은 인간의 의식 수면에 올라온 무언가를 이야기한다. 이것은 특정 사람이나 사건, 오감으로 인지된 자극, 또는 내면의 특정 필요나 욕구 등이 될 수 있다. 현재 이 책을 읽고 있는 순간 책의 문자적인 내용이 형태로서 집중된다. 하지만 주의 집중을 돌려서 내가 앉아 있는 의자와 내 몸이 닿는 느낌, 의자의 등받이가 나의 허리와 등을 지탱해 주는 느낌에 집중하면 나의 의식에 있는 형태는 바뀌게 되는 것이다. 여기서 배경에 해당하는 것은 개인의 모든 경험을 통틀어서 말한다. 성장 배경, 과거 부모와의 관계를 비롯하여 미래에 대한 예상이나 관점도 포함된다(Mann, 2021). 각 개인의 배경에 있는 정보들은 그가 형태를 어떻게 경험하고 어떠한 의미를 부여하는지에 영향을 미친다. 예를 들어, 과거 게슈탈트 이론에 대해서 누구에게서 어떤 것들을 배웠는지에 따라서 지금 읽고 있는 내용을 어떻게 받아들이는지가 결정될 수 있는 것이다. 형태와 배경은 항상 함께 존재한다. 배경에서부터 새로운 형태들이 지속적으로 일어나고 형태는 또 다른 배경의 일부분이 된다(Mann, 2021).

앞서 이야기한 바와 같이 개인이 시시각각으로 인지되는 형태를 잘 처리하거나 의미를 부여하여 배경으로 보내는 과정을 형태 형성이라고 한다. 이러한 형태 형성이 실시간으로 잘 이루어지고 있는 것이 게슈탈트에서 말하는 건강한 자아이다. 하지만 형태 형성 과정이 실시간으로 들어오는 감각적 정보나 개인의 욕구에 유연하게 반응하지 못할 경우 게슈탈트 형성에 문제가 된다. 예를 들어, 과거에 반복적으로 부정적이었던 친구들과의 관계로 인해서 현재 새로운 친구를 사귀고 싶은 욕구에 적절하게 반응하지 못하고 그 욕구를 적절하게 채우지 못한다면 그것은 건강한 내면의 상태라고 할 수 없다. 건강한 내면, 즉 전경과 배경의 교체가 순조롭게 진행되는 상태에서는 자신의 욕구를 정확하게 알아차릴 수 있고 그로 인해 적절하게 행동할 수 있다. 이러한 선순환의 과정으로 개인은 성장하며 자기실현을 이루는 것이다. 하지만 이 과정이 순조롭지 못하면 자신의 욕구가 무엇인지 정확하게 알아차리기 어려울 수 있다. 예시로 돌아가면 새로운 친구를 사귀고 싶은 욕구와 동시에 두려운 마음에 도망치고 싶은 욕구 또는 새로운 관계를 통해서 과거의 부정적 경험을 보상받고 싶은 욕구 등이 혼합되어 혼란을 만들어 냄으로써 형태 형성을 통해서 게슈탈트를 이루어 내는 데 방해가 되는 것이다. 이렇게 온전히 해결되거나 완성되지 못한 욕구나 감정의 덩어리를 미해결 과제라고 한다. 게슈탈트 치료는 미해결 과제를 알아차리고 현재 시제에서 해결하여 배경으로 보내는 것이 치료의 중요한 목표가 된다.

4) 접촉 주기

접촉 주기라는 개념은 형태 형성, 게슈탈트를 이루어 가는 과정과 건강하지 못한 인간의 심리적 상태에 대한 이해를 돕는다. 접촉은 환경에서 감각으로 인식되는 정보와 상호작용하는 과정을 말한다(Mann, 2021). 접촉이 있다는 것은 서로 다른 두 가지 개체 사이의 경계가 있다는 것을 암시한다. 만(2021, p. 45)은 인간은 접촉과 접촉의 경계에서 만남과 후퇴를 하며 환경에 창의적인 방법으로 적응하고 자신을 만들어 간다고 하였다.

경계는 완전한 분리를 의미하지 않는다. 게슈탈트에서 경계라는 것은 서로 침투할 수 있지만 서로를 분리해 주는 기능을 한다. 건강한 경계를 가진 개인은 자신의 욕구나 현재 상황에 따라서 적절한 정도로 접촉하고 후퇴할 수 있다. 건강한 경계는 접촉하는 대상과 서로 성장을 도모하고 유의미한 만남을 갖게 하면서 서로의 주체성을 존중하는 것이라고 할 수 있다(Mann, 2021). 건강한 경계를 갖는 것은 게슈탈트 관점에서 인간이 자기조절력과 자아 실현을 이루는 데 매우 중요한 과제이다(김지원, 2015). 김지원(2015)은 게슈탈트 접촉경계진단 검사라는 도구의 타당도를 연구하는 논문에서 김정규(1995, 2015, p. 23에서 재인용)의 접촉 주기의 여섯 단계를 인용하였다(원문은 Zinker, 1978, pp. 96-113 참고).

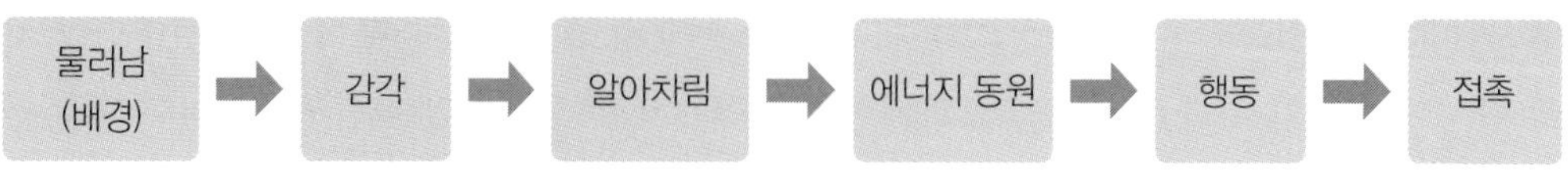

[그림 6-1] 접촉 주기의 여섯 단계

5) 게슈탈트 이론의 이상심리

게슈탈트 이론에 의하면 접촉 주기에 방해가 생기는 경우에 인간이 온전한 알아차림을 가지고 자신의 필요를 충족시키는 능력이 감소하게 된다. 개인과 환경 사이에 접촉을 방해하는 요소 혹은 개인의 방어기제 요소들이 건강하지 않은 심리상태를 만든다. 예를 들어, 지속적으로 자신의 필요나 욕구를 충족시켜 주지 않는 관계나 물리적 환경에 노출되었던 사람은 자신을 알아차리는 필요가 앞으로도 충족되지 않을 것이라는 불안감이나 불신을 가질 수 있다. 결과적으로 어떠한 욕구나 필요가 일어났을 때에 그 욕구를 외면하거나 축소시키는 등의 방어기제적 심리 행동을 보이게 된다. 이러한 내면의 반응은 결국 충족되지 않는 더 많은 욕구나 필요를 불러일으키고 결국에는 자신이 경험하는 현재를 온전히 받아들이거나 알아차리지 못하는 결과를 낳게 된다(Skottun & Krüger, 2022). 이러한 부정적인 심리 상태와 행동이 주기적으로 발생할 수 있다.

게슈탈트 이론에서는 개인이 자신에게 지지적이지 않은 환경에 반응하는 모습을 다섯 가지 형태로 설명하였다(Wagner-Moore, 2004). 다섯 가지 개념을 살펴보면 마치 프로이트 관점에서 말하는 심리적 방어기제와 매우 닮아 보일 수 있다. 하지만 중요한 두 가지의 차이점이 있다. 첫째, 프로이트는 상담의 환경에서 내담자와 상담사 관계의 역동에서 나타나는 방어기제에 대해서 이야기했다. 게슈탈트 관점에서는 이러한 방어적 반응은 개인과 환경 사이의 접촉지점, 경계에서 나타나는 것이다. 앞서 말한 바와 같이 이 환경은 상담사나 상담 환경을 포함한 내담자 일상의 모든 관계와 환경이 될 수 있다. 둘째로, 게슈탈트 관점에서 인간은 자기실현을 향한 내면의 가능성과 동기를 가지고 환경에 계속적으로 적응해 나아가는 존재이다(Mann, 2021). 따라서 인간이 접촉 경계에서 환경에 방어적으로 반응하는 것을 병리적 이상심리보다는 창의적 적응의 한 형태로 이해하기도 한다(Skottun & Krüger, 2021; Mann, 2021). 게슈탈트 관점에 따르면, 인간이 완전히 접촉을 하지 않고 살아가는 것은 거의 불가능하다. 다만, 다양한 방해요소들로 인해서 접촉의 과정에서 왜곡이나 타협이 일어나 온전한 게슈탈트 경험을 방해한다(Skottun & Krüger, 2021). 게슈탈트 이론의 다섯 가지 접촉 경계의 왜곡은 다음과 같다.

(1) 내사

내사는 환경에서 주어지는 정보를 의도적인 선택 없이 무조건 자신의 것으로 동화시키는 현상을 말한다. 개인이 우상시하는 사람이나 과도한 감정이입을 하는 대상의 가치관이나 행동을 여과 없이 따라 하는 행동이다. 한마디로 환경에서 주어지는 메시지를 "통째로 삼켜 버리는"(Mann, 2021, p. 72) 현상을 말한다. 예를 들어, "학생이라면 반드시 이렇게 해야지.", "성인이라면 이러한 것을 갖추어야지." 등등 가족, 학교 사회에서 주입식 교육을 통해서 체내화되는 가치들이다. 이러한 과정을 반드시 부정적으로 보기는 어렵다. 그것은 이러한 과정을 통해서 우리가 타협하지 않아야 하는 중요한 사회, 문화적 가치를 배우기 때문이다(Mann, 2021). 하지만 개인이 무차별적으로 받아들이는 가치관 중, 자기실현을 방해하거나 제한하는 가치관들은 심리적 치료를 통해서 재정비되어 개인이 온전한 게슈탈트를 경험할 수 있게 해야 한다(Fall et al., 2023).

(2) 투사

투사는 자신이 용납하거나 인정하기 어려운 감정을 다른 주체로 돌리는 것이다(Fall et al., 2023). 예를 들어, 부모가 자녀가 하는 행동에서 인정하고 싶지 않은 자신의 모습이 보일 때, 스스로에 대한 분노, 불안, 또는 비난의 감정을 자녀에게 갖거나 표현하는 모습이 있다.

(3) 반전

투사 및 내사와 마찬가지로 반전도 개인의 필요와 욕구를 충족시키는 과정을 방해한다. 반전은 타인이나 상대방에게 취하고 싶은 행동을 자신에게 취하는 것이다. 대부분 반전은 기대로 인한 실망을 두려워하는 마음에서 비롯된다(Skottun & Krüger, 2021). 예를 들어, 누군가에게 선물이 받고 싶을 때 그것을 요구하거나 기대하지 않고 스스로에게 선물을 하는 행동이나 상대방을 벌주고 화내고 싶을 때 오히려 자신을 더욱 괴롭히는 행동을 하는 모습이 있다.

(4) 편향

편향은 어떤 행동이나 감정을 직면하지 않고 회피하는 모습을 말한다. 분명 배경에서 형태로 일어난 감정이나 필요를 외면하며 접촉을 피하는 모습이다. 예를 들어, 상담의 과정에서 내담자가 말장난이나 농담을 계속하거나 상담에 요점을 흐리는 말을 길게 해서 자신이 해결해야 하는 과제를 피하는 모습이 있다. 더 구체적으로 내담자가 상담자와 아이 콘택트를 피하거나 주의가 산만한 행동을 하는 모습도 있다. 내담자와의 대화에서도 자신의 경험에 대해서 이야기하기보다는 다수의 일반적인 행동을 말하는 경우가 있다(Mann, 2021). 극심한 외로움을 경험하는 1학년 대학생이 "저는 요즘 많이 외롭습니다."라고 말하기보다 "보통 처음 대학에 와서는 친구를 사귀기 어렵고 외로움을 많이 경험한다고 하더라고요."와 같이 말할 수 있다.

(5) 융합

융합의 현상은 개인이 환경과 만나는 접촉점에서 그 경계가 매우 흐릿해져 있는 상태를 말하는 것이다(Sommers-Flanagan & Sommers-Flanagan, 2018; Fall et al., 2023). 경계가 분명하지 않다는 것은 환경과 내가 서로를 개별적인 주체로 인식하지 않고 접촉하는 형태이다. 예를 들어, 상대방과 자신을 과도하게 동일시해서 어디까지가 나의 생각, 감정, 욕구이고 어디부터가 상대방의 것인지 구분이 되지 않는 모습이다(Sommers-Flanagan & Sommers-Flanagan, 2018; Fall et al., 2023). 따라서 자신에 대한 인식과 알아차림의 능력이 완전하지 않다.

표 6-1 다섯 가지 접촉 경계의 왜곡

내사	주변에서 주어지는 가치나 감정을 여과 없이 받아들임
투사	자신의 경험을 다른 개체에게 투영함
반전	자신의 욕구나 필요의 충족을 반대 방향으로 전환함
편향	자신의 감정이나 경험을 온전히 받아들이지 않고 외면함
융합	상대방과 개별된 개체로서 구별되지 못함

3. 게슈탈트 치료의 실제

1) 상담자-내담자 관계

게슈탈트 치료에서 상담자와 내담자가 만나는 과정에 앞서 상담사는 중요한 준비를 해야 한다. 상담자와 내담자의 관계는 온전한 나와 당신의 관계(I-Thou relationship)를 이루어야 한다. 이것을 위해서 상담자는 내담자가 자신의 장, 환경에 들어올 때 그를 있는 그대로 받아들이고 또한 그와 진실된 접촉을 하는 것과 동시에 그를 온전히 개별된 주체로서 인정하는 자세를 가져야 한다(Mann, 2021). 상담자는 앞서 이야기한 건강한 접촉 주기를 몸소 보여 줄 준비가 되어 있어야 한다. 따라서 내담자의 행동과 감정의 변화뿐만 아니라 그것에 따라서 반응하는 자신의 변화에도 주의를 기울이고 그것이 치료에 미치는 영향을 계속적으로 관찰해야 한다.

게슈탈트 치료에서 상담자를 내담자와 수평적인 관계를 맺으며 내담자의 자기 알아차림을 도와주는 동행자이다. 상담자는 내담자에 대해서 공감적으로 이해하면서 내담자가 자신을 직면할 수 있도록 한다. 상담자는 자신을 치료의 재료로 사용하면서 현재 자신이 경험하는 내담자가 어떠한지 실시간으로 피드백을 준다(Fall et al., 2023). 게슈탈트 관점에서 상담자와 내담자의 관계를 특정하는 중요한 개념은 대화적 관계(dialogic relationship)이다. 대화적 관계 또는 대화적 관계 맺기라는 개념은 단순히 두 사람이 만나서 언어로 대화를 하는 관계를 말하기보다 두 사람이 접촉했을 때 두 개체가 영향을 주고받는 상호성을 말하는 것이다. 굳이 두 사람이 대화를 하지 않더라도 서로의 존재나 행동 또는 표정에서 느껴지는 것들도 상호작용하며 서로의 장과 형태에 영향을 미치는 현상이다(Mackewn, 1997).

게슈탈트 치료에서 상담자와 내담자의 관계는 실시간으로 서로 영향을 주고받는 두 개체의 만남에서 시작된다. 게슈탈트 치료가 이루어지기 위해서는 만남이 서로를 진실되게 받아들이고, 존중하고, 인정하는 것을 바탕으로 발전해야 한다. 이러한 관계는 반드시 내담자와 상담자라는 전문적이고 목적이 있는 관계의 테두리 안에서 이루어져야 한다. 따라서 상담자와 내담자의 관계, 즉 게슈탈트 이론에서 말하는 진정한 한 개인과 개인의 만남은 윤리적, 법적 테두리 안에서 타협되어야 한다(Skottun & Krüger, 2021). 그리고 신뢰를 주는 관계 안에서 게슈탈트 치료에 대한 서로 공통된 이해와 동의가 있어야 한다. 실제 치료의 모습에서 이러한 대화적 관계는 상담자가 실시간으로 변화하는 내담자의 감정과 상태에 집중하는 모습, 실시간으로 유연성과 재치를 가지고 반응하는 모습, 내담자를 무비판적으로 대하고 자신을 솔직하게 표현할 것을 격려하는 모습 그리고 관계를 중심으로 내담자의 성장을 도모하는 모습으로 나타날 수 있다(Fogarty et al., 2020).

게슈탈트 치료에서 상담자가 마치 자기 자신을 치료의 도구 중 하나로 사용하는 것처럼 내담자 역시 진정한 자기 자신과 대면하는 과정을 겪게 된다. 이 과정은 분명 자신을 온전히 알아차리고 또 그에 대응하는 건강한 관계 형성의 방식을 배워 가는 과정이지만 다양한 이유로 자신의 감정을 대면하는 것을 피해 왔던 내담자들에게는 때때로 괴로운 경험이 될 수 있다. 따라서 길버트와 이반(2000)은 비록 게슈탈트 치료가 다양한 종류의 정신과적 진단이나 심리적 어려움을 해소하는 데 효과가 있지만, 충분한 경험과 훈련 없이 내담자의 증상이나 감정을 다루는 것은 주의해야 한다고 하였다. 게슈탈트 치료에는 다양한 치료 기법이 동원되는데 충분한 이론적 지식이나 강렬한 감정을 다루는 기술 없이 치료 기법만을 사용하는 것에 대해서 주의할 것을 말하였다.

2) 평가 및 진단

게슈탈트 치료에서 내담자를 평가하고 진단하는 것은 어떻게 보면 이론의 기본 정신과 너무 거리가 먼 행동이라고 여겨질 수 있다(Sills et al., 2012). 하지만 내담자와 치료를 시작하고 이어 가는 데 있어서 내담자의 상태를 평가하고 진단하는 것은 매우 중요한 과정이다. 평가와 진단의 과정은 단순히 치료의 시작에서만 이루어지고 끝나는 것이 아니라 치료의 과정에서 내담자가 변하는 것에 발맞춰 지속적으로 이어져야 한다. 내담자를 평가하고 진단하는 과정은 상담자가 일하는 환경에 따라서 많은 부분 결정될 수 있다. 일반적으로 사용하는 평가의 기준과 도구 역시 이 과정의 일부가 되기 마련이다. 이 장에서는 게슈탈트 이론의 관점에서 내담자가 환경과 접촉하는 방법, 자신의 욕구와 필요를 충족하는 정도와 방법, 접촉을 거부, 외면, 또는 왜곡하는 방법 그리고 내담자의 지금 그리고 여기에서의 경험을 평가하고 이해할 수 있는 방법을 소개한다.

상담자와 내담자가 만나는 것은 결국 내담자가 접촉하는 환경에 상담자가 개입하는 것이다. 상담자는 내담자가 치료의 환경과 관계에서 보여 주는 모습을 통해서 그의 접촉 주기와 접촉 경계의 왜곡에 대한 정보를 얻을 수 있다. 첫째로 게슈탈트 상담자는 내담자의 접촉 기능에 대한 정보를 종합해야 한다(Mann, 2021; Sills et al., 2012). 내담자의 접촉 기능은 그가 환경과 접촉하는 정도와 형태를 말한다. 상담자는 관찰을 통해서 내담자의 접촉 기능의 강점과 약점을 평가해야 한다(Mann, 2021). 만(2021)과 실스 등(2012)은 접촉 기능을 평가하는 데 주요하게 관찰해야 하는 요소를 다음과 같이 정리하였다.

내담자의 눈 맞춤: 상담자와 눈 맞춤의 정도 및 주기, 상담자를 바라보는 내담자의 눈빛, 특정한 순간에 눈 맞춤을 피하거나 눈 맞춤을 시도하는가?

목소리 및 대화 형태: 내담자 목소리의 크기나 높낮이는 어떠한가? 내담자가 이야기할 때에 확신이 있는가? 머뭇거리며 말하는가?

듣는 모습: 내담자가 상담자의 말을 잘 듣고 있는가? 상담자의 말을 잘 이해하는가?

신체 움직임: 내담자 자세가 뻣뻣한가? 내담자가 편한 자세로 있는가? 내담자가 몸을 많이 움직이면서 대화하는가?

실스와 동료들(2012)에 의하면 게슈탈트 관점에서 내담자를 평가하고 진단하는 데에는 접촉 기능 외에 다음과 같은 요소들을 평가해야 한다.

접촉 경계

- 어떠한 형태의 접촉 경계를 사용하는가?
- 접촉 경계의 왜곡이나 방해가 되는 요소들은 무엇인가?

자기 알아차림

- 내담자가 자신의 감각, 필요, 욕구에 대해서 얼마나 자각하고 있는가?
- 내담자의 미해결 과제는 무엇인가?
- 내담자는 자신을 어떻게 이해하고 평가하는가?

내담자의 환경

- 내담자 환경의 지지적인 요소 및 위협적인 요소들은 무엇인가?
- 내담자 환경의 사회 문화적 요소 중 내담자의 어려움에 영향을 주는 것은 무엇인가?
- 내담자가 지금 상담을 시작한 중요한 이유는 무엇인가?

게슈탈트 이론에 기반한 내담자 평가와 진단의 과정에서 한 가지 중요한 것은 지속적으로 현상학적인 관점을 유지하는 것이다. 상담자가 종합하는 정보와 평가는 현재, 지금 여기에서 내담자의 경험에 기반한 것이기 때문에 그 결론은 언제든지 바뀔 수 있다는 것을 염두해야 한다. 그리고 상담자는 대화를 이어 가며 내담자의 반응을 면밀히 관찰하며 그가 순간에 경험하는 것이나 반응을 알아차릴 수 있도록 해야 한다.

3) 치료 목적

게슈탈트 치료에서 중심이 되는 개념은 역설적 변화 이론과 실험이라고 할 수 있다. 역설적 변화 이론은 개인이 강제적이거나 또는 인위적인 노력을 통해서 자신이 아닌 더 건강하고 기능적인 누군가가 되려고 하는 노력보다는 오히려 자신이 지금 부정하고 외면하고 있는 모습을 직면하고 받아들이면서 진정한 변화가 일어날 수 있다고 설명한다(Gilbert & Evan, 2000). 게슈탈트 치료를 통해서 내담자가 현재 자신의 모습을 부정하고 새로운 자신을 만드는 노력을 하기보다는 자신의 모습을 온전히 인정하고 받아들일 때 진정한 자기실현을 이룰 수 있다. 예를 들어, 처음 만나는 사람과 이야기하는 것을 매우 힘들어하는 내담자가 대화의 기술을 배우거나 어려워하는 상황에 자신을 반복적으로 노출시켜서 감정을 극복하려고 노력하는 것은 게슈탈트적인 변화라고 할 수 없다. 이러한 모습은 처음 만나는 사람을 만났을 때 자신이 느끼는 감정을 근본적으로 해결하는 방법이 아니다. 역설적 변화 이론에 따르면 오히려 자신의 어려운 감정을 인식하고 직면하고 받아들이는 것이 변화의 시작이 될 수 있다(Skottun & Krüger, 2021). 이러한 과정 가운데 내담자가 진정으로 대화의 기술을 배우고 연습하고 싶다는 욕구가 생긴다면 더욱 진정성 있는 변화의 과정을 밟게 된다. 내담자는 자신을 알아차리는 방법, 그리고 자신 내면의 필요와 욕구를 건강하게 해결하는 방법을 배울 수 있다.

게슈탈트 치료에서 내담자의 미해결 과제를 다루는 이유도 여기에 있다. 미해결 과제는 결국 내담자의 과거 어떠한 경험이나 감정을 자신의 내면에 온전히 받아들이거나 해결하지 못해서 배경으로 넘어가지 못한 과제, 즉 형태를 말한다. 이렇게 막혀 있는 부분을 인지하고 이것을 지금-현재 상태로 다시 경험하여 해결하는 것이 내담자의 진정성 있는 자신을 찾는 과정이다. 게슈탈트 상담자는 내담자의 알아차림을 돕기 위해서 다양한 치료 기법을 사용한다. 이러한 치료 기법을 게슈탈트 이론에서는 실험이라고 한다. 상담의 기법을 실험이라고 칭하는 이유는 상담의 개입을 통해서 내담자에게 "새로운 것을 시도하게 하고 어떤 일이 일어나는지 지켜보자."(Mackewn, 1994, p. 106)라는 의미이다.

게슈탈트 이론에서 시작된 많은 치료 기법이 있지만 기본적으로 현상학적 관점에 의거한 실험은 현재 상담 현장에서 내담자와 상담자 사이에 일어나는 대화, 과정을 중심으로 만들어질 수 있다. 실험의 목적은 새로운 경험이나 접촉의 방식을 통해서 내담자가 더 깊은 알아차림을 갖게 하는 것이다. 결과적으로 내담자는 실험을 통해서 자신의 한 부분을 행동이나 감정적으로 또는 경험적으로 직접 표현하게 된다. 예를 들어, 내담자가 자신의 생각이나 감정을 표현할 때에 확실하지 않은 말투를 사용할 수 있다. "좀 슬펐어요.", "싫었던 것 같아요." 등의 표현을 많이 하는 내담자에게 "확실하진 않지만", "좀" 또는 "같아요."라는 표현을 사용하지 않는 것을 시도해 보게 한다(Gilbert & Evans, 2000). 내담자에게 자신의 경험과 감정에 대한 주인의식을 가지고 자신의 것으로 온전하게 표현하는 것을 경험할 수 있게 해 주는 것이다. 내담자는 실험을 통해서 자기 내면의 감정, 생각, 가치관에 대한 알아차림뿐만 아니라 자신의 신체적 반응을 관찰하고 새로운 알아차림을 경험할 수 있다.

게슈탈트 치료에서 내담자 알아차림은 중요한 치료의 목적임과 동시에 내담자가 의미 있는 변화를 할 수 있게 해 주는 시작이 되기도 한다. 프리츠 펄스(1969)는 알아차림을 세 가지 영역으로 나누어 설명하였다(Skottun & Krüger, 2021). 세 가지 영역은 내적 영역, 외적 영역, 그리고 중간 영역이다.

외적 영역: 인간이 환경과 접촉하는 데 가장 기본이 되는 알아차림 영역으로 오감으로 경험되는 모든 것을 말한다. 시각, 미각, 청각, 후각, 촉각으로 느껴지는 것들을 말한다.

내적 영역: 환경 접촉을 통해서 경험되는 내면의 감정, 근육의 긴장도, 호흡, 신체적 반응 등을 포함한다. 외적 영역보다 더 깊이 있고 솔직한 반응들로 조여 오는 어깨의 근육들, 긴장감과 함께 느껴지는 위장의 불편함 등을 예로 들 수 있다.

중간 영역: 중간 영역은 외적 영역과 내적 영역을 연결해 주는 요인들이라고 할 수 있다. 개인의 인지적 활동의 내용이라고 할 수 있다. 감각으로 인지한 내용을 해석하는 내용, 내용에 대한 설명, 전제, 과거 기억 등이 포함된다.

포가르티 등(2020)은 게슈탈트 치료의 충실도 척도를 개발하고 타당화 연구를 하였다. 특정 이론을 기반으로 한 치료의 충실도는 채점자가 상담치료의 일부를 관찰하고 해당 상담치료가 특정 이론에서 정의하는 치료의 방법과 방향에 맞게 진행되는지, 상담자의 상담 능력이 다른 이론과 확연한 구분이 되는지의 여부를 평가하는 기준이다. 포가르티 등(2020)은 게슈탈트 심리치료의 특이점을 기반으로 해당 상담치료가 게슈탈트 이론에 기반한 치료라고 할 수 있는지 판단할 수 있는 도구를 개발하였다. 연구자들은 다양한 문헌을 연구하여 게슈탈트 치료라면 반드시 포함되어야 하는 요소들은 무엇인지 정의하고 각 요소를 관찰할 수 있는 상담자의 행동적 요소들을 정의하였다. 그들은 문헌 연구를 통해서 게슈탈트 심리치료에 포함되는 여덟 가지 요소를 정의하였고 연구의 결과로 만들어진 최종 도구에는 여섯 가지 요소가 포함되었다. 여섯 가지 요소는 다음과 같다. ① 관계적 진단, ② 지금-여기 중심의 상담, ③ 내재화된 알아차림 다루기, ④ 장을 인식하는 상담, ⑤ 내담자의 접촉 다루기, ⑥ 실험적 태도 등이다(Fogarty et al., 2020).

4. 치료 기법

앞서 말한 것과 같이 게슈탈트 치료 기법은 실험이라는 관점에서 내담자가 배경에서 올라오는 형태를 부분적으로 경험하거나 억압하지 않고 온전하게 경험할 수 있도록 해서 건강한 접촉 경계를 만들어 갈 수 있도록 하는 장치이다. 상담 현장에서 내담자는 실험을 통해서 자신이 습관적으로 사용하는 왜곡된 접촉 경계를 알아차리고 건강한 접촉 경계를 경험하여 경험과 감정의 전체를 표출하는 것이다. 이 책에서 소개하는 게슈탈트 치료 기법은 특정한 기법이라고 할 수 있지만 기본적으로 실험은 현장에서 현상학적으로 자연스럽게 만들어진다. 첫째, 상담자와 내담자 사이의 신뢰를 기반으로 한 대화적 관계를 바탕으로 이루어져야 한다. 둘째, 특정한 치료 기법을 사용한다고 하더라도 상담자는 실시간으로 변하는 내담자의 상태와 치료의 주제에 따라서 재치 있고 유연성 있게 기법을 사용해야 한다. 상담자의 관찰 능력, 내담자에 대한 예민함, 그리고 창의력이 기법을 사용하는 데 모두 동원되어야 한다. 셋째, 치료 기법을 사용하는 실험의 성공 여부는 실험의 창의적인 내용이나 실험을 통해서 표현되는 내담자 감정의 격렬함 정도에 따라서 결정되지 않는다. 비록 단순하고 내담자가 격렬한 감정을 표현하지 않더라도 불편한 감정을 온전히 느끼고 그것을 회피하지 않고 머물게 했다면 그것은 성공적이라고 할 수 있다(Mann, 2021; Sills et al., 2012).

1) 치료의 단계

상담자가 실험을 적용하는 모습은 실제로 즉흥적으로 보일 수 있으나 이것은 단계적으로 발생하는 것이다. 스코튼과 그루거르(2021)는 커르트르윈의 행동연구 모델을 기반으로 실험의 적용 단계를 설명하였다. 실스 등(2012)는 경험의 접촉 주기를 바탕으로 실험을 적용하는 단계를 설명하였다. 두 가지 모델을 종합해 보면 다음과 같은 단계로 게슈탈트 치료 기법의 적용 단계를 설명할 수 있다.

(1) 문제 지각하기

실험을 통해서 집중하고자 하는 형태를 정의하는 단계이다. 상담자는 자신이 인지하는 형태가 무엇인지 말하고 내담자와 같은 것에 집중할 수 있도록 해야 한다. 여기서 형태는 특정한 내담자의 행동이나 상담의 내용 가운데 공통적으로 나타나는 주제가 될 수 있다. 예를 들어, "아빠에 대해 이야기할 때마다 계속 바닥을 쳐다보거나 시계를 보시네요."와 같은 상담자의 관찰을 토대로 내담자가 자신보다 나이가 많은 남성 앞에서 낮은 자존감을 갖고 자신의 입장을 말하는 것을 어려워한다는 공통된 주제를 발견할 수 있다.

(2) 계획하기

상담자는 자신이 알고 있는 내담자에 대한 지식과 이론에 대한 지식 등을 동원하여 내담자가 온전한 게슈탈트를 경험하지 못하는 이유에 대한 가설을 세운다. 그리고 지금까지와 다른 접촉 경계를 경험할 수 있는 실험을 구상한다.

(3) 실행하기

상담자는 계획한 실험을 실행한다. 실행 단계에서 상담자는 내담자의 상태와 반응을 면밀하게 살피면서 유연성을 가지고 실행해야 한다. 또한 내담자가 불편해하는 감정이나 자신이 피하고 싶은 감정에 직면했을 때 경험할 수 있는 심리적 고통에 대한 대처 계획도 가지고 있어야 한다.

(4) 관찰 및 의미 추론하기

실험을 통해서 어떠한 경험을 하는 것만큼 중요한 부분은 그 경험을 통해서 깊은 알아차림을 가지고 그것의 의미를 도출하는 것이다. 상담자는 실험을 진행하는 동안 자신이 관찰했던 내담자의 모습을 반영해 주면서 내담자가 자신에 대한 깊은 알아차림을 가질 수 있도록 돕는다. 또한 내담자에게 실험의 경험이 어떠하였는지, 경험을 통해서 새롭게 알게 된 사실은 무엇인지, 자신을 불편하게 했던 부분은 무엇인지, 어떠한 감정 및 신체의 변화를 경험하였는지 등의 질문을 통해서 깊은 알아차림과 그 의미에 대해 이야기할 수 있다.

2) 빈의자 기법

빈의자 기법은 게슈탈트 치료뿐만 아니라 다양한 상담 치료에서 많이 사용하는 기법이다. 빈의자 기법은 미해결 과제를 인식하고 해결하는 데 효과적인 치료 기법이다(Greenberg & Malcolm, 2002). 빈의자 기법은 특정 인물과의 관계 문제나 내담자 내면에서 서로 상충되는 감정을 해결하는 데 많이 활용된다(Hackney & Bernard, 2021). 내담자는 한쪽 의자에 앉고 마주 보는 반대편에는 빈의자를 놓는다. 빈의자에는 내담자의 미해결 과제에서 중심이 되는 인물, 내담자가 가지고 있는 상충되는 내면의 한 부분, 또는 내담자가 외면하는 특정한 경험 등이 자리할 수 있다(Mann, 2021). 그 상태에서 내담자는 빈의자에 앉은 상대와 가상의 대화를 한다. 여기서 상담자의 역할은 내담자가 대화의 특정한 내용이나 사건을 결정하고 제시하도록 하는 것이다. 이러한 과정에서 내담자와 함께 상의하며 해결 과제를 결정할 수 있다. 대화가 진행되는 동안 상담자의 역할은 기법을 실행함과 동시에 내담자를 면밀하게 관찰하는 것이다. 내담자의 대화 내용뿐만 아니라 신체적 반응, 목소리의 떨림 및 변화 등을 관찰하고 내담자에게 피드백을 주어야 한다(Mann, 2021). 상담자는 내담자가 해결하려는 과제가 빈의자 기법으로 임상적, 과학적 효과가 있는지 잘 인지하고 기법의 적용을 정당화해야 하며 그 시기를 적절하게 결정해야 한다. 내담자에게 빈의자 기법이 어떻게 적용되는 것인지, 기법을 통해서 얻을 수 있는 치료의 효과와 더불어 위험요소들은 무엇인지 설명해야 한다. 상담자는 빈의자 기법을 시작하면서 다음과 같이 내담자에게 기법의 내용을 소개할 수 있다(Heckney & Beranrd, 2021, p. 151).

> "이번에 시도할 기법에서 '배려하는 나'와 '화가 난 나'가 서로 대화하면서 각자의 입장을 이야기해 보도록 하겠습니다. 먼저, 배려하는 자신이 화가 난 자신에게 왜 부모님에게 미래에 대한 결정을 말하기 싫은지 말해 보도록 하겠습니다. 그리고 화가 난 나에게 그 말에 반응하도록 할 것입니다. 이해하셨나요? 저는 여기서 상황을 코치하면서 필요할 때 도움을 드리겠습니다."

상담 장면에서의 예시는 다음과 같다. 미희는 20대 중반 여성으로 이제 곧 대학 졸업을 앞두고 있다. 미희는 대학생활을 하면서 공부에 많은 흥미를 가졌고 미국으로 유학을 가고 싶다는 꿈을 가졌다. 그녀의 부모님은 그녀가 어렸을 때 이혼하셨고 그 후로 아버지와 함께 성장했다. 현재 아버지는 건강이 좋지 않은 상태로 주기적으로 병원 진료를 받고 계신다. 부모님의 이혼과 함께 그녀는 다섯 살 차이가 나는 동생을 마치 엄마같이 돌보아 왔다. 가족에 대한 책임감 때문에 유학에 대한 꿈을 꾸는 것에 대해 많은 죄책감을 느꼈지만 도전을 하고 싶은 마음에 그녀는 세 곳의 미국 대학에 원서를 지원했다. 그리고 그중 두 곳에서 입학 허가를 받았고 이제 자신의 미래에 대한 결정을 해야 하는 시기가 왔다. 미희는 두 가지 대립되는 마음 때문에 많은 심리적 어려움을 겪으며 규칙적인 수면과 식사를 하지 못하고 있다. 친구들에게 고민을 이야기해 봤지만 자신이 가족에 대해서 가지고 있는 책임감과 부담을 이해해 주는 친구가 없는 것처럼 느껴졌다. 미희는 고민 끝에 상담을 받기로 결정했다. 상담자는 미희가 어려서부터 자신의 감정을 억제하고 부정했던 습관에 대해서 알게 되었고 그가 자신의 진실한 마음을 표현하고 알아차릴 수 있도록 빈의자 기법을 활용하였다.

상담자: 먼저, 가족을 배려하는 나부터 시작하겠습니다. 화가 난 나에게 이야기해 보세요.

미희 1 [배려하는 나]: 미희야, 지금 네가 유학을 가겠다는 건 말이 안 되는 꿈이야. 아무리 공부가 좋고 미국도 가 보고 싶지만 굳이 지금 해야 될 필요는 없잖아. 네가 한국에 없으면 아빠는 병원도 가실 수가 없잖아. 그리고 지금 동생이 고등학교 2학년인데 동생을 옆에서 챙겨 줄 사람도 없고. 공부야 꼭 미국이 아니라도 할 수가 있잖아. 그리고 나중에 동생이 고등학교 졸업하고 그때 유학을 생각해도 되잖아.

상담자: 이제 반대편 의자에 앉아서 방금 배려하는 미희가 했던 이야기에 화가 난 미희가 이야기해 볼까요?

미희 2 [화가 난 나]: 그래, 맞아 사실 굳이 지금이 아니라도 언젠가는 꿈을 이룰 수 있겠지. 그리고 유학을 한다고 내가 나중에 꼭 성공하는 법은 없으니까.

상담자: (손짓을 하며 끼어들면서) 미희 씨, 잠시 우리가 지난 시간에 이야기했던 대화 내용을 생각해 보세요. 미희 씨는 상황을 이해하긴 하지만 사실 한 번도 자기 자신을 위한 선택을 하지 못한 것에 대해서 분노와 억울함을 느끼고 있어요. 그 마음을 생각하면서 다시 해 볼까요?

미희 2 [화가 난 나]: 그래, 맞는 말이야. 하지만 나도 이제 내가 하고 싶은 일을 좀 해야겠어. 아빠도 중요하고 동생도 중요하지만 나도 이제 이 책임감에서 벗어나고 싶다고. 물론 동생도 중요하지만 사실 공부는 혼자 하는 거지 내가 옆에서 해 줄 수 있는 것도 별로 없잖아. 아빠가 병원 다니시는 것도 사실 가끔 내가 없을 때도 혼자 잘하셨는데 앞으로 한 2년 혼자 하실 수도 있는 거잖아. 내가 방학 때는 한국에 들어오면 되지. 내가 취직을 해도 꼭 집이랑 가까이 있을 수 있다는 보장도 없는데. 꼭 유학을 안 가는 것만 정답은 아니잖아.

상담자: 다시 반대편 의자에 앉아 볼까요?

미희 1: 물론 동생도 혼자 공부할 수 있지만 옆에서 네가 뭐라도 하나 챙겨 줘야지. 진학 상담도 같이 가 줘야 하고 대학 지원서 넣는 것도 동생이 혼자 할 수가 없잖아. 이제 2년 지나고 졸업하면 그때 다시 생각하면 되지. 이미 입학 허가를 받은 걸로 네 능력은 증명이 됐잖아. 그러니까 2년 뒤에도 꼭 좋은 결과가 있을 거야. 그때까지 주변도 좀 정리하고 다른 경험도 쌓으면 네가 유학 가서 오히려 공부에 더 집중할 수도 있잖아. 그리고 아빠도 어떻게 혼자 병원에 다니시겠어? 갑자기 무슨 일이라도 생기면 동생이 혼자 해결할 수가 없는데 네가 옆에 있어야지.

상담자: 다시 자리를 옮겨 볼까요?

미희 2: 그래. 맞는 말이야. 하지만 2년 뒤 상황을 누가 장담할 수 있어? 나는 내가 고등학교 졸업하고 대학생이 되면 좀 자유로워질 줄 알았는데 그것도 안 됐잖아. 나는 지금도 내 책임감에 매여서 아무것도 결정하지 못하고 있다고. 부모님이 이혼한 것은 내 잘못이 아닌데 왜 그 뒷감당은 다 내가 해야 되냐고?

상담자는 내담자의 말투나 비언어적 신체 반응 등을 잘 살펴야 한다. 몇 번의 대화를 주고받으며 내담자가 이전에 상담을 했을 때와 비교해서 더 깊은 자신의 마음을 인지했다고 판단되면 기법을 멈추고 내담자의 경험에 대해서 이야기해야 한다. 내담자가 대화 가운데에 새롭게 알게 된 자신의 감정이나 생각이 있는지, 두 자아를 가지고 서로 대화하는 경험이 어떠했는지 등을 묻고 더 깊은 자기 알아차림을 탐색할 수 있다. 기법을 통해서 새로운 경험을 하는 것도 중요하지만 그보다 중요한 것은 기법을 통한 경험에 대해 깊이 생각하며 새로운 깨달음과 새로운 행동의 방향을 이끌어 내는 것이다.

3) 상담자 언어 개입하기

게슈탈트 치료에서는 다양한 방법을 사용해서 내담자의 언어 사용에 개입한다. 상담자는 내담자가 자신의 경험을 온전히 알아차릴 뿐만 아니라 자신의 경험을 자신의 것으로 받아들이고 책임감과 주인의식을 가질 수 있도록 내담자의 언어에 개입한다. 내담자의 우회적인 표현, 소극적인 표현 또는 감정이나 경험을 개체화하는 표현보다는 직접적이고 감정을 내제화하는 표현을 권장한다.

상담 장면에서의 예시는 다음과 같다.

내담자: 아무래도 친구들이 그렇게 말하면 기분이 좀 상하는 것 같아요.

상담자: 어떤 식으로 기분이 상했나요?

내담자: 좀 무시당하는 기분이랄까?

상담자: 친구들이 우영 씨를 무시하는 기분이 들으셨군요.

내담자: [말끝을 흐리면서] 네……. 좀 그렇죠.

상담자: 감정을 표현하시는 것에 확신이 없어 보이네요. 표현이 힘드신가요?

내담자: 확신이 없다기보다는 그냥 친구들이 굳이 저를 기분 나쁘게 하려고 한 말은 아닐 수도 있으니까요.

상담자: 우영 씨는 친구들 때문에 확실히 기분이 나빴지만 친구들을 이해하려고 하는군요.

내담자: 네, 안 좋은 쪽으로 생각하면 더 기분이 나빠지니까요.

상담자: 상대방의 의도에 상관없이 나의 기분을 온전히 받아들이고 돌봐 주는 것은 중요해요. 친구들과 이야기하면서 느꼈던 감정을 다시 표현해 볼까요?

내담자: 친구들 때문에 좀 속상하고 무시당하는 것 같았어요.

상담자: 조금 더 확신 있게 그리고 주어에 '나'를 넣어서 다시 해 볼까요?

내담자: 나는 친구들 때문에 기분이 나쁘고 무시당하는 기분이 들었어요.

상담자: 더 솔직한 표현처럼 느껴지네요. 방금 문장을 말하면서 어떤 기분이 드셨나요?

상담자는 새로운 표현의 방법을 제시하고 내담자가 자신의 감정을 더욱 진실되게 접촉할 수 있도록 도울 수 있다. 내담자는 내재화된 표현들을 통해서 자신의 감정에 대한 주인의식뿐만 아니라 치료의 과정에 대한 더 깊은 책임감과 동기를 가질 수 있다(Mann, 2021). 상담 현장에서 상담자는 내담자가 새로운 표현방법으로 이야기했을 때 신체적, 감정적, 인지적(인지의 영역 참고)으로 어떠한 경험을 하고 어떤 새로운 알아차림을 가졌는지 질문하여 탐색할 수 있다. 탐색 과정의 기법을 통해 경험에 대한 새로운 의미를 도출하는 것이다.

4) 역할 바꾸기

역할 바꾸기(role reverse)는 게슈탈트를 기반으로 한 사이코 드라마에서 많이 사용되는 기법으로 행동치료에서도 가끔 사용되는 기법이다. 역할 바꾸기는 행동중심 치료에서도 사용되는 기법이지만 게슈탈트적 관점에서 내담자가 상황의 전체를 고려하지 못하고 특정한 관점이나 감정에 고착되어 있을 때 사용할 수 있는 기법이다. 자신의 생각과 상반되는 입장에서 이야기해야 하기 때문에 내담자가 처음에는 꺼려할 수 있다. 상담자는 기법의 의도와 잠정적인 효과를 설명하며 내담자와 속도를 맞추어 갈 수 있다. 다음 예시는 헤크니와 버르나드(2021, pp. 147-148)에서 인용한 역할 바꾸기 기법의 임상 예시이다.

빈센트는 진로상담을 위해서 처음 상담자를 찾아왔다. 지속적인 상담을 통해서 상담자는 빈센트의 주요한 문제가 그와 상사의 관계 갈등과 감정이라는 것을 알게 되었다. 빈센트는 자신의 직장에 만족하지만 상사에 대해서 매우 깊은 감정이 있다는 것을 알게 되었다. 하지만 그의 감정을 탐색하는 과정에서 상담자가 앞으로 변화에 대한 목표를 세우고자 할 때 진척이 없는 것 같았다. 빈센트는 매우 혼란스러워하고 이직을 하는 것만이 유일한 방법이라고 결론 내렸다. 이러한 대화의 패턴이 두 회기 동안 지속되었고 상담자는 역할 바꾸기를 시도해 보기로 하였다. 빈센트는 달가워하지 않았지만 상담자와 이야기를 나눈 후 시도해 보기로 결심하였다. 다음은 회기의 내용이다.

빈센트: 사실 이 기법이 어떤 도움이 될지 모르겠어요. 제 상사는 저의 입장에 대해서 전혀 신경 쓰지 않는 무심한 사람이에요. 그는 절대 바뀌지 않을 것이고 계속적으로 저에게 많은 일을 줄 거예요. 사실 그 사람만 아니면 이 직장은 참으로 좋아요. 그래서 이직할 생각을 하면 미쳐 버릴 것 같아요.

상담자: 이 일에 대해서 결론을 내기 전에 지난주에 이야기했던 역할 바꾸기를 시도해 봅시다. 물론 아무것도 변하지 않을 수도 있겠지만 적어도 상황을 다른 관점에서 보려고 노력을 해 보는 거죠. 하실 수 있겠어요?

빈센트: 네, 그럼요.

상담자: 좋아요. 그럼 상사의 입장이 되어 보도록 노력해 보겠습니다. 지금 당신이 당신의 상사라고 상상해 보세요. 제가 빈센트 역할을 하겠습니다. 최대한 상사를 똑같이 따라 하려고 노력하는 겁니다. 그 사람처럼 생각해 보는 거예요. 그러면 평소에 상사가 어떻게 행동하는지 저도 더 잘 알 수 있을 것 같아요. 저는 최대한 당신을 따라 해 보도록 할게요. 만약 제가 당신을 잘 따라 하지 못하는 것 같다면 중간에 멈추고 저에게 알려 주세요. 준비되었나요?

빈센트: 네, 준비되었어요. 그 사람을 너무 잘 알기 때문에 얼마든지 잘할 수 있을 것 같아요.

상담자: 좋습니다. 그럼 먼저 시작하세요.

빈센트: 빈센트, 자네, 또 리포트 제출하는 날짜를 못 지켰군. 도대체 왜 이러는 거예요?

상담자: 필요한 자료를 받지 못해서 그랬습니다. 제가 자료를 요청해야 하는데 계속 회

의에 들어가셔서 여쭤보지 못했습니다.

빈센트: 무슨 말이에요? 지금 내가 회의에 들어가서 리포트를 못 썼다는 거예요? 내가 회의에 들어가도 자료가 꼭 필요하면 나한테 물어봤어야죠. 앞으로는 절대로 기한을 넘기는 일이 없게 하세요. 아셨어요?

상담자: 네, 알겠습니다. 그런데 제가 어제 회의를 방해했더라면 그것 때문에 또 화가 나셨을 거잖아요.

빈센트: 뭐라고요? 물론 일주일 내내 이야기를 하지 않고 있다가 어제 회의 때 이야기를 했더라면 당연히 짜증이 났겠죠. 하지만 그런 일을 핑계로 기한을 놓치는 것은 말이 안 돼요. 그리고 이 일의 마지막 책임자가 난데 빈센트가 기한을 놓치면 내가 당연히 화가 나지 않겠어요? 저를 좀 그만 피해 다녔으면 좋겠어요.

상담자: 빈센트, 방금 경험했던 것에 대해서 이야기해 볼까요?

빈센트: 왜 이 활동을 해 보자고 하셨는지 알 것 같아요. 물론 상사가 화를 내면 그것이 저를 매우 불편하게 하지만 결국 제가 계속 이 상황을 회피하려고 해서 생긴 문제인 것 같아요.

상담자: 그럼, 이제 상사가 화를 낼 때 어떻게 대처할 수 있는지 이야기해 볼까요?

역할 바꾸기 기법을 통해서 내담자는 자신이 상황에 미치는 영향에 대해서 인식할 수 있게 되었다. 이 기법의 목적은 내담자를 비난하거나 상황의 책임이 전부 내담자에게 있다는 것을 말하려는 것이 아니다. 앞서 이야기한 바와 같이 내담자가 자신이 특정 자극에 어떻게 반응하는지를 알지 못한다면 더 긍정적인 대안을 찾기 어려워진다. 내담자는 상대방의 입장이 되어 보고 자신을 조금 더 객관적으로 이해하면서 또 다른 자기 알아차림과 자신의 변화에 대한 책임감과 동기를 갖게 된다. 빈센트는 단순히 상사가 화를 내는 모습에 자신의 감정이 동요된다는 이해를 넘어서 자신이 상사와 연관되는 상황을 회피하고 있다는 것을 깨닫게 된 것이다. 상담자는 게슈탈트 관점에서 빈센트의 접촉 경계에 대한 깨달음을 가질 수 있고 변화의 시작을 만들어 낼 수 있다.

5. 관련 최신 치료법: 감정중심치료

게슈탈트를 기반으로 인간중심 치료, 실존 치료를 융합하여 그린버그(2004)는 감정중심치료(Emotion-Focused Therapy)라는 새로운 치료 방법을 제안하였다. 감정중심치료는 그 이름에 걸맞게 인간의 행동, 동기 그리고 변화의 과정을 이해하는 데 그의 감정을 가장 중심으로 이해한다. 따라서 상담의 과정에서도 평가로부터 사례개념화 및 치료의 모든 개입 과정에서 감정을 중심으로 이해한다(Greenberg & Goldman, 2019). 감정은 단순히 추상적인 개념이 아닌 개인의 신체적, 인지적, 그리고 동기의 중심이 되는 것으로 원초적이면서 가장 솔직한 경험의 중심이 된다. 또한 감정은 때로 인간이 인지적 과정을 거치지 않고 나오는 행동적 반응의 중심이 되기도 한다(Elliott & Greenberg, 2016). 치료의 궁극적인 목적은 내담자가 자신의 감정을 잘 이해하고 다루는 것에 있다. 하지만 감정중심치료에서 이야기하는 감정을 다룬다는 것은 게슈탈트 치료에서 말하는 것과 동일하게 감정을 억압하는 것이 아니다. 감정을 이해하고 다룬다는 것은 자신이 인지하지 못하는 가운데 감정에 치우쳐 그것에 끌려다니지 않고 감정을 알아차리고 적절한 의미 도출을 하는 것이다(Greenberg, 2004).

감정중심치료에서 사례개념화와 치료 개입에 가장 중심이 되는 개념은 감정 스키마(emotion schema)이다. 인지발달이론에서 이야기하는 인지 사고의 스키마처럼 감정을 경험했을 때 그것을 해석하고 반응을 도출하게 하는 학습된 감정 형태를 말하는 것이다. 감정중심치료에서 이해하는 인간은 계속적으로 감정 및 그것에 따른 신체적 반응을 이해하고 의미를 도출하는 일을 한다. 이 과정에서 의미 도출에 지대한 영향을 미치는 것이 감정 스키마이다. 감정 스키마는 "감정적 기억의 체계이다. 이것은 개인의 감정적, 인지적, 행동적, 동기적 요소를 통합하는 것으로 특정한 자극을 받았을 때에 개인이 인지하지 못하지만 즉각적으로 활성화된다"(Greenberg, 2011, p. 38 재인용; Timulak & Pascual-Leone, 2015). 따라서 치료의 과정에서 상담자는 내담자의 이야기에서 찾을 수 있는 그의 일정한 패턴을 이해해야 한다. 또한 내담자에게 방아쇠적 역할을 하는 자극, 그리고 그 자극을 이해하고 행동을 도출하는 데 사용되는 감정 스키마를 정의하는 것이 중요하다. 내담자의 고통에 중심이 되는 자극과 감정을 찾았다면 상담자는 내담자가 스스로 자신을 치료하고 돌보기 위해서 어떠한 방법을 주로 사용하는지 그리고 그 방법이 감정을 건강하게 다루는 데 적절한 방법인지 평가하고 개입한다(Timulak & Pascual-Leone, 2015).

감정중심치료를 이끌어 가는 주요 원리는 감정의 알아차림과 감정의 수용이다(Greenberg,

2004). 감정중심치료에서 상담자는 내담자와 수평적인 상담의 관계 안에서 깊은 공감을 기반으로 한 치료적 관계를 형성한다. 상담 과정에서 상담자는 내담자와 함께 협업하며 내담자가 자신의 감정 및 감정 스키마를 깨닫게 한다. 자신의 감정과 감정 스키마에 대한 이해를 기반으로 내담자는 학습된 감정의 패턴이 현재 자신의 고통에 미치는 영향을 깨닫는다(Elliott & Greenberg, 2016). 감정중심치료는 내담자의 자조력과 자주성을 존중한다. 따라서 학습된 감정 패턴이 스스로 자신의 고통에 어떠한 영향을 미치는지 그리고 어떻게 스스로를 변화시킬 수 있는지 깨닫는 것을 중요시한다. 하지만 상담자는 계속적으로 공감적 이해를 가지고 내담자의 현재 패턴을 스스로를 치료하고 건강하고자 하는 노력으로 이해한다(Timulak & Pascual-Leone, 2015). 그린버그(2019)는 감정중심치료의 세 가지 목적을 다음과 같이 정리하였다.

① 성숙하지 못한 감정의 반응 개발
② 감정과 인지를 연결하여 감정을 다루는 능력 개발
③ 인지적 처리가 어려울 정도의 압도적인 감정을 다루는 능력 개발

감정중심치료는 우울증, 불안 등 주요한 정신 질환을 치료하는 것뿐만 아니라 부부상담에서도 많이 활용되고 있는 치료 방법이다(Timulak et al., 2019). 감정중심치료에 대해서 더 배우고 싶다면 다음의 자료들이 도움이 될 것이다.

- Greenberg, L. S., & Goldman R. N. (2019). *Clinical Handbook of Emotion-Focused Therapy* (1st ed.). American Psychological Association.
- Foroughe, M. (Ed.). (2018). *Emotion Focused Family Therapy with Children and Caregivers: A Trauma-Informed Approach* (1st ed.). Routledge.

지금까지 우리는 게슈탈트 이론에 대해서 공부하였다. 게슈탈트는 한 개인이 자신의 감정과 필요를 충분히 해결하고 자신에게 가장 만족스러운 방법으로 삶을 이끌어 나갈 수 있는 능력이 충분히 있다는 것을 전제로 한다. 따라서 상담자는 내담자가 자신의 잠재력을 알고 또 게슈탈트를 이루어 가는 방법을 지도하는 역할을 감당하는 것이다. 게슈탈트를 이룬다는 것은 개인이 자신의 솔직하고 진정한 감정과 필요를 인식하고 직면하는 것을 말한다. 마치 거울로 자신을 보듯이 자신을 알고 또 스스로 자신의 감정을 돌보고 자신의 필요를 채

워 나가는 능력이라고 할 수 있다. 이러한 과정에 제동이 걸리게 되면 그것을 상담을 통해서 풀어 나갈 수 있는 것이다. 인간이 자신을 솔직하게 직면하는 것은 때로 많은 자기고찰과 용기를 필요로 한다. 따라서 상담자는 내담자가 자신에 대해서 정확하게 알아차리고 또 자신이 알아차린 감정과 경험을 직면할 수 있도록 옆에서 다양한 방법으로 도우며 용기를 주는 역할을 한다.

하지만 게슈탈트 이론도 다른 모든 상담 이론과 마찬가지로 그 한계를 잘 알고 활용해야 한다. 앞서 말한 바와 같이 게슈탈트 치료는 때로 즉흥적이고 체계가 없이 보일 수 있다. 이런 특징은 게슈탈트 이론에 걸맞은 내용이긴 하지만 이론의 한계가 될 수 있다. 뿐만 아니라 다양한 가치관과 문화를 고려했을 때 게슈탈트 이론은 사람을 이해하는 데 있어서 개인 내면에서 일어나는 현상에 매우 집중되어 있다. 물론 사람이 계속적으로 환경과 상호작용한다는 전제를 가지고 있지만 그 상호작용의 내용은 개인 내면의 반응과 해석에 치중되어 있다. 따라서 인간을 가족이나 인간 관계 등 환경의 한 부분으로 이해하면서 더 적극적으로 다른 사람들과의 상호작용을 통합하려는 의도가 부족하다. 마지막으로 게슈탈트 이론은 한 개인이 자신의 감정과 필요를 정확하게 판단하고 해결할 수 있다는 능력을 전제로 하기 때문에 그러한 능력의 한계를 가지고 있는 성인이나 어린이들에게 적용하는 방법에 대한 계속적인 연구와 개발이 필요하다(Sommers-Flanagan & Sommers-Flanagan, 2018).

6. 주요 기술 실습

1) 알아차림 영역 적용하기

(1) 이 장에 소개되었던 게슈탈트 이론의 세 가지 알아차림 영역에 대해서 복습해 보자. 최근에 경험했던 일 중에 기억에 남는 일을 떠올려 보자. 그리고 각 알아차림을 영역에 대해서 적어 보자.

① 최근에 가장 기억에 남는 사건의 내용을 간략하게 적어 보자.

② 그 사건을 기억했을 때에 당신의 내적 알아차림 영역과 관련해서 어떤 경험을 하였는가?(예: 당신 오감으로 경험했던 것들)

③ 그 사건을 기억했을 때 당신의 내적 영역과 관련해서 어떤 경험을 하였는가?(예: 당신의 내면의 감정, 즉각적인 신체적 반응 등)

④ 그 사건을 기억했을 때 당신의 중간 영역과 관련해서 어떠한 경험을 하였는가?(예: 당시 사건에 대한 인지적 설명이나 해석 등)

⑤ 각 영역을 나누어서 사건에 대한 경험을 이해했을 때 사건이 일어났던 당시에는 인지하지 못했던 내용들 중에 새롭게 깨달은 것들이 있는가?

2) 내재화된 감정 표현하기

자신이 평소에 자신의 감정이나 생각 등을 어떻게 표현하는지 생각해 보자. 최근에 주요한 감정(예: 분노, 짜증, 슬픔, 두려움 등)을 경험했던 사건을 기억하며 당시 어떤 감정이 들었고 그 감정을 어떻게 표현했는지 생각해 보자. 다음 내용에 기반해서 자신의 경험을 적으면서 ① 자신이 특정 감정을 경험하는 데 경계의 왜곡이 있는지 생각하고 ② 상황에 반응할 수 있는 대안을 생각해 보자.

① 당시 사건을 생각했을 때 어떠한 감정을 경험했는가?

② 당신은 당시 그 감정을 어떻게 표현 또는 해결하였는가?

③ 당신이 감정을 표현하고 해결한 방법은 효과적이었는가?

④ 게슈탈트 이론의 경계의 왜곡에 대해서 복습해 보자. 당신이 감정을 표현하고 해결하는 방법 중에 경계의 왜곡에 연관된 내용이 있는가? 있다면 어떤 왜곡의 종류가 적용되는가?

⑤ 자신의 감정을 더 효과적으로 해결하고 표현하기 위한 대안적 방법에는 무엇이 있을까? 구체적으로 감정을 표현하는 말이나 감정을 다룰 수 있는 방법을 적어 보자.

7. 요약 및 리뷰

- 게슈탈트 이론은 전체주의, 현상학 이론 그리고 실존주의를 기반으로 개인의 실시간적인 경험과 경험에 대한 알아차림을 중시하는 이론이다.
- 게슈탈트 이론은 '지금-여기'라는 개념을 중심으로 내담자의 과거에 대한 이야기나 미래에 대한 걱정보다는 내담자가 현재 과거나 미래에 대해서 생각할 때 경험되는 내용을 중심으로 상담을 이어 간다.
- 게슈탈트 이론은 경험에 대한 사실적이고 객관적인 해석과 분석보다는 개인의 주관적인 관점과 경험을 존중한다. 같은 경험도 개인에 따라 서로 다른 의미를 도출할 수 있다고 전제한다.
- 게슈탈트 이론을 저술한 프리츠 펄스는 정신분석학에서 많은 영향을 받았지만 당시 유행하던 환원주의와 반대되는 이론을 제시하며 심리학 발전에 새로운 국면을 제시하였다.
- 게슈탈트 이론에서 배경과 형태는 주요한 개념이 된다. 개인의 반사적 또는 선택적인 인식을 통해서 배경에서 전경으로 형태가 떠오르게 된다. 떠오른 형태를 잘 인지하고 적절하게 반응하여 처리하는 것이 게슈탈트 이론에서 말하는 건강한 심리의 과정이다.
- 게슈탈트 이론에서 말하는 건강한 심리 상태는 전경으로 올라온 자신의 욕구, 필요, 생각이나 감정의 전체를 온전하게 경험하고 그것에 맞게 자신의 에너지를 사용할 수 있는 상태를 말한다. 그러한 일련의 과정을 통해서 개인은 실시간적인 게슈탈트를 경험할 수 있다.
- 개인이 자신의 주변 환경이나 내면을 경험하고 상호작용하는 것을 접촉이라고 한다. 이러한 접촉을 이루는 과정과 형태에 따라서 이상심리를 이해할 수 있다.
- 정신분석학에서 말하는 방어기제와 비슷한 개념으로 게슈탈트에서는 접촉 경계의 왜곡에 대해서 이야기한다. 개인이 온전한 게슈탈트, 자기 알아차림을 방해하는 접촉의 형태를 이해하고 치료에서 다루는 것이 게슈탈트 이론의 치료의 목적이다.
- 게슈탈트 치료는 상담자와 내담자 사이의 수평적이고 협력적인 관계를 기반으로 이루어진다. 상담자는 내담자의 실시간적인 경험과 반응에 집중하여 내담자가 그것을 알아차릴 수 있도록 피드백을 주는 역할과 동시에 내담자의 접촉 경계를 이해하고 온전한 게슈탈트, 자기 알아차림을 이룰 수 있도록 돕는 조력자이다.
- 게슈탈트 치료의 방법은 그 이론과 일관되게 실시간적인 경험과 그 경험에 대한 의미

를 도출하는 것에 집중한다. 과거나 미래에 집중하기보다는 현재에 집중하여 문제를 해결한다.

- 게슈탈트 이론의 구체적인 치료 방법은 다양한 이론에서 사용된다. 하지만 치료 기술이 때로는 강력한 감정을 불러일으키는 도구가 될 수 있기 때문에 적절한 연습과 훈련을 통해서 사용되어야 한다.

학습 문제

1. 이 장에서 학습한 게슈탈트 이론의 주요 개념을 세 가지 적어 봅시다.
2. 게슈탈트 이론에서 말하는 개인의 건강한 심리가 무엇인지 적어 보고 한 가지 예를 들어 봅시다.
3. 게슈탈트 이론에서 말하는 이상심리를 설명하고 예를 들어 봅시다.
4. 게슈탈트 이론에서 말하는 상담 치료의 목적과 방향성에 대해서 적어 봅시다.
5. 게슈탈트 이론에서 사용되는 구체적인 상담 치료 기법의 예를 들어 봅시다.

제 7 장

현실치료

남소정

1. 현실치료 소개

1) 주요 발전
2) 주요 학자 전기

2. 현실치료 주요 이론

1) 통제이론
2) 선택이론

3. 현실치료의 실제

1) 현실치료에서의 정신건강
2) 현실치료의 목적
3) 치료적 관계
4) 치료 과정 모델
5) 주요 치료 기법 및 기술
6) 적용영역

4. 관련 최신 치료법

1) 학교 진로상담
2) 육아 훈련 및 가족치료 모델

5. 주요 기술 실습

1) 기본 욕구 탐색
2) WDEP 체계
3) SAMI2C3

6. 요약 및 리뷰

학습 목표

- 현실치료 발전에서의 주요 인물들을 알아본다.
- 현실치료의 기반이 되는 이론과 관련된 주요 개념을 이해한다.
- 현실치료의 치료 목적과 상담자의 역할에 대해 이해한다.
- 현실치료의 주요 치료 기법 및 기술을 이해하고 상담사례에 적용한다.
- 현실치료의 제한점을 이해한다.

1. 현실치료 소개

1) 주요 발전

현실치료는 개인이 자신의 생각과 행동을 스스로 통제하여 더 효과적이고 만족스러운 삶을 위한 선택을 할 수 있도록 돕는 데 그 목적이 있다. 이 방법은 윌리엄 글래서에 의해 개발되었으며, 그는 정신분석과 의학적 모델에 근거한 기존 접근법들의 한계를 인식하고 현실치료를 개발하였다. 특히 그는 개인이 자신의 삶에 필요한 선택을 할 능력과 책임을 가지고 있다고 믿었으며, 이것이 정신분석과 같은 기존의 방법에서는 충분히 강조되지 않았다고 판단하였다. 그리고 그는 기존의 방법이 과거와 문제에 대한 진단에만 치우쳐 있으며, 개인이 실질적인 해결책을 찾는 데 도움을 주지 않는다고 생각하였다. 이런 한계를 극복하기 위해 윌리엄 글래서는 선택 이론을 기반으로 하여 개인의 책임, 실용적인 해결책, 상담자와 내담자의 관계, 그리고 현재에 초점을 맞춘 현실치료를 개발하게 되었다. 이를 통해 개인은 자신의 행동을 통제하고 목표를 달성하는 데 도움을 받을 수 있으며, 궁극적으로 더욱 만족스러운 삶을 실현할 수 있다. 현실치료 상담자들은 개인의 환경이나 문화가 각자의 선택에 미치는 영향을 인지하지만, 각 상황에서 많은 부분은 자신의 기본적 욕구를 충족시키기 위한 개인의 선택에 의해 결정된다고 믿는다. 현실치료를 사용하는 상담자들은 내담자들을 수용하고 지지하면서도 객관적이고 구체적인 목표와 방향을 제시한다. 특히 인지 및 행동 개입을 활용하여 내담자들이 자신의 삶에서 필요한 변화가 무엇인지 스스로 인식하고 그 변화를 위한 목표를 설정하여 실천하도록 돕고, 궁극적으로 자신의 삶을 스스로 통제할 수 있도록 한다.

2) 주요 학자 전기

(1) 윌리엄 글래서(William Glasser, 1925~2013)

윌리엄 글래서는 미국 오하이오주 클리블랜드에서 태어난 유대인 가족의 자손이었다. 그는 벤 글래서와 베티 글래서의 막내아들로 형 헨리 글래서와 누나 자넷 글래서와 함께 자랐다. 그의 아버지인 벤 글래서는 종교적 박해로부터 피하기 위해 러시아에서 미국으로 건너온 유대인 가정 출신으로 작은 시계 수리점을 운영하였다. 윌리엄 글래서는 그의 아버지를

차분하고 자제력이 좋은 사람으로, 어머니는 통제적인 사람으로 묘사하였다. 그가 어렸을 때 부모님이 자주 싸우고 그들의 부부관계가 매우 좋지 않다고 묘사하였고, 본인 또한 어머니와의 관계에서 어려움을 겪기도 했다고 기억하였다. 하지만 전반적으로 무난하고 행복한 어린 시절을 보냈다고 한다. 매우 조용하고 부끄럼 많던 윌리엄 글래서는 어릴 적부터 본인이 좋은 교육을 받아 좋은 직업을 가짐으로써 집안에 경제적으로 도움이 되고 싶어 했다.

글래서는 그가 자란 지역에 위치한 케이스 웨스턴 리저브 대학교에 진학하였고, 1945년에 화학공학 학사학위를 받았다. 대학을 졸업한 후, 그는 엔지니어로 잠시 일을 하였지만 만족스럽지 않았고, 학업으로 돌아오기를 결정하였다. 그러나 첫 학기 중에 징집되어 미국 해군에서 복무하게 되었다. 군복무를 완료한 후, 그는 케이스 웨스턴 리저브 대학교로 돌아와서 1949년에 임상심리학 석사학위를 취득하였고, 1953년에는 의학박사학위를 취득하였다. 이렇게 얻은 학위들을 바탕으로 그는 캘리포니아 대학교 로스앤젤레스와 Veterans Administration Hospital에서 인턴십과 레지던시를 각각 수행하였고, 1961년에 정신과 의사 면허를 획득하였다.

글래서는 1967년까지 California Youth Authority에서 운영하는 청소년 수용인 교정기관인 Ventura School for Girls에서 정신과 의사로 일하였다. 그는 처음에는 전통적인 정신분석을 사용하였으나, 이러한 방법이 과거 문제와 정신 질환 진단에 중점을 두는 것에 만족하지 못했다. 특히 교정기관 내 청소년들을 보면서 그들이 스스로의 삶에 대한 책임을 지거나 스스로를 만족시키는 방향으로 행동을 하지 않기 때문에 어려움을 겪는다고 생각했다. 그는 이곳에서의 경험을 통해 치료자로서 교정기관에 수용된 청소년들이 자신의 삶에서 필요한 것이 무엇인지 명확하게 깨닫고 그 필요를 위한 선택을 하도록 돕고 각자의 행동에 대해 책임을 갖도록 이끌어 주는 것이 그들을 위한 방법이라는 것을 깨달았다. 현재와 미래에 중점을 두지 않고 주로 과거 경험과 문제, 그리고 정신질환 진단을 중요하게 여기던 기존 방법이 오히려 그들로 하여금 자신의 삶을 통제하지 못하게 한다고 느꼈으며, 이것이 그가 나중에 개발하게 된 현실치료에 대한 출발점이 되었다.

그는 초반에 현실 정신의학(reality psychiatry)이라는 용어를 사용하였으나 정신과 의사들보다 상담사, 교육자, 교정관, 그리고 사회복지사 등의 다양한 분야에서 그의 접근에 관심을 갖기 시작하였다. 그 후 글래서는 자신의 접근법을 현실치료(reality therapy)로 칭하기 시작하였고, 1967년에 자신의 치료 방법을 홍보하고 전문가들을 교육하기 위한 William Glasser

Institute를 설립하였다. 그는 나중에 현실치료의 이론적 기반으로 선택이론을 제시하였는데, 이 이론은 인간 행동이 내부적인 욕구와 그것을 충족하기 위한 선택에 의해 주도된다는 점에 중점을 두었다. 이러한 이론은 상담, 교육, 교정 등 다양한 분야에서 계속되어 응용되었다. 특히 약물 및 알코올 중독 상담사, 교정 시설 종사자 등의 전문가들에게 많은 도움이 되어 왔다.

(2) 로버트 우볼딩(Robert Wubbolding, 1936~)

로버트 우볼딩은 미국 오하이오주 신시내티에서 태어났으며 신시내티 대학교에서 상담 박사학위를 받았다. 그는 학교상담사, 집단상담사, 교사, 교수 등으로 다양한 곳에서 일하였다. 현실치료의 창시자이자 그의 멘토였던 윌리엄 글래서는 1988년에 우볼딩을 William Glasser Institute의 디렉터로 임명하였다. 우볼딩은 특히 현실치료를 널리 알리고 다양한 문화권에 적용하도록 넓히는 데에 중요한 역할을 해 왔으며, 한국을 포함한 다양한 나라에서 상담 및 교육 분야 종사자들을 위한 수많은 워크숍을 진행하였다. 그는 WDEP라는 체계 기법을 만들어 널리 보급하였는데, 이 기법을 적용함으로써 사람들이 스스로의 삶에서 자신이 원하는 바(Wants)를 명확히 깨닫고 그것을 위해 어떤 행동(Doing)을 하고 있는지 살펴보고 자신의 목표와 행동을 평가(Evaluation)하여 원하는 변화를 위한 계획(Planning)을 세우도록 도와 왔다. 그는 이 체계를 발달시킴으로써 현실치료의 다양한 적용에 기여하였다.

2. 현실치료 주요 이론

1) 통제이론

현실치료의 이론적 기반으로 사용되어 온 통제이론(Control Theory)은 윌리엄 파워스(1926~2013)에 의해 개발된 심리학적 이론으로, 개인이 목표를 달성하고 필요를 충족하기 위해 자신의 행동을 조절하고 통제하는 방법을 설명하는 데 쓰인다. 윌리엄 파워스는 미국의 의학 물리학자이자 심리학자로 1950년대에 인지통제이론(Perceptual Control Theory)을 소개하기도 하였다(Powers, 1973). 통제이론의 중심 개념은 개인이 지각(perception)과 원하는 상태(desired state) 간의 안정적인 관계를 지속적으로 유지하려고 노력한다는 것이다. 즉, 사람들이 자신의 지각 내에서 특정 변수를 통제하고자 하는 욕구에 따라 행동한다고 본다.

통제이론에서 개인은 내재된 통제 체계에 의해 움직이는 것으로 간주되는데, 그 통제 체계는 개인의 필요를 충족시키기 위해 감정과 행동을 조절하며 개인이 달성 또는 유지하고자 하는 상태를 유지하는 것을 목표로 한다. 글래서는 특히 개인의 통제 체계를 스스로 인식하고 평가하는 것을 중요하게 여겼다. 이 이론은 심리학, 공학, 신경과학을 포함한 여러 분야에서 응용되었으며, 특히 심리학에서는 개인이 목표를 달성하고 심리적 안녕을 유지하기 위해 어떻게 사고, 감정 및 행동을 조절하는지 이해하는 데에 기여하였다.

1970년대에 글래서는 통제이론을 접하고 현실치료의 이론적 기초로 이 이론을 사용하였다. 그는 개인이 통제 체계에서의 인식과 평가를 통해 자신이 원하는 것을 인식하게 되고 목표를 위해 자신의 사고나 행동을 평가 및 조절함으로써 삶을 개선할 수 있다고 생각했다. 하지만 글래서는 1990년대에 현실치료의 기저에는 통제보다는 개인의 선택이 있다고 결론을 짓고, 이 치료법의 이론적 기반으로서 선택이론을 발전시켰다. 선택이론은 사람들의 생각, 감정 및 행동의 선택이 주로 그들의 삶의 질을 결정한다고 가정하며 현재까지도 현실치료를 뒷받침하는 이론으로 사용되고 있다.

2) 선택이론

선택이론(Choice Theory)은 글래서가 개발한 포괄적인 심리치료 및 상담 이론으로, 개인의 선택과 책임의 중요성을 강조하는 이론이다. 이 이론은 개인이 어떻게 의사결정을 내리고 사회와 상호작용하는지에 대한 시각을 제공하며, 이 이론에서 인간은 각자의 목표에 따라 내적 동기를 얻고 행동을 한다고 여겨진다. 여기에는 개인의 결정과 행동, 사고, 그리고 감정과의 상호작용이 핵심 역할을 하는 몇 가지 근본적인 가정이 포함되어 있다.

(1) 개인의 선택

선택이론의 기본 가정 중 하나는 모든 행동은 개인의 선택에 의해 결정된다는 것이다. 글래서에 따르면, 사람들은 외부 영향의 수동적 수용자가 아니라, 자신의 행동, 사고 및 감정을 관리하는 주체로서의 역할을 가지고 있다. 이 관점은 개인이 환경이나 외부 요인과 상관없이 자신의 행동을 통제하고 이끌어 나갈 수 있는 능력을 강조한다.

(2) 기본 욕구

또한 선택이론은 모든 행동은 다섯 가지 기본 욕구(needs)의 만족을 추구하는 데서 오는 결과라고 가정한다. 첫 번째 욕구는 생존으로 음식과 거처, 건강, 신체적 안전감과 편함 등 가장 기본적이고 생리적인 욕구이다. 두 번째는 소속감으로, 타인과의 사랑, 협력, 관계 및 상호작용 등을 원하는 욕구이다. 세 번째 욕구인 성취는 자신의 능력에 대한 자신감 및 성취감을 뜻한다. 네 번째는 자유로, 구속 없이 자신의 삶과 일상을 선택하며 조절할 수 있는 능력을 갖고자 하는 욕구를 뜻한다. 마지막으로 다섯 번째 욕구는 즐거움으로 일상에서 재미, 기쁨을 느끼며 삶을 즐기는 것에 대한 욕구를 뜻한다. 사람에 따라 중요하게 여기는 욕구나 각 욕구의 정도는 다르지만 이 다섯 가지 욕구는 모든 사람에게 공통적인 것으로 여겨진다(Wubbolding, 2015). 개인은 이러한 욕구를 충족시키고 행복을 찾기 위한 행동을 취하며, 그들의 선택은 주로 각자의 개인적인 내재적 욕구를 반영한다.

(3) 좋은 세상

선택이론에서는 좋은 세상(quality world)이라는 개념이 사용되는데, 이것은 각 개인이 가지고 있는 고유한 개념으로, 자신의 욕구를 만족시키고 행복을 가져다주는 사람, 물건 및 경험들을 담은 정신적 이미지를 뜻한다. 개인은 기본적으로 자신의 좋은 세상에 포함시킨 대상과 경험에 가까워지기 원하며, 그 욕구에 따라 선택을 내린다. 즉, 이 내적 표상은 개인이 삶에서 내리는 선택을 형성하는 데 중요한 역할을 한다. 또한 개인의 모든 행동은 좋은 세상 속 이미지들이 현실에서 실현되도록 하는 데 목적을 둔다(Wubbolding, 2017). 만약 좋은 세상에 비현실적이거나 성취가 불가능한 것들을 포함함으로써 현실세계와 거리가 벌어지면 개인은 좌절감이나 더 나아가 심리적 어려움을 경험할 수 있다. 반대로 스스로의 좋은 세상을 바로 인식하고 현실적이고 건강한 표상으로 만들어 그에 맞는 행동을 선택함으로써 긍정적인 경험을 할 수 있다.

(4) 전행동

다음으로 선택이론은 전행동(total behavior)이라는 개념을 강조하는데, 이는 행위, 사고, 감정 및 생리적 반응이라는 네 가지 상호 연결된 요소들로 구성되어 있다. 행위는 움직이기, 말하기 등의 능동적인 행위를 나타내며 이는 자발적 또는 무의식적일 수도 있다. 사고 역시 자발적인 것과 무의식적인 것을 모두 포함하며, 이에는 공상이나 꿈 등도 포함된다. 감정은 행복, 기쁨, 만족 및 실망 등 여러 가지 감정을 포함하며, 생리적 반응은 심장 뜀, 땀 흘리기

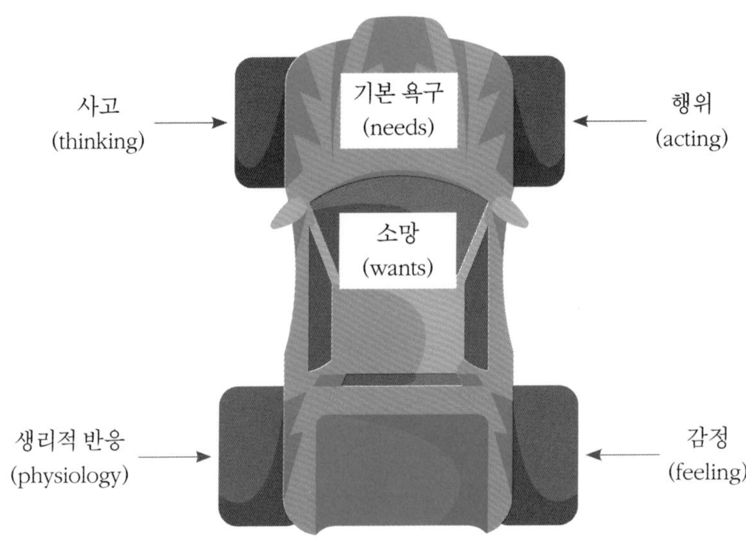

[그림 7-1] 전행동

등 모든 신체적 반응을 나타낸다.

특히 글래서(2005)는 자동차 비유를 사용하여 전행동의 구성을 설명하였는데, 개인이 감정과 생리적 반응에 비해 행위와 사고를 더 직접적으로 통제할 수 있다는 것을 의미하기 위해 앞 두 바퀴를 행위와 사고로, 뒤 두 바퀴를 감정과 생리적 반응으로 묘사하였다. 이 네 가지 구성 요소는 글래서의 인간 행동 관점을 이해하는 데 중요한 개념으로, 그는 한 구성 요소에서의 변화가 다른 구성 요소에 영향을 미칠 수 있다고 주장하였다. 예를 들어, 사고의 변화는 행위와 감정에 변화를 일으킬 수 있는 것이다. 선택이론은 이러한 전행동의 포괄적 이해와 구성 요소 사이의 상호작용을 이해하는 것이 개인의 삶에서 구체적인 변화를 이끌어내기 위해 중요하다는 것을 강조한다.

(5) 내부통제 심리학

글래서(1998)는 선택이론을 통해 기존의 외부통제 심리학(external control psychology)의 대안으로 내부통제 심리학을 제안하였다. 외부통제 심리학은 보상 또는 처벌과 같은 외부 요인들에 중점을 두었는데, 그와는 대조적인 선택이론은 이러한 기존 방법의 제한성을 강조하였다. 글래서는 진정하고 지속적인 변화는 내부에서, 즉 개인의 선택과 자신의 필요를 충족시키기 위한 노력에서 나온다고 믿었다. 결과적으로 선택이론은 긍정적이고 오래 지속되는 변화의 핵심은 개인의 책임이라고 주장하였다.

이러한 선택이론은 다양한 분야에서 실용적으로 적용되어 왔으며, 특히 상담에서는 개인이 자신의 행동 뒤에 있는 동기를 이해하고 더욱 건설적인 선택을 하도록 돕는 데 사용된다. 교육분야에서는 학생들의 책임을 강조한 교실 관리 및 교육 방법에 영향을 줄 수 있다. 또한 개인 발달에서는 개인이 자신의 삶을 통제하고, 자신의 가치와 필요에 부합하는 선택을 하며, 더 의미 있는 삶을 찾기 위한 동력을 얻도록 돕는다. 선택이론의 원리를 이해하고 적용함으로써 개인은 본질적인 심리적 필요를 충족시키고, 보다 의미 있는 삶을 사는 데 도움을 얻을 수 있다.

3. 현실치료의 실제

1) 현실치료에서의 정신건강

글래서는 정신과 의사였음에도 불구하고 정신건강 및 질환을 이해하는 데 의학적 모델이나 질병 모델을 사용하지 않았다. 특히 정신의학에서의 과도한 약물사용에 대해 비판적이었던 글래서(2003)는 정신건강적 증상들은 뇌와 신경학적 문제가 아니기 때문에 약물치료보다는 현실치료적 접근이 더욱 효과적이라고 주장하였다. 현실치료에 따르면 정신적 어려움은 개인이 본인의 다섯 가지 욕구를 충족시키지 못했을 때 나타날 수 있다고 간주된다. 예를 들어, 두 번째 욕구인 소속감이 충족되지 않을 때 소외감이나 외로움 같은 감정적 어려움을 겪을 수 있고, 다섯 번째 욕구인 즐거움이 충족되지 않으면 우울감이라는 증상으로 발전될 수 있다는 것이다.

또한 욕구들 간의 균형이 맞지 않을 때, 즉 특정 욕구들은 외면하고 다른 욕구들을 지나치게 강조할 경우 모든 욕구가 효과적으로 채워질 수 없으므로 정신적 증상으로 그 결과가 나타날 수 있다고 간주된다. 예를 들어, 소속감이나 즐거움 등의 욕구는 돌보지 않고 성취나 자유와 같은 욕구에 지나치게 집중하면 그 결과가 반사회적 행동으로 나타날 수 있는 것이다(Glasser, 1998). 이와 같이 현실치료에서 글래서는 정신적 증상이나 질환을 개인의 욕구 충족과 선택 및 책임에 대한 문제로 이해하였다. 그렇기 때문에 정신과적 약물을 통한 치료보다는 현실치료를 적용하여 사람들이 자신의 증상을 이해하고 상담자와의 치료적 관계 안에서 선택과 행동을 수정해야 한다고 믿었다.

따라서 현실치료에서의 정신건강은 개인의 기본적인 욕구 충족을 통해 얻어진다고 간주된다. 정신적으로 건강한 사람들은 자신의 욕구 충족을 위해 책임감 있는 선택을 내리며 감정적 안녕을 얻는다. 그들의 선택은 개인의 필요를 충족시킬 뿐 아니라 타인의 권리 또한 보장한다. 그들은 상황에 따라 감정적으로 또는 심리적으로 어려움을 겪을 때 부정적 또는 실패로 받아들이지 않고, 자신의 상태와 행동 그리고 필요가 무엇인지 돌아보며 더 나은 삶을 위해 어떤 선택을 할 수 있는지 돌아보는 긍정적인 계기로 여긴다.

2) 현실치료의 목적

현실치료에서의 주요 목적은 개인이 자신의 삶을 통제하고 책임 있는 선택을 하며, 궁극적으로 보다 만족스럽고 충실한 삶을 살 수 있도록 돕는 데 중점을 둔다. 현실치료를 통해 내담자는 본인이 자신의 행동과 결정에 대한 책임을 가질 수 있는 힘을 가지고 있다는 것을 인식하게 되고, 본인의 행동과 결정에 대한 책임을 맡음으로써 문제를 해결하고 상담목표를 달성하게 된다. 또한 현실치료는 내담자가 소속, 성취, 자유 및 즐거움 중 미충족된 기본 심리적 욕구를 식별하고 해결할 수 있도록 한다. 상담자는 내담자가 자신의 어떤 선택이 이러한 필요를 충족시킬 수 있는지 탐구하는 데 도움을 주며, 이러한 과정을 통해 전반적인 삶의 만족도를 높이도록 한다. 현실치료에서의 선택은 내담자의 기본 욕구를 현실적으로 반영할 뿐 아니라 책임적이어야 한다. 내담자 자신뿐 아니라 타인의 기본 욕구를 충족할 권리 또한 존중해야 한다.

다른 일부 접근법들과 달리 현실치료는 주로 현재와 미래에 중점을 둔다. 내담자의 현재의 선택과 행동이 그들의 현재 삶과 관계에 어떻게 영향을 미치는지 이해하는 데 도움을 주며, 현재에 집중함으로써 긍정적인 변화를 이끌어 내기 위한 즉각적인 개입이 가능하다. 또한 내담자는 명확하고 현실적인 목표를 설정하고 자신의 가치와 필요에 부합하는 미래를 건설하게 되는데, 이러한 미래 중심적 접근은 내담자들이 현재의 어려움을 뛰어넘고 더 만족스러운 삶을 이끌어 내는 데 도움을 준다. 뿐만 아니라 현실치료는 내담자가 자신의 선택이 본인의 욕구를 충족시키고 원하는 결과를 얻는 데 효과적인지를 스스로 평가하도록 한다. 상담자는 내담자가 개인적 가치 및 목표와 일치하는, 보다 합리적이고 책임감 있는 결정을 내리도록 지지한다.

현실치료의 중요한 목표 중 하나는 대인관계를 향상시키는 것인데, 개인의 책임과 효과적인 의사소통을 촉진함으로써 내담자는 다른 사람들과 건강한 관계를 형성할 수 있다. 즉, 자신의 행동이 관계에 미치는 영향을 이해하고 개선된 전략을 개발하는 데 도움을 준다. 또한 내담자들은 삶에서 마주하는 어려움을 다루기 위한 문제 해결 및 의사결정 기술을 배우게 된다. 그들은 자신의 선택을 평가하고 이 선택이 본인의 삶에 전반적으로 어떻게 기여하는지 결정할 수 있는 능력을 갖게 된다. 내담자는 자신의 삶을 통제하고 책임 있는 선택을 함으로써 자아 존중감과 자아 가치가 향상되는 것을 종종 체험하게 되며, 이는 개선된 정신건강과 더욱 긍정적인 자기개념으로 이어진다.

3) 치료적 관계

현실치료에서의 치료적 관계는 개인적 책임, 선택, 그리고 현재를 다루는 것에 중점을 두며, 상담자는 따뜻하고 낙관적인 신뢰와 교류를 기반으로 한다. 상담자는 내담자에 대해 진정한 관심을 가지며, 내담자가 상담자를 신뢰할 수 있도록 한다. 이러한 관계 형성은 내담자의 소속 욕구를 충족시키기도 하며, 치료적 관계를 유지하는 데 도움이 되기도 한다. 또한 현실치료에서의 상담자는 개방적이고 수용적인 자세를 지니고, 내담자와 서로 다른 문화와 견해를 인정한다. 그러기 위해서 현실치료의 치료적 관계는 서로에 대한 예의와 진정성을 강조하며, 내담자의 의견과 행동을 판단하거나 비난하지 않는다. 즉, 현실치료에서의 상담자들은 상담을 주도하거나 결정하는 전문가로서보다는 자신의 지식과 기술을 사용하여 내담자를 돕고자 하는 인간적인 존재로서 상담에 임한다.

또한 상담자는 전문적이고 윤리적인 태도를 유지하면서도 적절한 때에 자신에 대한 개인적 정보를 공개하여 자신의 취약성과 인간성을 나타내는 데 사용하기도 한다. 이러한 상호작용이 치료적 관계를 잘 확립하는 데 도움이 될 수 있기 때문이다. 이는 상담자가 더 중립적인 입장을 유지하고 덜 개인적인 정보를 공개하는 정신분석적 접근과 대조된다. 정신분석에서 관계는 주로 행동의 무의식적 결정 요인을 해결하고 미해결된 갈등을 해소하며 억압된 생각과 감정을 의식적으로 인식하도록 하는 데 관심이 집중되는데, 이것은 통찰 중심이며 과거 및 현재 경험에 대한 탐구를 중시하는 특징이 있다. 반면, 현실치료는 현재와 여기와 지금에 중점을 두는데, 주요 목표는 내담자가 바로 행동을 취하고 책임 있는 선택을 하며 기본 심리적 욕구를 충족시키는 데 있다. 그러므로 현실치료에서의 치료적 관계는 적극적인 청취와 실질적인 전략 개발을 중시하며 자존감과 자아 가치를 구축하는 데 기여한다. 즉, 치료적 관계의 초점은 내담자의 현재 행동과 선택, 그리고 그것들이 그들의 삶과 관계에 미치는 영향에 둔다.

4) 치료 과정 모델

(1) WDEP 체계

WDEP는 우볼딩(1998)에 의해 개발된 체계적인 상담 접근법으로 현실치료에서 상담자와 내담자가 함께 목표 설정 및 계획을 수립하는 데 도움을 주는 요소들을 나타낸다. WDEP는 Wants(소망), Direction & Doing(지향과 행동), Evaluation(평가), Planning(계획)의 약어이다.

① Wants(소망)

첫 번째로 현실치료 상담사는 내담자가 원하는 바, 소망을 탐색하도록 돕는다. 내담자는 다섯 가지 욕구(생존, 소속감, 성취, 자유, 즐거움)와 관련하여 자신이 원하는 것이 무엇인지 탐색하기 시작한다. 이 과정에서 상담자는 내담자의 좋은 세상을 구체적으로 살펴보며 내담자가 본인의 현재 욕구, 원하는 변화나 성취 등을 명확하고 자세히 이해할 수 있도록 돕는다. 특히 내담자의 소망들 중 얻은 것, 얻지 못한 것, 그리고 소망하지 않으나 얻은 것에 중점을 두며 탐색한다. 또한 상담자는 내담자가 자신의 소망이 본인의 욕구와 어떻게 관련되는지 인식하고 구체적으로 이해하도록 장려하고, 또한 각 소망이 합리적이고 현실적인지 탐색하도록 돕는다. 이러한 탐색과 이해 과정을 통해 상담자와 내담자는 상담 목표를 설정하게 된다.

② Direction & Doing(지향과 행동)

지향과 행동 단계에서는 내담자가 현재 무엇을 지향하고 있으며 어떤 행동을 취하고 있는지 탐색한다. 이 탐색 과정에서는 전행동(total behavior)의 각 요소(행위, 사고, 감정, 생리적 반응) 내에서 내담자의 지향 및 행동을 살펴보게 되며, 상담자는 내담자가 본인의 전행동을 상세히 탐색하고 구체적으로 설명할 수 있도록 돕는다. 이러한 과정을 통해 내담자는 스스로의 현재 행동을 평가하기 전에 자세히 이해할 수 있게 된다.

③ Evaluation(평가)

평가 단계에서는 상담자와 내담자가 함께 현재 행동의 효과를 평가하고, 구체적으로 어떤 점이 효과적이고 어떤 점에서 개선이 필요한지를 논의한다. 이 과정에서 내담자는 자신의 행동과 목표, 인식, 그리고 그 행동의 결과 등을 평가하게 된다. 현실치료에서의 이러한 평가는 내담자의 행동이 자신의 소망과 욕구를 충족시키는 데 효과적이며 자신과 타인에게 현실적이고 도움이 되는지에 중점을 둔다. 또한 평가의 모든 과정은 주로 현재에 중점을 두고 긍정적인 변화와 성공을 강조한다. 상담자는 이때 행동의 좋고 나쁨을 평가하지 않고, 내담자를 지지하며 긍정적인 태도를 유지하는 것이 중요하다.

④ Planning(계획)

상담자와 내담자는 평가 과정을 통해 깨달은 내용에 기반하여, 긍정적인 변화를 이루기 위한 구체적인 장기 계획을 수립하게 된다. 이는 목표를 달성하기 위해 취해질 향후의 행동들에 대한 단기 계획들도 포함한다. 이러한 계획들은 궁극적으로 내담자가 더 나은 선택들을 내리고 그 선택들에 대해 책임감을 가지며, 자신의 삶을 더 잘 통제할 수 있도록 하는 데 그 목적이 있다.

(2) SAMI2C3

SAMI2C3은 우볼딩(2014)이 제시한 성공적인 계획 수립을 위한 여덟 가지 요소를 포함한다. 각 요소는 성공적인 계획의 특징을 나타내며, 상담자는 이 요소들을 내담자와 함께 활용하여 문제 해결을 위한 구체적이고 효과적인 계획을 수립한다.

- 간단한 계획(Simple): 계획은 간단하고 명확하며 이해하기 쉬워야 한다. 만약 계획이 너무 복잡하거나 불명확하다면 내담자가 따라가기 어려울 수 있다.
- 달성 가능한 계획(Attainable): 계획은 내담자가 달성할 수 있는 수준이어야 한다. 효과적인 계획은 현실적이며, 만약 계획이 너무 어렵다면 내담자가 동기를 잃거나 포기할 수 있다.
- 측정 가능한 계획(Measurable): 계획은 척도나 일기 등 내담자의 진전 또는 개선된 부분을 기록하는 방법을 통해 측정 가능해야 한다. 내담자가 스스로 본인의 계획이 잘 실행되고 있고 진전이 나타나고 있음을 확인할 수 있어야 한다.
- 즉각적인 계획(Immediate): 계획은 즉시 실행될 수 있도록 수립되어야 한다. 만약 계획을 시행하기까지 시간이 너무 오래 걸릴 경우 내담자가 동기를 잃을 수 있다.
- 참여하는 계획(Involving): 계획에 상담자가 적절하고 윤리적인 방법으로 참여할 수 있어야 한다. 상황에 따라 피드백을 제공하거나 상담자의 역할을 수행하되 내담자가 여전히 자주성을 증진하는 방향이어야 한다.
- 통제 가능한 계획(Controllable): 계획은 내담자가 완전한 통제력을 가져야 한다. 자신이

아닌 다른 사람이나 그의 행동에 의존해야 하는 계획은 효과적이지 못하다.

- 헌신 가능한 계획(Committed): 내담자가 자신의 계획에 헌신할 수 있어야 하며, 계획을 통해 추구하는 변화가 본인에게 중요하다는 인식이 있어야 한다. 내담자가 자신의 계획에 마음을 두고 헌신하지 않으면 계획을 성공시킬 가능성이 줄어든다.
- 일관적이고 계속적인 계획(Consistent & Continuous): 계획은 일관적으로 계속해서 시행되어야 한다. 또한 행동의 일관되고 계속적인 변화를 위한 추구를 반영해야 한다.

5) 주요 치료 기법 및 기술

(1) 선택 탐색하기

현실치료는 내담자의 행동이 자신의 내적 욕구와 그것을 충족하기 위해 내리는 선택에 의해 주도된다고 믿는 선택이론에 기반을 둔다. 그러므로 상담자와 내담자가 협력하여 내담자의 선택을 탐색하고 토론하는 것이 중요하다. 내담자가 현재 삶에서 하는 선택을 살펴보기 위해 내담자의 욕구, 행동, 인식을 탐색하는 것이 중요한데 특히 내담자가 원하는 것과 그것을 얻기 위해 어떤 선택을 내리는지, 그리고 스스로 그 선택과 행동을 어떻게 인식하는지 이해해야 한다. 이러한 과정을 통해 상담자는 내담자가 자신의 선택과 그 선택이 본인의 삶에 미치는 영향에 대해 인지하고 이해하도록 돕는다. 또한 본인이 원하는 것과 기본 욕구와의 연결성을 탐색하고 현실성을 돌아봄으로써 자신의 삶을 위해 더욱 적절하고 효과적인 선택을 내릴 수 있는 통찰력을 얻게 된다.

(2) 좋은 세상 탐색하기

좋은 세상은 내담자의 이상적인 삶을 나타내며 자신의 가치, 관계 및 성취 등을 포함한다. 현실치료에서는 인간이 스스로 원하는 이미지들을 선택해서 본인의 좋은 세상에 포함시킨다고 간주하는데, 만약 그 이미지들이 비현실적이거나 비합리적일 경우 실망감이나 좌절감 같은 감정을 경험할 수 있다. 그러므로 자신의 좋은 세상을 명확히 인식하고 스스로 이해하는 것이 매우 중요하다. 이러한 과정을 통해 인간은 자신이 추구하는 가치와 욕구에 대해 더 깊게 인지할 수 있게 된다.

현실치료에서 좋은 세상을 탐색하는 것은 상담자와 내담자가 함께하는 과정으로 탐색에 앞서 관계를 잘 형성하는 것이 중요하다. 상담자는 내담자가 안전하다고 느끼고 상담자를 신뢰할 수 있는 환경을 조성하여, 내담자가 편하게 대화를 나눌 수 있게 해야 한다. 또한 대화를 나눌 때 상담자는 내담자가 자유롭게 본인의 생각이나 감정, 소망과 욕구를 설명할 수 있도록 개방적이고 편견이 없어야 한다. 탐색 과정에서 상담자는 내담자에게 질문을 하게 되는데, 이때 폐쇄형 질문보다는 개방형 질문을 사용하는 것이 중요하다.

예를 들어, 내담자의 좋은 세상 속의 관계 및 역동에 대한 질문을 할 때 "당신의 좋은 세상에 가족 구성원들도 있나요?"보다는 "당신의 좋은 세상에서 가족 구성원들은 어떤 중요한 역할을 하나요?"와 같은 질문을 사용할 수 있다. 또한 탐색적이고 탐험적인 질문들을 함으로써 내담자의 가치와 욕구를 더 잘 이해할 수 있는데, "좋은 세상의 어떤 부분이 당신을 특히 기쁘게 하나요?", "좋은 세상의 어떤 부분이 달성하거나 유지하기 어려운가요?", "현재 삶에서의 어떤 선택이나 행복이 당신의 좋은 세상과 일치 또는 불일치하는 것 같나요?", "좋은 세상에는 어떤 원칙들이 있나요?" 등의 질문이 유용할 수 있다.

이러한 질문과 상호적 대화를 통해 상담자는 내담자의 좋은 세상에 대해 깊이 이해하게 되고, 그 이해는 추가적인 상담 과정의 기초를 형성하며 내담자가 궁극적으로 원하는 삶과 가치에 부합하는 선택을 할 수 있도록 돕게 한다.

(3) 현재 중심적 접근

현실치료에서 현재 중심적인 접근은 과거 사건을 광범위하게 탐구하는 대신 현재의 문제와 고민에 중점을 둔 치료적인 접근을 나타낸다. 특히 현실치료는 내담자 삶의 여기와 지금(here and now) 측면에 중점을 두며, 현재 행동을 이해하고 변경함으로써 더욱 효과적이고 만족스러운 삶으로 이끌 수 있다는 신념에 근거하고 있다. 현재 중심적 접근을 위해 상담자는 내담자의 현재 상황을 탐색하도록 하며 현재 고민, 문제 및 어려움과 관련된 토론에 우선순위를 둔다. 이러한 탐색의 목적은 현재의 문제에 대한 즉각적이고 실용적인 해결책을 찾는 데 있으며 상담자는 내담자와 협력하여 현재 문제에 대한 해결책으로 취할 수 있는 조치를 찾는다. 이 과정에서 상담자는 내담자가 현실적이고 실현 가능한 목표를 설정하도록 격려하며, 장기적이거나 미래의 목표에 머물지 않고 현재에 긍정적인 변화를 이끌어 내는 데 집중한다.

또한 현실치료의 현재 중심적인 접근은 내담자의 문제 해결 기술을 가르치고 향상하는 것을 포함하기도 하는데, 내담자는 현재의 상황을 평가하고 잠재적인 해결책을 식별하며 이를 실천하기 위한 단계를 수립하는 법을 배우게 된다. 즉, 현실치료는 현재에 집중함으로써 내담자가 즉각적인 변화를 이끌어 내어 보다 만족스럽고 충족된 삶으로 나아가도록 돕는 것을 목표로 하고 있으며 이 접근은 현재의 고민에 직접적으로 대처함으로써 내담자의 전반적인 안녕에 기여하게 된다.

(4) 동사와 현재진행형 사용하기

현실치료에서 동사와 현재진행 형태의 단어를 사용하는 것은 내담자가 행동 중심 치료에 노출되고 적극적으로 참여할 수 있도록 돕는다. 현재진행 형태의 단어는 행동이 진행 중임을 나타내므로, 상담자는 내담자가 자신의 행동을 즉시 인식하고 개선하는 데 도움을 줄 수 있다. 예를 들어, "나는 자존감이 낮다."라는 문장 대신 "나는 자신을 가치 있게 여기는 것에 집중하고 있지 않다."라는 문장을 사용함으로써 내담자의 현재 행동에 대한 인식을 높일 수 있다. 또한 동사와 현재진행 형태의 단어를 사용함으로써 상담자는 내담자가 자신의 행동을 인식할 뿐 아니라 조절하고 변화를 이끌어 내는 데 도움을 줄 수 있는데, 이러한 형태의 단어는 행동의 연속성을 강조함으로써 내담자가 변화를 이끌어 내는 데 필요한 노력과 연습의 중요성을 이해하도록 한다. 상담자는 내담자에게 자신의 행동을 개선하기 위해 지속적으로 노력해야 한다는 점을 강조하여, 그들이 변화를 실현하기 위해 스스로 행동해야 한다는 인식을 높일 수 있다.

뿐만 아니라 동사와 현재진행 형태의 단어를 사용하는 것은 내담자가 적극적으로 변화에 참여하고 자기통제력을 향상시키는 데 도움이 된다. 이러한 형태의 단어는 내담자가 자신의 행동을 주도하여 삶의 품질을 향상시킬 수 있다는 메시지를 전달함으로써 자기효능감을 높일 수 있다. 상담자는 내담자에게 자신의 행동이 삶의 질을 개선하는 데 중요한 역할을 한다는 것을 강조하여, 자신의 삶을 책임지고 향상시키는 데 더욱 적극적으로 참여할 수 있도록 격려한다. 또한 동사와 현재진행 형태의 단어를 사용함으로써 상담자는 내담자가 자신의 감정이나 기분을 능동적으로 표현하게 한다. 예를 들어, "나는 우울하다."라는 문장 대신 "나는 우울해하고 있다." 또는 "나는 우울하기를 선택했다."라는 문장 형태를 사용하게 하는 것이다. 이러한 표현을 통해 내담자는 스스로의 감정에 대한 통제력과 책임을 인식하게 되고, 자신의 감정을 더욱 효과적으로 관리하고 조절할 수 있다.

(5) 책임에 대한 강조

현실치료에서 책임을 강조하는 것은 이 치료적 접근의 기본적인 측면으로, 개인이 자신의 선택과 행동에 대한 책임이 있다는 것이 강조된다. 상담자는 내담자가 자신의 행동, 선택, 그리고 그로 인해 생기는 결과에 대한 개인적인 책임을 갖도록 하는데, 개인이 자신의 삶에 영향을 미치는 선택을 할 수 있다는 것이 그 근거이다. 현실치료는 행동의 이유로 변명이나 외부 요소를 사용하는 것을 지양한다. 그 대신에 내담자가 스스로 제어할 수 있는 부분이 무엇이며 긍정적인 변화를 어떻게 이뤄 낼 수 있는지에 중점을 둔다.

또한 상담자는 내담자와 함께 책임감 있는 결정을 방해하는 장벽을 찾고 극복하기 위해 노력하는데, 이는 파괴적인 사고방식, 회피와 같이 개인적인 책임을 방해할 수 있는 장애물을 포함한다. 문제의 원인으로 외부 상황이나 다른 이들을 탓하는 대신, 상담자는 내담자가 다르게 행동할 수 있는 부분에 중점을 둔다. 이는 내담자 자신에게 권한과 자주성을 부여하기 위한 것으로, 개인의 능력을 인식하고 스스로의 삶을 통제함으로써 긍정적인 변화를 이루어 낼 수 있다는 인식을 개발하는 데 도움이 된다. 즉, 현실치료는 내담자의 책임감에 중점을 둠으로써 개인이 자신의 삶을 통제하고 건설적인 선택을 통해 더욱 만족스럽고 건강한 삶을 추구할 수 있도록 한다.

(6) 긍정적인 관계 형성

현실치료에서는 상담자와 내담자 간의 관계뿐 아니라 내담자가 상담 현장 밖에서도 긍정적이고 상호 만족스러운 관계를 형성하도록 돕는다. 상담자는 내담자가 효과적인 대인관계 기술을 개발하고 관계에서 양쪽에 긍정적인 기여를 하는 선택을 할 수 있도록 한다. 현실치료에서 대인관계는 특히 개인의 안녕에 영향을 주는 요인으로 여겨진다.

먼저, 상담자는 내담자의 삶에서 중요한 가족, 친구 및 동료와의 관계 등 대인관계에 대해 이해함으로써 내담자의 사회적 환경에 대해 파악한다. 또한 현재의 관계 패턴과 그중 개선이 필요한 부분을 살펴보며, 내담자의 긍정적 상호작용을 강화하고 갈등을 해결하기 위한 전략 개발에 집중한다. 상담자는 내담자가 효과적인 대인관계 기술을 개발하도록 돕는데, 이는 의사소통 기술을 강화하여 다른 사람과의 긍정적 상호작용을 촉진하는 것을 포함한다. 특히 의사소통에 있어 내담자가 명확하고 효과적으로 자신을 표현할 수 있도록 돕는다. 또한 상담자는 내담자가 자신의 선택과 행동이 다른 사람에게 어떻게 영향을 미치는지 이해하도록 돕는다. 현실치료는 대인 상호작용에서 모든 당사자의 복지를 고려하는 것을 중요하게 여기므로 내담자가 자신의 필요뿐만 아니라 다른 사람의 권리와 필요성을 존중하는 선택을 하도록 한다.

(7) 행동 변화 촉진

현실치료의 주요 목표는 건설적인 행동 변화를 촉진하는 것이기 때문에, 상담자는 내담자가 스스로를 평가하고, 자신의 필요에 따라 긍정적이고 현실적인 목표를 설정 및 계획함으로써 행동을 개선하고 더욱 만족스러운 삶을 살도록 지지한다. 초반에는 내담자가 본인 탐색을 통해 본인이 개선하고자 하는 행동이 무엇이며 어떻게 변화하고 싶은지 깨닫고 이해하도록 도우며, 이러한 과정을 통해 자신의 가치와 우선순위에 맞는 목표를 세우게 된다. 상담자는 내담자의 행동 변화 과정 전반에 걸쳐 내담자가 원하는 행동 변화를 촉진하기 위해 지속적인 지지와 격려, 그리고 피드백을 제공한다. 또한 행동 변화에 도움이 될 수 있는 다양한 기술을 개발하도록 돕기도 한다.

(8) 내적 동기부여 요인

현실치료는 개인이 자신의 행동과 결정에 스스로 책임을 질 때 진정한 행동 변화와 개인의 성장이 일어난다고 믿기 때문에 외부적인 동기부여 요인을 사용하지 않는다. 보상, 벌, 또는 타인의 승인과 같은 외부요소에 의존하는 것은 일시적인 변화를 가져올 수 있지만, 지속적인 변화를 유도하지 못하기 때문이다. 현실치료는 개인이 선택을 할 수 있고 자신의 행동을 통제할 수 있다는 개념을 강조하기 때문에 개인의 내재적 욕구나 소망, 가치관, 필요성 및 목표와 같은 내부 요인에 집중한다. 이러한 내적 요인은 개인 행동 변화의 강력한 동기가 될 수 있다. 외부 동기부여 요인을 피함으로써 현실치료는 의사 결정에서 자율성과 자기지향성을 장려하며, 내담자는 외적 요인에 집중하고 의존하는 대신에 내적 요인에 대한 진정한 만족감을 찾음으로써 더욱 의미 있는 삶과 개인의 성장을 경험하게 된다.

(9) 은유와 이미지

현실치료에서는 은유와 이미지를 사용하여 내담자의 생각이나 감정을 이해하기 쉬운 형태로 풀어낸다. 특히 복잡한 상황이나 행동에 대한 통찰력을 얻도록 돕는다. 예를 들어, 내담자의 성장 과정을 꽃이 피어나는 것으로 비유함으로써 스스로 자신의 변화와 발전 가능성을 시각화할 수 있도록 한다. 추상적인 개념을 구체적인 이미지로 연결함으로써 은유는 내담자들이 현실치료 과정을 더욱 쉽게 이해할 수 있고 기억하기 쉽도록 한다.

또한 은유와 이미지는 현실치료에서 깊은 감정과 기본적인 신념을 탐구하는 데 도움을 준다. 은유는 내담자들이 직접적으로 표현하기 어려운 복잡한 감정을 상징적으로 표현할 수 있게 하며 이러한 은유 속의 상징성을 해석함으로써 상담자는 내담자의 기본적인 문제와 동기에 대한 숨은 의미와 무의식적인 연결을 발견할 수 있다. 마찬가지로, 이미지는 내담자의 무의식에 직접적으로 접근할 수 있는 길을 제공하며, 자신의 행동을 주도하는 깊게 자리잡은 감정과 신념에 접근하여 평가 및 개선할 수 있게 한다. 은유와 이미지의 힘을 활용함으로써 상담자는 내담자가 깊은 자기인식을 얻고, 목표와 동기를 명확하게 하며, 긍정적인 변화와 개인적인 성장을 위한 적극적인 단계를 취할 수 있도록 돕는다.

(10) 역설적 개입

현실치료에서 역설적 개입은 내담자가 자신의 문제를 새로운 시각에서 바라보고 변화를 이루도록 돕는 효과적인 전략이다. 역설적 개입을 통해 상담자는 내담자가 자신의 문제를 해결하는 대신 더욱 그 문제에 빠지게 만들어 역설적인 반응을 유도할 수 있으며, 내담자의 저항을 깨고 새로운 관점을 제시함으로써 변화를 촉진한다. 예를 들어, 할 일을 자꾸 미루는 내담자에게 의도적으로 할 일을 더욱 미루도록 함으로써 그 행동 지연과 관련된 본인의 생각과 감정을 돌아보게 할 수 있다. 이러한 전략은 내담자가 자신의 행동과 상황에 대해 새로운 시각을 찾아내고 자신의 통제와 책임을 인식하도록 한다.

또한 역설적 개입은 내담자의 방어기제를 인식하고, 자기방어적인 반응을 제거함으로써 변화를 촉진한다. 내담자는 종종 자신의 문제에 대해 부정적으로 반응하거나 방어적인 자세를 취할 수 있는데, 이때 상담자가 역설적 개입을 사용하여 내담자의 방어적인 반응을 깨고, 그들이 자신의 행동에 대해 더욱 현실적인 시각을 갖도록 도울 수 있다. 이러한 전략은 내담자가 자신의 문제를 바라보는 방식을 변화시키고, 새로운 해결책을 모색하도록 격려한다.

내담자에게 역설적 개입을 제시함으로써, 상담자는 그들이 자신의 상황에 대한 자기식별을 증진하고, 자신을 더 잘 이해할 수 있도록 돕는다. 역설적 개입은 내담자가 자신의 행동과 태도를 다시 생각하고, 자신의 관점을 재평가하는 데 도움이 되며 이러한 과정은 내담자가 자신의 행동에 대한 책임을 느끼고, 그에 따라 행동할 수 있도록 한다. 뿐만 아니라, 역설적 개입은 내담자와 상담자 간의 관계를 강화하고, 치료 과정을 더욱 효과적으로 만든다. 상담자가 내담자에게 역설적인 방식으로 접근함으로써, 내담자는 상담자를 더욱 열린 마음으로 받아들이고, 치료 과정에 적극적으로 참여할 수 있다. 이러한 전략은 내담자가 상담자와의 신뢰를 구축하고, 함께 협력하여 문제를 해결할 수 있도록 한다. 또한 역설적 개입은 내담자가 자신의 문제를 가볍게 다루고, 유머를 통해 새로운 관점을 찾아내는 데 도움이 된다. 역설적 개입은 종종 유머와 반전된 논리를 사용하여 내담자의 마음을 녹여, 그들이 자신의 문제에 대해 더욱 긍정적인 자세를 취하도록 격려한다. 이러한 전략은 내담자가 자신의 문제를 더 쉽게 다루고, 새로운 시각을 찾아내며, 삶을 더욱 긍정적으로 바라보게 만든다.

(11) 긍정심리학적 통합

현실치료에서 긍정심리학적 통합은 내담자가 삶의 의미를 발견하고 긍정적인 변화를 유도하는 데 중요한 역할을 한다. 긍정심리학은 개인의 강점, 성장 가능성 및 만족감을 강조하여 잠재력을 최대화하는 접근법으로, 이를 현실치료에 통합함으로써 내담자가 더 나은 삶을 추구할 수 있도록 한다. 예를 들어, 상담자는 내담자의 강점을 인식하고 그들에게 긍정적인 자아 이미지를 형성하는 데 도움을 준다. 긍정심리학과의 통합은 내담자가 삶의 의미와 목적을 찾는 데 도움을 줄 수 있으며 개인이 자신의 강점과 가치를 인식하고 그것을 활용하여 더 의미 있는 삶을 살아갈 수 있도록 돕는다는 관점에서 치료를 진행한다. 이러한 접근법을 통해 내담자는 자신의 삶을 더욱 의미 있게 여기고, 목표를 설정하고 이를 달성하기 위해 노력하는 데 동기를 얻을 수 있다.

또한 긍정심리학과 현실치료의 결합은 내담자가 자기효능감을 강화하고 긍정적인 변화를 경험하는 데 도움을 줄 수 있다. 긍정심리학은 개인의 능력과 자원을 강화하고, 자기효능감을 높이는 것을 중요시하므로 이는 현실치료에서도 내담자 자신의 문제를 해결할 능력을 높이고, 삶의 다양한 영역에서 긍정적인 변화를 경험할 수 있도록 돕는 데 유용하게 적용될 수 있다. 마지막으로, 긍정심리학과 현실치료의 통합은 내담자가 자기계발과 성장을 촉진하는 데 도움이 될 수 있다. 긍정심리학은 개인이 자신의 강점을 인식하고 발전시키며, 삶의 다양한 영역에서 성장과 발전을 경험할 수 있도록 지원한다. 이를 현실치료와 결합함으로써 내담자는 자기계발과 성장을 위한 명확한 목표를 설정하고 그에 따라 행동할 수 있도록 한다.

6) 적용영역

현실치료는 여러 환경에서 발생하는 다양한 현대 정신건강적 문제에 대한 치료에 적용할 수 있다. 상담 현장에서 내담자는 자신의 문제를 직시하고 스스로를 위한 선택을 내리고 책임을 갖는 과정을 통해 심리적인 안정을 찾을 수 있다. 또한 상담자와의 상호작용을 통해 자기 스스로를 표현하고 관리하는 방법을 배우고, 건강한 일상을 유지하는 법을 습득하게 된다.

(1) 우울증 및 불안장애

현실치료는 내담자가 자신의 현재 상태를 직시하고 감정을 인식하는 데 도움을 주기 때문에 우울증이나 불안장애와 같은 정서적 문제를 다루는 데 특히 효과적이다. 상담자는 내담자가 자신의 감정에 대해 더욱 깊이 이해할 수 있도록 돕고, 내담자의 기본 욕구와 좋은 세상을 탐색함으로써 감정이 어디로부터 오는지 명확히 인식하도록 한다. 자신에 대한 이해를 넓히면서, 더 나은 삶을 위해 어떤 변화가 필요한지 평가하도록 하여 내담자가 스스로를 위한 선택을 내리고 그 선택에 대한 자주성과 책임감을 갖도록 돕는다. 또한 목표 지향적인 접근법을 통해 내담자는 자신의 목표를 설정하고 이를 달성하기 위한 계획을 수립할 수 있다. 이러한 과정은 우울감이나 불안과 같은 문제에 대한 내담자의 대처능력을 향상시키고, 긍정적인 변화를 이룰 수 있도록 돕는다.

(2) 약물 의존 및 중독

현실치료는 의존 및 중독 문제를 다루는 데에도 효과적이다. 이 방법은 내담자의 현재의 의존성에 대한 자각을 높이고, 자신의 선택에 대한 책임을 인식하도록 도와준다. 이는 내담자가 자신의 약물 문제가 어떻게 자신의 삶에 부정적인 영향을 미치는지를 이해하는 데 도움이 된다. 이러한 자각은 변화에 대한 첫걸음이 될 수 있으며, 현재의 행동을 객관적으로 평가함으로써 변화에 대한 동기를 키울 수 있다. 내담자는 특히 현재의 약물 사용이 자신의 기본적 욕구와 원하는 바에 도움이 되는지 평가하게 되고 스스로를 위해 자신의 의존성 문제를 극복하기 위한 구체적인 계획을 수립하고 실행한다. 이러한 과정은 내담자가 자신의 삶을 다시 통제하고, 건강한 생활 방식을 채택할 수 있도록 돕는다.

(3) 대인관계 어려움

현실치료는 대인관계 어려움을 다루는 데에도 효과적이다. 내담자는 치료 과정에서 자신의 대인관계에 대한 인식을 높이고, 자신의 행동이 다른 사람들에게 미치는 영향을 이해하게 된다. 특히 자신의 욕구와 소망이 반영된 좋은 세계에 대한 탐색 및 평가를 통해 대인관계에 대한 내적 욕구를 더 잘 이해할 수 있다. 이러한 과정을 통해 좋은 세계에 대해 더욱 현실적이고 건강한 인식을 갖게 되며 자신의 대인관계를 개선하기 위한 목표와 계획을 세우게 된다. 내담자는 이러한 과정을 통해 더욱 만족스럽고 지속적인 대인관계를 형성하고 유지할 수 있다.

(4) 자아 개념 및 자기효능감

현실치료는 자아 문제나 자기효능감 부족과 같은 자아와 관련된 문제를 다루는 데에도 도움이 된다. 현실치료를 통해 내담자는 자신의 강점과 약점을 인식하고, 자기 자신에 대한 긍정적인 자아 이미지를 형성할 수 있다. 또한 내담자는 자신의 능력을 향상시키고 원하는 목표를 달성하기 위한 자신의 능력을 더욱 높일 수 있으며 이러한 과정은 내담자가 자아 문제를 극복하고 자신에 대한 자신감을 증진시키는 데 도움을 준다. 특히 현실치료에서 내담자는 자신의 기본적 욕구와 좋은 세계를 인식하고 스스로 행동을 선택함으로써 자신의 삶을 더욱 효과적으로 통제하게 되는데, 이러한 과정을 통해 삶을 주체적으로 이끌어 나가고 더욱 건강한 자아개념을 수립할 수 있다.

(5) 가족 및 부부상담

가족 및 부부상담에서도 현실치료의 원리를 적용함으로써 효과적인 결과를 얻을 수 있다. 현실치료에서는 가족 구성원들이 서로의 관점을 이해하고 서로의 감정을 존중하는 방법을 배우는 데 중점을 두며, 가족 내 의사 소통과 협력을 강화하는 데 도움을 준다.

가족 구성원들은 개인적 및 상호적인 탐색과 대화를 통해 서로의 욕구와 소망을 이해하고 더 나은 관계형성을 위한 대안을 찾아내는 과정에서 성장하고 발전하게 된다. 이러한 과정을 통해 가족 구성원들은 자신의 감정을 효과적으로 표현하고 서로에게 더 많은 이해와 지지를 제공할 수 있을 뿐 아니라 각 구성원이 자신의 책임과 역할을 인식하고 문제 해결에 적극적으로 참여하게 된다. 또한 가족 구성원 간의 신뢰와 이해관계를 증진시키며, 가족 내 갈등이나 문제를 해결하는 데에도 효과적일 수 있다.

(6) 집단 상담 및 심리치료

현실치료는 집단현장에도 적용이 가능하다. 집단 구성원 간의 상호작용을 촉진하고 자기 자신뿐 아니라 서로에 대한 이해와 존중 또한 증진시킴으로써 서로 공감을 하고, 자신과 다른 사람들 사이의 상호작용에 대해 깊이 생각하게 한다. 이는 집단 내 신뢰와 유대감을 증진하며, 함께 문제를 해결하는 데 도움이 된다. 특히 집단이라는 형태를 통해 집단 구성원들이 서로의 행동에 대한 책임을 인식하고 자기 통제력을 강화할 수 있으며 서로에게 지속적인 지지를 제공하고 상호작용을 통해 서로의 감정을 표현하고 공유할 수 있도록 돕는다. 또한 구성원들은 자신의 개인적 목표를 세우고, 이를 집단 내에서 공유하며 상호 지지를 받을 수 있고, 이를 통해 서로의 성장과 변화를 지지하면서 집단 내에서 긍정적인 변화를 이룰 수 있다.

(7) 제한점 및 고려사항

앞에서 설명한 바와 같이 현실치료는 다양한 문제 및 상황에 적용 가능하지만 몇 가지 제한점도 따른다.

첫째, 현실치료는 개인의 현재 상황에 집중하고 그에 따른 선택과 책임을 강조하는데, 이로 인해 문화적 다양성을 고려하지 못할 수 있다. 각 문화는 고유한 가치관, 신념, 행동 패턴을 가지고 있으며 그 특성에 따라 상황을 다르게 인식하고 처리하기 때문에, 이는 치료 과정에 영향을 미칠 수 있다. 그러므로 상담자는 내담자의 문화적 배경과 가치관을 이해하고 존중하기 위해 노력해야 한다. 특히 상담자의 문화 감수성과 이해가 부족할 경우, 문화 간 오해나 충돌이 발생할 수 있으므로 이를 방지하기 위해 항상 노력해야 한다. 상담자는 추가적인 노력을 통해 내담자의 문화적 배경과 가치관을 충분히 이해하고 그에 맞는 접근법을 채택하여야 한다. 이를 통해 내담자가 치료 과정에서 자신의 문화적 신념을 안전하게 표현하고, 치료 과정이 내담자에게 더 효과적으로 작용할 수 있다.

둘째, 현실치료는 내담자가 자신의 선택에 책임을 지도록 돕는 것을 강조하지만, 상담자가 스스로 옳다고 믿는 특정한 선택이나 행동을 내담자에게 강요하는 경우가 생길 수 있다. 이러한 태도는 내담자의 자율성을 제한하고, 치료 과정에서의 협력과 신뢰를 저해할 수 있다. 따라서 현실치료 상담자에게는 스스로의 기본적 욕구와 소망에 대한 충분한 탐색과 평가가 필수이며, 자신의 것을 명확히 인식함으로써 내담자 고유의 것과 혼합되지 않도록 조심해야 한다.

셋째, 현실치료는 정신건강적 문제 해결을 위해 간단하고 직접적인 접근법을 선호하는 경향이 있는데 실제로 많은 심리적 문제는 복잡하고 다양한 요인에 의해 영향을 받는다. 이러한 문제들을 너무 간단하게 해석하고 해결하려는 시도는 문제의 심도를 충분히 이해하지 못할 수 있으며, 이로 인해 치료의 효과성이 제한될 수 있다. 따라서 상담자는 내담자의 문제를 더 깊이 파악하고, 다양한 요인을 고려하여 보다 유연하고 포괄적으로 접근해야 한다.

넷째, 현실치료는 내담자의 개인적인 책임과 선택에 초점을 맞추는 경향이 있다. 그러나 가족이나 공동체 등 다른 사회적인 요소들이 내담자의 정신건강적 문제에 영향을 줄 때, 이러한 개인주의적 접근법이 내담자의 문제를 완전히 이해하고 해결하는 데 제약이 될 수 있다. 따라서 상담자는 필요에 따라 내담자의 개인적인 문제뿐만 아니라, 가족이나 사회적인 환경에 대한 이해와 고려가 필요하다. 이를 통해 전체적인 치료 과정이 더욱 효과적으로 이루어질 수 있다.

4. 관련 최신 치료법

1) 학교 진로상담

미국의 학교상담사들은 미국학교상담자학회(American School Counselor Association: ASCA)에서 제시한 학교상담 프로그램 국가 모델인 ASCA 모델(ASCA, 2019)을 사용하여 학생들의 학업, 진로, 발달 등을 다룬다. ASCA 모델은 정의(define), 관리(manage), 전달(deliever), 그리고 평가(assess)라는 네 가지 요소로 구성되어 있다. 정의는 학생들의 학습 및 발달을 위한 기준들을 확립하고, 학교 상담 프로그램의 목표와 방향을 설정하는 것을 뜻한다. 관리는 학교 상담 프로그램의 관리와 운영에 관련된 부분을 다루는데, 이에는 프로그램 계획, 자원 할당, 시간 관리 등이 포함된다. 전달은 학생들에게 직접적으로 제공되는 상담 서비스에 중점을 두며, 개인 및 집단 상담, 학교 내 프로그램 및 활동, 그리고 학생들 및 교사들에 대한 상담 및 교육 활동을 포함한다. 이 평가는 학교 상담 프로그램의 효과를 평가하고 개선하기 위한 과정을 다루는데, 학생들의 성취와 발달, 프로그램의 효율성과 효과성 등을 평가하는 데 사용된다. 학교 상담자들은 ASCA 모델을 적용하여 학생들의 진로 탐색 및 발달에도 기여할 수 있으며, 이 과정에서 현실치료와의 통합을 통해 더욱 효과적인 학교 진로 상담을 진행할 수 있다(Guzman et al., 2023). 특히 학생들이 자신의 학업적 및 발달적 기준을 구축하도록 돕고 좋은 세상 탐색을 통해 스스로 생각하는 이상적인 진로 방향을 인식함으로써 관련된 목표를 달성하기 위한 계획을 수립하는 데 도움을 줄 수 있다. 또한 학생들의 다양한 욕구와 소망을 탐색함으로써 자신이 진정으로 원하는 바가 무엇인지 깨닫고, 자기 자신과 자신의 진로 목표를 위한 선택을 스스로 내리도록 도울 수 있다. 주로 학교 상담 현장에서는 각 개인에게 많은 시간을 할애하기 어려운 경우가 많은데, 현실치료를 간결하고 직접적으로 적용함으로써 더욱 효율적인 개입을 할 수 있다(Can & Robey, 2021).

2) 육아 훈련 및 가족치료 모델

부모의 효과적인 육아를 위한 훈련 체계인 STEP(Systematic Training for Effective Parenting)은 아들러 심리치료와 개인심리학에 기반한 육아 관련 교육 과정이다(Dinkmeyer & Mckay, 1976). STEP은 부모와 자녀 간의 관계를 중요시하며, 자녀를 제어함으로써 교육하고 키우는 것이 아니라 지지하고 격려하며 서로의 협력을 통한 육아방식에 중점을 둔다. 최근에 이 훈련체계를 현실치료와 통합하여 위험군(at risk)으로 분류된 아동청소년을 위한 가족치료 기법이 소개되었다(Fulkerson, 2023). GUTCHECK 프로그램은 현실치료의 개념을 사용하여 부모들이 더욱 효과적으로 자녀를 키울 수 있도록 돕는 데 그 목적이 있다. 각 알파벳은 목표 설정하기(Goals), 행동의 목적 이해하기(Understanding the purpose of behavior), 선택이론적 요소 설명하기(Teaching aspects of choice theory), 대화 및 의사소통 방법 증진하기(Conversations/Communications), 관계 강화하기(Habits of relationships), 평가하기(Evaluation), 결과 경험하기(Consequences), 그리고 성공과 성취에 대해 인정하고 축하하기(Kudos to the family)를 뜻하며 프로그램의 주요 요소들을 나타낸다. 이와 같은 과정을 통해 상담자는 부모, 자녀, 또는 온 가족과 시간을 보내며 그들이 더욱 효과적인 가족을 형성하고 서로 잘 이해할 수 있도록 돕는다.

5. 주요 기술 실습

1) 기본 욕구 탐색

상담자는 내담자가 자신의 다섯 가지 기본 욕구를 탐색하고, 각 욕구가 어떻게 충족되고 있는지와 각 욕구를 얼마나 중요하게 여기는지에 대해 돌아보도록 도울 수 있다.

표 7-1 내담자의 기본 욕구

욕구 (needs)	당신에게 이 욕구는 얼마나 중요한가요? (1=전혀 중요하지 않다. 5=매우 중요하다.)	현재 이 욕구는 얼마나 충족되고 있나요? (1=전혀 충족되고 있지 않다. 5=매우 잘 충족되고 있다.)	현재 이 욕구를 충족하기 위해 무엇을 하고 있나요?	이 욕구를 더욱 잘 충족시키고 싶다면, 어떤 선택을 내릴 수 있나요?
생존				
소속감				
성취				

자유				
즐거움				

2) WDEP 체계

내담자는 자신의 기본 욕구 탐색과 함께 자신이 원하는 바, 소망이 무엇인지와 그 소망을 이루기 위해 어떤 행동을 하고 있는지 살펴본다. 더 나아가 자신의 행동이 본인의 소망이나 목표를 이루는 데 어떤 영향을 주는지 상담자와 함께 평가하고, 더욱 효과적이고 실질적인 변화를 이끌어 내기 위한 새로운 계획을 구체적으로 세울 수 있다.

표 7-2 WDEP 질문 예시

1. Want(소망)	• 당신의 삶에 있어 어떤 것을 원하나요? • 당신에게 좋은 삶이란 어떤 모습인가요? • 당신에게 좋은 관계란 어떤 모습인가요? • 당신이 갖고 있는 소망들 중 얻은 것, 얻지 못한 것, 그리고 소망하지 않으나 얻은 것은 무엇인가요? • 상담을 통해 당신이 얻기 원하는 것은 무엇인가요?
2. Direction & Doing(지향과 행동)	• 당신은 어떤 행위를 하고 있나요? • 당신은 어떤 생각을 하고 있나요? • 당신은 어떤 감정을 느끼고 있나요? • 당신은 어떤 생리적 반응을 경험하고 있나요? • 각 행동(행위, 사고, 감정, 생리적 반응 등)이 지향하는 것은 무엇인가요?
3. Evaluation(평가)	• 당신이 하고 있는 행동이 당신이 원하는 것을 얻는 데 도움이 되고 있나요? • 당신이 하고 있는 행동이 당신이 지향하는 곳으로 향하고 있나요? • 당신의 내적 동기가 충분한가요? • 당신의 현재 계획이 유익한가요? • 계획을 변경하거나 새로 세울 필요가 있다고 생각하나요?

4. Planning(계획)	• 당신이 원하는 것을 얻거나 원하는 방향으로 가기 위해 어떤 계획이 필요한가요? • 그 계획은 실현 가능한가요? • 그 계획을 실천하기 위해 어떤 자원들이 필요한가요? • 이 계획에 헌신할 수 있나요? • 당신이 계획을 성공적으로 실행했을 때 어떻게 알 수 있을까요?

3) SAMI2C3

상담자는 내담자가 계획을 세우고 확립할 때 SAMI2C3을 활용하여 자신의 새로운 계획을 평가하도록 한다.

표 7-3 SAMI2C3 평가지

당신의 계획은 무엇입니까?		
이 계획을 통해 어떤 소망을 이루고자 합니까?		
이 계획은:	네	아니요
간단합니까?		
달성 가능합니까?		
측정 가능합니까?		
즉시 실행할 수 있습니까?		
상담자가 피드백 제공 등 참여 가능합니까?		
통제 가능합니까?		
헌신 가능합니까?		
일관적이고 계속적으로 실행 가능합니까?		

6. 요약 및 리뷰

- 윌리엄 글래서는 개인은 자신의 삶에 필요한 선택을 할 능력과 책임을 지니고 있다고 믿었으며, 기존의 이론에서는 이 부분이 충분히 강조되지 않았다고 판단하였다.
- 이러한 한계를 해결하기 위해 내담자들이 자신의 기본적인 욕구를 스스로 이해하고 좋은 삶을 추구할 수 있도록 돕는 현실치료를 개발하였다.
- 통제이론에 의하면 개인은 내재된 통제 체계에 의해 움직이며, 그 통제 체계는 개인의 필요를 충족시키기 위해 감정과 행동을 조절한다.
- 글래서는 현실치료의 기저에는 통제보다는 개인의 선택이 있다고 결론짓고 현실치료의 기반으로서 선택이론을 발전시켰다. 선택이론은 개인의 생각, 감정 및 행동에 대한 선택이 주로 자신의 삶의 질을 결정한다고 가정한다.
- 선택이론에 근거한 현실치료는 인간이 선천적으로 기본적인 욕구를 가지고 있으며 이를 충족하기 위해 스스로 선택을 내린다는 가정을 기반으로 한다. 이러한 선택이 효과적이고 상호적이지 않을 때, 정신건강적 어려움이 발생할 수 있다고 주장한다.
- 현실치료에서는 모든 행동을 다섯 가지 기본 욕구(생존, 소속감, 성취, 자유, 즐거움)의 만족을 추구하는 데서 오는 결과로 여긴다.
- 현실치료는 내담자가 자신의 욕구를 바로 알고 그에 맞는 올바른 선택을 내리고 자신의 선택에 대한 책임감을 가지며, 더 나은 삶을 추구할 수 있도록 돕는다.
- 현실치료는 인간은 내면적으로 좋은 세상이라는 개념을 가진다고 가정한다. 이는 내담자가 자신의 욕구를 반영하는 이상적인 상상을 갖고 있으며, 그것을 실제 세계에서 실현하기 위해 행동을 선택한다는 것을 의미한다.
- 상담자는 내담자가 이러한 자신의 내면 세계를 이해하고 평가하여 효과적인 선택을 내리고 자신의 삶을 통제할 수 있도록 돕는 역할을 한다. 이러한 과정을 통해 내담자는 더 나은 삶을 추구하고 목표를 달성할 수 있게 된다.
- 인간의 전행동은 행위, 사고, 감정, 그리고 생리적 반응이라는 네 가지 상호 연결된 요소들로 구성되어 있다.
- 현실치료는 개인의 내면 탐구 및 인식, 내적 동기 및 책임을 중요한 요소로 간주한다.
- 현실치료의 치료 목적은 개인이 자신의 삶을 통제하고 책임 있는 선택을 하며 궁극적으로 보다 만족스러운 삶을 살 수 있도록 돕는 데 있다.

- 현실치료의 기법으로는 선택 탐색하기, 좋은 세상 탐색하기, 역설적 개입, 동사와 현재 진행형 사용하기, 은유와 이미지 사용하기 등이 있다.
- 현실치료는 우울증, 불안장애, 약물 중독과 같은 다양한 정신건강적 문제를 해결하기 위해 사용될 뿐 아니라 교육, 교정, 개인 발달 및 기타 분야에서도 적용될 수 있다.
- 현실치료는 개인이 자신의 욕구와 목표를 이해하고 실현하는 데 도움이 되며, 그 결과로 자신의 삶을 통제할 수 있게 되고 궁극적으로 더 나은 삶을 살아갈 수 있다.

학습 문제

1. 윌리엄 글래서가 현실치료를 개발하게 된 배경을 설명해 봅시다.
2. 선택이론의 주요 가정과 개념을 설명해 봅시다.
3. 현실치료에서의 상담 목표, 상담자의 역할, 그리고 치료적 관계는 무엇인지 설명해 봅시다.
4. 현실치료의 치료 과정 체계인 WDEP에 대해 설명하고 각 요소에 대한 예시를 적어 봅시다.
5. 현실치료의 주요 치료 기법 및 기술에 대해 설명하고 상담사례에 적용해 봅시다.

제 8 장

인간중심치료

김향미

1. 인간중심치료 소개
2. 인간중심치료 주요 이론
3. 인간중심치료의 실제
4. 관련 최신 치료법: 동기강화상담
5. 주요 기술 실습
6. 요약 및 리뷰

1. 인간중심치료 소개

1) 주요 발전

2) 주요 학자 전기: 칼 로저스

2. 인간중심치료 주요 이론

1) 기본 개념

3. 인간중심치료의 실제

1) 치료의 목적

2) 치료 기법

3) 적용영역과 사례

4. 관련 최신 치료법: 동기강화상담

1) 동기강화상담이란

2) 동기강화상담과 인간중심치료

3) 동기강화상담의 주요 개념

4) 동기강화상담의 실제

5. 주요 기술 실습

1) 인간중심상담

2) 동기강화상담

6. 요약 및 리뷰

학습 목표

- 인간중심치료의 주요 발전과 칼 로저스의 생애를 이해한다.
- 인간중심치료의 주요 이론과 치료적 조건에 대해 학습한다.
- 관련 최신 치료법인 동기강화상담의 이론과 주요 개념을 학습한다.
- 인간중심치료와 동기강화상담의 사례와 실제를 습득한다.

1. 인간중심치료 소개

1) 주요 발전

인간중심치료는 심리학의 대표적인 세 가지 접근 방식인 행동주의, 정신역동, 인본주의 중 인본주의 접근에서 도태되었다. 인본주의의 접근은 대표적으로 칼 로저스의 인간중심치료, 매슬로의 욕구위계, 롤로 메이의 실존치료 등으로 나눌 수 있다. 이 중 로저스에 의해 창시된 인간중심치료의 주요 발전을 연대별로 살펴보고자 한다.

1940년대는 인간중심치료가 시작된 시점으로서 초기에는 '비지시적 상담'이라고 불렸다. 이는 기존의 개인 심리상담에서 자주 사용된 지시적 접근과 전통적인 정신분석적 접근에 대해 반발하기 위해서인데, 지시적 접근은 내담자가 가진 문제 해결의 과정에서 상담자가 상담을 주도하고 상담관계에 책임을 지게 된다. 이는 내담자를 의존적으로 만들거나 내담자의 문제 해결 능력을 저하시킬 수 있다. 로저스는 이러한 방법과 반대로 비지시적 상담 및 치료가 내담자를 조력하는 데 효과적일 것이라 보았다. 비지시적 접근은 상담자가 허용적이며 비간섭적인 분위기를 만들어야 하며, 내담자의 문제에 있어서는 상담자보다 내담자 스스로가 자신을 더 잘 알고 있는 전문가라고 본다.

그는 조언, 제안, 설득, 가르치기 등이 일반적이던 심리상담 절차에 대해 이의를 제기하였다. 또한 로저스는 진단이나 진단 절차 등은 상담자에게 내담자에 대한 선입견을 불러일으키고 오용되는 경우가 많다고 보았기 때문에 로저스 스스로는 진단과 진단 절차를 사용하지 않았다. 그는 내담자가 스스로의 감정을 인식하도록 하였으며, 상담에서 나타나는 언어적이고 비언어적인 표현들을 충분히 반영해 주고 명료화하는 것에 초점을 두었다.

1950년대에는 '비지시적 상담 및 치료'에서 '내담자 중심 상담 및 치료'로 이름을 바꾸게 되었다. 내담자 중심 상담 및 치료는 비지시적 상담의 발전된 형태로 내담자의 현상학적 세계에 초점을 맞추고, 내담자를 가장 중시하겠다는 의미가 담겨 있다. 로저스는 내담자를 단순히 반영하는 것 이상으로 내담자를 잘 이해하기 위해서는 내적 참조 체계를 이해하는 것이 중요하다고 언급하였다. 내적 참조 체계란 개인의 사적이고 주관적인 경험 세계를 의미하는 '현상학적 장'을 말하며, 내적 참조 체계는 개인의 모든 판단과 행동의 근거가 된다. 이러한 내적 참조 체계를 이해하고 공감해야 내담자의 행동을 이해할 수 있으며, 결국 내담자를 변화하도록 이끄는 동기인 '실현경향성'을 이끌어 낼 수 있다. 실현경향성은 개인 스스로를 유지시키면서 동시에 잠재력을 건설적인 방향으로 성취하려는 개인 고유의 선천적인 성향을 말한다.

1960년대에 로저스는 1950년대에 정의한 '실현경향성'을 발전시켜, 진정한 자신이 되는 것에 초점을 맞추게 된다. **진정한 자신이 되는** 것은 경험에 개방적이며, 자신을 신뢰하고, 내적 평가를 유지하며, 지속적인 성장으로의 의지를 가지는 것을 의미한다. 또한 상담자와 내담자의 관계를 연구하여 성격 변화가 일어나는 조건 등을 연구했다. 이러한 연구들로 '내담자 중심 접근'은 지속적으로 수정 · 보완되었고(Rogers, 1961), 내담자 중심 접근의 방식이 일반인들에게도 대중적으로 알려지면서, 교육 분야에서도 적용되어, 학생중심교육으로 발전되었다. 그리고 집단상담의 일환인 참만남 집단, 남아프리카와 북아일랜드에 있는 비교문화 모임에서도 적용되었다.

1970년대와 1980년대에 내담자 중심 접근은 여전히 개인 심리 상담에서 사용되고 있었으나, 더 나아가 집단, 교육, 산업, 세계평화를 위한 노력 등의 여러 영역에 걸쳐 확장되었다. 가족 형태의 공동체나 산업체의 리더십과 조직 구성 및 관리, 학교 현장에서의 교육, 의료 현장에서의 건강 관리, 문화나 인종 간의 활동과 국제 관계 등에서도 적용이 되었으며, 그는 더 나아가 국가 정치와 세계 평화의 성취에 적응시키려는 노력을 하였다.

2) 주요 학자 전기: 칼 로저스(Carl Rogers, 1902~1987)

칼 로저스는 인본주의 심리학의 대표적 학자이자, 인간중심치료의 창시자이다. 주류를 이루었던 심리학에 급진적인 반론을 제시하며 매우 큰 영향을 끼쳤고, 역사적으로도 가장 영향력 있는 치료자로 손꼽힌다. 로저스는 인간을 존중하고 지지하며, 이들을 진심으로 믿어 주는 조건이 된다면, 자기실현을 위한 성장을 할 수 있게 된다고 주장했다. 인간중심치료는 처음부터 완성된 치료적 기법이 아닌 비지시적 상담, 내담자 중심치료, 성격 변화의 치료적 조건 등의 발전에 의해 생겨난 것으로 이는 로저스의 변화에 대한 개방적인 자세와 미지의 영역에 대한 용기, 끊임없는 논쟁과 토론, 연구를 통한 결과라 할 수 있다. 또한 로저스는 자신의 이론과 일치하는 삶을 살기 위해 노력하며, 개인 심리치료라는 미시적인 영역에서 세계 평화라는 거시적인 영역까지 자신의 사상을 적용시키기 위해 노력하였다.

먼저, 로저스의 가족사 및 개인사와 관련된 부분을 살펴보면, 그는 1902년 1월 8일, 시카고에서 6남매 중 넷째로 태어났다. 아버지는 토목기사였으며, 어머니는 전업주부로 집안의 경제적 형편은 상당히 부유했다. 로저스의 부모님은 강한 기독교적 가치를 가지고 있어서 자녀들은 술을 마시지 못하고, 영화 관람이 금지되는 매우 엄격한 청교도적 룰을 지켜야 했다. 사람들과 어울리는 것은 탈선이나 해로운 것으로 보고, 성실히 노동하는 것은 유익하다고 보는 집안 분위기 때문에 어린 로저스는 끊임없이 책을 읽었으며, 혼자 보내는 시간이 많았다. 그가 성인이 되고, 어느 인터뷰에서는 자신의 공로 중에 부모님이 무엇을 알아주길 바라는지를 그에게 묻자 자신의 어머니는 부정적인 부분을 말할 것이 분명하기 때문에 어떤 중요한 이야기도 어머니와 나누기란 상상조차 하기 어렵다고 했다. 그의 이론 중 하나인 비지시적 치료에서 상담자의 자세로 무비판적이고 수용적인 자세가 중요하다는 것을 떠올려 본다면 그의 인터뷰 내용은 의미심장하다(Heppener, Rogers, & Lee, 1984).

로저스는 1924년 대학 졸업과 함께 헬렌 엘리엇과 결혼을 하였는데, 아내는 어린 시절 친구였다. 하지만 부모님들에게 마지못해 결혼 승낙을 받게 되었고, 이후 부모님과 좋지 못한 관계가 지속되었다. 1962년에 첫째 자녀인 데이비드가 태어났으며, 1928년에는 둘째 자녀인 나탈리가 태어났다. 자녀들은 그에게 전문적으로 배우는 것 이상의 더 나은 배움과 깨달음을 가져다주었고 자녀들을 통해 개인의 발달 및 대인관계에 대해 보다 깊이 알 수 있게 되었다.

전문가로서 로저스의 삶을 살펴보면, 로저스는 어린 시절부터 학업능력이 좋고 고급 교육을 받았기 때문에 유치원을 가기도 전에 읽기가 가능했으며, 2학년으로 학교에 입학하였다. 12세에는 가족이 시카고 교외에서 농장으로 이사를 가면서 로저스는 자연스럽게 농장에서 농업기술을 익히게 되었고, 이와 관련한 과학에 대해서도 관심을 가지기 시작했다. 이후 위스콘신 대학교에 농학 전공으로 입학하였고, 국제 세계 학생 기독교 연합 회의에 참여하여 새로운 경험을 하였으며, 동시에 부모님의 종교에서 떠나 독립적인 개인으로 서기로 결심하게 되었다. 이를 계기로 정치와 종교 등에 관심을 가지면서 전공을 바꾸게 되고 1924년 역사학으로 졸업을 하였다. 그리고 졸업 후 같은 해에 유니온 신학교에 입학했다.

이곳에서 그는 학생이 스스로 생각을 탐구해 볼 수 있는 수업을 열어 달라고 교무처에 청원서를 내었고 허락을 받았는데, 강사와 강의계획서 없이 학생들 스스로 중요한 논의와 토론으로 수업이 진행되었다. 이 세미나에서 인본주의적 접근의 중요 개념인 삶의 철학을 정립하게 되었다. 로저스는 신념은 언제든 변화 가능한 것이며, 직업을 유지하기 위해 특정 신념을 유지해야 한다는 것은 끔찍하다고 여겼다. 이러한 이유로 사고의 자유를 제한하지 않는 전문 영역으로의 진학을 시도했다. 이후 컬럼비아 대학교 사범대학 교육철학과에 진학한 그는 레타 홀링워스 아래에서 아동에 대한 임상과정을 수련하였고, 1982년에 문학석사 학위를 취득한다. 그리고 동 대학원에서 1931년에 박사학위를 취득하고 아동지도연구소(Institute for Child Guidance)에서 연구비를 받으며 일하게 된다.

그는 데이비드 레비와 로슨 로리와 함께 일하면서 프로이트의 정신분석 방식을 접하게 되었고, 뉴욕의 아동 학대 방지 협회를 위한 학회의 아동 연구부서(Child Study Department of the Society for the Prevention of Cruelty to Children)에서 심리학자로 일하게 되었다. 심리학자로 일하면서 정신분석 이론과 지시적 상담에 대한 반론을 제기하며 비지시적 상담의 효과성을 알게 되었다. 그의 말에 의하면 자신의 지시적 상담에 대한 반론은 철학적인 이유 때문이 아니며, 그 접근들이 피상적인 효과를 넘어서지 못하고 있기 때문이라고 언급했다. 치료자가 지시하거나 리드하지 않아도 내담자는 스스로 무엇이 상처를 주는 것인지, 무엇이 문제인지, 묻혀 있는 경험이 무엇이며, 어느 방향으로 가야 하는지 알고 있으며, 이 때문에 로저스는 치료 과정의 진행 방향을 내담자에게 더 맡겼다(Rogers, 1961). 그의 치료법은 당시 주류를 이루었던 행동주의 접근이나 정신분석 접근과는 맞지 않았으며, 심리학과보다는 사회학과나 교육학과에서 강의가 더 많았다. 그러나 미국응용심리학회가 설립이 되고 나서는 심리학자로서의 역할을 수행할 수 있었다.

1940년에는 오하이오 주립대학교의 임상심리학 교수로 부임했으며, 그는 정교수직을 제안받고는 안정적인 환경에서 새로운 도전을 할 수 있다는 것에 기뻐했다. 1942년에는『상담 및 심리치료(Counselling and psychotherapy)』라는 책을 펼치며 그간 그의 생각들을 담아내었고, 1945년에는 시카고 대학교 심리학 교수로 부임하였으며, 심리치료센터를 설립하였다. 1946년에는 미국심리학회의 학회장으로 선출되었다. 1951년에『내담자중심치료(Client-Centered Therapy)』를 출간하면서, 이때 건설적인 성격 변화를 위한 핵심 조건들을 서술하였다. 1956년에는 미국심리학회가 수여하는 공헌상(Distinguished Scientific Contribution Award)을 수상하였다. 다음 해 1957년에는 위스콘신 대학교에서 교수로 재직하게 되었으며, 1964년에는 캘리포니아 라호이아(La Jolla)에 위치한 서부 행동 과학 연구소(Western Behavioral Sciences Institute)의 연구팀에 합류하게 되었다. 이곳에는 인간관계의 능력을 개선하고 발전시키고자 하는 사람들이 찾아왔고, 로저스는 이들을 위해 심리상담을 제공하였다.

1968년에는 동료들과 함께 인간연구센터(Center for the Studies of the Person)를 설립하였다. 이 센터에서는 인간중심 접근을 개인적 혹은 직업적인 삶에 적용하고, 서로를 경청하며 온전히 자신으로 존재하면서도 서로를 있는 모습 그대로 수용하고 포용할 수 있는 환경을 만들기 위해 전력을 다하는 것을 기조로 삼았다. 또한 센터의 프로젝트들은 인간중심적인 개인적 성장, 공동체 리더십 개발, 갈등의 창조적 활용과 관련이 있으며 이 외에도 출판, 기관 개발, 심리치료 훈련의 기회를 제공하는 장으로서 활용되었다.

로저스는 이후 사회적 갈등에 이론을 적용하는 것에 힘썼는데, 세계를 다니며 세미나와 워크숍을 개최하였고, 벨파스트의 개신교와 가톨릭교도 간의 갈등, 남아프리카의 흑인과 백인과의 갈등에 인간중심 접근을 적용했다. 종교 간 갈등 완화, 인종 간 긴장 완화, 세계 평화 등에 힘써 온 로저스는 1987년 노벨상 후보에 오르기도 하였다. 1987년 로저스는 2월 4일 샌디에이고에서 사망하였는데, 낙상하여 허리골절상을 입은 후에 수술을 받게 되었고, 성공적인 수술에도 불구하고 수술 마친 날 밤에 심장 이상이 오면서 심부전으로 사망하였다. 그는 이전에 스스로의 죽음에 대해 "나는 언제 죽을지 모르지만 85년 동안 충만하고 흥미로운 삶을 산 것은 안다."라고 언급한 바 있다(Cain, 1987). 카인은 로저스에 대해 그는 자신이 어떤 사람인지 잘 알고 있었으며, 자신의 신념에 일치한 진실된 삶을 살았다고 평가했다(Cain, 1987). 또한 그는 완전히 기능하는 사람으로서 지속적으로 지위에 오르는 것에 도전했다.

2. 인간중심치료 주요 이론

1) 기본 개념

로저스가 보는 인간은 자기 자신을 이해할 수 있으며, 자기개념, 태도, 자기주도적으로 행동을 변화시킬 수 있는 방대한 자원을 갖고 있는 존재이다. 그러한 자원은 촉진적인 심리 태도와 조건들이 제공될 때 일깨워질 수 있다. 이러한 관점은 인본주의 이론에서 언급되는 자아개념, 조건적 가치 부여, 실현경향성 등에 영향을 받았으며, 로저스도 완전히 기능하는 사람, 성격의 19가지 명제 등을 추가하여 인본주의 이론의 핵심에 기여했다. 핵심적인 개념들을 살펴보면 다음과 같다.

(1) 자아개념의 발달

자아개념은 우리 자신에 대한 의식적인 자각이다. 이러한 자아개념은 나와 주위의 것이 분리되어 있다는 것을 인식하기 시작하는 어린 나이에 형성되기 시작한다. '나'라는 것을 알게 되면서 스스로를 독특한 사람으로 생각하게 되는 것이다. 그리고 개인(인간)은 유기체로서 자신에게 신뢰할 만한 메시지를 제공하고 자연스럽게 자아를 성장시키고자 한다(Mearns

& Thorne, 1988). 이러한 이유로 자아개념은 나이가 들수록 더 견고해진다. 개인은 자아의 여러 가지 개념을 가질 수 있는데, 예를 들어 사람은 자신에게 수동적인 모습도 있지만 적극적이고 활발한 모습도 있다고 느낀다. 자아개념의 여러 부분은 다양한 사회적 환경에서 적용되며, 사회에 적응하는 것으로 기능한다. 십대 소녀가 집에 있을 때는 '착하고 좋은 딸'의 개념을 사용하고, 친구들과 있을 때에는 '반항적이고 센 나'를 사용할 수 있다.

이러한 자아개념은 사회적 영향에 의해 발생된다. 아이가 가족, 친구, 선생님 등 다양한 타인과 상호작용하면서 자신이 어떻게 행동하고, 느끼고, 생각하는지 배우게 되는 것이다. 아이가 넘어지면 아프고 울게 되지만 만약 누군가에게 "네가 몇 살인데 아직도 우니?"라는 말을 듣게 된다면 아이는 고통을 감추고 우는 것은 '나약하다'라고 배운다. 이후, 아이는 자신이 힘들어서 울게 되면 우는 것도 참지 못하는 '나약한 존재'라는 자아개념이 생겨나고 자신을 '나약한 나'라고 여기게 된다. 또는 반대로 '우는 사람은 나약하다'는 믿음으로 자신은 절대 울지 않는 강한 사람이 되기로 결심하고 '강인한 나'로 자아개념을 만들 수 있다. 두 개념 모두 해로울 수 있는데, '나약한 나'는 낮은 자존감을 유발하고, '울지 않는 강인한 나'는 감정을 억압하거나 분리시킬 수 있기 때문이다. 그리고 상호작용에서도 두 개념과 맞지 않는 상호작용은 무시될 수 있는데, 예를 들어 '나약한 나'의 자기개념을 가진 아이가 자라서 자격증 시험을 도전하게 되었고, 그것을 알게 된 친구가 "와, 시험에 도전하는 모습이 용기있어."라고 하면, 성인이 된 아이는 그 친구의 말을 자신의 진정한 모습도 모르면서 칭찬해주는 것이라고 판단하고 친구가 준 정보를 무시하게 된다. 또는 지속적으로 '울지 않는 강인한 나'를 유지하기 위해서 울고 싶을 때 울지 않고 오히려 화를 내어 왜곡된 상호작용을 하게 될 수도 있다.

(2) 내면화된 조건적 가치

앞서 자아개념이 발달하는 과정에서 언급되었듯이, 자신이 누구인가를 인지하는 데 영향을 미치는 중요한 개념 중 하나는 '내면화된 조건적 가치'이다. 내면화된 조건적 가치로 인해 개인은 자신(개인의 느낌, 감각, 가치, 생각 등)을 신뢰할 수 없게 되며, 고통의 원인이 된다. 헤겔의 인정이론에 의하면 개인은 어린 시절 자신의 육체적, 정신적 행복을 위해서 다른 사람에게 의존하게 된다. 이와 동시에 나의 성장과 주변 사람 간의 만족 사이에는 갈등이 생기기 시작하는데, 타인으로부터 인정과 온정을 받으려는 욕구로 인해 스스로를 믿 고 수용하는 것과 갈등이 생기게 되는 것이다. 예를 들어, 어린아이가 엄마의 요리하는 모습을 보고는 자신도 요리를 하고자 밀가루를 꺼내었다. 아이는 엄마를 행복하게 하고 자신을 즐겁

▲ 아이는 엄마의 화가 난 반응과 자신이 행복했던 진정한 느낌이 내적으로 대치되면서 내적 갈등과 내적 분열을 느끼게 된다.

게 하는 행동을 하였지만, 밀가루를 제대로 다루지 못하는 어린아이는 방에 밀가루를 쏟았고, 아이는 밀가루로 뒤덮인 방을 물놀이장이 되었다며 기뻐한다. 분명 엄마도 기뻐할 것이라 생각했지만, 엄마는 매우 화가 났고 아이는 심하게 혼이 났다. 엄마의 반응이 자신이 생각한 반응과 너무 달랐고 놀랐지만 엄마의 반응을 받아들이려고 노력해 본다. 그리고 엄마에 대한 믿음을 유지하기 위해 자신의 한 행동이 실수이며 혼날 만한 행동을 했다고 재해석한다.

아이는 엄마로부터 받은 메시지(밀가루를 만지면 안 된다)와 정서적 반응(화)으로 자신에 대해 판단하게 된다. 조건적인 존중("만약 네가 밀가루를 만지지 않으면 널 수용할 거야.")과 부정적인 타인의 반응은 자신이 밀가루로 행복했던 진정한 느낌과 생각들과 대치되면서 갈등과 내적 분열을 일으키게 된다. 로저스는 이를 내면화된 조건적 가치(conditions of worth)라 명명하였으며, **조건적 가치들은 자신에 대한 의식적인 자각(conscious awareness)을 형성한다.** 인간중심치료에서는 조건적인 존중이 아닌 무조건적 긍정적 존중을 통해 자신의 진정한 메시지들을 허용하고 자신의 경험과 느낌, 그리고 생각들을 일치시키게 된다.

(3) 실현경향성

로저스는 개인은 실현경향성을 가진 유기체라고 보았다. 유기체란 쉽게 말하면 생물체를 철학적으로 표현한 말로서 형태적, 기능적으로도 분화된 여러 부분이 있고, 부분과 부분, 부분과 전체가 밀접한 관련을 가지고 있는 것을 말한다. 유기체는 전체로서 하나의 통일체이

▲ 감자가 땅과 같이 적절한 환경이 아니더라도 싹과 뿌리를 내는 것과 같이, 유기체는 번성하지 못한다고 하더라도 포기하지는 않는다.

고, 유기적인 구성을 가지고 있다.

로저스는 이러한 유기체의 실현경향성은 개인을 강요하는 내적 힘이 아니라 개인 스스로가 삶을 구성하고 삶에 접근하는 기본적인 성질이라고 하였다. 유기체의 실현경향성 특성은 자신을 지속, 증대, 재생산하는 방식으로 능력을 키워 간다. 이러한 유기체는 생명력 있고 활동적인 모습을 보이게 된다. 로저스는 이러한 실현경향성은 어떤 유기체냐에 따라 수준의 차이가 나타나지만 고유의 잠재력을 실현하고자 하는 성장의 움직임은 모두 다 가지고 있으며, 특히 타 유기체보다 인간은 더욱 복잡하고 완전한 발달을 하고자 하는 특성을 가졌을 것이라고 말했다.

유기체의 실현경향성은 실현경향(actualizing tendency)이 방해를 받게 되면, 뒤틀린 모습으로 나타날 수는 있겠지만 사라질 수는 없다. 싹이 난 감자는 적당한 영양분이 있는 흙에서, 햇빛을 받으며, 때때로 제공되는 물로 잘 자라난다. 하지만 캄캄한 종이 상자 안에서 적절한 환경이 주어지지 않은 채로 자라게 되는 감자는 온전하지는 않지만 작은 뿌리를 내고 상자 사이에 스며드는 빛을 향해 줄기와 잎을 기형적으로 뻗는다. 이렇게 유기체는 번성하지 못한다고 하더라도 포기하지는 않는 것이다. 이를 로저스는 지향경향(directional tendency)이라고 불렀다. 사람의 경우에도 인생이 끔찍하게 비틀린 사람들의 살아가는 모습은 건강한 사람들이 보기에 무모하고 기괴해 보이지만 생명이 되기 위한 사투이자 필사적인 시도인 것이다.

(4) 충분히 기능하는 사람

로저스(1961)가 말하는 '좋은 삶'이란 고정된 하나의 상태가 아닌 과정이다. '좋은 삶'은 자신의 잠재성을 실현하기 위해 더욱 성장하는 것이며, 이러한 삶에는 용기가 필요하다. 인간은 자유로울 때 좋은 삶을 선택하며 이러한 좋은 삶을 살아가는 사람을 가리켜 로저스(1962)는 '충분히 기능하는 사람'이라고 칭하였다. 충분히 기능하는 사람은 몇 가지 특성을 가진다.

첫째, 경험하는 것에 대한 개방성을 가지고 있다. 경험에 대한 개방성이 크기 때문에 방어기제를 사용하지 않아도 다양한 경험을 스스로 겪고 이겨 낼 수 있다. 실패 경험을 할 때에도 내 인생은 실패한 인생이라는 프레임을 씌우지 않고 실패 경험 자체를 고유하고 중요한 경험으로 수용하는 것이다. 개방성이 클수록 개인은 경험에서 슬픔, 두려움, 고통, 기쁨, 경외, 편안함 등과 같은 다양한 감정을 수용할 수 있게 된다.

둘째, 실존적인 삶을 살게 된다. 실존적으로 산다는 것은 곧 현재의 매 순간을 온전히 살 수 있게 되고, 지금-여기를 즐길 수 있게 되는 것이다. 또한 삶의 매 순간이 새롭다고 느끼게 되며 자신이 삶의 관찰자나 통제자가 아니라 참여자이며 목격자가 된다.

셋째, 자신의 경험에 대해 신뢰한다. 이는 자신의 행동을 기반으로 각 상황에서 이용이 가능한 모든 정보에 접근하는 것을 말한다. 개인은 처해 있는 상황이나 경험을 평가할 때 두려움, 편견 등에 의존하여 평가하고 판단하게 될 수 있고, 반대로 사회적 요구, 개인의 본능, 비슷한 상황에 대한 기억 등 자신의 행동을 신뢰하고 의존하여 평가하고 판단할 수도 있다. 충분히 기능하는 사람은 두려움, 편견 등이 아닌 실제로 이용 가능한 자료들을 기반으로 상황과 경험을 판단한다. 나아가 이러한 정보들을 바탕으로 하여 자극, 욕구, 충동들을 어느 정도 허용하고 균형을 맞추어 자신의 욕구를 충족시키는 데 가장 가까운 행동을 실천할 수 있게 된다. 예를 들어, 쉽게 따기 힘든 자격증에 도전하려는 학생은 예전에 도전했다가 실패한 일을 떠올리며 '이번에도 자격증을 딸 수 없을 거야.'라고 생각하고 포기할 수도 있지만, 반대로 힘들었지만 노력해서 성공했던 삶의 경험을 떠올리고, 먼저 자격증을 딴 사람들에게 정보를 듣고, 자격증에 합격하기 위해 해야 하는 공부의 양과 내용을 파악하면서 자격증 취득에 도전해 볼 수도 있다. 이 예시에서는 후자의 경우를 로저스가 언급한 충분히 기능하는 사람의 모습이라 말할 수 있다.

(5) 성격의 19가지 명제

로저스(1951)는 개인의 성격이 무엇인가에 대해서 19가지 명제를 제시한다. 19가지 명제는 인간의 본성을 치료적 방법과 연결 지은 틀로서 앞서 언급한 유기체적 자기, 자기개념, 실현경향성, 조건적 가치 부여, 치료의 핵심조건 등의 내용이 담겨 있다.

표 8-1 성격의 19가지 명제 주제별 분류(Rogers, 1951)

주제	성격의 19가지 명제
유기체와 장	1. 모든 유기체는 끊임없이 변화하는 세상 속에서 존재하며 그 세상의 중심은 개인이다. 2. 유기체는 경험과 지각을 통해 장(field)과 상호작용한다. 개인의 이러한 지각의 장을 '현실'이라고 한다. 3. 유기체는 이러한 현상학적 장에 조직화된 전체로서 반응한다.
실현경향성	4. 유기체는 기본적으로 하나의 경향성과 욕구를 가지고 있는데, 그것은 경험하는 유기체를 실현하고 유지하고 향상시키는 것이다.
행동이란?	5. 행동은 기본적으로 유기체가 지각한 장 내에서 자신의 경험적 욕구를 충족시키려는 목표 지향적 시도이다.
정서란?	6. 정서는 일반적으로 이러한 목표 지향적 행동에 수반하고 촉진된다. 정서의 종류는 행동 그 자체보다는 행동이 추구하는 것과 관계가 있으며 정서의 강도는 유기체의 유지와 정교화 측면에서 지각된 행동의 중요성과 관련이 있다.
행동을 이해하는 방법	7. 행동을 이해하는 가장 적절한 관점은 개인 자신에 대한 내적 참조 틀에서부터 시작하는 것이다.
자기의식의 발달	8. 전체로서 지각된 장(field)은 점차 자기(self)와 그 외의 것으로 구분되어 간다. 9. 환경과의 상호작용 결과로서, 특히 타인과의 평가적인 상호작용의 결과로 자기의 구조가 형성된다. 이러한 자기는 I 또는 Me의 특성과 관계에 대한 조직화되고 일관적인 조건부 가치이다. 이것은 조직적이고 유동적이지만 일관적인 지각의 개념적 패턴이다. 10. 경험에 결부된 가치, 자기 구조의 일부가 된 가치는 몇몇 경우에는 유기체가 직접 경험한 가치이며, 다른 경우에는 내사되거나 타인으로부터 얻었지만 마치 직접 경험한 것처럼 왜곡된 방식으로 지각된 가치이다. 11. 개인의 삶에 경험이 발생할 때, 자기와의 관계에서 상징화되고 지각되며 조직화되고, 자기 구조에 의해 지각된 경험이 아닐 경우에는 무시된다. 그러나 그러한 경험이 자기 구조와 일관되지 않을 때는 상징화가 부인되거나 왜곡된다. 12. 유기체가 취하는 대부분의 행동 방식은 자기개념과 일치한다. 13. 경우에 따라서 행동은 상징화가 되지 않았더라도 유기체적 경험과 욕구에 의해 일어나기도 한다. 이러한 경우에 행동은 자기 구조와 일치하지 않을 수 있지만 그 행동은 개인만의 고유한 행동이라고 볼 수 없다.
심리적 부적응과 적응	14. 심리적 부적응은 유기체가 의미 있는 감각을 인식하는 것을 부정하고 감각적 경험들을 자각하는 것을 부정하며, 결과적으로 자기 구조의 형태(gestalt)에 상징화, 조직화가 되지 않을 때 나타난다. 이런 상황에 놓이면 기본적이고 잠재적인 심리적 긴장이 나타난다. 15. 유기체의 모든 감각적이고 감정적인 경험이 상징적 수준에서 자기개념과 일관된 형태로 동화될 때 심리적 적응이 존재할 수 있다.

	16. 유기체 혹은 자기의 구조와 일치하지 않는 경험은 위협적으로 지각될 수 있으며 이런 지각이 많아질수록 자기 구조는 스스로를 유지하기 위해 더욱 융통성 없이 변해 간다.
적응과 성장의 방법 (치료의 핵심 조건)	17. 자기 구조에 어떠한 위협도 없는 특정 상황에서는 자기 구조와 일치하지 않은 경험을 지각하고 시험해 볼 수 있을 것이며 자기 구조는 그런 경험과 동화하기 위해 수정된다. 18. 개인이 자신의 모든 감각적, 감정적 경험을 하나의 일관적이고 통합된 틀로 자각하고 수용할 때 개인은 필연적으로 타인을 보다 잘 이해할 수 있을 것이며 타인을 분리된 개인으로서 수용할 수 있게 된다. 19. 경험을 자기-구조로 인식하고 수용함에 따라 개인의 현 가치 틀이 계속적인 유기체적 평가 과정에 따라 바뀌고 있음을 깨닫게 된다.

(6) 건강한 성격 변화의 7단계

로저스(1961)는 '건강한 성격으로 변화하는 사람이 어떤 단계를 거치는가'에 대해서 설명하였으며 이러한 과정은 일곱 단계로 구분된다.

첫 번째, 과거에 알지 못했던 감정이 현재는 어떤 감정인지 알게 된다.

두 번째, 자기개념과 경험의 불일치가 일치된다.

세 번째, 멀고 고정된 경험들(예: 어릴 적 자신의 성격을 만든 잊지 못할 고정된 경험)이 아닌 현재의 유동적인 경험(예: 어릴 때는 힘들었지만 현재는 충분히 다른 관점으로 볼 수 있는 경험)으로 받아들이게 된다.

네 번째, 자기와 타인과의 의사소통을 피하고 폐쇄적으로 반응했던 것에서 개방적인 태도로 바뀐다.

다섯 번째, 문제를 받아들이지 않고 회피하거나 방어적으로 대하지 않고 자신의 것으로 받아들이게 된다.

여섯 번째, 타인에 대한 책임감들이 자신에 대한 책임감으로 바뀐다.

일곱 번째, 사고하는 과정이 유연해지고 다른 사람이 자신을 온전히 수용하는 경험을 함으로써 감정과 접촉하게 된다.

일곱 단계는 외적인 참조 틀에서 관찰될 수 있는 것들이며, 첫 번째 단계의 사람들은 자기인식이 높지 않아 치료 장면에 올 가능성이 낮다. 이들은 세계관이 고정되어 있고 엄격하며,

감정에 접촉하지 않는다. 또한 자신의 행동에 책임을 지려고 하지 않는 특성을 가지고 있다. 로저스는 이러한 첫 번째 단계의 사람들의 특성을 참고하여 상담자가 이들에게 '완전히 받아들여지는 경험'을 제공한다면 치료에 참여하려고 할 가능성이 높아진다고 언급하였다. 만약 내담자가 치료를 위해 상담자를 찾아온다면, 내담자는 자기개념과 경험 간의 불일치 상태에서 찾아오게 되며, 무능감, 무력감으로 의사결정을 하지 못하고 자신의 삶을 효과적으로 운영하지 못하는 이유로 오게 된다. 대부분의 치료는 두 번째에서 여섯 번째 단계 사이에서 상담자와 내담자의 치료적 관계를 통해 일어나며 여섯 번째 단계가 이뤄진다면, 일곱 번째 단계는 자연스럽게 따라오게 되고 동시에 상담자와 내담자의 관계뿐 아니라, 내담자의 가족관계, 친구관계, 사회적 관계 등에서도 이러한 모습이 나타난다. 그리고 여섯 번째 단계 이후에는 어느 관계에서나 책임 능력이 나타나고 이러한 관계를 통해 자유로움을 경험한다. 자유로움을 경험한 개인은 심리적으로 성숙해지며 자기실현을 이루게 된다.

3. 인간중심치료의 실제

1) 치료의 목적

로저스(1977)는 상담 및 심리치료는 단순히 내담자가 가지고 있는 문제를 해결하는 것이 아니며, 내담자의 성장을 도와서 현재의 문제들에 유연하고 강하게 대처할 수 있도록 돕는 것이라 하였다. 이 때문에 **인간중심치료는 개인의 독립(스스로 물고기를 잡는 것)과 통합(경험과 자기개념의 일치)을 목표로 한다.** 로저스(1961)는 내담자들이 스스로에게 자문하는 것이 있다고 하였는데, 이는 '어떻게 하면 진실된 자신을 발견할 수 있는가?', '어떻게 하면 내가 되고자 희망하는 그 사람이 될 수 있을까?'와 같은 질문이다. 다시 말하면, 어떻게 하면 진실된 자신을 만나고 자신이 되고 싶은 모습으로 성장할 수 있을까에 대한 질문인 것이다. 인간중심치료에서 이러한 내담자의 자문을 실현할 수 있는 각각의 방법은 다음과 같다.

첫째, 사회에서 적응하기 위해 만들어 온 자신의 가면을 벗는 것을 돕는다. 이를 위해 인간중심치료에서는 무조건적 긍정적 존중과 공감적 이해 등을 통해 안전한 분위기를 제공한다. 내담자는 심리적으로 안정된 환경에서 진실한 자신이 아닌 만들어 온 가면으로 인해 자신과의 접촉을 상실한 채 살아가게 되었다는 것을 깨닫고 진실한 자신의 모습을 발견한다. 또한 가면을 쓴 채 살아가는 삶 말고도 다른 삶으로의 대안이 있다는 것을 발견한다.

둘째, 경험에 대한 개방, 자신을 신뢰하는 것, 내적 평가의 유지, 지속적 성장의 의지를 통해 점차 자신이 원하는 자신의 모습을 실현화할 수 있게 된다고 설명한다. 인간중심치료에서는 이러한 특성들을 격려하고 상담(혹은 치료)과정의 방향을 이해하는 전반적인 틀을 제공한다. 상담 장면에서는 내담자가 흐리고 추상적이었던 자신의 목표를 정의하고 명료화하게 된다. 이때 상담자는 어렵고 많은 인내가 필요하지만 내담자가 자신의 길을 스스로 찾을 수 있도록 돕는다. 상담자는 내담자를 최대한 많이 존중해야 하며, 내담자 스스로가 자신의 마음의 소리를 경청할 수 있도록 하고, 본인 스스로 내리는 지시를 따를 수 있도록 도와야 한다.

2) 치료 기법

(1) 여섯 가지 치료적 조건

인간중심치료를 언급할 때에는 치료적 조건으로 주로 무조건적 긍정적 존중, 정확한 공감적 이해, 진실성을 말하지만 로저스는 이 세 가지 조건을 더 포함한 여섯 가지 조건이 필요하다고 하였다. 아울러 이러한 조건들이 일정 기간 동안 유지되어야 성격 변화가 이뤄질 수 있다고 설명한다.

▲ 인간중심치료는 치료적 동맹을 맺은 사람 사이에서 시작된다.

① 심리적 접촉을 하는 두 사람

첫 번째 치료적 조건은 심리적 접촉을 하는 두 사람이다. 우리가 흔히 떠올리는 치료 장면은 의사 혹은 간호사가 환자의 아픈 부위에 접촉하여 치료를 하는 것이다. 하지만 인간중심치료는 이러한 물리적인 접촉을 통한 치료가 아닌 심리적인 접촉을 시도한다. 심리적인 접촉을 '치료적 관계' 또는 '치료적 동맹'이라 부르기도 한다. 말 그대로 가족 관계나 친구 관계가 아닌 **'치료를 목적으로 한 대인관계'**라 볼 수 있다. 다른 관계와는 달리 두 사람은 치료라는 목표를 가지고 있으며, 목표를 이룰 때까지 한시적인 만남이지만 때로는 가족 관계나 친구 관계보다 더 깊은 심리적 접촉을 가지게 된다. 이러한 깊은 심리적 접촉을 통해 서로를 진실하게 대하고 높은 수준에서 타인의 경험을 이해하며 가치 있게 여기게 된다(Mearns & Cooper, 2005). 이 때문에 이러한 관계는 더 정직하고, 진실하며, 사실적이라 할 수 있겠다. 최근 발달한 다양한 온라인 매체는 로저스의 치료적 조건인 두 사람의 심리적 접촉에 대한 개념을 다시 고려해 볼 필요성을 느끼도록 하는데, 블로그나 SNS를 통해 실제적인 관계 형성을 하지 않더라도 익명의 불특정 다수의 개인들과 깊은 심리적 접촉을 하면서 치유되는 경험을 하는 경우도 있기 때문이다.

② 심리적 접촉을 하는 두 사람 중 한 사람: 불일치를 경험하는 내담자

자기개념 및 경험과의 불일치가 반복될 경우 이것은 불안으로 이어지게 된다. 이는 자기개념이 대부분 안정적이고 조직화되어 있기 때문인데, 내키지 않는 혹은 피하고 싶은 경험들은 지속적으로 자기개념과 충돌하며 자기개념의 위기를 가져오고, 개인은 혼란과 불안, 두려움을 느끼게 된다. 역으로 부정적이거나 경직된 자기개념은 새로운 경험들을 수용하지 못해 경험을 피하거나 경험이 주는 곤란과 어려움들을 제대로 처리할 수 없게 한다. 이러한 상황에서 개인은 위축되고 약해지며 수동적이고 의존적인 모습을 보인다. 내담자의 불일치에 대해 이해하기 쉽도록 사례를 들어 살펴보고자 한다. A 씨는 어릴 적부터 자신이 내향적이라고 생각해 왔다. 특히 사람들 앞에서 무언가 말하는 것이 크게 부담스러웠고 이것이 자신의 내향적인 성격 탓이라고 여겼다. 중학교, 고등학교, 대학교에서는 사람들 앞에서 발표할 일을 아예 만들지 않거나, 다른 것으로 대체하는 방법으로 경험을 피해 왔고 대학을 졸업하면서는 발표할 일이 없게 된 것 같아 내심 마음이 편안했다. 하지만 취업을 준비하면서 가고 싶은 회사가 생겼고, 그 회사는 반드시 면접 과정을 거쳐야 했는데, 이것은 또래 친구들 앞에서 발표하는 것보다 수십 배는 부담스러운 일이었고, 두려움을 넘어서 공포감이 밀려왔다. A 씨는 면접이라는 경험은 외향적인 사람들만 잘할 수 있는 것이라 여기고 자신의 내향

적인 성격을 비판하면서도, 그동안 안정적으로 유지해 온 성격을 바꾸고 싶지도 않았다. 이러한 감정들은 혼란스러웠으며 A 씨를 힘들게 만들었다. 다른 친구들이 면접 연습을 하거나 전략을 짜는 등의 발전하는 모습을 보면서, 인지적으로는 자신이 면접을 위해 얼마나 시간을 내고, 연습에 몰입해야 하는지 알고 있었으나, 감정과 행동이 전혀 따라가 주지 못하는 것에 답답함을 느꼈다. A 씨는 이러한 상황을 혼자 해결할 수 없다고 느끼고 심리치료를 통해 도움을 받아 보기로 하였다.

③ 심리적 접촉을 하는 두 사람 중 또 다른 한 사람: 일치성을 가진 치료자

일치성은 다른 개인과의 관계에서 성실함과 정직성을 가진 정도를 의미하며, 진솔성(genuineness)이라고 부르기도 한다. 일치성을 가지지 않는다면 나머지 치료적 조건인 무조건적인 긍정적 존중이나 공감적 이해를 충족시키는 것은 어렵기 때문에 일치성은 매우 핵심적이라 할 수 있다. 치료자는 자신의 전체적인 삶의 영역과 삶의 순간순간에서 일치성을 지녀야 한다. 이것이 상담자에게는 매우 어렵고 불가능한 일처럼 느껴지기도 한다. 한편, 일치성을 위해 상담자가 느끼는 것을 모두 표현하는 것은 치료의 목적을 이루는 데 방해가 될 수 있으므로 내담자에게 이익이 될 수 있는 일치성을 고려해 보아야 한다. 한편, 어떤 내담자는 치료자의 일치성을 잘 알아채지 못하며, 이는 내담자의 대인관계 기술 부족과 관련이 있을 수 있다.

④ 치료자의 무조건적인 긍정적 존중

무조건적인 긍정적 존중은 내담자가 어떠한 성격이나 행동을 가지고 있는지와 관계없이 존재를 긍정적으로 수용하는 것이다. 상담자는 내담자의 행동에 대한 염려를 할 수는 있지만 그의 특성과 존재를 우려하지 않아야 한다. 무조건적인 긍정적 존중을 가진 상담자는 내담자가 자신의 상황에서 최선을 다하고 있다는 것을 수용하고 존중한다. 완전한 무조건적인 긍정적 존중은 없을 것이다. 로저스(1957)도 완전한 무조건적인 긍정적 존중은 한계가 있다고 하였다. 그럼에도 이러한 존중을 목표로 두고 노력한다면 상담을 성공적으로 이끌어 갈 수 있을 것이라고 보았다.

⑤ 치료자의 공감적 이해

내담자가 경험한 일에 대한 자각을 상담자가 정확하게 공감할 수 있는 것이 치료자의 공감적 이해이다. 이를 위해서는 내담자의 내적 참조 틀을 알아야 하며, 내담자가 그 경험을

▲ 공감은 다른 사람의 신발을 신어 보는 것과 같다.

통해 무엇을 느끼고 생각하고 알게 되었는지를 깊이 이해해야 한다. 이는 내담자의 입장이 되는 것과 같은데, 이때 상담자는 내담자가 느끼는 주관적 현실을 자신이 느끼는 것처럼 일치감을 느끼며 몰입되지만 동시에 상담자 자신을 잃지 않아야 한다.

흔히 공감을 설명할 때 타인의 신발을 신고 걸어 보는 것이라고 한다. 신발의 크기, 온도, 느낌은 다를 것이다. 그렇지만 타인의 신발이 나의 신발이 되는 것이 아니다. 여전히 내 발에 맞는 신발은 있지만, 그럼에도 타인의 신발을 신어 봄으로써 타인이 어떤 주관적 세계를 경험하는지 이해하는 것이 공감이다. 내담자는 살면서 타인이 진정으로 자신을 이해하고 있다거나 공감하고 있다는 느낌을 경험한 적이 없을 수 있다. 이 때문에 상담자의 공감은 내담자에게 마음을 열게 하는 열쇠가 되며, 내담자가 스스로 자신을 용기 있게 마주할 수 있는 힘이 된다. 피들러(1950)는 10개의 치료적 접근들을 상담에 적용해 보았는데, 내담자의 감정을 이해하고, 그들의 사고방식을 따라가며, 내담자가 한 말을 의심하지 않고 진실하게 믿어 주었을 때 성공적으로 라포를 형성할 수 있었다. 이러한 이유로 인간중심치료의 공감적 이해는 많은 심리치료에서 내담자와 라포를 형성하는 초기 작업으로 사용되고 있기도 하다. 동감(sympathy)은 공감과는 비슷해 보이지만 다른데, 공감이 "당신이 어떤 느낌인지 느껴져요."라고 표현된다면 동감은 "당신이 어떤 느낌인지 알아요."라는 표현으로 나타날 수 있다. 두 개념 모두 내담자가 상담자에게 위로를 받을 수는 있겠지만, 공감은 내담자가 다시 자신의 감정과 생각으로 나아가도록 돕게 되며, 동감은 내담자가 깊은 자기이해로 나아가는 것을 돕지 못할 수도 있다.

⑥ 무조건적인 긍정적 존중, 공감적 이해의 온전한 '전달'

치료자의 일치성, 무조건적인 긍정적 존중, 공감적 이해는 인간중심치료에서 필수적인 요소이나, 이러한 요소들이 내담자에게 전달되지 않으면 아무 소용이 없다. 로저스(1957)는 이러한 요소들이 전달되는 '의사소통'의 중요성을 강조한다. 하지만 인간중심치료에서의 의사소통은 내담자의 이야기를 단순히 듣기만 한다는 오해를 받기도 한다. 그러나 실제 인간중심치료에서의 의사소통은 매우 섬세한 과정이며, 일치성, 무조건적인 긍정적 존중, 공감적 이해를 상담자가 실제 삶으로 살아 내는 것과 아울러 이를 잘 전달하기 위한 많은 훈련이 필요하다.

(2) 치료의 실제

앞서 언급한 로저스의 여섯 가지 치료적 조건을 참고하여, 실제 치료자가 사용할 수 있는 기법들을 좀 더 상세히 살펴보고자 한다. 치료적 조건에서 언급한 내용 중 치료자가 사용할 수 있는 기법은 일치성 보여 주기, 무조건적 긍정적 존중 보여 주기, 공감적 이해 표현하기이다. 각 치료 기법은 로저스가 언급한 일치성, 무조건적 긍정적 존중, 공감적 이해에 대한 개념을 충분히 이해해야 하며, 동시에 이러한 개념들이 내담자에게 자연스러운 방법으로 치료 장면에서 나타날 수 있도록 보여 주거나, 표현하거나, 드러내야 한다. 예를 들어, 당뇨병을 진단받았지만 건강을 위해 어떠한 조치도 취하지 않고 생활 전반에서 무기력한 환자의 두렵고, 우울하고, 무기력한 감정에 공감하더라도, 이를 언어적, 비언어적인 방법으로 전달

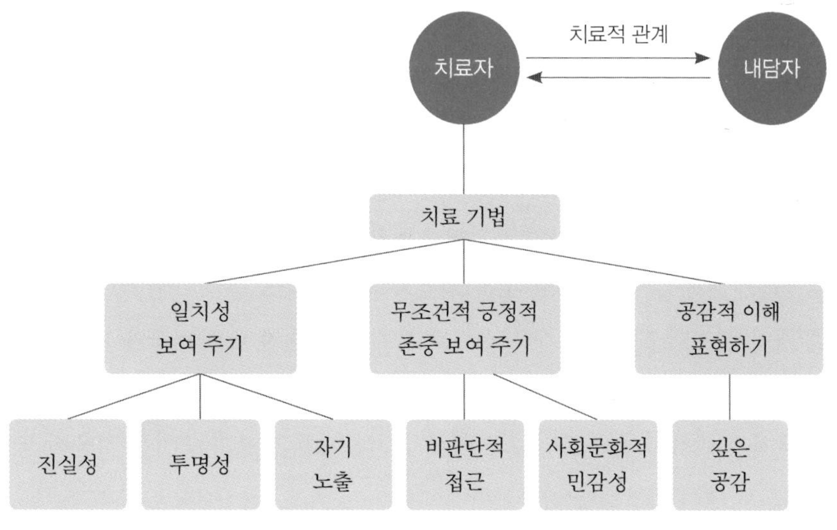

[그림 8-1] 인간중심치료의 치료 기법

하지 않는다면 환자는 치료자가 공감하고 있는지를 알 수 없기 때문이다.

① '일치성' 보여 주기

여섯 가지 치료적 조건 중 '치료자의 일치성'에 속하는 내용으로, 일치성은 치료자와 내담자 사이의 치료적 관계에서 치료자가 진실하고 정직한 태도를 가지는 정도를 말한다. 나머지 인간중심치료의 치료적 기법으로 언급된 무조건적 긍정적 존중과 공감적 이해에서도 일치성은 필수적인 요소이다.

치료자의 일치성은 진실성, 투명성, 자기노출을 통해 나타날 수 있다. 먼저, 진실성은 상담자가 몸짓, 표정, 어조, 표현되는 정서 등의 모든 형태에서 진실하려고 노력하는 것이다. 이러한 진실성은 언어적으로나 비언어적으로 비소유적인 따뜻함을 보여 주는 것으로 나타나야 한다. 이는 돌보아 주고 소중히 여겨 주는 느낌으로 부모와 영아, 의료진과 매우 고통스러운 환자와 같은 사이처럼 말로 의사소통을 할 수 없는 관계에서도 나타난다. 양육적이고 따뜻한 느낌으로 인해 새로운 가치와 생산적인 변화가 나타나게 된다.

투명성은 상담자가 내담자에 대해 어느 정도 알고 있더라도, 내담자보다 더 알고 있지 않다는 것을 인정하고 전문가인 척하지 않는 것을 뜻한다. 상담자는 단지 심리학이나 심리치료의 특정한 분야에 대해 아는 것이 좀 더 많을 뿐이라는 것을 내담자에게 명확히 전달한다. 상담자는 내담자에게 정보를 묻는 것을 두려워하지 않아야 하며, 상담자는 모르거나 이해하지 못하는 것이 있을 수 있다는 것을 받아들여야 한다. 또한 자신의 능력을 넘어선 사례 문제에 대해서는 다른 상담자에게 의뢰함으로써 내담자를 보호하고 상담자로서의 윤리를 지켜야 한다. 또한 이러한 다양한 문제를 내담자에게 숨기지 않고 사전 동의를 구하며, 동기와 의도를 투명하게 유지하는 것이 상담자의 일치성을 보여 주는 것이다.

자기노출은 상담자의 감정에 관련된 것으로 내담자에게 자신의 감정을 솔직하게 노출하는 것을 의미한다. 이것은 감정을 속이거나 거짓말하지 않는 것으로서 내담자와의 치료적 관계에 도움이 될 수 있다. 상담자의 자기노출로 인해 내담자는 특정 감정을 느끼는 것이 자연스러운 것이라는 것을 알게 된다. 또한 치료자의 감정의 노출과 내담자에게 유익이 될 만한 적절한 개인정보 노출로 내담자는 스스로 문제에 대한 새로운 시각을 제공받을 수 있게 된다. 자기노출에는 몇 가지 주의사항이 있는데 앞서 언급한 대로 내담자의 감정을 축소시키거나, 상담자가 내담자에게 조언하고 지시하거나, 내담자에게 주의를 기울이지 않는 것, 논의가 잡담으로 흘러가는 것을 지양한다.

② '무조건적 긍정적 존중' 보여 주기

무조건적 긍정적 존중은 비판단적 접근과 사회문화적 민감성을 통해 보여 줄 수 있다. 먼저, 비판단적 접근은 상담자가 가진 관점과 가치관으로 내담자를 평가 혹은 판단하지 않는 태도를 말한다. 이를 위해서는 상담자는 먼저 자신이 어떤 관점과 선입견 등을 가지고 있는지 파악한다. 그리고 이러한 상담자의 선입견들이 치료장면에서 나타나지 않도록 힘쓸 필요가 있다. 상담자의 선입견은 '평가적인 태도'와 '판단적인 태도'로 드러나는데, 먼저 평가적인 태도는 내담자의 삶의 방식이나 가치, 태도를 '맞다' 혹은 '틀렸다'로 판단하거나 잘잘못을 가리는 것으로 나타나며 상담자는 이를 삼가야 한다. 또한 판단적인 태도는 '해야만 한다', '그래야만 한다', '그래서는 안 된다' 등의 표현으로 나타나며 이러한 표현들은 내담자에게 '상담자가 자신을 판단하고 있다'는 인상을 갖게 한다.

상담자의 사회문화적 민감성은 내담자가 경험하고 있는 다양한 사회적이고, 문화적인 세계를 이해할 수 있는 데 큰 도움이 된다. 민감한 사회문화적 인식은 단순히 지식을 많이 알고 있는 것과 동시에 알고 있는 내용이더라도 내담자의 이야기를 귀담아듣고 상담자 자신의 추측과 생각을 유보하는 것을 의미한다. 이는 상담자가 많은 지식으로 내담자의 상황을 추측한다고 하더라도 개인적 요소를 고려하지 못한다면 내담자를 이해하는 데 큰 오류가 생기게 되기 때문이다.

③ '공감적 이해' 표현하기

공감적 이해라는 것을 알기 위해서는 '공감적'이라는 것이 무엇인지 이해할 필요가 있다. 공감적은 '동감(sympathy)' 혹은 '동일시(indentification)'와는 다른 것으로 상대방의 고통이나 즐거움과 같은 감정을 느끼되 그것은 '마치 ~처럼(as if)'이란 조건 아래 이뤄지는 것이다. 예를 들어, 아이를 잃은 부모와 상담을 하게 된다면, 상담자는 아이를 잃은 부모의 고통과 슬픔에 공감하여 부모의 상실감과 죄책감, 고통을 섬세하고 민감하게 헤아리고 이를 표현할 수 있겠지만, 상담자가 직접 체험한 일이 아니라면 그 일에 대해서 '안다'고 표현하거나 자신의 일처럼 감정에 함몰되지 않아야 한다. 이러한 이유로 로저스는 인간중심치료에서 '공감적'이라는 단어에 '이해(understanding)'를 더해, '공감적 이해(empathic understanding)'라는 표현을 사용하였다. **공감적 이해란 내담자가 경험하는 주관적 세계에서의 감정, 생각, 가치, 의미들을 상담자가 감지하여 다시 내담자에게 전달해 주는 것을 의미한다.**

이러한 과정을 통해 상담자는 내담자와 친밀감을 형성할 뿐 아니라 숨겨져 있던 내담자의 깊은 내면 세계를 명료화하는 과정까지 갈 수 있도록 한다. 로저스는 공감을 설명하기 위한 예시를 제시하였는데, 참만남 집단(encount group)에서 참여자와 인도자의 대화 중 일부이다. 참여자는 아버지에 대해 이야기를 하면서 그에 대한 부정적인 표현을 애매하게 하고 있었다.

인도자: 아버지에 대해서 화가 난 것 같네요.

참여자: 아니요. 화가 난 것까지는 아니에요.

인도자: 그럼 좀 불만스러운가 봐요.

참여자: 글쎄요……. 좀 그런가 봐요.

인도자: 음……. 아버지에게 실망하신 것일 수도 있겠어요.

참여자: 네 맞아요! 아버지가 강한 사람이 아니라서 실망하고 있었어요. 어릴 적부터요.

인도자는 참여자의 생각과 감정을 공감하려는 표현을 했지만 그것은 참여자와 일치하지는 않았다. 하지만 이러한 몇 번의 과정으로 인도자는 참여자의 더 깊고 정확한 감정에 다가갈 수 있었으며, 참여자 또한 아버지에 대한 감정이 정확히 무엇이었는지 발견하게 된다. 이에 대해서 겐들린(1962)은 '공감적이 된다'는 것은 복잡하고 요구사항이 많으면서도, 강하고 미묘하고 부드러운 존재 방식이라고 설명한다.

또한 인도자는 자신이 추측하는 것을 지속적으로 내려놓는 모습을 보여 주었다. 로저스는 이를 당분간 자신의(상담자의) 생각을 내려놓는 과정이라고 하였다. 이를 위해서는 상담자는 자신을 내담자를 위해 내려놓았다가도 다시 본인 자신에게로 돌아올 수 있는 길을 알고 있어야 하며, 돌아올 힘을 가지고 있어야 한다.

공감적 이해는 매우 적극적인 과정인데, 타인의 변화와 인식을 온전히 알기를 갈망해야 하고, 타인이 전달하려는 의미를 적극적으로 알아 가려고 해야 한다. 앞의 예시의 인도자가 참여자가 가지는 아버지에 대한 감정에 대해 애매하게 화가 난 정도로만 알려고 했다거나, 불만스러운 감정까지만 알려고 했다면, 참여자가 아버지에게 실망했다는 감정까지 알기 어려웠을 것이다. 이것이 공감적 이해의 적극적인 면모이다. 또한 피상적인 것에서 진실된 것까지 끊임없이 드러난 것 너머에 있는 것을 알기 위해 노력한다. 다양한 학자가 공감의 수준을 나누고 설명하였는데, 트루악스와 카커프(1967)가 5단계로 나눈 공감 척도가 대표적이다.

④ 트루악스와 카커프의 공감 수준(1967)

레벨 1은 낮은 수준의 공감 반응이다. 이 레벨에서는 내담자의 감정에 대한 인식이나 이해가 거의 또는 전혀 전달되지 않는다. 또한 이에 대한 상담자의 반응이 무관하거나 거칠다. 이때 상담자는 주제를 갑자기 변경하거나, 조언을 하는 방식으로 말한다.

레벨 2는 약간 낮은 수준의 공감 반응이다. 내담자의 피상적인 메시지에 응답하지만, 메시지의 감정이나 사실적 측면은 생략한다. '다소', '조금' 등의 소극적 감정 표현을 사용한다. 또한 감정의 해석이 부정확하다. 예를 들어, '고통스러운'을 '화가 나는'으로 해석하거나, '무서운'이란 감정을 '긴장된'이라고 해석한다. 레벨 2는 부분적으로는 정확하며, 레벨 1에 비해 내담자를 이해하려는 노력을 보인다.

레벨 3은 비슷한 수준의 공감 반응이 상호 교류되는 수준이다. 구두로나 비언어적 응답에서 상호 이해가 나타난다. 명백한 표현과 상호 교환이 가능하며, 내담자의 이야기와 표면적 이야기 혹은 존재 상태에 대해 정확하게 반영하는 편이다.

레벨 4는 공감 반응이 적당히 높은 수준이다. 내담자의 내재된 감정과 문제 측면을 정확하게 인식한다. 미묘하거나 가려진 측면을 밝게 드러내어서 내담자가 더 깊은 감정과 탐색하지 않은 의미 혹은 행동의 목적을 깨닫도록 돕는다. 또한 레벨 4의 과정에서는 내담자의 자기인식이 향상된다.

레벨 5는 높은 수준의 공감 반응이 나타난다. 정서적 느낌을 반영하고 있으며, 내담자의 표면적이고 내재된 감정과 의미의 전체 범위와 강도에 정확하게 반응한다. 내담자의 현재 감정과 경험을 이전에 표현된 경험이나 감정과 연결할 수 있다. 또한 암시적인 패턴이나 주제 목적 등을 정확하게 식별할 수 있다. 내담자의 메시지에 포함된 암시적 목표를 식별할 수 있고, 개인의 성장을 위한 방향과 행동을 위한 방법을 제시한다.

로저스는 공감에 대한 연구 결과들을 제시하여 공감에 대한 근거를 제시하려고 노력하였다. 이에 대한 내용은 다음과 같다.

- 이상적인 치료자는 무엇보다도 공감적이다.
- 공감은 자기탐구, 점진적 변화와 긍정적 상관관계를 가지고 있다.
- 치료관계 초기의 공감은 차후의 성공을 예언해 준다.
- 성공적인 사례에서는 내담자가 점점 더 많이 공감받고 있다고 느끼게 된다.
- 공감적 이해는 내담자가 이끌어 내는 것이 아니라 치료자에 의해서 아낌없이 제공되는 것이다.

- 치료자가 경험이 많을수록 공감적이 될 가능성이 높다.
- 공감은 관계에서 특별한 자질이며, 치료자들은 도움을 주는 친구보다 훨씬 더 많은 공감을 제공한다.
- 치료자가 통합이 잘 되어 있을수록 더 높은 수준의 공감을 보여 준다.
- 경험이 많은 치료자들도 종종 공감적이지 못할 때가 있다.
- 공감의 정도를 평가하는 데는 내담자들이 치료자들보다 더 낫다.
- 뛰어난 재기와 통찰력 있는 진단은 공감과는 상관이 없다.
- 공감적인 존재 방식은 공감적인 사람들에게서 배울 수 있다.

이러한 공감은 어떠한 효과를 가져올 수 있는 것일까? 첫째, 공감은 소외감을 해소한다. 내담자는 공감을 받으면서 자신이 타인에게 숨겨 왔던 이야기를 하게 된다. 처음에는 타인에게 이야기할 수 없는 상황이라 숨기기 시작했던 말들이 시간이 갈수록 느껴서는 안 되는 감정과 생각들이 되어 가고 결국 스스로도 인식할 수 없는 수준까지 감추게 된다. 내담자는 이러한 숨겨진 이야기들을 혼자 안고 살아가며 고립감을 느낀다. 또한 타인이 자신이 숨겨 놓은 부분을 알게 될까 봐 다른 영역까지도 가면을 쓰거나 감추게 되면서 진정한 자신을 드러내지 않게 된다. 진정한 자신은 자신과 타인으로부터 소외되는 것이다.

한편, 공감을 받은 내담자는 자신과 자신이 심리적으로 접촉하는 경험, 자신과 타인이 심리적으로 접촉하는 경험을 느끼며, 슬프면서 기쁘고, 안도감을 느낀다. 동시에 후련한 감정을 느끼며 눈물을 흘리는 경우가 있다. 이러한 눈물은 '진정한 만남이 주는 감정'이다.

둘째, 공감은 스스로가 가치 있고 존중받을 만한 존재이며 수용될 수 있는 존재라고 느끼게 한다. 공감을 받으면서 자신의 가치감에 대해 의심을 품어 왔던 내담자는 자신이 가치 있는 존재라는 것을 조금씩 느끼기 시작한다. 그리고 자신에 대해 거부하고 비난하던 태도에서 이리저리 살펴보고 애정 있는 태도로 바뀌게 된다. 상담 장면에서 내담자는 이러한 과정이 너무 낯설어서 상담자의 공감에 신기하고 관심이 있으면서도 동시에 의심하고 거부하려는 모습을 보인다. 어떤 청소년 내담자는 자신을 좋게 보아 주려는 시도들을 '오그라든다. 하지만 나쁘지 않다'는 표현을 하면서 점진적으로 자신을 애정 있게 대하려고 노력하게 된다. 이러한 태도와 감정은 행동으로도 옮겨져서, 자신을 하찮게 여겨서 어떤 것도 시도하지 않으려는 내담자가 자신을 위해 건강한 음식을 먹기 시작하거나, 소소하게 자신의 즐거움을 위해 취미생활을 시작하는 모습 등의 행동 변화가 나타난다.

셋째, 진정한 공감은 내담자가 가진 수치감과 죄책감을 상쇄한다. 진정한 공감은 내담자를 그대로 수용하고 무비판적으로 대하는 것으로 평가하거나 판단하지 않는다. 그간 안팎으로 수많은 평가와 판단이 있었던 내담자는 타인에 비해 자신이 정상적이지 않을 것 같다는 수치감과 악하다는 죄책감을 가지고 있을 가능성이 높다. 진정한 공감으로 인해 내담자는 수치감과 죄책감에서 자유로워지는 경험을 하게 된다. '레 미제라블'에서 장발장이 은촛대를 훔쳐 달아났다가 잡혀 왔을 때, 미리엘 신부가 오히려 그에게 선물로 주었다고 하는 장면은 수치스러운 죄인으로서 장발장의 존재감을 바꾸어 놓고, 결국 장발장의 인생을 바꾸는 경험이 된다. 내담자의 인생에서도 자신의 수치스러운 일들과 죄책감을 가진 일들을 누군가가 아무런 평가와 판단 없이 있는 그대로 진실되게 공감한다면, 내담자의 무거운 짐은 내려놓아지고 비로소 내담자의 잠재된 능력들이 빛을 보고, 성장할 수 있게 되는 것이다.

넷째, 앞의 셋째와 연결하여 다른 사람에게서 제대로 이해받게 되면 사람은 자신의 개성과 정체감을 느낄 수 있다. 이는 자신 안에 있던 잠재력이 나타나게 되는 것으로, 새롭게 알게 된 자신의 모습대로 일치하기 위해 태도와 행동이 변화하는 것이다.

공감의 효과들은 심리치료라는 일대일의 관계에서만 나타나는 것은 아니다. 학교에서는 학생을 공감해 주는 교사로 인해 학업 능력이 더 상승되기도 하고, 친구 관계에서는 공감적인 친구로 인해 행복한 추억을 만들게 되며, 병원에서는 환자를 이해해 주는 의사와 간호사를 만났을 때, 병을 이겨 내려는 환자의 의지가 더욱 커지거나 치료의 과정을 더 잘 받아들이게 된다. 로저스는 그의 인생에 이러한 실천을 적극적으로 하려고 노력하였고, 공감을 더욱더 넓고 다양한 영역으로 확장시켜 세계평화에까지 적용하려는 시도를 했다. 그는 국가와 국가 사이에 진정한 공감이 있다면 놀라운 일이 일어날 것이라 믿었기 때문이다.

3) 적용영역과 사례

(1) 다양한 적용영역

인간중심치료는 여러 사람을 대하는 전문가 혹은 준전문가들을 훈련하는 데 폭넓게 사용된다. 이는 전문적인 심리학적 이론과 교육을 받지 않더라도 일치성, 무조건적 긍정적 존중, 공감적 이해라는 치료 조건은 상담 장면뿐 아니라 직업의 어느 장면에서도 유연하게 적용이 가능하기 때문이다. 특히 위기 개입에 있어서 인간중심치료는 매우 가치 있는 역할을 할 수 있는데, 도움을 주는 영역에 종사하는 직업을 가진 이들에게 유용하다. 예를 들면, 교육자, 간호사, 의사, 종교인 등이 인간중심치료의 기본 태도를 가지고 있으면, 더 효과적으로 돕는 일을 수행할 수 있게 되기 때문이다. 위기 상황에서의 심리적 접촉은 한두 번의 만남만으로도 큰 위안과 치료적 도움이 될 수 있다.

(2) 사례 예시

내담자는 30대 중반의 여성으로 최근 직장을 그만두고, 더 좋은 직장을 가기 위해 몇 년간 시험을 준비하여 합격하고자 한다. 하지만 최근 밤에는 잠도 잘 오지 않고 자신이 정말 잘할 수 있을까 의심스러워지며 무기력해지는 것을 경험하고 있었다.

내담자: 잠도 안 오고 몸도 여기저기 아파요. 내가 왜 이러고 있는지 모르겠어요.

상담자: 목표로 한 일이 있었는데, 많이 지친 것 같아요.

내담자: 지쳐요? 그냥 내가 능력이 안 되는 거 아닐까요? 다른 사람들은 열심히 하고 있잖아요.

상담자: 지치고 힘든 게 아니라 본인에게 실망스럽군요.

내담자: 네. 나에게 너무 화가 나요. 너무 나약해요. 어릴 때부터 그랬어요. 끝까지 해내지 못하고 다른 사람처럼 죽을 만큼 열심히 한 적이 없었다고요.

상담자: 끝까지 해내지 못하는 자신이 너무 원망스럽고 나약하다고 느껴지는군요……. 마음이 아프네요.

내담자: (흐느낌) 선생님, 전 왜 이렇게 약해 빠졌을까요……. 저도 강해지고 싶어요…….

상담자: (충분히 울도록 기다린 후에) 강해지고 싶다는 말이 간절하게 와닿아요.

내담자: (한참 흐느낀 다음, 눈물을 멈추고) 맞아요……. 지금 더 버티고 싶고 강해지고 싶어요.

상담자: (조심스럽게) 나약한 나도 있지만, 강해지고 싶은 자신도 있네요. 지금껏 살아오면서 강했던 때가 있을까요?

내담자: (눈물을 닦으면서) 음……. 혼자 전국 여행을 간 적이 있었어요.

상담자: 혼자서요?

내담자: 네. 가족들이 다 말렸는데 정말 배낭 하나만 메고 갔었어요. 일주일 동안요.

상담자: 배짱이 대단했네요.

내담자: 맞아요. 어떻게 그랬나 모르겠어요(미소). 그때 돈이 없어서 계속 걷다가 너무 힘들어서 안 되겠다고 생각하고 엄마에게 전화해서 돈을 받아 그냥 기차 타고 가려고 했었어요. 그런데 전화를 하려다가 갑자기 혼자 해내 보고 싶은 마음이 생기는 거예요. 누구 도움도 받지 않고요. 그때가 좀 위기였는데 넘어서고 나

서는 끝까지 해낼 수 있었어요.

상담자: 그때도 나약한 나와 강해지고 싶은 내가 함께 있는 시간이었겠어요.

내담자: 맞아요. 지금이랑 비슷해요. 결국엔 강해졌지요(웃음).

상담자: 앞으로는 어떻게 될까요?

내담자: 아. 선생님 울었던 게 좀 부끄러운데요(웃음). 저 할 수 있을 것 같아요.

상담자: 그래요. 할 수 있다는 기세가 여기까지 전해져요.

내담자: (크게 웃음) 감사해요.

상담자는 내담자가 오랜 시험기간으로 지쳐 있을 것이라고 예상하고 공감의 표현을 하였으나 내담자는 오히려 자신이 지친 것이 아니라 자신에게 실망하고 화가 났다고 표현했다. 상담자는 이를 알아차리고 유연하게 '내담자의 스스로에 대한 실망감과 화'에 대해 공감하자, 있는 그대로의 자신의 모습을 수용받은 내담자는 자신이 싫어하는 나약한 모습(우는 자신)을 상담자에게 그대로 노출하게 된다. 자신의 숨겨진 모습을 그대로 수용받은 내담자는 억눌렀던 감정들도 표현한다. 또한 상담자는 내담자에게 있는 '강한 모습'도 있는 그대로 수용하기 위해(현재 지쳐서 숨겨져 있는), 강한 모습을 내담자의 삶의 경험을 통해 이끌어 내는 시도를 한다. 혼자 여행을 갔었던 경험을 이야기하면서 내담자는 현재의 삶의 모습과 과거의 경험이 비슷했다는 것을 깨닫게 되었고, 당시의 위기와 성공 경험을 이야기하면서 현재 자신의 상황을 객관적으로 바라볼 수 있는 힘이 생기게 되었다. 그리고 자신의 실현경향성을 재확인하고, 숨어 있던 잠재력을 발견하면서, 현재 상황을 돌파할 자신감을 느끼게 된다.

4. 관련 최신 치료법: 동기강화상담

1) 동기강화상담이란

동기강화상담(Motivational Interviewing)이란 '변화에 대한 대화'이다. 그리고 변화를 돕는 모든 사람에게 유용한 상담 이론이자 기술이다. 변화를 돕는 사람들은 상담전문가, 사회복지사, 교사, 보호관찰관뿐 아니라 건강 관리 분야 영역에서의 의사, 간호사, 영양사 등도 포함된다(Rollnick, Miller, & Butler, 2008). 변화를 위한 대화는 쉽지 않다. 특히 누구나 한 번쯤 변화를 돕기 위해 좋은 의도를 가지고 이야기를 나누더라도 오히려 변화가 쉽지 않았던 경험이 있을 것이다. 왜 좋은 의도와 다르게 변화는 쉽지 않았던 것일까?

도움을 받는 사람의 가치와 다른 것을 권했을 수도 있고, 상황과 맞지 않는 방법을 제시했을 수도 있다. 혹은 너무 빠른 변화를 원하기 때문에 물러서게 되었을 수도 있다. 동기강화상담은 이러한 변화를 막는 여러 요인을 분석하고 실제로 어떻게 변화를 이루어 갈 수 있을지를 설명하는 이론이다. 이러한 동기강화상담은 인간중심치료의 정신에 뿌리를 두고 있다.

2) 동기강화상담과 인간중심치료

동기강화상담의 창시자인 윌리엄 밀러는 상담자들이 내담자의 건강을 찾기 위한 방법을 위해 직면적 접근을 자주 사용한다는 것을 알게 되었는데, 밀러는 이를 거부하고 로저스의 인간중심상담의 초기 버전인 내담자중심상담에서의 '치료적 동맹관계'를 그의 상담 장면에 적용하였고, 그의 이론을 구성하는 데 영감을 얻게 되었다. 로저스의 치료적 동맹관계에서 상담자는 내담자에게 무조건적 긍정적 존중을 하며, 내담자의 가치를 지지한다. 무조건적 긍정적 존중을 통해 내담자는 스스로에 대한 통찰을 안전하고 자유로운 상황에서 시도해 볼 수 있었다. 그러나 밀러가 로저스의 모든 이론을 받아들인 것은 아니다. 특히 내담자와 대화하는 과정에서의 비지시적인 방법은 받아들이지 않았는데, 이는 비지시적인 방법이 변화하는 시간을 상당히 오래 소모할 것이라 생각했기 때문이다. 때문에 밀러는 로저스의 내담자 중심의 정신과 무조건적 긍정적 존중, 공감적 이해 등의 개념은 받아들였으나, 로저스와는 달리 지시적인 접근을 사용한다. 하지만 여전히 '지시적인 접근'은 매우 조심스러운 것으로 상담자가 내담자의 건설적 변화를 위한 의도를 가지고 있지만, 내담자가 이를 선택하고 책임질 수 있도록 '안내자'의 역할 또는 '안내하기'의 방법으로 사용된다.

이러한 '안내자'의 개념은 인간중심치료의 정신과도 맞물리는데, 로저스는 상담 과정을 내담자의 성장경험에 상담자가 동참하는 여행으로 보았으며, 상담자는 내담자보다 더 많은 경험을 가지고 있기 때문에 여행을 안내하는 '안내자'의 역할을 할 수 있다고 보았다. 이 두 이론에서 '안내자'의 차이는 인간중심치료가 좀 더 멀리 돌아갈 수 있으며 자신을 발견해 가는 세계여행에서의 '안내자'와 같다면, 동기강화상담은 에베레스트 산을 오르고자 하는 등의 특정한 목적지가 있는 여행에서의 '안내자'와 같다.

두 이론은 모두 인생의 책임자를 내담자 자신이라고 보고 있으며, 궁극적으로 독립된 자신으로 성장하는 것을 목표로 한다. 두 이론 모두 상담에서는 내담자의 참모습과 잠재력, 능력, 자원 등에 초점을 맞추게 된다. 또한 두 이론에서의 상담자의 위치는 인간중심치료가 전문가로서의 자세를 떠나서 내담자의 성장을 함께하는 사람임을 강조했으며, 동기강화상담 또한 내담자 삶의 전문가는 내담자 스스로이며 상담자는 이를 돕는 협조자이자 안내자로 등장한다.

인간중심치료는 다양한 심리치료의 선행치료(pre-therapy)가 되기도 하는데, 동기강화상담도 이와 같은 맥락에서 인지행동치료에 앞선 선행치료로 적용되어 MI-CBT로 사용되거나, 게슈탈트나 실존치료 등의 선행치료로 사용되기도 한다.

3) 동기강화상담의 주요 개념

교정반사와 저항, 양가감정, 안내하기, 변화대화, 변화모델은 동기강화상담을 이해하는 데 있어 선행되어야 할 개념이다. 밀러는 변화를 위한 효과적인 대화를 고민하였고, 변화를 도우려고 했지만 오히려 변화의 장애물이 될 수 있는 교정반사와 이러한 교정반사가 고려하고 있지 않은, 양가감정을 발견한다. 이러한 양가감정을 효과적으로 다루면서도 변화를 유도하는 안내하기는 변화를 위한 대화 중 가장 적절한 방법이었다. 동기강화상담은 이러한 안내하기 방식의 대화를 종합적이고 체계적으로 구성한 이론이라 할 수 있다. 또한 변화모델은 내담자의 변화가 어디쯤에 있는지를 평가하고, 목표를 설정할 수 있는 유용한 기준이 된다.

(1) 교정반사와 저항

밀러는 저항을 일으키고 변화를 막는 원인으로 교정반사를 고려했다. 교정반사는 상담자 쪽에서의 이타적 동기들이 오히려 변화에 비효과적인 지시적 대화방법을 더욱 사용하게 하고, 도우려는 동기와 오히려 반대되는 결과를 만드는 것을 말한다. 즉, 변화의 가능성을 더 줄이게 되는 것이다. 교정반사 경향은 내담자가 경험하는 양가감정을 고려하기 못하기 때문에 생겨난다. 양가감정은 변화가 일어날 때 생겨나는 인간의 자연스러운 감정으로서, 변화하고 싶기도 하지만 한편으로 그렇지 않은 감정이 동시에 일어나는 것이다. 교정반사는 변화를 해야 한다는 내담자의 한쪽의 감정만 옳으며, 맞다고 여기기 때문에 두 감정 모두를 고려하고자 하는 내담자는 수용받지 못한 감정(변화하지 않겠다)의 편이 되려고 한다. 이러한 내담자의 양상을 저항이라고 부른다.

교정반사는 다양한 형태로 나타난다. 내담자가 문제를 가지고 있다고 설득하거나 변화의 이점을 주장할 수 있으며, 내담자에게 변화의 방법을 말해 주거나 변화하지 않았을 때의 상황을 경고하기도 한다. 모두 내담자를 돕기 위한 동기이지만 저항을 불러일으키게 되는 것이다.

교정반사로 인한 저항은 크게 관계성 저항과 주제성 저항으로 나눌 수 있다. 먼저, 관계성 저항은 체면과 관련이 있다. 사람은 타인에게 괜찮은 사람으로 보이고자 하는 욕구가 있다. 이러한 욕구를 '체면'이라 부르기도 한다. 다른 사람과 대화할 때에 체면을 지키고자 노력하게 되고, 체면이 손상된다면 상호작용은 이뤄지기가 어렵다. 관계 내에서 체면은 한번 손상되면 돌이키기 어렵기 때문에, 이전에 미리 체면을 손상시키지 않기 위해 노력한다. 사소하게 체면이 손상되는 것으로 상호작용이 단절되지는 않지만, 서로 불쾌한 감정을 가지게 되고 쉽게 비생산적인 논쟁이 되는 경우도 있다. 때문에 상담에서의 의사소통에서는 내담자의 체면을 고려하는 것이 중요하다. 체면이 손상되는 경우는 상담자가 자신의 전문성을 주장하거나 권위적인 태도를 내세우는 때이다. 예를 들어, 상담자가 "보세요. 건강이 이렇게 나빠졌는데, 계속 흡연을 하시면 되냐고요? 이제 담배는 끊으세요."라고 한다면 내담자는 자신의 건강을 지키는 것과 금연의 의지를 상기하는 것보다 상담자의 전문적이고 권위적인 말투와 태도에 수치심과 불쾌감을 느껴, 상담자에게 방어적으로 대응하는 데 몰두할 가능성이 매우 높다.

체면 연구에서는 체면을 역량 속성(competence face)과 자율 속성(autonomy face)으로 나눌 수 있다고 하였다. 역량 속성은 능력 있고 훌륭한 사람으로 보이고자 하는 욕구이고, 자율 속성은 자신의 결정은 스스로 내리는 독립적인 사람이라고 보이고 싶은 욕구이다. 앞서 든 예시를 좀 더 살펴보자.

"(A) 건강이 이렇게 나빠졌는데, 계속 흡연을 하시면 되냐고요?	(B) 이제 담배는 끊으세요."
(A) 역량 속성 손상	(B) 자율 속성 손상

(A)의 말에서 내담자는 흡연의 결과에 대해 알지 못하는 무지한 사람으로 취급된다는 느낌을 받으며 능력 있고 훌륭한 사람으로 보이고자 하는 역량 속성이 손상된다. B의 말은 '끊으세요'라는 명령어가 당신에게는 결정권이 없다는 것을 느끼게 하며, 결정하고 선택하고자 하는 내담자의 자율 속성을 손상시킨다.

두 가지 속성의 손상으로 인해 내담자는 손상된 체면을 복구하기 위해 상담자의 말에 저항하게 될 것이다. 내담자의 저항의 표현은 다양할 수 있다. 조용한 저항은 고개를 의미 없이

끄덕이거나 침묵하는 것으로 나타날 수 있다. 상담 장면에 나타나지 않거나 사정이 있어 그만둔다고 표현할 수도 있다. 또는 적극적 저항으로 '그런데요'라고 시작하면서 상담자와 스파링을 하는 듯한 대화를 시작할 수도 있다. 그러므로 상담자는 내담자가 가진 체면의 역량 속성과 자율 속성을 고려하여, 체면을 존중하고 유지할 수 있도록 의사소통을 시도하고, 내담자가 상황을 이해하고 있는 것을 존중하고 공감하는 것이 필요하다.

주제성 저항은 내담자가 자신의 삶에 대해서 경험하고 알고 있는 사실을 근거로 추론하는 것, 즉 실천적 추론을 손상시켰을 때 나타날 수 있다. 예를 들면, 아이를 키우는 엄마가 자녀들에게 매로 때리며 호되게 양육을 하고 있다. 그녀는 어릴 적 그녀의 부모님도 자신을 그렇게 매로 훈육했기 때문에 자신이 잘 자라 왔다고 생각하고(실천적 추론) 있다. 하지만 상담자는 그녀에게 그러한 실천적 추론이 잘못되었다고 생각하고 아이를 때리면 안 되는 이유들을 설명하고 있다. 그녀는 자신의 실천적 추론(양육을 할 때는 매로 훈육해야 한다)을 손상시키는 상담자를 더 이상 만나고 싶어 하지 않는다.

실천적 추론을 손상시키는 상황은 앞의 예시뿐 아니라 다양하다.

첫째, 내담자가 해야 할 것이 무엇인지를 이야기하는 것으로 상호작용을 시작한다. 이는 상담에서 만나자마자 "지난번 과제는 해 왔나요?", "오늘 우리는 무엇을 해야 해요."로 시작하는 것이다.

둘째, 내담자가 자신의 고민과 문제를 말하였으나 존중하고 경청하고 있다는 느낌을 전혀 주지 않으면 실천적 추론이 손상될 수 있다.

셋째, 내담자가 자신의 고민과 문제를 이야기했으나 상담자가 더 중요하게 생각되는 주제와 문제로 넘어가 버린다면 내담자는 조종당한다고 느끼게 된다.

넷째, 내담자가 문제와 고민을 말했으나 일반적인 정보들로 설교를 한다면 내담자는 체면을 잃게 된다.

다섯째, 내담자가 말한 실천적 추론들을 잘못되었다고 말하면, 내담자는 저항하게 될 것이다.

여섯째, 상담자가 갑자기 해결방안들을 말하며 조언하려고 하면 상담자의 해결방안이 자신에게는 효과가 없다고 저항하게 될 것이다.

일곱째, 내담자의 실천적 추론을 비논리적이라고 비판하게 되면 내담자는 체면을 잃고 상담자의 말을 더 이상 듣지 않을 것이다.

그러면 상담자는 이러한 주제성 저항에 어떻게 접근할 수 있을까? 먼저, 상담자는 내담자의 실천적 추론을 충분히 경청하고 집중한다. 그리고 자연스럽게 내담자가 자신의 실천적 추론을 재고해 볼 수 있도록 부드럽게 상담자의 정보를 제공하는 것이다. 다음의 예시를 살펴보자.

> **내담자:** 걱정하지 마세요. 제가 매를 들긴 하지만 아이들은 잘 크고 있어요.
>
> **상담자:** '아이들이 잘 자라고 있는데, 훈육방법을 바꿀 필요가 있을까?'라는 생각이 들 것 같아요.
>
> **내담자:** 그렇죠.
>
> **상담자:** 그렇네요. 혹시 몇 가지 이야기를 좀 드려도 될까요? 그리고 어떻게 생각하시는지 말해 주시면 좋겠어요. 훈육방법을 바꿀지의 여부는 전적으로 당신의 선택이에요.
>
> **내담자:** 네, 말해 주세요.
>
> **상담자:** 잘못할 때에 아이를 때리게 되면 일시적으로는 아이는 말을 잘 듣게 될 거예요. 하지만 곧 아이는 익숙해질 것이고, 매가 아닌 엄마의 말이나 작은 체벌은 통하지 않게 될 수도 있어요. 매로 통하지 않을 때는 더욱 센 강도의 처벌이 필요하게 되고, 더욱 세지는 고통을 참기 힘든 아이는 나중엔 통제가 불가능해지거나 정신적으로 큰 손상을 입을 수도 있게 되지요.

여기서 상담자는 내담자의 훈육방법을 이해하고 있으며, 변화하지 않으려는 내담자의 의지도 반영하고 있다. 이는 내담자의 체면을 지켜 주게 되고, 저항을 감소시킨다. 또한 정보제공에 있어서 내담자의 허락을 구하고, 중립적인 입장을 보여 주어 선택을 내담자가 할 수 있도록 하였다. 이러한 과정은 내담자의 실천적 추론을 손상시키지 않으면서도, 주제성 저항을 감소시킨다.

(2) 양가감정

양가감정은 변화의 상황에서 인간이 가지는 자연스러운 감정이다. 변화를 하고 싶기도 하고 변화를 하고 싶지 않기도 한 감정이다. 변화의 과정에서 생기는 자연스러운 인식이자 감정이라 할 수 있다. 양가감정을 다루는 것은 '변화 대화'를 위해서 매우 필수적이다. 양가감정이 변화에 자연스럽기는 하나 너무 오랜 시간 양가감정에 머물러 있는 경우에는 수렁에 빠져 있거나 묶여 있는 느낌을 받게 된다. 변화하고 싶지 않다는 쪽과 변화하겠다는 쪽이 강력하게 서로 반대로 끌어당기면서 양가감정 속에 있는 사람은 상당한 내적 갈등과 피로감을 느끼게 된다.

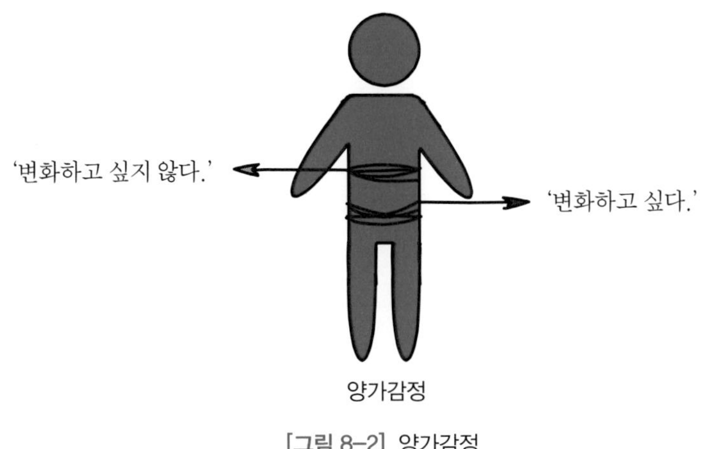

[그림 8-2] 양가감정

개인이 어떠한 진술을 할 때에 양가감정이 모두 담긴 문장을 말하는 것은 흔하다. 예를 들어, "담배를 이제 끊어야 하는데, 쉽지 않네요. 그래도 이번 달 안에는 꼭 끊어 보려고 해요."라는 문장에서 '담배를 이제 끊어야 하는데'는 변화대화이다. 변화대화는 말 그대로 변화를 원하는 진술을 말한다. 이어서 '쉽지 않네요.'는 유지대화이다. 유지대화는 변화를 하지 않고 현 상태를 그대로 지속하려는 진술이다. 즉, 변화하지 않겠다는 진술문이다. 그리고 다시 '그래도 이번 달 안에는 꼭 끊어 보려고 해요.'에서는 다시 변화대화가 나타났다. 이렇게 양가감정은 일상적인 대화 속에서도 변화대화와 유지대화로 등장하기 때문에 밀러는 상담자가 이 두 감정을 모두 잘 반영해 주고, 동시에 변화대화를 좀 더 독려한다면 내담자의 변화를 돕는 데 더 효과적일 것이라 보았다.

(3) 안내하기

밀러는 중독치료기관에서 알코올 문제가 있는 사람을 만나게 되었고, 인간중심치료에서의 접근처럼 경청하고, 배우려 하고, 열린 마음으로 내담자들을 만났다. 1980년대 당시 미국에서의 중독치료는 매우 권위적이고 직면적이었는데 이와 반대된 접근 방식이었다. 밀러는 내담자들의 저항과 동기화는 관계적 맥락에서 일어나며 상담자가 어떤 태도와 방식으로 대하느냐에 따라 동기는 증가할 수도 있고 줄어들 수도 있으며, 동시에 저항도 늘거나 줄어드는 것이 가능하다는 것을 확인하였다. 밀러는 이러한 경험을 통해 어떤 대화스타일이 변화의 동기를 더 증가시킬 수 있느냐를 확인할 수 있었다. 그는 조력 대화의 방식을 크게 세 가지로 나누었는데, 이는 지시하기, 안내하기, 따라가기이다. 지시하기는 그가 1980년대 미국의 만연한 중독치료 방식에서 쉽게 만날 수 있었고, 이러한 방법은 지시를 받는 사람이 복

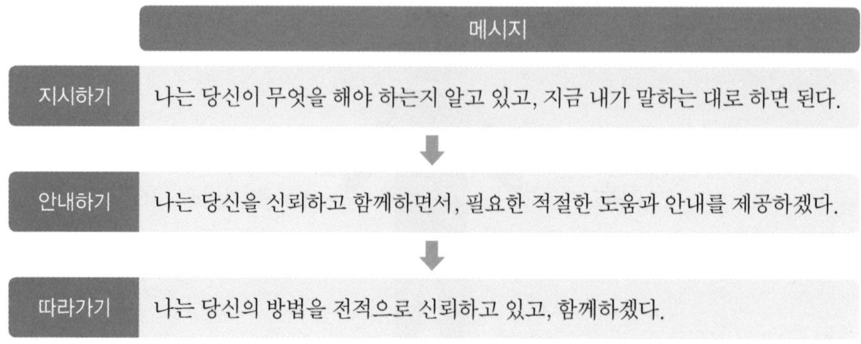

[그림 8-3] 지시하기, 안내하기, 따라가기가 내담자에게 주는 메시지

종과 순응을 할 때만 가능한 방법이었다. 그렇기 때문에 아직 협력을 원하지 않는 사람에게는 저항을 일으키기 쉬우며, 전문가는 도움을 주는 사람이고, 도움을 받는 사람은 전적으로 도움을 주는 사람에게 의존해야 하는 관계의 양상을 보이게 된다.

안내하기 이전에 따라가기를 먼저 살펴보자. 따라가기는 지시하기와 반대적인 대화양식으로 도움을 받는 사람의 의견을 전적으로 경청하고, 도움 주는 사람이 본인의 주장을 일절 하지 않는 방법이다. 이는 인간중심치료에서의 비지시적인 방법과 동일하며, 있는 그대로 내담자를 존중하고 따라가는 방법이다. 안내하기는 지시하기와 따라가기의 중간 정도의 대화양식이다. 따라가기와 같이 도움을 줄 사람의 말을 경청하고 존중하지만, 어느 정도의 방향성을 가지고 필요한 것들에 대해 나열하거나 전문적인 조언을 제공함으로써 도움받는 사람이 선택을 하는 데에 일부 도움을 받을 수 있도록 하는 방법이다.

(4) 변화대화

롤닉(1999)은 여섯 가지 변화대화 유형을 제시했는데 이는 열망(Desire), 능력(Ability), 변화의 이유(Reason), 필요(Need), 결심공약(Commitment), 단계적으로 실행하기(Taking steps)이다. 초기에는 열망, 능력, 변화의 이유, 필요의 첫 스펠링을 따서 DARN이라고 불렀으나, 결심공약과 단계적으로 실행하기가 추후에 추가되어 DARN+C+T로 불리게 되었다. 변화대화는 양가감정을 가진 내담자의 진술문에서 포착하는 것이 중요하며, 이를 위해 DARN+C+T가 표현하는 진술을 기억해 두는 것이 효과적이다. 변화대화가 나타난다면 핵심기술인 OARS를 통해 변화대화를 더 강화시키고, 주제를 확장시킨다. DARN+C+T의 구체적인 내용은 다음과 같다.

① 변화열망

변화열망은 내담자의 바람과 열망이 진술되어 있다. 대개 '나는 ~를 원합니다', '나는 ~를 하고 싶습니다', '나는 ~를 바랍니다'라는 표현으로 나타나며, 현재의 상황에 불만족을 느끼고 개선을 느끼는 바를 열망하는 바람을 담고 있다.

"운동을 하고 싶어요. 특히 공을 다루는 운동을요."
"체중을 줄여서 내가 원하는 원피스를 입을 거예요."
"건강을 회복해서 예전에 갔던 산에 다시 오르고 싶어요."

② 변화능력

내담자가 할 수 있다고 느끼는 바가 진술되어 있다. 변화능력에서 주의해야 할 점은 변화능력에 관련한 진술이 강한 자신감을 드러내는 '할 수 있다'와 그보다 낮은 자신감을 나타내는 '할 수 있을 것 같아요'를 잘 구분해서 반영해야 한다는 것이다. '할 수 있을 것 같아요'라는 자신감 수준보다 강하게 반영을 하게 되면 저항을 야기할 수 있기 때문이다.

"저녁을 먹고 동네 두 바퀴는 걸을 수 있어요."
"매일 같은 시간에 잊지 않고 약을 먹을 수 있을 것 같아요."
"술을 마시지 않기 위해 친구들을 좀 덜 만날 수 있을 것 같아요."

③ 변화이유

변화이유는 "나의 행동을 변화시켜야만 하는 이유는 무엇인가요?"라는 질문에서 나오는 진술들이다. 변화열망과 비슷하지만 구체적인 이유들이 담겨 있는 진술이라고 볼 수 있다.

"공 운동을 하고 싶은 이유는 내가 제일 잘할 수 있는 운동이기 때문이에요."
"체중을 줄이고 싶은 이유는 작년에 사 둔 원피스도 입고, 자신감을 얻고 싶어서예요."
"건강을 회복하면 예전처럼 어디든 자유롭게 다닐 수 있을 것 같아요."

④ 변화필요

변화필요는 다른 선택사항이 없으며 변화가 필요하다는 것을 인정하는 진술이다. 때문에 '~이 필요합니다', '~해야 합니다', '~해야만 합니다' 등의 표현으로 나타난다(Rollnick et al.,

2008). 변화필요의 변화대화가 나타날 때 반영하기와 인정하기를 통해 변화를 더 강화시킬 수 있으며, 변화필요를 위한 방법들을 이야기 나누어 변화를 이끌어 낼 수 있다.

"이번엔 꼭 휴식시간을 가져야 해요. 이렇게 지내지는 못할 것 같아요."
"더 이상 술을 마실 수는 없어요. 술을 끊어야만 해요."
"가족들에게 지금 제 상황을 꼭 이야기할 필요가 있겠어요."

⑤ 결심공약

결심공약은 추후에 추가된 변화대화이다. 결심공약은 이미 변화를 위한 준비를 한 내담자에게서 나타나며 실행단계로 이행이 자연스럽게 이어지기도 한다. '나는 ~할 것입니다', '나는 ~하기로 약속합니다', '나는 ~할 준비가 되어 있습니다', '나는 ~하기를 희망합니다', '나는 ~하기 위해 노력하겠습니다' 등의 표현으로 나타난다. 결심공약 또한 낮은 수준에서 강한 수준까지 있으므로 이에 맞게 반영하고 인정하는 것이 중요하다.

"술을 끊기로 결심했어요. 내 삶을 찾으려고요."
"이틀에 한 번은 걷기 운동을 하기로 약속할게요."
"식단대로 먹을 준비가 되어 있어요. 간식으로 먹던 것은 이제 안 먹을 거예요."

⑥ 실행하기

실행하기는 이미 시도하거나 실행했다는 진술이다. '나는 ~를 노력했습니다', '나는 ~를 실행했습니다', '나는 ~를 해 왔습니다'의 표현으로 나타난다. 실행하기가 나타난다고 해서 상담자는 내담자가 이미 잘하고 있다고 생각하고 안심할 수는 없다. 지속적으로 격려하고 성취를 인정한다.

"처방된 대로 약을 잊지 않고 꾸준히 먹어 왔어요."
"이틀에 30분은 운동을 하려고 했어요. 지난주는 하루 정도는 빠졌지만요."
"금주를 한 지 한 달이 되어 가네요."

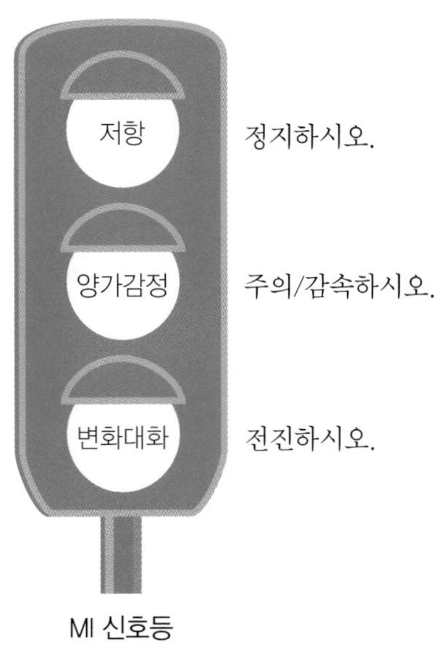

[그림 8-4] 저항, 양가감정, 변화대화는 전진, 주의/감속, 정지 등을 알려 주는 교통신호와 같다.
출처: Miller & Rollnick (2002)에서 인용.

(5) 동기강화상담의 변화모델

변화를 위해서는 변화가 필요한 사람이 변화의 어디쯤에 있는지를 먼저 파악해야 한다. 초이론적 변화모델(Prochaska & Diclemente, 1983)은 동기강화상담에서 내담자의 변화가 어느 단계에 있는지를 확인할 수 있고, 상담자는 이에 맞게 개입을 할 수 있도록 돕는 모델이다. 각 단계를 살펴보면 전숙고 단계는 아직 변화에 대한 필요성을 느끼지 못하는 단계로 행동 변화를 실천하기 위한 의지가 없는 상태이다. 내담자는 "내가 왜 바뀌어야 하는지 모르겠어요." 또는 "지금 그대로가 좋아요."라고 표현할 수 있다. 숙고 단계는 행동 변화에 대한 필요성을 인식하는 단계이다. "내가 바뀌는 것에 대해서 생각해 봐야겠어요."라거나, "좀 변화가 필요할 것 같아요."란 뉘앙스가 담긴 진술을 할 수 있다. 하지만 여전히 생각에 머물러 있을 뿐 행동으로 옮기려는 시도는 하지 않는 단계이다. 이때는 현재의 상황을 그대로 유지하는 것에 대한 이득과 손실을 알아보거나, 불일치하는 가치 등을 살펴봄으로써 다음 단계로의 진전을 돕는다. 준비 단계는 변화에 대한 책임감을 가지는 단계이다. 생각에서 행동으로 옮기는 단계로 변화행동에 대한 구체적인 진술이 나타나기 시작한다. "일주일에 두 번은 운동을 시작해 보려고요.", "이제 술을 먹지 않으면 친구들과 뭘 하죠?" 등의 실제 행동으로 옮길 만한 상황에 대해 추측할 수 있는 표현들이 사용된다. 실행 단계는 행동 변화가 발생하는 단계이다. "지난주에 하고 싶던 기타 레슨을 받았어요.", "금주를 하니 금단증상이

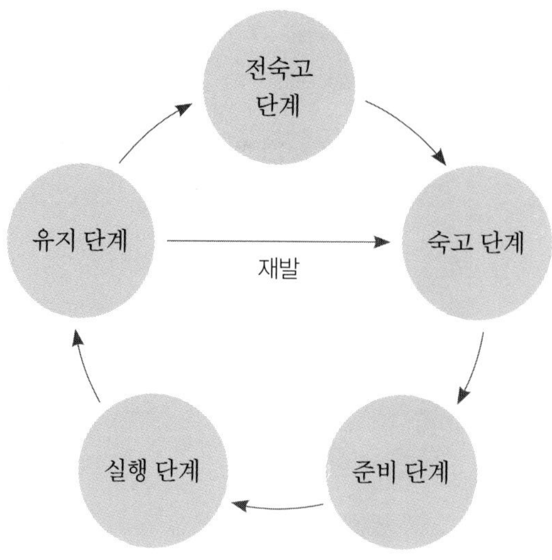

[그림 8-5] 초이론적 변화모델의 단계

생기나 봐요. 좀 힘들어요." 등의 실제로 하고 있는 행동 변화에 대한 진술을 확인할 수 있다. 다음은 유지 단계로 변화 이후로 3~6개월의 시간이 유지되고 있는 상태이다. 하지만 재발의 위험이 있어 다시 숙고 단계로 넘어갈 수 있는 단계이기도 하다. "3개월간 금연을 하고 잘 참았는데 요즘은 스트레스를 받는지 다시 돌아갈 것 같아요." 등의 진술이 있을 수 있다.

4) 동기강화상담의 실제

(1) 동기강화상담의 정신(마음가짐과 태도)

동기강화상담을 시작할 때의 가장 첫 시작은 동기강화상담의 정신을 가지는 것이다. 이러한 정신은 협동정신, 수용, 연민, 유발성으로 동기강화상담을 하는 상담자는 각 정신이 무엇을 의미하는지를 알고, 삶과 상담에서 실현하고자 한다.

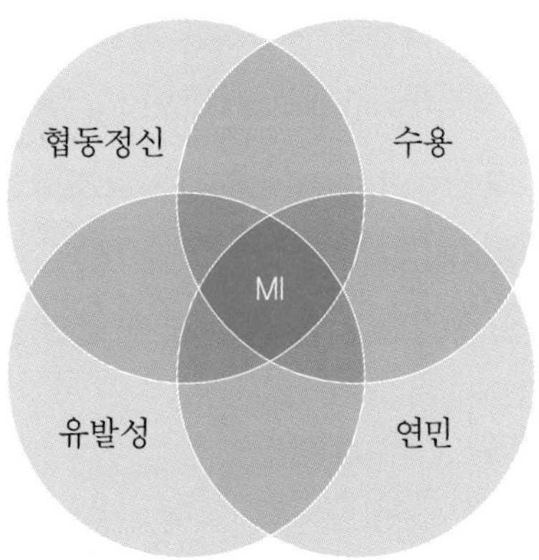

[그림 8-6] 동기강화상담 정신은 '협동정신, 수용, 유발성, 연민' 네 가지 요소의 교차점에서 나타난다.
출처: Miller & Rollnick (2013)에서 인용.

① 협동정신

협동정신은 숙련된 상담자가 수혜자 격의 내담자에게 무언가를 주는 개념이 아닌, 상담자와 내담자가 '함께' 해내는 것을 의미한다. 상담자의 열망과 내담자의 열망이 조화를 이루어 상담이 진행되는데, 밀러는 이를 연회장에서 추는 부드러운 왈츠와 같다고 비유한다. 전문가인 상담자는 쉽게 자신이 내담자 문제의 전문가라고 생각할 수 있다. 이를 '전문가 함정'이라고 부른다. 전문가 함정은 내담자의 고민거리를 상담자의 전문성에 의존해서 해결책을 찾는 것을 의미한다. 하지만 동기강화상담은 내담자 자신의 최고의 전문가는 내담자 본인이라고 말한다. 이는 누구도 본인만큼 자신을 잘 알 수 없다는 것을 의미하며, 이 때문에 상담자는 전문가가 아닌 내담자의 조력자로서 내담자의 삶을 경청하고 공감하고 지지하는 것에 초점을 둔다. 상담자의 긍정적인 조력만으로도 내담자는 전문가로서의 자신의 삶의 변화를 일으키게 될 것이기 때문이다.

② 수용

수용은 로저스의 이론에서 뿌리내린 개념으로, 절대적 가치, 정확한 공감, 자율성 지지, 인정이란 네 가지 개념을 포함하는 개념이다. 절대적 가치는 로저스의 무조건적인 긍정적 존중과 비슷한 개념으로 모든 인간이 가지고 있는 가치와 잠재력을 존중하는 것을 말한다. 이는 내담자가 가진 가치를 판단하고 조건적으로 바라보지 않는 것을 말한다. 정확한 공감은 내담자의 주관적인 내적 세계에 대해 적극적으로 관심을 가지며, 내담자가 보는 관점을 가지고 세상을 바라보려고 노력하는 것을 말한다. 이는 상담자가 내담자의 관점이 잘못되었다는 가정을 가지고 상담자 자신의 관점을 관철하는 것과는 반대되는 개념이다. 자율성 지지는 로저스(1962)가 인간의 본성이 긍정적이며, 건설적이고, 실현 가능하고, 신뢰롭다고 말한 인간관과 일치되는 개념으로 내담자의 자율성과 자기결정의 능력을 존중하고 지지하는 것을 말한다. 이는 강요하고 통제하여 어떤 일을 하도록 하는 것과 상반된 것이다. 인정은 내담자의 강점과 노력을 알아보는 것을 의미한다. 또한 알게 된 내담자의 강점과 노력을 알려주고 소통하는 것이다.

③ 연민

연민은 동기강화상담 제3판에서 추가된 개념으로 동정심이나 동일시와 같은 개념이 아니다. 연민은 상담자가 자신의 이익을 추구하지 않고 내담자의 복지와 필요를 우선하고 이를 위해 노력해야 한다는 것을 의미한다. 동기강화상담의 심리학적 지식과 기법들은 상담자 중심으로 유익을 추구할 수 있는 방법들이다. 이러한 이유로 연민, 즉 내담자의 복지를 최우선으로 한다는 정신을 추가함으로써 전문가로서의 윤리적인 마음가짐을 강조하였다.

④ 유발성

강점중심 접근의 동기강화상담에서 내담자는 이미 많은 강점과 자원을 가지고 있기 때문에 전문가는 이를 유발하면 된다는 것이 유발성의 정신이다. 강점중심 접근과 다른 결핍모델은 내담자는 무엇인가 부족하기 때문에 전문가가 필요를 채워 주어야 한다는 것으로 자동차 수리와 같은 상황에서는 적용되겠지만 개인의 변화를 위해서는 효과적이지 않다.

(2) 동기강화상담의 네 가지 과정

동기강화상담을 시작하게 되면 상담자와 내담자는 네 가지의 과정을 거치게 된다. 이는 순차적인 과정은 아니지만 상담이 어디쯤에 있는지를 알 수 있도록 돕는 지도와 같은 역할을 한다. 동기강화상담의 과정은 흔히 래프팅에 비유된다. 강에서 급류 영역과 잔잔한 영역 등의 다양한 코스를 만나게 되는데, 이때 어떤 코스를 만났는지 파악해야 하고 이에 맞게 노를 젓는 방법이나 대처하는 기술도 달라진다. 여기서 강의 다양한 코스가 동기강화상담의 네 가지 과정이라 볼 수 있다. 네 가지 과정은 관계 형성하기, 초점 맞추기, 유발하기, 계획하기로 이루어져 있다.

▲ 동기강화상담의 과정은 래프팅을 하는 것과 비슷하다.

① 관계 형성하기

관계 형성하기(engaging)는 치료적 관계를 맺는 과정이라고 볼 수 있다. 상담자와 내담자가 도움이 되는 협력적 관계가 되는 과정으로, 아주 짧은 시간 이루어질 수도 있고 때로는 몇 주, 몇 달이 걸리기도 한다. 상담자는 관계 형성하기에 영향을 미치는 다양한 요소를 고려해야 하는데, 상담자의 정서적 상태, 내담자의 환경 및 상태, 상담실 서비스 체계 등이다. 관계 형성하기는 단순히 친절하고 좋은 인상을 주는 것 이상으로 많은 것을 고려해야 한다. 상담자는 평가 함정이나 전문가 함정, 급하게 초점 맞추기 함정, 진단명 붙이기 함정 등 관계 형성을 방해하는 요소를 피해야 하며, 참여를 촉진하는 내담자의 열망, 열망하는 것의 중요도, 긍정성, 기대, 희망 등의 요소를 제공한다. 또한 OARS와 같은 동기강화상담의 핵심 기술을 사용하여, 내담자의 가치 및 목표를 탐색한다.

② 초점 맞추기

관계 형성하기에서 내담자의 가치와 목표가 드러나면, 이를 방향으로 설정하고 유지해 나가는 과정을 초점 맞추기라 한다. 초점 맞추기(focusing)에서는 초점이 분명한 시나리오와 선택안이 있는 시나리오, 초점이 불투명한 시나리오로 나뉜다.

초점이 분명한 시나리오에서는 내담자의 변화방향이 분명하기 때문에 상담자는 변화방향을 굳건히 하도록 다른 의제가 있는지 확인하거나 질문한 후 다음 단계인 유발하기 단계로 넘어가게 된다.

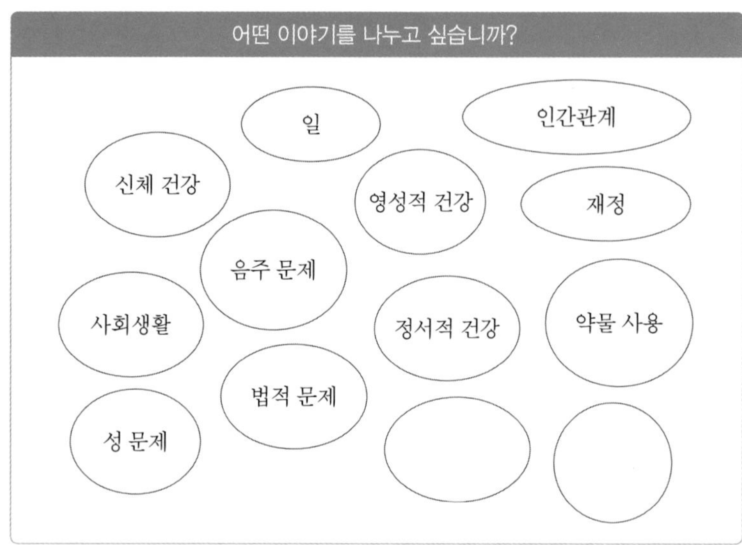

[그림 8-7] 의제도 작성을 위한 물방울 활동지
출처: Miller & Rollnick (2013)에서 인용.

선택안이 있는 시나리오는 의제도 작성하기 등을 사용하여 다양한 선택지를 살펴볼 수 있는 시간을 가지도록 한다. 이 때문에 의제도 작성하기는 진행 중인 대화 밖으로 나와 이야기를 나누는 메타대화(metaconversation)로 불리기도 한다. 의제도 작성을 위한 물방울 활동지는 내담자의 다양한 선택안을 시각적 이미지로 확인할 수 있는 방법으로 의제도를 작성할 때 말고도 상담 전반적인 과정에서 필요시 언제든 다시 꺼내어 사용해 볼 수 있다.

초점이 불투명한 시나리오에서는 내담자는 선택지를 가지고 있지 않으며 혼란스러운 상황이기 때문에 이 혼란을 줄여 나가는 것부터 시작한다. 이때는 상담자와 내담자가 상호 동의한 가설들인 사례 공식화를 만들게 된다. 전체 그림을 보면서 협력하여 퍼즐을 맞출 다양한 방법을 함께 찾는 것이다. 산만하던 문제가 어느 순간 분명한 문제로 나타나는 때가 있는데 이때 상담자는 이를 하나의 의제로 간주할 수 있다.

또한 초점 맞추기에서는 내담자가 변화를 위한 정보가 필요할 때가 있고, 이를 위해 정보 교환을 위한 전략을 사용하게 된다. 동기강화상담에서 대표적인 정보 교환 방법은 EPE(Elicit-Provide-Elicit, 이끌어 내기-제공하기-이끌어 내기)이다. 첫 번째 'E'에서는 정보제공에 대한 허락을 구하고, 이미 내담자가 알고 있는 지식을 탐색한다. 또한 관심사가 무엇인지도 탐색하는 시간을 가진다. 두 번째 'P'에서는 내담자가 알기 원하는 정보의 우선순위를 정하고 이러한 정보에 동의하거나 동의하지 않을 수 있는 자율성을 제공하며, 해석 없이 상담자가 알고 있는 것을 그냥 내놓아서 내담자가 고려할 수 있도록 하는 것이다. 마지막 'E'는 내담자에게 제공한 정보가 어떠했는지, 정보에 대한 내담자의 이해, 해석, 반응을 질문하는 것이다.

③ 유발하기

동기강화상담에서의 핵심이 되는 유발하기(evoking)는 내담자의 동기를 이끌어 내는 것으로, 앞서 초점 맞추기로 방향성이 설정된 변화 내용을 발전시켜 결심과 행동으로 이어지게끔 하는 과정이다. 유발하기에서는 변화대화에 반응하기, 자신감 올리기, 불일치감 만들기 등이 진행된다. 변화대화에 반응하기는 상담자가 내담자의 변화대화와 유지대화 중 변화대화에 집중하고 변화대화에 적절하게 반응하는 것을 말한다. 동시에 유지대화에 적절히 반응하여 저항을 줄여 나간다. 자신감 올리기에서는 내담자가 변화에 자신감과 희망을 가질 수 있도록 자신감 대화, 강점 찾기, 성공담 대화 등을 나눈다. 마지막으로 불일치감 만들기에서는 정보를 교환하거나, 비직면적인 동기강화방식의 피드백을 제공하고, 주변 사람들의 걱정을 탐색하거나, 내담자의 목표와 가치관을 탐색하는 것으로 불일치감을 불어넣을 수 있다.

④ 계획하기

유발하기 과정이 충분히 이뤄졌다면 내담자는 계획하기(planning) 단계로 나아가기 위한 준비신호를 보내게 된다. 이러한 신호들은 대화 속에서 나타나는데, 우선 변화대화가 증가하고, 유지대화는 감소하며, 내담자가 변화를 실제로 실천하거나, 변화했을 때의 결과를 상상하며 말한다. 또한 변화와 관련하여 실제적인 질문들을 하게 된다(예: "금연을 하려면 어떤 프로그램에 참여하면 될까요?"). 이러한 신호들이 등장하면 상담자는 내담자가 변화계획을 세워 볼 것인지의 여부에 대해서 직접적으로 질문한다. 직접적인 질문 말고도 이제껏 대화의 내용들을 요약해 주는 '요점 반복하기' 방법과 '핵심 질문하기(예: 현 시점에서 당신이 말한 문제에 대해 어떻게 생각하는지 듣고 싶어요)' 방법으로도 내담자가 변화계획에 진입할 것인지를 확인할 수 있다. 이때 나타나는 내담자의 반응 중 하나는 의미 있는 침묵을 하는 것인데, 상담자는 서두르지 않고 내담자의 침묵을 기다리는 것이 좋다. 침묵 속에서 내담자는 자신의 생각을 정리하고 마음을 다지는 시간을 가지게 되기 때문이다.

(3) 동기강화상담의 원리

동기강화상담에서는 기본이 되는 원리들이 있는데, 저항과 함께 구르기, 공감 표현하기, 불일치감 만들기, 자기효능감 지지하기이다. 각각의 원리들은 동기강화상담의 네 가지 과정 중 특정 과정에 자주 적용되기도 한다. 예를 들어, 저항과 함께 구르기나 공감 표현하기 등은 관계 형성하기 과정에서 자주 적용될 수 있으며, 불일치감 만들기나 자기효능감 지지하기는 유발하기에서 적용된다. 하지만 상담 과정은 순차적이지만은 않으며, 유동적이고 변수가 있으므로 이러한 원리는 언제든 필요하다면 적용 가능하다.

① 저항과 함께 구르기

저항과 함께 구르기(roll with resistance)는 앞서 언급한 저항과 양가감정을 다루는 방법을 일컫는다. 밀러와 롤닉은 저항과 양가감정을 부정적이고 극복해야만 하는 과정이 아닌 변화를 탐색하는 매우 일반적인 반응이라고 언급하였다. 동기강화상담에서는 저항과 양가감정을 상담 과정에서 다루며, 탐색할 필요가 있다. 저항을 탐색해 나가는 과정에서 내담자의 저항의 이유가 밝혀지고, 새로운 정보와 관점을 얻는다. 예를 들어, 상담자가 내담자의 건강을 위해 금주를 권하는 장면에서 내담자는 "다들 술 마시고 잘 지내잖아요? 꼭 끊을 필요가 있나요?"라고 이야기한다면, 상담자는 저항과 함께 구르기를 하기 위해서 "그렇죠. 술을 마시면서도 잘 지낼 수 있다고 생각하시는군요. 술을 계속해서 마신다는 것은 내담자 분에게 어떤 의미일까요?"라고 말하는 것이다. 만약 상담자가 내담자의 반응에 반대해서 "지금 건강이 어떤 상태인지 모르고 이야기하시는 건가요? 당신은 금주를 시작해야 해요."라고 말한다면 저항은 더욱 심해지고 앞으로의 상담 과정이 어려워진다.

② 공감 표현하기

공감 표현하기(express empathy)는 내담자의 저항과 양가감정을 무비판적으로 반영해 주는 것을 말한다. 공감 표현하기를 통해 내담자는 상담자가 자신을 얼마나 이해하고 헤아리고 있는지 알게 되고, 존중받고 있다는 것을 알게 된다. 저항과 양가감정을 가진 내담자는 상담자의 공감을 통해 자신의 메시지가 중요하다는 것이 받아들여졌으므로 더 이상 자신을 주장하거나 상담자에게 자신을 설득할 필요가 없음을 알게 된다. 또한 이 과정을 통해 상담에 마음을 열고 자신이 다루어야 할 문제에 집중하게 된다. 또한 공감 표현하기는 인간중심치료에서의 여섯 가지 치료적 조건에서 공감적 이해와 맥락을 같이한다.

③ 불일치감 만들기

불일치감 만들기(develop discrepancy)는 내담자의 변화에 대한 동기를 발달시키기 위한 방법 중 하나이다. 불일치감은 레온 페스팅거의 인지부조화 이론으로 설명될 수 있다. 인지부조화란 사람은 내적 일관성을 가지려는 경향이 있기 때문에, 두 가지 이상의 상반되는 가치와 믿음을 동시에 가지고 있을 때나 사람이 자신이 추구하는 목표 내지는 가치가 현재의 행동과 일치되지 않을 때 불편감을 느낀다는 이론이다. 불일치감 만들기는 내담자가 원하는 목표와 내담자가 현재 행동하는 것 사이의 불일치를 확인하면, 불편감을 느끼게 되고 내적 일관성을 유지하기 위해 무엇인가를 행동하게 되는 원리를 활용하여 행동 동기를 증가시키는 방법이다. 예를 들어, 아이들에게 자랑스러운 아버지가 되고 싶지만, 자주 술을 마시고 가족들을 괴롭히는 행동을 하는 내담자가 있다. 내담자는 어떻게든 술을 끊고 싶다고 매번 상담자에게 말하지만 결국 실천으로 옮기지 못하고 있다. 이때 술을 마시는 부분에 중점을 두기보다는 내담자가 아이들에게 자랑스러운 아버지이고 싶은 마음을 더욱 탐색하고 경청하면, 추구하는 목표가 인식의 수면 위로 떠오르게 되고, 내담자는 자연스럽게 자신의 현재 행동과 수면 위에 떠오른 목표(자랑스러운 아버지)를 일치시키기 위한 노력을 시도하게 될 것이다.

④ 자기효능감 지지하기

자기효능감은 심리학자 반두라가 언급한 개념으로서 과제를 성공적으로 해낼 수 있다는 믿음을 말하며, 자기효능감이 높을수록 변화의 가능성은 높아진다. 동기강화상담에서는 문제에 초점을 맞추기보다 자기효능감을 지지해 줌(support self-efficacy)으로써 내담자의 변화 동기를 더욱 높인다. 예를 들어, 앞서 언급한 자랑스러운 아버지가 되고 싶은 내담자가 "이틀 정도는 술을 마시지 않았어요. 그런데 오늘 스트레스를 받는 일 때문에 안 마시고는 안 되겠더라고요."라고 말을 하면 상담자는 스트레스를 받는 일에 대해서 말하고 문제 해결을 위한 방안을 모색하려고 하지만 동기강화상담에서는 이와 달리 이틀 정도 술을 마시지 않은 상황을 탐색하고 내담자의 자기효능감을 지지하는 데 초점을 맞춘다. 상담자는 "오늘은 스트레스로 술을 마실 수밖에 없으셨군요. 그럼 이틀 동안은 어떻게 술을 마시지 않을 수 있었나요?"라고 질문을 시작해 볼 수 있겠다.

(4) 동기강화상담의 다섯 가지 핵심 의사소통 기술(OARS+I)

① 열린 질문하기

열린 질문(Open-ended questions)을 통해 내담자는 다양한 생각과 반응을 할 수 있다. 닫힌 질문은 단순하고 한정된 반응을 하게끔 한다. 동기강화상담에서의 질문은 단순한 정보수집이 아닌 내담자가 스스로 반응하며 자신을 숙고해 볼 수 있도록 하는 것이므로 열린 질문이 적절하다. 하지만 열린 질문이라고 하더라도 연속적이고 잦은 질문은 '질문-대답 패턴'으로 빠질 수 있게 되므로 유의해야 한다. 그리고 열린 질문 후에는 반응하기를 함으로써 내담자 스스로 탐색할 수 있는 시간들을 제공한다.

표 8-2 열린 질문과 닫힌 질문의 예시

열린 질문	닫힌 질문
상담실에 방문하게 된 이유는 무엇인가요?	술은 얼마나 마시고 있나요?
내가 당신을 어떻게 도울 수 있을까요?	그 일은 어디서 일어났나요?
당신의 문제가 당신 삶에 어떤 영향을 미쳤나요?	현재 누구와 살고 있나요?

② 인정하기

내담자의 잠재된 가치와 자원들을 알아보고 지지하고 격려하는 기술이다. 인정하기(Affirmations)를 통해 내담자는 방어를 줄이고, 상담 참여를 유지한다. 또한 이를 통해 직접적인 변화를 촉진할 수 있다. 인정하기는 내담자의 강점, 성공 경험, 노력 등의 정보들로 시작될 수 있다. 인정하기는 칭찬하기와 다른데, 칭찬하기는 '나는 당신이 자랑스럽다'고 함으로써 칭찬하는 사람이 위치적으로 높은 느낌을 주게 된다. 이는 동기강화상담의 협동정신과 맞지 않으므로 평등한 선에서의 인정을 위해 '당신은'에 강조를 두어 표현하는 것이 좋다(예: "당신은 이번 주에 정말 열심히 살았군요.").

③ 반영적 경청

반영적 경청(Reflective listening)은 좋은 경청의 방법으로 다른 핵심기술보다 가장 기본적이며, 능숙하게 되기까지 많은 연습을 하고 사용하는 것이 필요하다. 반영적 경청은 내담자가 말하는 내용의 의미를 듣고 추측하여 표현해 주는 것이며, 내담자가 자신을 깊게 탐색할 수 있는 기회를 제공한다. 다음의 예시를 살펴보자.

내담자: 정리가 잘되지 않아 스트레스를 받아요.

상담자 A: 정리가 안 되어서 스트레스를 받겠군요? (말끝의 톤을 올림)

상담자 B: 정리가 안 되어서 스트레스를 받겠군요. (말끝의 톤을 내림)

상담자 A와 B 모두 반영적 경청을 하였으나, 느낌은 다르다. 상담자 A는 말끝을 올려 질문형으로 말했고, B는 평서문으로 끝냈다. 반영적 경청에서는 상담자 B와 같이 평서문으로 끝내면서 음조를 낮추는 것을 추천한다. 이는 질문형으로 끝나게 되면 내담자가 자신이 경험하는 상황에 머물지 못하기 때문이다.

반영적 경청에는 다양한 방법이 있는데, 단순 반영, 복합 반영, 확대 반영, 축소 반영, 양면 반영, 은유 사용하기 등이 있다. 단순 반영은 말 그대로 내담자의 말을 그대로 다시 전달하는 것이고, 복합 반영은 내담자의 말로 알 수 있는 숨겨진 생각, 감정 등을 반영한다. 확대 반영은 내담자가 한 말에 강도를 더 높여서 반영하는 방법이고 축소 반영은 내담자의 말 중 일부분을 따라가며 반영하는 방법이다. 양면 반영은 내담자의 말에서 나타나는 양가감정을 모두 반영해 주는 말이며, 은유하기는 내담자의 말을 은유나 상징을 통해 반영한다. 각 반영의 예시는 다음과 같다.

내담자: 공부할 내용이 정리가 잘되지 않아 스트레스를 받아요.

상담자(단순 반영): 내용 정리가 잘 안 되어서 힘들겠군요.

상담자(복합 반영): 혼란스럽고 답답하겠군요(복합-정서). 진도를 나가기가 어렵겠어요(복합-인지).

상담자(확대 반영): 이대로라면 내용을 정리하는 건 도저히 안 되겠네요.

상담자(축소 반영): 스트레스가 크군요(내용이 잘 정리되지 않는다는 것과 스트레스 중 스트레스에 반영). 스트레스가 조금 있네요(스트레스 강도를 축소해서 반영).

상담자(양면 반영): 내용이 잘 정리되지 않아 힘든 마음이 있고, 한편으로는 공부할 내용을 잘 정리하고 싶은 마음도 있군요(유지의 내용은 먼저, 변화의 내용은 뒤에).

상담자(은유 사용하기): 오랫동안 정리하지 않은 방에서 청소를 시작하는 기분이겠군요.

④ 요약하기

요약하기(Summaries)는 흩어져 있는 꽃들을 모아 꽃다발을 만들어 주는 것에 비유된다. 내담자가 말한 다양한 내용을 모아서 표현해 주는 기술로 내담자가 스스로를 더 탐색해 볼 수 있도록 돕는다. 요약하기 기술은 수집요약, 연결요약, 전환요약 등이 있으며, 이 중 수집요약은 내담자가 말한 것의 두세 가지를 모아 정리해 다시 말해 주는 것이다. 연결요약은 내담자가 현재 말한 것과 이전의 말한 것을 같이 묶어 요약해 되돌려 주는 기술이다. 전환요약은 마무리나 새로운 주제로 전환을 하기 위한 요약이며 상담자가 여러 요약을 할 것이라고 제안한 후에 진행된다. 다음은 내담자가 꽤 길게 이야기한 내용을 상담자가 수집 요약한 내용의 예시이다.

> "당신은 상담실까지 오는 데 많은 고민을 했지만, 현재로서의 가장 최선의 방법이라고 생각하고 용기를 내었다고 하였어요. 직장에서 직장 상사와의 스트레스가 매우 크고, 집에서는 거의 아무 일도 하지 못하고 휴대폰만 하게 되지만, 사실은 운동도 하고 싶고 새로운 취미생활도 시작해 보고 싶다고 하였어요. 새로운 변화 중에 또 시도해 보고 싶은 것이 있을까요?"

⑤ 정보 교환하기

앞서 동기강화상담의 네 가지 과정 중 초점 맞추기에서 언급한 정보 교환하기(Elicit-Provide-Elicit: EPE)는 동기강화상담의 핵심 기술 중 하나이다. 동기강화상담은 인간중심치료의 접근을 기반으로 하지만 정보나 조언을 제공해야 할 때가 있다. 그럼에도 단순히 정보제공을 하고 조언을 하는 것과 동기강화상담에서의 정보 교환하기는 차이점이 있는데, 우선 내담자의 허락을 구하고 정보나 조언을 제공한다는 것이다. 또한 단순 정보제공이 아닌 내담자의 세계를 이해하고 정보를 제공하며, 내담자가 자율성을 가지고 스스로 정보를 선택하고 결정할 수 있도록 한다.

5. 주요 기술 실습

1) 인간중심상담

(1) 조건적 존중과 무조건적 존중

다음 표의 예시와 같이 자신이 알고 있는 조건적 존중의 표현을 적고, 이를 무조건적 존중으로 바꿔 본다.

조건적 존중	무조건적 존중
예시) 사랑받을 만한 행동을 해야 사랑받을 수 있다.	예시) 나는 있는 그대로 사랑받을 만한 소중한 존재이다.

무조건적 존중의 내용을 적으면서 어떤 생각과 느낌이 들었는지 적어 보자.

(2) 공감 척도 퀴즈

앞서 본문의 '카커프와 트루악스의 공감 척도(1967)'를 참고하여 공감의 수준에 맞는 상담자의 말을 예상하여 적어 본다. 다음은 예시이며 이를 참고할 수 있다.

예시)

내담자: (화가 난 상태) 게임을 왜 줄여야 하는지 모르겠어요. 게임에서 친구들과 만날 수 도 있고 스트레스도 풀리는데 말이에요.

상담자: (레벨 1~레벨 5의 공감 반응)

레벨 1: 중간고사를 엉망으로 쳤으니 당연히 줄여야죠.

레벨 2: 게임을 줄이면 심심하겠네요.

레벨 3: 게임을 줄여야 해서 화나는군요.

레벨 4: 게임을 줄이라는 엄마 말이 이해도 되지 않고 화가 날 것 같아요.

레벨 5: 심심한 일상에서 게임을 하면 재밌고, 스트레스도 풀 수 있는데, 헤아려 주지 않는 엄마에게 서운하고, 좋은 것을 뺏긴 것 같아 화가 나겠어요.

내담자: (눈물을 흘리며) 제가 할 줄 아는 게 뭐가 있을까 싶어요. 시험을 망친 내가 너무 바보 같고 한심해요.

상담자: (레벨 1~레벨 5의 공감 반응)

레벨 1:

레벨 2:

레벨 3:

레벨 4:

레벨 5:

2) 동기강화상담

(1) OARS 훈련

OARS 훈련은 열린 질문, 인정하기, 반영하기, 요약하기의 동기강화상담의 핵심기술을 훈련할 수 있는 방법으로 상담자, 내담자, 관찰자가 한 조를 이루어 진행해 볼 수 있다. 다음의 단계로 진행한다면 OARS 훈련을 하는 데 효과적일 것이다. 방법은 세 사람이 각자 상담자, 내담자, 관찰자 역할을 맡는다. 내담자의 역할을 맡은 사람은 최근 있었던 간단한 에피소드나 개방할 수 있는 수준의 고민거리 등을 이야기한다. 상담자는 OARS를 적용하여 내담자의 이야기를 듣게 된다. 관찰자는 상담자가 OARS의 어떤 기술을 몇 번 사용하고 있는지를 관찰하여 기록한다. 상담 시간은 짧게 10분에서 15분, 많게는 50분 정도의 시간을 두고 훈련할 수 있으나 초기 실습일 경우에는 짧은 시간을 추천하며 단계적으로 시간을 늘려 나가는 것이 좋다. 상담 후에는 먼저 관찰자가 기록한 내용과 관찰 소감을 이야기하고, 다음으로 내담자가 자신의 소감을 이야기한다. 3인이 한 조를 이루기 어려울 경우에는 두 사람이 실시하고, 실시한 내용을 녹화 혹은 녹취하여 관찰하는 방법도 가능하다.

총점이 높을수록 동기강화적 대화가 원활하게 이루어졌다고 볼 수 있으며, 1세트가 끝나고 나면 각자의 역할을 바꾸어 2세트를 진행한다.

<table>
<tr><th colspan="2">미세기술</th><th>횟수</th><th>비고</th></tr>
<tr><td colspan="2">Open questions(열린 질문)</td><td></td><td></td></tr>
<tr><td colspan="2">Affirming(인정하기)</td><td></td><td></td></tr>
<tr><td rowspan="6">Reflecting(반영하기)</td><td>단순반영</td><td></td><td></td></tr>
<tr><td>복합반영(인지적)</td><td></td><td></td></tr>
<tr><td>복합반영(정서적)</td><td></td><td></td></tr>
<tr><td>양면반영</td><td></td><td></td></tr>
<tr><td>확대, 축소반영</td><td></td><td></td></tr>
<tr><td>은유 사용하기</td><td></td><td></td></tr>
<tr><td colspan="2">Summarizing(요약하기)
수집/연결/전환 요약</td><td></td><td></td></tr>
<tr><td colspan="2">Non verbal(비언어적 반응)</td><td></td><td></td></tr>
<tr><td colspan="2">Non MI(반동기강화적 반응)</td><td></td><td></td></tr>
<tr><td colspan="2">총점
(O+A+R+S+Non verbal-Non MI)</td><td colspan="2"></td></tr>
</table>

OARS 훈련에 대한 소감과 피드백 내용을 적어 보자.

(2) 가치 분류 카드

가치 분류 카드는 관계형성하기 과정에서 내담자의 가치 및 목표를 탐색할 때 유용하게 사용될 수 있다. 다음 가치 카드에서 중요하다고 생각하는 가치에 동그라미를 친다.

수용	정확성	성취	모험	예술
매력	권위	자율성	아름다움	소속
돌봄	도전	편안함	전념	연민
복잡성	타협	공헌	협력	용기
공손	창의성	호기심	신임	성실
의무	생태	흥분	충실	명성
가정	체력단련	유연성	용서	자유
우정	재미	아량	진실성	신의 뜻
감사	성장	건강	정직	희망
겸손	유머	상상	독립성	근면

동그라미 한 가치들 중 가장 중요하게 생각하는 것부터 순서대로 순위를 적어 본다.

순위	가치	이유
1.		
2.		
3.		
4.		
5.		

상담에 적용할 때는 중요하게 생각하는 가치와 그 이유에 대해 열린 질문과 반영적 경청을 적절하게 활용할 수 있다. 또한 자신이 선택한 가치를 일상에서 어떻게 실천하고 있는지, 실천하지 못하고 있다면 이유가 무엇인지, 실천하려면 어떻게 해야 하는지 등의 질문을 통한 대화를 시도하면 동기강화상담의 원리 중 하나인 '불일치감 만들기'를 시도할 수 있다.

(3) 변화대화에 드럼 치기

변화대화에 드럼 치기는 변화대화에 상담자가 반응하도록 연습해 볼 수 있는 훈련이다.

우선, 세 사람이 한 팀이 된다. 세 사람은 아이디어를 내어 약 30에서 50가지의 진술목록을 만든다. 이후, 한 사람은 진술목록을 읽어 주고, 다른 한 사람은 변화대화에 드럼을 치며, 다른 한 명은 변화대화에 드럼을 잘 쳤는지를 확인한다. 드럼을 치는 사람은 듣는 중에 변화준비언어(DARN: 변화열망, 변화능력, 변화이유, 변화필요)가 있다면 탁자나 무릎을 드럼 연주처럼 두드리고, 변화실행언어(결심공약, 실행활성화 혹은 실천하기)가 있다면 두 손을 모아 박수를 친다. 훈련 후에는 서로 소감을 나눠 본다.

변화대화에 드럼 치기 예시

- 내일부터 하루에 30분씩 산책을 할 거야. (박수 치기)
- 다이어트 방법은 알고 있어요. (드럼 치기)
- 왜 금주해야 하는 거죠?
- 내일 집 청소를 하려고요. 청소포를 샀어요. (박수 치기)
- 강아지랑 산책을 하면 더 재밌을 것 같아요. (드럼 치기)

(4) 목표 달성 척도

목표 달성 척도는 계획하기 과정에서 사용할 수 있는 방법이다. 계획하기에서는 목표를 정교화하는 것이 필요한데 이때 유용하게 사용될 수 있다. 다음은 예시로서, 보통 내담자가 변화하지 않은 현재의 상태를 0으로 두고 가장 좋은 결과를 +3, 나쁜 결과를 −3으로 둔다. 척도는 다양한 방법으로 변형이 가능하다. 만약 목표 하나를 선택하여 한 주를 기준으로 얼마나 실행했는지 척도에 점수를 표시하면 한 주가 지나서 한눈에 변화 실행에 대한 양상이 나타나게 된다. 이를 토대로 상담을 이어 갈 수 있다. 다음은 목표 달성 척도의 예시이다.

	목표 1: 매일 산책하기	목표 2: 게임 시간 줄이기	목표 3: 가족들과 시간 보내기
+3	2시간	10분 이하	6시간
+2	1시간	30분	5시간
+1	30분	1시간	4시간
0	10분	3시간	3시간
−1	이틀에 한 번 산책	5시간	2시간
−2	일주일 중 한 번 산책	7시간	1시간
−3	산책하지 않음	10시간 이상	30분 이하

다음은 목표 달성 척도 중 목표 1의 변형 예시이다.

목표 1: 매일 산책하기							
	월	화	수	목	금	토	일
+3							
+2	✓					✓	✓
+1				✓			
0			✓		✓		
−1		✓					
−2							
−3							

앞의 예시와 같이 자신의 목표 달성 척도를 작성해 보자.

	목표 1:	목표 2:	목표 3:
+3			
+2			
+1			
0			
−1			
−2			
−3			

6. 요약 및 리뷰

- 인간중심치료는 로저스에 의해 창시되었으며, 인본주의 접근에서 도태된 주요 상담 및 심리치료 이론이다.
- 인간중심치료의 주요 개념은 자아개념의 발달, 내면화된 조건적 가치, 실현경향성, 충분히 기능하는 사람이며, 로저스의 성격의 19가지 명제는 이러한 주요 개념들을 모두 담고 있다.
- 인간중심치료는 상담 장면에서 건강한 성격 변화를 꾀하며, '여섯 가지 치료적 조건'으로 인간중심치료의 치료 방법을 알 수 있다. '여섯 가지 치료적 조건'은 심리적 접촉을

하는 두 사람, 그 두 사람 중 한 사람은 불일치를 경험하는 내담자, 나머지 사람은 일치성을 가진 치료자, 치료자의 무조건적인 긍정적 존중, 치료자의 공감적 이해, 무조건적인 긍정적 존중과 공감적 이해의 온전한 '전달'이다.

- 동기강화상담은 '변화에 대한 대화'로서, 변화를 돕는 다양한 영역에 적용이 가능하다. 그리고 인간중심치료의 정신에 뿌리를 두고 있는 최신 치료법이다.
- 동기강화상담의 주요 개념은 교정반사와 저항, 양가감정, 안내하기, 변화대화, 변화모델이 있으며, 이러한 주요 개념들은 동기강화상담을 이해하는 데 도움이 된다.
- 동기강화상담의 실제는 정신(마음가짐과 태도), 네 가지 과정, 원리, 핵심 의사소통기술이 있다. 정신(마음가짐과 태도)은 협동정신, 수용, 연민, 유발성으로 구성되며, 네 가지 과정은 관계 형성하기, 초점 맞추기, 유발하기, 계획하기로 이루어진다. 동기강화상담의 원리는 저항과 함께 구르기, 공감 표현하기, 불일치감 만들기, 자기효능감 지지하기이며, 핵심 의사소통 기술은 열린 질문하기, 인정하기, 반영적 경청, 요약하기, 정보 교환하기로 구성된다.

학습 문제

1. 성격의 19가지 명제에 대해서 설명해 봅시다.
2. 건강한 성격 변화의 7단계를 순서대로 나열해 봅시다.
3. 인간중심치료의 여섯 가지 치료적 조건은 무엇인지 설명해 봅시다.
4. 동기강화상담의 정신 네 가지는 무엇인지 설명해 봅시다.
5. 동기강화상담의 원리는 무엇인지 설명해 봅시다.
6. OARS는 무엇인지 설명해 봅시다.

제 9 장

행동치료

추교현

1. 행동치료 소개
2. 행동치료 주요 이론
3. 행동치료 실제
4. 관련 최신 치료법: ACT
5. 주요 기술 실습
6. 요약 및 리뷰

1. 행동치료 소개

1) 주요 발전

2) 주요 학자 전기

2. 행동치료 주요 이론

1) 고전적 조건 형성: 자극-반응 모델

2) 조작적 조건 형성: 선행사건-행동-결과 모델

3) 사회인지이론

3. 행동치료 실제

1) 치료적 관계

2) 기법과 절차

4. 관련 최신 치료법: ACT

1) 수용-전념치료(ACT)란

2) 수용-전념치료의 원리

3) 수용-전념치료의 주요 개념

4) 수용-전념치료의 치료 과정

5. 주요 기술 실습

1) 행동치료 과정

6. 요약 및 리뷰

학습 목표

- 행동치료의 주요 인물들을 알 수 있다.
- 행동치료의 발달과정을 이해한다.
- 행동치료 이론의 주요 개념들을 이해한다.
- 행동치료의 기법과 절차 및 행동수정 방법을 이해한다.
- 행동치료의 최신 치료법(ACT)의 상담 적용 과정을 이해한다.

1. 행동치료 소개

1) 주요 발전

우리가 배우는 심리학은 인간의 존재를 이해하기 위해 인간이 느끼는 의식의 내용이 무엇인지 밝혀내고자 하는 노력으로부터 시작되었으며 그 출발은 구조주의 심리학(구성주의 심리학)이었다. 구조주의 심리학은 자연과학연구에서 대상이 되는 외적인 세계보다 인간의 내적 경험인 '의식 경험(conscious experience)'을 과학적인 방법으로 분석하고자 했다. 그러나 인간의 의식구조를 분석하는 것만으로는 인간을 이해하는 데 충분하지 못하다는 비판에 직면하면서 기능주의 심리학이 나타났다. 기능주의 심리학은 인간이 가진 의식의 기능을 밝히고자 하였다.

20세기 초, 의식의 기능을 밝히려는 노력은 경험론적 철학에 근거한 행동주의 심리학이 등장하는 계기가 되었으며 행동주의 심리학은 인간의 행동이 주변 맥락과의 상호작용과 주변의 환경에 의해서 형성된다고 보았다. 행동주의 심리학에서는 '행동'이 핵심적 관심사였다. 행동은 환경자극에 의해 결정된다고 보는데 인간 행동의 원인이 인간 내부에 있지 않고 외부세계에 있다고 보았으며 결국 행동의 형성, 유지, 감소는 환경 자극에 의해서 결정된다고 본다.

행동주의 심리학은 당시 심리학 연구를 주도하던 왓슨(Watson: 행동주의 심리학의 창시자)이 심리학 초기에 중요한 역할을 했던 의식심리학(consciousness psychology)을 강하게 비판하면서 심리학은 관찰 가능한 외현적 행동을 연구 대상으로 삼아야 하며, 과학으로서의 심리학은 '의식'이라는 비물질적인 개념을 버려야 한다고 주장하였다.

그는 이를 '행동주의(Behaviorism)' 심리학이라고 하였으며 행동주의 심리학에서의 행동은 객관적인 관찰이 가능하고 측정할 수 있다고 보았다. 왓슨은 추상적이거나 애매모호한 개념을 토대로 하는 과학은 성립될 수 없으며, 더욱이 심리학에서 중세 시대의 유물인 미신과 같은 정신주의(mentalism)를 반드시 추방해야 한다고 하였다. 그는 인간의 행동은 논리적으로 증명되어야 하며 영혼(soul)과 같은 개념은 측정하거나 정의될 수 없다고 보았기 때문에 행동주의 접근은 오로지 측정이 가능하거나 관찰이 가능한 행동에만 초점을 둔다.

Tabula rasa(빈 서판 이론)

타불라 라사란, 경험론적 철학자들이 주로 사용하던 용어로 경험을 통해 배우기 전 백지와 같은 인간의 정신상태를 뜻하는 용어이다. 이 이론에서 인간은 선천적인 본성의 영향이 적으며, 인간은 백지상태로 태어나고, 경험을 통해 미래의 행동 유형을 만들어 낸다고 본다. 인간이 태어날 때는 어떤 것에도 영향을 받지 않고, 무엇이든 될 수 있기 때문에 양육의 중요성이 강조되었다.

(1) 행동주의적 접근에 대한 초기 관심

손다이크(1874~1949)는 1898년, 동물에게 자극을 주었을 때 자극에 따른 반응의 결과가 긍정적 보상이라면 그때의 자극이 반응과 결합하여 이후에 발생하는 비슷한 반응에서도 같은 반응이 일어나기 쉽다는 효과의 법칙(The law of effect)을 발견하였다. 즉, 행동은 예측될 수 있으며 결과에 따라 통제될 수 있다고 제시하였다. 그는 그 해에 『동물 지능: 동물의 연합과정 실험연구(Animal intelligence: An experimental study of animal association processes)』를 출간하였다.

한편, 1903년 스페인 마드리드의 국제 의학회에서 파블로프는 생리학 연구로 인간의 행동을 설명하기 위한 조건형성의 체계를 보고하였으며 이를 통해 심리학적 과정이 과학적으로 연구될 수 있다는 아이디어를 가질 수 있게 되었다. 1928년 파블로프는 『조건 반사에 대한 강의: 고차 신경 활동에 대한 동물 행동의 25년간 관찰연구(Lectures on conditioned reflexes: Twenty-five years of objective study of the higher nervous activity behavior of animal)』를 출간하였다.

(2) 행동주의적 접근의 확립

왓슨은 1913년 '행동주의자 선언서(Behaviorist Manifesto)'를 발표하면서 행동주의적 접근의 기초를 다졌으며 같은 해 『행동주의자 관점의 심리학(Psychology as behaviorist views it)』을 출간하였다. 스키너는 1938년에 조작적 조건형성을 통해 행동 형성의 개념을 소개하고 인간 행동의 실험적 연구에 대한 원칙을 확립하였으며, 그해 『유기체의 행동(The behavior of organisms)』이 출판되었다. 두 심리학자가 말한 급진적 행동주의는 1940년에서 1950년대까지 인기를 끌었다. 인지, 감정 등에 초점을 두지 않고 객관적인 행동만을 연구하면서 모든 인간의 과정을 행동으로 설명하였다. 이 때문에 내적 상태와 정신적 존재는 실제로는 존재하지 않는 가설적 구성개념으로 여겨져 상대적으로 무시되었다.

(3) 현대의 행동주의 접근법

행동주의 접근법의 인기는 1960년대에서 1980년대로 가면서 감소하였다. 또한 급진적 행동주의에서 덜 극단적인 형태의 행동주의 접근법인 '행동 분석'이 지지되었다. 스타츠(1996)의 '심리적 행동주의(Psychological behaviorism)'는 심리학의 모든 요소(생물학, 환경, 인지, 정서 등)를 하나의 원대한 이론으로 통합하는 것을 목표로 해야 한다고 주장하였다. 그는 인기를 끌었던 급진적 행동주의 접근의 실패는 심리학의 모든 요소가 포함된 현상을 통합하지 않았기 때문이라고 하였다.

(4) 행동주의 상담 이론

행동주의 상담 이론은 인간의 행동 변화에 대한 관점을 행동주의 학습 이론에 기초하여 초점을 맞추고 있다. 물론 무의식, 자기개념, 사고에 초점을 둔 정신분석, 인간중심, 인지주의 상담도 행동을 변화시키는 데 목적을 두고 있지만 행동주의 상담은 내적 정신과정인 무의식, 사고와는 다른 개인의 부적응적인 행동에 초점을 둔다. 즉, 문제행동이라는 것은 '학습'된 경험이기 때문에 새로운 경험으로 재학습되는 과정이 있으면 이를 수정함으로 변화될 수 있다고 본다. 행동주의 관점에서 인간의 행동은 환경과의 상호작용 과정으로 학습된다고 여겨지며(환경결정론), 동시에 인간은 환경에 의해 통제되는 수동적 입장이라고 본다. 따라서 행동주의 상담은 행동을 수정, 변화시키는 행동수정전략이며 행동주의 상담 이론에 근거한다. 대표적인 이론은 우리가 알고 있는 파블로프의 반사조건화와 스키너의 조작적 조건화이며 행동수정전략에 적용되는 이론들이다.

아이들이 병원에서 만나는 의사 선생님에 대한 두려움은 주사에 대한 공포와 연합되어 학습된다. 이러한 공포와 두려움은 아무 자극이 없는 흰색 가운과 연결되어 아이들은 흰색 가운을 입은 사람들에 대한 공포가 학습될 수 있다. 비슷하게 약속 시간 지키기, 일찍 일어나기, 공공장소에서는 조용하기 등의 행동들 또한 마찬가지로 같은 행동을 강화하는 여러 가지 환경적 요소를 통해 습관화된 것으로 볼 수 있다. 이 때문에 개인의 선택보다 자극들의 연합과 강화, 처벌이라는 여러 환경적 단서를 통제함으로써 행동이 변화되고 수정될 수 있다.

이러한 관점에서 보면 청소년 자녀들이 늦게까지 부모님 말을 듣지 않고 게임을 하는 이유는 그 행동에 대한 부모님의 제지나 처벌 자체가 부족했기 때문이라고 말할 수도 있다. 이 행동을 수정하려면 이러한 청소년 자녀의 수정해야 할 행동은 단호한 태도로 제지해야 하며 부모가 원하는 행동을 증가시키기 위해서는 긍정적 행동이 나타날 때 격려하거나 칭찬하는 방법을 통해서 이를 통제, 수정할 수 있다.

2) 주요 학자 전기

(1) 이반 파블로프(Ivan Pavlov, 1849~1936)

이반 파블로프는 시골 목사인 아버지(Peter Pavlov)와 어머니(Varvara Uspenskaya)의 11명의 아이들 중 맏아들로 태어나 어린 시절을 러시아의 고향(라잔)에서 보냈다. 11명의 형제 중 6명은 성인이 되기 전에 사망했지만 파블로프는 부모, 형제들과 좋은 관계를 가지며 소년기를 보냈다. 1870년에 그는 아버지를 따라 성직자가 되도록 권유받아 신학교에 입학하였으나 신학 공부는 포기한 채 상트페테르부르크 대학교에서 화학, 생리학을 공부했다. 이후 1875년, 동 대학교에서 자연 과학 전공으로 졸업하였다.

그는 1879년에서 1883년 사이 논문 작성을 완료하고, 군사의학과학원(Military Medical Academy)에서 의사 자격을 취득하였다. 1884년에서 1886년에는 독일에서 심장혈관 생리학자 루트비히와 심장생리학자 하이덴하인의 지도 아래 연구에 매진했다. 파블로프는 이때 루트비히와 공동 연구로 순환계에 대한 독자적 연구도 하기 시작하였다.

1881년에는 작가 도스토옙스키의 친구였던 아내와 결혼해 비록 가난으로 인해 떨어져 살아야 하기도 했지만 이후 파블로프는 자신이 얻은 성공의 대부분을 자신을 위해 평생을 헌신한 아내의 업적으로 돌렸다. 1888년에서 1890년에는 러시아 상트페테르부르크에 있는 실험연구소(봇킨)에서 심장의 생리와 혈압 조절에 관해 연구했다. 1890년, 그는 생리학 교수(Imperial Academy of Medical Surgery, Saint Petersburg Sate Medical Academy)가 되었다. 이후 1924년 사임 때까지 교수로서 일했다.

그는 동물들을 대상으로 하는 외과적인 실험을 실시했는데 새로 설립된 실험연구소 설비에 관심을 기울여 외과 수술 후 동물들의 건강상태를 유지할 수 있는 설비들을 마련하였다. 다양한 약리적, 정서적 자극이 혈압에 미치는 영향을 살펴보거나 미세한 심장 신경을 조심스럽게 절개하여 심장에서 나가는 신경들이 심장박동의 세기를 조절한다는 사실을 밝혔다. 또한 절단된 경수 신경 말단을 자극하면 좌우 미주신경이 심장에 영향을 미친다는 사실 또한 규명하였다.

1890년에서 1930년까지 특히 파블로프는 소화 분비 활성화에 대한 연구를 진행하였다. 하이덴하인과 함께 공동 연구하면서 작은 위(Miniature stomach) 표본화기술을 고안하였고, 미주신경이 분포된 상태로 위를 분리했다. 이를 통해 파블로프는 외과적인 실험방법을 사용하여 동물 위장액 분비 연구를 진행하였다.

이러한 연구는 저서 『소화샘 연구에 대한 강의(Lectures on the Work of the Digestive Glands)』(1897)에서 정점에 달했다. 그는 86세의 나이로 1936년 2월 27일 레닌그라드에서 폐렴으로 사망했다.

(2) 존 브로더스 왓슨(John Broadus Watson, 1878~1958)

왓슨은 미국 노스캐롤라이나주, 가난한 집안에서 태어났다. 왓슨이 13세 때에 외도와 불법행위를 저지른 적이 있는 애주가였던 아버지가 집을 떠났다. 아버지의 부재와 여러 가지 영향으로 반항적이고 폭력적인 십대를 보냈으며 학교에서 여러 가지 문제를 일으켰지만 16세에 퍼먼 대학교에 입학했고, 이때부터 공부에 전념했다. 심리학 박사학위는 시카고 대학교에서 받았고 교수가 되어 결혼해 두 자녀를 낳았다. 그 이후 존스홉킨스 대학교로 옮겨 유명 학술지인 『심리학 논평(Psychological Bulletin)』과 『심리학 리뷰(Psychological Review)』의 편집장과 대학의 교수직을 제안받아 그 역할로 일하였으며 학술 활동도 열심히 하였다.

왓슨은 이후에 심리학의 한 분야인 '행동주의' 심리학을 개척했다. 1913년, 세미나 발표에 이어 발표한 논문 「행동주의자의 관점에서 본 심리학(Psychology as the behaviorist views it)」은 영향력 있는 선언문처럼 학계에 큰 반향을 불러일으켰다. 심리학을 인간의 행동을 통제하며 예측할 수 있는 객관적인 과학으로 다시 정의해야 한다고 주장하였으며 그 당시 유행하던 정신분석학과는 반대되는 태도로 무의식의 존재 자체를 부정했다. 인간의 모든 행동변화는 학습 과정을 통해 가능하며 적절한 조건의 자극이 있다면 행동을 예측할 수 있도록 만들 수 있다고 하였다.

1924년에 왓슨은 그가 집필한 책 『행동주의(Behaviorism)』에서 주장한 것처럼 누구든지 교육을 통해서 본성과는 상관없이 원하는 인간을 만들어 낼 수 있다고 생각했다. '본성과 양육'이라는 인간발달의 논쟁에서 왓슨은 극단적으로 보일 만큼 '양육'의 중요성을 강조하였다. 그리고 '앨버트' 실험을 통해서 입증해 보였다. 이후 연구들이 계속해서 이어지지는 못했는데 연구 조교였던 여성과 스캔들이 있었다는 이유였다. 그녀는 상원의원이 조카딸이었으며 아내 또한 유명 정치가의 여동생이었기 때문에 그 당시 언론에 관심을 크게 받았다. 결국, 학교 명예를 실추시켰다는 이유로 일을 더 이상 할 수 없었다. 결국 왓슨은 아내와는 이혼 후 연구 조교와 재혼했지만 학계로 다시 돌아갈 수는 없었으며 광고업계로 전향해 심리학과 관련된 여러 대중서를 집필하였다.

왓슨은 1935년부터 두 번째 부인 사망 이후 과음과 은둔생활을 하였다. 이후 1958년에 두 번째 부인과 함께 살던 뉴욕 코네티컷에 있던 집에서 사망했다. 사인은 간경화로 인한 사망으로 알려져 있다. 혼자 지내는 동안 했던 연구와 글은 죽기 전에 모두 불태워 버렸고, 지속적인 연구를 하지 못했지만 '인간 행동의 관찰, 예측, 통제'라는 방법을 통한 인간 연구의 객관적 방법이 있음을 알게 되었다. 한 가지 분명한 것은 왓슨은 '행동주의'라는 심리학의 새로운 방향을 창시했다는 것이며, "사람이 죽을 때 그 사람의 모든 것이 죽는 것이다."라는 그의 말처럼 인간의 의식적인 측면보다는 행동 자체의 중요성을 강조했다는 점이다.

(3) 버러스 프레더릭 스키너(Burrhus Frederic Skinner, 1904~1990)

스키너의 아버지는 변호사였고, 어머니는 주부였다. 1904년 3월 20일 미국 펜실베이니아주에 있는 작은 마을 서스퀴해나에서 태어났다. 스키너가 생각하는 가정은 '따뜻하고 안정된' 가정이었다고 하며 어릴 때는 딱총나무 열매 방문판매 사업에 쓰기 위해 잘 익은 열매를 골라낼 수 있는 시스템을 개발할 정도로 '활발한 발명가'였다.

스키너는 1922년에 뉴욕의 해밀턴 칼리지에 입학했고 영문학을 공부하고 작가가 되고자 하였다. 1926년, 졸업 후에는 고향으로 돌아가 시와 단편소설을 썼다. 그러나 큰 성과 없이 뉴욕으로 다시 돌아갔다. 1928년에는 이후 뉴욕에서 서점 점원으로 일하면서 파블로프와 왓슨의 연구를 읽고 행동주의에 관심을 가져 심리학 공부를 위해 하버드 대학교 대학원에 진학했다. 이후 1931년, 박사학위를 취득하고 몇 년 동안 하버드 대학교에서 연구원으로 일했다. 1936년에서 1945까지 미네소타 대학교에 근무하였으며, 1938년 스키너의 책 『유기체의 행동(The behavior of organisms)』은 그의 행동 실험 연구의 기반이 되었다. 1945년에서 1948년까지는 인디애나 대학교에서 근무하였으며, 1948년부터 스키너는 하버드 대학교에서 학생들을 가르쳤다. 그때 즈음 소설『월든 투(Walden Two)』를 출간했다. 그 밖에『과학과 인간 행동』,『언어 행동』,『자유와 존엄을 넘어서』 등을 출간했다. 1974년에 하버드 대학교를 퇴직하였고 1990년, 행동주의자로서 강연과 저술 활동을 계속하다 백혈병으로 사망하였다.

행동주의 창시자인 왓슨보다 유명한 행동주의자인 스키너는 '그 시기 가장 영향력 있는 실험심리학자'이자 '프로이트 이후 논란을 가장 많이 일으킨 심리학자'였다. 스키너의 연구는 현실에서 심리학이 응용될 수 있는 가능성을 키웠으며 인간의 본성을 이전에 없던 관점으로 볼 수 있도록 해 주었다. 무엇보다 그는 실험의 방법을 통해 심리학이 과학이었음을 확실히 보여 주었다는 부분에서 높은 평가를 받았다.

이와 반대로 비판도 있었는데 인간의 행동을 지나치게 단순하게 본다거나 인간의 심리와 자유의지를 제대로 다루지 못한 채 무시했다는 것이었다. 스키너의 소설『월든 투』에서는 긍정적 강화를 사용해서 모든 사람의 행동을 면밀히 통제하는 이상적 공동체 사회를 보여주었다. 혐오스러운 통제나 처벌 없이 모든 사람의 행동이 효율적인 환경을 만든다는 내용이었다. 이 책을 발표하고서 스키너는 전체주의자라는 비난을 받기도 했다.

1971년에 출간한『자유와 존엄을 넘어서』에서 스키너는 인류의 미래가 '인간'에게 있다고 보았다. 인구 과잉, 환경 오염, 핵전쟁의 위기가 인간의 미래를 어둡게 한다고 생각하지만 미래는 이러한 것이 원인이 아닌 '인간'에게 있다고 본다. 그는 환경을 변화시켜야 인간이 행동을 다르게 할 수 있다고 생각했다. 이 때문에 또다시 논란이 있었는데 사람들은 인간을 '환경에 지배받는 수동적인 인간'으로 표현했다는 것에 분노했지만, 그것은 스키너의 전제인 '인간이 환경을 통제한다.'라고 하는 것을 제대로 보지 못한 것이었다. 스키너는 이에『스키너의 행동심리학』을 내놓으면서 자신을 향한 오해에 답변하고자 하였다.

(4) 앨버트 반두라(Albert Bandura, 1925~2021)

앨버트 반두라는 캐나다의 앨버타주 북부에 있는 먼데어에서 출생하였다. 폴란드계 아버지와 우크라이나계 어머니 사이에서 본인을 포함한 6명의 자녀 중 막내로 태어났다. 전교생이 6명, 선생님이 2명인 초등학교에 다녔으며 고등학교 때까지 열악한 교육 환경에서 자랐으나 이러한 환경이 오히려 자기주도적 학습을 할 수 있는 기회가 되었다. 고등학교 졸업 후 캐나다 북부지역의 고속도로 보수 일을 하면서 다양한 사람을 만나게 되고 이 계기로 심리학과 정신병에 관심을 갖게 되었다. 1949년 브리티시 컬럼비아 대학교에서 심리학을 전공하고, 1952년 아이오와 대학교에서 임상심리학 석사, 박사학위를 받고 1년 후 스탠퍼드 대학교의 교수가 되었다. 이후 같은 지역 내 간호전문학교에서 강의하던 아내 버지니아 반스를 만나 결혼하여 두 딸을 두었다.

반두라는 당시 미국의 심리학 이론이 지나치게 행동주의적 관점에 편중되어 있다고 생각하였으며 행동수정에서 관찰학습, 자기효능감 등의 내용으로 연구주제를 옮기게 되었다. '사회적 모델링' 연구는 다양한 유형의 학습을 설명할 수 있게 해 주었다(Bandura, 1971a, 1971b; Bandura & Walters, 1963). '사회학습 이론과 관찰학습 및 사회적 모델링이 인간의 동기, 사고, 행동에 미치는 영향에 관한 연구' 등 다양한 연구가 진행되었다. 인간의 행동이 환경의 힘에 의해서만 조형되거나 내적 충동에만 반응하는 수동적 존재가 아니라는 그의 인식은 행동치료 발전에 크게 기여하였다. 이런 과정을 통해 1980년대 중반, 자신의 이론적 접근을 사회인지이론(social cognitive theory)이라고 명명하였다. 특히 1961년 보보인형 실험을 통해 그 당시 행동주의에서 주장하던 인간의 모든 행동이 강화와 보상으로 조성된다는 내용과는 달리 단순히 행동 관찰만으로도 모방된 학습이 가능하다는 연구결과를 도출하였다. 또한 『자기효능감(Self-Efficacy: The Exercise of Control』(Bandura, 1997)이란 책을 통해 다양한 분야에 자기효능감 이론을 적용하였으며 이러한 연구들은 내적 힘으로서의 인지·정서 요인 탐색을 통해 인간 행동을 동기화하는 원리를 설명해 주었다. 결과적으로 반두라를 통한 행동치료의 지평은 더욱 넓어지게 되었다.

2. 행동치료 주요 이론

1) 고전적 조건 형성: 자극-반응 모델

파블로프의 고전적 조건화는 무릎반사, 침 반사, 동공반사와 같은 반응들을 말하며 반사 조건화라고 한다. 이는 반사반응이 자율신경계의 자극에 의해 학습되는 과정을 설명하기 때문이다. 특히 이러한 학습 과정을 잘 보여 주는 개의 침 분비 실험은 조건화 과정에 의해서 반사반응이 통제된다. 반사는 의지와 상관없이 특정 자극에 의해 무조건적으로 나타나는 것인데 자극에 대한 자동적인 반응이다.

개는 배가 고플 때 음식 냄새를 맡으면 침이 분비되는데 이는 자연스러운 생리현상으로 여기서 침 분비는 무조건 반응이다. 이때 음식은 무조건 자극이 된다. 파블로프는 실험에서

[그림 9-1] 반사조건화 실험: 파블로프의 개 실험

개에게 음식과 함께 종소리를 제시하는 과정을 수십 번 반복했다. 이후에는 개에게 음식은 주지 않고 종소리만 들려주었는데도 침이 분비되었다.

종소리는 음식과 함께 제시하는 과정을 실시하기 전까지는 침 분비와는 전혀 상관없는 중성 자극이었다. 그러나 무조건 자극인 음식이 종소리와 함께 주어졌을 때 중성 자극이었던 종소리가 무조건 자극인 음식과 연합되어 종소리가 침을 유발하는 조건 자극이 되었다. 이러한 과정이 조건화 과정이며 요약하면 반사조건화는 무조건 자극인 음식과 중성 자극인 종소리를 반복하여 연합시켜 조건 자극인 종소리에 의해 조건 반응인 침을 유발하는 과정이다.

파블로프의 조건화를 잘 진행하기 위해서는 원칙이 지켜져야 하는데, 일관성, 강도, 근접성의 원칙이다. 이 세 가지는 반사조건화의 기본적 원리이며, 조건화 과정에서 제시되는 중성 자극은 조건화가 만들어질 때까지 같은 종류의 자극이어야 한다. 그 중성 자극이 종소리뿐만 아니라 다양한 다른 소리들의 자극으로 바뀌면 음식과 중성 자극(다양한 소리)은 연합

[그림 9-2] 고전적 조건형성 과정: 자극-반응 모델

되지 못한다. 동일한 중성 자극(종소리)을 반복해서 제시하는 것을 일관성 원칙이라고 한다.

두 번째로 강도의 원칙은 무조건 자극에 대한 반응이 조건 자극에 대한 반응보다 훨씬 커야 한다는 것이다. 다시 말하면, 음식에 대한 타액 분비 반응이 조건 자극(종소리)에 대한 반응보다 훨씬 더 강해야만 조건화가 일어난다는 것이다.

마지막 근접성의 원칙은 시간적으로 무조건 자극과 중성 자극(종소리)이 동시에 제시되어야 한다는 것이다. 두 자극이 제시될 때 두 자극 사이가 근접하면 무조건 자극과 중성 자극이 연합된다. 그 결과 시간적인 근접성에 의해서 두 자극이 연합되면 종소리만 제시해도 침 분비 반응이 일어난다.

2) 조작적 조건 형성: 선행사건–행동–결과 모델

조작적 조건화는 능동적이며 의도적으로 환경을 다루는 조작적 행동을 일컫는다. 이는 자극에 의해 유발되는 반응이 아니다. 스키너는 인간의 행동들이 일차적으로 그 행동에 따른 결과에 의해서 통제된다고 설명하고 있다. 인간은 임의적인 조작이면서 능동적으로 환경을 통제하는 행동, 즉 등산하기, 수영하기, 심부름하기 등의 행동을 할 때, 개인이 자발적으로 행동을 지속할지의 여부는 그 뒤따르는 좋은 결과로서 체중감소, 칭찬, 용돈처럼 후속자극에 의해 영향을 받는다. 이는 조작적 조건화에서 조작적 행동이 보상에 의해 통제된다는 것을 보여 준다.

스키너 박스 실험에서 박스에 들어 있는 쥐는 박스 안에 있던 레버를 누르면 누를 때마다 외부에서 음식이 들어와 마음껏 좋아하는 음식을 먹을 수 있다. 레버를 눌러 음식을 먹는 이 절차가 반복되면 첫 번째 쥐는 박스에 들어가자마자 레버를 누른다. 다음 단계로 쥐가 레버를 누를 때 전기 쇼크를 준다. 전기 쇼크가 제시되자 쥐의 레버 누르는 행동이 감소했다. 이후 전기 쇼크를 멈추자 다시 쥐의 레버 누르는 행동이 증가했다. 즉, 행동이 발생한 후 후속자극에 따라서 행동은 증가되거나 감소되었다. 이처럼 조작적 조건화는 어떤 행동에 대해서 보상과 처벌 등의 후속적 변별 자극을 제시해서 그 행동을 증가, 혹은 감소시키는 과정이다.

(1) 강화, 소거, 처벌

강화는 보상을 제시해 행동의 반응 비율을 증가시키는 것이다. 강화물은 행동증가를 위해 제시된 자극물이다. 운동을 할 때 운동 후 나타나는 결과가 체중감량이거나 대중 앞에서 발표한 뒤 동료들에게서 받는 인정, 부모님의 심부름을 하고서 받는 심부름 값은 각각의 행동을 유지, 혹은 증가시키는 강화물이 된다. 그리고 이러한 강화물을 제시하는 것이 강화이다.

소거는 보상을 제시하지 않아 행동이 강화되지 않고 행동이 감소되는 것을 의미한다. 수업 시간에 발표를 하고서 친구들이나 선생님의 칭찬이 주어지지 않으면 발표 행동이 약해진다.

처벌은 행동의 발생을 약화시키기 위해 행동에 대한 불쾌자극을 제시하는 것을 말한다. 레버를 누르는 쥐의 행동에 전기 쇼크를 주면 행동이 감소하는데 이것이 처벌이다. 처벌이 이루어졌다는 것은 행동 발생 비율이 감소되었다는 것이다.

(2) 강화와 처벌의 종류

강화에는 정적 강화와 부적 강화가 있다. 강화는 보상을 제시하여 행동발생 비율을 증가시키는 것이다. 정적 강화는 칭찬과 격려, 인정, 금전보상, 표창 등의 강화물을 제시하여 행동비율을 증가시키는 것이다. 반면에 부적 강화는 혐오자극을 제거하여 행동비율을 증가시키는 것이다. 예시로, 운전할 때 안전벨트 경고음을 중단하기 위해 안전벨트를 하는 것, 엄마의 꾸중을 차단하기 위해서 일찍 들어오는 것, 낙제를 면하기 위해 열심히 공부를 하는 것 등은 부적 강화의 예이다.

처벌은 자주 부적 강화의 개념과 혼돈되는데 처벌의 목적과 방법에 있어서 부적 강화와는 차이가 있다. 처벌의 목적은 혐오자극을 제시하여 행동발생 비율을 감소시키는 것인 반면, 부적 강화의 목적은 혐오자극을 제거하여 행동발생 비율을 증가시키는 것이다. 처벌은 다시 '제시형'과 '박탈형'으로 구분할 수 있다. '제시형 처벌'은 행동발생 비율을 감소하거나 억제하기 위해서 혐오자극을 제시하는 것이다. 예를 들어, 음주운전 기소유예 처분으로 교육을 이수하여야 하거나 벌점을 매기는 것 등이다.

반대로 '박탈형 처벌'은 행동 발생비율을 줄이거나 억제하기 위해서 자극을 빼앗거나 제거하는 것이다. 그 예로 음주운전으로 인한 운전면허 취소나 스포츠 선수들이 규정을 어길

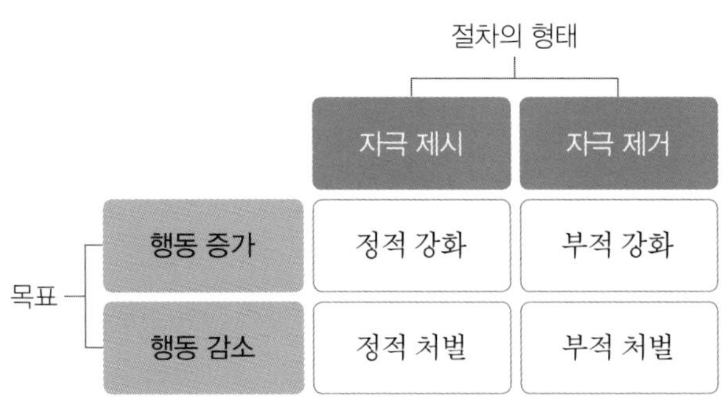

[그림 9-3] 강화와 처벌의 네 가지 종류

때 경기에 나서지 못하게 하는 것 등의 방법이 있다. 이런 박탈 방법은 일종의 '고립'으로 정적 강화를 얻을 수 있는 기회나 상황을 차단하는 것이다.

(3) 강화계획

강화계획이란 행동을 습관화하고 유지하게 하기 위해 체계적으로 보상을 제시하는 방식이며 강화계획은 간헐적 강화계획과 계속적 강화계획이 있다. 계속적 강화계획은 어떤 행동이 있을 때마다 강화가 주어져 그 행동이 습관화되어 반복되게 하는 것이다. 이전 행동과 다른 새로운 행동을 학습할 때 계속적 강화가 주어지면 그 행동은 지속해서 유지된다. 아침마다 일찍 일어나 어린이집에 늦지 않게 가는 아이에게 미소를 지으며 칭찬을 하거나 양치를 잘하고 나오면 칭찬 스티커를 붙여 주는 것이 예시에 해당한다.

간헐적 강화계획은 행동을 유지하게 하거나 지속하게 하기 위해서 선택적으로 강화하는 방법이며 강화가 주어지지 않을 때도 같은 행동이 유지될 수 있도록 하는 방법이다. 간헐적 강화계획은 강화를 제시하는 시간 간격에 따라 간격강화계획과 비율강화계획으로 구분된다. 간격강화계획은 다시 고정간격과 변동간격으로 구분되고, 비율강화계획은 고정비율과 변동비율로 구분된다. 각각을 풀어 설명하면 다음과 같다.

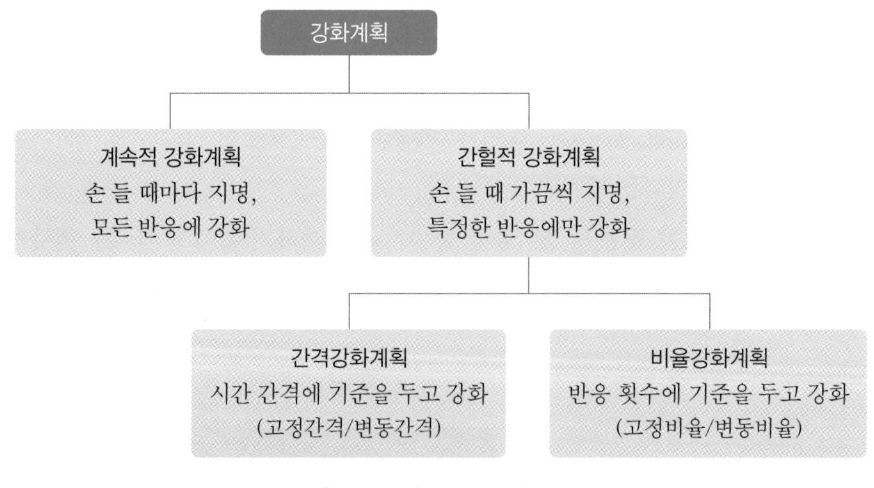

[그림 9-4] 행동강화계획

간격강화계획에서 고정간격강화계획은 일정한 시간적 간격으로 보상이 주어지는 계획이며 일주일마다 책 한 권을 읽으면 권당 소정의 용돈을 준다거나 한 달에 한 번 월급을 받는 것이 그 예이다. 변동간격강화계획은 일정 시간 안에 일정한 시간적 간격 없이 무작위로 보상이 주어지는 것을 말한다. 일정 시간 즐길 수 있는 유료 낚시가 예가 될 수 있겠다.

다음은 비율강화계획이다. 비율강화계획 중 고정비율강화계획은 일정 목표치가 달성될 때 보상이 주어지는 것을 말한다. 예를 들면, 카페를 이용할 때 쿠폰 10개를 채우면 커피 한 잔을 무료로 주는 것, 치킨 쿠폰 10매를 모으면 무료 치킨 한 마리를 주는 것 등이다. 마지막 변동비율강화계획은 시간과 보상의 간격이 일정하지 않아 언제 보상이 주어질지 모르는 강화계획이다. 도박의 특성이 변동비율강화계획이라고 볼 수 있다. 언제, 어떤 번호가 당첨될지 모르는 로또나 카지노에서 할 수 있는 여러 가지 도박이 해당 강화계획의 특성을 가지고 있다.

3) 사회인지이론

반두라는 1961년, 보보인형 실험을 통해 공격 행동을 나타낸 아이들과 배려 행동을 나타낸 아이들의 행동 반응 차이에 기반한 사회학습이론을 발표하였다. 사회인지이론은 기존 이론인 사회학습이론에 환경을 추가함으로써 사람요인(신념, 기대 등), 행동, 환경의 상호적 관계를 토대로 하여 반두라가 창안한 이론이다. 이 세 가지 요인은 삼원적 관계를 토대로 서로의 결정요인으로서 상호작용한다. 이를 상호결정론 모델이라고 한다. 이 모델에 따르면 사람들은 자신에게 주어진 환경에 단순히 반응하기보다 그 환경을 변화시키기 위해 적극적이며 창조적으로 행동한다. 즉, 사람은 자기주도적으로 자신의 행동을 변화시킬 수 있고, 그 변화의 주체는 자신이 될 수 있다. 결과적으로 인간의 행동은 환경과 사건에 대한 개인의 지각 또는 해석과 같은 인지처리과정을 통해 영향을 받지만 반대로 자신의 행동 변화는 환경과 사건에도 영향을 준다.

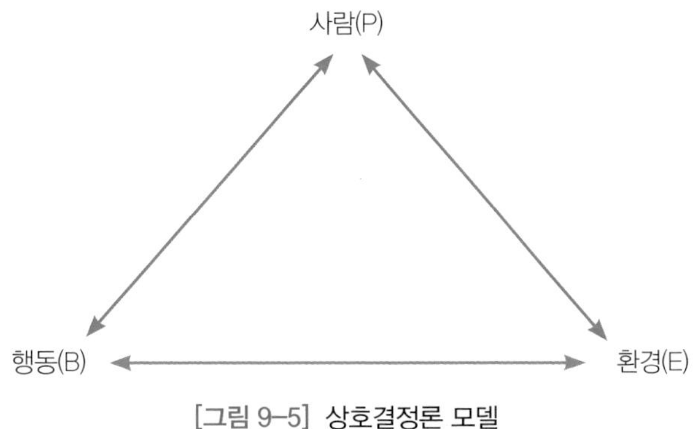

[그림 9-5] 상호결정론 모델

이러한 과정에서 자기효능감이 개인에게 영향을 미칠 수 있다. 자기효능감이란 어떤 일 혹은 상황에서 적절한 행동과 대처를 할 수 있다고 믿는 개인의 신념 또는 기대를 말한다. 사회인지이론에서 자기효능감은 인간의 사고, 행동, 동기에 영향을 주는 핵심 역할을 한다. 이에 따라 개인의 자기효능감은 일반적으로 그의 과거 성취경험 혹은 성공경험에 큰 영향을 받지만 타인을 통해 경험하는 대리경험, 신체적 및 정서적, 사회적 영향력 또한 자기효능감 수준에 영향을 미친다.

3. 행동치료 실제

1) 치료적 관계

앞서 우리는 상담자와 내담자의 관계적 중요성을 강조한 경험적 치료들을 살펴봤다. 다른 치료들처럼 행동치료 영역에서도 상담자의 행동이 전체 상담 과정과 결과에 큰 영향을 미친다는 것을 받아들이기 시작했다.

오늘날 대부분의 행동주의 상담자도 내담자와 협력관계를 유지하는 것의 가치를 인정하지만, 온정, 공감, 신뢰, 진실성, 수용 등의 관계 요인이 행동 변화를 유도하기 위한 필수조건은 아니라고 생각한다. 그러나 상담 전략 수립의 기초는 상담관계에서 내담자가 원하는 방향으로 변화될 수 있도록 돕는 것을 우선으로 한다.

행동 지향적 상담자들은 적극적이고 지시적인 문제 해결사가 되기 쉽다. 그들은 특정 문제에 행동 기법을 적용하는 것의 효율성에 대해 다양한 경험적 근거를 바탕으로 한 확신이 있다. 그러므로 행동주의 상담자들은 상담기법을 선택하고 적용하는 기술을 습득하는 데 주의를 기울인다. 대개 상담자는 내담자가 제공하는 단서에 주의를 기울이며 임상적 직관을 따라간다. 행동치료 상담자들도 요약, 반영, 명료화, 개방형 질문 등 일반적인 상담기법을 활용한다. 이들은 종종 지시적이고 교육적인 자세를 취하기도 하지만 전형적인 상담자로서의 기능을 잘 수행하기도 한다.

인지와 감정도 결국 행동이다. 사고와 정서 역시 인간 행동의 종류이며, 그렇기에 행동주의자는 이 모든 것이 행동주의자의 영역이라고 주장하였다. 만약 인지와 감정을 행동으로 본다면, 행동주의자들은 고전적 조건형성과 조작적 조건형성의 핵심원리를 사용하여 다른 행동 모두를 비슷한 방법으로 수정할 수 있다. 복잡한 해석이나 깊은 수준의 분석에 의지할 필요가 없다.

행동치료는 자주 심리교육적 접근으로 여겨져 왔다. 상담자는 교사와 유사한 역할을 수행하며 내담자는 학생과 유사한 역할을 수행한다. 행동치료 상담자는 새로운 사고방식의 유형을 발달시키기 위해 내담자와 협동하게 되고, 전문가로서 자신을 내세우지 않고 내담자를 그들의 내면세계에 대한 초보자로 생각하지 않는다. 대신에 내담자에게 기본 행동 원칙을 교육하고 삶의 경험에 새로운 지식을 적용하도록 격려할 것이다.

2) 기법과 절차

(1) 행동주의적 초점

행동주의 심리학에서는 인간의 사고와 행동은 학습된 결과라고 말한다. 정신 내적 과정이나 인지, 의지, 동기 같은 추상적 개념들이 아닌 눈으로 보고 관찰 가능한 행동을 수정함으로써 문제를 해결하고 보완하도록 한다.

행동수정이론은 개인과 대인관계의 행동을 변화시킬 때 행동원리와 법칙을 실험이라는 절차에 따라 활용하기 때문에 과학적이라고 할 수 있다. 행동에 영향을 주는 환경자극은 행동 발생 직전에 있는 선행 조건과 행동 이후에 즉각적으로 뒤따르는 보상을 의미한다. 행동수정은 행동에 있어 학습과 변화를 위해 체계적인 절차가 필요하며 이 절차에 행동주의 학습이론을 적용한다. 다음의 상담기법들은 파블로프의 반사조건화, 스키너의 조작조건화가 적용된 행동수정 절차가 포함되어 있다.

(2) 반사조건화에 기초한 행동수정

① 점진적 근육이완

점진적 근육이완은 근육과 마음의 이완을 목표로 하고 있으며 쉽게 배울 수 있다. 효과를 극대화하기 위해서는 이완훈련의 기초를 배우고 난 후 날마다 정기적으로 연습을 해야 한다. 제이콥슨(1938)은 점진적인 이완절차를 처음 개발한 인물이다. 이완절차가 소개된 이래로 여러 차례 수정 · 보완이 이루어졌으며, 현재는 다양한 행동 기법과 결합되어 사용된다.

내담자들은 긴장을 푸는 교육을 받는다. 조용한 환경에서 근육을 긴장시켰다가 이완시키는 행동을 반복한다. 상담자는 내담자에게 점진적으로 근육을 이완시키는 구체적인 방법을 가르친다. 깊고 규칙적인 호흡도 이완을 유도한다. 동시에 내담자는 즐거운 생각이나 심상

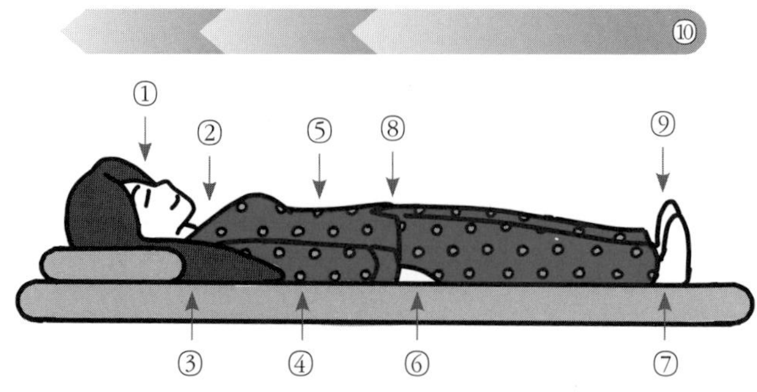

① 얼굴 근육을 긴장시켰다 풀어라.
② 목 근육을 긴장시켰다 풀어라.
③ 어깨를 조였다 풀어라.
④ 오른팔, 왼팔 순으로 이완시켜라.
⑤ 숨을 쉬어 가며 가슴과 근육을 이완시켜라.
⑥ 오른쪽 엉덩이를 이완시켜라.
⑦ 오른쪽 발과 발가락을 이완시켜라.
⑧ 왼쪽 엉덩이를 이완시켜라.
⑨ 왼쪽 발과 발가락을 이완시켜라.
⑩ 다리, 복부, 가슴, 팔, 얼굴 순으로 서서히 이완을 느껴라.

[그림 9-6] 점진적 근육 이완법(PMR)

에 초점 맞추는 것을 통해 근심이나 걱정을 '내려놓는(Let go)' 법을 배운다.

내담자로 하여금 고조되는 긴장 상태를 생생하게 느끼도록 만들기 위해 근육이 팽팽해지는 것에 주목하게 하고, 이 긴장상태를 유지하며 탐색하고 충분히 경험할 수 있도록 유도한다. 이를 통해 내담자는 긴장 상태와 이완 상태의 차이를 확실히 구분할 수 있다.

그 후 내담자는 얼굴부터 시작해서 신체 각 부위로 주의를 이동해 가면서 모든 부위의 근육을 이완시키는 방법을 배운다. 팔 근육을 먼저 이완하고, 다음에는 머리, 목, 어깨, 등, 배, 가슴, 다리 순으로 이완한다. 매일 25분씩 이완훈련을 실시하여 습관화되면, 필요할 때 자동적으로 이완 반응이 나타난다.

이완 절차는 다른 기법들과 결합되어 사용되기도 하고, 다양한 임상 문제에 적용되어 독립적인 기법으로 사용되기도 한다. 주로 신체화가 나타나는 스트레스, 불안과 같은 문제들에 가장 많이 활용된다. 이완훈련은 수술을 기다리는 환자나 편두통, 만성 통증 환자들에게 도움이 되며 다른 여러 가지 신체적 증상(두통, 고혈압, 불면증, 천식 등) 완화에 도움이 된다.

② 체계적 둔감화

체계적 둔감화는 내담자가 가지는 여러 정서적 문제(두려움, 불안, 공포 등)를 해결하는 데 매우 효과적인 방법 중 하나이다. 내담자에게 학습된 불안, 공포를 역조건화하여 발생한 정서적 문제를 감소시킨다. 체계적 둔감화에서 부정적 정서는 내담자의 과거 경험에서 연합된 대상이나 장면, 상황들을 긍정적 정서(편안함, 안정감 등)로 다시 연합시킨다. 발표 불안을 가지고 있는 학생에게 발표 장면에서 행복했던 기억들을 떠올리게 하면 불안을 약화시킬 수 있다. 발표라는 긴장된 상황에서 경험하는 불안을 반대되는 정서로 대비시켜 기존의 정서적 반응을 억제하는 것이다.

체계적 둔감화는 이완훈련, 불안위계 작성, 체계적 둔감의 순서로 진행된다. 내담자는 두려움, 불안과 같은 정서를 느낄 때 근육이 긴장되며 반대로 안정된 상황에서는 근육이 이완되기 때문에 이러한 상황에서 긴장 상태를 근육이완을 통해 역제지하는 방법으로 둔감화를 진행한다. 체계적 둔감화 과정은 다음과 같다.

- 1단계: 이완훈련—내담자는 충분한 신체적 이완을 위해 근육의 긴장과 이완상태를 경험한다. 얼굴 부위, 목, 어깨, 팔, 가슴, 허벅지, 정강이의 위에서부터 아래로 신체 각 부위들을 충분하게 이완한다.
- 2단계: 불안위계 작성—불안 수준에 따라 불안을 야기시키는 대상이나 상황 등을 불안의 수준에 따라서 목록을 작성한다. 예를 들면, 불안위계를 0에서 100으로 작성하여 불안 수준이 가장 높은 점수를 100, 낮은 점수를 0이라고 할 때, 불안을 일으키는 상황들을 목록화하여 각 상황을 점수에 대입해 본다. 발표불안은 여러 상황에 따라 그 정도가 달라질 수 있는데 상황에 따른 불안 정도도 각 상황에 따라 함께 체크해 본다. 심각한 트라우마 상황을 경험한 내담자는 100으로 작성된 상황으로부터 조금씩 낮아지는 불안의 정도에 따른 상황들을 재작성해 보고, '전혀 불안하지 않은 수준인 0' 수준까지의 상황을 작성한다. 예를 들어, 교통사고를 당한 내담자에게는 차를 운전해 사고 장소에 가는 것이 100이라고 한다면 운전대를 잡는 것, 차와는 거리를 두는 것까지 0에 가까운 상황들을 작성해 보는 것이다.
- 3단계: 둔감 단계—충분하게 이완된 상태에서 불안을 일으키는 장면이나 상황에 직면해 본다. 완전히 이완된 상태에서 불안위계가 가장 낮은 수준으로 작성된 상황을 상상하고 그 상황의 불안 정도를 확인한 후 불안 정도가 '0'이 될 때까지 상상을 반복한다.

행동	불안위계
거미를 생각한다.	10
거미 사진을 본다.	25
뚜껑이 닫힌 상자 안에 거미를 본다.	50
그 상자를 든 상태로 있어 본다.	60
거미가 책상 위를 다니게 한다.	70
거미가 나의 신발 위를 다니게 한다.	80
거미가 나의 바짓가랑이 한쪽을 다니게 한다.	90
거미가 나의 소매 위를 다니게 한다.	95
거미가 나의 맨손 위를 다니게 한다.	100

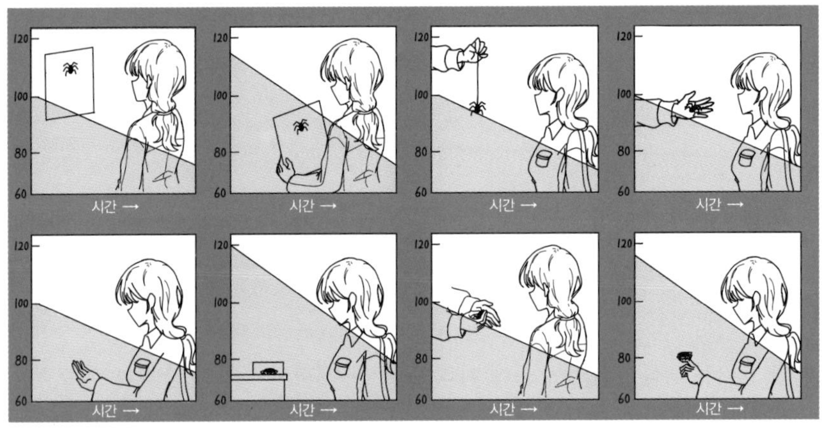

[그림 9-7] 체계적 둔감화 기법의 활용(거미 불안위계표)

③ 홍수기법

홍수기법은 말 그대로 내담자의 불안을 일으키는 상황을 불안의 최대 강도로 쏟아 부어 노출시키는 방법이다. 불안과 공포에 직접 맞서서 그 정서들에 대한 부분을 해결하는 방법으로, 홍수기법 상황에서는 불안을 일으키는 정서에 회피하는 방법을 쓸 수 없도록 한다.

이러한 상황에서 내담자는 지속적으로 노출되는 불안 상황에 불안을 경험하지만 같은 강도의 지속적인 불안이 오랫동안 유지되는 것은 어렵기 때문에 결국에는 안정상태가 되고 현재의 상황이 위험하지 않으며 안전하다는 것을 배우게 된다.

주의할 점은 홍수기법을 모든 공포상황에 가정하여 사용하는 데는 한계가 있다는 것과 홍수기법 사용에 앞서 체계적 둔감화 기법을 먼저 사용할 수 있다는 것이다. 예를 들어, 화재와 같은 실제 상황에서의 공포는 홍수기법을 사용하여 다루는 것은 불가능하다.

④ 주장반응

주장반응은 사람들과의 관계에서 불안과 같은 부정적 정서를 다루는 방법이며 상대의 권리는 침해하지 않는 범위에서 내담자 스스로의 권리, 생각, 느낌, 의견, 욕구 등을 표현해 보는 훈련이다.

강압적인 부모와 무례한 상사, 일방적인 태도의 친구에게 자신의 생각과 의견을 표현하지 못하면서 부정적 정서는 커진다. 이들에게 주장반응 훈련을 통해 자기주장을 하게 함으로써 대상에 대한 불안 등과 같은 정서를 억제할 수 있다.

자기주장 표현을 부정적 정서를 느끼게끔 하는 대상들에게 시도하는 것은 굉장히 어렵다. 사소한 의견 표현에서도 어려움이 있는데 자신의 생각과 욕구까지 전달하는 것은 불가능에 가까울지도 모른다. 그렇기 때문에 자기주장 표현 훈련은 체계적인 연습과정이 반드시 필요하다.

훈련의 첫 시작은 가능한 행동부터 시작해 보는 것이다. 직장 상사의 지시에 호응하는 말을 해 본다거나 자신의 의견을 메모지에 작성해 읽어 보는 방법 등이 있다. 주의해야 할 점은 주장과 공격을 구분해야 한다는 것이다. 내담자는 대상들에게 체계적인 훈련을 통해 공격반응이 아닌 주장반응을 할 수 있어야 한다. 각 대상에게 하는 반응이 공격반응이라면 대상에게 저항감을 일으킬 뿐더러 오히려 관계를 악화시키는 상황을 유발할 수 있다.

즉, 주장성, 공격성, 비주장성의 특성을 가지는 언어적 특성을 분석하여 주장적 표현과 더불어 효과적인 언어, 표정, 동작 등을 연습한다. 또한 상담 장면에서 상담자는 내담자와의 역할연기를 통해 실제 상황에서 효과적인 자기주장을 할 수 있도록 연습한다.

⑤ 혐오기법

혐오기법은 수정하고자 하는 행동에 혐오자극을 제시해 행동과 연결되어 있던 '쾌' 자극을 끊어 버리는 것이다. 술을 끊기 위해 술에 구토제를 넣어 마시게 되면 구토 행동을 하게 되고 즐거움을 주었던 술이 구토를 유발하는 불쾌 자극이 된다. 구토제를 넣은 술을 마시기 전에는 술과 긍정적 정서들이 연합되어 있었는데 술과 구토제가 연합되면서 술이 구토를 일으키는 조건 자극이 된다. 결과적으로 술 마시는 행동이 줄어들게 된다. 다이어트를 할 때 인터넷에서 관련 영상을 찾아보면 다이어트를 위한 운동 관련 영상을 가장 많이 볼 수 있지만, 간혹 입맛을 돋우는 음식 사진들의 색을 식욕을 감퇴시키는 보라색, 민트색으로 바꿔 보여주는 영상들도 있다.

혐오자극의 종류는 다양하다. 불쾌한 장면이나 심상을 통해 혐오자극을 제시하는 심리적 혐오자극이나, 직접적으로 내담자에게 불쾌 자극을 제시하여 행동의 빈도를 줄이는 물리적 혐오자극, 화학적 방법을 활용하는 화학적 혐오자극이 있다. 혐오자극을 활용한 행동은 인간의 여러 문제행동을 억제시키기도 하는데 알코올 중독, 도박 중독, 마약 중독, 강박증 등 적절하지 않은 행동에 대해서 혐오자극을 제시하여 문제행동을 억제하고자 한다. 이러한 혐오기법의 사용은 여전히 많은 곳에서 쓰이고 있다.

⑥ 부정적 연습법

부정적 연습은 수정하고자 하는 행동을 사라지게 하거나 감소시키는 것으로, 문제행동이 나타나면 그 행동의 반응을 지속적으로 반복시켜서 싫증을 느끼게 하는 것이다. 싫증이 나거나 그 반복되는 행동이 피로감을 느끼게 할 때 이런 반응들이 혐오자극이 되기 때문에 그 행동이 감소한다.

아이들이 놀이터에 가서 미끄럼틀을 타고 싶어 할 때 미끄럼틀만 계속 태워 주면 싫증을 낸다. 물론 놀이터에서 아이들에게 한 가지만 하도록 하는 것은 쉽지 않겠지만 특정 행동을 싫증나게 함으로써 그 행동을 줄이는 방법은 꽤나 효과가 있다. 특히 틱 행동이 있을 때 그 행동을 억제하는 방법으로 틱 행동을 의식적으로 반복하게 하면 행동이 감소한다.

(3) 조작적 조건화에 기초한 행동수정

① 강화와 프리맥 원리

행동수정 방법을 사용하여 행동을 변화시킬 때 가장 기본적인 방법으로 '강화'를 사용한다. 내담자의 긍정적 행동을 증가시키기 위해 변화하고자 하는 행동에 초점을 맞춰 강화를 사용하는 것은 긍정 행동을 증가시키는 것에 효과적이다. 그러나 모든 내담자가 동일하게 같은 보상으로 강화되는 것은 아니기 때문에 각 내담자에게 효과가 있는 강화물을 탐색하고 선택하여 제시하는 것이 중요하다.

내담자의 행동을 발생 빈도가 낮은 행동과 높은 행동으로 구분할 때 발생 빈도가 낮은 행동은 주로 선호하지 않는 행동인 반면 발생 빈도가 높은 행동은 선호 행동이 된다. 이때 발생 빈도가 높은 행동을 강화물로 사용해 발생 빈도가 낮은 행동을 강화하여 빈도를 높이는 방법을 프리맥의 원리라고 한다. 예를 들면, 아이들은 장난감을 만지거나 책을 보고 나면 정리를 잘 하지 않는다. 발생 빈도가 낮은 '정리'라는 행동을 발생 빈도가 높은 '젤리를 먹는 행동'으로 강화시켜 제시하는 것이다. 장난감과 책을 정리하고 맛있는 젤리를 준다고 하면 발생 빈도가 낮았던 '정리' 행동의 빈도가 금방 높아지는 것을 볼 수 있다.

상담에서 이를 사용할 때 상담자는 부모와 아이의 행동 목록을 작성해 본다. 발생 빈도가 높은(선호하는) 활동 순으로 작성하고, 빈도가 낮은(덜 선호하는) 행동을 수행하게 하여 선호 행동을 강화물로 제시한다. 숙제를 다 하고 일정 시간 게임을 할 수 있도록 한다든지, 공부를 하고 나서 영화를 본다든지 하는 것으로 프리맥 원리를 사용한 행동수정이 가능하다.

② 타임아웃

타임아웃은 약속에 의해서 정해진 규칙을 지키는 것에 실패할 경우, 단기간 동안 활동이나 사람들로부터 어느 정도 고립되는 처벌을 받는 것이다. 과잉흥분성 또는 공격성을 보이는 아이들의 사례에 종종 사용되기도 한다. 이는 문제 상황 발생 시 어느 정도 진정할 시간을 줄 수 있기 때문이다. 또한 이 방법은 심한 지적장애를 가진 사람들 또는 아이[예: '생각하는 의자'(Naughty step)]에게 매우 효과적이다.

타임아웃은 내담자의 분노조절을 상담할 때 사용될 수 있다. 내담자는 첫 번째 분노 징후를 알아차리고 이성을 잃기 전 그 상황으로부터 벗어날 수 있도록 훈련을 받는다. 이때 타임아웃을 통해 분노를 일으키는 자극상황으로 돌아가지 않고 기분전환을 하며 자신을 돌아보는 시간을 갖는다. 결과적으로 내담자를 자극적인 상황에서 스스로를 분리시켜 분노를 감소하게 하고, 발생한 문제를 가장 잘 다룰 수 있는 방법을 스스로가 생각해 볼 수 있게 한다.

③ 토큰 시스템

앞서 스키너 박스에 대한 쥐 실험을 언급하였는데, 다시 이를 살펴보면 박스 안에서 버튼을 누르는 쥐의 행동이 먹이라는 자극으로 강화된다. 버튼을 누를 때마다 쥐에게 먹이를 주면 쥐는 반복적으로 버튼을 누르게 되고, 버튼을 누르는 행동을 소거하기 위해서 버튼을 누를 때 전기충격과 같은 혐오적 자극을 제시하면 그 행동은 감소된다. 반대로 버튼을 누를 때마다 먹이를 주면 다시 버튼을 누르는 행동이 증가한다. 더불어 먹이가 제시될 때 특정 소리를 들려주면 버튼 누르는 행동을 소거한 후에 다시 그 소리가 날 때는 버튼 누르는 행동이 증가한다.

여기서 먹이가 제시될 때 들린 소리는 강화물의 역할을 했다. 이후 쥐는 먹이와 연합된 소리만 들어도 버튼 누르는 행동이 증가했다. 먹이가 1차적 강화물이었다면 먹이와 연합된 소리는 조건화가 된 2차 강화물인 것이다. 조건화된 2차 강화물은 조건화가 되기 전에는 강화하는 기능이 없었지만 먹이라는 1차 강화물과 연합되면서 강화물이 된 것이다. 조건화는 이

[그림 9-8] 토큰 시스템(칭찬 스티커)

런 2차 강화물을 통해 원하는 행동을 증가시키는 방법이다.

토큰 시스템에서는 1차 강화물을 대신해 사용할 수 있는 2차 강화물을 목표행동 증가를 위해 사용한다. 예를 들면, 카페에서 사용하는 커피 쿠폰이나 학교에서 선생님 말을 잘 들을 때 받을 수 있는 칭찬 스티커 등이 있다. 이런 것들이 직접적인 강화 효과가 있는 것은 아니지만 일정량이 쌓이면 1차 강화물과 교환할 수 있기 때문에 강화물의 역할을 할 수 있다. 이처럼 2차 강화물로 1차 강화물의 역할을 대신하게 하는 방법을 토큰 시스템이라 한다.

④ 행동조성

행동조성이란 원하는 목표행동에 도달하기 위해서 단계적이며 순차적으로 학습하는 방법이다. 예를 들어, 아이에게 킥보드 타는 법을 가르쳐 줄 때 우선 아이가 킥보드에 올라타면 아이가 넘어지지 않도록 붙잡아 주고 아이는 발을 구르며 앞으로 나아가 본다. 이후 누군가 붙잡아 주지 않고 발을 구르며 앞으로 나아가기, 속도를 좀 더 내거나 줄이기, 방향 틀기까지 단계적으로 학습할 수 있도록 돕는다. 결국 아이는 능숙하게 킥보드를 탈 수 있게 된다.

행동조성에 기본적 전략은 차별적 강화와 점진적 접근이 있다. 차별적 강화는 다른 행동

수영(자유형) 방법

수영은 행동조성이 가장 필요한 행동수정 과정이다. 각 단계에서의 연습이 잘되어 있어야 각각의 연습된 행동이 잘 맞춰져 완벽한 수영(자유형)을 할 수 있게 된다. 수영(자유형) 방법의 순서는 크게 발차기, 팔 돌리기, 호흡 순으로 나뉜다.

1단계: 발차기–발목의 힘을 빼고 엉덩이 관절부터 무릎을 사용하여 부드럽고 유연하게 발을 차야 한다.
2단계: 팔 돌리기–왼팔은 '앞으로나란히'를 하듯 뻗어 주고 오른팔은 만세를 취한다. 오른팔과 왼팔을 번갈아 돌린다. 이때 몸은 돌리지 않는 팔 쪽으로 약간 기울도록 한다.
3단계: 호흡–입을 수중 밖으로 낼 때 그 순간 남은 공기 20~30%를 '파' 하면서 내뿜는다. 이후 폐 내압과 외부 압력 차이를 최대로 크게 해서 자연스럽게 호흡을 들이쉰다.

이러한 과정을 각 단계별로 연습한 후 순차적으로 연결시키면 목표하는 수영 실력을 가질 수 있다. 그러나 이런 과정은 단순하지 않기 때문에 일정 정도의 연습이 반드시 필요하다.

들은 제외하고 강화하고자 하는 특정 행동만을 강화하는 것이고, 점진적 접근은 목표행동에 점차적으로 접근해 가며 행동을 강화하는 것이다.

⑤ 행동연쇄

행동연쇄는 내담자가 목표하는 행동을 달성하는 데 구성되는 연결된 행동을 여러 단계로 나누어 각 단계별 강화를 통해 학습하는 과정이다. 순차적으로 연결된 행동들은 처음 행동이 다음의 행동과 연결되면서 연쇄적으로 일어난다. 예를 들어, 아이에게 스스로 바지 입는 방법을 연습시킬 때 바지의 허리 부분을 양손으로 잡으면 한쪽 발을 바지에 넣는 행동으로 연결된다. 바지 입기 방법을 6단계로 나누면 바닥에 앉기, 바지의 허리 부분을 양손으로 잡기, 한 발 집어넣기, 나머지 한 발 넣기, 바닥에서 일어나기, 바지 올리기의 6단계 과정으로 구분할 수 있다.

먼저, 아이는 6단계 중에 가장 먼저 1단계 '바닥에 앉기'부터 한다. 이때 부모는 그 행동에 대한 강화를 한 뒤 2~6단계 행동에서는 도움을 준다. 다음 단계는 바닥에 앉아서 바지의 허리 부분을 양손으로 잡는 행동까지 아이가 혼자 하고 부모는 이 행동을 다시 강화한다. 똑같이 부모는 나머지 3~6단계 행동에는 도움을 준다. 이러한 과정을 통해서 아이가 혼자 할 수

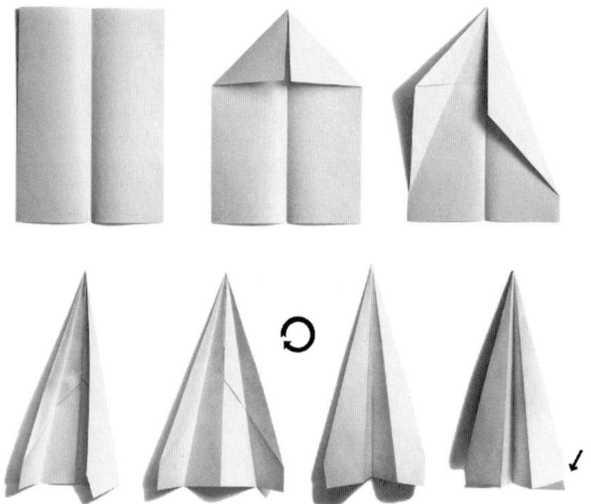

[그림 9-9] 행동연쇄(종이접기 도안)

있는 행동 단계가 증가하고, 부모의 도와주는 행동 단계는 감소하면서 결국 1~6단계 바지 입기의 모든 행동을 아이가 혼자 할 수 있게 된다.

행동연쇄와 행동조성은 함께 사용될 수도 있다. 이 두 행동수정 방법의 공통점은 목표행동의 학습을 위해 작은 단위의 목표행동을 단계적으로 학습한다는 것이다. 반대로 이 둘의 차이점은 행동조성이 목표하는 행동과 비슷하거나 그 행동에 가까이 갈 때 행동들을 순차적 혹은 단계적으로 강화시키는 것이라면 행동연쇄는 일련의 연속적인 목표행동 중에 일부분의 행동을 순차적으로 강화하는 것이다.

4. 관련 최신 치료법: ACT

1) 수용-전념치료(ACT)란

수용-전념치료(Acceptance Commitment Therapy: ACT)를 읽을 때는 '수용과 전념치료' 또는 '액트'라고 읽고, 쓸 때는 '수용'과 '전념' 사이에 '-(하이픈, Hyphen)'을 써야 한다. 수용-전념치료(ACT)는 이전에 없던 새로운 기술 혹은 치료법이 아니다. 이 치료법은 개발된 지 벌써 25년이라는 시간이 흘렀음에도 최근에서야 인기를 끌고 있다.

불쾌한 생각이나 감정은 우리를 거북하게 한다. 심지어 고통까지 안기므로 인간은 이러한 생각과 감정을 피하려고 하는 경향이 있다. 이를 경험적 회피라고 하는데 수용–전념치료(ACT)는 이러한 경험적 회피뿐만 아니라 자신의 특정 생각에 사로잡혀 유용한 자원을 놓쳐 버리는 인지적 융합이나 가치 부족 및 상실로 인해 경직되는 행동을 치료 과정에서 중요한 요소로서 다룬다.

수용–전념치료(ACT)는 '인간 대부분은 같은 환경에서 같은 사건들이 발생해도 똑같은 방법으로 문제를 해결하지 않는다. 왜냐하면 사건 자체로의 차이보다 각각의 사건이 일어나는 개인의 맥락에 차이가 있기 때문이다. 그렇기 때문에 개인의 맥락에 따라 각각 다른 방식으로 해결 방식들을 달리해야 한다.'는 기본 가정을 가지고 있다.

수용–전념치료에 따르면, 내담자의 한 가지 문제점은 그들이 해결책과 문제를 혼동한다는 것이다. 내담자들은 부정적인 언어 기능(불편함, 고통, 불안, 우울 등)을 가지고 개인적인 사건(생각과 감정)을 회피한다. 하지만 이는 증상을 나아지게 하기보다는 악화시킨다. 다음에서는 이러한 것들의 의미를 함께 살펴보고자 한다.

2) 수용–전념치료의 원리

"계속 일하려면 동기가 필요하다.", "사랑 없이는 앞으로 나아갈 수 없다.", "나는 앞으로 나아가기 전에 내가 원하는 것을 얻을 수 있도록 확실하게 해야 한다." 이러한 말들은 이미 친숙해진 표현들이다. 이 말 대부분은 뭔가 불편한 마음을 준다. 또한 언급된 표현들은 우리가 가진 문제를 해결하는 데는 도움이 되지 않는다.

상황들에 조건을 매기고 조건을 충족시키지 못하면 앞으로 나아갈 수 없는 것처럼 느껴지기도 한다. 우리는 일상에서 느껴지는 부정적 감정들이 문제라고 생각하면서 살았다. 그런 부정적 감정들이 나의 삶과 행복에 방해라도 할 것만 같아서 대부분 이에 대응해 싸우거나 혹은 멀리 피해 버렸다.

여기서 문제는 인간이 스스로 고통을 경험할 때 정상과 비정상 중 '비정상'이라고 판단하며 나 자신을 다른 사람들 사이에서 소외시켜 필요치 않은 고통을 가중시킨다는 것이다. 우리는 생각과 감정이 어떠하든 간에 부정적인 원인도 함께 있겠지만 그것에는 분명한 원인에 근거를 둔 가치가 존재한다. 수용–전념치료에서는 지금까지 이어 온 내담자의 대처방식을 존중하며 그 가운데에서 본인이 할 수 있는 최선을 다하였음을 인정한다.

3) 수용-전념치료의 주요 개념

(1) 경험회피

인간은 통증을 경험할 때 통증을 없애고 싶겠지만 통증이라는 것은 사라질 때까지는 피할 수 없는 부분이다. 그러나 모든 인간은 고통은 피하고 싶어 하며 가능한 빨리 그 부정적인 감정과 느낌에서 멀어지려고 노력한다. 이러한 고통을 피하는 노력들은 고통과 관련된 생각, 감정, 기억까지 회피하게 하는데 이러한 것을 경험회피라고 한다.

다시 말해, 경험회피라 함은 원하지 않는 걱정, 염려와 관련된 수많은 생각이 자기 내면에서 발생할 때 이러한 생각이나 감정, 신체 감각들을 다른 생각이나 감정 혹은 신체감각으로 바꿔 스스로가 이를 덜 경험하려는 경향을 말한다. 결국 나중에서야 우리는 고통을 피하려고 한 모든 노력이 인생을 살아가는 데 별로 도움이 되지 않았다는 것을 이해하고 받아들일 수 있게 된다.

우리는 '내 마음' 안에서 불편한 감정이나 좋은 감정을 함께 느끼며 살아간다. 이러한 불편한 감정을 느끼지 않기 위해서 더러는 감정 자체를 느끼지 않으려는 시도를 하기도 하는데 그 시도가 이어지면 결국 스스로 자신의 감정을 알 수 없게 되는 '자기-소외' 과정을 경험하게 된다.

때로는 이와 같은 '자기-소외' 상태의 외로움을 피하기 위해 적잖은 심리적 에너지를 쓰게 되는데 불편한 감정을 잊게 해 주는 행동(술, 게임, 도박 등)에 과할 정도로 몰입하기도 한다.

> "행복과 자유는 하나의 원칙으로 시작한다. 어떤 일들은 당신의 통제 안에 있고, 어떤 것들은 당신이 통제할 수 없다는 것이다. 당신이 근본적인 원칙을 직시하고 당신이 통제할 수 있는 것과 할 수 없는 것을 구분하는 것을 배운 후에야 비로소 내면의 평온과 외부 효과가 가능해진다."
>
> -에픽테토스-

(2) 인지적 융합

인지적 융합은 가장 추상적인 개념이다. 우리가 가진 마음은 때때로 실제 일어나는 사건과 생각(언어)을 분별하지 못하고 두 가지 상황에서 비슷하게 반응을 하기도 하는데 이를 '융합'이라고 한다.

우리는 과거 경험에서 오는 기억이나 생각이 떠오를 때, 마치 그 일을 실제로 경험하는 것처럼 느끼며 생각과 연관된 감정 경험을 하기도 하는데, 이는 생각(내적 언어)이 우리의 현실과 '융합'할 때 발생한다. 가끔은 우리의 그러한 생각이 고장 난 라디오처럼 전체적 맥락 없이 반복되기도 한다. 무엇인가에 실패하고 싶지 않은 그 마음이 점점 더 커질수록 '나는 실패자다.'라는 생각에 더 머무르게 되고 정작 원하는 곳에 써야 할 에너지를 쓰지 않아도 되는 곳에 다 써 버리게 되는 문제가 발생한다.

인간은 누구나 원치 않는 경험들을 하지만 고통의 감정은 인간으로서 경험할 수 있는 공통된 경험이다. 이러한 상황에서는 우리에게 메타적 인지(생각을 생각으로 보는 것)가 필요하며, 메타적 인지는 반복되는 생각(내적언어)과 우리가 하기로 한 것 사이에서 일어난 융합을 각각 분리할 수 있도록 돕는다.

(3) 가치

수용-전념치료는 사람들이 가지고 있는 가치의 중요성을 특별히 강조한다. 가치라 함은 우리가 추구하는 삶의 방향이며 삶에서 중요하다고 생각하는 행동의 '질적인 부분'이다. 이는 목표와는 차이가 있으며 가치라는 방향에서 완수할 수 있는 것이 목표라고 할 수 있다. 목표는 특정 과정 이후 달성할 수 있는 것이라면 가치는 달성 가능하거나 완결에 목적을 두지 않는다. 배를 타고 어두운 밤바다를 항해하고 있을 때 방향을 안내하는 등대가 가치에 비유할 수 있다.

이러한 가치의 특징은, 첫째, 감정이나 이유는 가치가 아니다. 감정 자체가 중요하지 않다는 것이 아니라 감정은 본질적으로 왔다가 사라지는 것이기 때문에 '불안하고 싶지 않아.', '행복을 느끼고 싶어.'와 같은 감정 상태가 가치가 될 수는 없다. 둘째, 가치는 타인의 인정과는 관련이 없다. 가치는 자신만의 온전한 선택으로 만들어지는 것이다. 타인의 평가에 가치가 정해지게 되면 마치 자신이 가고 싶은 목적지를 향해 가는 배의 노를 타인에게 맡기는 것과 같다. 가치라는 것은 이 순간 행동을 선택하는 방향이며 자신이 선택할 수 있는 것은 오로지 자신의 행동밖에 없기 때문이다. 셋째, 가치는 가족이나 직업, 지역사회와 건강 등 개인의 삶에 다양한 영역에서 자신의 행동 방향성을 나타낸다. 넷째, 가치는 불편한 감정을 수용하는 것과 탈융합 과정의 의미를 일깨워 준다.

가치를 비유한 좋은 예시가 있다. '버스 운전사의 비유'다. 우리는 버스를 운전하는 운전사이고 버스에는 승객들이 타 있다. 승객 중 어떤 사람은 소란을 떨기도 하고, 가끔 어떤 승객은 운전자에게 운전에 대한 훈수를 하기도 한다. 여기에서 가치는 버스가 향해 가는 목적지이며 버스에 타고 있는 승객은 우리의 생각, 감정이라고 볼 수 있다.

(4) 심리적 경직성과 심리적 유연성

심리적 경직성과 유연성이라는 개념은 수용–전념치료에서 자주 볼 수 있는 육면체 모형(Hexaflex model)을 예시로 주로 설명되는 개념이며 육면체의 각 꼭짓점은 여섯 개의 과정으로 구성되어 있다. 이 여섯 가지 과정은 서로 떨어져 있지 않고 연결되어 있으며 꼭짓점의 각 과정은 심리적 경직성에서 심리적 유연성으로 옮겨 갈 때 같은 위치에서 서로 대응됨과 동시에 연관되어 있다. 수용–전념치료의 과정은 심리적 경직성에서 심리적 유연성으로 변화되는 과정이며 이를 몇 개의 과정으로 설명하고 있다.

> "사랑하는 건 고통을 겪는 일이다. 고통을 피하려면 사랑을 해서는 안 된다. 하지만 누군가는 사랑하지 않았기 때문에 고통을 겪게 된다. 그러므로 사랑하는 것은 고통이다. 사랑하지 않는 것도 고통이다. 고통받는 것은 고통이다. 행복해지는 것은 사랑이다. 그렇다면 행복해지는 것은 고통받는 것이지만, 고통은 사람을 불행하게 만든다. 그러므로 행복하기 위해서는 너무나 많은 행복을 겪고 고통받거나 사랑해야 한다."
>
> –우디 알렌

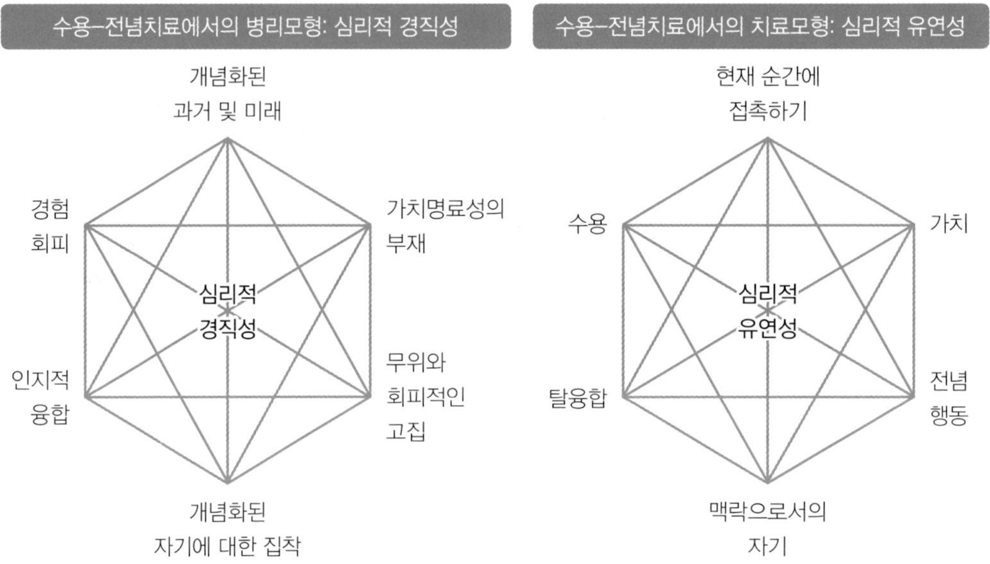

[그림 9–10] 수용–전념치료의 병리모형과 치료모형

4) 수용–전념치료의 치료 과정

앞서 설명한 수용–전념치료의 여섯 가지 과정은 다시 세 가지 부분으로 크게 나눌 수 있다(Hayes, 2011). ① 마음 열기(open), ② 관여하기(engaged), ③ 중심 잡기(centered)이다.

(1) 마음 열기

이 과정은 수용과 탈융합의 과정이며 그 과정의 방향은 고통을 향해 있다. 우리는 원하지 않는 감정이나 생각을 경험할 때 고통을 경험한다. 이때 마음을 열고 이전에는 고통에 대한 반복적인 회피와 주저만 있었다면 열린 마음으로 이를 수용하는 것이 마음 열기의 과정이다. 그러나 이 수용의 과정에 걸림돌이 되는 것이 경험회피와 융합이며 이 상태에 머물러 있는 것은 병리적 과정이 된다.

(2) 관여하기

관여하기 과정은 행동주의적 요소가 가장 많이 들어가 있다. 내면 밖의 세상과 관계 맺는 방식인 '가치명료화'와 '전념 행동' 과정으로 구성된다. 내면 밖의 세상은 매 순간의 선택된 행동에 따라 '변화'하며 때로는 그 선택에 따라 병리적인 행동이 나타나기도 한다. 결국 심리적 경직 상태에서 나타나는 가치 명료화의 부재는 수용–전념의 치료 과정을 통해 내담자 스스로의 가치를 발견하게 되고, 명료화하는 과정을 거친다. 이러한 과정은 내담자의 경직된 선택에서 유연하고 자발적인 선택과정으로 변화된다. 이는 내담자가 회피적 고립상태에서 벗어나 전념행동으로 변화되는 것을 의미하며 그 행동은 더 큰 맥락의 '나'로서 건강하게 선택된 행동들로 나타난다.

(3) 중심 잡기

중심 잡기의 과정은 마음 열기 과정과 관여하기 과정에서 중심을 잡는 과정이다. 치료 과정인 마음 열기 과정과 관여하기 과정에 어느 쪽이라도 치우침이 있을 때 치료의 방향이 한쪽으로 치우쳐 균형을 잡기가 어려워지게 된다. 이때 중심 잡기 과정은 '맥락으로서의 자기'와 '현재 순간에 접촉하기' 요소의 실행을 통해 현실에 머물며 '나'를 지탱해, 수용과 탈융합을 할 수 있도록 하며, 가치에 따른 '순간'의 선택을 통해 전념 행동을 할 수 있게 한다.

5. 주요 기술 실습

행동치료는 환경과의 상호작용에 의한 한 개인의 행동에 초점을 맞춘다. 행동 변화의 핵심은 '의지 문제'보다 '기술전략의 문제'로 본다. 행동치료에서는 행동에 다른 반응이 일어날 확률을 증가 혹은 감소시키기 위해 자극 간에 짝을 짓거나 반응과 자극의 짝을 만들기도 한다. 이 과정에서 원하는 행동의 결과를 일으키는 자극 관리를 위한 여러 가지 기법을 제시한다. 행동치료는 몇몇 변화가 필요한 구체적인 특정 행동에 초점을 두며 행동을 '자극'과 '반응'이라는 도식에 적용한다. 또한 A(선행사건, Antecedent)–B(행동, Behavior)–C(결과, Consequence) 모델을 사용하여 관찰 및 탐색이 가능하다. 측정과 관찰이 불가능한 성격, 정신구조, 의식, 인지, 내적 심리구조 등은 관찰 가능한 행동의 문제로 바꾸어 의미를 활용한다.

과거 행동치료가 사회적으로 바람직하지 않은 행동을 감소시키거나 제거하려는 목적으로 활용되었다면 현대 행동치료는 다양한 문화 인식과 적절한 자극 및 강화를 통해 긍정적인 행동을 증가시키는 방법을 활용한다. 예를 들면, 게임을 많이 하는 청소년의 문제행동인 '게임하기' 행동을 감소 및 제거하려는 시도보다 예방적인 개념을 강화하기 위해 건전한 여가활동을 탐색하고 그 행동을 유지, 증가시키는 방법에 중점을 둔다. 문제행동에 대한 치료적 개입이 물론 필요하지만 그에 못지않은 문제행동 유발 원인을 사전에 예방하고 통제하는 것 또한 중요한 의미가 있다. 그 결과로 최근의 행동치료 개입은 문제행동의 변화를 위해 그 행동 자체에 대한 억압보다 새로운 대체 활동을 탐색하여 촉진하고 개발하는 것들이 증가하는 추세이다.

1) 행동치료 과정

(1) 초기 단계

행동치료는 초기, 개입, 종료, 추후 단계의 과정으로 진행된다. 초기에는 주로 자료 수집과 목표 설정, 개입에 대한 계획 수립과 상담자와 내담자의 계약 등이 포함된다. 행동목표는 문제를 규정하는 것과 표적행동을 확인하여 그것을 근거로 한 것을 활용하여 설정된다.

① 자료 수집 과정

표적행동은 내담자의 변화가 필요한 최종행동이라기보다 수정해야 할 행동에 조금 더 가까운 현재의 행동이다. 행동목표 설정을 위해서는 표적행동의 기저선 확인하기, 내담자의 자료 수집을 위한 내담자의 기능 확인하기, 각 기능의 관계 분석하기가 필요하다.

기능분석 방법

내담자의 인터뷰와 지능검사 외 다른 여러 가지 심리검사를 활용하며 표적행동이 일어나는 여러 가지 환경적 사건과 그 환경의 결과로 나타나는 표적행동이 가지는 기능을 분석해 보는 방법

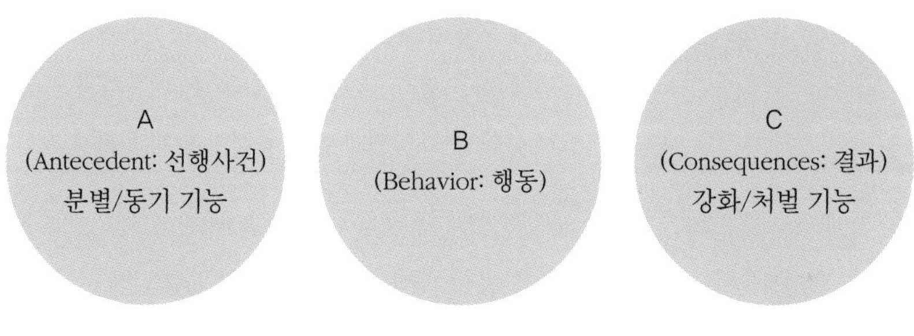

[그림 9-11] 기능분석의 기준

a. 나의 A-B-C 찾기

※ 다음은 기능분석 방법의 예시이다. A-B-C를 기준으로 작성된 예시를 참고하여 다음 안내에 따라 보자.

올해도 어김없이 설 명절이 되어 할머니와 친척들을 만나기 위해 할머니 집으로 갔다. 이제는 나이도 어느 정도 먹었고 '집에 혼자 있겠다.' 하고 그냥 집에 있고 싶지만 할머니 댁에 가지 않으면 세뱃돈이 없다고 생각하니 어쩔 수 없이 갈 수밖에 없었다. 다른 것보다 걱정되는 것은 다름 아닌 사촌 동생들과 비교당하는 것이다. 이번 명절에도 어김없이 친척들은 자기 자식 자랑이다. 집으로 돌아오는 길에 부모님이 사촌 동생들 이야기를 하며 잔소리를 하자, 그만 화가 나서 그만하라고 소리를 질러 버렸다. 우리는 집에 돌아오는 내내 더 이상 아무 말도 하지 않았다.

A (Antecedent: 선행사건)	설 명절을 지나 가족들과 차를 타고 내려오면서 언쟁이 발생함
B (Behavior: 행동)	부모님께 그만하라고 소리를 지름
C (Consequences: 결과)	집에 오는 내내 아무 말도 하지 않고 냉랭한 상태로 집에 옴

이제 예시 상황에서 '나'의 입장과 '부모님'의 입장에서 A-B-C를 작성한 예시를 참고하라.

A (Antecedent: 선행사건)	(나) 명절에 집으로 돌아오는 차에서 부모님의 잔소리가 시작됨
	(부모님) 삼촌네 조카들 이야기를 듣고 우리 애를 생각하니 답답한 마음에 집으로 돌아가는 차에서 이야기를 시작함
B (Behavior: 행동)	(나) 그만하라고 소리 지름
	(부모님) 애가 화를 내며 소리를 질러 놀란 마음에 아무 말도 못함
C (Consequences: 결과)	(나) 소리를 지른 것은 잘못했지만 기분은 여전히 좋지 않음
	(부모님) 화를 낸 아이에게 어떻게 해야 할지 몰라 복잡한 마음임

※ 예시를 참고하여 지난 한 주 동안의 생활에서 부정적 감정을 경험했던 사건을 떠올려 보고 선행사건(A), 행동(B), 결과(C)에 대해 작성해 보자.

A (Antecedent: 선행사건)	
B (Behavior: 행동)	
C (Consequences: 결과)	

'나'의 입장과 '상대방'의 입장에서 생각해 보고 빈칸을 작성해 보자.

A (Antecedent: 선행사건)	(나)
	(부모님)
B (Behavior: 행동)	(나)
	(부모님)

C (Consequences: 결과)	(나)
	(부모님)

② 치료목표 정하기

자료 수집을 마치면 확인된 표적행동을 기준하여 치료목표를 정하고 그 표적행동을 구체화하여 내담자의 행동치료 계획을 세운다. 내담자에게서 얻어진 자료를 분석해 문제 유형을 파악한다. 이후 내담자의 행동목표를 설정하는 데 그 사항들은 구체적이어야 하며 그 문제를 기록할 때는 행동치료 용어로 표현해야 한다.

③ 개입계획 수립 단계

내담자와의 상담 과정에서 개입계획을 수립할 때는 상담 과정에 대한 내담자와의 계약과 상담계획을 수립하는 과정으로 진행된다. 계약과정은 내담자에게 단기, 장기목표와 표적문제, 개입계획, 기간, 장소, 참여자, 역할 등에 대해서 물어본다. 이때 상담사는 변화매개자로서 역할을 수행한다. 행동치료 상담에서는 내담자 변화 동기와 변화능력을 우선 탐색해 보는 것이 좋다. 상담에서 제안된 긍정 변화를 시행할 때에는 내담자의 변화 동기가 무엇인지, 행동에 대한 저항 요인은 무엇인지 확인한다.

상담계획 수립단계에서는 문제의 목록이 작성되면 표적행동 발생 전과 후의 관계를 분석한다. 이후 ABC 모델에 따른 행동 분석은 선행사건(Antecedent), 행동(Behavior), 결과(Consequence)로 나누어 확인하며 문제행동에 대한 적절한 개입계획이 수립되면 다음 단계인 개입 단계를 실행한다.

(2) 개입 단계

개입 단계에서는 적절한 치료 개입계획이 작성되었으므로 내담자의 문제행동에서 선행사건(Antecedent), 행동(Behavior), 결과(Consequence)의 관계를 확인하여 다루어야 한다. 선행사건(Antecedent)에 대한 개입기술은 문제가 되었던 선행사건의 통제와 새로운 선행사건의 개발로 구분된다.

a. 선행사건 개입기술: ACT 생각 기록지

- 통제 기술: 부정적 표현행동을 유발하는 상황이나 생각으로부터 격리시켜서 문제행동이 나타나는 것을 방지함.
- 행동 고리 변화시키기: 행동연쇄 고리의 시작 단계에서 하는 개입으로 문제행동 고리에서 특정 부분을 끊어 버리거나 그 고리를 끊고, 맺는 부분을 평가함.
- 선행사건 재인식: 선행사건을 접할 때 문제행동을 일으키는 원인이나 그 부분을 인식하게 함.

※ 다음의 ACT 생각 기록지를 활용하여 지난 한 주 동안 발생한 사건을 떠올려 작성해 본다.

	상황	느낌	생각	현재-순간 자각	가치	행동
1Week	예) 과제 발표 상황	예) 불안	예) 실수라도 하면 어떡하나…….	예) 내가 지금 실수할까 봐 불안하구나.	예) 타인의 평가보다 스스로의 평가가 중요함	예) 내가 만족할 수있을 만큼의 발표자료 준비
2Week						
3Week						
4Week						

b. 행동(Behavior) 영역과 결과(Consequence) 개입기술

문제행동을 제거하고, 바람직한 행동을 증가시키는 다양한 기술이 있으나 억압의 방법으로 제거하려는 시도보다는 문제행동을 대체할 수 있는 새로운 행동을 발달시키기 위한 기술을 증가시키는 것이 더 나은 방법이다.

※ 다음 빈칸의 각각 영역을 한 주(1주일) 기준으로 작성해 보자.

	주요 영역	목표하는 상태	내가 할 수 있는 것	방해물	ACT 치료모형 적용하기	ACT 연습하기
1Week	예) 자신감	예) 스스로 만족할 만큼의 준비가 된 상태	예) 발표 자료와 연습	예) 스마트폰 영상과 게으름 내가 지금 실수할까 봐 불안하구나.	예) 전념 행동, 가치와 연결하기	예) 기꺼이 하기, 맥락전환 연습

2Week						
3Week						
4Week						

(3) 종결 단계와 추후 상담

상담 과정의 마지막 단계인 종결 단계에서는 내담자와 함께해 온 행동목표에 대한 내담자의 변화 정도를 평가한다. 평가 기준은 상담 초기 작성한 계약에서 함께 작성한 목표와 관련해 달성도를 평가하고 그 결과를 점검한다. 목표를 달성하는 것에 어려움이 있었다면 원인을 분석하고 어려움을 해결하기 위한 과정을 논의한다.

새롭게 획득된 긍정 행동을 유지하기 위해 개입 과정에서 알게 된 행동수정의 원리를 점검하면서 종결의 시점을 결정한다. 상담 과정에서 4주, 8주 정도쯤에는 변화 행동 유지를 위해 행동에 대한 평가와 변화정도를 기록한다. 끝으로 종결 이후 4주 뒤 추후 상담으로 내담

표 9-1 행동수정의 9단계 예시

행동 변화 9단계	내용
1. 문제행동의 특성 규정	가지고 놀던 장난감을 제자리에 둔다. 잠 잘 준비를 한다.
2. 문제행동의 관찰과 기록	매일 문제가 반복적으로 일어난다.
3. 달성 가능한 내담자의 문제행동 지도 목표의 설정	병원 불이 꺼졌을 때 아이들은 부모와 함께 동화책 읽을 준비를 한다.
4. 문제행동 유형에 따른 가능한 보상 설정	동화책을 읽는 시간 내에 보상 활동을 확립한다.
5. 문제행동 지도절차의 선택	적절한 행동 이후 긍정적 보상(동화책 읽기)이 뒤따른다. 또한 적절한 행동에 대해 칭찬이 뒤따른다.
6. 절차의 재점검 및 연습	역할시연 방법을 활용하여 여러 번 연습한다.
7. 계획의 시행	역할시연 연습 이후 시행에 착수한다.
8. 결과의 모니터 및 점검 (변화되어 가는지 점검)	시행 시작에서부터 성공적이었다.
9. 변화된 행동의 유지	부모는 올바른 행동에 대한 보상으로서 가끔 정해진 동화 이외에 몇 개의 동화를 추가로 이야기해 주고 종종 칭찬도 함께해 준다.

자와 만나 행동 변화가 계속되었는지를 점검하여 확인한다.

일반적으로 행동 변화에 대한 전략은 여러 유형이 있으나, 〈표 9-1〉에 제시된 행동수정의 9단계는 내담자의 행동 변화를 위해 쉽게 적용해 볼 수 있다. 그러나 어떤 경우에는 적용에 어려움이 있는 경우도 있다.

6. 요약 및 리뷰

- 행동치료는 몇 가지의 원리와 다양한 기법으로 내담자가 가지는 문제에 대해서 구체적으로 대처할 수 있도록 한다. 행동주의는 고전적 조건형성부터 조작적 조건형성까지의 발전 과정을 거쳐 사회학습 이론, 인지행동치료처럼 행동에 영향을 주는 인지적 요소에까지 그 영역을 넓혀 나가고 있다. 행동치료의 특징은 과학적 방법에 기반한 원리를 따른다는 것이며 치료 개념과 절차가 명확하고 실증적이며 검증 가능한 가변적인 치료법이라는 특징을 가진다. 행동치료의 상담 기법은 지금도 발전하고 있으며, 지속적인 연구를 통해 치료의 근간을 마련해 가고 있다.
- 상담 과정 초기에 목표를 확인하여 구체화하는 것은 행동치료의 기초이며 내담자의 행동 변화 목표의 성취를 돕는 데 있어서 상담사들은 적극적이며 지시적인 역할을 한다. 행동 변화 목표는 내담자들의 결정이지만, 행동의 변화를 위해 적절히 수행하기 위한 '방법'을 결정하는 것은 상담사가 한다. 상담사들은 행동치료 상담 체계로부터 다양한 기술과 절차를 가져와 내담자 각각의 요구에 맞는 상담계획을 수립한다.
- 현대의 행동치료는 개인과 환경, 서로의 상호작용을 강조한다. 행동 전략은 개인목표뿐만 아니라 사회적 목표 또한 달성하는 데 활용할 수 있다. 최근 자기관리에 대한 관심으로 마음챙김, 수용 기반 접근들이 행동주의적 실천 방법들과 결합되면서 인본주의 치료와 행동치료 간 교류가 일어나고 있다. 이와 같은 새로운 흐름들에 동양의 수행, 서양의 방법론이 결합되어 나타나고 있으며 이제 현대의 행동치료는 단순히 문제를 다루기만 했던 좁은 관점에서 나와 복잡한 개인의 측면을 다루는 방향으로 그 영역을 확장하고 있다.
- 행동치료의 한계는, 첫째, 문제행동의 변화를 위해서는 감정의 변화보다 주로 내담자의 생각과 행동에 초점이 맞춰져 있다는 것이다. 행동치료를 비판하는 사람들은 문제행동을 변화시키기 위해서는 감정의 변화가 필요하다고 주장하지만 행동치료 과정에

서는 내담자의 많은 감정을 다루기는 하나 그 감정을 경험하게끔 하지는 않는다.

- 둘째, 행동치료는 문제행동이 나타나는 증상을 다룰 뿐 원인을 다루지 않는다. 왜냐하면 행동치료는 문제행동을 유지하게 하는 환경과 행동 그 자체에 직접적으로 영향을 주기 때문에 그에 따른 변화가 내담자의 긍정적 변화에 더 큰 효과가 있다고 생각하기 때문이다.
- 셋째, 행동치료는 통찰을 제공하는 데 어려움이 있다. 내담자의 통찰이 치료 과정에서 일어나지 않는다고 볼 수는 없지만 이는 행동치료 과정에서 나타나는 지극히 자연스러운 과정이며 내담자의 통찰을 목적으로 하는 상담은 행동치료 상담에는 배제되어 있다.
- 마지막으로, 행동치료는 내담자와의 상담 과정에서 내담자에게 지시적이며 상담자의 일방적인 방법으로 치료 과정이 진행된다고 인식되는 것이다. 그러나 일반적인 행동치료에 대한 생각과 달리 행동치료에서도 치료자가 상담의 효과는 지속적으로 점검하며 상담 목표 또한 내담자의 목표에 따라 상담 과정에서 수시로 수정되기도 한다.

학습 문제

1. 고전적 조건형성과 조작적 조건형성 과정을 설명해 봅시다.
2. 조작적 조건형성 과정 중 정적 강화, 정적 처벌, 부적 강화, 부적 처벌의 예시를 들고 차이를 설명해 봅시다.
3. 행동 강화계획의 하위개념들을 설명해 봅시다.
4. 반사조건화에 기초한 행동수정의 종류를 작성해 보고 각각의 예시를 말해 봅시다.
5. 행동치료 기법 중 내담자에게 학습된 불안, 공포를 역조건화하여 발생한 정서적 문제를 감소시키는 방법을 설명해 봅시다.

제 10 장

인지치료와 인지행동치료

김주은

1. 인지치료와 인지행동치료 소개
2. 인지치료의 주요 이론과 실제
3. 인지행동치료의 주요 이론과 실제: 합리적 정서행동치료
4. 관련 최신 치료: 정서도식치료와 변증법적 행동치료
5. 주요 기술 실습
6. 요약 및 리뷰

1. 인지치료와 인지행동치료 소개

1) 주요 발전

2) 주요 학자

2. 인지치료의 주요 이론과 실제

1) 주요 개념

2) 인지치료의 실제

3) 인지치료 관련 치료법

3. 인지행동치료의 주요 이론과 실제: 합리적 정서행동치료

1) 주요 개념

2) 합리적 정서행동치료의 실제

3) 합리적 정서행동치료 관련 치료법

4. 관련 최신 치료: 정서도식치료와 변증법적 행동치료

1) 정서도식치료

2) 변증법적 행동치료

5. 주요 기술 실습

1) 사고기록지 실습

2) A-B-C-D-E 연습하기

3) 신념의 이익과 손실(기능적 논박)

6. 요약 및 리뷰

학습 목표

- 인지치료와 합리적 정서행동치료의 역사적 발전과 주요 인물들을 알 수 있다.
- 인지치료와 합리적 정서행동치료의 주요 개념들을 이해한다.
- 인지도식과 역기능적 사고의 종류를 이해한다.
- 자동적 사고, 중간 신념, 핵심 신념을 이해하고 사고기록지를 활용할 수 있다.
- ABCDE 이론을 이해하고 실제 사례에 적용하여 설명할 수 있다.

1. 인지치료와 인지행동치료 소개

1) 주요 발전

인지치료(cognitive therapy)는 행동치료에 대한 비판과 인지심리학의 발전으로 성장하였다. 1960년대에 행동적인 접근이 심리적 문제 해결의 강력한 도구가 되기는 하지만, 인지적인 접근 없이는 인간의 행동을 이해하고 변화하는 데 있어서 한계가 있다(Mahoney, 1974). 또한 행동심리학에서 주장하는 '모델링'과 '학습'만으로 설명되지 않는 인간의 언어능력이 주목받기 시작하면서, 인간의 행동이 외부적인 강화만으로 설명할 수 없다는 인식이 강조되었다.

1960~1970년도 여러 인지심리학의 개념이 실험에서 증명되어 발표되었는데, 이 시기에 나온 것이 정보처리모델(information processing model)이다. 이는 인간이 정보를 기억하고 인출하는 과정이 부호화–저장–인출의 컴퓨터의 전산처리 과정처럼 이루어져 있으며 인간의 감정도 이러한 능동적인 인지처리과정을 거친다는 것이다(Short & Thomas, 2014). 특별히 불안이나 우울증 내담자들은 인지처리과정에서 부정적인 편견들을 많이 가지고 있으며, 이를 발견할 수 있는 인지치료가 발전하게 되었다.

한편, 인지행동치료는 '제2세대(second wave)' 치료법이라 불리는데, 이는 '제1세대'라 불리는 행동주의에서는 없었던 인지적인 기제들을 포함시켰기 때문이다. 특별히 1970~1980년대, 반두라가 자기효능감(self-efficacy) 모델을 발표하면서, 자신에 대한 믿음(self-belief) 및 자신에 대한 지식(self-knowledge) 등의 인지적인 구조가 감정에 미치는 영향이 강조되었고, 이는 인지행동치료의 발전에 지대한 영향을 미쳤다(김정범, 2000). 이러한 영향으로 인지행동치료에서는 자신과 세상에 대한 스키마(기본적인 생각의 틀)가 행동과 감정에 지대한 영향을 끼친다고 본다. 인지행동치료 이후로는 수용, 대인관계, 명상, 실존 등의 다양한 영역에서 기능적인 부분들을 강조한 '제3세대' 치료라고 부르는 것이 등장하게 된다.

1960~1970년대에 나온 정신분석치료의 비판도 인지행동치료의 발전에 박차를 가했다. 몇몇 리뷰논문들(Eysenck, 1969; Luborsky, Singer, & Luborsky, 1975)이 정신분석모델을 기반으로 한 전통적인 심리치료의 효과성이 높지 않다고 발표하면서, 보통 몇 년에 걸쳐 진행되는 정신분석치료의 비용 대비 효과에 대한 회의적인 시각들이 등장했다. 인지행동치료와 합리적 정서인지치료의 대표주자인 아론 벡과 앨버트 엘리스도 정신분석 훈련을 받아 왔지

만 이러한 회의적인 시각을 가지게 되었고, 정신분석보다 상대적으로 단기적이면서 효과적인 상담을 추구하게 되었다(Dobson, 2010).

아론 벡과 앨버트 엘리스 이후, 마이큰바움이 제시한 스트레스 면역훈련(stress inoculation training)도 인지행동치료의 기본적인 개념들을 담고 있는데, 인지를 자기-진술로 개념화하면서, 자신에 대해 반복적으로 수정된 진술을 통해 자신에 대한 인식을 변화시킬 수 있다고 보았다.

2) 주요 학자

(1) 아론 벡(Aaron Beck, 1921~2021)

아론 벡은 1960년대 인지치료를 창시하였다. 특별히 우울증 연구에 인지 원리를 적용하여 우울증의 이론을 공식화하고 새로운 치료법을 개발하였다. 이러한 배경에는 아론 벡의 어린 시절 불행했던 경험이 있는데, 그는 미국으로 이주한 유태인 부모 밑에서 태어났고 어머니가 아론 벡을 낳기 전 두 자녀를 잃었으며 그 이후에도 계속되는 어머니의 우울증으로 가족들이 고통을 경험했다. 또한 아론 벡은 어린 시절 팔이 부러져서 감염되는 바람에 골수염이 패혈증으로 발전하여 투병 생활로 학교생활을 중단하게 되었고, 이로 인해 심한 열등감과 공포감을 경험하였다.

아론 벡은 미국 로드아일랜드의 브라운 대학교에서 영어와 정치학을 전공하였고, 예일 의학대학교에서 정신과 전문의 수련을 받았지만 정신분석 이론들의 비합리적 특성을 경험하면서 예일대학교의 전문의 과정을 마치지 않고 의학박사학위만을 받고 졸업하였다. 육군에서 제대한 후 로드아일랜드 병원에서 병리학 레지던트를 시작하였고, 쿠싱 보훈병원에서 신경과 전공의 과정을 밟다가 인력이 부족한 정신과 근무도 같이 하게 되었고, 결국 쿠싱 병원에서 정신과 레지던트 과정을 밟고 정신과에 남게 되었다. 이후 펜실베이니아 대학교의 정신의학과 교수로 일하면서 백 우울증 척도(Beck depression inventory)를 개발하였는데 이 척도는 현재까지도 우울증 임상척도로 가장 널리 사용되는 척도 중 하나이다.

아론 벡은 정신역동적 심리치료 수련을 받으면서 안나 프로이트와 뢰벤스타인 등이 발전시켰던 자아심리학(ego-psychology)의 영향을 많이 받았다. 자아심리학에서는 인간의 마음은 공격적인 충동과 갈등을 빚는 자아의 기능에 영향을 받기 때문에, 심리적인 '정상'과 '병리적' 상태 모두 자아의 조직적인 기능에 좌우된다고 믿는다. 아론 벡은 필라델피아의 미국

정신분석협회 교육단체에서 훈련을 받으면서 우울증이 분노와 공격적인 충동의 결과라는 정신역동적인 관점에 회의를 느꼈지만, 자아-심리학의 일부를 여전히 신뢰하면서 자아의 인지적인 기능에 초점을 맞추기 시작했다(Ruggiero, Spada, Caselli, & Sassaroli, 2018).

1967년 『우울증: 임상 실험 및 이론적 측면』을 출판하여 인지 왜곡 개념을 소개하였고, 1970년부터 많은 기관에서 인지심리학에 대한 강의를 듣기 위해 아론 벡을 초청하여 인지치료의 창립자로 알려지기 시작했다. 1975년, 『인지치료와 정서장애』를 출판하여 부정적인 자동적 사고 이론을 정립하고, 우울, 공포, 섭식장애, 마약 중독에 이르는 여러 정신장애 치료를 위한 방법으로 인지치료를 개발하였다.

1994년, 딸인 주디스 벡과 함께 필라델피아에서 인지치료 및 연구를 위한 Beck 연구소를 설립하였다. 이 연구소는 미국을 넘어 전 세계의 상담가, 군 가족, 보건 관련 전문가들에게 워크숍과 수퍼비전을 제공하면서 인지치료를 훈련하고 있다. 현재 아론 벡은 펜실베이니아 대학교에서 은퇴하여 정신과 명예교수이자 Beck 연구소의 창립자로 남아 있으며 주디스 벡이 그의 정신을 이어받아 펜실베이니아 대학교의 임상부교수이자 Beck 연구소의 대표로 인지치료의 성장에 기여하고 있다.

(2) 앨버트 엘리스(Albert Ellis, 1913~2007)

미국으로 이주한 유태인 부모에게서 1913년에 태어난 앨버트 엘리스는 어린 시절 몸이 약하여 신장염과 신장 당뇨로 오랜 시간 동안 병마와 싸웠으며, 40세에는 당뇨병을 진단받았다. 자라는 과정에서 양극성 장애를 가지고 있던 어머니는 극단적인 기분 변화로 아이들에게 감정적 지원 및 물질적인 지원을 주지 못하였다. 그 과정에서 엘리스는 아르바이트로 돈을 벌어 동생들을 돌보았다. 엘리스는 청소년 시절부터 사람들 앞에서 이야기하는 것을 극히 꺼리는 등 공포증이 있었으며, 청년 시절에는 여성에게 다가가서 이야기하는 것에 극심한 공포를 느껴 브롱스 식물원에서 한 달이 넘는 시간 동안 100명이 넘는 여성에게 말을 거는 실험을 하는 등 자신의 공포를 직면적으로 다루기도 했다.

학부 시절 뉴욕시립대학교에서 경영학을 전공하고, 사업과 글 쓰는 직업을 가졌지만 대공황 시절 둘 다 성공을 이루지 못하였고, 우연히 인간의 성에 대해 조사하고 글을 쓰는 과정에서 임상심리학을 전공하기로 결심한다. 뉴욕 컬럼비아 대학교에서 임상심리학으로 석사와 박사를 마치고 카렌 호나이 연구소에서 계속해서 정신역동적 접근에 대해 훈련을 받았다. 그러나 1953년부터는 정신분석 및 역동적 접근에서 완전히 분리되어, 『신경증과 함께 사는 법』이라는 책을 출간하여 생각과 행동에 대한 치료법을 소개하였다. 엘리스는 정신분석 및 역동적 접근에서 과거를 분석하고 통찰하는 것이 실제의 삶의 변화와 크게 연결되지 않는다고 보았다. 어느 때에는 과거의 상처와 공포를 탐색하는 것이 또 다른 외상 경험이 되며, 생각의 틀이 바뀌지 않는 이상 그 자체로 긍정적인 변화가 생기지 않는다고 본 것이다. 그러나 사실 엘리스의 이론은 카렌 호나이의 '당의성의 독재(tyranny of the shoulds)'와 같은 이론과도 많이 닮아 있다.

엘리스는 2006년 워크숍을 마친 어느 금요일 밤, 구강 분비물이나 위에 있는 내용물 등의 이물질이 기도로 흡입되면서 폐에 염증이 발생하는 흡인성 폐렴으로 입원을 하였다. 그러고 나서 2007년 7월에 사망할 때까지 14개월 동안 병상에서도 학생들에게 합리적 정서행동치료를 가르쳤으며, 뉴스미디어와의 인터뷰도 지속하였다.

2004년에 엘리스는 호주 심리학자인 데비 조피와 결혼을 하였는데 그녀는 엘리스가 죽을 때까지 엘리스가 하는 모든 일을 도왔고, 합리적 정서행동치료에 대한 워크숍과 책을 계속 진행하고 있다. 데비는 뉴욕에 있는 컬럼비아 대학교에서 강사로 일하면서 합리적 정서행동치료와 불교에 대한 책도 집필하였으며, 합리적 정서행동치료를 통해서 감정적 고통, 슬픔으로 힘들어하는 사람들을 돕기 위한 워크숍을 진행하고 있다.

2. 인지치료의 주요 이론과 실제

1) 주요 개념

(1) 인간관

인지치료에서는 인간의 마음을 개인의 환경이나 유전적인 영향으로 인해 수동적으로 만들어진 상태라고 보기보다는 능동적으로 자신의 현실을 만들어 가는 과정 중 생겨나는 것으로 본다. 프로이트는 인간의 행동이 성적 충동 등과 같은 내적인 요인에 의해 이미 결정되어 있다고 믿었으며, 스키너는 인간의 행동이 외적인 강화나 환경으로 이미 결정되어 있다고 믿었다. 인지치료에서는 인간을 자신의 목표를 설립하고 추구해 나가고자 하는 복합적이고 사회적이면서 생리적인 존재라고 보았으며, 이것은 자신의 행복을 추구해 나가는 인간의 사고능력에서 드러난다고 보았다. 또한 자신의 장기적인 목표에 부합하지 않는 단기적인 사고로 인한 행동은 불행감을 일으키기 때문에, 결국 인간은 자신의 목표를 위해 스스로 환경을 만들어 간다고 본다.

인지치료가 보는 인간은 자신의 즐거움, 슬픔, 공포, 분노, 흥분들을 좌우하는 정보들을 찾고 또 그 정보들을 분석하는 능력이 있으므로, 그 정보들을 사용하여 자신의 감정적 반응을 수정할 수 있는 주체적인 행동도 가능하다. 인간이 자신의 환경에 대해 지극히 지엽적이고, 자기중심적이며, 경직된 정보만을 가지고 있을 경우 심리적 고통은 더 커질 수 있기 때문에, 치료사가 개인의 인지적인 기능을 발전시켜 전체적으로 합리적인 상황 판단이 가능하게 도울 경우 심리적인 고통의 강도를 줄일 수 있다고 본다.

(2) 역기능적 인지도식

인지도식(schema)이란 외부세계와 우리의 행동에 대한 정보처리와 감정반응을 결정하는 인식의 틀이다. 사람도식, 역할도식, 상황도식, 자기도식의 네 가지 인식도식 유형으로 나눌 수 있다. 사람도식은 특정 사람들에 대한 인식구조(예: 아빠라는 존재는 친절하지만 농담을 못한다)이며, 역할도식은 역할에 대한 적절한 활동과 경계에 대한 인식 구조(예: 경찰관은 나에게 수갑을 채울 수 있다)를, 상황도식은 적절한 활동과 행동을 포함한 상황에 대학 인식구조(예: 축구경기에서는 큰 소리를 지를 수 있지만 수업 시간에는 소리를 지를 수 없다)를, 자기도식은 자신에 대한 개념과 인식구조(예: 나는 일에 대한 불분명한 지시들을 싫어한다)를 의미한다.

인지도식은 사람이나 상황을 신속하게 해석하여 반응을 결정할 수 있도록 인식 집합을 제공하는 역할을 하지만, 여러 오류를 포함하고 있다. 인지도식에 대한 과도한 의존으로 인해 도식과 일치하는 정보만을 수집하려는 태도를 보일 수 있고, 도식을 지지하는 극단적 예들을 일반화의 근거로 삼기도 한다. 또한 차별로 이어지는 고정관념이나 자신과 주변 세상에 대한 잘못된 판단으로 이어지기도 하는데 이는 역기능적 인지도식으로 설명된다.

역기능적 인지도식(dysfunctional schema)은 초기 아동기 및 이전의 경험들이 축적되어 나타나는 경우가 빈번한데, 미래를 해석하는 인식의 틀이 부정적으로 고착되어 자신의 목표와 행복을 추구하는 데 걸림돌이 되는 인식구조를 의미한다. 예를 들어, 아론 벡은 심한 우울증을 경험하는 사람들이 흔하게 경험하는 역기능적 인지도식을 인지삼제(negative cognitive triad)라고 불렀다. 즉, 자신을 보는 관점이 주로 자기 비난으로 이루어져 있고(자기비난), 세상을 비관주의 관점으로 보며(세상비관), 미래에 대한 희망이 없는 부정적 시각(미래부정)이 우울증에 크게 영향을 미칠 수 있다.

(3) 자동적 사고, 중간 신념, 핵심 신념

인지치료에서는 내담자의 기대, 평가, 문제의 원인과 책임감에 대한 기여 정도에 대해 다루는데 이러한 주제들은 일어난 일에 대한 내담자의 반응을 결정한다. 인지치료에서는 사람의 인지적 반응에는 세 가지의 종류가 있다고 보는데, 자동적 사고(automatic thought), 중재적 신념(intermediate thought), 핵심 신념(core belief)이 그것이다.

자동적 사고란, 감정과 즉각적으로 연결되어 있으나 내면의 논리와 긴밀히 연결되어 근거에 의한 검증이 이루어지지 않은 상태로 경험되는 사고이다. 예를 들어, 아는 사람이 내가 인사를 했는데도 인사를 받지 않고 지나갔다고 했을 때, '저 사람이 나를 무시하나?'라고 즉각적으로 드는 생각이 자동적 사고이다. 이러한 자동적 사고는 상황적인 요인을 자세히 살펴본다거나, 그 생각의 이유를 따져 본다거나 하는 과정 없이 무작정 신뢰하는 경우가 많다. 이러한 자동적 사고는 개인이 가지고 있는 '기본 가정(underlying assumptions)'에서 생성되는데 내가 나 자신과 타인을 보는 가정이 비현실적일수록 다양한 부정적인 자동적 사고가 나타나게 된다.

중재적 신념은 자동적 사고와 같이 특정 상황에 적용되는 것을 넘어서 다양한 상황에서 전형적으로 나타나는 사람과 상황을 바라보는 태도와 규칙을 의미한다. 중재적 신념은 조건적 규칙으로 표현되는데 대부분 '만약… 한다면, …일 것이다.'라는 공식을 가진다. 예를 들어, '지금 당장 내가 연애를 하고 있지 않으면, 나는 앞으로 평생 혼자 외롭게 살게 될 것이다.'라고 믿는 것이다. 이러한 중재적 신념은 내담자로 하여금 자신에게 부정적인 영향을 끼치는 연애 관계에서 벗어나지 못하고 계속 머물도록 만들 수 있다. 또는 '내가 날씬해야만, 다른 사람들의 사랑을 받을 수 있다.'라고 믿는 것도 중재적 신념의 예이다. 이러한 가정은 다른 사람이 나에게 주는 관심을 조건화시켜, 다른 사람의 사랑을 받기 위해서는 어떤 방법을 써서라도 날씬해야 한다는 생각을 하게 만든다. 즉, 중재적 신념은 자신에게 주어지는 정보들을 구조화하고 행동을 결정하는 데 영향을 끼친다.

핵심 신념이란 정체성 수준에서 개인에게 영향을 주는 생각이다. 자동적 사고를 나무의 잎으로, 중재적 신념을 나무의 몸통 또는 가지로 본다면, 핵심 신념은 나무의 뿌리와도 같아서 접근과 변경이 어려운 경우들이 많다. 여러 부정적인 핵심 신념이 존재하는데, 이를 크게 세 가지 유형으로 나누어 보면 다음과 같다. 첫째, 무기력과 관련한 핵심 믿음으로 '나는 스스로 조절이 잘 안 된다.', '나는 능력이 없다.', '나는 성공하지 못할 것이다.'라는 생각들이 여기에 포함된다. 둘째, 다른 사람들로부터 사랑받지 못하는 존재와 관련된 핵심 믿음에는 '나는 사람들이 좋아하는 타입이 아니다.', '나는 성격적 결함이 너무 많다.', '나는 결국 혼자가 될 것이다.'라는 생각들이 있다. 셋째, 가치 없는 존재라는 핵심 믿음과 관련한 생각들은 '나는 쓰레기와 같다.', '나는 위험한 존재이다.' 등이 있다. 이에 대해서는 뒤의 핵심 신념 다루기에서 좀 더 자세히 다루도록 하겠다.

2) 인지치료의 실제

(1) 치료적 관계

인지치료의 치료관계는 협력적 경험주의(collaborative empiricism)이다. 일반적으로 상담자는 내담자의 저항의 상태를 파악하고 공감적인 태도로 내담자와 함께 신념(생각)의 타당성을 검토하는 협동자의 자세를 취한다. 내담자의 부정적 생각 패턴에 대해 합리적 의심을 일으킬 수 있는 사려 깊은 질문을 통해 자신의 생각에 대한 실험의 장을 열어 주는 것이다. 이를 위해서는 내담자의 참조 체계를 함께 들여다보고, 그 신념 체계에 대한 합리적 질문을 통해 타당성을 검토하고, 대안을 탐색할 수 있도록 동맹관계를 맺는 것이 중요하다. 인지치료에서는 합리적 정서행동치료에서 주장하는 '논박'보다는, 소크라테스식 질문들을 통해 스스로 자신의 생각과 근거들을 밝히고 깨달을 수 있도록 가이드하는 역할을 한다.

또한 인지치료의 상담 과정 중 회기 사이에 내담자가 해야 하는 과제들이 있기 때문에 이러한 협력적 동맹관계를 맺는 것이 무엇보다 중요하다. 내담자들은 인지적 과제에 대한 부담과 과제를 하지 못했을 때의 수치심과 자책감 등으로 인해 인지치료 과정에 대해 회의를 느낄 가능성이 있는데 이럴 경우 상담자는 내담자의 입장에서 과제를 수정하고 부담에 대한 감정을 경청하는 것이 필요하다. 내담자의 동의하에 과제를 시작하고, 내담자의 동기와 어려움을 함께 해결해 나가고자 하는 자세가 중요하다.

(2) 인지모델에 근거한 사례개념화

사례개념화(case conceptualization)란 내담자가 보이는 증상과 문제의 근원이 어디에 있으며, 문제의 근원을 해결하기 위해 어떤 부분을 상담 목표로 설정할 것인지에 대한 이론적 분석이다. 인지치료 사례개념화에는 특정 정신장애마다의 원인과 목표를 정의하는 증상특화 사례개념화(disorder-specific case conceptualization)가 있고, 일반적으로 다양한 증상에 적용할 수 있는 일반적인 사례개념화(generic conceptualization)가 있다(Persons, 2008).

인지치료에 따른 불안장애, 성격장애, 섭식장애를 설명하는 증상특화 사례개념화를 살펴보면, 불안장애의 경우 위험에 대한 과장과 비현실적인 지각으로 인한 통제 상실과 같은 파국적인 해석, 인간관계 등에 대한 부정적인 인식이 있다. 성격장애는 유전적 소인과 유전적 소인을 활성화시키는 부정적 경험이 존재할 가능성이 크다. 섭식장애는 신체상에 대한 왜곡된 사고, 포만감을 뚱뚱해진다는 신호로 오해석하고, 사진과 거울에 보이는 모습을 실제보다 뚱뚱한 것으로 과장하여 해석하기 때문에 일어날 수 있으며, 이러한 오해석에 대한 분석, 그리고 자신의 가치에 대한 왜곡된 명제들을 살펴보아야 문제의 핵심을 다룰 수 있다(권석만, 2012).

일반적인 사례개념화에 관련해서는 다음과 같이 내담자가 겪고 있는 문제에는 직접적이든 간접적이든 이를 야기하는 스키마가 존재하며, 삶의 사건들이 이 스키마를 형성한다고 본다. 예를 들어, 내담자가 극심한 우울증, 직업상의 어려움, 배우자와의 갈등, 자살 충동 등의 문제를 겪는다고 가정해 보자. 인지모델에 따르면, 이 어려움들은 내담자가 가지고 있는 '나는 가치가 없다'고 생각하는 스키마에 의해서 형성되었다고 해석할 수 있다. 이러한 스키마는 삶의 여러 경험(예를 들어, 부모가 자신과 형제를 비교하여 자신을 무시한다고 생각하는 경험, 친구들과의 원만하지 못한 관계 등)에서 형성되었을 가능성이 크다. 자신의 가치에 대해 끊임없이 의문을 제시하는 자신의 모습은 더욱 깊은 우울증 및 자살 충동을 야기하고, 직장에서 상사와의 원만하지 못한 관계에 기여하며, 배우자와의 대화에서 공격적인 행동과 언사를 발생하여 문제를 일으킬 수 있다.

예를 들어, PTSD와 우울증을 겪고 있는 20세의 대학생 여성이 손목을 긋는 자해 행동으로 입원을 했다고 가정을 해 보자. 이 여성은 자신의 어머니가 심각한 알코올 중독이었으며, 양아버지로부터 6세부터 16세까지 성 학대를 당했다고 보고하였다. 먼저, 이 내담자 부모의 문제와 학대가 내담자의 PTSD와 우울, 자해 행동에 어떤 영향을 미쳤으며, 현재에도 그 기억들이 어떤 식으로 자신의 증상과 행동을 자극하는지(예를 들어, 어떤 이미지가 어느 때 기억

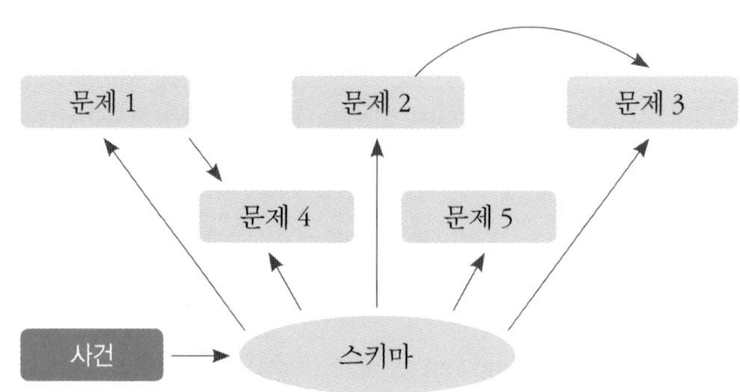

[그림 10-1] 인지치료의 사례개념화

출처: Persons, Davidson, Tompkins, & Dowd (2001)에서 인용.

나는지, 어떤 장소, 음악, 사람을 보면 그때의 기분이 생각나는지)를 분석하는 것은 사례개념화에서 과거 사건으로 인해 형성되는 스키마를 밝혀내는 데 중요한 작업이다.

상담자는 그때의 사건들이 자신에 대해 어떻게 생각하게 만들었으며(예: '나는 가치가 없는 사람이다.', '나는 정상적인 생활을 하지 못할 것이다.'), 다른 사람들을 보는 시선에 어떤 영향을 미쳤는지를(예: '사람들은 모두 나를 이용하려고 하며 해치려고 한다.', '나를 보호하고 이해해 줄 수 있는 사람은 아무도 없다.') 파악해야 한다. 이러한 상황에서도 대학에 진학하여 다니고 있으며, 몇몇 가까운 친구들과 관계를 유지하는 내담자의 긍정적 자원들을 분석하여 그 자원들을 활용하여 적응적인 행동을 활성화할 수 있도록 해야 한다(Kuyken, Padesky, & Dudley, 2008).

(3) 소크라테스식 대화

소크라테스식 대화는 내담자로 하여금 자신의 삶에 영향을 끼치는 생각과 신념에 대해 비판적으로 평가하도록 질문하거나 대화를 이끌어 가는 것을 말한다. 내담자의 인지왜곡에 대해 지적하고 다르게 생각하도록 설득하는 것이 아니라, 내담자가 스스로의 생각에 대해 의문을 가질 수 있도록 하는 것이다. 이때 상담자가 내담자의 생각에 대해 '궁금해하는 자세'는 상담이 끝난 후에도 내담자가 상담자가 했던 질문을 스스로에게 던질 수 있도록 돕는다. 상담자가 내담자의 당장의 생각을 교정하여 다른 생각을 하도록 만든다면, 내담자는 이후에 또 다른 부정적인 생각이 떠오를 때 그 생각에 휩싸일 가능성이 있다. 그러나 더 좋은 질문을 하는 것을 배운다면 또 다른 상황에서도 이를 적용할 수 있다. 상담자가 궁금한 자세를 가지기 위해서는 내담자의 왜곡되어 있는 생각이 항상 비합리적이라고 생각해서는 안 된다. 진정한 발견을 위한 질문들을 하는 것이 목적이지, 상담자의 가정을 확인시켜 주는 증거를 찾기 위한 과정으로 오해해서는 안 된다.

소크라테스식 질문은 다음의 세 가지 원리를 가지고 있다(Padesky, 1993). 첫째, 내담자가 대답할 수 있는 질문을 던진다. 상담자는 종종 내담자가 대답할 수 없는 질문들을 던지는 경우가 있다. 예를 들어, 자신의 감정을 전혀 인식하지 못하는 내담자에게, "지금 어떤 감정이 느껴지나요?"라고 묻는 것은 오히려 협력관계를 약화시킨다. 더 좋은 질문은 "아버지에 대해 이야기하면서 몸에 느껴지는 긴장이나 변화가 있나요?"이다. 이는 내담자에게 없는 것을 강조하지 않고 발견으로 이끄는 질문이다. 둘째, 상담자는 내담자가 현재 초점을 맞추지 않고 있지만, 주 호소 문제와 관련이 있는 것들에 대해 질문해야 한다. 가장 중요한 것은 호소 문제와의 관련성이다. 예를 들어, 우울한 내담자는 우울한 경험들만 기억한다. 상담자는 현재의 감정과 믿음과 대조되는 경험들을 기억해 낼 수 있도록 질문해야 한다. 즉, 기억 은행의 추가적인 정보를 인출하도록 하는 역할을 하는 것이다. 셋째, 상담자는 내담자가 이전의 생각을 재평가하고 새로운 아이디어를 구체화할 수 있는 질문을 해야 한다. 자신을 쓸모없는 사람이라고 믿는 내담자가 있다고 가정하자. 쓸모없다는 것의 의미는 사람마다 다르고, 쓸모없다고 느끼는 영역 또한 우리가 생각하는 것과는 다를 수 있다. 쓸모없다는 것을 정의하는 내담자가 생각하는 의미와 구체적인 상황들을 밝혀가는 질문들이 그 생각에 대해 평가하고 실험할 수 있도록 돕는다.

3) 인지치료 관련 치료법

(1) 사고기록지

사고기록지는 내담자로 하여금 자신의 부정적인 자동적 사고를 인식하도록 돕고, 사실과 생각을 분리하고, 자신의 생각이 감정에 어떤 영향을 끼치는지 파악할 수 있는 도구이다. 또한 부정적인 사고를 대체할 만한 생각을 찾고 그런 현실적이고 균형적인 대체 사고가 어떤 감정의 전환을 불러일으키는지에 대해서도 다룬다. 사고기록지 활동은 부정적인 사고를 긍정적인 사고로 바꾸는 것이 목적이 아니며, 한쪽으로 왜곡된 시각에 대한 균형을 잡는 것에 목적이 있다. 사고기록지는 기록을 할 수 있는 표가 있어, 자신의 자동적 사고와 그에 대한 객관적 사실들을 적어 가면서 시각화를 하는 활동이 내담자들에게는 자신의 생각을 명확히 인식하는 데 도움이 된다. 〈표 10-1〉은 일곱 가지의 칸으로 이루어져 있는 사고기록지의 예이다(Greenberger & Padesky, 2015).

자동적 사고를 기억나게 하는 질문에는 여러 가지가 있을 수 있다. 예를 들어, "그런 감정이 들기 전에 어떤 생각이 지나가던가요?", "뭐가 힘들었나요?", "무엇 때문에 그렇게 느끼고 있나요?", "어떤 일이 일어나는 것이 두렵나요?", "다른 사람이 나에게 뭐라고 말하는 것 같던가요?", "어떤 이미지 또는 기억이 떠오르던가요?" 등의 질문이 내담자의 자동적 사고를 떠올리게 할 수 있다. 하나의 상황에서도 여러 가지 자동적 사고가 일어날 수 있으므로, 최대한 다양한 자동적 사고를 찾아낼 수 있도록 하되, 그중에서 가장 자신에게 가장 크게 영향을 미치는 자동적 사고를 뜨거운 사고(hot thought)라고 명명하여, 그 뜨거운 사고를 중심으로 이후의 객관적 증거들에 대해 이야기하는 것이 효율적이다.

뜨거운 사고를 지지하는 증거에 대해서는 내담자들이 왜 그렇게 생각하는지에 대해 물어보면 쉽게 찾아낼 수 있다. 그러나 뜨거운 사고를 지지하지 않는 증거는 대부분 자신이 의식적이든 무의식적이든 무시해 왔으므로 생각이 나지 않는 경우가 흔하다. 이때, 상담자가 다

표 10-1 사고기록지의 예

상황	기분	자동적 사고	자동적 사고를 지지하는 증거	자동적 사고를 지지하지 않는 증거	새로운/균형적 관점	기분 재평가
어디에 있었으며, 누구와 함께 있었고, 무엇을 하고 있었는가?	그때 당시의 감정을 나타낼 수 있는 단어는 무엇인가? 상대적 강도를 0~100%로 평가하기	마음속에 어떤 생각이 지나갔는가? 어떤 기억이나 이미지가 떠올랐나?	그 생각의 객관성을 지지할 만한 근거들은 무엇인가?	그 생각이 100% 맞지 않을 수 있다는 것을 말해 주는 경험, 사실은 무엇인가?	부정적 자동적 사고를 대체할 만한 새로운/균형적 사고는 무엇인가?	지금은 그 상황에 대해 어떤 감정이 드는가? 기분의 강도를 재평가해 보자.

음과 같은 질문들을 하는 것이 내담자에게 도움이 된다. "다른 사람들은 그 상황에 대해 어떻게 생각할 것 같나요?", "친한 친구가 그런 생각을 한다면 뭐라고 말해 주고 싶나요?", "이 생각이 100% 진실이라 할 수 없다고 생각하는 부분이 혹시 있나요?", "이전에 비슷한 감정이 들었을 때, 다르게 생각한 적은 없었나요?", "지금부터 5년 후에, 이 상황을 되돌아본다면 어떤 생각이 들까요?", "작은 부분이지만 무시하고 있는 상황적인 부분들이 있을까요?"와 같은 질문들은 내담자에게 그 사건을 보는 생각의 전형적 틀에서 벗어나서 다른 시각으로 생각해 볼 수 있는 기회를 준다.

(2) 하향 화살표 기법

사고기록지를 반복적으로 사용하다 보면, 비슷한 종류의 부정적 자동적 사고를 발생시키는 기저에 깔린 핵심 신념(즉, 다양한 부정적 사고들의 공통된 주제)을 발견하게 된다. 이러한 핵심 신념을 찾아내는 방법 중 하나가 하향 화살표 기법(downward arrow)이다. "이 상황이 나에 대해 무엇을 말해 준다고 생각하는가?", "이것이 다른 사람들에 대해, 세상에 대해 무엇을 말해 준다고 생각하는가?" 등의 질문을 반복적으로 하다 보면 세상 또는 나에 대한 핵심 신념을 찾을 수 있다.

예를 들어, 현재 구직 중인 내담자가 한 직장을 지원하고 난 후, 1차에서 선발되지 않았다는 전화를 받았다고 가정해 보자. 그 상황에서 내담자의 첫 생각은 '당연하지, 당연히 떨어진 거지.'라는 종류의 생각이었다. 그 이후 며칠 동안 내담자는 화가 나고 슬픈 감정의 기복을 심하게 겪으며 상담에 오게 되었다. 이때 상담자가 "그 상황이 나에 대해 무엇을 말해 준다고 생각하나요?"라고 물어보자, 내담자는 "나는 절대 직업을 구하지 못할 것 같아요."라고 대답한다. 상담자는 여기에서 "만약 그것이 사실이라면, 나에 대해 무엇을 말해 주나요?"를 반복하여 질문하고, 내담자는 "내가 직장에서 뽑을 만큼 별로 매력적인 사람이 아닌가 보죠."라고 대답한다. 상담자는 "그게 왜 그렇게 화가 나나요?"라고 물을 수 있고, 내담자는 내가 가치 없는 사람처럼 느껴지기 때문이라고 대답하는 것을 바탕으로 내담자가 자신을 '가치 없는 사람'으로 생각해 왔다는 핵심 신념을 찾을 수 있다. 이것은 내가 나를 보는 기본 관점이며, 상황에 대한 반응과 감정들에 깊은 영향을 끼치는 핵심적인 신념이다.

〈하향 화살표 기법의 예〉

상황: 구직 중인 내담자가 지원한 회사의 1차 심사에서 떨어졌다는 전화를 받은 상황

부정적 자동적 사고
내담자: 당연하죠. 뭐 떨어지는 게 당연하죠.
(상담자: 그 상황이 나에 대해 무엇을 말해 준다고 생각하는가?)

내담자: 나는 절대 직장을 구하지 못할 것 같아요.
(상담자: 만약 그것이 사실이라면, 나에 대해 무엇을 말해 주는가?)

내담자: 나는 직장에서 뽑을 만큼 별로 매력적인 사람이 아닌가 보죠.
(상담자: 그게 왜 그렇게 화가 나나요?)

내담자: 내가 가치가 없나 보죠. 항상 그랬어요.
내담자의 핵심 신념: 나는 항상 가치가 없는 사람이다.

(3) 재앙화에서 벗어나기

재앙화 기법은 상상할 수 있는 최악의 상황에 대해 이야기하도록 한 후, 그 사건 자체가 부정적으로 과장되어 있는 것은 아닌지 점검한다. 내담자가 자신이 대처할 수 있는 능력을 과소평가하는 것은 아닌지에 대해 생각해 볼 수 있도록 하는 것이다. 최악의 상황에 대해 이야기하게 할 때는 '생각할 수 있는 최악의 상황'에 대해 묻고 "만약 그렇다면(what if) 어떤 일이 발생할 수 있는가?"라는 질문을 연속적으로 던짐으로써 내담자가 미래의 상황에 대해 예상하여 진술하도록 돕는다. 대부분은 내담자들에게서 일어날 가능성이 희박한 것을 일어날 것이라 믿고 있다든지, 그와 관련된 사건을 극대화시켜서 끔찍한 결론을 내린다든지 하는 인지적인 오류들이 발견된다.

만약에 내담자가 두려워하는 상황이 실제로 일어날 수 있는 상황이라고 판단되는 경우에는 회피 행동을 줄이고 대처 방안에 대해 생각해 볼 수 있다. 실제로 그런 일이 일어날 경우 실행할 수 있는 단계적인 액션 플랜(action plan)을 생각해 봄으로써 내담자가 최악의 상황을 상상할 때마다 해결방식에 대해 이야기할 수 있다. 즉, 내담자로 하여금 미래의 시간을 조망할 수 있도록 돕고, 다양한 정보를 종합하여 시각을 넓힐 수 있도록 돕는다(Beck, 2011).

(4) 재귀인

재귀인은 '이 일은 왜 일어났을까'라는 근본적인 질문에 내담자가 다양한 생각을 할 수 있도록 하는 것이다. 내담자가 지나친 개인화(personalization)로 일어난 부정적인 일을 본인의 잘못으로 모두 돌려서 심한 죄책감에 빠진다든지 한 사람의 탓으로 귀인하여 분노를 키워 가고 있을 경우, 경직된 생각의 패턴을 풀어서 문제의 근본 원인을 다양한 각도로 생각해 볼 수 있도록 한다. 상담자는 '그 문제가 발생한 다른 원인은 무엇인지'를 물으면서, 개인 내적인 원인뿐만 아니라 개인이 통제할 수 없는 환경적인 원인까지 종합적으로 생각할 수 있도록 해야 한다. 재귀인은 '책임파이'라는 활동을 통해서 할 수 있는데, 이러한 부정적인 상황이 발생한 것에 대한 책임 분량에 따라 파이 조각을 나눈다. 자신에게 모든 책임을 돌리는 내담자에게는 의도적으로 상황적인 원인, 다른 사람들(구체적인 인물에 따라 파이를 나눌 수 있도록 함) 등에 대한 책임 분량을 먼저 배당하여 나누게 되면, 자신에게 있는 책임의 분량이 현실적으로 적어지는 것을 경험할 수 있다.

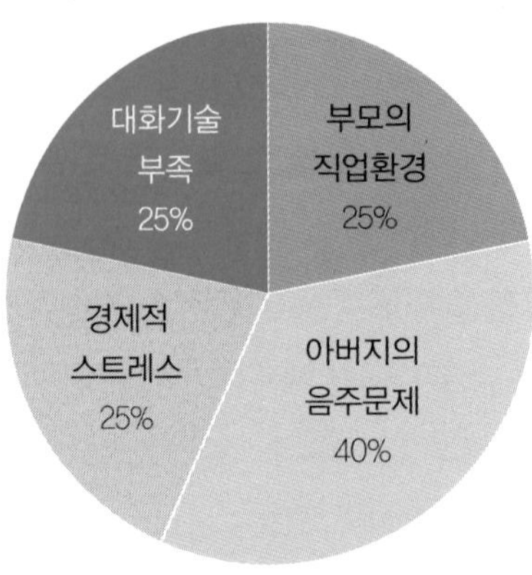

[그림 10-2] 책임파이 작성의 예

출처: Structure and Techniques of Cognitive Behavioural Therapy (CBT) (2020)에서 인용.

(5) 부정적인 핵심 신념 다루기

부정적인 핵심 신념의 종류는 다양하지만, 자신에 대한 부정적인 핵심 신념은 앞서 간단히 언급한 것처럼 다음과 같은 세 가지 카테고리 안에 속할 가능성이 높다. 첫 번째는 무기력(helplessness)과 관련된 핵심 믿음이다. 이에는 '나는 스스로 조절이 잘 안 된다, 나는 취약하다, 나는 성공하지 못할 것이다, 나는 비효율적으로 일한다, 나는 능력이 없다, 나는 실패자이다'와 같은 핵심 신념이 속한다. 두 번째는, 다른 사람으로부터 사랑받지 못하는 존재(unloveliness)와 관련된 핵심 믿음이다. 이에는 '나는 사람들이 좋아하는 타입이 아니다, 나는 매력이 없다, 나는 거절만 당한다, 나는 결국 버림을 받을 것이다, 나는 결국 혼자 살아갈 것이다, 나는 흠이 많다'라는 핵심 신념이 포함되어 있다. 세 번째는, 나는 가치 없는 존재(worthlessness)라는 생각과 관련된 핵심 믿음이다. 이에는 '나는 나쁜 사람이다, 나는 위험하다, 나는 악하다, 나의 존재는 쓰레기 같다, 나는 독약과 같다, 나는 살 가치가 없다'는 핵심 신념이 포함되어 있다.

보통 이러한 핵심 신념을 찾아낼 때는 내담자가 작성했던 여러 번의 사고기록지 활동에서 찾아낸 공통된 부정적 자동적 사고의 주제가 무엇인지 찾고, 부정적인 핵심 신념이 앞에 언급한 세 가지 카테고리 중에 어디에 속하는지 판단해 볼 수 있다. 그러한 자료가 부족할 경우, 내담자에게 다른 내담자가 흔하게 겪는 부정적 핵심 신념의 예들을 보여 준 후에 내담자는 자신의 핵심 신념은 무엇이라고 생각하는지 선택하게 할 수 있다.

핵심 신념을 찾았다면 상담자는 다음과 같은 질문들을 던진다. 예를 들어, '나는 실패자다'라는 생각이 내담자의 핵심 신념인 경우, 0(그렇다고 믿지 않음)부터 100(확실히 그렇다고 믿음)까지의 척도에서 지금 현재는 이 핵심 신념을 얼마나 강하게 믿고 있는지에 대해 물어본다. 핵심 신념은 생각의 뿌리에 해당하기 때문에 대부분 70 이상 강하게 믿고 있는 경우가 흔하다.

그 이후, 내담자가 생각하는 '실패'라는 의미를 세 가지 이상의 단어로 정의해 볼 수 있게 한다. 이때 그 정의를 말하는 것이 내담자에게 어려운 작업이 될 수 있기 때문에, 이를 돕기 위해 내담자 주위에 '성공한 사람'이라고 생각되는 사람의 예를 떠올리도록 한다. 그 사람의 특징을 말하다 보면 내담자가 생각하는 '실패'란 무엇인지를 좀 더 구체적으로 파악할 수 있다. 만약 내담자가 그 성공한 주위 사람을 자신의 꿈을 이룰 능력을 가지고 있고, 주위 사람들이 그 사람을 존중하며, 항상 자신감 있는 모습이라고 묘사했다고 가정해 보자. 그렇다면 내담자는 자신이 꿈을 이룰 능력이 없고, 다른 사람이 나를 존중하지 않으며, 자신감이 없는 모습이라고 생각하기 때문에 스스로를 '실패자'로 보고 있을 가능성이 높다.

내담자는 아마도 지금까지 자신을 실패자라고 믿고 그에 맞는 증거만을 수집했을 가능성이 높다. '핵심 신념 다루기'에서는 내담자가 부정적인 핵심 신념을 가지고 있기 때문에 애써 무시하고 있는 부정적인 핵심 신념과 반대되는 경험들을 떠올리고 수집하는 것을 목적으로 한다. 최근의 경험이 없다면 오래전 기억들을 떠올리면서 회상하는 것도 괜찮다. 이 내담자의 경우에는 자신이 다른 사람들의 존중을 받았던 경험, 자신감이 있었던 때, 또는 꿈을 이룰 수 있는 능력이 있다고 믿었던 때와 작은 경험들을 떠올려 마치 보석을 수집하듯이, 부정적 핵심 신념을 흔들 수 있는 조각들을 수집하는 것이다. 이러한 작업은 내담자의 핵심 신념에 대한 믿음의 강도가 강할수록 시간과 노력이 많이 들 수 있지만, 자신이 보지 못했던 삶의 흔적들을 볼 수 있는 좋은 기회가 될 수 있다.

3. 인지행동치료의 주요 이론과 실제: 합리적 정서행동치료

인지행동치료는 인지가 행동에 영향을 주고, 인지 활동은 관찰과 변화가 가능하며, 인지 변화는 행동 변화에 영향을 미칠 수 있다는 기본전제를 가지고 있다. 앞서 언급한 바와 같이 1세대의 인지행동치료는 행동주의 원리에 기반한 치료들이 개발되었고, 2세대 인지행동치료는 행동주의 원리에 인지가 매개한다는 가설들이 등장하였고, 이후 인지 재구성 측면에서 발전을 이루어 왔다. 대표적인 2세대 인지행동치료가 앨버트 엘리스의 합리적 정서행동치료라 할 수 있다. 그리고 3세대 인지행동치료는 기존 2세대 인지행동치료에 철학적 바탕과 범진단적 과정의 변화를 꾀하였다. 2세대 인지행동치료가 어떤 인지와 행동을 문제로 정의하고 고장난 기계를 고치는 것과 같이 여겼다면, 3세대 인지행동치료는 개인이 경험을 어떻게 관찰하고 처리하는가와 생각, 행동 등이 유기적으로 영향을 미치는 부분 등에 주목하였다. 3세대 인지행동치료는 마음챙김 기반 치료, 자비초점치료, 수용전념치료, 변증법적 행동치료, 행동 활성화 등이 있다.

인지행동치료의 기여점은 많은 정신장애에 약물치료만큼이나 효과적이라는 연구 결과들이 많다는 것이다. 일부 다른 치료들과 비교해 보았을 때, 인지행동치료는 시간 대비 효과성이 뛰어나다. 대부분의 인지행동치료 회기는 20회기 이하로 진행되며, 5회기 이하의 인지행동치료로도 효과적이라는 연구들이 다수 존재한다. 심리치료에 들이는 비용 대비 효과성이 높은 것으로 알려져 있으며, 최근에는 온라인 방식의 인지행동치료 상담 또한 효과성이 있다는 연구들이 보고되고 있다. 또한 다른 치료 형태와의 융합이 용이하다. 정신분석, 구성주의, 현실치료, 동기강화상담과도 융합하여 실행 가능하다. 인지행동치료는 다양한 나이대와 그룹에 적용이 가능하다. 청소년 내담자에게도 자신의 문제를 해결하는 방식, 건설적인 사고방식을 학습하고 보드게임, 롤 플레이 등 다양한 방식에 적용하여 진행할 수 있다. 또한 인지행동치료는 개인, 집단, 커플치료의 형태로 다양한 그룹에서 사용 가능하다. 예를 들어, 커플치료 같은 경우, 토큰 경제를 활용하여 서로에게 긍정적인 피드백을 이끌어 낼 수 있는 활동을 계획하거나 서로에게 존재하는 스키마를 밝혀서 사회 교환적 행동의 왜곡을 수정하는 작업이 가능하다(Regoli, 2020).

인지행동치료 효과에 대한 269개의 메타분석 연구들을 리뷰한 논문(Hofmann, Asnaani, Vonk, Sawyer, & Fang, 2012)에 의하면 인지행동치료는 불안장애, 신체화 장애, 거식증, 분노조절 문제, 일반적 스트레스 치료에 다른 심리치료의 효과보다 우세한 효과를 보이는 것으로 보고되고 있다. 특히 불안으로 인한 수면 문제와 불안 민감성 등의 증상에 특별히 효과가 크며, 사회불안장애와 범불안장애 대한 인지행동치료 효과가 지속성이 높은 것으로 보고되고 있다. 신체화 장애 치료에 인지행동치료가 심리교육, 스트레스 관리 등의 다른 치료보다 효과성이 높으며, 특별히 신체 이형장애의 증상을 낮추는 데 효과가 있다고 알려져 있다. 거식증 치료에 행동치료가 인지행동치료보다 효과가 좋다는 연구들도 있으나, 인지행동치료가 대인관계치료, 변증법적 치료, 지지치료 등의 치료들보다 거식증 증상 감소에 유의미하게 더욱 효과가 좋은 것으로 나타났다. 분노 조절 및 공격성 조절에 있어서도 인지행동치료가 다른 심리치료보다 효과가 있으며, 일반적인 스트레스 증상감소에도 효과가 뛰어나며 인지행동치료와 이완 요법과 행동치료와 함께 진행할 때 더욱 효과가 좋은 것으로 나타났다.

그 외에, 우울증 치료에는 대표적으로 행동치료, 인지행동치료, 대인관계치료가 효과적인 것으로 보고되고 있다. 인지행동치료와 같은 심리치료가 우울증 약물치료만큼 효과가 있으며 특별히 만성 우울증에는 이 심리치료와 약물치료가 병행될 때 재발 방지효과가 심리치료나 약물치료만 실시한 경우보다 뛰어난 것으로 알려져 있다(Nathan & Gorman, 2015).

이 절에서는 대표적인 인지행동치료 중 하나인 합리적 정서행동치료를 소개하고자 한다. 또한 3세대 인지행동치료로는 다음 절을 통해 정서도식치료와 변증법적 행동치료를 소개하려고 한다.

1) 주요 개념

(1) 인간관

합리적 정서행동치료의 인간관은 내담자 중심 치료의 인간관과 그 맥을 같이한다. 인간이 스스로 평가하고 판단하는 경직된 생각의 틀이 결국은 심리적인 문제를 발생시킨다고 보고 그렇기에 자신과 타인에 대한 무조건적인 수용이 필요하다고 보았다. 인간이 스스로를 당위적인 명령에 묶어 놓지 않고 폭넓게 수용하는 것이 심리 문제의 해결법이며, 자신을 보는 근본적인 패러다임, 즉 새로운 철학이 내담자의 생각의 습관으로 녹아들면 지속적인 치료가 가능하다고 보았다. 내담자의 적극적인 선택과 지속적인 노력을 통해 자신에 대한 평가 및 비교로 생성된 경직된 사고의 영향을 초월할 수 있다고 본다.

우리는 종종 합리적 정서행동치료를 직면적으로 논박을 하는 것으로만 오해하는 경우도 있지만, 실제로 엘리스는 지시적인 상담은 내담자에게 도움과 해를 동시에 제공한다고 생각했다. 엘리스는 내담자가 '자기충족적 예언' 현상을 내려놓고 자신의 철학적 가설을 테스트해 보고 새로운 철학을 가질 수 있도록 돕는 데 있어서 상담자는 적극적이고 지시적일 수 있어야 한다고 생각했다. 그러나 논박과 직면이 효과적인 내담자인 경우에도 상담자가 내담자의 상태에 맞추어 물러날 수도 있다고 보았으며 그렇지 않으면 저항을 불러일으킬 수 있다고 보았다.

(2) 당위적 명제

우리가 어떤 것을 열망하고 소망하게 되면 최선을 다해 그것을 성취하게 되는 것은 긍정적인 결과가 나타날 수 있다. 그러나 그 열망과 노력이 과도하게 되면 '나는 그것을 꼭 이루어야 해.', '만약 그것을 이루지 못한다면 나는 쓸모없는 사람이 될 거야.'와 같은 경직된 신념을 일으킬 수 있다. 즉, 인간의 과도한 욕망, 소망, 필요, 선호가 독단적인 요구로 변할 수 있는 것이다.

합리적 정서행동치료에서 보는 비합리적인 생각은 대부분 당위적 명령('should', 'ought', 'have to') 또는 ~임에 틀림없다는 확정적 표현('must be')으로 나타나는데, 이는 자신과 타인에게 과도한 심리적 요구와 부담을 부여하고 성급한 일반화를 일으키게 된다. 이러한 당위적 명령과 확정적 결론은 필연적으로 파국화(awfulizing)를 이끌어, 상황을 극단적으로 해석함으로써 어느 쪽이든지 불안감 또는 자책감을 일으킨다.

앨버트 엘리스는 인간을 불행으로 이끄는 세 가지 당위적 명제가 있다고 보았다.

- 나는 잘해야 하고, 다른 사람의 인정을 받아야 한다.
- 내가 다른 사람들을 대하는 방식처럼 다른 사람들도 나를 공정하게 대해야 한다.
- 나는 내가 원하는 것을 내가 원할 때 가져야 한다. 내가 원하지 않은 것을 하면 나는 불행해질 것이다.

첫 번째 명제가 좌절될 경우, 사람은 우울해지고 수치심, 죄책감을 느끼게 될 수 있다. 두 번째 명제가 좌절될 경우는, 다른 사람들에게 쉽게 화가 나며 공격적으로 행동할 수 있다. 또한 세 번째 명제가 좌절될 경우에는 자기연민에 빠지거나 염세적으로 행동할 수 있다.

엘리스는 이러한 당위적 명제 대신 현실적이면서도 '감내 가능한 신념'을 가져야 한다고 보았으며 다음 예시와 같이 유연한 사고를 할 수 있어야 한다고 말한다.

- 내가 인정받지 못하는 것은 힘들지만, 그럴 때도 존재하는 것이고 그게 끝이 아니다. 왜냐하면 내가 항상 다른 사람의 인정을 받으려고 발버둥 치면서 살고 싶지 않기 때문이다.
- 나를 공정하게 대하지 않는 것은 화가 나지만, 그렇다고 끔찍한 것은 아니다. 왜냐하면 나는 당신의 행동에 연연하고 싶지 않기 때문이다.
- 내가 원하는 것을 가지지 못할 때는 힘들지만, 나는 그것을 견딜 수 있다. 왜냐하면 그것이 인생이고 그것을 버티면 또 예상치 못한 좋은 일들도 일어날 수 있기 때문이다.

합리적 정서행동치료는 사람은 인정받지 못하고 공정하게 취급받지 못하는 순간, 원하는 것을 가지지 못하는 시간을 버티고 극복할 수 있는 존재라고 보았고, 그 과정을 통해 나 자신을 수용하고 나도 실수할 수 있는 인간임을 인정할 수 있어야 한다고 주장한다. 또한 상대방이 나를 공정하게 대접하지 않는 것은 잘못이지만 상대방이 그래서 반드시 나쁜 사람이 아닐 수도 있다는 생각, 다른 사람의 가치도 함께 수용할 수 있는 유연함을 키우는 것을 중요하게 본다.

(3) ABCDE 이론

합리적 정서행동치료는 생각이 감정을 이끈다는 명제에서 시작한다. 이러한 명제는 A(Antecedent)−B(Irrational Belief)−C(Consequence)−D(Dispute)−E(Effect) 이론에 의해 가장 잘 설명되는데, 선행사건에 대한 감정적, 행동적 결과들은 그 선행사건을 해석하는 신념에 의해서 바뀐다고 본다(Ellis, 1985). 감정적, 행동적 결과들이 환경을 새롭게 생성하거나 추구하는 데 기여하고, 이러한 환경이 또 다시 비슷한 신념을 생성하여 기존 신념을 굳히는 등 순환적이고 강화적인 관계를 보이게 된다. 그러나 인간은 기존의 신념의 지배만을 받는 수동적인 존재가 아니기 때문에, 자신의 생각을 도전하고 직면하여 현실적이고 생산적인 생각들을 만들 수 있다고 믿는다.

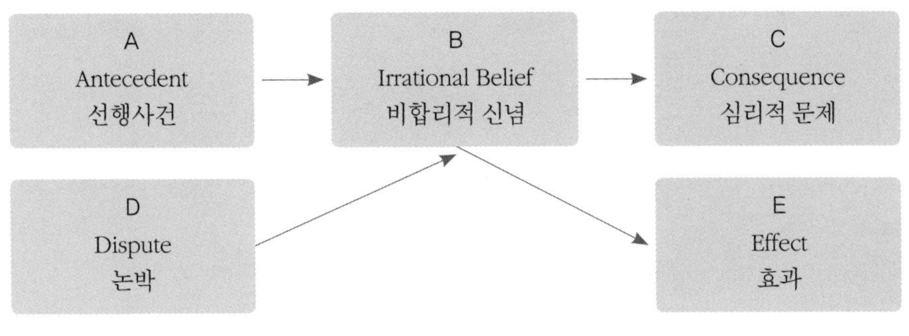

[그림 10-3] ABCDE 모델

합리적 정서행동치료에서는 선행사건(Antecedent)이 어떤 비합리적 신념(Irrational Belief)으로 인해 해석되기에 심리적 문제(Consequence)를 일으키는지를 먼저 파악한다. 그 후에 논박(Dispute)의 기능을 사용하여 비합리적 신념을 수정함으로써 감정적으로 긍정적인 효과(Effect)를 이끌어 낼 수 있도록 한다.

다음 ABCDE는 이러한 과정을 스티브의 예시를 설명하는 도표로 나타낸 것이다. 스티브는 수업 시간에 발표를 준비하면서 심한 공포감을 느끼며 발표하는 날에 수업을 아예 빠지는 것을 고민 중이다.

ABCDE 모델로 불안에 대처하는 스티브(Nevid, 2012에서 인용)

A 선행사건

"내일 아침에 수업에서 발표를 해야 해."(유발 사건은 미래에 하기로 되어 있는 사건이 될 수도 있다.)

B 비합리적 신념

"내일 잘해야 하는데. 잘 못하면 정말 창피할 텐데. 내가 못하면 친구들이 비웃을 거야. 왜 이렇게 학교생활이 힘들지."

C 심리적 문제

"벌써 가슴이 너무 빨리 뛰고 손이 떨리기 시작했어. 수업 시간에 발표할 것을 생각만 해도 벌써 숨이 막힌다."

D 논박

"잘해야 한다는 생각이 나를 불안하게 하고 있어. 내가 모든 것에서 완벽할 수 없지. 비록 내가 기대하는 만큼 완벽하게 하지는 못하겠지만, 다른 사람들이 나를 어떻게 평가하든지 부딪히고 끝내는 것이 중요한 거야. 생각만큼 잘하지 못해도 괜찮아. 선생님이 내가 발전하고 있다고 말씀하셨어."

E 효과

"이전보다는 좀 진정이 되는 것 같아. 가슴이 조금 덜 뛰고 손에 땀이 조금 잦아들기 시작했어."

2) 합리적 정서행동치료의 실제

(1) 치료의 목적

합리적 정서행동치료에서 인간이 합리적으로 행동한다는 것은 감정이 배제된 채로 살아가는 것을 의미하지 않는다. 합리적인 사람은 상황에 적합한 감정을 더 잘 느끼게 되고 행복할 때는 행복한 감정을, 슬픈 일이 있을 때는 고통스러운 감정을 더 잘 느끼고 수용할 수 있게 된다. 합리적 정서행동치료의 목적은 합리성을 회복하여 자신의 목적을 잘 달성하는 데 도움이 되는 감정과 생각을 가지도록 돕는 것이다. 인지의 왜곡과 절대적 명제로 인해서 역기능적인 감정과 증상들이 발현되는 것을 막고 건강한 열망이 봉쇄되지 않도록 하는 것이 치료의 목적이다(Ellis & Maclaren, 2007).

합리적 정서행동치료는 내담자가 비합리적인 사고, 인지적 오류들을 보일 때 그것이 왜 비현실적이며 자기파괴적인지를 이야기함으로써 자신의 인지오류들을 수정해 나가는 것을 목표로 한다. 그렇기 위해서는 흔하게 보이는 인지오류들을 인식하고 수정해 나가는 것이 필요하다.

(2) 인지오류의 종류

① 이분법적 사고(흑백논리)

이분법적 사고(all-or-nothing thought)란 자신의 경험을 두 극단의 범주 중 한 곳으로 배치하여 양자택일적 사고를 하는 것을 말하며, 극단적인 기준에서 자신과 타인, 세계를 바라본다. 예를 들어, 타인이 나를 사랑하느냐 싫어하느냐의 두 가지 기준만을 가지고 있는 것을 말한다.

② 과잉일반화

과잉일반화(overgeneralizing)는 하나의 반응을 모든 자극으로 일반화하는 것으로, 극단적으로 일반화된 결론을 도출하는 것이다. 예를 들어, 한 번의 경험으로 '나는 분노를 조절하지 못하는 사람이다.'라고 성급하게 결론을 내는 것을 말한다.

③ 독심술

독심술(mind reading)은 근거가 거의 없는 상태에서 다른 사람이 생각하거나 느끼고 있는 것을 내가 안다고 믿는 것이다. 예를 들어, 충분한 근거가 없이 '저 사람은 나를 무시하고 있다.'라고 다른 사람의 마음을 추측하는 것을 포함한다.

④ 예언자 오류

예언자 오류(fortune telling)는 다른 가능성들을 무시한 채 미래의 일어날 일에 대해 단정하고 확신하는 것을 말한다. 예를 들어, 시험 준비를 열심히 하면서도 '나는 결국 시험에 실패할 것이다.'라고 믿는 것을 말한다.

⑤ 의미확대/의미축소

의미확대/의미축소(magnifying/minimizing)는 부정적인 일의 중요성은 확대하여 문제나 어려움을 과대평가하거나, 긍정적인 요소들을 축소하여 과소평가하는 것이다. 예를 들어, 다음 과제에 필요한 작업들은 과대평가하여 불가능한 일처럼 느끼고 이전 과제에서 받은 높은 성적은 경시하는 것이다.

⑥ 감정적 추론

감정적 추론(emotional reasoning)은 객관적인 근거 없이 자신의 감정 반응에 근거하여 결론을 내는 것을 말한다. 예를 들어, 죄책감이 느껴지는 것으로 내가 뭔가를 잘못한 것이 틀림없다고 생각하는 것이나 두려움을 느끼는 것만으로 현재 상황을 극단적으로 위험한 상황으로 간주하는 것이다.

⑦ 정신적 여과(선택적 추상화)

정신적 여과(mental filter)는 특정 사건과 관련된 다른 정보들을 배제하고 한 가지 특정 사항에 초점을 맞추어, 마치 그것이 전체를 의미하는 것이라고 해석하는 것으로 선택적 추상화라고도 부른다. 예를 들어, 발표를 할 때의 여러 긍정적인 반응은 무시한 채, 딱 하나의 비판적 의견에만 집중하는 것을 말한다.

⑧ 낙인 찍기

낙인 찍기(labeling)는 사람의 행동을 서술할 때 부정적인 이름을 붙임으로써 그 행동을 하는 사람의 모든 행동을 그 이름의 특성으로 귀인하려고 하는 것을 말한다. 예를 들어, 실수를 한 자신을 나는 쓸모없는 사람이라고 명명하는 것을 말한다.

⑨ 당위적 명제

당위적 명제(should statement)는 상황적 맥락을 고려하지 않고 '~해야 한다' 또는 '~하지 않으면 안 된다'는 경직된 생각을 하는 것을 말한다. 그러한 명제는 자신에 행동에 대한 것일 수 있고, 세상, 또는 다른 사람들에 대한 것일 수도 있다. 현실적으로 자신이 기대하는 대로 행동하는 것이 힘들 수 있는 상황임을 무시하고, '저 사람은 나에게 절대 저런 식으로 행동하면 안 된다.'의 예를 들 수 있다.

⑩ 개인화

개인화(personalization)란 자신과 관련 없는 것들마저도 자신과 관련을 지어, 부정적인 일들에 대해 과도한 책임감 또는 수치심을 일으키는 생각을 말한다. 예를 들어, 누가 지나가면서 나를 쳐다보면서 웃을 때 '나를 비웃는다'고 생각하거나 '내 아내가 친구가 없는 것은 모두 내 탓이다'와 같이 사건의 근원을 100% 자신에게 돌리는 것을 말한다.

3) 합리적 정서행동치료 관련 치료법

(1) 기능적 논박(신념의 이익과 손실)

기능적 논박은 내담자가 가지고 있는 신념의 실효성에 의문을 가지고, 내담자가 가지고 있는 신념이 자신의 목표에 얼마나 도움이 되는지, 또는 피해를 끼치는지를 평가하는 것이다. 예를 들어, 내담자가 '나는 완벽해야 한다'는 신념을 가지고 있다고 가정해 보자. 상담자는 먼저 그 생각이 내담자에게 도움이 되는지, 그 생각을 유지하는 것이 본인에게 어떤 영향을 주는지 물어볼 수 있다. 그 신념은 내담자에게 도움이 되었을 수 있는데, 예를 들어 완벽해지기 위해서 더 많은 노력을 하고, 실제로 많은 것을 이루었을 수 있다. 그러나 동시에, 완벽해지기 위해 너무 많은 노력을 하는 것이 내담자를 괴로움으로 몰아넣고, 대인관계에서도 예민해져서 다른 사람들을 배려하는 것을 막았을 수 있다. 또는 완벽할 수 없으면 회피하는 것을 선택하여 꼭 시도해야 하는 일들을 하지 않고 포기하거나 하는 부정적인 결과도 함께 따라왔을 수 있다.

이렇게 긍정적, 부정적인 두 면에 대한 분석이 끝나면 내가 그 신념으로 인해 얻게 되는 것들에 비해 잃게 되는 것들의 무게가 상대적으로 어느 정도인지를 파악할 수 있다. 그 신념이 나에게 미친 직접적 영향들을 파악할 수 있고, 만약 그 신념으로 인한 손실이 더 크다면 내 삶의 이익을 위해서 의도적으로라도 그 생각을 수정하고 대안적인 전략을 설립해야 할 필요성을 느낄 수 있다. 즉, 자신의 신념에 대한 이익과 손실을 한번 따져 보고 그 신념이 이익을 주는 것보다 오히려 자신의 목표 달성에 방해가 되고 있다면, 상담자는 내담자에게 합리적인 신념을 가질 때 얼마나 많은 이익을 얻을 수 있는지 이야기해 가면 된다.

다음은 앞에 언급한 기능적 논박 외에 합리적 정서행동치료의 인지적 기술, 감정적 기술, 행동적 기술들이다(Froggatt, 2005).

(2) 인지적 기술

① 이중잣대 논쟁

내담자가 자신의 행동에 대해 당위적인 태도나 자기 폄하적 시각을 가지고 있다면, 같은 행동을 하는 다른 사람들(예를 들면, 친한 친구나 상담자)을 같은 기준으로 평가할 수 있는지를 묻는다. 만약 내담자들이 '아니요'라 답한다면, 이 과정은 내담자가 이중잣대(double-standard dispute)를 가지고 있음을 깨닫게 도울 수 있다. 이 방법은 내담자가 포기하기 어려운 저항적인 신념을 가지고 있을 때 특별히 유용하다. 예를 들어, '나는 무엇을 할 때 항상 성공해야 한다.'라는 신념을 식별했다면 "당신이 아닌 사람에게 항상 모든 것에서 성공적이기를 기대합니까?"라고 물어볼 수 있고, 그 이후에 "자신에게 다른 사람보다 더 높은 기준을 적용하는 것이 공정합니까?"라고 질문할 수 있다. 이 논쟁을 통해서 자신의 생각에서 불일치를 인식하고 이중잣대를 발견할 수 있도록 돕는다.

② 재앙 척도

재앙 척도(catastrophe scale) 기술은 내담자의 파국화 습관을 살펴볼 수 있도록 하는 방법으로 내담자가 부정적인 상황을 너무 심각하게 인식하고 이로 인해 과도한 스트레스나 감정적 고통을 겪게 되는 것을 개선하기 위한 방법이다. 예를 들어, 앞에 있는 화이트보드나 종이에 줄을 그은 후 한쪽 끝에 부정적인 상황의 100%에 해당하는 사건을, 다른 쪽 끝에는 0%에 해당하는 것을 적고 10%의 간격으로 해당될 만한 사건들을 적는다. 예를 들어, 집에서 조용히 커피를 마시는 것을 0%라고 한다면, 20%는 정원을 꾸미는 것, 70%가 집에 강도가 든 것, 90% 암 선고를 받는 것, 100%를 살아 있는 상태로 불에 타는 것을 설정할 수 있다.

이후, 내담자로 하여금 차츰 자신이 파국적이라고 생각했던 사건이 다른 사건들에 비교해 보았을 때 척도의 어떤 점수에 해당할지 생각해 보도록 한다. 자신의 부정적인 상황을 너무 심각하게 인식하고 있던 내담자들은 실제로 그것보다 더 심각하게 부정적인 상황들이 있을 수 있기 때문에 현재 상태를 재앙으로 생각하는 것은 과장되었다는 것을 깨닫게 하는 활동이다.

③ 의도적으로 반대입장 취하기

'반대 역할 연기(reverse role-playing)'로도 알려져 있는 의도적으로 반대입장 취하기(devil's advocate)는 내담자로 하여금 자신의 비합리적인 신념에 반대되는 입장에 서서 논의할 수 있도록 하는 데 효과적이다. 의도적으로, 상담자는 내담자의 입장에서 적극적으로 비합리적인 신념을 변호하는 반면, 내담자는 상담자로 하여금 그 생각이 비합리적이라는 것을 설득시키려고 노력한다. 이 기법은 내담자가 자신의 신념이 비합리적이라는 것을 알고는 있으나, 왜 비합리적인지에 대해 더 깊은 이해와 확신이 필요한 경우에 특별히 효과적이다.

④ 재구조화하기

재구조화하기(reframing) 기법은 좋지 않은 사건이 일어났을 때, 그 사건들을 재앙이나 더 이상 견딜 수 없는 극단적인 사건이 아니라 다소 실망하거나, 걱정되거나, 불편한 수준의 사건으로 재평가하도록 돕는 방법이다. 내담자로 하여금 부정적인 사건이라고 해도 긍정적인 면이 있음을 설명하고, 긍정적인 부분들을 생각해서 목록화할 수 있도록 하는 것이다. 이러한 작업이 부정적인 경험을 좋은 혹은 매우 좋은 경험으로 '미화'하고자 하는 것이 아님을 설명하는 것이 중요하다. 부정적인 사건임을 인정하되, 자신의 경험을 다른 각도에서 조망해 보고 부정적인 상황에서 배운 점은 없는지, 도전을 극복하는 과정에서 긍정적인 부분은 없는지 물어볼 수 있다.

(3) 감정적 기술

① 시간 조망

시간 조망(time projection) 기법은 공포스럽거나 원하지 않는 사건이 발생한 후에도 우리의 삶과 이 세상은 지속된다는 것을 보여 주기 위한 방법이다. 내담자로 하여금 원하지 않은 사건이 일어나는 것을 상상하게 한 후, 일주일, 한 달, 6개월, 1년, 2년이 지나는 것을 상상하도록 하며, 이 시간들이 지나가면서 감정이 어떻게 변해 가는지 상상하도록 한다. 내담자로 하여금 비록 상황에 적응하고자 하는 노력이 필요하겠지만, 이 또한 지나갈 것이라는 것을 볼 수 있도록 돕는 방법이다.

② 폭발시키기

폭발시키기(blow-up technique) 기법은 최악의 상황 상상하기를 변형하여 유머를 결합하는 방법으로 내담자에게 생생하고 기억에 남는 경험을 제공한다. 내담자가 공포스러운 상황이 일어나는 것을 상상하면서 결국 웃음이 나오는 상황까지 부정적인 상황을 폭발적으로 과장하도록 유도하는 방법이다. 공포스러운 상황에서도 웃을 수 있는 것은 상황을 조절하도록 하는 인지적, 행동적 기제들을 발휘하도록 만든다. 단, 이 기법은 민감성과 적절한 타이밍이 요구된다.

(4) 행동적 기술

① 노출하기

합리적 정서행동치료에서 가장 빈번히 쓰이는 행동 기법은 내담자들이 평상시 피하는 공포스러운 상황들을 직면하도록 하는 것이다. 이러한 노출(exposure)은 인지 혹은 다른 대처 기술들을 사용하여 신중하고 계획적으로 진행되어야 한다. 이 기법의 목적은 공포의 타당성을 점검하고, 사건을 극적으로 해석하는 것을 낮추고, 대처하는 능력의 자신감을 부여하여, 불편한 감정에 대한 내성을 키우는 것을 목적으로 한다.

② 수치심 깨뜨리기

수치심 깨뜨리기(shame attacking) 기법은 다른 사람들이 이상하다고 생각할 만한 행동을 의도적으로 실행하고 이때 일어나는 수치심에 대해 직면하는 것이다. 예를 들어, 내담자가 신발을 잘못 신고 10분 동안 사무실 주위를 걸어 다니도록 한 다음, 수치심을 일으키는 생각을 논박하는 것이다. 수치심을 주는 행동을 일부러 더 많이 해서 그 결과가 생각하는 것만큼 부정적이거나 공포스러운 것이 아님을 깨닫는 데 목적이 있다.

엘리스는 스스로 자신의 행동을 '수치스럽게' 여기는 것이 때로 유익할 수 있다고 보았고 수치심을 경험하는 과정에서 인간이 사회화될 수 있다고 보았다. 계속해서 수치심을 강화시키는 생각에 갇혀 있게 되면 다른 사람들의 시선과 평가에 더 예민해질 수밖에 없다. 오히려 계속해서 의도적으로 수치스러운 행동을 연습해 볼 때 '본인들 생각하고 싶은 대로 생각하라지.'라는 새로운 효율적인 철학을 가질 수 있도록 하는 것이다.

③ 위험부담 받아들이기

위험부담 받아들이기(risk-taking) 기법의 목적은 결과가 보장되지 않는 행동이라도 시도할 만한 가치가 있는 상황에서, 어떤 행동은 하기에 위험하다는 신념을 도전하는 것이다. 예를 들어, 내담자가 완벽주의나 실패에 대한 두려움으로 고통을 받는다면, 어느 정도 실패를 할 수 있거나 자신의 기대에 들어맞지 않는 일을 시작해 보는 것이다. 또는 거절에 대한 두려움이 많은 사람이 파티에서 만난 매력적인 사람에게 말을 건다거나, 데이트를 신청하는 것을 시도해 볼 수 있다.

④ 역설적 행동

역설적 행동(paradoxical behavior)은 내담자가 자신의 비합리적인 경향성을 바꾸기 원할 때, 의도적으로 자신의 습관과 반대되는 행동을 하도록 하는 것이다. 이때 중요한 것은 내담자들이 그렇게 '하고 싶을 때까지' 기다리지 않고, 그것이 자발적인 것이 아니라 하더라도 연습을 반복하면서 내면화되도록 돕는 것이다. 예를 들어, 자신의 모습에 대한 기준에서 벗어나는 행동을 의도적으로 할 수 있는데, 예를 들어 다른 사람들을 배려하는 것의 가치만을 믿는 내담자로 하여금 1주일 동안 '이기적으로' 행동할 때마다 자신에게 매일 보상을 주는 행동을 하도록 할 수 있다.

4. 관련 최신 치료: 정서도식치료와 변증법적 행동치료

1) 정서도식치료

전형적인 인지행동치료는 감정을 중점적으로 다루기보다는 인지 수정과 행동 변화를 통하여 그것과 연결되어 있는 감정의 변화를 이끌어 낸다. 정서도식치료(Emotional Schema Therapy)는 전형적인 인지행동치료보다 감정의 역할과 감정을 처리하는 방식에 더욱 초점을 맞추고 있으며 감정을 평가하는 개인의 잣대가 정신 문제와 관련성이 깊다고 본다(Khaleghi et al., 2017). 개인마다 감정을 인지하고, 해석하고, 평가하고, 수용하는 방식이 다른데, 이는 '감정' 자체에 대한 개인의 판단이 심리적 고통을 정상화하거나 또는 반대로 병리화하는 기제가 되기 때문이다. 예를 들어, 심리적 고통을 정상화하는 과정은 그러한 내적 고통의 유지 기간을 짧게 보고, 통제 가능하며, 위험하지 않고, 이해될 만한 것으로 평가한다. 그러나 반대로 심리적 고통에 대해 지속적으로 부정적으로 평가할수록 회피, 과음, 폭식, 물질남용, 비난하기, 반추 등의 문제적인 대처방식을 야기시킨다.

대부분의 우울증 내담자가 자신의 '생각' 때문에 상담에 오는 경우는 드물다. 많은 경우, 감정적으로 고통이 심하거나, 삶의 의미를 잃은 것 같은 허무감을 느끼거나 하는 등 감정적으로 내 삶이 또는 내 행동이 '뭔가 잘못되었다는 느낌' 때문에 온다. 정서도식치료에서는 이런 내담자에게 행동과 생각에 대한 부분들을 중점적으로 다루면서 감정을 직접적으로 다루지 않는 것을 코끼리 같은 아주 큰 존재가 방에 존재하는데도 무시하는 행동과 유사하다고 보았다. 예를 들어, 여자친구와 헤어지고 난 후에 고통스러운 감정이 여러 해 지속되면서 사라지지 않는 빌이라는 내담자가 있다고 가정하자. 과거에 대해 회상하는 대신에 의미 있는 관계와 활동을 하는 것을 계획하고 자신에 대한, 세상에 대한 생각을 수정한다고 해도 고통스러운 감정이 사라지지 않는다. 이런 경우, 정서도식치료는 감정이 자신의 생각보다 더 오래 지속될 수 있음을 수용하고, 그 고통스러운 감정과 얽혀 있는 다양한 감정(분노, 불안, 치욕 등)에 대해 인식하고 표현하도록 돕는다. 또한 고통스러운 감정은 더 상위의 가치와 연결되어 있음을 인식하도록 도울 수 있다. 그 대상을 정말 사랑하지 않았다면 그 정도의 고통스러운 감정을 경험하지 않을 것이다. 이는 자신이 깊이 사랑하고, 애정과 관심을 가진 상대가 존재했음에 대한, 또한 자신이 정말 다른 사람을 깊이 사랑할 수 있음을 보여 주는 증거이다. 즉, '허무감과 고통은 당신이 친밀감과 사랑을 중요하게 생각하고 있음을 알려 주는데, 이는 당신이 사랑이 많은 사람이기 때문이다'라는 해석이 가능하다. 또한 내가 이런 감정을 느끼면 안 되며, 이제는 이러한 감정을 극복해야 한다는 생각 자체가 그러한 감정에 대한 부정적인 판단으로 병리화할 수 있다는 것을 알린다. 또한 감정에 대한 인식, 수용이 충분히 논의된 이후에는 감정을 선택하는 연습 또한 가능하다. 이 연습에는 다음과 같은 여러 단계가 존재한다.

첫째, 선택을 인식한다. 내담자가 지속적으로 현재의 감정에 집중하고 경험하기를 원하는지, 또는 다른 감정을 경험할 마음이 있는지 선택할 수 있다. 현재 감정 외에 다른 감정을 경험한다면 경험할 수 있는 장점들이 어떤 것이 있을지 생각해 본 후 선택을 할 수 있다.

둘째, 감정변화를 상담의 목표로 설정한다. 예를 들어, 행복, 흥미, 감사, 안정 등의 감정 중 어떤 감정을 불러일으키기 원하는지를 목표로 설정한다.

셋째, 내담자의 기억과 이미지들을 활성화하여 그 감정들을 불러일으킨다. 자신감이라는 감정을 상담의 목표로 설정하였다면, 눈을 감고 자신이 자신감을 느꼈던 상황에 대해 회상하여 구체적으로 그때의 기억, 이미지, 생각, 감각, 감정들을 회상한다. 마치 스크랩북을 만들 듯이 그러한 감정의 기억들을 수집한다.

넷째, 목표로 하는 감정들이 현실화되기 위해 해야 하는 활동들을 상상하고 계획한다. 예를 들어, 다음 한 주 동안 내담자가 이전에 경험했던 자신감을 경험할 수 있다면 어떤 순간이 될 것 같은지, 어떤 일을 하면 될 것 같은지를 상상해 본다. 구체적인 예들을 들어서 실제 그렇게 상상하는 예들이 현실화되려면 내담자 자신이 할 수 있는 작은 노력은 무엇인지에 대해 이야기하고 계획한다(Simos, 2009).

2) 변증법적 행동치료

변증법적 행동치료(Dialectical Behavior Therapy)는 1980년대 후반 경계선 성격장애 치료를 위해 마샤 리네한에 의해 개발된 인지행동치료의 유형 중 하나이다. 대부분 연애 관계, 가족, 친구 관계에서 극한 감정적 상태를 보이며 정서 조절의 취약성을 띠는 경계선 성격장애를 가지고 있는 사람으로 하여금 각성된 감정적인 상태를 인식하고, 감정을 조절하고, 표현하는 인지적이고 행동적인 기술을 훈련하는 것을 목표로 한다. 경계선 성격장애를 가지고 있는 사람들은 자신의 정서가 무시되는 환경에서 자신의 감정을 이해하거나 표현할 수 있는 기회를 가지지 못하므로 결과적으로 극단적인 감정 발산을 하여야만 주변 사람들로부터 관심과 주의를 받을 수 있다고 믿는다. 스스로의 감정을 부정하고 억제하며, 자신이 근본적으로 결함이 있다고 생각하기 때문에 역기능적 생활패턴을 생산하게 된다. 이러한 경계선 성격장애를 치료하기 위해 변증법적 행동치료는 다음과 같은 네 가지의 기술훈련양식을 가지고 있다(김중술, 이한주, 한수정, 2003).

첫째, 자기인식 훈련이다. 마음챙김(mindfulness)이라고도 불리는 이 훈련은 무비판적으로 현재 일어나는 나의 생각, 감정, 감각, 충동들에 주의를 기울일 수 있도록 돕는다. 대부분 경계선 성격장애 환자들은 자신의 과거나 미래에 초점을 맞추거나, 자신의 경험을 판단하여 죄책감과 수치심에 사로잡히는 경우가 흔하다. 자신의 경험과 자신의 존재 사이에 거리를 두는 이러한 방식은 현재의 순간은 영속적인 순간의 일부이며, 자신과 경험을 하나로 보지 않고 일어나는 현상을 객관적으로 그대로 인정하고 극단적으로 반응하는 것을 방지하는 것을 목적으로 한다.

둘째, 대인관계 기술 훈련이다. 대부분 자신이 의견을 제시하거나 감정을 표시하는 방식이 대인관계 상황에서 상대방에게 어떠한 영향을 끼치며, 대인관계를 건강하게 시작하고, 유지하며, 마무리하는 방식에 대한 지식과 경험이 부족하거나 왜곡되어 있는 경우가 흔하다. 다른 사람들을 존중하면서도 자신에게 도전하는 사람들과의 관계를 적절히 조절하기 위해 알아야 하는 의사표현 방식 등을 학습하는 기회를 갖는다. 예를 들어, GIVE(Gentle–다른 사람을 공격하거나 위협하거나 판단하지 말라, Interest–다른 사람들의 이야기를 끊지 말고 흥미를 가지고 들으라, Validate–다른 사람의 생각과 감정을 인정하고 수긍하라, Easy–다른 사람들과 어울리기 쉽도록 밝고 유연한 태도를 가지라) 활동 등이 그 예이다.

셋째, 불편감 인내 기술이다. 인생에서의 고통스러운 순간들은 존재하기 마련이며, 이러한 순간들과 함께 살아가는 방법을 배우는 것이 중요하다. 경계선 성격장애 환자들은 이러한 고통스러운 정서 상태를 빠르게 전환하기 위해 부적응적인 회피전략을 사용한다. 그중 하나가 극적인 행동을 한다거나 자해를 하는 것이다. 그러나 고통을 회피하고자 할수록 결과적으로 고통을 크게 만드는 방법이 된다. 고통의 순간들을 수용하고 생존할 수 있는 다른 방법(즉, 주의 분산시키기, 자기 진정-위로, 그 순간을 재구성하기, 장단점을 생각하기)들을 배우고 연습한다.

넷째, 정서조절 기술이다. 대부분 쉽게 화를 내고, 짜증을 내며, 우울하고 불안한 경우가 많은데, 이는 감정을 인지하지 못하고 그 감정을 어떻게 이용할 수 있는지 알지 못하는 경우가 많다. 정서 반응의 다양한 측면을 이해할 필요가 있으며, 그와 함께 일어나는 신체적 반응, 자신의 정서 경험에 대해 정확한 이름을 붙이고, 감정의 적응적인 기능이 무엇인지에 대해 알 수 있도록 훈련한다(Grohol, 2020; Schimelpfening, 2020).

5. 주요 기술 실습

1) 사고기록지 실습

자신에게 최근에 일어났던 일 중에서 기분을 상하게 하거나 우울하게 했던 일을 떠올려 보면서 사고기록지를 질문에 따라 작성해 보자.

첫 번째 세 칸을 먼저 작성해 보자. 상황을 적을 때는 자신이 어디에 있었으며, 누구와 함

상황	기분	자동적 사고

께 있었고, 무엇을 하고 있었는가를 적으면 된다. 기분 칸에는 그때 당시의 감정을 나타낼 수 있는 단어들을 여러 개 적고 각각 감정의 강도를 0~100%로 상대적으로 평가해 보라. 자동적 사고를 찾을 때는 그 상황에서 어떤 생각이 지나갔는지, 어떤 기억이나 이미지가 떠올랐는지 등을 적어 보자. 자동적 사고를 다섯 개 이상 적고 그중에서 나에게 가장 크게 영향을 미친 사고라고 판단되는 생각 하나에 동그라미를 쳐 보라.

이제는 앞에서 동그라미 친 생각에 대해 지지하는 증거와 지지하지 않는 증거를 찾아볼 것이다. 생각을 지지하는 증거에는 자신이 왜 그렇게 생각하는지에 대한 이유를 기술하면 된다. 지지하지 않는 증거를 찾아내는 것이 어려울 수 있는데, 다음과 같은 질문에 답을 해 보는 것이 도움이 된다. '그 생각이 100% 맞지 않을 수 있다는 것을 말해 주는 경험, 사실은 무엇인가?', '다른 사람들은 그 상황에 대해 어떻게 생각할 것 같은가?', '친한 친구가 그런 생각을 한다면 뭐라고 말해 주고 싶은가?', '이전에 비슷한 감정이 들었을 때, 다르게 생각한 적은 없었는가?', '지금부터 5년 후에, 이 상황을 되돌아본다면 어떤 생각이 들 것 같은가?'와 같은 질문에 답을 해 보라. 새로운 균형적 관점에서는 부정적 자동적 사고를 대체할 만한 현실적인 사고가 무엇인지 적어 보고, 마지막 칸에는 이런 관점의 변화로 지금은 그 상황에 대해 어떤 감정이 드는지 기분의 강도를 재평가해 보면 된다.

지지하는 증거	지지하지 않는 증거	새로운/ 균형적 관점	기분 재평가

만약 이 활동이 어렵다면 다음에 제시된 가상의 내담자의 사고기록지의 예를 참고해 보자.

상황	기분	자동적 사고	지지하는 증거	지지하지 않는 증거	새로운/균형적 관점	기분 재평가
월요일 1시, 철학시험을 치러 가지 않았음, 혼자, 집에서, 저녁도 먹지 않고, 잠자고 인터넷함	답답함(60) 절망감(90) 원망(80) 무기력(80)	내가 왜 이러는지 모르겠다, 학교를 그만두어야 하나, 내가 너무 바보 같다, 이런 내가 너무 싫다, 나는 왜 잘하는게 없지, 시험을 잘못 칠 바에야 아예 안 치는 게 낫다, 시험을 잘 치지 않으면 나는 실패자다, 시험을 못 치면 미래에 희망이 없다.	학사경고자로 졸업한 형들 보면 별로 성공해서 사는 사람이 없다, 형도 명문대 들어가서 좋은 학점으로 졸업해서 지금 대기업에 입사했다, 부모님이 내 성적 때문에 걱정이 많으시고 나를 한심하게 보신다.	취업시험을 잘 치면 미래 희망은 있다, 결혼은 꼭 대학성적으로 결정되는 것은 아니다, 대학에서의 좋은 추억도 미래에 나에게는 중요한 의미이다.	학점이 중요한 부분이지만, 미래의 모든 것이 결정되는 것은 아니다/다른 기회도 있다, 학점도 중요하지만, 그것 때문에 우울로 빠지기보다 대학 시절 좋은 추억을 쌓는 것도 중요한 부분이다, 학점에 대한 완벽을 내려놓고 조금은 가벼운 마음으로 시험을 치자.	답답함(50) 절망감(60) 원망(50) 무기력(50)

2) A-B-C-D-E 연습하기

합리적 정서행동치료의 자조(self-help) 자료(Ellis & Ellis, 2019)를 바탕으로 다음의 내용들을 스스로 작성해 보자. 맥락상 조금 더 자연스러운 진행을 위해 다음과 같이 A-C-B-D-E 순서로 연습하는 것도 좋다.

A. 선행사건

제일 먼저 선행사건을 적어 보자. 현재 어려움을 겪고 있는 상황을 요약해서 적는데 이는 내적/외적 사전 그리고 실제/가상 사건 모두 가능하다.

C. 결과

비합리적인 신념을 찾기 전에 먼저 촉발사건으로 인해 경험하고 있는 건강하지 못한 부정적인 감정 및 자기파괴적인 행동이 있다면 한번 적어 보자. 건강하지 못한 부정적인 감정에는 불안, 우울, 분노, 참기 힘든 좌절감, 수치심, 죄책감을 비롯한 다른 감정까지 포함한다.

건강하지 못한 부정적인 감정:

자기파괴적인 행동:

B. 비합리적인 신념

이제는 촉발사건(A)이 건강하지 못한 부정적 감정과 자기파괴적인 행동이라는 결과(C)로 가기까지 영향을 미쳤던 나의 비합리적인 신념들을 알아차려 보자. 비합리적이 신념에는 ~해야 한다는 독단적인 요구, 끝장이라고 생각하는 파국화, 더 이상은 참을 수 없다는 낮은 인내력, 자신과 타인에 대해 나쁘다-무가치하다라고 생각하는 평가 등에 관한 신념일 수 있다.

D. 비합리적인 신념에 대한 논박

이러한 비합리적인 신념에 대해 이제 한번 논박을 해 보자. '이런 비합리적인 신념을 지지하는 증거는 어디에 있는가? 나의 생각은 논리적인가 또는 나의 선호에 의한 생각은 아닌가? 정말로 그렇게 끔찍한가? 정말로 견딜 수 없는 일인가?'를 생각해 보고 대답해 보자.

E. 효과: 효율적인 새로운 철학

그렇다면 나에게 효율적인 새로운 철학은 없는지 또는 새롭고 건설적인 행동은 없는지를 생각해 보자. 경직되지 않고 독단적이지 않으면서 선호가 담긴 새로운 생각을 만들어 볼 수 있는가? 나쁜 정도에 대해서 적절하게 평가할 수 있겠는가? 자기와 타인에 대해서 과도하게 부정적으로 평가하지 않고 수용할 수 있는 생각이 있다면 이야기해 보자. 그리고 그러한 효율적인 새로운 철학에 맞추어 효율적으로 계획할 수 있는 작은 행동의 변화가 있다면 그것도 적어 보자.

새로운 철학:

새롭고 건설적인 행동:

3) 신념의 이익과 손실(기능적 논박)

자신에게 부과하는 당위적 명제 또는 신념을 적어 보자.

나는 ________________ 해야 한다.

이후에 이 신념으로 인해 본인이 얻는 점들과 잃는 점들을 한번 적어 보자.

이 신념으로 인해 얻는 점	이 신념으로 인해 잃는 점

6. 요약 및 리뷰

- 인지치료는 1960년대에 행동치료와 인지심리학의 발전을 통해 등장했다. 아론 벡은 인지치료의 대표적인 인물로 정신분석에 대한 비판적 시각에서 출발했다. 인지치료는 역기능적 인지도식을 중심으로 부정적인 생각과 감정, 행동을 변화시키는 것이 목적이다.
- 인지치료는 내담자가 자기비판과 혐오로 인해 자기파괴적 행동을 하는 것을 줄이기 위해 개발되었다. 개인의 비적응적인 사고를 찾아 그 타당성에 도전하고 더 합리적인 평가로 대체하는 법을 배우고, 자신에게 불편감을 낳는 부적응적 태도에서 벗어나 새로운 사고의 습관과 태도를 습득하는 치료이다.
- 인지치료는 사고를 분석하여, 변화를 유발하는 구체적인 도구들을 발전시켰기 때문에, 심리치료의 탈신비화에 기여하고, 심리치료를 과학적 연구의 영역으로 가져왔다는 평가를 받는다.
- 인지치료는 내담자가 다양한 생각을 이야기하는 것에 익숙하지 않고 생각을 표현하는 것에 어려움이 있을 경우에는 적용하기 어려울 수 있으나(Khan & Singh, 2018), 우울증, 불안장애, 성격장애, 섭식장애, 중독 등 여러 정신장애에 효과적이라는 연구 결과들이 많으며, 비용 대비 효과성이 높은 것으로 알려져 있다.
- 인지치료의 구체적인 도구들을 가지고 있기 때문에 철학적인 태도를 고수해야 할 필요가 없어서, 구성주의, 현실치료, 동기강화상담과 같은 다른 치료형태와의 융합이 용이하며, 다양한 나이대(청소년, 성인 등)와 그룹(개인, 집단, 커플치료 등)에도 적용이 가능하다.
- 인지행동치료의 대표적인 치료법인 합리적 정서행동치료는 앨버트 엘리스에 의해 개발되었으며, 인간의 비합리적인 신념이 심리적 문제의 근원이라고 본다. REBT는 ABCDE 모델을 통해 선행사건(A), 비합리적 신념(B), 심리적 문제(C), 논박(D), 효과(E)의 과정을 다룬다.
- 합리적 정서행동치료는 인지, 정서, 행동치료의 방법을 통합한 종합적인 성격 변화 시스템이라고 할 수 있다. 합리적 정서행동치료에서는 불쾌하고 불편한 사건들을 바꿀 수 없다면, 자신과 타인, 그리고 세상에 대해 현실적, 합리적으로 받아들이는 사고의 수정이 필요하다고 본다.
- 사고기록지, 하향 화살표 기법, 소크라테스식 대화 등 다양한 기법을 사용하여 내담자의 인지적 왜곡을 수정하고, 과도한 당위적 명제(should statements)와 같은 인지적 오류

를 다룬다.

- 엘리스는 적극적이고 지시적인 합리적 정서행동치료의 확실한 이점이 있다고 보았는데, 평범하지 않은 특이한 내담자(예를 들어, 심한 성격장애를 가지고 있거나 후천적인 장애를 보이는 내담자)를 치료할 때 용이하다고 보았다.
- 합리적 정서행동치료는 초기에는 치료 효과성에 대한 연구들이 엄격하게 통제되지 않는 방식으로 진행되거나 경험적 연구를 주로 해 왔기 때문에 근거기반치료로서 부족하다는 비판을 받기도 했다. 그러나 1980년대 후반과 1990년대 초반부터 무작위 대조군 실험을 통해서 합리적 정서행동치료가 강박장애, 사회공포증, 우울증, 정신병적 증상 등에 효과가 있다는 것이 밝혀지면서 근거기반 치료로 알려져 오고 있다(David et al., 2018).

학습 문제

1. 역기능적 인지도식의 '인지삼제'가 무엇인지 설명해 봅시다.
2. 자동적 사고, 중간 신념, 핵심 신념의 차이가 무엇인지 말해 봅시다.
3. 사고기록지에서 작업하는 표의 항목은 무엇인지 적어 봅시다.
4. 합리적 정서행동치료의 '당위적 명제'는 무엇이며 어떤 영향을 끼치는지 생각해 봅시다.
5. 인지오류의 종류를 세 가지 이상 설명해 봅시다.
6. ABCDE 이론이 무엇인지 생각해 봅시다.

제 11 장

다문화상담

최희락

1. 다문화상담 소개
2. 다문화상담 주요 이론
3. 다문화상담의 실제
4. 관련 최신 치료법
5. 주요 기술 실습
6. 요약 및 리뷰

1. 다문화상담 소개

1) 다문화상담의 주요 발전

2) 주요 학자 전기: 데럴드 윙 수

2. 다문화상담 주요 이론

1) 다문화상담 유능성

2) 미국상담학회의 다문화주의 상담 이론

3) 상담자 옹호 역량

4) 인종적 정체성 발달 단계

5) 문화적응 모델

6) 정체성 교차

7) 미세공격

8) 상담자 특권 알아차리기

3. 다문화상담의 실제

1) 여성주의 상담

2) 남성 상담

3) 연장자 상담

4) 군인 내담자 상담

5) 국내 체류 외국인 상담

6) 장애인 상담

4. 관련 최신 치료법

1) 문화적으로 유능한 평가

2) 문화적으로 수정된 증거기반실천

3) 상담자의 역할 이해하기

4) 다문화주의 평가 과정

5. 주요 기술 실습

1) 다문화 역량 검사지

2) 사례연구

6. 요약 및 리뷰

학습 목표

- 상담자의 다문화주의 역량의 필요성과 중요성에 설명할 수 있다.
- 다문화주의 역량을 기르기 위해 상담자가 가진 가정, 가치, 편견을 이해할 수 있다.
- 다문화주의 상담의 이론을 이해하고 설명할 수 있다.
- 다양한 문화적 배경에서 온 내담자를 상담하는 데 유능감을 갖는다.
- 다문화주의 상담의 최신 치료법을 이해하고 실제 현장에 적용한다.

1. 다문화상담 소개

1) 다문화상담의 주요 발전

우리나라에 등록된 거주 외국인 비율은 1990년대 1% 미만에서 현재 4%로 4배 이상 증가했다. 국내 체류 외국인의 비율이 지속적으로 증가하는 추세는 우리나라의 낮은 출산율, 높아진 기대수명, 노동력 부족과 같은 구조적인 문제와 맞물려 장기적으로 지속될 전망이다. 실제로 우리나라의 감소하는 인구수를 외국인 유입으로 대체하려는 국가 차원의 노력의 필요성은 오래전부터 강조되어 왔다(한승준, 2008; Hur, 2021). 이에 따라 머지않은 미래에는 이민자와 그 자녀들의 숫자가 전체 인구의 상당 부분을 차지할 것으로 전망한다(한승준, 2008). 단일 민족의 국가를 자부하던 것도 과거의 일일 뿐, 우리나라도 일부 서양 국가들처럼 다문화적 사고방식과 역량이 인간의 기본 소양으로 자리 잡는 단계에 들어섰다. 내담자의 건강한 성장과 발달을 조력하며 인간의 다양성을 견지하고 실천의 기조로 삼는 상담 분야에서도 다문화주의는 중요한 화두이다.

앞서 다인종의 예시를 들어 우리나라의 다문화주의에 대한 인식의 필요성을 제시했지만 인종/민족으로만 다문화주의를 한정시키는 것은 다문화주의에 대한 지엽적인 이해를 낳는다. 수와 수(2016)는 다문화주의를 정의할 때 인종, 성별, 그 외 다른 사회인구학적 특징을 모두 고려해야 한다고 설명한다. 모든 사람은 적어도 한 가지 이상의 문화적 배경을 소지하고 있으며, 이것들이 교차하는 지점에서 자신만의 독특한 문화적 정체성을 형성한다. 같은 문화적 배경을 가지고 있다고 하더라도 문화적 배경이 교차하는 지점은 문화를 인지/내면화 수준에 따라 사람마다 다를 수 있다. 모든 한국인*여성*대학생(Korean*female*college student)이 같은 문화적 배경을 가지고 있지 않음을 예시로 들 수 있을 것이다.

수와 수(2016)에 따르면, 다문화상담은 내담자의 다양한 삶의 경험과 문화적 가치에 부합하는 목표를 설정하고 그에 맞는 상담 방식을 사용하는 과정 전반을 일컫는다. 다문화상담에서의 핵심은 내담자의 관점을 이해하는 것이며 그에 맞게 상담자가 본인의 이론적 접근 방식을 결정한다. 내담자의 문화적 배경을 고려하지 않는 상담과 측정도구의 사용은 내담자의 안녕과 복지를 저해하는 결과를 낳는다. 예를 들어, 일부 히스패닉 문화권에 있는 사람들은 인지 기능 검사의 일환으로 처리 속도(processing speed)를 측정하는 것을 신뢰하지 않을 수 있는데, 이것은 바로 시간을 정복의 대상으로 생각하지 않는 그들의 문화적인 배경과 연결된다(Puente & Ardila, 2000). 이와 같은 사실을 모르는 상담자는 내담자의 늦은 처리 속도를 내담자의 손상된 인지 기능으로 해석하고 성급하게 결론 내릴 수 있다. 또 다른 예는 우리나라 내담자들이 종종 호소하는 심인성 증상에 대한 것이다. 많은 한국인은 심리적인 불편감을 느낄 때 그것이 신체적인 어려움으로 표현되곤 한다. 대표적인 예가 많은 비율의 한국인이 경험하는 '속쓰림(heartburn)' 증상이다(Kim, 2005). 하지만 이러한 문화적 특징에 무지한 상담자들은 내담자의 심인성 증상을 대수롭지 않게 여기며 내담자의 신체적 증상과 그들이 경험하는 심리적인 불편감의 관계성을 규명하는 통찰을 발휘하지 못한다.

2) 주요 학자 전기: 데럴드 윙 수(Derald Wing Sue, 1942~)

데럴드 윙 수는 오리건주의 포틀랜드에서 중국계 미국인 가정의 자녀로 태어나 자랐다. 백인 중심의 동네에서 자란 그는 인종적 배경 때문에 조롱과 괴롭힘을 당했다. 현재 그는 컬럼비아 대학교 사범대학에서 심리학 및 교육학 교수로 재직하고 있다. 수 박사는 상담과 심리학 분야의 경계를 넘나들며 다문화 영역에서 역대 가장 많이 인용되는 연구자이다. 그와 그의 형제인 스탠리 수와 데이비드 수는 모두 30년 이상 다문화 이론과 실천 분야에서 강력한 목소리를 내고 있다.

데럴드 윙 수는 클린턴 대통령 재임 시절 인종 자문위원회에서 연설을 하도록 초대받았고 '인종차별의 심리와 인종 색맹 사회의 신화'에 관한 의회 브리핑에 참여했다. 수 박사는 단일문화주의가 유색인종뿐만 아니라 백인 미국인에게도 해로움을 깨달았고 이러한 경험과 활동을 바탕으로 독자들과 비평가들에게 극찬을 받은 책『Overcoming our racism: The journey fo liberation』(2003)을 출판했다. 대다수의 대중을 위해 작성된 이 책은 백인 특권, 타고난 편견, 유색인종에 대한 의도하지 않은 억압을 통해 백인 미국인들을 직접 대면하였다. 예상대로 이 책은 미국 사회 내에서 인종에 대한 강렬한 감정을 불러일으켰고 어렵고 민감한 대화를 촉발하는 계기가 되었다.

이후 수 박사와 컬럼비아 대학교 사범대학 연구팀은 10년간의 연구를 통해 인종적 미세공격의 원인, 표현, 영향을 밝혀냈다. 그들의 획기적인 연구는 보이지 않던 미세공격을 가시화하고 유색 인종인 개인이 경험한 미세공격의 현실을 검증하고 유색 인종 집단의 목소리에 힘을 실어 주었다. 수 박사는 현재 종교, 성별, 장애 등 기타 소외된 집단을 포함하여 미세공격에 대한 연구를 확대하기 위해 노력하고 있다. 미세공격이 최소한의 피해를 준다는 대다수 사람의 믿음과 달리, 수의 연구는 일상적인 미세공격이 교육, 고용, 건강관리에서 불평등을 조성하고 유색 인종의 정서적 고통을 초래하는 원인임을 밝혀냈다. 수 박사의 미세공격에 대한 책은 『Microaggression in everyday life: Race, gender, and sexual orientation』(2010), 『Race talk and the conspiracy of silence: Understanding and facilitating difficult dialogues on race』(2015), 『Microintervention strategies: How you can disarm individual and systemic racism』(2020)을 포함한다.

2. 다문화상담 주요 이론

1) 다문화상담 유능성

수 외(1992)의 다문화상담 유능성 모델은 다문화상담에서 가장 많이 인용되는 이론적 틀이다. 수에 따르면 다문화상담 유능성(Multicultural Counseling Competence: MCC)은 세 가지 특징(① 상담자 자신의 가정, 가치, 편견 이해하기, ② 다양한 문화적 배경을 가진 내담자 이해하기, ③ 내담자에게 적합한 개입 전략과 기술 개발하기)과 세 가지 차원(① 신념과 태도, ② 지식, ③ 기술)의 조합으로 설명된다.

(1) 상담자 자신의 가정, 가치, 편견 이해하기

상담자가 필수적으로 갖추어야 할 역량 중 하나는 자기 알아차림(self-awareness)이다. 상담자가 자신의 가정, 가치, 편견들을 잘 이해하고 있을 때 그것들이 비합리적으로 내담자에게 미치는 영향을 통제할 수 있다. 하지만 많은 경우에 이러한 자기 알아차림은 표면적인 수준에 머물며 자기인식에 접촉하는 경험은 드물게 일어난다.

① 신념과 태도

- 문화적으로 유능한 상담자는 자신의 문화를 인지하고 가치 있게 여긴다.
- 문화적으로 유능한 상담자는 자신의 문화적 배경, 경험, 태도, 가치, 편견이 상담 과정에 어떤 영향을 미칠지 인식한다.
- 문화적으로 유능한 상담자는 자신의 유능성과 전문성의 한계를 인식한다.

- 문화적으로 유능한 상담자는 인종, 문화, 신념에 있어서 자신과 내담자 사이에 차이가 있다는 사실을 받아들인다.

② 지식

- 문화적으로 유능한 상담자는 자신의 인종, 문화적 유산에 대한 구체적인 지식을 가지고 있다.
- 문화적으로 유능한 상담자는 억압, 차별, 고정관념이 상담자 본인에게 어떤 영향을 미칠지 인식하고 있다.
- 문화적으로 유능한 상담자는 자신이 타인에게 미칠 사회적인 영향력에 대해 알고 있다.

③ 기술

- 문화적으로 유능한 상담자는 다양한 문화적 배경을 가진 내담자에 대한 이해를 높이고 상담의 효율성을 높이기 위해 교육, 자문, 훈련의 기회를 구한다.
- 문화적으로 유능한 상담자는 자신을 인종/문화적 정체성을 가진 존재로 이해하며 인종차별주의적인 태도를 배척한다.

(2) 다양한 문화적 배경을 가진 내담자 이해하기

① 신념과 태도

- 문화적으로 유능한 상담자는 자신이 타인종/민족 집단에 대해 편견을 가지고 있는지 인지하고 그것이 내담자에게 해로운 영향을 미칠 수 있음을 이해한다.
- 문화적으로 유능한 상담자는 자신과 내담자 사이에 존재하는 신념과 태도의 차이를 비심판적인(nonjudgmental) 관점으로 바라보며 서로의 것을 비교/대조하여 이해한다.
- 문화적으로 유능한 상담자는 그들이 다른 인종/민족 집단의 사람들에게 가지고 있는 고정관념이나 선입견들을 인지한다.

② 지식

- 문화적으로 유능한 상담자는 특정한 문화 집단에 대한 구체적인 지식과 정보를 가지고 있다. 문화적으로 유능한 상담자는 내담자의 삶의 경험, 문화적 유산, 그리고 역사적 배경에 대해 인지한다.

• 문화적으로 유능한 상담자는 내담자의 문화가 성격 형성, 직업 선택, 심리적 장애의 출현, 도움 추구 행동, 상담 방식 선택에 영향을 미칠 수 있음을 이해한다.
• 문화적으로 유능한 상담자는 내담자의 삶에 영향을 미치는 사회정치적인 영향력에 대한 지식을 가진다. 문화적 소수집단에 속한 내담자들이 경험하는 이민, 가난, 인종차별주의, 고정관념, 무력감은 상담에 큰 영향을 미친다.

③ 기술
• 문화적으로 유능한 상담자는 다양한 인종/민족 집단의 정신건강 및 정신장애에 대한 연구 및 최신 연구결과를 숙지한다.
• 문화적으로 유능한 상담자는 상담 환경 외부(지역사회 행사, 친구/이웃 관계 등)에서 만나게 되는 문화적 소수집단과도 적극적으로 교류할 수 있다.

(3) 내담자에게 적합한 개입 전략과 기술 개발하기

① 신념과 태도
• 문화적으로 유능한 상담자는 내담자가 가지고 있는 종교적/영성적 믿음과 신체적/정신적 기능에 대한 가치를 존중한다.
• 문화적으로 유능한 상담자는 내담자의 문화적 집단에 존재하는 돕는 관행과 인적 네트워크를 존중한다.
• 문화적으로 유능한 상담자는 내담자의 이중언어(bilingualism)를 가치 있게 여기며 한국어가 아닌 다른 언어를 사용하는 것을 상담의 장애물로 여기지 않는다.

② 지식
• 문화적으로 유능한 상담자는 상담과 심리치료의 원칙과 특성이 내담자가 가지는 문화적 가치와 어떻게 충돌할 수 있을지에 대한 지식을 가지고 있다.
• 문화적으로 유능한 상담자는 내담자가 정신건강 서비스를 사용하는 것을 방해하는 제도적 장벽에 대해 인지한다.
• 문화적으로 유능한 상담자는 심리검사 측정도구에 존재하는 잠재적인 편견(bias)에 대한 지식을 가지고 있으며 내담자의 문화적, 언어적 특징을 고려하여 결과를 해석한다.
• 문화적으로 유능한 상담자는 내담자의 가족 구성, 위계, 가치, 믿음, 공동체의 특징, 공

동체가 가지고 있는 자원에 대해 알고 있다.

- 문화적으로 유능한 상담자는 내담자의 심리적인 복지에 영향을 미칠 수 있는 사회 내에 존재하는 차별 관행을 알고 있다.

③ 기술

- 문화적으로 유능한 상담자는 언어적, 비언어적 메시지를 이해하고 적절하게 주고받을 수 있다. 또한 상담자는 한 가지의 돕는 방법이나 접근 방식에만 얽매이지 않고 돕는 방식이 문화에 따라 다를 수 있다는 점을 인식한다. 상담자의 돕는 방식이 한정적이고 부적절하다고 판단되면, 부정적인 영향을 완화시키기 위해서 개입한다.
- 문화적으로 유능한 상담자는 필요에 따라 내담자를 대신하여 제도적인 개입을 실천할 수 있다.
- 문화적으로 유능한 상담자는 내담자의 문화권에 존재하는 전통적인 치료자(traditional healer)나 종교적 및 영적 지도자에게 자문을 구하는 것을 어려워하지 않는다.
- 문화적으로 유능한 상담자는 내담자가 선호하는 언어로 의사소통하는 것에 책임이 있다. 이것은 외부에 존재하는 서비스로 내담자를 의뢰(referral)하는 과정에도 적용된다. 내담자의 주된 언어가 상담자가 사용하는 언어와 일치하지 않아 문제가 생길 때, 상담자는 ① 문화적인 지식과 전문적 지식을 모두 갖춘 통역가를 구하거나 ② 내담자를 이중언어가 가능한 다른 상담자에게 의뢰할 수 있다.
- 문화적으로 유능한 상담자는 자신이 가진 선입견, 편견, 차별적인 행동을 다루고 제거하는 데 관심을 기울여야 하며 억압, 성차별주의, 인종차별주의와 같은 사회적 문제에 대한 민감도를 길러야 한다.
- 문화적으로 유능한 상담자는 내담자에게 상담 목표, 기대 수준, 법적 권리, 상담자의 이론적 지향점(orientation)과 같은 상담 전반에 기본이 되는 지식들을 교육할 책임을 가진다.

2) 미국상담학회의 다문화주의 상담 이론

미국상담학회(American Counseling Association)의 다문화주의 상담 이론은 다음과 같은 기본 원칙을 갖는다(Lee & Park, 2012).

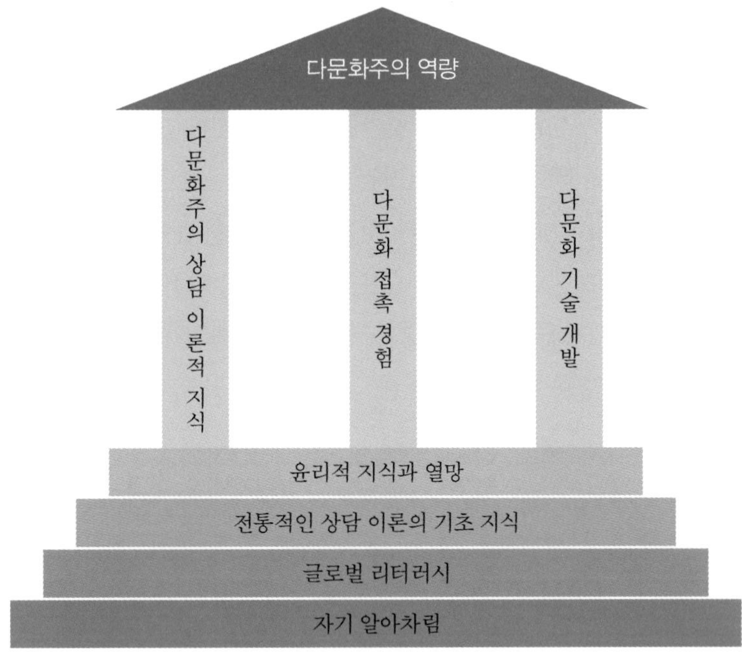

[그림 11-1] 미국상담학회 다문화주의 상담 이론

- 문화는 사회 구성원의 공통된 목적, 필요, 배경을 기반으로 형성되며 서로를 연관시키거나 구분 짓는다.
- 문화적 차이는 실제로 존재하며 모든 인간의 상호작용에 영향을 미친다.
- 모든 상담은 본질적으로 다문화적이다.
- 문화적으로 유능한 상담자는 다양한 문화적 배경을 가진 내담자의 삶에 효과적으로 개입할 수 있도록 알아차림, 지식, 기술을 개발한다.
- 문화적으로 유능한 상담자는 글로벌 리터러시를 갖춘 사람이다.

미국상담학회가 정의한 다문화주의 상담은 여덟 가지의 주제로 구성되어 있고 다시 이것들은 세 가지의 차원(기초 영역, 다문화 영역, 다문화상담 역량 영역)으로 구분된다. 미국상담학회 다문화주의 상담 이론은 [그림 11-1](Lee & Park, 2012)과 같이 묘사된다.

(1) 기초 영역

다문화주의 상담의 기초 영역은 네 가지의 주제로 구성된다. 이 네 가지의 주제는 다문화주의 상담에서뿐만 아니라 일반 상담에서도 동일하게 적용된다.

① 자기 알아차림

문화적으로 유능한 상담실천의 기초는 상담자의 자기 알아차림(self-awareness)이다. 상담자는 문화적 존재로서 자신을 경험하는 시간을 갖는다. 이때 상담자는 문화적 배경이 자신의 심리사회적 발달에 어떻게 영향을 미쳤는지 탐구한다. 상담자는 자신의 문화적 정체성을 평가할 때 다음과 같이 자문할 수 있다. "나는 내가 속한 문화집단의 구성원으로서 나 자신을 어떻게 경험하는가?", "나는 나와 같은 문화집단에 속한 타인을 어떻게 경험하는가?", "나는 다른 문화적 배경을 가진 타인에게 어떻게 반응하는가?"

② 글로벌 리터러시

글로벌 리터러시(global literacy)는 오늘날 세계화 사회에서 문화적으로 유능한 모든 개인이 보유해야 하는 지식 기반을 의미하며 지리, 역사, 문학, 정치, 경제, 정부 정책 등 다양한 영역을 포함한다. 글로벌 리터러시는 개인이 평생 동안 습득하는 핵심지식 체계로 이것을 갖춘 사람은 인간의 다양성에 대해 인지하고 있고, 인종적 차이에 대한 지식을 가지고 있으며, 다른 문화에 노출한 경험이 있고, 다른 국가에서 일어나는 사건들에 대해 잘 알고 있다. 글로벌 리터러시는 개방성에서 비롯된다. 글로벌 리터러시를 갖추기 위해서 상담자는 다양한 문화활동에 참여하고 여행하며 전 세계적으로 일어나는 사건들을 잘 인지하고 있을 필요가 있다.

③ 전통적인 상담 이론의 기초지식

다문화상담 역량은 전통적인 상담 이론을 잘 이해하고 있을 때 발전할 수 있다. 상담자는 프로이트, 아들러, 로저스, 펄스와 같은 선구적인 이론가들이 개발한 전통적인 상담 이론에 친숙해져야 한다.

④ 윤리적 지식과 열망

상담 과정을 온전하게 만드는 것은 상담자의 윤리적 실천이다. 미국상담학회는 상담자의 윤리적 실천이 상담치료에서 최우선적인 가치를 지닌다고 주장한다. 상담자가 다문화주의 역량을 갖추고 다양한 문화적 배경을 가진 내담자를 이해하려고 노력하는 것은 윤리적 실천의 한 조건이다.

(2) 다문화 영역

다문화 영역은 세 가지 주제로 구성되며 이는 다문화상담의 이론과 실제를 반영한다.

① 다문화주의 상담 이론적 지식

전통적인 상담 이론 외에도 상담자는 다문화에 대한 지식을 습득해야 한다. 수 외(1992)가 제시한 다문화주의 상담 이론에 따르면 상담자와 내담자의 문화적 정체성은 다양한 수준의 경험과 맥락에 의해 결정되며 이는 상담자와 내담자가 가지고 있는 태도, 성격에 영향을 미친다. 문화적 정체성을 결정하는 영역의 예는 인종/민족, 성 정체성, 장애 정체성 등을 포함한다. 보통 상담의 이론과 내담자의 문화가 일치할 때 상담의 효과는 극대화된다. 따라서 상담자는 내담자의 문화, 가치 등에 대한 이해를 바탕으로 적절한 다문화 지식을 선택하고 활용하는 것이 필요하다. 뿐만 아니라 내담자가 경험했거나 경험할 수 있는 인종차별주의, 성차별주의, 장애 차별주의 등과 같은 정치적/사회적인 맥락을 이해하고 이것들이 내담자의 심리사회적 발달과 건강에 미친 영향을 조사해야 한다.

② 다문화 접촉 경험

상담자의 다문화역량은 특정 문화권에 대한 지식과 정보를 얼마나 잘 습득할 수 있는지에 좌우된다. 다문화 접촉 경험(cross-cultural encounters)을 위해 필요한 지식과 정보에는 그 문화의 역사, 집단적 경험, 관습, 가치 체계 등이 있다. 이러한 정보를 습득하기 위해서는 책, 교육, 세미나 등을 활용할 수 있으나 가장 중요한 접촉은 실제로 특정 문화권에 있는 사람들과 대면 접촉할 때 이루어진다. 그러한 만남은 상담자가 자신의 친숙한 환경을 벗어나 바깥으로 나갈 때 이루어진다. 다문화 접촉 경험의 또 다른 중요한 요소는 상담자가 특정 문화권에 대해 가지고 있는 명백하거나 암묵적인 편견이나 고정관념을 버리고 그 문화권에 속한 개인을 이해하려는 진정성 있는 자세이다.

다음은 상담자의 효과적인 다문화 접촉 경험을 도울 수 있는 가이드라인이다(Lee, 2012).

- 상담자는 내담자와의 모든 상호작용에서 문화적인 요소를 고려한다. 상담자와 내담자 사이의 문화적 다름은 다름일 뿐 옳고 그름, 결함, 병리 편차가 아니라는 사실을 기억해야 한다.
- 상담자 자신의 문화적인 배경을 조사하고 평가한다. 모든 사람은 자신과 다른 문화적 배경을 가진 사람들에 대해 선입견과 편견을 가지고 있다. 이러한 관념과 가정은 무의

식/의식 중에 생성되고 발전되며 다양한 문화적 배경을 가진 사람들과의 상호작용에 영향을 미친다. 따라서 상담자는 자신의 문화적 배경의 근원을 조사하고 그것에서 비롯된 선입견과 편견을 이해하며 그것들이 다문화주의 역량에 방해물로 작용하지 않도록 노력한다.

- 상담자 자신이 가진 문화적 특권을 조사하고 평가한다. 모든 사람은 인구통계학적 또는 자신이 속한 집단의 특성에 따라 사회에서 어느 정도 특권을 가지고 살아간다. 상담자는 자신이 어떤 특권을 알게 모르게 누리고 있는지 이것이 자신과 다른 문화적 배경에서 온 내담자를 이해하고 공감하는 데 어떤 영향을 미칠 수 있는지 평가해야 한다.
- 상담자 자신의 이론적 지향이 내담자에게 적합한지 조사하고 평가한다. 또한 인종차별주의, 성차별주의, 사회경제적 계층 차별주의, 연령주의, 동성애 차별주의가 상담자의 이론적 지향을 결정하는 데 영향을 미쳤는지 검증한다.
- 상담자는 특정 문화에 대해 고정관념과 획일적인 관점을 갖는 것을 피한다. 상담자가 만나게 되는 내담자가 동일한 문화를 가지고 있고 비슷한 특성을 공유하더라도 모든 내담자는 각자의 고유한 특징을 가지고 있음을 인지한다.
- 상담자는 내담자로부터 배우려는 자세를 취한다. 특히 내담자가 호소하는 문제가 상담자에게 익숙하지 않은 문화에서 비롯된 것이라면 내담자로부터 가능한 많은 정보를 수집하는 것이 중요하다. 자신과 다른 문화적 배경에서 온 내담자에게 “다시 설명해 줄 수 있나요?”라고 말하는 것을 두려워하지 않아야 한다.
- 상담자는 내담자를 위한 옹호자가 된다. 다문화권에서 온 내담자가 겪는 문제행동과 어려움은 내담자가 속한 부정적 환경의 영향으로 발생하기도 한다. 즉, 내담자가 호소하는 문제가 실제로는 사회에 깊숙이 자리 잡은 불합리한 것들에 대한 반응일 수 있다. 문화적으로 유능한 상담자는 내담자가 처한 환경을 정확하게 인식하고 사회적 불평등과 구조적 장애물을 다루기 위해서 노력한다. 상담자는 내담자가 적극적으로 자기 옹호를 할 수 있도록 돕기도 하고 필요한 경우 내담자를 대신해 옹호한다.

③ 다문화 기술 개발

상담자는 내담자의 삶, 경험, 가치와 일치하는 상담전략과 다문화 기술을 개발(Cross-cultural counseling skill development)해야 한다. 이러한 기술 개발은 다음 전제에 기초한다. 첫째, 문화적 다양성은 실제로 존재하는 것으로 상담 과정에서 무시될 수 없다. 둘째, 문화적 차이는 병리적 결함이 아니다. 따라서 상담자는 본인과 내담자 사이의 문화적 차이가 존재함을 인정하고 내담자를 있는 그대로 받아들인다. 셋째, 상담자는 내담자가 속한 문화 집단에 대한 편견과 고정관념을 피하고 내담자를 문화적 맥락 안에서 존재하는 개인으로 이해한다.

이러한 원칙을 바탕으로 습득한 다문화 상담 기술은 상담자의 유능성 정도, 내담자의 욕구에 맞게 유연하게 활용될 수 있다. 상담 기술의 적절한 수정과 적용을 위해서 상담자는 다음과 같이 자문할 수 있다. "나와 다른 문화를 가진 내담자를 나는 어떻게 인지하는가?", "내담자와 관련하여 내가 가질 수 있는 문화적 맹점은 무엇인가?", "나의 문화적 배경은 상담관계에 어떤 강점/한계를 가져오는가?"

(3) 다문화상담 역량 영역

미국상담학회가 제시하는 다문화상담주의 이론의 정점은 다문화상담 역량이다. 다문화상담 역량은 상담자가 다양한 문화적 배경을 가진 내담자와 치료관계를 수립하고, 유지하며, 성공적으로 마무리하는 일련의 태도와 행동으로 정의된다. 문화적으로 유능한 상담사는 자기 알아차림이 높고 전통적인 상담 이론에 익숙하고 다문화주의 상담 이론에 개방적이며, 다문화접촉경험과 다문화주의 상담을 위한 기술을 가지고 있다.

3) 상담자 옹호 역량

내담자 옹호 역량을 가진 상담자는 다문화권에서 온 내담자의 문제가 개인적인 수준에서 발생한 것인지 사회적인 시스템의 차원인지 이해할 수 있고 그에 따라 문제 해결을 위한 개

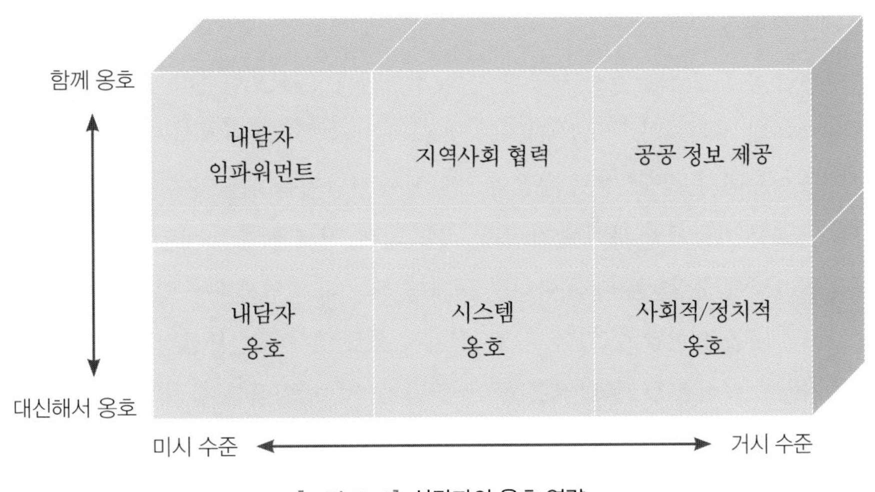

[그림 11-2] 상담자의 옹호 역량

입 방식을 달리할 수 있다(Lewis et al., 2002). 상담자의 옹호 역량은 내담자의 참여 정도와 상담자의 개입 수준에 의해 결정된다([그림 11-2] 참고). 일부 경우에서는 상담자의 역할을 최소화하고 내담자에게 자기옹호의 권한을 부여해야 하고 또 일부 경우에서는 상담자가 내담자를 대신하여 옹호해야 한다. 두 가지 경우 모두에서 효과적인 옹호 기술 개발을 위해서는 상담자와 내담자의 협력이 필수적이다.

(1) 미시 수준 옹호

상담자의 미시 수준 옹호는 상담 현장으로 그 영향이 제한된다. 미시 수준의 옹호는 보통 내담자를 위한 옹호 또는 내담자 임파워먼트를 목표로 한다. 내담자 임파워먼트를 위해서 상담자는 내담자가 자신의 문제가 외부에서 기인했다는 사실을 인지하도록 돕는다. 또한 상담자는 내담자가 자신의 강점과 자원을 자기옹호를 위해서 사용하도록 가르친다. 내담자 대신 옹호를 위해서 상담자는 지역사회에서 자원을 얻고 협력단체의 도움을 구한다.

(2) 중간 수준 옹호

중간 수준의 옹호는 지역사회 협력이나 시스템 차원의 옹호를 목표로 하고 그 영향력은 상담 현장 내외부를 아우른다. 지역사회 협력을 목표로 하는 상담자는 내담자와 함께 사회적 변화를 야기하기 위해 지역사회의 다른 집단과 동맹을 맺는다. 시스템 차원에서의 옹호를 목표로 하는 상담자는 내담자의 문제에 영향을 미치는 구조적인 장벽을 알아차리고 변화의 긴급성을 지역사회의 사람들에게 알린다.

(3) 거시 수준 옹호

거시 수준의 옹호는 공공 정보 제공과 사회/정치적 옹호를 포함한다. 거시 수준의 옹호는 불평등한 사회 및 정치적인 구조를 다루는 것을 목표로 하며 상담자의 옹호 영역은 상담 현장 내외부를 아우른다. 공공 정보 제공의 차원에서 상담자는 내담자와 함께 사회적 부정의(social injustice)를 공동체와 사회에 알린다. 예를 들어, 장애를 가진 내담자가 직장에서 정당한 편의제공 요구를 묵살당했다면 이러한 문제를 직장 내의 인사과나 법무과에 알리고 편의제공을 재고할 것을 요청할 수 있다. 사회/정치적 옹호 영역에는 불공정한 사회구조나 정책을 변경하려는 노력이 포함된다. 예를 들어, 상담자는 입법자들과 협력하여 장애인 대상 차별 금지 및 정당한 편의 제공 법안의 제정을 제안할 수 있다. 거시 수준의 옹호는 상담자가 내담자의 문제가 사회구조적인 문제에 뿌리를 두고 있음을 인식할 때 달성된다.

4) 인종적 정체성 발달 단계

크로스(1991)의 인종적 정체성 발달 단계 모델은 본래 아프리카계 미국인들을 위해 고안되었으나 다른 유색 인종에게도 적용될 수 있는 활용 가치가 높은 모델이다. 개인의 인종 정체성은 4단계를 거치며 확립된다. 각 단계를 지날수록 개인은 보다 건강한 인종적 정체성을 형성하게 된다. 상담자는 다음과 같은 내용을 잘 숙지하여 내담자의 건강한 인종 정체성 형성을 촉진해야 한다.

(1) 만남 전 단계

만남 전 단계(pre-encounter stage)에 있는 개인은 자신의 인종적 정체성을 잘 인식하지 못하며 직업, 삶의 방식, 종교로 형성되는 정체성에 더 큰 의미를 부여한다. 그 결과 만남 전 단계에 있는 개인은 유색인종으로 인식되는 것에 개의치 않는 경향을 보인다. 그들은 타인의 인종 차별주의적인 태도를 본인의 탓으로 돌린다.

(2) 만남 단계

만남 단계(encounter stage)에 있는 개인은 자신의 인종에 대한 관점을 형성하는 사건을 만나게 되고 그러한 사건을 개인화(personalize)시켜 받아들인다. 인종에 대한 인식을 결정하는 사건이 반드시 부정적일 필요는 없으며 어떠한 방식으로든 그들의 생각에 변화를 주는 기폭제로 작용하면 된다.

(3) 내적몰두–발현 단계

내적몰두–발현 단계(immersion-emersion stage)는 개인이 가지고 있던 인종에 대한 기존의 가치관을 버리고 새로운 관점을 갖게 되는 시기이다. 이 단계에 있는 개인은 아직 변화하지 않았지만 변화하기 위해서 노력한다. 내적몰두–발현의 단계에 있는 개인은 주류문화의 사람들에게 분노를 느끼기도 하고 한때 인종차별주의를 무지 중에 받아들인 것에 대한 죄책감을 경험하기도 하며 자신의 고유문화에 대해서 자부심을 표현하기도 한다.

(4) 내면화 단계

내면화 단계(internalization stage)는 개인이 새로운 정체성이 주는 도전과 문제들을 잘 돌파해 나가는 과도기이다. 이 시기 동안 사람들은 다른 사람들이 자신을 어떻게 보는지에서

▲ 자신은 크로스(1991)의 인종적 정체성 발달 단계 중 어디에 있는지 탐색해 본다.

자기 자신들이 스스로를 어떻게 인식하는지에 관심을 기울인다. 또한 이 시기에 개인은 다른 인종에 대해 혹여라도 가지고 있을 부정적인 태도를 거부하고 모든 인종에 대해 열려 있는 태도를 가진다.

5) 문화적응 모델

베리(1992)에 따르면 개인의 문화적응은 두 가지 측면에서 이루어진다. 하나는 개인이 자신의 고유문화를 얼마나 유지/거부하는지이며 다른 하나는 개인이 얼마나 주류사회 문화를 포용/거부하는지이다. 두 가지 측면을 어떻게 받아들이는지에 따라 개인의 문화적응 양상은 다르게 나타난다. 문화적응 모델(Acculturation model)은 순서형 모델이 아니며 어느 한 가지 유형이 다른 유형보다 우월하다고 보지 않는다.

- 동화(assimilation): 동화는 개인이 자신의 고유문화보다 주류사회 문화를 더 받아들일 때 일어난다.
- 분리(separation): 분리는 개인이 주류사회 문화를 거부하고 자신의 고유문화만을 고집할 때 일어난다.
- 통합(integration): 통합은 개인이 주류사회 문화와 개인의 고유문화를 동일하게 받아들일 때 일어난다.

- 주변화(marginalization): 주변화는 개인이 주류사회 문화와 개인의 고유문화를 모두 거부할 때 일어난다.

개인의 문화적응에는 다음과 같은 여섯 가지 요인이 영향을 미친다(Berry, 2004).

- 다양성(diversity): 사람들이 공통된 혹은 다른 지역적, 민족적 정체성을 공유하는가?
- 동등함(equality): 문화의 차이가 발생하면 개인은 동등하게 혹은 다르게 대우받는가? 일부 사회에서는 엄격한 계층구조가 존재하며 문화의 차이는 곧 불평등한 대우로 이어진다. 어떤 문화권에서는 그러한 계층구조가 존재하지 않으며 존재한다고 하더라도 일시적이다.
- 순응성(conformity): 일부 사회에서는 사람들이 사회 구조에 단단히 얽매여 있으며 내집단의 규범을 따르고 사회적 의무를 다하는 것을 중요시한다. 문화적응 중에 독립성을 추구하는 개인과 사회가 갈등을 겪을 때 대인 갈등, 개인 내부의 심리적 갈등이 초래될 수 있다.
- 부(wealth): 개인이 어느 정도의 돈, 소유물, 여가시간을 가지고 있는가? 부가 상대적으로 균등하게 사회 내 개인에게 분배되는가 아니면 대부분의 자원이 소수의 집단에 집중되어 있는가? 부의 균등/불균등한 분배는 교육, 통신 및 정보에 대한 접근, 건강 및 개인의 가치와도 연관된다.
- 공간(space): 개인은 집, 공공공간을 어떻게 활용하는가? 개인 간의 거리와 접촉이 어느 정도까지 받아들여지는가?
- 시간(time): 사람들은 신속성, 일정을 맞추는 것에 대해서 어떻게 생각하는가? 개인은 일대일의 관계를 가지는가 아니면 동시에 여러 명과의 상호작용을 추구하는가?

6) 정체성 교차

정체성 교차(identity intersectionality)는 인종, 계층, 성별과 같은 다양한 정체성이 상호작용하는 것을 일컫는다(Crenshaw, 1989). 이렇게 형성된 정체성은 개인의 힘(power), 특권(privilege), 사회적 위치(social location)를 결정한다([그림 11-3] 참조; PettyJohn et al., 2020).

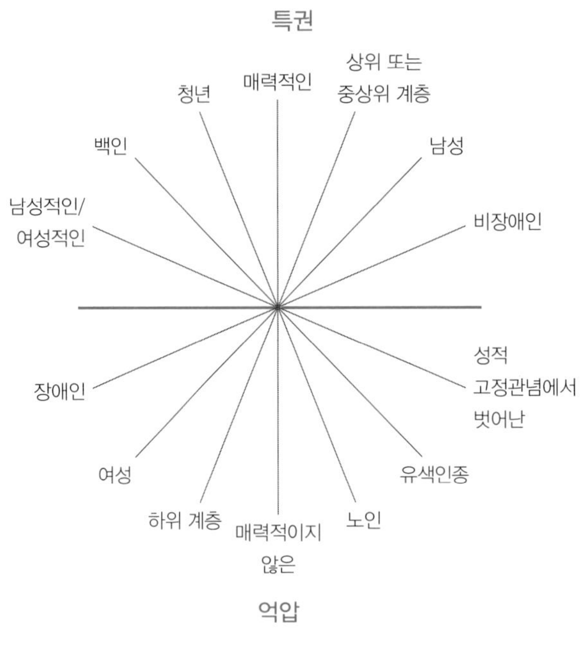

[그림 11-3] 정체성 교차

(1) 내담자의 정체성 탐구하기

상담자는 상담 초기 단계에서 심도 있는 인구통계학적 질문지를 사용해 내담자의 다양한 정체성을 탐구할 수 있다. 특별히 상담자에게 익숙하지 않은 정체성을 가진 내담자를 만날 때는 관련 문헌들을 조사하여 지식과 정보를 숙지해 가는 것이 필요하다. 또한 상담자 본인이 내담자가 가진 정체성에 대해 편견이나 고정관념을 가지고 있지는 않은지 확인할 필요가 있다.

(2) 상담자 자신의 문화적 다양성 역량 성찰하기

내담자의 문화적 다양성을 이해하기 위해서는 상담자의 관련 지식과 기술은 필수적이다. 특별히 정체성 교차나 사회 정의 개념에 익숙하지 않은 수련 단계의 상담자에게 자신의 문화적 다양성 역량을 성찰하는 것은 도전적일 수 있다. 〈표 11-1〉에는 상담자가 자신의 문화적 다양성 역량을 성찰할 때 자문할 수 있는 질문들이 나열되어 있다.

표 11-1 문화적 다양성 역량 성찰 질문(PettyJohn et al., 2019; Salmon, 2017)

1	내담자는 나(상담자)와 다른 정체성을 가지고 있는가? 만약 내가 주의를 기울이지 않는다면 어떻게 내담자를 무의식 중에 억압할 수 있는가?
2	내가 만나고 있는 내담자의 가족/커플은 어떤 정체성을 가지고 있는가? 내가 만약 주의를 기울이지 않는다면 어떻게 내담자의 가족/커플을 무의식 중에 억압할 수 있는가?
3	나와 내담자의 다른 정체성이 어떻게 상담자-내담자 사이의 치료 관계, 목표 설정, 치료 과정에 영향을 미칠 수 있는가?
4	나는 내담자의 정체성에 대해 얼마나 많은 지식과 경험을 가지고 있는가? 나는 내담자의 정체성에 대해 어떤 고정관념을 가지고 있으며 그것이 어떻게 상담에 영향을 미칠 수 있는가?
5	나는 내담자의 정체성 교차 지점을 다루는 데 있어서 얼마나 편한가(또는 불편한가)?
6	내담자가 호소하는 문제에는 어떤 사회적 억압이 자리 잡고 있는가?
7	나와 내담자의 정체성 교차 지점을 다루는 데 필요한 맥락적인 요소들에는 어떤 것들이 있는가?
8	내담자는 정체성의 교차를 주제로 한 대화에 대해서 어떻게 반응할 수 있는가?

7) 미세공격

미세공격(microaggression)이란 의도적이든 의도적이지 않든 특정한 사람이나 집단에 해롭고 불쾌한 심리적인 경험을 주는 찰나적이고 일상적인 언어적 또는 행동적 모욕이다(Sue, Bucceri, Lin, Nadal, & Torino, 2007). 미세공격을 경험하는 개인이나 집단은 고립감, 안전하지 않음, 소외감, 환영받지 못함을 느낀다. 예를 들어, 장애가 있는 학생을 입학시킨 학교가 장애 학생을 드러나게 배척하지는 않으나, 장애인을 위한 편의제공 의무를 다하지 않아(램프 설치, 점자법 표기) 장애 학생의 학교생활을 제한한다면 이것은 미세공격으로 해석된다.

- 미세공격은 미묘하고, 의도적이지 않으며, 간접적이다.
- 미세공격을 함의한 행동은 종종 대안의 설명이 있다.
- 미세공격은 무의식적이고 깊이 뿌리 박혀 있는 편향된 믿음이나 태도를 나타낸다.
- 미세공격은 사람들이 가지고 있는 차이를 무시하고 개인의 인종, 성별, 종교, 능력 등이 그들의 행동과 아무 관련이 없다고 생각할 때 일어나기 쉽다(Sue, Capodilupo et al., 2007).

미세공격은 다음의 세 가지 형태로 구분된다(Sue & Sue, 2016).

① 미세폭력(microassault)은 노골적인 언어적, 비언어적, 행동적인 공격으로 차별적이며 편향된 정서를 드러낸다. 미세폭력은 인종차별주의(racism), 성차별주의(sexism), 능력차별주의(ableism), 종교적인 차별(religious discrimination)과 같은 형태로 드러난다. 가해자들은 익명성이 보장될 때, 그들의 편향된 믿음과 행동을 공유하며 묵인해 줄 다른 사람들과 같이 있을 때, 자신의 감정이나 행동에 통제를 잃을 때 특정 개인이나 집단에 미세폭력을 가한다. 미세폭력은 가해자가 의도적이지 않게 또는 인지하지 못한 채로 가하는 다른 형태의 미세공격보다 오히려 해결하기 쉽다.

② 미세모욕(microinsult)은 타인에게 무례함/무감각을 전달하거나 개인의 인종/종교/장애 등의 정체성을 비하하는 언어나 행동을 의미한다. 미세모욕은 보통 가해자의 의식적인 알아차림의 바깥에 존재하고, 미묘한 모욕적 언행 뒤에는 숨겨진 메시지가 존재한다. 예를 들어, 도움이 필요해 보이지 않거나 도움을 요청하지 않은 장애인이 대중교통에 타는 것을 분주하게 돕는 개인의 행동의 이면에는 장애인은 끊임없이 도움이 필요하고 다른 사람에게 의존한다는 메시지가 숨어 있을 수 있다.

③ 미세부정(microinvalidation)은 특정 집단의 생각, 감정, 경험을 배제, 무효화, 묵살하는 언행을 의미한다. 미세부정은 미세모욕처럼 비의도적이고 보통 가해자의 알아차림 바깥에 존재한다. 간혹 사람들은 타인의 종교나 피부색을 보지 않는다고 주장하고 모두가 한 인간일 뿐이라고 주장한다. 이것은 대표적인 미세부정으로 다른 종교를 가지고 있고 피부색이 다른 개인이 살아온 삶과 그들의 역사를 무효화한다.

대표적으로 자주 드러나는 미세공격의 예시를 〈표 11-2〉에 제시했다. 다음과 같은 모든 진술이 미세공격의 의도를 가지고 행해지는 것이라고 말하는 것은 아니나, 특정 집단/개인에 대해 고정관념, 편견을 가지고 있다면 자신들의 언행 이면에 타인에 대한 공격 의도가 있지 않은지 살펴야 한다.

표 11-2 미세공격의 예시(Sue & Sue, 2016 수정)

상황	미세공격의 예시	숨겨진 메시지
한국에 거주하는 다문화 가정의 자녀를 만났을 때	"당신은 어디서 왔습니까? 한국말을 꽤 잘하시네요."	당신은 한국에 사는 이방인이다.
다른 인종을 가진 개인을 만났을 때	"나는 당신을 볼 때 피부색을 보지 않아요. 저는 인간이라는 한 인종만 존재한다고 믿습니다."	개인이 인종적/문화적인 존재라는 것을 부인한다.
공공장소에서 장애인을 만났을 때	도움이 필요하다고 요청하지 않은 순간에도 장애인을 도우려고 애쓴다.	장애인 혼자서는 아무것도 할 수 없다.
여성 과학자가 특출난 성과를 거두었을 때	"당신은 어떻게 이렇게나 성공할 수 있었나요?"	여성이 이공계 계통에서 특출나게 똑똑한 것은 흔하지 않다.

8) 상담자의 특권 알아차리기

와트(2007)는 상담자의 특권을 알아차리는 방법으로 PIE(Privileged Identity Exploration) 모델을 제시한다. PIE 모델에 따르면 상담자는 자신이 지닌 특권을 알아차릴 때 불편한 현실을 회피하고 익숙하지 않은 감정에서 벗어나기 위해 방어기제를 활용한다. 〈표 11-3〉은 개인이 자주 사용할 수 있는 여덟 가지의 방어기제와 그 예시이다.

표 11-3 개인이 자주 사용하는 방어기제와 예시

	방어기제	예시
1	부정	"나는 내가 가진 특권을 갖고 싶지 않았고 요청하지 않았지만 그저 열심히 일한 결과 가지게 되었다."
2	편향	"학교는 우리에게 이러한 특권, 사회적 불평등에 대한 것들을 가르쳐 주지 않았다. 나는 자라면서 한 번도 인종차별을 당해 본 적 없다."
3	합리화	"나의 장애인 친구는 내가 본인을 온전히 이해하지 못하며 내가 우정에 흠집을 낸다고 말한다. 아무래도 모든 사람이 나를 좋아할 수 없다는 사실을 받아들여야 할 것 같다."
4	지성화	"나는 인종차별주의가 존재한다는 것을 알고 있다. 이것은 불법 이민자 증가에 대한 사람들의 반응이다."
5	원칙화	"사회적 차별을 경험하는 사람들에 대해 안타깝게 느낀다. 하지만 나는 그것이 불의하거나 차별적인 행위라고 생각하지 않는다."
6	위조된 선망	"나는 타인의 입장이 되어 그들을 이해할 수 있기를 바란다."

7	자비심	"나는 장애를 가진 지역사회 구성원을 돕기 위한 모금행사에 참석한 적이 있다. 나는 장애인 집단에 계속 도움을 주고 싶다."
8	최소화하기	"나는 사회 정치적인 현상을 바꿀 수 없다는 것을 알고 있다. 그저 다른 문화에 대해 배우고 싶다."

3. 다문화상담의 실제

1) 여성주의 상담

여성주의(혹은 페미니즘)는 20세기 후반 무렵 여성들이 자신들이 경험하는 불평등(inequality)과 불공평(inequity)을 인식하기 시작하면서 풀뿌리 방식으로 발전해 왔다. 여성주의의 핵심 신념은 여성이 남성과 동등한 권리, 기회, 자유를 누릴 자격이 있다는 것이다. 더 나아가 여성주의는 성별의 차원을 넘어 역사적으로 소외되거나 억압당했던 사람들(예시: 유색인종, 빈곤계층, 장애인, 이민자)의 목소리를 확장시키는 역할을 해 왔다. 여성주의 치료법은 알아차림, 정치적 존재로서의 인간, 모든 종류의 억압 인식, 사회적 변화를 위한 헌신, 여성의 목소리와 경험 존중, 상호 동등한 상담관계, 심리적인 스트레스를 다시 정의하기와 임파워먼트(empowerment)라는 원칙에 기반하며, 힘에 대한 분석, 독서 치료, 단호함 연습, 재구성 및 재명명, 자기개방 등의 기술을 실천한다.

(1) 여성주의 상담의 원칙

① 알아차림

인간을 남성, 여성으로 구분해 주는 몇 가지 생물학적 특징들이 있다. 성 호르몬, 성 염색체, H-Y 항원, 생식샘 등이 그 예이다. 남성은 높은 테스토스테론의 합성 비율, XY 염색체, H-Y 항원, 고환을 가지고 있고 여성은 높은 에스트로젠의 합성 비율, XX 염색체, 난소를 가지고 있다. 이러한 생물학적 성(sex)은 출생과 동시에 자연스럽게 획득된다. 한편, 사회적 성(gender)은 남성과 여성에 부가된 사회적 역할, 행동, 특징을 포함하는 개념이다. '아랍권 국가에서 남성은 차를 운전하지만 여성은 그렇지 않다.', '아프리카 대륙의 국가에서는 여성들이 정원을 관리하지만 남성은 그렇지 않다.'와 같은 진술들이 사회적 성에 대한 인식에서 비롯된 것이다(Sommers-Flanagan & Sommers-Flanagan, 2018).

사람들은 성별에 따라 부여되는 고유한 역할에 비추어 자신을 평가하며 본인의 모습이 사회적 규범에 미치지 못할 때 수치스러움을 느끼고 혼란에 빠진다. 예를 들어, 참전 군인들은 병역 중 사회화를 통해 강하고, 자립적이며, 행동 중심적이고, 어려움을 잘 이겨 내는 것을 남성성(masculinity)이라고 학습하고 그렇게 행동한다(Caddick et al., 2015). 그런데 만약 그들이 전역 후 외상후 스트레스 장애와 같은 심리적인 어려움을 경험하고 남성성이라고 학습된 규범을 실천하지 못하게 된다면 현실과 이상 사이에 인지 부조화, 혼란, 좌절 등을 겪는다. 또 다른 예는 사회적 성과 신체 이미지(body image)와 관련이 있다. 사람들은 사회적으로 구성된 비현실적인 미의 기준을 내면화하여 신체 불만족을 경험하고 잦은 식이 조절로 잘못된 식습관을 형성한다(Galioto & Crowther, 2013; Levin & Kilbourne, 2009).

② 정치적 존재로서의 인간

내담자가 경험하는 소외, 억압, 차별의 문제들은 보통 정치적/사회적인 맥락과 관련이 있다. 개인의 삶에 영향을 미치는 환경적 맥락을 이해하는 것은 여성주의 상담의 가장 근본적인 원칙이다(Sommers-Flanagan & Sommers-Flanagan, 2018). 또한 여성주의 상담자는 생물사회심리적인 관점을 통해 내담자의 내면에서 일어나는 현상에도 관심을 갖는다.

③ 모든 종류의 억압 인식

여성주의 상담은 모든 종류의 사회적/정치적 불공평은 개인에게 부정적인 영향을 미친다는 것을 인식한다. 여성주의 상담자는 내담자가 자신들의 삶에 변화를 가져올 수 있게 돕고 내담자가 고정관념, 소외, 억압으로부터 자유로울 수 있도록 사회의 구조적 변화를 도모한다. 이때 내담자가 호소하는 문제의 이면에 어떤 사회적 억압이 자리 잡고 있는지 이해하는 것은 필수적이다.

④ 사회적 변화를 위한 헌신

여성주의 상담은 내담자 개인의 변화뿐만 아니라 사회의 구조적 변화를 야기하는 것을 목표로 한다. 여성주의 상담자는 사회적 변화를 위해 직접적인 행동을 취할 책임과 의무가 있다. 여성주의 상담자는 다른 전문가 또는 여성들과 연대하여 사회에 만연한 잘못된 관행을 옳게 교정한다. 여성주의 상담은 내담자 개인에게만 집중하는 것에서 더 나아가 사회 활동을 장려한다는 점에서 전통적인 상담 방식과 차이를 보인다(Corey, 2011).

⑤ 여성의 목소리와 그들의 경험 존중

남성 중심의 전통적인 상담 및 치료에서는 여성 내담자를 남성적 규범에 비추어 평가한다. 하지만 여성주의 상담에서는 여성 내담자의 목소리를 권위 있게 여기며 그들의 경험을 있는 그대로 존중한다(Corey, 2011).

⑥ 상호 동등한 상담관계

페미니즘 상담자는 상담자와 내담자 사이에 힘의 불균형이 있다는 것을 인지하고 상호 동등한 상담관계를 만들기 위해 노력한다. 상담자는 치료관계에서 힘의 불균형이 어떻게 형성되는지에 대한 이해를 바탕으로 힘의 차이를 최소화하고 내담자와 동등한 관계를 맺기 위해서 노력한다(Corey, 2011).

⑦ 심리적인 스트레스를 다시 정의하기

여성주의 상담은 진단적 명명하기(diagnostic labeling)와 질병모델(disease model)에 반대한다. 여성주의 상담에서 심리적인 스트레스는 질병의 증상이 아니라 부당한 시스템에 대한 의사소통 방식으로 여겨진다. 즉, 여성주의 상담에서 내담자가 호소하는 문제는 내담자가 부당한 환경에서 살아가는 생존 기술로 사용되었을 수 있다고 가정한다. 만약 내담자의 공식적인 진단이 필요한 경우라면 내담자와 협력하여 진단명을 도출한다(Walters & Corey, 2011).

⑧ 임파워먼트

여성주의 상담자는 내담자가 사회에 내재된 불평등한 구조를 볼 수 있게 돕고 자신의 삶에서 힘(power), 권위(authority), 방향(direction)을 되찾도록 격려한다(Sommers-Flagnan & Sommers-Flagnan, 2018). 브라운(2010)에 따르면 내담자가 되찾아야 하는 힘은 네 가지의 영역(신체, 내면, 관계, 영성/존재성)에 존재한다.

- 신체적 힘(somatic power): 신체적 힘은 신체 이미지와 관련이 있다. 신체적 힘이 약한 개인은 부정적인 신체 이미지, 신체적 해리를 경험하지만 건강한 신체적 힘을 가진 개인은 안정감을 느끼고 본인의 있는 그대로의 신체 이미지를 받아들인다.
- 내면의 힘(intrapersonal/intrapsychic power): 내면의 힘에 부족함을 느끼는 개인은 다른 사람의 생각이나 감정에 지나치게 초점을 맞추고 통제할 수 없는 과거에 관심을 집중

한다. 건강한 내면의 힘을 가진 개인은 자기이해, 분명한 목표 설정, 감정 알아차림을 잘하며 현재에 주의를 기울인다.

- 관계의 힘(interpersonal/social-contextual power): 관계의 힘의 부족은 주로 억압받는 사람들에게 흔하게 나타난다. 관계의 힘을 느끼지 못하는 개인은 무력감, 희망 없음, 고립감을 경험한다. 건강한 관계의 힘을 경험하는 개인은 단호한 자기주장 능력을 발휘할 수 있다.
- 영적/존재론적 힘(spiritual/existential power): 영적/존재론적 힘이 부족한 개인은 무의미감이나 단절감을 느낀다. 건강한 영적/존재론적 힘은 영적/종교적 의식을 가지고 수용하는 것, 내면의 힘을 개발하는 것에서 비롯된다.

(2) 여성주의 상담 과정

① 여성주의 상담 목표

여성주의 상담은 내담자가 자신이 가지는 힘을 인식하고 주장할 수 있도록 임파워먼트를 제공하는 것을 목표로 한다. 이 과정에서 내담자는 사회에서 부여하는 성역할 제약에서 벗어나 지속적으로 존재해 온 제도적인 억압에 도전할 수 있다. 사회적인 차원에서 여성주의 상담은 여성들의 목소리와 경험을 비병리화하고 그들의 목소리와 경험을 가치 있게 여긴다. 여성들의 경험과 성취는 편견 없이 인정된다.

워렐과 레머(2003)에 따르면 여성주의 상담자는 내담자가 다음과 같은 목표를 성취할 수 있도록 돕는다.

- 사회에서 구성한 자신의 성역할을 인식한다.
- 무조건적으로 수용했던 사회의 성별에 따른 규정을 식별하고 그것들을 자기고양적인 신념으로 바꾼다.
- 성차별적이고 억압적인 사회 분위기가 내담자 자신에게 어떤 부정적인 영향을 미치는지 이해한다.
- 자신의 변화뿐만 아니라 자신이 속한 환경에 변화를 가져오는 기술을 습득한다.
- 주변에 존재하는 차별적인 관행들을 없애고 재구성한다.
- 자율성을 가지고 자기 자신의 행동을 선택한다.
- 자신의 삶에 영향을 미치는 환경적인 요인들을 확인한다.

- 자신이 갖는 개인적이고 사회적인 힘을 인지한다.
- 자신이 갖는 관계의 힘을 인식한다.
- 자신이 갖는 경험과 직관을 신뢰한다.

② 여성주의 상담에서 상담자의 기능과 역할

여성주의 상담자는 성차별, 인종차별과 같은 사회에 존재하는 모든 형태의 억압을 이해하는 데 주의를 기울이며 이러한 억압과 차별이 내담자의 심리적 안녕에 어떻게 영향을 미치는지 이해한다. 여성주의 상담자는 내담자와 감정적으로 함께 존재하는 것, 치료시간 동안 자기개방을 실천하는 것, 끊임없이 자기 자신의 무의식에 존재하는 고정관념과 편견을 의식으로 끌어올리는 것을 가치 있게 여긴다(Corey, 2011). 여성주의 상담에서는 상담자와 내담자의 동등한 치료관계 형성을 중요하게 여긴다. 또한 내담자가 자신이 지닌 가치를 내면화하고 내부적인 통제 소재를 가지도록 돕는다. 여성주의 상담은 상담자가 내담자에게 진실성, 공감을 전달한다는 점에서 인간중심치료와 비슷하지만 인간중심치료와 다르게 치료관계가 변화를 만들기에 충분한 요소가 되는 것은 아니라고 주장한다(Corey, 2011). 치료관계 외에도 통찰, 자기고찰, 자기인식 등이 변화를 만들어 중요한 요소로 작용한다.

③ 여성주의 상담에서 내담자 경험의 역할

여성주의 상담에서 상담자는 여성 내담자에만 제한하지 않고 남성, 커플, 가족, 어린이들과 상담을 진행한다. 상담 과정에서 가장 중요한 점은 내담자의 능동적이고 독립적인 자세이다. 치료관계는 파트너십을 바탕으로 하며 내담자는 자신이 필요로 하고 원하는 것이 무엇인지 직접 결정한다. 때때로 상담자는 내담자가 호소하는 문제에 공감하며 자신의 경험 중 일부를 공유할 수 있다(Corey, 2011). 치료 과정에서 내담자는 자신의 문제를 상담자에게 꺼내 놓으며 비난받지 않는 안전한 환경에서 자기수용, 자신감, 즐거움, 진실성을 경험할 수 있다(Corey, 2011). 내담자는 상담 과정에서 배운 이러한 가치들을 일상생활에 적용하며 연습한다.

④ 여성주의 상담에서 상담자와 내담자의 관계

여성주의 상담은 치료관계가 상호성, 평등, 임파워먼트에 기반을 둔 것으로 본다(Evans et al., 2011). 치료관계의 특성상 상담자와 내담자 사이에는 힘의 차이가 존재할 수 있지만 여성주의 상담자는 힘 균등화를 위해 노력한다. 이 과정에서 상담자는 모델링을 제공하고 내담자는 상담자를 통해 어떻게 힘의 불균형을 알아차리고 해소할 수 있는지 배운다. 상담자는 다음과 같은 방법을 사용해서 힘의 균등이 보장된 치료관계를 형성할 수 있다. 먼저, 여성주의 상담자는 불필요한 진단, 해석, 조언 제공을 삼가고 자신의 가치를 내담자에게 강요하지 않는다. 공식적인 진단이 필요하다면 내담자와의 파트너십에 바탕을 두고 진단명을 결정한다. 또한 상담자는 사전동의(informed consent)에서 내담자와의 평등한 치료관계를 형성하는 것의 중요성을 다룬다. 내담자와의 치료적 관계를 형성하는 과정에서 필요하다면 서면 계약서를 활용할 수 있다.

⑤ 여성주의 상담에서 평가와 진단

여성주의 상담은 보통 정신질환의 진단 및 통계 편람(Diagnostic and Statistical Manual of Mental Disorders)에 기초한 정신장애 분류 시스템에 비판적이다. 여성주의의 관점에서 볼 때 정신질환의 진단 및 통계 편람에 기초한 진단 기준은 남성을 기준으로 확립되었다. 따라서 일부 여성의 증상이나 행동이 병리화될 위험이 있다. 여성주의 상담자는 DSM에 기초한 진단명을 신중하게 사용할 것을 제안한다. 다음은 진단명이 여성 내담자에게 미칠 부정적인 영향을 기술했다(Enns, 2000; Eriksen & Kress, 2005).

- 내담자의 문제행동을 이해할 때 사회적 요인이 아니라 개인적인 요인에 초점을 맞춘다.
- 사회적 변화보다 개인적인 해결책을 강조하게 된다.
- 백인, 남성을 기준으로 개발된 시스템이 다문화적 배경을 가진 개인을 억압하는 도구로 사용될 수 있다.
- 진단 기준이 오히려 성역할 고정관념을 강화할 수 있다.
- 진단을 통한 명명은 내담자를 비인간화할 위험이 있다.

(3) 여성주의 상담 기술

① 힘에 대한 분석

상담자는 내담자가 불평등한 제도나 사회의 구조적 방해물이 내담자의 삶에 어떻게 영향을 미치는지 이해하도록 돕는다. 내담자가 자신을 있는 그대로 받아들일 수 있게 하는 것, 자신감을 다시 회복할 수 있게 돕는 것, 내담자의 문화적인 가치 및 맥락 안에서 자기실현적인 목표를 설정할 수 있게 하는 것을 상담의 목표로 삼을 수 있다(Corey, 2011).

② 단호함 연습

상담자는 내담자에게 단호하며 적극적인 행동을 가르침으로써 내담자가 고정관념적인 성역할을 초월하도록 돕고 자신에 대한 부정적인 신념을 바꾸도록 장려하며 일상적인 삶에서의 변화를 실천할 수 있도록 한다(Corey, 2011). 단호함 연습(assertiveness training)을 위해서 상담자는 내담자가 속해 있는 문화적인 배경을 잘 인지해야 한다.

③ 재구성 및 재명명

재구성(reframing)을 통해 내담자는 자신의 문제를 야기하는 개인적이고 환경적인 요인을 이해할 수 있다. 예를 들어, 우울증을 앓는 내담자가 자신의 증상이 고정관념적인 성역할을 강요하는 사회적인 압박에서 비롯된다는 것을 이해하고 상황을 재구성하기 위해 노력한다. 재명명(relabeling)은 내담자가 자신 스스로에게 붙이는 낙인을 강점관점에 부합하게 바꾸는 것을 의미한다. 예를 들어, 남성 내담자가 사회적으로 규정된 남성성(masculinity)에 미치지 못한다고 생각할 때 자신을 연약하다고 규정하기보다 꼼꼼하고 세심한 남성이라고 재명명하는 것이다.

④ 성별 역할 분석

성별 역할 분석(gender role analysis)은 여성주의 치료의 중요한 기술 중 하나로 내담자의 심리적 안녕에 성역할이 끼치는 영향을 탐구하고 이 정보를 활용하여 미래의 행동에 대해 결정을 내린다. 일부 여성주의 치료법의 문헌에서는 성별역할 분석을 '사회적 정체성 분석(Social identity analysis)'이라고 부르기도 한다(Corey, 1980). 헤이즈(2008)는 사회적 정체성 분석에서 사용할 수 있는 ADDRESSING 모델을 소개한다. 각각의 알파벳은 연령(Age), 발달 장애(Developmental disability), 후천적 장애(Acquired disability), 종교(Religion), 민족(Ethnicity), 성적 지향(Sexual orientation), 사회 경제적 지위(Socioeconomic status), 토착민 집단(Indigenous group), 국적(Nationality), 성별(Gender)을 나타낸다.

⑤ 자기개방

상담자가 사용하는 치료 목적의 자기개방(self-disclosure)은 상담자가 자신의 이야기를 공유하는 것 이상을 의미한다. 실제로 상담자의 효과적인 자기개방은 상담자와 내담자 사이에 공통성을 바탕으로 한 이야기가 진실하게 공유될 때 실현된다. 예를 들어, 가족들과 대화하는 것을 어려워하는 여성 내담자를 만날 때 상담자는 자신이 어떻게 가족 구성원들과 관

▲ 남성도 여성주의 상담자 또는 내담자가 될 수 있다.

계를 개발하고 유지하는지에 대한 자신의 경험을 공유할 수 있다. 내담자는 상담자가 제안한 방법을 실천해 보고 이러한 전략이 잘 작용되는지 확인할 수 있다.

여성주의 상담은 주로 여성 상담자와 내담자를 대상으로 하는 것은 사실이나 남성도 여성주의 상담자 또는 내담자가 될 수 있다. 여성주의 상담을 실천하는 남성 상담자는 자신이 갖는 특권을 이해해야 하고 혹여나 가지고 있을 성차별주의적인 행동을 인식하고 직면해야 한다. 또한 남성성과 여성성을 재정의해야 하고 평등한 치료적 관계를 성립하기 위해서 노력해야 한다. 여성주의 상담의 원칙과 실천은 실제로 남성 내담자에게도 잘 적용된다. 갠리(1988)에 따르면, 여성주의 상담에서 남성 내담자는 친밀감 능력 높이는 방법, 감정 표현 및 자기 공개 학습, 성취 압박 줄이기, 취약성 수용, 협력관계 구축 등의 문제를 다룰 수 있다.

이 외에도 미국심리학회는 여성주의 상담을 위한 실천 가이드라인을 다음과 같이 제시하였다(APA, 2018). 심리학자 혹은 심리학 관련 수련자를 위해 고안된 것이라는 점을 감안하여 '심리학자' 용어는 '상담자'로 대체되었다.

- 상담자는 여성 내담자의 강점과 회복력을 인식하고 그것들을 존중하고 향상시키기 위해 노력한다.
- 상담자는 여성 내담자가 여성이라는 것의 메시지를 둘러싼 사회의 메시지들을 인식하기 위해서 노력한다.
- 상담자는 여성 내담자의 삶과 심리적인 건강에 영향을 미치는 구조적인 차별과 억압에 대한 정보를 인지한다.

- 상담자는 긍정적이고, 발달 과정상 적합하며, 문화적으로 효과적인 접근 방식을 사용한다.
- 상담자는 사회적 성별에 대한 자신의 태도, 믿음, 지식을 알아차리고 자신의 성별이 어떻게 다른 정체성과 상호작용하여 여성 내담자와의 치료에 영향을 끼치는지 성찰한다.
- 상담자는 여성 내담자가 자율성을 회복하고 확장된 선택권을 주장할 수 있도록 돕는다.
- 상담자는 진단이 필요한 경우 평가의 오류가 없는 도구를 사용한다. 또한 상담자는 평가도구의 오용가능성과 성별에 따른 편견을 인지한다.
- 상담자는 사회 정치적인 맥락에서 여성 내담자를 이해한다.
- 상담자는 여성 내담자가 활용할 수 있는 지역사회 자원이나 대안적인 치료의 방식을 인지한다.
- 상담자는 여성 내담자의 건강을 저해하는 사회의 불평등한 구조를 바꾸려는 노력에 참여한다.

2) 남성 상담

여성주의 상담과 다르게 남성주의 상담은 이론적 접근이 별도로 존재하는 것은 아니나, 상담자는 남성 내담자가 호소하는 문제가 내담자의 성역할과 관련되어 있다고 여겨질 때 다음과 같은 상황을 고려하여 상담을 진행할 수 있다.

(1) 남성 내담자 상담에서 등장할 수 있는 임상적인 문제

① 성별 역할 정체성

웨스터(2008)에 따르면 인간은 사회화 과정을 통해서 성정체성을 자연스럽게 습득한다. 남성들 중 일부는 사회에서 정한 남성적 기준에 부응하는 데 실패했다고 느낄 때 성역할 긴장을 느낀다. 사회에서 규정하는 남성성은 경쟁적, 친밀감 회피, 성취욕구, 감정적 표현 자제 등을 포함한다. 이러한 성역할 고정관념은 현대에 이르러 크게 변화하고 있으나 여전히 많은 사람이 전통적인 성역할을 고수하고 있다. 상담자는 남성 내담자가 어떤 성역할 정체성을 가지고 있으며 그로 인해 긴장 상태를 경험하고 있지 않은지 이해해야 한다.

② 도움을 구하는 행위

맥켈리(2007)의 연구에 따르면 여성 3명 중 1명이 정신건강 전문가의 도움을 구할 동안 남성은 7명 중 1명이 도움을 요청했다. 이러한 격차가 존재하는 것에는 많은 이유가 있지만 그중 하나는 성역할에 대한 고정관념과 관련이 있다. 프로이트(1937)는 남성이 도움을 구하는 것에 저항성을 보이는 것은 남성성을 잃는 것에 대한 두려움에서 비롯된다고 설명했다. 실버버그(1986)는 남성이 정서적 유대감을 나눌 수 있는 친밀한 관계 형성에 두려움을 느낄 수 있다고 보고했다. 이러한 이유들로 남성은 정신건강 서비스나 상담을 구하는 것을 꺼릴 수 있고 상담서비스를 구하더라도 상담자와의 정서적 유대감을 형성하는 데 어려움을 겪을 수 있다.

(2) 남성 내담자를 위한 상담적 접근

① 발달 단계 접근

에릭슨(1963)의 인간발달이론에 따르면 인간은 발달 단계에 맞는 심리사회적인 과업을 갖는다. 이러한 과업을 잘 수행하는 것은 건강한 정체성 형성과 추후 단계로의 성공적인 진입을 예측한다. 본래 에릭슨의 인간발달이론은 총 8개로 구성되어 있으나 여기서는 남성 내담자에게 중요한 세 가지의 단계(청년기, 중년기, 노년기)를 제시한다.

• 청년기(18~35세)

청년기에 있는 남성은 친밀한 관계 형성 vs 고립감이라는 삶의 과업을 마주한다. 건강한 자아인식, 높은 수준의 감성지능, 관계 안에서 취약성을 허용하는 자세를 가지고 있는 남성은 청년기의 과업을 성공적으로 성취하고 중요한 타인과의 친밀한 관계를 형성한다(Burke et al., 2002). 하지만 일부 남성들은 남성성에 대한 지나친 강조와 유연하지 못한 성역할 정체성 때문에 친밀한 관계 형성을 실천하는 데 어려움을 느끼고 고립감을 경험한다.

• 중년기(35~60세)

중년기 발달 단계 동안 남성은 생산성 vs 정체감이라는 삶의 과업을 마주한다. 생산성을 높이는 활동에는 승진, 개인적인 목표 성취, 출산, 자녀의 학업적 성취 등이 있다. 이 시기 동안 개인은 현실과 이상 사이에 괴리감을 느낄 수 있다. 둘 사이에 격차가 크거나 격차를 좁히려는 노력에 소극적인 개인은 심리적 긴장을 느끼게 된다. 더불어 감정 표현에 익숙하지 않은 남성 내담자는 사회적 고립감과 정체감을 경험할 수 있다. 따라서 상담자는 중년기에 있는 남성 내담자가 생산성을 높일 수 있는 활동을 하도록 격려하고 이상과 현실 사이의 괴리를 잘 조정하도록 도와야 한다.

• 노년기(60세~그 이후)

노년기 발달 단계 동안 남성은 자아통합 vs 절망감이라는 삶의 과업을 마주한다. 이 단계에 있는 개인은 과거의 선택과 결과에 후회하지 않고 긍정적으로 자신의 삶을 바라볼 수 있을 때 자아통합이라는 가치를 실현할 수 있다. 자아통합을 실현하지 못한 개인은 절망, 자책감, 분노, 자기혐오를 다루는 데 과도한 시간을 소비하게 된다. 이 단계에서 중요한 활동은 개인의 삶의 방향과 결과를 바꿔 놓았던 기회 또는 위기의 순간들을 검토하는 것이다. 이 단계에 있는 남성 내담자는 오랫동안 고수해 온 전통적인 성역할을 가지고 있을 가능성이 높기 때문에 이러한 성역할을 송두리째 바꾸는 것은 좋은 상담 접근 방식이 아닐 수 있다(Spurgeon, 2011). 상담자는 건강하고 긴밀한 치료관계를 바탕으로 남성 내담자가 갖는 성역할을 탐구하고 저항을 다루며 내담자가 일생 동안 성취한 것들을 하나로 통합할 수 있도록 도와야 한다.

② 아들러식 접근

아들러는 인간은 과거에 사로잡혀 있지 않다고 믿으며 모든 인간이 자신이 원하는 목표를 향해 나아가는 데 필요한 자질과 기술을 갖추고 있다고 생각한다(Sweeney, 2009). 아들러식 상담 접근에서 가장 중요한 목표는 개인의 열등감 극복과 다른 사람들과의 의미 있는 관계 형성이다. 아들러식 접근 방식은 상담자와 친밀한 관계 형성에 어려움을 겪는 남성 내담자가 개방적인 자세를 가지고 자신의 문제를 상담자와 공유하도록 돕는 데 효과적이다.

③ 로저스식 접근

로저스식 접근은 모든 개인이 처한 현실과 세상을 바라보는 방식이 다르다고 가정하며 따라서 내담자는 개별적으로 이해되어야 한다고 주장한다. 로저스에 따르면 모든 개인은 긍정적이든 부정적이든 자신의 삶에서 형성해 온 모든 종류의 상호작용을 평가하고 이 과정을 통해 자기실현(self-actualization)을 달성한다. 로저스식 접근에서 중요한 세 가지의 치료 조건은 무조건적 긍정적 존중(unconditional positive regard), 일치감(congruence), 공감적 이해(empathetic understanding)이다. 로저스식 접근을 활용하는 상담자는 이러한 요소들을 활용해서 남성 내담자와 치료관계를 형성하고 남성 내담자가 감정적 표현 수준을 향상할 수 있도록 돕는다.

④ 인지행동치료적 접근

인지행동치료는 내담자의 성장과 치유를 촉진하는 과정에서 내담자의 생각을 재구성하는 데 초점을 맞춘다. 인지행동치료를 위해서는 여러 가지 기술이 사용되는데 행동 리허설, 모델링, 인지 매핑(cognitive mapping), 스트레스 면역 훈련 등을 포함한다(Sweeney, 2009). 인지행동치료는 자신의 생각, 감정 알아차림과 공유를 어려워하는 남성 내담자에게 어려운 작업일 수 있다. 하지만 여러 편의 연구를 통해 인지행동치료적 접근이 남성 내담자의 임상적 문제 해결을 위해서 효과적으로 사용될 수 있음을 발견했다(Beck, 2002; Dodson & Borders, 2006). 이 모든 치료의 기초가 되는 것은 상담자와 내담자의 긴밀한 관계이다. 굿 등(2005)은 남성 내담자와의 상담에서 치료의 핵심은 내담자가 거절에 대한 두려움 없이 자신의 가장 깊은 감정을 표현할 수 있는 것이라고 설명했다.

3) 연장자 상담

2023년 기준 우리나라의 65세 이상 인구는 943만 2천 명으로 전체 인구의 18.4%를 차지한다(경제정보센터, 2023). 우리나라의 고령인구 비율은 지속적인 증가 추세를 보여 2025년 처음으로 20%대를 넘어설 전망이다(통계청, 2023a). 이와 같은 인구사회학적 변화는 우리나라의 보건의료, 정신건강 서비스, 상담 영역에도 영향을 미치게 될 것으로 예상된다. 상담자가 연장자 상담을 위해서 이해해야 할 사회적 현상과 갖추어야 할 역할을 기술했다.

(1) 연령주의

연령주의(ageism)는 연령을 이유로 특정 연령집단에 대해 부정적인 이미지나 편견을 갖는 것을 의미한다. 상담자는 연령주의가 어디서, 언제, 어떻게, 왜 발생하는지 인식하고 연령주의가 연장자 상담에 미칠 영향을 이해한다.

연령주의는 1975년 퓰리처상을 수상한 로버트 버틀러의 책 『Why Survive? Being Old in America』에서 처음으로 등장한 용어이다. 연령주의라는 용어의 등장과 함께 많은 연구가 사회의 구성원들이 노인에 대해 부정적인 편견을 가지고 있음을 확인했다. 예를 들어, 사람들은 노인을 성인 자녀에게 감정적, 재정적 부담을 주고 독립적으로 기능하지 못하며 성에 무관심하고 만성적인 질환을 가지고 있는 존재로 인식한다(Myers & Schannonhouse, 2011). 하지만 실제로 대부분은 고정관념에 불과하며 많은 노인은 건강한 노화를 실천하고 독립적으로 기능하며 삶을 즐기고 스트레스에 탄력적으로 대응한다.

연령주의는 사람들의 말, 행동, 태도에 반영되어 미묘하게 드러난다. 예를 들어, 상담자가 노인 내담자를 만날 때 내담자의 삶의 양식을 바꾸기는 힘들 것이라고 가정하고 변화의 목표를 낮게 설정하는 것이다. 물론 나이가 들수록 개인이 변화를 야기하는 환경을 만들고 변화의 의지를 행동으로 옮기는 것이 어려울 수 있다. 미국 국립 노화연구소의 코스타 박사는 사람들이 30대에 다다르면 그들의 기본적인 성격이 석고처럼 굳어진다고 설명했다. 그럼에도 여전히 모든 사람은 일생 전반에 거쳐 변화하고 성장할 수 있는 가능성을 가지며 실제로 많은 정신건강 개입 연구가 노인 내담자들은 개입을 잘 수용하여 변화하고 지속적으로 성장한다고 설명했다(Meyers & Harper, 2004). 연령주의는 일상생활에서도 드러난다. 노인과 대화할 때 평소보다 더 크고 느리게 말하는 것, 노인들의 행동 속도가 느리다고 불평하는 것 등이 그 예시에 해당한다. 한 가지 흥미로운 것은 노인의 가족, 친구, 이웃과 같은 가까운 사람들도 노인의 삶을 제한하는 원천이 된다는 것이다. 그들은 노인들이 할 수 없는 일을 규정하고 과보호하려고 하며 작은 실수도 나이 때문이라고 과하게 비난한다(Myers & Shannonhouse, 2011).

(2) 상담자의 역할

① 임파워먼트와 옹호

임파워먼트(empowerment)는 상담자가 내담자로 하여금 원하는 목표를 달성하는 것에 필요한 힘, 자신감, 능력이 자신에게 내재되어 있다는 믿음을 형성해 주는 과정을 의미한다. 옹호는 상담자가 내담자의 권리보호를 위해 직접 목소리를 내는 행위이다. 이 두 가지 행동의 적절한 조합을 통해 상담자는 내담자가 주도적이며 유능하게 살아가고 삶의 여러 영역에서 설정한 목표를 달성하도록 돕는다. 상담자는 여러 가지 방식으로 임파워먼트와 옹호를 실천할 수 있다. 먼저, 상담자는 국가의 노인보건복지정책에 대해 잘 인식하고 있어야 하며 내담자에게 적절한 자원과 서비스를 연결해 줄 수 있어야 한다. 우리나라의 노인지원 서비스와 제도에는 기초연금, 돌봄종합서비스, 노인장기요양보험제도, 치매관리지원정책, 일자리지원정책, 건강관리지원정책 등이 있다. 상담자는 노인 내담자가 이와 같은 서비스를 필요로 할 경우 관련 정책/서비스를 소개하고 담당 부처나 사회복지기관으로 내담자를 의뢰할 수 있다. 정신건강 서비스를 필요로 할 경우 내담자의 선호, 필요, 요구와 증거기반 실천의 연구결과를 종합하여 적절한 상담 접근 방식을 선택한다.

② 사회적 변화 중개인

연령주의의 부정적인 영향을 줄이기 위해서 상담자가 사회적 변화 중개인(agent for social change)이 되어야 한다. 변화의 촉매제로서 역할을 하기 위해서 먼저 상담자는 자신이 가지고 있는 노인에 대한 부정적이거나 비우호적인 견해/고정관념을 인지해야 한다. 이러한 인식 훈련은 개인적인 성찰을 통해서도 이루어질 수 있으나 전문 학회 또는 집단 상담 참여를 통해서도 이루어질 수 있다. 전문적인 훈련을 통해 상담자는 개인이 가지고 있는 선입견, 고정관념 등을 탐색하고 도전한다. 이뿐만 아니라 누구나 겪는 노화의 과정, 죽음에 대해 자신이 가지는 두려움을 비롯한 감정들을 탐색해야 한다. 또한 상담자는 노인 내담자와 일할 때 자신과 내담자가 동등한 위치에 있는지 혹여 자신이 노인 내담자를 아랫사람 대하듯 하고 있는 것은 아닌지 확인해야 한다.

상담자는 노인 내담자를 만날 때 자신의 가족이나 친구를 떠올릴 수 있고 이것은 역전이(countertransference)의 문제를 야기할 수 있다. 만약 상담자가 노인 내담자를 자신이 잘 아는 가족/지인과 비슷할 것이라고 가정한다면 이것은 고정관념 재생산과 연령주의에서 비롯된 관행의 반복을 야기할 것이다(Myers & Shannonhouse, 2011). 여느 상담 과정과 마찬가지로 상담자가 경험하는 역전이의 문제를 잘 해결하는 것은 내담자와의 긍정적인 치료관계 형성과 효과적인 상담에 필수적이다. 마지막으로 상담자는 자신이 사용하는 언어가 노인에 대해 부정적으로 묘사하고 있는 것은 아닌지 성찰해야 한다.

표 11-4 연령주의적 발언

연령주의적 발언	연령주의를 배제한 발언
왜 노인 내담자가 그런 스포츠카를 원하는지 모르겠습니다.	내담자의 자녀들이 독립한 이후에 노인 내담자가 자신이 원해 왔던 스포츠카를 가지게 될 수 있다니 기쁩니다.
내담자가 여러 가지에 무관심하고 소심한 것은 72세의 나이라는 것을 고려하면 당연해 보입니다.	내담자가 여러 가지에 무관심하고 소심한 것이 항상 그래 왔던 것인지 아니면 내담자가 최근에 새롭게 경험하게 된 것인지 알아볼 필요가 있습니다.
은퇴한 내담자는 시간이 많아서 과제를 하는 데 어려움이 없을 것입니다.	은퇴한 내담자는 항상 내적으로 동기부여되어 있고 틀림없이 과제를 하는 데 어려움이 없을 것입니다.

▲ 상담자는 연장자 상담에 앞서 자신이 가진 연령주의적인 태도를 확인한다.

4) 군인 내담자 상담

군대는 높은 수준의 자기 훈련 및 통제, 충성심, 자기희생, 집단 정체성의 가치가 강조되는 문화를 가진다. 이러한 군대의 독특한 문화는 군인 내담자의 인지, 정서, 행동에 영향을 미친다. 예를 들어, 금욕적 능력(stoic competence)을 강조하는 군대에서는 군인 내담자가 정서적 문제가 있음을 인정하거나 전문적인 정신건강 서비스를 구하는 것을 부정적으로 생각할 수 있고 정신건강 서비스의 효과에 대해서 비관적일 수 있다(Westwood, Kuhl, & Shields, 2011).

여느 상담과 마찬가지로 성공적인 상담치료에 필수적인 것은 상담자와 내담자의 긍정적인 치료관계이다. 상담자는 군인 내담자를 만날 때 내담자가 상담 현장에 가지고 들어오는 기존의 가치 및 신념체계를 파악하는 데 주의를 기울여야 한다. 긍정적인 치료관계를 형성하기 위해서 상담자는 다음과 같은 접근을 사용할 수 있다(Westwood et al., 2011).

- 언어: 군인 내담자는 상담에서 관습적으로 사용되는 언어에 거부감을 느낄 수 있다. 상담자는 군인 내담자가 들었을 때 주도권을 잃는 듯한 뉘앙스가 나는 언어를 사용하는 것을 피한다. 예를 들어, 심리치료, 세션이라는 용어를 회의, 대화와 같은 용어로 변경할 수 있다. 상담자는 상담을 상담자와 내담자가 함께 목표를 세우고 계획을 정립하는 과정으로 소개할 수 있다.
- 경청: 상담자는 내담자가 전통적인 상담과 군대의 문화/가치를 반영한 상담 중 어떤 것

을 더 선호하는지 평가해야 한다. 또한 군인 내담자의 상담 전 준비 상태, 동기, 걱정 등을 파악하고 그에 따라 상담을 적절하게 수정하며 진행한다. 상담자는 내담자의 태도, 경험, 믿음을 열린 자세로 받아들이며 비심판적인 태도를 견지한다.

- 내담자의 문제를 누구나 경험할 수 있는 것으로 여기기: 특별히 외상후 스트레스 장애와 같은 심리적인 문제를 가지는 군인 내담자에게 그들이 경험하는 것이 정상적인 반응임을 알려 주는 것이 필요하다. 이때 내담자는 위로감과 안도감을 느낄 수 있다.
- 내담자에게 정보 제공하기: 종종 군인 내담자가 상담의 과정, 규범 및 규칙을 잘 알지 못하거나 치료 과정이 자신의 통제 범위 밖에 있다고 느낄 때 혼란스러움이나 불편감을 느낄 수 있다. 군인 내담자가 상담 과정에 익숙해질 수 있도록 돕고 내담자가 언제든 치료관계를 시작, 발전, 종결할 수 있는 자율성과 통제권을 가지고 있음을 인식시킨다.
- 투명하고 동등한 관계: 군인 내담자가 위계적 구조나 명령 중심의 경영 시스템에 익숙하다고 하더라도 상담자와 내담자 사이에 위계질서를 형성하는 것에 긍정적 치료관계 형성에 도움이 되지 않는다. 상담자는 개방적이며 동등한 관계 형성의 중요성을 상기하며 내담자의 경험과 목소리를 존중한다. 상담자는 내담자의 모든 질문에 진솔하게 답변하고 잘 모르는 것에 대해서는 솔직하게 인정한다. 상담자의 자기공개는 긍정적 관계 형성에 도움이 되며 내담자에게 바람직한 행동의 본보기를 제공할 수 있다.
- 상담자 유능함 전달하기: 상담자는 내담자에게 설득력 있는 방식으로 자신의 유능함을 전달해야 한다. 상담자의 주저하거나 불확실한 태도는 내담자가 상담에 대해 회의를 갖게 하고 치료의 효과성을 불신하게 한다. 종종 상담자는 단호하고 직접적인 의사소통 방식을 지나치게 삼가는 경우가 있으나 불확실한 의사소통 방식은 명확한 방향 설정을 선호하는 군인 내담자에게 혼란을 불러일으키고 상담자에 대한 신뢰를 약화시킬 수 있다.
- 내담자의 현재, 지금에서 시작하기: 스포츠, 뉴스, TV 프로그램과 같은 잡담을 포함해 서 군인 내담자가 이야기하고 싶어 하는 것으로 상담을 시작할 수 있다. 내담자는 판단받지 않고 자유롭게 이야기할 수 있다는 것을 알게 될 때 자율성과 통제감을 느낄 수 있고 상담의 가치와 효과성을 경험한다. 상담자는 군인 내담자의 이야기를 경청하며 추후 상담 과정에서 활용할 수 있는 정보를 기록해 둔다.
- 책임을 내담자와 함께 공유하기: 군인 내담자가 상담 과정에서 자율성과 통제력을 갖는 것은 효과적인 상담에 필수적이다. 상담자는 행동의 변화를 일으키는 주체가 내담자임을 강조하고 상담의 목표 달성 책임을 내담자와 함께 공유한다. 이 과정에서 때로 상담

자는 내담자가 가지고 있는 파괴적이거나 부정적인 행동 양식을 직면하도록 도와야 하며 행동의 긍정적인 변화를 만들어 가기 위한 방법을 의논한다. 상담자는 내담자가 비난받는다고 느끼지 않고 수치심을 경험하지 않도록 주의한다.

다음은 군인 내담자와의 상담 과정에서 사용할 수 있는 유용한 치료 전략 몇 가지를 제시한다(Westwood et al., 2011).

- 목표 지향적인 상담: 상담 초기에 군인 내담자는 자기성찰적인 대화를 불편해할 수 있고 행동 중심적이고 실천에 기반을 둔 활동을 선호할 수 있다. 상담 초기에는 인지 지향적인 접근 방식을 활용하는 것이 도움이 된다. 예를 들어, 상담자는 "힘들었지만 하루 끝에 뿌듯함을 느꼈던 날이 있다면 소개해 주세요. 스스로에게 뭐라고 말했나요?" 묻고 군인 내담자가 인지 지향적인 탐구를 시작할 수 있도록 돕는다. 군인 내담자의 가치관과 강점을 탐구하는 것도 유익하다. "군 복무를 한다는 것은 당신에게 어떤 의미인가요?", "당신이 군대에 있는 동안 가장 즐거웠던 것과 가장 싫어했던 것은 무엇인가요?"
- 교육: 행동 중심 기술 훈련은 군 복무 과정에서 내담자가 이미 친숙해진 학습 양식이다. 상담자는 트라우마의 정신생물학적 기제, 자기조절 기술, 스트레스 대처 기법 등에 대한 구체적인 정보를 제공하고 내담자의 실천을 촉진할 수 있다.
- 강점 관점: 상담자가 내담자의 장점을 발견하고 인정할 때 내담자는 자신의 능력이 가치 있게 여겨지고 존중받는다고 느낀다. 이 과정을 통해 내담자는 자신의 강점, 역량을 인식한다. 상담자는 다음과 같은 질문을 사용하여 내담자의 강점을 탐구할 수 있다. "당신이 하고 있거나 했던 일 중 가장 자랑스러웠던 것은 무엇인가요?", "당신이 타인에게 긍정적인 변화를 가져온 경험에 대해 말씀해 주세요."
- 구조화된 스토리텔링 기법을 통해 내담자의 문제를 탐구하기: 구조화된 스토리텔링 기법의 활용은 내담자가 자신이 공유하고 싶은 일과 그렇지 않은 일을 선택할 수 있게 한다. 이 과정에서 군인 내담자는 자율성과 통제감을 경험한다. 전통적인 성역할을 가지고 있는 군인 내담자는 자기 정서 공개 및 성찰에 불편감이나 무능함을 느낄 수 있다. 상담자는 내담자와 긍정적인 치료관계를 형성한 후에 자기성찰을 촉진한다.
- 신체 감각 사용하기: 자신의 감정 알아차리기를 어려워하는 군인 내담자에게 자신의 신체에서 일어나는 감각에 주의를 집중할 것을 제안할 수 있다. 예를 들어, 손에 땀이 나는 것, 심장 박동이 빨라지는 것에 감각을 집중하고 신체적 변화에 '불안함', '두려움'이

라는 이름을 붙인다. 이때 상담자는 내담자가 감정을 표현하는 언어들을 배울 수 있게 돕는다.

5) 국내 체류 외국인 상담

우리나라 체류 외국인은 유학생, 취업자격 근로자, 결혼 이민자, 영주 자격 외국인을 포함하며, 그 수가 2023년 기준 약 251만 명에 달하는 것으로 드러났다. 이는 한국 전체 인구의 4.89%에 해당한다(법무부 출입국 외국인정책본부, 2023). 통계청과 법무부에서 실시한 2022년 이민자 체류 실태 및 고용조사 결과에 따르면, 우리나라 체류 외국인들은 언어문제, 외로움, 문화차이 등으로 인해 어려움을 겪고 있는 것으로 나타났다(통계청, 2022). 특별히 다문화 가정 구성원들은 문화적응 정도가 상이하여 가족 내의 갈등과 충돌을 경험할 수 있다. 보통 학령기에 있는 자녀세대들은 부모세대에 비해 빠르게 사회의 주류 문화를 내면화하며 사회에 적응하나, 부모세대들은 자연스러운 사회화의 경험을 할 대상/장소가 부족하고 대개 자신의 전통적인 문화나 가치를 고수하려는 경향을 보여 문화적응에 어려움을 보인다. 이러한 문화적응의 차이는 종종 세대 간 충돌을 야기하고 가족의 관계를 소원하게 한다(Sue & Sue, 2016).

상담자는 우리나라 체류 외국인을 상담할 때 내담자의 문화를 반영하여 치료의 방식을 수정하는 노력(cultural adaptation)을 기울여야 한다. 소토 등(2018)의 메타분석 리뷰에 따르면, 문화적으로 각색된 치료법은 상담과 치료에 효과적이다. 상담자는 내담자의 문화와 양립할 수 있는 치료법을 선택하는 것, 내담자의 모국어로 상담을 진행하는 것, 필요한 경우 치료법의 일부를 수정하는 것 등의 노력을 기울일 필요가 있다. 더불어 상담자는 교육자와 옹호자의 역할도 함께 취할 것을 요구된다(Sue & Sue, 2016). 상담자는 교육자로서 우리나라에서 외국인 내담자가 갖는 권리와 책임에 대해 필요한 정보를 알려 줄 수 있고 옹호자로서 외국인 내담자가 한국 사회의 건강보험, 교육, 취업 등의 시스템을 잘 이해하고 협상할 수 있도록 돕는다.

다음은 우리나라에서 거주하는 다인종 내담자가 경험할 수 있는 몇 가지 스트레스 요인을 기술했다(Root, 1994). 이 여섯 가지의 어려움은 서로 배타적이지 않으며 내담자는 여러 가지를 동시에 경험할 수 있다.

- 독특함(Uniqueness): 다인종 내담자는 특별하거나 독특하게 대우받는 경우가 많기 때문에 자신이 다른 사람과 다르다고 느낄 수 있다.

- 수용과 소속감(Acceptance and belonging): 다인종 내담자는 연결감이나 소속감을 경험할 수 있는 집단을 찾는 것이 어려울 수 있다.
- 외적 모습(Physical appearance): 다인종 내담자는 단일 인종을 가진 사람들과 다른 외적 모습을 가지고 있을 수 있다. 사람들은 내담자의 외적 모습을 바탕으로 성급한 질문을 하거나 판단을 내릴 수 있다.
- 성별(Sexuality): 다인종 내담자는 자신의 인종과 성별에서 비롯된 고정관념 때문에 타인과 관계 형성에 어려움을 겪을 수 있다.
- 자기존중감(Self-esteem): 자기존중감은 여기서 언급한 다섯 가지의 어려움들에 의해 영향을 받는다. 긍정적인 환경적 지원이 자기존중감 증진을 위해 필수적이다.
- 자기정체성(Self-identity): 자기정체성은 타인과의 연결, 집단에의 소속감에 의해서 결정된다. 자신의 인종과 문화적 유산에 대해 탐구한 다인종 내담자는 자신의 정체성을 표현하는 데 적극적이다.

앞에 기술된 여섯 가지의 어려움은 다인종 내담자라면 누구라도 경험할 수 있는 보편적이고 일반적인 현상이다. 이 외에도 내담자가 어떤 발달 단계에 있는지에 따라 어려움의 양상은 상이할 수 있다. 예를 들어, 다인종 아동 내담자가 보고하는 문제는 모두 다인종, 다문화가정의 배경에서만 기인하는 것은 아닐 수 있으며 아동의 발달 과업, 부모의 양육 태도, 학교생활, 교우관계 등에서 비롯될 수 있다. 이러한 정보를 얻기 위해서 상담자는 아동 내담자와 건강하며 친밀한 치료관계를 형성하는 것이 중요하다. 아동 내담자와의 긍정적 관계 형성을 위해 중요한 기술은 지지적이며 문화적으로 민감한 경청이다(Harris, 2002; Kenney & Kenney, 2012). 만약 아동 내담자의 문제가 다인종, 다문화가족에 기인했을 경우 상담자는 내담자가 긍정적인 자아정체성을 형성할 수 있도록 도와야 한다. 상담자는 아동 내담자가 자신의 인종에 대해 긍정적인 견해를 가질 수 있도록 돕기 위해서 그들의 문화유산을 배우도록 격려할 수 있다(Herring, 1992). 또한 상담자는 아동 내담자가 자신의 강점과 능력을 발견하고 갈등 상황에 효과적으로 대처하는 기술을 개발하며 자신의 고유한 관심 영역을 찾고 추구하도록 돕는 것이 필요하다(Okun, 1996). 아동 내담자의 문제가 가정환경에서 비롯된 것이라면 부모상담을 통해 가족의 상호작용과 역동에 대한 정보를 이끌어 낼 수 있다. 만약 아동 내담자의 문제가 학교생활과 관련이 있다면 상담자는 교사와의 협력을 통해 효과적인 치료전략을 개발할 수 있다.

다인종 아동 내담자와 마찬가지로 다인종 청소년 내담자와 작업하는 상담자는 먼저 청소년 내담자가 호소하는 문제가 다인종 정체성과 관련이 있는지 탐색해 볼 수 있다. 만약 그렇다면 자아정체성 확립, 사회적 소외감 해소, 소속감 개발, 친밀한 관계 형성과 같은 사회심리적인 요소가 상담의 주제가 될 수 있다(Gibbs, 1989). 상담자는 청소년 내담자가 속한 학교와 지역사회의 가용자원과 네트워크를 조사하여 청소년 내담자가 필요한 자원을 활용할 수 있도록 장려할 수 있다. 다인종 아동 내담자와의 상담과 마찬가지로 청소년 내담자 상담에서도 긍정적인 치료적 관계 형성, 신뢰 개발, 상담자의 다문화 역량은 성공적 치료에 필수적인 요소이다.

6) 장애인 상담

우리나라의 등록장애인 인구수는 2023년 기준 약 264만 2,000명으로, 비율로는 전체 인구의 5.1%에 해당한다(보건복지부, 2024). 15개의 장애 유형 중 가장 많은 비율을 차지하는 것은 지체장애이고 다음으로 청각장애, 시각장애, 뇌병변장애가 따른다(통계청, 2023b). 국내의 장애를 가진 인구가 지속적으로 늘어나고 있으며 의학/과학기술의 발전으로 인구의 평균수명이 늘어나고 있음을 고려할 때 상담자가 현장에서 장애를 가진 내담자를 만나는 것은 드문 일이 아닐 것이다. 따라서 상담자가 장애인 내담자와 작업하는 데 필요한 기본소양, 지식, 기술을 갖추는 것은 필수적이다. 다음에서는 장애 모델 네 가지와 장애인 상담에서 중요하게 여겨지는 개념인 장애 수용을 소개한다.

(1) 장애 모델

장애 모델을 이해하는 것은 상담자가 장애인 내담자를 위한 치료 서비스를 제공하는 관점을 정립하는 데 도움이 된다. 먼저, 상담자는 장애가 전적으로 객관적이고 표준화되고 보편적인 경험이 아니라는 점을 인식해야 한다. 장애는 개인적이고 주관적인 경험이다. 따라서 내담자가 같은 장애를 가지고 있더라도 각자가 경험하는 장애는 자신이 장애를 어떻게 인식하는지, 장애와 환경이 어떻게 상호작용하는지에 따라 다르다. 또한 장애는 내담자의 정체성을 형성하는 중요한 특징이긴 하지만 장애유무가 개인 전체를 정의하는 것은 아니다(Smart, 2008).

① 생물의학적 모델

생물의학적 모델(biomedical model)은 의학과 과학의 언어로 장애를 정의하며 의료학계에서 강력한 설명력과 명성을 갖는다. 생물의학적 모델에서 장애를 정의하는 것은 진단명에 기초하며 개인의 건강 상태를 표준과 비표준으로 분류한다. 생물의학적 모델에 따르면 장애는 병리, 결함, 이상, 결핍, 열등으로 정의되며 장애의 원인은 개인의 내부에 존재한다. 생물의학적 모델에서 사용하는 진단과 측정이 반드시 낙인을 부여하는 것이라고 보기는 어려우나 진단명으로 개인을 명명하는 것이 보편화될 때 내담자는 비인간화될 수 있다(Smart, 2001).

의도에 관계 없이 진단명은 개인에게 낙인이 될 수 있으며 일반 대중은 이렇게 분류된 개인을 범주 그 자체로 인식하기도 한다. 심지어 장애인을 경제적인 관점에서 바라보며 그들을 감당할 수 없는 부담, 자원 허비 대상으로 간주하기도 한다(Smart, 2012). 가장 극단적인 형태의 생물의학적 모델에서는 장애인을 오작동하는 기계로 간주한다. 생물의학적 모델은 의료 전문가의 서비스 제공을 최우선으로 생각하며 다른 건강 전문가와의 협력을 배척하기도 한다.

의료전문가들은 본래 완치 가능한 급성 질환 환자를 대상으로 서비스를 제공하는 경우가 많기 때문에 생물의학적 모델은 만성적이고 장기적인 장애를 가지고 있는 내담자에게는 적합하지 않을 수 있다(Smart, 2012). 더불어, 생물의학적 모델은 인지적, 정신적, 감정적 장애보다 신체적 장애를 설명하는 데 더 적합하다. 생물의학적 모델이 갖는 한계에도 불구하고 모든 장애에는 생물학적 설명이 있다는 것은 분명하고 과학과 의료기술의 발전은 장애인의 삶의 질 향상에 영향을 미쳐 왔기 때문에 어느 누구도 생물의학적 모델을 완전히 포기할 것을 제안할 수는 없을 것이다. 오늘날 실제로 많은 의료 전문가는 생물의학적 모델을 견지하면서 동시에 이 모델과 상호작용할 수 있는 다른 이론들을 추가적으로 활용한다(Smart, 2012).

② 기능적 모델

장애의 기능적 모델(functional model)은 장애 수용을 바탕으로 보조기술 및 편의시설 활용을 강조한다. 즉, 장애에 대한 최우선적인 치료나 해결책을 개인의 생물학적 재활로 보는 것이 아니라 개인의 기능을 보완할 수 있는 컴퓨터, 휠체어, 보청기와 같은 보조기술을 활용하거나 경사로, 램프, 승강기 등의 편의시설을 이용하는 것으로 생각하는 것이다(Smart, 2012). 기능적 모델은 장애를 가진 개인이 가지고 있는 강점, 자산, 관심, 정체성, 기능적 요구사항 등에 모두 귀를 기울인다(Smart, 2012).

③ 환경적 모델

환경적 모델(environmental model)에 따르면 개인의 장애는 개인과 환경의 상호작용에 의해서 형성된다. 개인의 요구에 민감하게 반응하지 못하는 물리적, 사회적 환경은 장애를 유발하기도 하고, 정의하기도 하며, 과장하기도 한다(Smart, 2012). 지난 수십 년간 우리나라는 장애인 기본권 보장, 정당한 편의 제공, 장애인에 대한 인식개선, 다양성 존중과 같은 과제들을 이루기 위해서 지속적으로 사회와 환경을 변화시키려는 노력을 멈추지 않았다. 그러한 사회적 변화의 한 예시는 향정신성 약물의 보편화와 정신 장애인의 탈시설화이다. 또 다른 예는 장애인의 직업재활을 위한 지원 고용과 독립적 생활을 위한 서비스 제공이다. 우리나라의 「장애인복지법」, 「장애인차별금지법」, 「장애인 고용촉진 및 직업재활법」, 「장애인 등에 대한 특수교육법」과 같은 법적 규제도 장애인 차별 예방, 권리 보장, 삶의 질 향상을 위한 환경적 변화를 이루는 데 기여하였다.

④ 사회정치적 모델

사회정치적 모델(sociopolitical model)은 장애인이 사회에서 경험하는 한계와 불이익은 개인의 차원에서 비롯되는 것이 아니라 구조적 장벽, 사회적 배제에서 비롯된다고 여긴다(Smart, 2012). 따라서 사회정치적 모델은 다른 모델보다 장애인 집단의 자기옹호와 사회의 구조적 변화를 강조한다. 실제로 장애인이 겪는 많은 어려움은 장애인 차별, 정당한 편의 미제공, 장애인권 인식 부재와 같은 사회 규범적, 제도적 한계에서 비롯되었다.

(2) 장애 수용

장애 수용은 장애 발생 후 이어지는 사회심리적인 적응 과정을 의미한다(Livneh, 2001). 일반적으로 후천적 장애를 가진 개인이 선천적 장애를 가진 개인에 비해 자신의 건강상태에 적응하고 장애를 수용하는 데 더 많은 시간과 노력을 필요로 한다. 이것은 후천적 장애를 가진 개인이 이전의 건강 상태로부터의 급격한 상실감과 심리적 외상을 경험하게 될 가능성이 높기 때문이다. 장애인 내담자가 가지고 있는 장애의 특징(선천적 또는 후천적 장애, 심리적 외상 경험 여부)과 그것이 개인의 삶에 미치는 영향은 장애인 상담에서 필수적으로 다루어져야 할 주제이다. 라이트(1983)에 따르면 장애인은 장애 수용에서 네 가지의 가치 체계 변화를 경험한다. 상담자는 장애인 내담자가 자신의 장애를 얼마나 수용하고 있으며 장애로 인한 삶의 변화에 어느 정도 적응하고 있는지 확인하여야 한다.

① 개인의 가치 범주의 확장

장애로 인한 심리적 외상을 경험하고 극복하는 시간 동안 사람들은 장애로 인해 잃게 된 것을 애도하는 시기를 갖는다. 애도는 연속선상에 존재하며 하나의 극단에서는 포괄적인 고통을 경험하고 또 다른 극단에서는 이따금씩 불쾌감과 상실을 느낀다(Wright, 1983). 이 시기 동안 개인은 자신이 잃어버렸다고 가정되는 가치 이외에 다른 가치들의 중요성을 인식하며 가치체계의 확장을 경험한다.

② 신체적인 가치를 내면적인 가치에 종속시키기

장애 유무를 막론하고 인간은 신체적인 완벽함, 아름다움, 능력을 가치 있게 여긴다. 장애를 가진 개인은 장애로 인해 자신이 신체적/미적 가치를 잃었다고 생각할 수 있다. 이때 개인은 자신의 가치 범주를 확장시켜 신체적인 가치를 우정, 지적 능력, 일, 창의성과 같은 내면적인 가치에 종속시킬 수 있다(Wright, 1983).

③ 장애의 영향을 한정하기

개인의 한 특성으로 그 사람 전체를 정의하는 현상을 확산 효과(spread effect; Wright, 1983)라고 한다. 정신장애를 가지고 있는 개인이 타인과의 공동체 생활에 부적응할 것이라고 생각하고 고용에서 배제하는 것, 신체장애를 가지고 있는 개인은 지적장애도 가지고 있을 것이라고 생각하고 교육의 동등한 기회를 박탈하는 것이 확산 효과로 일어나는 차별의 예시들이다. 장애를 개인이 소유한 여러 특징 중 한 가지로 볼 때 확산 효과를 줄일 수 있다(Wright, 1983).

④ 비교 중심의 가치에서 내면 자산 중심의 가치로 변화시키기

비교 중심의 가치를 가진 개인은 자신의 가치나 능력을 타인의 것과 비교하지만, 내면 자산 중심의 가치를 가진 개인은 개인의 내면에 존재하는 가치나 아름다움에 집중한다. 예를 들어, 휠체어를 사용하는 장애인이 장애가 없는 사람들처럼 자유롭게 걷고 뛸 수 없다고 생각하여 자신의 가치를 평가 절하하는 것은 비교 중심 관점에서 비롯된다. 대조적으로, 휠체어 사용을 통해 이동권이 보장되었다고 생각하고 개인이 가지고 있는 강점에 집중하는 것은 내면 자산 중심의 관점을 반영한다. 때때로 개인에 대한 객관적인 평가를 위해서는 비교 중심의 관점이 필요할 수 있지만 비교로 인한 잦은 부정적인 자기 진술(self-talk)은 장애 수용에 해롭다(Wright, 1983).

▲ 상담자가 장애인 내담자 상담을 위해 갖추어야 할 역량을 탐색해 본다.

4. 관련 최신 치료법

1) 문화적으로 유능한 평가 (Culturally Competent Assessment; Sue & Sue, 2016)

정확한 평가, 진단, 사례개념화는 효과적인 상담과 치료서비스에 필수적이다. 상담자들은 평가에 영향을 미치는 내담자의 특징들(예: 사회경제적 지위, 성별, 문화적 배경)은 비교적 잘 이해하지만 종종 자신들이 내담자를 평가하는 데 영향을 미칠 수 있다는 사실을 간과한다. 오류와 편향을 줄인 정확한 평가의 결과를 도출하기 위해서 상담자들은 자신들이 가지고 있는 잠재적 편견을 잘 이해해야 한다. 다음에는 상담자가 범하기 쉬운 대표적인 평가/진단 오류를 제시하였다.

(1) 확증편향

상담자의 확증편향(confirmatory bias)은 상담자가 세운 진단 가설에 부합하는 정보에만 주목하고 그에 부합하지 않은 정보는 무시하는 사고방식이다. 확증편향의 위험을 줄이고 진단의 정확성을 높이기 위해서 상담자는 가설을 확증하거나 비확증하는 모든 정보에 개방적인 자세를 취해야 하고 가설을 검증하는 전 과정에 내담자를 포함시킨다.

(2) 귀인 오류

상담자의 귀인 오류(attribution error)는 내담자가 호소하는 문제를 설명할 때 상황적 요인을 과소평가하고 내담자의 내부적 영향을 과대평가할 때 발생한다. 귀인 오류의 위험을 줄이기 위해서 상담자는 내담자에 대한 포괄적인 평가에 기초하여 내담자의 내외부적인 정보를 탐색할 필요가 있다.

(3) 직관적 판단의 오류

상담자의 직관적 판단은 분초를 다투는 응급상황에서 유용하게 사용될 수 있으나, 자기수정에 참여할 수 있는 능력을 줄여 내담자를 단편적으로 이해하고 판단하게 된다는 치명적인 단점을 가진다. 예를 들어, 만약 상담자가 내담자의 단편만을 보고 지나치게 방어적이라고 빠르게 판단을 내리면 이와 상반되는 정보는 쉽게 간과될 수밖에 없다. 스튜어트(2004)의 연구에 따르면 상담자가 내담자의 출생순위와 같은 단편적인 사전 지식을 알고 있는 것이 상담자의 임상적 판단에 영향을 미치는 것으로 나타났다. 상담자는 자신이 직관적 판단의 오류를 범할 수 있음을 인지하고 빠른 결정과 정확한 결정 사이에서 균형을 잡기 위해 노력하고 추가적인 맥락/요인들에 대해서 개방적인 마음가짐을 가질 때 직관적 판단의 오류(judgmental heuristic error) 가능성을 낮출 수 있다.

(4) 진단에 그림자 드리우기

진단에 그림자 드리우기(diagnostic overshadowing)는 내담자가 제시하는 모든 문제를 내담자가 가지고 있는 진단명에 귀인하는 것을 의미한다. 진단에 그림자 드리우기 오류를 줄이기 위해서는 상담자는 내담자가 다양한 차원의 정체성을 가진 다면적인 존재임을 이해하고 제시하는 문제들이 내담자가 가진 진단명과 어떻게 상관이 있는지 또는 상관이 없는지 이해하고 검증해야 한다.

상담자는 본인이 이러한 오류를 범할 수 있음을 겸허히 인정하고 오류의 가능성을 최소화하기 위해 노력해야 한다. 상담자가 범할 수 있는 오류를 줄이고 문화적으로 유능한 평가를 성취하기 위해서는 상담자와 내담자의 협력적인 관계는 필수적이다. 내담자가 자신의 문제를 표현할 수 있고, 자신들이 가지고 있는 신념, 관점, 기대를 상담자와 공유할 수 있을 때 상담자는 내담자의 문제를 정확하게 이해할 수 있다. 상담자는 초기 평가를 시작하기 전에 다음과 같이 내담자에게 협력적인 평가 과정을 소개할 수 있다.

"이 시간 동안 저(상담자)는 당신과 당신이 가지고 있는 문제에 대한 정보를 수집하려고 합니다. 제가 당신에게 묻게 될 몇 가지 질문들은 지극히 사적인 내용을 요구할 수 있다는 사실을 먼저 알려 주고 싶습니다. 제가 이전에 언급했듯이 여기서 의논되는 이야기는 몇 가지 예외 사항을 제외하고 기밀이 보장될 것입니다. 그럼에도 당신이 공유하기 어려운 내용이 있다면 이야기하지 않아도 괜찮습니다. 때때로 저는 당신의 가족, 친구들, 중요한 타인에 대해서도 질문을 하게 될 것입니다. 제가 묻게 될 질문들은 당신에게 일어나는 일들, 그것들을 야기하는 문제들을 한데 모으고 큰 그림을 이해하는 데 도움이 될 것입니다. 평가 과정에서 어떤 문제가 어떤 이유에서 비롯되었는지에 대한 제가 제시하는 가설들이 당신도 동의할 수 있는지 묻겠습니다. 그 과정에서 변경/추가할 내용이 생긴다면 이야기해 주십시오. 본격적인 평가를 시작하기 전에 다른 질문이 있습니까?"

상담자와 내담자의 협력적인 사례개념화를 위한 몇 가지 원칙을 밑에 기술했다(Spengler et al., 1995; Sue & Sue, 2016).

- 상담자는 내담자의 문제를 이해할 때 내담자의 의견과 상담자의 임상적인 지식/기술을 모두 활용한다.
- 상담자는 내담자와 협력하여 내담자의 문제를 정의해야 한다. 문제에 대한 정의가 다를 경우, 상담자와 내담자가 공통적으로 동의한 내용이 주된 관심을 받으며 차이점들은 재논의된다.
- 상담자는 내담자가 호소하는 문제의 원인에 대해 내담자와 협력하여 가설을 설정해야 한다.
- 상담자와 내담자는 함께 가설을 검증한다.
- 만약 가설이 타당하다고 판단되면 치료계획을 개발한다.
- 만약 가설이 타당하지 않다고 판단되면 상담자와 내담자는 추가적인 정보를 수집하여 새로운 가설을 수립한다.

2) 문화적으로 수정된 증거기반실천

대부분의 증거기반실천은 유럽계 미국인을 대상으로 개발 및 검증되었기 때문에 타 문화권에 있는 내담자에게 개입이 동일하게 적용되지 않을 수 있다. 이러한 한계점에 반응하여 미국심리학회는 문화적으로 수정된 증거기반실천(Culturally Adapted Evidence-Based Practice) 모델을 제시한다. 이 모델에 따르면 문화적으로 수정된 증거기반실천은 연구 결과, 내담자의 특징, 문화, 선호도, 상담자의 전문성이 겹치는 부분에서 형성된다고 설명한다(American Presidential Task Force on Evidence-Based Practice, 2006).

실제로 지난 연구들에서 문화적으로 수정된 증거기반실천의 효과성을 검증했다. 예를 들어, 팬 외(2001)의 연구는 특정 대상에 대한 공포증을 가진 아시아계 미국인들을 대상으로 기존의 노출 치료법(통제 집단)과 문화적으로 수정된 노출 치료법(치료 집단)을 적용하는 실험을 진행했고, 치료 집단에 있던 참가자들이 통제 집단에 있던 참가자들에 비해 공포증 증상 완화에 효과를 보였다. 이 특징은 미국 문화에 덜 동화된 참가자들에게 더욱 두드러지게 나타났다. 또 다른 애지엘라 외(2010)의 연구에서는 라틴계 내담자를 위한 수정된 인지행동치료가 내담자 우울 증상 감소와 자기효능감 증가에 효과적임을 검증했다.

문화적으로 수정된 증거기반실천은 내담자의 문화적 배경을 이해할 수 있다는 이점을 가지지만 상담자가 임의적 치료법 수정은 개입의 무결성(integrity)과 충실도(fidelity)를 해칠 수 있다. 기존 증거기반실천을 수정하기에 앞서 상담자는 이전의 문헌에서 수정과정이 수행되었는지 그것이 경험적으로 검증되었는지 확인할 필요가 있다. 만약 수정된 증거기반 실천이 존재하지 않는다면 황(2006)이 제시하는 심리치료 수정의 공식(Formative Method for Adapting Psychotherapy: FMAP)을 따라 치료법을 수정할 것을 제안한다.

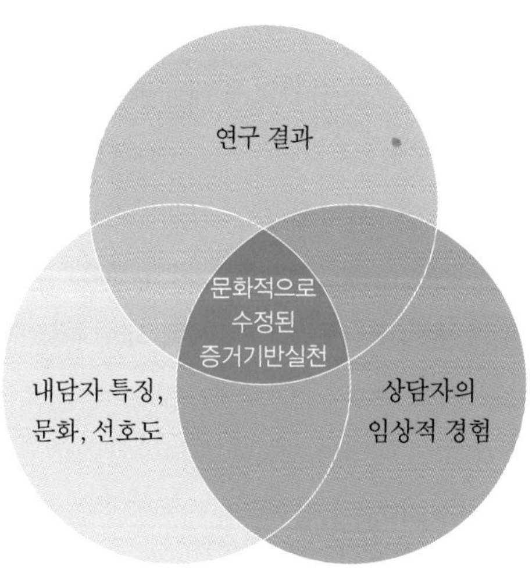

[그림 11-4] 문화적으로 수정된 증거기반실천

(1) 단계 1. 다른 이해 당사자들과 협력하여 지식을 생성하기

심리치료 공식의 첫 번째 단계에서는 다른 이해 당사자들과 협력하여 지식을 생성한다. 여기서 이해 당사자라고 함은 정신건강 기관, 정신건강 서비스 제공자, 지역사회 기관, 전통적/토착적인 치료자, 영적/종교적인 집단, 그리고 내담자를 포함한다. 이 단계에서 내담자의 의견을 끌어내는 것은 다른 전문가나 이해 당사자들의 의견을 끌어내는 것만큼이나 중요하지만 많은 내담자가 정신건강 서비스 이용 경험이 많지 않을 수 있다는 점, 치료를 받기 전에 치료에 대한 피드백을 제공하기 어려울 수 있다는 점을 염두해야 한다.

(2) 단계 2. 이해 당사자들과 협력하여 생성된 지식을 경험적/임상적 지식과 통합하기

이해 당사자와의 토론을 통해서 얻어진 지식은 심리치료법을 수정하는 연구자의 경험적이고 임상적인 지식과 통합된다. 이 과정에서 우선시되어야 하는 지식은 토론에서 반복적으로 등장하는 주제이다. 그 후 연구자는 문화적으로 수정된 치료법의 매뉴얼을 개발한다.

(3) 단계 3. 문화적으로 수정된 치료법 검토 및 개정

문화적으로 수정된 치료법이 개발된 이후에 다른 상담자나 전문가 집단과 함께 포커스 그룹을 형성하여 수정된 치료법을 검토한다. 이때 얻어진 피드백은 치료법의 임상 시험 전 최종적인 매뉴얼 수정을 위해 활용된다. 필요한 경우 전문가들과 함께 매뉴얼 번역 및 역번역을 진행한다.

(4) 단계 4. 문화적으로 수정된 치료법 검증

최종 매뉴얼이 완성되면 문화적으로 수정된 치료법의 효과성을 검증하기 위해 임상 시험을 실시한다. 이때 결과 측정 척도로 증상 감소, 치료법 만족도, 치료 조기 포기, 치료 관계 형성이 사용될 수 있다. 결과 측정은 초기 상태, 치료 후 4주, 8주, 12주와 같이 여러 번에 걸쳐 시행되어야 한다.

(5) 단계 5. 피드백 통합하여 문화적으로 수정된 치료법 완결

임상시험 이후 치료에 참여한 내담자와 상담자/전문가들의 경험을 듣고, 치료법의 장점, 발전 방향에 대한 피드백을 요청한다. 연구자는 이러한 정보를 바탕으로 문화적으로 수정된 치료법의 매뉴얼을 완결한다.

3) 상담자의 역할 이해하기

다문화주의 상담에서 상담자의 역할 다섯 가지를 다음에 기술했다(Loesch & Burch-Ragan, 2003).

(1) 개인/집단상담

상담자는 내담자에게 개인 또는 집단상담 중에 어떤 것이 효과적일지 탐색한다. 예를 들어, 집단에서 내담자의 상호작용 정도가 적을 것이라고 판단되고 내담자가 집단상담을 선호하지 않는다면 상담자는 내담자에게 개인상담을 권할 수 있다. 하지만 만약 내담자가 타인과 상호작용하는 것으로 유익을 얻을 수 있다고 판단되거나 내담자가 집단상담을 선호한다면 집단상담으로 내담자를 의뢰하는 것이 적합할 수 있다. 이 과정에서 상담자는 상담의 구조화 방식, 지시 정도, 자기개방 필요 정도 등의 다양한 요소를 고려해야 한다.

(2) 직업상담

다양한 문화권에서 온 내담자와 직업상담을 진행하기 위해서 고려해야 할 사항은 다음과 같다.

- 내담자의 문화(예시: 가치, 가족, 교육)가 직종 탐색과 선택에 어떻게 영향을 미쳤는가?
- 내담자는 직업 관련 서비스나 자원을 어느 정도 사용할 수 있는가?
- 내담자는 취업/취업 유지의 과정에서 차별을 경험한 적이 있는가?

(3) 평가

다문화권에서 온 내담자에 대한 평가는 논쟁의 여지가 있는 주제이다. 일부 상담자는 다문화권 내담자에게 평가의 도구를 사용하는 것 자체에 회의적인 견해를 보이기도 한다. 하지만 상담자는 내담자에 대한 평가 시행 자체를 거부하기보다 자신이 얼마나 문화에 민감하게 평가의 도구를 사용할 수 있는지를 이해해야 한다. 상담자는 평가도구 사용에서 편견 개입의 여지, 사용하려는 평가도구가 내담자가 속해 있는 집단에 타당화가 되어 있는지 검증해야 한다.

(4) 연구

상담학에서 효과적인 개입법을 개발하고 검증하는 연구는 필수적이다. 하지만 적은 수의 연구가 다양한 문화권에서 온 인구를 대상으로 수행되었다. 다문화권 내담자를 대상으로 한 연구라도 내담자의 연구 참여 거부 또는 적정 표본 크기 확보에서의 어려움으로 데이터 확보에 어려움을 겪는다. 연구자는 다양한 인구통계학적 특징을 가진 대표성 있는 표본 확보를 위한 노력을 기울여야 한다. 그뿐만 아니라 연구 결과를 해석할 때 편향된 관점을 피하고 문화적 민감성을 견지해야 한다.

4) 다문화주의 평가 과정

(1) 의뢰 이유 확인하기

내담자가 상담을 의뢰한 이유를 확인하기 위해서는 내담자뿐만 아니라 내담자의 가족 등을 포함한 다양한 주변 사람들의 의견을 듣는 것이 필요하다. 내담자의 문제는 개인에서 비롯되기도 하지만 주변의 환경에도 영향을 받기 때문이다.

(2) 동의서 얻기

상담 동의서 양식에는 내담자에게 익숙하지 않은 전문적인 용어가 포함되어 있는 경우가 많다. 내담자의 교육수준, 읽고 쓰는 능력을 고려하여 동의서를 적절하게 수정할 필요가 있다. 또한 상담자는 상담관계에 존재하는 힘의 불균형이 내담자로 하여금 상담자가 요청하는 것을 모두 동의하도록 유도할 수 있음을 인식해야 한다. 동의서를 얻는 과정은 명시적이고 투명해야 하며 암묵적인 동의는 바람직하지 않다. 투명성이 높을수록 내담자가 평가 과정에 적극적으로 참여할 가능성이 높아진다(Suzuki et al., 2013).

(3) 초기 인터뷰

내담자의 상황, 사회적 위치, 문화적 배경에 관한 정보를 얻는 것은 평가 과정에서 필수적이며 이러한 정보들은 초기 질적 인터뷰를 통해 얻어질 수 있다. 내담자의 문화적 배경에 대한 정보를 얻는 데 도움이 되는 다양한 인터뷰 프로토콜이 개발되었다. 예를 들어, Person-in-Culture Interview(PICI; Berg-Cross & Takushi-Chinen, 1995)를 통해 상담자는 내담자가 즐겨 하는 활동, 가족 구성원을 비롯한 중요한 타인, 재정, 안전, 사회적 역할, 종교적 신념을 포함한 24개의 항목에 대해서 물을 수 있다. 또 다른 인터뷰 형식에는 Cultural Assessment

Interview Protocol(CAIP; Grieger, 2008)이 있다. 이 형식은 두 가지 부문으로 구성된다. 첫 번째 부문은 내담자의 문화적 정체성, 문화적응 수준, 가족 구조, 인종/문화적 정체성 개발 수준, 편견, 이민, 실존적/영적 문제 등을 묻고 두 번째 부문에서는 상담자와 내담자의 치료적 관계에 영향을 미칠 수 있는 문화적 요인과 그것들이 함의하는 바를 찾는다.

(4) 행동 관찰

내담자의 행동 관찰을 통해 상담자는 내담자가 가진 문화에 대한 중요한 정보를 획득할 수 있다. 예를 들어, 수와 수(2008)는 일본 어린이들은 상대방이 말을 걸 때까지 말하지 않는 것을 미덕으로 배웠기 때문에 조용하고 내성적으로 보일 수 있다고 보고했다. 상담자가 이러한 문화를 인지하지 못하고 있다면 내담자가 보인 행동을 바탕으로 내담자의 지능, 언어적 능력에 대해 편향된 가설을 세울 수 있다. 상담자는 내담자의 문화가 행동에 영향을 미칠 수 있음을 인지해야 한다.

(5) 측정도구

측정도구를 선택할 때 상담자는 내담자의 문화적 맥락에 측정하려는 변인과 동일한 구성 개념이 존재하는지 그렇다면 그것이 개념적이고 기능적으로 동일한 의미를 가지고 있는지 조사해야 한다.

(6) 측정도구의 문화적 수정 또는 번역

측정도구의 번역은 문화적 수정의 일부이며 단순히 내용을 문자 그대로 번역하는 것 이상을 의미한다. 상담자는 번역된 측정도구를 사용할 때 이것이 내담자가 속한 집단을 대상으로 타당화가 되었는지 확인해야 한다.

(7) 대안의 측정 방식을 포함시키기

상담자는 내담자에 대한 정보를 수집할 때 대안의 측정 방식은 없는지 확인하고 있다면 기존의 방식에 추가한다. 대안의 측정 방식으로는 행동 관찰, 척도 사용, 체크리스트 사용, 성과 평가, 작업 샘플, 인터뷰 등이 포함된다.

(8) 측정 결과 해석에 문화를 적용하기

문화적으로 적절한 측정 결과 해석을 위해서 상담자는 내담자와의 인터뷰 내용, 행동 관찰, 일화 기록 등의 자료들을 모두 고려한다. 그 후에 내담자에게 평가 결과를 전달한다. 측정 결과를 내담자가 이해할 수 있는 언어로 제시하고, 내담자의 강점과 약점을 균형 있게 전달하며, 측정 결과와 함께 미래 개입 전략을 제시하는 것이 측정 결과 해석에서 중요하다. 또한 상담자가 제공하는 해석에 대해 내담자가 자유롭게 의견을 제시할 수 있도록 돕는다 (Suzuki et al., 2013).

5. 주요 기술 실습

1) 다문화 역량 검사지

다음은 한국 상담자를 위해 개발 및 타당화된 다문화상담 역량 척도이다(임은미 외, 2018). 해당 설문지를 작성해 보며 다문화상담에서 자신의 강점과 발전 방향을 돌아볼 수 있다.

	문항 내용 1=전혀 아니다, 2=아니다, 3=보통, 4=그렇다, 5=매우 그렇다	
1	당신은 내담자와의 종교적 신념차이를 경험할 때 민감성을 유지하면서도 편안하게 받아들일 수 있습니까?	
2	사회경제적 배경에 대한 당신의 고정관념이 상담을 진행하는 데 어떤 영향을 미치는지 알고 있습니까?	
3	성(gender)에 대한 당신의 고정관념이 상담에 미치는 영향을 이해하기 위해 교육이나 훈련, 수퍼비전을 받은 경험이 있습니까?	
4	당신은 내담자가 어떤 사회경제적 배경이든 내담자를 존중합니까?	
5	당신은 내담자의 신체적 특징(장애, 외모 등)이 내담자의 삶에 어떤 영향을 미치는지 알고 있습니까?	
6	당신은 다양한 종교에 관한 최근 연구 경향을 알고 내담자를 이해하는 데 활용합니까?	
7	당신은 상담을 진행할 때 내담자의 사회경제적 배경을 존중하는 상담기법을 사용해야 한다고 생각합니까?	
8	당신은 심리검사도구나 상담기법에 포함되어 있는 소외계층에 대한 미묘한 차별적 표현들을 식별할 수 있습니까?	
9	당신은 내담자의 사회경제적 배경을 고려하면서 효과적으로 상담할 수 있습니까?	

10	당신은 내담자와의 사회 계층적 특징 차이를 경험할 때 민감성을 유지하면서도 편안하게 받아들일 수 있습니까?	
11	성(gender)에 대한 당신의 고정관념이 상담을 진행하는 데 어떤 영향을 미치는지 알고 있습니까?	
12	인종/민족에 대한 당신의 고정관념이 상담에 미치는 영향을 이해하기 위해 교육이나 훈련, 수퍼비전을 받은 경험이 있습니까?	
13	당신은 내담자가 여성이든 남성이든 내담자를 존중합니까?	
14	당신은 내담자의 문화적 배경이 내담자의 심리적 장애 발현에 미치는 영향을 알고 있습니까?	
15	당신은 다양한 사회경제적 배경에 대한 최근 연구 경향을 알고 내담자를 이해하는 데 활용합니까?	
16	당신은 상담을 진행할 때 내담자의 성(gender)을 존중하는 상담기법을 사용해야 한다고 생각합니까?	
17	당신은 심리검사도구나 상담기법에 포함되어 있는 성차별적 표현을 식별할 수 있습니까?	
18	당신은 내담자의 성(gender)을 고려하면서 효과적으로 상담할 수 있습니까?	
19	당신은 내담자와의 성(gender)역할 고정관념 차이를 경험할 때 민감성을 유지하면서도 편안하게 받아들일 수 있습니까?	
20	인종/민족에 대한 당신의 고정관념이 상담을 진행하는 데 어떤 영향을 미치는지 알고 있습니까?	
21	당신 세대의 특징으로 인한 고정관념이 상담에 미치는 영향을 이해하기 위해 교육이나 훈련, 수퍼비전을 받은 경험이 있습니까?	
22	당신은 내담자가 어떤 인종/민족 출신이든 내담자를 존중합니까?	
23	당신은 내담자의 문화적 배경이 내담자의 도움 요청 행동에 미치는 영향을 알고 있습니까?	
24	당신은 성(gender)역할에 대한 최근 연구경향을 내담자를 이해하는 데 활용합니까?	
25	당신은 상담을 진행할 때 내담자의 인종/민족 정체성을 존중하는 상담기법을 사용해야 한다고 생각합니까?	
26	당신은 소수 인종/민족 출신의 내담자가 상담서비스를 이용할 때 경험할 수 있는 어려움을 알고 있습니까?	
27	당신은 내담자의 인종/민족 정체성을 고려하면서 효과적으로 상담할 수 있습니까?	
28	당신은 내담자와의 인종/민족 정체성 차이를 경험할 때 민감성을 유지하면서도 편안하게 받아들일 수 있습니까?	

29	특정 신체적 특징(장애, 외모 등)을 가진 사람들에 대한 당신의 고정관념이 상담을 진행하는 데 어떤 영향을 미치는지 알고 있습니까?	
30	특정 신체적 특징(장애, 외모 등)을 가진 사람에 대한 당신의 고정관념이 상담에 미치는 영향을 이해하기 위해 교육이나 훈련, 수퍼비전을 받은 경험이 있습니까?	
31	당신은 내담자의 신체적 특징(장애, 외모 등)에 개의치 않고 내담자를 존중합니까?	
32	당신은 내담자의 문화적 배경이 내담자의 자존감과 자아개념에 미치는 영향에 대해 알고 있습니까?	
33	당신은 다양한 인종/민족의 현안에 대해 알고 내담자를 이해하는 데 활용합니까?	
34	당신은 상담을 진행할 때 내담자의 연령을 존중하는 상담기법을 사용해야 한다고 생각합니까?	
35	당신은 심리검사도구나 상담기법에 내재된 연령 차별적 표현들을 식별할 수 있습니까?	
36	당신은 내담자의 연령을 고려하면서 효과적으로 상담할 수 있습니까?	
37	당신은 내담자와의 신체적 특징(장애, 외모 등) 차이를 경험할 때 민감성을 유지하면서도 편안하게 받아들일 수 있습니까?	
38	성적 소수자(게이, 레즈비언, 양성애, 트랜스젠더 등)에 대한 당신의 고정관념이 상담을 진행하는 데 어떤 영향을 미치는지 알고 있습니까?	
39	당신은 문화적 배경이 다른 사람들과의 상담을 위해 교육이나 훈련, 수퍼비전을 받은 경험이 있습니까?	
40	당신은 내담자의 국적에 개의치 않고 내담자를 존중합니까?	
41	당신은 내담자의 문화적 배경이 내담자의 대인관계에 미치는 영향에 대해 알고 있습니까?	
42	당신은 다양한 인종/민족의 특성이 정신건강과 심리상태에 미치는 영향에 대한 최근 연구 경향을 알고 내담자를 이해하는 데 활용합니까?	
43	당신은 상담을 진행할 때 내담자의 신체적 특징(장애, 외모 등)을 존중하는 상담기법을 사용해야 한다고 생각합니까?	
44	당신은 독특한 신체적 특징(장애, 외모 등)을 지닌 내담자가 상담서비스를 이용할 때 경험할 수 있는 어려움을 알고 있습니까?	
45	당신은 내담자의 신체적 특징(외모, 장애 등)을 고려하면서 효과적으로 상담할 수 있습니까?	

2) 사례연구

내담자 유진은 14세 중학교 1학년 여학생이며 파키스탄 국적의 어머니와 한국 국적의 아버지 밑에서 태어났다. 유진은 한국어를 유창하게 구사하고 유진 어머니는 한국어 쓰기를 제외하고는 읽기, 듣기, 말하기에 어려움이 없는 수준이다. 미성년인 내담자는 어머니와 함께 다문화상담센터에 방문했으며 상담 전 어머니와 본인의 사전 동의서를 제출했다. 유진이 호소하는 문제는 가정/학교생활에서 느껴지는 우울감과 이로 인한 학업/교우관계의 어려움이다. 유진의 담임선생님의 의뢰로 모녀가 다문화상담센터를 찾게 되었다. 유진 어머니의 요청으로 초기 상담 시간 동안 어머니도 함께 자리했다.

상담자: 반갑습니다. 저는 오늘 상담을 맡은 상담자입니다. 오늘 어떤 것을 상의하기 유진과 어머니가 여기에 오게 되었는지 알고 싶습니다. 유진이가 먼저 간단한 자기소개와 함께 어떤 이유로 이곳을 방문하게 되었는지 이야기 나눠 줄 수 있나요?

유진: 안녕하세요. 중학교 1학년 유진입니다. 저는 태어나서 줄곧 한국에서 자랐습니다. 오늘 여기에 오게 된 이유는 저희 담임선생님이 권유해 주셨기 때문입니다.

어머니: 안녕하세요. 유진이 엄마입니다. 저는 파키스탄에서 왔고 남편 따라 한국에서 살고 있습니다. 유진 옆에 앉아 있을게요. 필요한 것 있으면 물어보세요.

상담자: 네. 만나서 반갑습니다. 유진, 담임선생님이 권유해 주셨다고 했는데, 혹시 어떤 이유로 유진과 어머니를 의뢰했는지도 알고 있나요?

유진: 네. 제가 슬프고 우울한 감정이 자꾸 든다고 선생님한테 말한 적이 있어요.

상담자: 그렇군요. 슬프고 우울한 감정이 하루 전반에 걸쳐 지속되나요? 아니면 하루 중에 특별히 더 그러한 감정이 드는 순간이 있나요?

유진: 하루 종일 슬프고 우울한 감정이 지속되는 것 같아요. 특별히 학교보다는 집에 있을 때 더 그런 감정이 드는 것 같아요.

상담자: 그렇군요. 하루 전반에 걸쳐 그러한 감정이 지속되는데, 집에 있을 때 그런 감정이 더 많이 찾아오나 봐요.

유진: 네. 맞아요. 엄마 아빠가 자주 다투시거든요.

상담자: 그렇군요. 맞아요. 부모님이 다투실 때 불안하기도 하고 슬프고 우울한 감정이 들기도 할 것 같아요. 주로 엄마 아빠가 다투실 때 유진은 무엇을 어떻게 하

나요?

유진: 저는 그냥 방에 있고 학교 숙제하거나 음악을 듣거나 해요. 딱히 제가 할 수 있는 것이 없다는 생각이 들어요.

상담자: 엄마 아빠가 다툴 때 할 수 있는 게 없다는 생각에 무력한 마음마저 드는 거 같네요.

유진: 네. 맞아요. 저는 아무것도 할 수가 없어요. 그냥 하루가 잘 마무리되고 다음 날이 되어서 학교에 가고 싶어요.

상담자: 네. 혹시 엄마 아빠의 다툼 말고 본인을 슬프고 우울하게 만드는 다른 이유가 또 있을까요?

유진: 엄마와 자주 부딪혀요.

상담자: 엄마와 자주 다투게 된다는 말인가요?

유진: 맞아요.

상담자: 조금 더 구체적으로 말해 줄 수 있나요?

유진: 네. 엄마는 이슬람 종교를 가지고 있고 그래서 돼지고기를 먹지 않아요. 그리고 하루 중 일정 시간이 되면 기도를 하기도 하고요. 저도 집에서는 돼지고기를 먹지 않고 가끔 엄마를 따라서 기도를 하기도 해요. 그런데…….

어머니: 네. 저는 이슬람 종교를 가지고 있어요. 사람마다 다른데, 저는 이슬람 종교에서 가르치는 규율들을 엄격하게 지키는 편이에요.

유진: 제가 어렸을 때는 엄마가 이러한 규율들을 강요하지 않았는데, 중학생이 되던 해부터, 이런 것들을 강요하기 시작했어요. 학교에서 급식이 나와도 돼지고기가 나오면 먹지 말라고 하기도 하고 학교에 있어도 짧게나마 기도를 하기를 권유하기도 해요. 그런데 저는 이런 것들을 지켜야 할 필요를 잘 모르겠어요. 어렸을 때는 엄마가 말 잘 듣는 저의 모습을 좋아하니깐 저도 따르긴 했지만요.

상담자: 그렇군요. 그런 문제로 엄마와 갈등이 있군요. 들어 보니 어머니가 실천하시는 이슬람의 종교행위들이 유진이 학교에서 하기에는 어려울 수 있을 것 같아요.

유진: 네. 맞아요. 제 친구들 중 아무도 이걸 이해하는 친구는 없어요. 다들 이상한 눈빛으로 쳐다볼 거예요.

상담자: 그렇군요. 맞아요. 학교에서는 친구들과 함께 생활을 하기 때문에, 친구들이 하지 않는 것들을 혼자 지켜 따른다는 것이 쉬운 일이 아닐 것 같아요. 그런데 마음 한편에는 엄마가 좋아하는 일을 하고 싶다는 마음도 있는 것 같아요. 제

가 잘 이해한 것이 맞나요?

유진: 맞아요. 아빠도 엄마의 행동을 이해하지 못하고 종종 이것 때문에 다투는데 저라도 이해해 주고 싶은 마음이 있어요.

상담자: 네. 그렇군요. 어떤 마음인지 공유해 주어서 고맙습니다. 이러한 이슬람의 종교적 의식을 따른다는 것이 본인에게 어떤 의미인지 생각해 본 적 있나요?

유진: 그렇게까지는 생각해 보지 않았어요. 그냥 저는 엄마가 하는 행동을 따라하는 수준이에요. 아직 제가 종교를 가지고 있는지도 잘 모르겠고요.

상담자: 네. 잘 들었습니다. 본인의 종교를 결정하고 정체성을 형성하는 측면에서 아직 탐색 단계라고 보는 것이 적합하겠네요.

유진: 네. 그럴 것 같아요.

토론 질문은 다음과 같다.

① 당신의 내담자가 호소하는 문제는 무엇인가요?

② 내담자와의 상담에서 목표로 삼고 싶은 것은 무엇인가요?

③ 목표를 이루기 위해서 어떤 이론적 배경과 상담 기술을 사용할 수 있나요?

④ 내담자 상담을 위해 상담자가 갖추어야 할 문화적 역량에는 어떤 것들이 있을까요?

⑤ 초기 상담 과정에서 내담자에 대해서 더 알고 싶은 정보들에는 어떤 것이 있나요?

6. 요약 및 리뷰

- 상담자의 다문화상담 유능성 모델은 세 가지 특징(① 상담자 자신의 가정, 가치, 편견 이해하기, ② 문화적으로 다양한 배경을 가진 내담자 이해하기, ③ 내담자에게 적합한 개입 전략과 기술 개발하기)과 세 가지 차원(① 신념과 태도, ② 지식, ③ 기술)의 교차로 이해된다.
- 미국상담학회가 정의한 다문화주의 상담은 여덟 가지의 주제(자기 알아차림, 글로벌 리터러시, 전통적인 상담 이론의 기초지식, 윤리적 지식과 열망, 다문화주의 상담 이론적 지식, 다문화 접촉 경험, 다문화 기술 개발, 다문화주의 역량)로 구성되어 있고 이것들은 다시 세 가지의 차원(기초 영역, 다문화 영역, 다문화상담 역량 영역)으로 구분된다.
- 상담자의 옹호 역량 모델은 상담자가 내담자를 미시 수준, 중간 수준, 거시 수준에서 어떻게 옹호를 실천할 수 있을지를 소개한다.
- 크로스(1991)의 인종적 정체성 발달 단계에 따르면 인간은 만남 전 단계, 만남 단계, 내적몰두–발현 단계, 내면화 단계를 거쳐 자신의 인종적 정체성을 형성한다.
- 베리(1992)의 문화적응 모델에 따르면 개인의 문화적응은 자신이 가진 고유문화를 얼마나 유지 또는 거부하는지, 개인이 주류사회의 문화를 얼마나 포용 또는 거부하는지에 따라 결정된다.
- 정체성 교차는 인종, 계층, 성별과 같은 다양한 정체성의 영역이 상호작용하는 것을 의

미한다.

- 미세공격은 의도적이든 의도적이지 않든 특정한 사람이나 집단에 해롭고 불쾌한 심리적인 경험을 주는 찰나적이고 일상적인 언어적 또는 행동적인 모욕이다.
- 여성주의 상담의 중요한 원칙은 알아차림, 정치적 존재로서의 인간, 모든 종류의 억압 인식, 사회적 변화를 위한 헌신, 여성의 목소리와 그들의 경험 존중, 상호 동등한 상담 관계, 심리적 스트레스 다시 정의하기, 임파워먼트이다.
- 여성주의 상담과 다르게 남성 상담은 별도의 이론적 접근이 존재하는 것은 아니지만 상담자는 남성 내담자가 호소하는 문제가 내담자의 성역할과 관련되어 있는지 탐색할 필요가 있다.
- 상담자는 연장자 상담에 앞서 연령주의의 개념을 인식한다. 또한 상담자는 내담자에게 임파워먼트를 제공하고 필요할 경우 내담자를 대신하여 옹호한다.
- 상담자는 군인 내담자 상담에 앞서 군대가 가지는 특별한 문화(예: 높은 수준의 자기 훈련 및 통제, 충성심, 자기희생, 집단 정체성 강조)를 이해할 필요가 있다.
- 상담자는 우리나라 체류 외국인을 상담할 때 내담자가 경험할 수 있는 여러 가지 어려움(예: 독특함, 수용과 소속감, 외적 모습, 성별, 자기존중감, 자기정체성)을 이해한다.
- 상담자는 장애인 내담자를 상담하기에 앞서 장애를 이해하는 창이 되어 주는 장애 모델을 이해하고 어떤 모델이 상담에 적합할지 결정한다. 또한 내담자가 원한다면 장애 수용을 상담의 주제로 설정할 수 있다.
- 상담자는 문화적으로 유능한 평가를 수행하기 위해서 자신이 가진 확증편향, 귀인 오류, 직관적 판단의 오류, 진단에 그림자 드리우기 오류를 확인하고 그러한 가능성을 최소화하기 위해 노력해야 한다.
- 문화적으로 수정된 증거기반실천은 연구 결과, 내담자의 특징, 문화, 선호도, 그리고 상담자의 전문성이 겹치는 부분에서 형성된다.

학습 문제

1. 다문화주의 상담과 관련한 이론 중 한 가지를 선택해서 기술해 봅시다.
2. 미세공격은 의도적이든 의도적이지 않든 특정한 사람이나 집단에 해롭고 불쾌한 심리적인 경험을 주는 찰나적이고 일상적인 언어적 또는 행동적 모욕입니다. 자신은 미세공격을 경험해 본 적 있는지 돌아보고 그것이 자신의 정체성과 어떻게 관련이 있는지 생각해 봅시다.
3. 다양한 특징을 가진 내담자(예: 여성, 남성, 연장자, 군인내담자, 외국인, 장애인)를 상담하기 전에 갖추어야 할 상담자의 다문화역량 조건을 탐색해 봅시다.
4. 자신은 확증편향, 귀인 오류, 직관적 판단, 진단에 그림자 드리우기와 같은 오류를 범한 적이 없는지 돌아보고 상담 현장에서 오류의 가능성을 최소화하기 위한 방안을 생각해 봅시다.

제 12 장

그 외 중요한 심리치료

이영희

1. 그 외 중요한 심리치료 소개
2. 관계심리치료의 이론과 실제
3. 교류분석의 이론과 실제
4. 긍정심리치료의 이론과 실제
5. 주요 기술 실습
6. 요약 및 리뷰

1. 그 외 중요한 심리치료 소개
    1) 관계심리치료
    2) 교류분석
    3) 긍정심리치료
2. 관계심리치료의 이론과 실제
    1) 주요 개념
    2) 관계심리치료의 실제
3. 교류분석의 이론과 실제
    1) 주요 개념
    2) 교류분석의 실제
4. 긍정심리치료의 이론과 실제
    1) 주요 개념
    2) 긍정심리치료의 실제
5. 주요 기술 실습
    1) 관계심리치료의 주요 기술
    2) 교류분석의 주요 기술
    3) 긍정심리치료의 주요 기술
6. 요약 및 리뷰

학습 목표

- 관계심리치료의 주요 개념과 목적을 이해한다.
- 관계심리치료에서 중요하게 여기는 대인관계의 문제 유형을 설명할 수 있다.
- 관계심리치료의 치료 과정을 초기, 중기, 종결 단계별로 정확히 설명할 수 있다.
- 교류분석의 자아 상태 세 가지를 정의하고 잘 구분할 수 있다.
- 교류분석에서 교류 패턴의 유형을 설명하고 예시를 구체적으로 제시할 수 있다.
- 긍정심리치료에서 긍정적 정서와 회복탄력성, 강점 발견에 대해 설명할 수 있다.

1. 그 외 중요한 심리치료 소개

1) 관계심리치료

(1) 주요 발전

관계심리치료(Interpersonal Psychotherapy: IPT)는 우울증을 포함하여 다양한 정신건강 문제를 치료하는 데 효과적인 단기 심리치료 방법으로, 대인관계로 인해 발생하는 사람들의 심리적 문제를 해결하는 데 중점을 둔다. 관계심리치료의 뿌리라 할 수 있는 대인관계를 중요시한 학파의 창시자로 손꼽히는 사람은 존스 홉킨스 대학교의 아돌프 마이어 박사와 그의 동료인 스탁 설리번이다. 마이어 박사는 기존의 정신역동적 접근 방식이 내담자의 과거사와 정신 내적인 영역에 초점을 맞추는 것에 회의를 느꼈다. 그래서 관계중심적인 경험이 내담자의 삶에 어떻게 영향을 미치는지를 연구하였다. 이후 설리번 박사는 정신질환을 어떤 특정 심리적 사회적 문제에 의해 야기되는 것이라기보다 대인관계 속에서 발생하는 것으로 판단하였다. 관계중심적인 접근을 통해 내담자를 관찰하고 내담자와 직접적인 관계를 구성하고 있는 중요한 인물을 분석하여 이들과의 관계를 건강하게 개선할 수 있도록 돕는 것이 중요함을 지적하였다.

관계심리치료는 정신과 의사인 제럴드 클러만과 심리학자인 미나 와이즈만 박사가 중심이 되어 이들을 따르던 연구자들에 의해 발전하였다. 처음에는 우울증 치료를 위한 단기치료적 접근법 중 하나로 개발되었는데 이후로 이 이론에 대해 공감하는 연구자들의 후속 연구가 이어지면서 관계심리치료의 효과성이 입증되었다. 관계심리치료는 1970년대에 처음 개발된 이후, 다수의 임상적 연구를 통해 그 효과성이 입증되었으며, 기분장애와 기분장애 이외의 장애를 치료하기 위해 그 영역이 확장되어 현재는 정신질환의 여러 영역에 적용되고 있다. 특히 우울증 치료에 큰 두각을 보이며, 이후에는 다양한 정신적 문제를 치료하는 데 활용되고 있다.

관계심리치료는 1980년대부터 시작하여 10여 년에 걸쳐 활발하게 임상 연구가 이뤄지며 그 효과성을 검증하기 위한 과정이 병행되었다. 초기에는 주로 우울증 환자들에 국한되어 연구가 이뤄졌는데, 관계심리치료가 내담자들의 우울증을 완화하는 데 매우 효과적이라는 결과가 지속해서 증명되었다. 특히 약물치료와 병행할 때 그 효과가 더욱 증대됨이 입증되었는데 이 과정에서 수행된 주요 연구 중 하나는 미국 국립정신건강연구소(National Institute of Mental Health: NIMH)에서 수행한 대규모 연구로, 관계심리치료가 우울증 치료에 있어 약물치료와 비슷한 수준의 효과를 보이며, 두 가지 치료를 병행할 때 가장 큰 효과를 나타낸다는 결과를 도출하였다(Elkin et al., 1989).

최근에는 관계심리치료 과정이 가족 단위나 그룹 단위로 이뤄지면서 많은 사람에게 활용되고 있다. 대면뿐만 아니라 비대면 영역에서도 확대되어 장소의 제약을 받지 않고 효과적으로 진행할 수 있어 큰 주목을 받고 있다. 다만, 인터넷 기반의 접근은 아직 그 연구의 효과성이 구체적으로 증명되지는 않았다는 한계점이 있다. 그렇지만 내담자들의 시간과 공간에 대한 선택권이 넓어진다는 점에서는 충분히 이점이 있다고 할 수 있다. 또한 관계심리치료의 효과를 더하기 위해 인지행동치료와 해결중심치료와 같은 다른 심리치료 기법과 접목하려는 시도도 지속되고 있다. 이러한 통합적 접근은 복잡한 정신건강 문제를 지닌 내담자의 호소 문제를 더욱 효과적으로 다룰 수 있게 해 준다(Cuijpers et al., 2016).

관계심리치료는 대인관계 문제와 심리적 고통 간의 상관관계를 중점적으로 다루며 지속해서 발전하였는데, 수많은 연구자에 의해 단단하게 기초를 정립하였다. 과거부터 끊임없이 이어져 왔던 연구는 미래에 진행될 연구에 대한 원형과 방향을 제공해 줄 것이다. 앞으로도 정신건강 영역에서 관계심리치료는 다른 심리치료 이론과의 통합적 접목을 통해서 기대 이상의 발전을 거듭해 나갈 것이다.

(2) 주요 학자 전기

① 제럴드 클러만(Gerald Klerman, 1928~1992)

제럴드 클러만은 1928년 뉴욕에서 태어났다. 하버드 대학교에서 학부를 졸업한 후, 하버드 의과대학에서 의학 학위를 받았다. 의과대학 재학 중 그는 정신과에 대한 관심이 커졌고, 이후 보스턴 시립병원과 매사추세츠 종합병원에서 정신과 레지던트 과정을 이수하였다. 클러만은 1960년대부터 1970년대 초반까지 하버드 대학교와 예일 대학교에서 교수로 재직하며 정신분석학과 약물치료에 대한 비교 연구를 진행하였다. 특히 그는 우울증 환자들을 대상으로 한 연구에서, 대인관계가 우울증의 발병과 진행에 중요한 역할을 한다는 사실을 발견했다. 이러한 발견은 관계심리치료 개발의 기초가 되었다.

제럴드 클러만의 가장 큰 공은 대인관계 문제를 중심으로 우울증을 이해하려 했다는 점과 더불어 이를 치료적 접근으로 체계화했다는 점이다. 그는 우울증 환자들의 대인관계 패턴이 이들의 심리적 상태에 주로 영향을 미친다는 것을 발견하고, 이러한 문제에 어떻게 접근하고 해결할지에 대해 고민하였고, 관계심리치료의 효과를 입증하기 위해 여러 임상 연구를 수행하였다. 이를 통해 관계심리치료가 우울증을 치료하는 대표적인 치료법으로 자리 잡는 데 크게 이바지했다(Klerman et al., 1984).

클러만은 관계심리치료 매뉴얼이 최초로 출간되었을 때 주요 아이디어들을 제공하였으며, 이 이론이 다양한 대상에 적용될 수 있도록 과학적으로 증명하는 데 일조하였다. 그는 또한 다수의 저서를 통해 관계심리치료의 이론과 실천을 대중에게 널리 알렸으며, 많은 후학에게도 영향을 미쳤다.

② 미나 와이즈만(Myrna Weissman, 1935~)

미나 와이즈만은 1935년 미국 보스턴에서 태어났다. 컬럼비아 대학교에서 사회학을 전공한 후, 예일 대학교에서 임상심리학 박사학위를 받았다. 와이즈만은 졸업 후 가족 및 대인관계 요인이 정신건강에 미치는 영향에 관심을 가지고 연구하였으며, 이는 이후 관계심리치료의 개발에 중요한 기초가 되었다. 와이즈만은 제럴드 클러만과 결혼하였으며, 부부가 된 이후로 함께 관계심리치료를 공동 개발하며 이 이론의 구조와 내용적 틀을 체계화하는 데 중요한 역할을 했다. 그녀는 대인관계 문제를 치료의 중심으로 삼는 관계심리치료의 이론적 기반을 다지는 데 기여했으며, 이를 통해 우울증뿐만 아니라 다양한 정신질환에 이 치료법을 적용할 수 있는 기틀을 마련하였다. 그녀는 또한 관계심리치료의 효과를 검증하기 위한 다수의 임상 연구를 주도하였고, 관계심리치료가 다양한 대상 집단과 정신질환에 효과적임을 입증하는 데 중요한 역할을 했다(Weissman et al., 2000).

제럴드 클러만과 미나 와이즈만 두 학자의 연구는 관계심리치료의 이론적 기초를 다지는 데 결정적인 역할을 했다. 이들은 대인관계 문제가 인간의 심리적 고통을 유발하는 데 어떤 영향을 미치는지를 체계화하였고, 이를 치료하는 방법에 대해서도 그 해답을 제시하였다. 이들의 연구는 특히 우울증 환자들을 대상으로 한 임상 연구를 통해 그 효과성을 충분히 입증함으로써, 이 치료법이 대중에게 보급되고 많은 내담자의 삶을 바꾸는 데 공헌하였다(Cuijpers et al., 2016).

2) 교류분석

(1) 주요 발전

교류분석(Transactional Analysis: TA)은 개인의 행동과 의사소통 패턴을 이해하고 변화시키는 데 주안점을 두고 있는 심리치료 이론으로 에릭 번에 의해 개발되었으며, 이후 다양한 학자의 연구를 통해 확장되었다. 교류분석은 인본주의적 가치 위에 행동주의적 명료성과 정신분석적 깊이를 더한 개인의 정신 내적 및 대인관계적 심리치료라 할 수 있다. 교류분석은 오늘날까지 심리치료, 교육 분야, 조직 개발 등 다양한 분야에서 활용되고 있으며, 그 이론적 기초가 지속해서 확장되고 있다.

교류분석의 창시자인 번은 1910년 캐나다 몬트리올에서 태어났으며, 맥길 대학교에서 의학 학위를 수여받았다. 이후 정신분석학을 공부하기 위해 뉴욕 정신분석 연구소에서 훈련받았지만 전통적인 정신분석 방식에 한계를 느끼고, 보다 실용적이고 누구나 이해하기 쉬운 접근법을 모색하기 시작했다.

1958년, 번은 그의 논문 「Transactional Analysis: A New and Effective Method of Group Therapy」를 발표하면서 교류분석의 기본 개념을 처음으로 소개하였다. 그는 인간의 정신 상태를 세 가지 자아 상태인 어버이(Parent), 어른(Adult), 어린이(Child)로 구분하고, 이들 자아 상태 간의 상호작용을 통해 개인의 행동과 의사소통 패턴을 이해하고 분석하였다(Berne, 1958).

1960년대에 들어서면서 그는 교류분석 이론을 보다 체계화하고 대중화하기 위해 여러 저서를 출판하였다. 1961년 출간된 『Transactional Analysis in Psychotherapy』는 교류분석의 이론적 기초를 설명한 첫 번째 주요 저서로서 학자들에게 교류분석을 임상적으로 적용하는 방법을 구체적으로 알리는 계기가 되었다(Berne, 1961). 이후 1964년에는 『Games People Play』라는 저서를 출간하였는데 이는 교류분석 발달에 있어 획기적인 한 해가 되었다. 처음 책의 출판 목적은 전문가 집단을 위해 집필하였지만, 일반 대중에게도 점차 알려지게 되어 큰 사랑을 받았다. 이 책에서는 대인관계에서 사람들이 무의식적으로 갖게 되는 심리적 게임에 대해서 상세히 설명하고 있다. 의사소통 시 사용하는 여러 가지 게임에 대해 설명하고, 이러한 게임이 사람들과 상호작용을 할 때 어떤 영향을 미치는지를 자세하게 분석하였다(Berne, 1964). 이는 사회적 관계 속에서 고민하고 있던 이들의 큰 공감을 이끌어 냈으며, 교류분석을 심리치료 분야에서 빼놓을 수 없는 중요한 이론 중 하나로 자리매김하게 해 주었다.

이후 1970년대까지 많은 학자가 교류분석 이론을 확장하고 발전시켜 나갔는데 이에 호응하고자 번은 국제교류분석협회(International Transactional Analysis Association: ITAA)를 설립하여 교류분석에 관심 있는 학자들의 연구와 교육을 체계화하였다. 국제교류분석협회는 교류분석의 이론적 발전을 촉진하는 연구자들의 중요한 장이 되었다.

교류분석은 심리치료뿐만 아니라 교육 현장에서부터 기업의 조직관리 등 다양한 분야로 확장되었다. 예를 들어, 교육 분야에서는 교사와 학생 간의 의사소통을 개선하고, 학생들의 학습 동기를 향상하는 방법에 적용이 되었다. 조직관리 분야에서는 교류분석을 통해 조직 내 의사소통 방식을 분석하고, 갈등 상황이 발생할 시 이를 개선하는 대안으로 활용이 되었다. 특히 클라우드 스타이너는 교류분석에서 감정의 중요성을 강조하며 감정교류분석(Ego States and Feeling)을 제안하고 발전시켰으며, 이는 교류분석의 이론적 틀을 확장하는 데 중요한 계기가 되었다. 그는 개인이 자신의 감정을 인식하고 이를 건강한 방식으로 표현하는 것이 대인관계에 중요하다는 점을 강조했다.

토머스 해리스는 교류분석의 대중적 이해를 돕기 위해 『I'm OK-You're OK』라는 책을 출판하여 큰 인기를 끌었다. 해리스는 이 책에서 교류분석의 기본 개념을 쉽게 설명하고, 사람들이 자신의 자아 상태를 이해하고 건강한 자아 상태를 유지하는 방법을 제시하였다(Harris, 1967). 에릭 번의 제자였던 존 듀세이는 자아 상태에 대한 구조 분석을 더욱 발전시켰으며, 이안 스튜어트와 밴 조인스는 『TA Today: A New Introduction to Transactional Analysis』를 출판하여 교류분석을 현대적으로 재해석하고, 이를 임상적으로 적용하는 방법을 상세히 설명하였다(Stewart & Joines, 1987). 이 책은 교류분석 이론을 현대적 시각에서 재구성하고, 교류분석의 적용 범위를 넓히는 데 중요한 역할을 했다.

교류분석은 지금까지 많은 학자에 의해 지속해서 활발한 연구와 임상적 검증이 이루어지고 있으며, 새로운 연구 결과들이 꾸준히 발표되고 있다. 특히 효과성을 검증하기 위한 여러 연구가 병행되면서, 교류분석의 이론적 타당성이 확립되고 있는데 최신 연구들은 다양한 요소를 실증적으로 검토하고, 이를 바탕으로 이론적 틀을 강화해 주고 있다.

(2) 주요 학자 전기: 에릭 번(Eric Berne, 1910~1970)

에릭 번은 1910년 5월 10일, 의사인 아버지와 작가인 어머니 사이에서 캐나다 몬트리올 지역에서 출생했다. 원래 이름은 에릭 레너드 번스타인이었다. 에릭 번의 아버지는 그가 9세 때 사망하였고, 어머니는 홀로 그를 키우면서 학문적 성취를 강조했다. 번은 어린 시절부터 학문에 뛰어난 재능을 보였으며, 어머니의 권유로 몬트리올에 있는 맥길 대학교 의과대학에 들어가 예일 대학교 정신과 전문의 수련을 받았다. 이후 뉴욕으로 이주하여 뉴욕 정신분석 연구소(New York Psychoanalytic Institute)에서 정신분석 훈련을 받았다. 이 시기 동안 그는 정신분석의 대가인 폴 페더른과 함께 일하며 깊은 영향을 받았다.

에릭 번은 제2차 세계대전이 발발하자 군의관으로 참전하여 이 기간 동안 집단치료를 실시하며 정신분석적 치료를 하였는데 그 과정에서 정신분석의 한계를 느껴 조금 더 실용적인 치료법을 모색하게 되었다. 1956년, 번은 정신분석연구소에 가입하려다 거부당하자 새로운 심리적 치료법을 개척하기로 결심한다. 이때 공식적으로 성을 '번스타인'에서 '번'으로 변경하였다. 그해에 번은 직관에 관한 논문을 썼는데 인간의 행동과 의사소통을 이해하는 데 있어 자아 상태(ego states)라는 개념을 도입했다. 이는 어버이(Parent), 어른(Adult), 어린이(Child)라는 세 가지 자아 상태로, 각각의 자아 상태가 개인의 행동과 의사소통에 어떤 영향을 미치는지 분석하였고, 더불어 게임과 인생 각본에 대한 개념도 제시했다. 이 이론들은 교류분석 이론의 기본적 토대가 되었다.

번은 개인적으로도 삶의 굴곡이 컸다. 그는 여러 번 결혼했으며, 네 명의 자녀를 두었다. 이 과정에서 자신이 느낀 심리적 어려움을 스스로가 개발한 이론에 적용하며, 사람들과의 상호작용에서 교류분석의 원리를 실천하려 노력하였다. 그는 1970년 7월 15일, 심장마비로 인해 갑작스레 세상을 떠났다. 번은 자유로운 사고와 창의적인 접근을 늘 중시하며, 심리치료의 새로운 길을 개척한 선구자였다고 할 수 있다. 그의 이론과 업적은 여전히 많은 사람에게 영향을 미치며 현재까지도 전 세계에서 심리치료와 상담의 중요한 도구로 활용되고 있으며, 지속해서 발전을 거듭하고 있다. 교류분석 이론은 그의 사후에도 지속해서 발전하고 있으며, 이러한 유산은 심리상담 분야에서 큰 빛을 발하고 있다.

3) 긍정심리치료

(1) 주요 발전

긍정심리치료(Positive Psychotherapy: PPT)는 한 개인의 긍정적인 자원과 강점을 활용하여 심리적 안녕과 행복을 증진하는 데 중점을 둔 이론이다. 이 접근법은 20세기 후반에 등장하여, 다양한 연구와 임상적 적용을 통해 발전해 왔다. 긍정심리학이라는 용어는 에이브러햄 매슬로에 의해 1954년 처음 사용되었다. 이후 인본주의 운동은 심리학의 영역에도 큰 영향을 미쳐 행복과 자족, 돌봄과 관용 등 긍정적 속성에 초점을 맞췄다. 이러한 조망은 궁극적으로 모든 인간이 성장과 잠재력을 지닌 존재로 인식하게 하였고, 삶의 긍정적인 측면에 대한 본격적인 연구가 이뤄졌다.

마틴 셀리그먼은 긍정심리치료의 개념을 완성한 대표적 인물이다. 긍정심리치료의 기초는 긍정심리학에 기반을 두고 있는데, 1998년 셀리그먼이 미국심리학회(APA) 회장으로 취임하면서 본격적으로 알려졌다. 그는 그동안 심리학이 대중의 병리적인 측면에 치중해 왔으며 이러한 방식의 한계점에 대해서 분명하게 언급하며, 인간의 긍정적인 측면을 연구하는 것이 중요하다고 주장했다. 셀리그먼은 긍정심리학을 통해 인간의 행복, 강점, 긍정적 경험, 의미 등 삶의 긍정적 요소를 과학적으로 연구하는 데 초점을 맞췄다(Seligman & Csikszentmihalyi, 2000). 그럼에도 긍정심리치료에서 가장 근본적인 물음은 행복을 과연 측정할 수 있는가였다. 실제로 긍정심리학에서 주로 다루는 개념들이 과거에 연구가 거의 되지 않았던 이유는 그것을 측정하고 과학적으로 증명하는 것이 너무 어려웠기 때문이다.

마틴 셀리그먼은 이러한 한계점을 극복하기 위한 연구에 몰두하였다. 그리고 마침내 학습된 무기력(learned helplessness)이라는 개념을 제시하여 학계에 큰 주목을 받았다. 이 연구에서는 개를 대상으로 실험을 하였는데, 극복할 수 없다고 인식되는 환경에 개가 반복적으로 노출이 되면, 나중에는 자포자기하게 되고 이후에 극복할 수 있는 환경이 주어져도 의지를 상실한 채 자포자기하고 기존의 무기력한 상태에 머무르게 된다는 이론이었다. 이 연구를 통해 셀리그먼은 어려운 환경을 극복하기 위한 인간의 가능성을 탐색하고 이에 집중하게 해 주는 계기가 되었다. 그는 한 개인의 긍정적 정서를 강화하고 내면에 지니고 있는 자원, 특히 강점을 활용하여 스스로 삶의 질을 향상할 수 있는 치료 방법에 대해 깊이 고민하게 되었다. 셀리그먼은 긍정심리학에서 발견한 주요한 개념인 긍정적 정서와 의미 추구, 가치 발견 등을 도출하였으며 이를 통해 한 개인이 어떻게 더 행복하고 만족스러운 삶을 살 수 있는지를 꾸준하게 연구하였다.

긍정심리치료는 마틴 셀리그먼의 긍정심리학에서 기초해서 발전했지만, 초기 개발 과정에서는 독일의 정신과 의사인 누리나 포크가 크게 기여하였다. 포크는 1968년에 긍정심리치료를 개발하였으며, 이 접근법을 통해 심리적 문제를 해결하는 데 있어서 개인의 긍정적 자원과 문화적 요소가 중요함을 설명했다. 그는 긍정심리치료를 동서양의 문화적 가치에서 구분하였으며 심리치료 기법을 통합하여 체계화하는 데 집중하였다(Peseschkian, 1987).

포크는 심리치료의 새로운 패러다임을 제시하였는데 인간의 심리적 문제를 해결하는 데 있어서 문화적 맥락과 개인의 자원을 강조하였다. 그는 개인의 강점을 발견하고 이를 강화하여, 심리적 안녕과 자기실현을 이루는 데 중점을 둔다면 심리적 어려움을 극복할 수 있다고 주장하였다.

1990년대 후반부터 2000년대 초까지 긍정심리학에 대해 논의하기 위해 멕시코 아쿠말에서 학자들이 모임을 가졌다. 동시에 네브래스카의 링컨에서부터 워싱턴 DC까지 국내외 학자들이 모임을 가졌고, 이러한 학술모임은 긍정심리치료를 급격하게 발전시키는 동력이 되었다. 오늘날 긍정심리치료는 전 세계의 수백 개 대학에서 학부 과목으로 개설이 되었고 유럽 등에서도 학술대회가 매년 개최되며 연구 결과가 학술지로 발간되고 있다. 이처럼 긍정심리치료는 그 탄생부터 오늘날까지 다양한 연구를 통해 꾸준하게 발전해 왔다. 현대인들의 주요 질환인 우울증, 불안장애, 스트레스 등 보편적인 심리 문제를 완화하는 데 큰 효과를 보여 주었는데, 예를 들어 셀리그먼과 동료들은 긍정심리치료가 우울증 환자들의 증상을 현저히 감소시키고, 주관적인 삶의 만족도를 높이는 데 도움이 된다는 연구 결과를 발표하였다(Seligman et al., 2006). 셀리그먼 연구팀은 긍정심리치료가 단순히 부정적인 증상을 완화하는 것에 그치는 것이 아니라, 개인이 스스로 삶에 의미와 목적을 부여해 근본적으로 삶을 성장시키는 데 중요한 역할을 할 수 있다고 강조했다. 이러한 연구 결과는 긍정심리치료가 현대 심리치료 분야에서 중요한 위치를 차지하게 되는 데 교두보 역할을 했다.

긍정심리학자들은 긍정심리치료가 한 개인의 내재적 동기와 긍정적 정서를 강화해 가족과 주변 사람들에게까지 그 영향력을 확장할 수 있다고 주장한다. 자기 일에 몰입하고 영적인 충동을 더 잘 이해하고 사회의 도덕적 특성을 발전시키는 데 일조하여 궁극적으로 사회의 발전에 기여해야 한다고 말한다.

긍정심리치료는 최근 들어 다른 심리치료 기법과의 통합적 접근과 시도를 지속하고 있다. 예를 들어, 인지행동치료와 접목을 통해 내담자의 부정적 사고 패턴과 비합리적인 신념 체계를 긍정적으로 변화시키고, 자신의 강점을 활용하여 보다 주체적인 삶을 살 수 있도록 돕는다. 이러한 통합적 접근은 내담자가 자신의 문제를 새로운 관점에서 바라보고, 더욱 긍정적이고 건설적인 해결책을 찾을 수 있는 내적인 힘을 가지게 해 준다는 점에서 의미가 크다.

(2) 주요 학자 전기: 마틴 셀리그먼(Martin E. P. Seligman, 1942~)

마틴 셀리그먼은 1942년 8월 12일 뉴욕주 올버니에서 태어났다. 그는 어린 시절부터 학업에 뛰어난 성과를 보였으며, 독서와 학문에 대한 열정을 가지고 있었다. 셀리그먼은 프린스턴 대학교에서 철학을 전공하여 1964년에 졸업하였다. 이후 그는 펜실베이니아 대학교에서 심리학 박사학위를 취득하였다. 그는 박사학위 논문을 통해 학습된 무기력(learned helplessness) 개념을 제시하였으며, 이는 그가 이후 긍정심리학을 발전시키는 데 중요한 기

반이 되었다.

이 이론은 동물 실험을 통해 제시되었는데, 개가 도망칠 수 없는 전기 충격 상황에서 반복적으로 탈출을 시도하다가 결국 탈출을 포기하고 수동적으로 반응하게 되는 현상을 보여 준다. 이는 인간에게도 적용될 수 있으며, 반복적인 실패 경험이 무기력한 태도를 형성하여 우울증과 같은 심리적 문제를 유발할 수 있다는 것을 설명하였다 (Seligman, 1975). 마틴 셀리그먼은 그의 연구 결과를 바탕으로 여러 권의 책을 출판하여 긍정심리치료를 대중에게 널리 알렸는데 그의 주요 저서로는 『Learned Optimism』(1990), 『Authentic Happiness』(2002), 『Flourish』(2011) 등이 있다. 이 책들은 긍정심리학의 이론과 실천 방법을 자세하게 설명하고, 독자들이 자기 삶에서 긍정적 변화를 이루는 데 도움이 되는 구체적인 기법들을 소개하여 긍정심리학 발전에 큰 기여를 하였다.

이후, 셀리그먼은 1998년 미국심리학회(APA) 회장으로 취임하면서 취임사에서 병리적 관점에 초점을 맞춘 기존의 심리학 방향을 수정하기 위한 중요한 제안을 하였다. 이는 긍정심리학의 초석을 다지는 계기가 되었는데 무엇보다 인간의 긍정적인 측면에 중점을 두고 연구하는 것이 필요하다고 주장하였다. 그에 따르면 제2차 세계대전 이전 심리학의 주요 목표는 정신질환 환자를 치료하고 타고난 재능을 지닌 사람들을 발견하고 육성하는 것, 평범한 삶을 보다 더 만족스럽게 사는 것으로 볼 수 있다고 했다. 다만, 정신질환을 지닌 사람들이 개인과 가족, 사회에 큰 영향을 미치기에 심리학은 이 부분에 집중하여 연구과 치료를 이어 갔고, 두 번째와 세 번째 목표는 소외될 수밖에 없었다고 말하였다. 셀리그먼은 긍정심리학을 통해 인간의 평범한 삶을 좀 더 만족스럽게 만들어 주는 데 기여하는 다양한 치료법 연구에 초점을 맞췄다(Seligman & Csikszentmihalyi, 2000). 마틴 셀리그먼의 긍정심리학은 전 세계적으로 큰 영향을 미쳤으며, 긍정심리학을 통해 심리학의 패러다임을 변화시키고, 인간의 긍정적인 측면에 초점을 맞추는 연구가 확장되는 새로운 길을 제시하였다. 그의 연구는 다양한 문화적 배경을 가진 전 세계 사람들에게 적용되며, 긍정심리치료의 중요성과 효과를 입증하는 데 지금까지도 기여하고 있다.

셀리그먼은 또한 다양한 기관과 협력하여 긍정심리학 연구를 확장하는 데 망설이지 않았다. 펜실베이니아 대학교에 긍정심리학 연구소를 설립하여 긍정심리학의 발전을 지속해서 이끌었는데 이 연구소의 혁신적인 연구와 실천을 통해 현대 심리학을 한 단계 더 발전시켰다.

2. 관계심리치료의 이론과 실제

1) 주요 개념

(1) 관계심리치료와 우울증

우울증과 같은 증상들은 심리적, 생리적, 사회적 요인이 복합적으로 작용하여 발생하지만 일반적으로 사회적, 관계적 맥락 속에서 주로 발생한다. 주요 증상으로는 슬픔이 장기간 지속되며, 일상의 흥미 상실, 전반적인 에너지 부족, 식욕 부진, 수면 방해, 집중력 저하 등이 있다. 이러한 우울증의 원인은 주로 깨진 결혼생활, 직장생활의 부적응으로 인한 이직이나 퇴사, 사랑하는 사람과의 이별이나 사별, 이사나 이주 등 급격한 환경의 변화 등이 손꼽힌다. 우울증은 개인의 일상생활에 심각한 영향을 미칠 수 있으며, 적절한 치료가 필요하다.

관계심리치료는 이러한 우울증 치료에 특히 효과적인 것으로 알려져 있다. 무엇보다 증상의 시작과 변화 사이의 관계를 살펴보고 최근의 대인관계 문제가 어떻게 변화되어 가는지를 파악해 볼 필요가 있다. 이를 통해 관계적 문제를 해결해 나가는 방법을 탐색하고 우울 증상을 완화하는 방법들을 배워 본다. 이로써 대인관계 가운데 발생하고 있는 다양한 문제를 적절하게 다루며 치료의 과정으로 나아갈 수 있다. 관계심리치료의 주요한 특징은 다음과 같다.

- **장기적 접근의 치료가 아닌 단기적 심리치료**: 관계심리치료는 내담자의 대인관계 패턴을 분석하고, 우울증과 관련된 주요 대인관계 문제를 찾아내는 데 집중한다. 현재 생활적인 문제나 우울 증상의 감소에는 단기 치료가 훨씬 효과적일 수 있다. 장기 치료는 내담자의 치료자에 대한 의존성을 높이고 회피행동을 강화할 우려가 있기에 이러한 잠재적 부작용을 피할 수 있다는 장점이 있다.
- **특정한 문제 영역에 초점을 맞춘 심리치료**: 관계심리치료는 상담 가운데 명확한 치료 목표를 설정하여 내담자가 구체적인 변화를 이루도록 돕는다. 특히 내담자의 현재 대인관계 기능에서 문제가 되는 부분 중 한두 가지에 국한해서 집중적으로 다루게 된다. 치료 목표는 주로 대인관계 문제 해결, 새로운 역할에 적응, 갈등 관리, 애도 과정 지원 등을 포함해서 내담자와 치료자가 함께 상의하여 결정한다.
- **현재의 대인관계에 초점을 맞춘 심리치료**: 관계심리치료는 내담자의 과거 대인관계보다

는 우울을 유발한 최근 사건 또는 현재의 이슈에 집중한다. 물론 내담자의 대인관계 양상을 이해하기 위해 과거의 경험, 원가족 관계, 어린 시절의 주요 사건 등을 살펴보기도 하지만, 이는 어디까지나 참고하는 수준이고 주로 현재의 사회적 기능과 역할에 초점을 맞춘다. 이와 함께 내담자가 현재 지니고 있는 대인관계 문제를 효과적으로 해결할 수 있도록 필요한 기술들을 가르치는 데 집중한다. 이는 내담자가 현재 지니고 있는 자신의 문제를 더욱 효과적으로 단기간에 효과적으로 해결하는 데 도움을 줄 수 있다.

- **대인관계에 초점을 맞춘 심리치료:** 치료자는 내담자의 정신 내적인 역동의 문제나 인지행동적 접근보다는 관계 자체를 중심으로 해서 내담자 행동의 대인관계적 측면에 집중한다. 치료의 과정에서도 중요한 타인에 대한 왜곡된 사고 패턴이 나타나면 그러한 사고에 주의를 집중시키고 이를 관계의 양상을 변화시키는 방법을 통해 해결하려고 한다. 우울을 일으키는 인지 체계 자체를 바꾸려고 하지는 않는다.
- **성격적인 문제를 인정하지만 심리치료의 주요 초점이 아님:** 치료 과정에서 내담자의 성격적인 문제가 치료의 초점이 될 수는 있지만 이 치료 과정이 내담자의 성격 자체를 바꿀 수는 없다는 한계점을 인식하고 있다. 성격적인 문제를 인정하지만 치료의 주요 초점이 되지는 않는 것이다. 단지, 내담자의 성격은 심리치료의 예후를 판단할 수 있는 근거가 될 수 있고, 내담자와 치료자 간의 관계에 영향을 줄 수는 있다. 그렇지만 이 부분에서 살펴봐야 할 점은 내담자의 성격이 최근의 대인관계 문제에 의해서 급격하게 영향을 받은 일시적 상태일 수 있다는 점이다. 특정 상황에서 유발된 일종의 과민한 상태일 경우 이에 대해서 수정될 수 있는 기회를 가질 수 있다. 비록 관계심리치료에서 성격적 장애를 치료의 목표로 두고 있지는 않지만, 사회적 기술을 향상하기 위한 범주에서 인식해 볼 수 있고 우울 증상이 경감될 경우 성격 장애 증상으로 나타나는 증상들의 완화에도 도움을 줄 수는 있다.

(2) 주요 문제 영역

관계심리치료는 우울증 치료에 있어서 다양한 대상에게 활용되는데, 성인들뿐만 아니라 청소년을 대상으로 한 우울증 치료, 노인이나 만성질환자의 우울증, 산모 우울증 등 전 세대에 걸쳐 효과가 있음이 입증되었다. 더불어 양극성 장애, 물질 관련 장애, 불안 장애 등에도 효과가 입증되었다. 우울증 중에서도 급성 우울증부터 기분부전장애까지 우울증의 장·단기적 증상에 모두 효과성을 보이는 것으로 나타났다. 관계심리치료는 명확한 심리·사회적 스트레스 원인을 가지고 있는 불안장애 내담자에게도 좋은 치료법이 될 수 있다. 예를 들어,

알츠하이머 내담자를 돌보는 가족 구성원이나 알코올 의존에서 회복된 지 얼마 안 된 내담자, 주요 질병으로 힘들어하고 있는 내담자가 좋은 예가 될 수 있다.

관계심리치료의 약물치료와의 접목에서도 효과성이 인정되었다. 관계심리치료와 항우울제의 효과적인 상호작용이 장기간은 아니었지만 단기 치료에는 비교적 효과성이 증명된 것이다(DiMascio et al., 1997). 물론 주요 우울장애에 관계심리치료의 효과가 여러 연구를 통해 입증되었지만, 내담자의 상황과 증상에 따른 약물의 적정 투여량 정도가 명확하게 밝혀진 것은 아니라서 이에 대한 연구는 좀 더 지속될 필요성이 제기되고 있다.

그 외에도 다양한 정신질환에 활용되며 그 영역을 넓혀 나갔다. 연구자들은 치료의 효과성을 기반으로, 불안장애나 섭식장애, 외상후 스트레스 장애 등 여러 정신질환에 적용해 보면서 연구를 확장해 나갔다. 예를 들어, 섭식장애 환자들을 대상으로 한 연구에서는 관계심리치료가 주로 대인관계에서 유발된 스트레스를 개선하고 직접적으로 섭식 행동을 개선하는 데에도 효과적임을 증명하였다. 이 외에도 다양한 형태로 변형되고 확장되어, 각 질환의 특성에 맞게 내담자들의 삶을 개선하는 데 기여하게 되었다. 또한 청소년 및 노인 등 다양한 연령층을 대상으로 한 연구도 수행되어, 관계심리치료가 전 연령층에 있어서 골고루 치료 효과를 보여 준다는 것이 입증되었다(Weissman et al., 2000).

또한 관계심리치료는 타 심리치료 기법과 비교했을 때, 내담자들이 치료 과정에 더 순응적으로 반응하고, 치료 예후도 긍정적인 변화를 유지하는 데 도움이 되는 것으로 나타났다. 이는 관계심리치료의 구조화된 접근과 대인관계 문제 해결에 중점을 둔 치료 원리가 내담자들에게 효과적으로 작용하기 때문인 것으로 판단할 수 있다.

2) 관계심리치료의 실제

(1) 초기 단계

① 우울증 다루기

관계심리치료는 치료 초기 단계에서 내담자의 우울 증상에 대해서 평가를 하고 임상적 증후군에 대해서 진단하는 것이 중요하다. 우울증과 치료에 대해 치료자는 내담자에게 전반적인 설명을 해 주고 내담자에게 '환자 역할'을 부여한다. 약물치료가 필요하다면 치료의 필요성에 대해서도 평가한다(Weissman et al., 2000).

② 대인관계 상황 평가

관계심리치료는 치료 초기 단계에서 내담자의 현재 대인관계 상황을 평가하는 데 중점을 둔다. 초기 평가에서는 내담자의 심리적 증상, 주요 스트레스 요인, 대인관계 패턴 등 증상에 대해 상세히 평가한다. 이를 통해 현재의 우울 증상에 영향을 미치는 과거와 현재의 대인관계를 탐색해 본다.

- 내담자에게 중요한 사람들과의 관계 양상을 구체적으로 살펴본다.
- 내담자와 중요한 사람들 사이에 서로가 갖고 있는 기대가 무엇이고 이러한 기대가 어느 정도 서로에게 충족되고 있는지를 평가해 본다.
- 대인관계에 있어서 만족감을 주는 요소와 그렇지 못한 부분에 대해서 통합적으로 살펴본다.

③ 주요 문제 영역에 대한 확인

치료자는 내담자가 지니고 있는 우울증과 관련하여 주요 문제 영역을 인식하고 치료 목표를 어떻게 정할지 결정해야 한다. 이 과정에서 대인관계의 어떤 면이 내담자에게 우울증을 유발하는지를 살펴보고 이에 따라 내담자의 삶에 어떠한 영향이 있었는지를 파악한다(Klerman et al., 1984).

④ 치료적 계약 맺기 및 전략 개발

내담자의 문제에 대해 치료자가 이해한 부분을 설명하고 어떤 문제 영역이 치료의 초점이 될 것인지를 통해 치료 목표를 내담자와 치료자가 일치시킨다. 치료 과정에 대해 내담자가 이해할 수 있도록 설명해 주고 지금-여기에 문제의 초점을 맞춰 어떠한 대인관계에 대해 중점적으로 다룰지를 논의한다. 이 외에도 치료의 실제적인 측면인 치료 기간, 시간과 비용 등에 대해서도 논의한다. 더불어 치료 목표를 달성하기 위한 구체적인 전략들에 대해서도 간략히 설명을 해 준다(Weissman et al., 2000).

⑤ 치료자의 역할

관계심리치료에서 치료자는 중립적인 태도가 아닌 내담자가 충분히 이야기할 수 있도록 적극적인 태도로 지지해 주어야 한다. 치료자는 무엇보다 긍정적인 역할을 수행해야 하며 치료적 관계를 전이로 해석하지 않아야 한다. 치료적 관계는 결코 친구 관계가 아님을 내담자에게도 명확히 인지시켜 주어야 한다.

(2) 중기 단계

① 치료 진행

치료가 진행됨에 따라, 내담자는 자신이 지닌 대인관계상의 문제를 해결하기 위한 구체적인 행동을 실천하게 된다. 치료자는 내담자의 진행 상황을 지속해서 평가하고, 필요한 경우 치료 계획을 조정하기도 한다. 중간 단계에서는 내담자가 치료 목표를 향해 나아가도록 지원하며, 대인관계 문제를 해결하기 위한 구체적인 행동 지침을 강화한다.

② 문제 영역 다루기

각 문제 영역에 대해 다음과 같은 과정을 통해 구체적인 접근을 사용할 수 있다(Weissman et al., 2000).

- 애도: 애도의 목적은 슬픔을 표현하는 과정을 촉진하고, 내담자가 자신의 삶에 다시 흥미를 가지고 상실한 대상을 대체할 수 있는 대인적 관계를 맺을 수 있도록 돕는다.
  - 우울 증상을 검토한다.
  - 우울 증상의 발병에 주요 원인이 되는 사람의 사랑이나 상실을 연관 짓는다.
  - 사망하거나 상실한 사람과 내담자의 관계를 재구성해 본다.
  - 사망이나 상실 직전에 일어났거나 직후에 일어났던 사건 및 결과, 이러한 사건들의 관련성에 대해서 구체적으로 이야기 나눈다.
  - 관련된 사건에 대해서 당시 가졌던 감정에 대해서 살펴본다.
  - 도움을 받을 수 있는 주변에 사람들이 있는지 탐색해 본다.
- 역할 논쟁: 대인관계상의 역할 논쟁을 파악하고 행동 계획을 수립한다. 나아가 좀 더 만족스러운 해결을 가져올 수 있도록 내담자가 새로운 역할에 대한 기대를 현실적으로 조정하도록 지원한다. 그리고 잘못된 의사소통 방식을 변화시키고 새로운 역할에 적응하는 데 필요한 자원을 활용하도록 돕는다.
  - 우울 증상을 검토한다.
  - 현재 내담자 관계에서 영향을 미치는 중요한 사람 중 명확하게 또는 은연중에 일어나는 대인관계상의 갈등을 검토하고 우울 증상과 연관 지어 살펴본다.

- 갈등의 단계가 재협상, 난국, 파국 중 어디에 해당하는지 결정한다.
- 대인관계 논쟁에서 역할에 있어서 일치되지 않는 기대가 어떻게 연관되는지를 이해한다. 이 과정에서 대인관계 논쟁의 주제와 기대치, 가능한 선택지, 다른 대안적 관계, 대인관계의 변화를 위해 사용할 수 있는 방법 등을 탐색해 본다.
- 이러한 대인관계상의 논쟁이 다른 사람들과의 관계에서도 유사하게 나타나고 있는지 분석한다.
- 현재 이런 대인관계상의 갈등이 어떻게 유지되고 있는지를 살펴본다.

• **역할 변화**: 과거에 역할을 상실한 것에 대해 슬픔을 충분히 표출하고 수용하도록 한다. 내담자가 이 과정에서 자신의 새로운 역할을 발견하고 긍정적으로 수용할 수 있도록 돕는다. 새로운 역할에서 요구되는 부분에 대해서 내담자의 유능감을 증진함으로써 궁극적으로 자존감이 회복될 수 있도록 격려한다.
- 우울 증상을 검토한다.
- 내담자가 겪고 있는 우울 증상과 최근에 경험한 일상에 변화로 촉발된 어려움을 연결한다.
- 이전의 역할과 새로운 역할에 대한 긍정적, 부정적 측면을 골고루 검토한다.
- 상실에 대한 느낌과 변화 자체에 대한 느낌, 새 역할에 대한 여러 가능성에 대해 탐색해 본다.
- 상실에 대해 현실적으로 평가해 볼 수 있도록 돕는다.
- 이러한 과정에서 적절한 감정을 표현할 수 있도록 격려해 준다.
- 사회적 지지망을 확립하고 새로운 역할 수행에 필요한 기술을 습득할 수 있도록 돕는다.

• **대인관계 기술 부족**: 내담자의 사회적 고립을 감소시키고 새로운 관계가 형성될 수 있도록 격려한다.
- 우울 증상을 검토한다.
- 내담자가 겪고 있는 우울 증상과 사회적 고립이나 불만족과 연관 지어 생각해 본다.
- 이전에 내담자가 맺었던 중요한 대인관계를 검토하고 그 관계에서의 긍정적, 부정적 측면을 분석해 본다.
- 반복되는 대인관계의 양상을 살펴본다.
- 내담자가 치료자에 대해 느끼는 긍정적, 부정적 측면을 분석해 보고 이러한 양상이 다른 사람들과의 관계에서도 발생하고 반복되는지를 살펴본다.

③ 주요 기술과 기법

- **탐색 기법:** 내담자의 증상과 문제를 파악하고 정보를 체계적으로 수집하기 위해서는 직간접적으로 다양한 탐색 기법을 사용한다(Weissman et al., 2000).
  - 비지시적 탐색: 개방형 질문을 통하여 내담자의 정보를 탐색하고 내담자가 충분히 이야기할 수 있도록 격려해 준다. 이를 위해서는 지지적 인정과 더불어 논의된 주제를 확장해서 이야기할 수 있게 격려해 주기도 한다. 그리고 때로는 수용적 침묵으로 내담자가 대화를 이어 갈 수 있도록 기다려 주는 방법도 있다.
  - 직접적 주제 도출: 새로운 주제에 대해 치료자가 필요로 하는 질문을 직접적으로 건네는 것으로 일종의 구조화된 질문이라 할 수 있다. 물론 여기에서도 개방형 질문이 선행되어야 한다.
  - 감정을 격려하기: 내담자가 치료자에게 감정을 충분히 표현할 수 있도록 돕는 기법으로 치료 과정 전반에서 감정을 배우고 감정을 다룰 수 있는 훈련을 제공하는 것이다. 이를 통해 그동안 변화되지 않았던 고통스러운 감정을 수용하고 인정할 수 있게 된다. 그리고 대인관계의 변화를 촉진하기 위해 감정적 경험을 사용할 수 있는 동기를 얻고 새로운 바람직한 감정을 개발할 수 있게 된다.
  - 고통스러운 감정을 수용하기: 내담자는 중요한 타인과의 관계 가운데 부정적 감정을 갖게 되었을 때 죄책감을 느끼고, 이러한 감정을 회피하려 하는 경우가 많다. 심지어 이 감정을 부분적으로만 인식하거나 인지하지 못하는 경우도 있다. 이렇게 억압된 감정을 치료 과정에서 명확하게 인식하고 드러낼 수 있도록 치료자는 격려해 주어야 한다. 그리고 내담자가 느끼는 감정에 타당성을 부여해 줌으로써 죄책감으로부터 벗어날 수 있게 도와야 한다.
  - 대인관계 속의 감정을 사용하기: 치료 과정에서 치료자는 내담자의 감정적인 경험을 다루기 위해 여러 방법을 활용할 수 있다. 고통스러운 감정을 유발하는 상황을 없애는 변화를 가져오기 위해 의미 있는 관계의 타인과 타협할 수 있으며, 고통스러운 감정을 적절하게 피하는 방법을 배울 수도 있다. 또한 감정이 진정될 때까지 감정적 표현을 참거나 지연하는 것을 배울 수도 있다. 이러한 방법들을 불안을 감소시키는 데에도 효과적이다.
  - 억압된 감정을 이끌어 내도록 돕기: 정서적으로 억압되어 있거나 감정이 결핍되어 있는 내담자들은 늘 감정을 참고 있다. 이러한 내담자들에게 자신의 감정이 억눌려 있음을 인지시키고 감정을 스스로 억압하게 만드는 비합리적인 불안에 대해 인식할

수 있도록 도와주어야 한다.

- **명료화:** 명료화는 내담자로 하여금 치료자와 대화했던 내용을 명확하게 요약해 주고 인식시켜 주는 방법으로 이전에는 억압되어 나누지 못했던 주제를 이끌어 내는 효과가 있다.
  - 내담자에게 지금까지 대화했던 것들을 반복하거나 고쳐서 다시 말하도록 요청할 수 있다.
  - 내담자가 말한 것을 치료자가 바꾸어 표현해 줄 수 있다. 이는 내담자가 대인관계에서 언급한 맥락 안에서 이뤄져야 한다.
  - 치료자는 내담자가 언급한 말 속에 암시되어 있는 가정을 지적할 수 있다.
  - 대조와 반박으로 내담자의 주의를 환기할 수도 있다. 내담자의 말 속에 도움이 되지 않는 비합리적인 신념이 있다면 치료자가 말을 명확하게 바꿔서 표현해 줄 수 있는 것이다.
- **의사소통 분석:** 의사소통 분석은 내담자가 대인관계 문제를 효과적으로 해결할 수 있도록 의사소통에서 실패를 검토하고 개선할 수 있도록 돕는 중요한 기법이다. 이는 자신이 지닌 문제를 객관적으로 분석하고, 가능한 해결책을 탐색하며, 최적의 해결책을 선택하고 실행하는 과정을 모두 포함한다(Mufson et al., 2004).
  - 내담자가 지니고 있는 잘못된 의사소통 방식을 파악하고 이에 따라 직면하게 되는 대인관계 문제를 구체적으로 분석하고, 원인과 영향을 이해하도록 돕는다.
  - 애매하고 간접적인 비언어적인 의사소통이 지닌 문제점과 이에 따라서 발생할 수 있는 부정적인 가능성을 예측해 본다.
  - 침묵하거나 고립된 의사소통이 오히려 타인과의 관계를 완전히 차단할 수 있는 극단적인 문제가 있다는 것을 인식할 수 있게 돕는다.
- **치료적 관계를 사용하기:** 치료적 관계에서 나타나는 사고나 감정, 기대 그리고 행동이 다른 대인관계에서 내담자가 경험하는 감정이나 행동의 모델이 될 수 있다. 그리고 이 과정에서 치료적 관계 기법은 다음과 같은 상황에서 적절하게 발휘될 수 있다(Markowitz & Weissman, 2004).
  - 역할 논쟁: 내담자가 타인에 대해서 어떻게 인식하고 이해하는지 피드백을 제공한다. 나아가 내담자가 치료자와의 관계에서 병리적인 상호작용을 재경험함으로써 이를 개선하고 한 단계 발전할 수 있도록 돕는다.
  - 애도와 상실: 치료자에 대한 내담자의 반응은 관계를 단절, 발달시키는 양가적인 방

식 중에 하나를 채택할 가능성이 크고, 상실한 사람과의 관계를 반영하기도 한다.

– 관계기술 부족: 내담자가 치료자와의 관계를 발전시켜 감에 따라 이를 다른 타인과의 관계에서도 모델링하고 적용해 볼 수 있다.

- **행동 변화기법**: 우울 증상이 개선된 상태를 지속하고 유지하기 위해서는 치료실 밖에서의 내담자의 대인관계가 궁극적으로 변화되어야 한다. 이를 위해서 다음과 같은 주요 기법들을 사용할 수 있다(Weissman et al., 2000).

– 지시적인 기법: 이 기법은 내담자가 지닌 문제를 해결할 수 있도록 교육이나 조언, 모델링 등을 통해서 돕는 모든 것을 포함한다. 그럼에도 조언과 충고는 내담자 스스로가 자신에게 도움이 되는 결정을 내릴 수 없는 상태에서만 한정적으로 제공되어야 한다.

– 결정분석: 내담자가 자신의 문제를 해결하기 위해 고려할 수 있는 대안적 행동의 범위를 살펴보도록 돕는 데 사용될 수 있는데 이는 내담자가 치료 환경 밖에서도 적용할 수 있도록 확실하게 행동 지향적 교육을 하여야 한다. 내담자가 해결해야 할 대인관계상의 문제를 지니고 있다면 언제든지 적용이 가능하다.

– 역할극: 내담자의 행동 변화를 촉진하기 위한 역할극으로 두 가지의 중요한 과제를 성취하기 위해 주로 사용한다. 내담자가 타인과의 상호작용하는 방식과 내담자의 느낌을 탐색하고, 타인을 대하는 적절한 방법을 연습하게 된다. 역할극은 내담자가 안전하다고 느끼는 환경 속에서 연습하도록 주의하여야 한다.

(3) 종결 단계

① 치료 종료

관계심리치료는 일반적으로 12~16회기의 단기 개입 치료로 설계되었다. 치료 종료 단계에서는 내담자와 치료사가 종결에 대해 솔직하게 논의할 수 있어야 한다. 치료 목표를 달성했는지 평가하고, 치료 과정에서 얻은 성과를 확인해 보는 시간이다. 치료자는 내담자와 함께 치료 경험을 되돌아보고, 내담자는 향후 대인관계 문제를 스스로 해결할 수 있는 방법을 습득하며 성장할 수 있는 기회를 갖게 된다. 치료를 종결하는 것 자체가 슬픈 과정임을 내담자가 충분히 표현할 수 있도록 하는 것이 중요하다. 이 과정에서 내담자가 자신감을 갖고 자발적으로 인식할 수 있도록 도와야 한다.

② 재발 예방

종결의 단계에서 치료의 지속 및 유지, 우울증의 재발을 예방하기 위해서는 내담자가 치료 과정에서 배운 기술을 지속해서 활용하도록 돕는 것이 중요하다. 이는 다음과 같은 방법을 포함할 수 있다(Frank & Spanier, 1995).

- **재발 징후 인식**: 내담자가 우울증의 초기 재발 징후를 인식하고, 이를 조기에 대처할 수 있도록 지원한다.
- **지속적 사회적 지지**: 내담자가 지속해서 사회적 지지를 유지하고, 필요한 경우 새로운 지지망을 형성하도록 돕는다.
- **자기관리 계획**: 내담자가 자신의 정신건강을 관리하기 위한 구체적인 계획을 수립하고, 이를 실천하도록 격려한다.

관계심리치료는 원래 우울증을 가진 환자들의 치료를 위해 고안된 치료 방법이지만, 여러 영역에 응용되며 다양하게 사용되고 있다. 앞서 설명한 대로 이 치료법은 집중적이고 단기 개입적인 심리치료이며, 우울증을 겪고 있는 내담자의 감정 상태와 주요한 인간관계 속에서의 연관성을 강조하고 있다. 우울증의 근본적인 원인에 집중하기보다는 치료와 회복에 도움이 되는 다양한 접근을 탐색하는 치료 중심적 접근법이다. 이 이론에서는 우울증이 여러 대인관계 상황에 의해 발생한다는 것을 인정하며 이러한 인간관계에 초점을 맞춘 이 치료법이 내담자가 급성 우울 증상으로부터 회복될 수 있는 적절한 개입 방법임을 주장하고 있다.

관계심리치료는 정신과 의사를 비롯하여 심리상담사, 사회복지사, 간호사 등 다양한 치료자들을 위해 개발된 이론이다. 이들의 대부분은 이미 심리치료의 임상적 경험이 풍부하고 내담자의 말을 경청하고 적절하게 반응하는 기술을 배웠다. 다만, 관계심리치료는 전문가들이 각자 영역에서 만나게 되는 내담자들의 특성을 충분히 이해하고 적절하게 적용될 필요가 있다. 이를 위해서는 관계심리치료 매뉴얼이 지속해서 보완되고 치료자들의 훈련 과정에 보급되어 전반적인 치료 과정이 체계화될 필요가 있다.

3. 교류분석의 이론과 실제

1) 주요 개념

(1) 자아 상태

교류분석은 개인의 행동과 대인관계 패턴을 이해하고 개선하기 위해 자아 상태를 분석하는 이론이다. 교류분석의 핵심 개념 중 하나는 자아 상태인데, 자아란 일련의 행동 패턴과 직접적으로 연관된 감정과 사고의 일관된 체계를 말한다(Berne, 1972). 이는 개인의 사고, 감정, 행동 패턴을 나타내는 심리적 구조이기도 한데, 크게 어버이(Parent), 어른(Adult), 어린이(Child) 세 가지로 구분된다. 자신의 부모처럼 행동하고 말하고 반응한다면 '어버이 자아 상태(P)'에 있다고 말할 수 있다. 주변의 상황과 경험을 객관적으로 평가하고 예측하여 이에 적합한 행동을 하고 말하고 반응한다면 '어른 자아 상태(C)'에 있는 것이다. 그리고 만약 자신의 어린 시절에 행동하고 생각하고 느꼈던 그래도 현재의 삶에서도 반응한다면 '어린이 자아 상태(C)'에 있다고 할 수 있다(Berne, 1961). 이를 정리하면 [그림 12-1]과 같다.

① 어버이 자아 상태(Parent Ego State): 어버이 자아 상태는 개인이 부모나 권위적인 인물로부터 배운 가치관, 규칙, 태도를 반영한다. 이는 두 가지로 나뉜다.
- 비판적 어버이(Critical Parent): 규칙과 기준을 강조하며 비판적인 태도
- 양육적 어버이(Nurturing Parent): 돌봄과 지지를 제공하는 태도

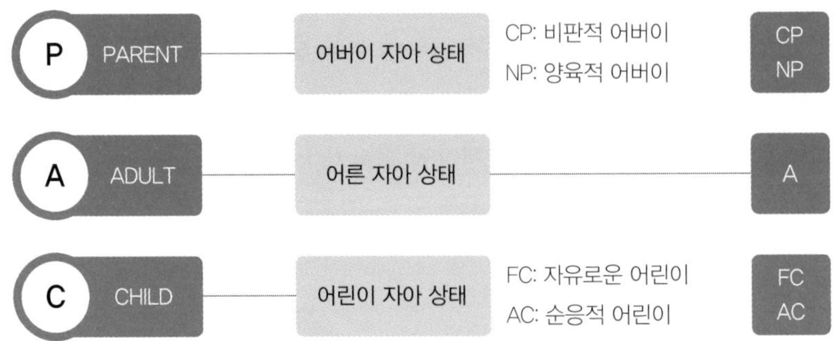

[그림 12-1] 교류분석의 자아 상태

표 12-1 교류분석 자아 상태의 특성

	좋은 면	나쁜 면	이 부분이 강하면 잘 나오는 말, 태도	이 부분이 부족할 때
CP (Critical Parent)	이상, 양심, 정의감, 책임감, 권위, 도덕적 등	비난, 힐책, 강제, 무규범, 간섭, 배타적, 공격적 등	"바보" "틀렸잖아." "~해야 할 것이다." "타인을 내려다본다." "단정적"	무책임하게 된다, 느슨하게 된다, 규범이나 법규에 관심이 없다, 양심에 반하는 행동을 한다, 비판력이 없어진다.
NP (Nurturing Parent)	염려, 위로, 공감, 동정, 보호, 관용, 용서 등	과보호, 방임, 맹목적 희생, 쓸데없는 참견 등	"좋았어요." "잘할 수 있어요." "맡겨 주세요." "가엽게도" "~이 걱정된다." "안도감을 준다." "우아하고 부드러운 태도"	냉담하게 된다, 대개 거절적, 타인을 따뜻하게 대하지 못한다, 타인에게 무관심하거나 방임하는 태도를 보인다.
A (Adult)	지성, 이성, 현실지향적, 합리성, 감정억제 등	기계적, 타산적, 과학만능주의, 물질만능주의, 자연무시, 인간의 컴퓨터화 등	"왜?" "비교 검토하면" "나의 의견은" "구체적으로 말하면" "이치를 따진다." "계산이 빠르다." "언질을 놓치지 않는다."	즉흥적, 비논리적, 가치나 감정 지향적 행동
FC (Free Child)	천진난만, 자연질서에 따름, 자연스러운 감정표현, 직감력, 창조력 등	충동적, 본능적, 제멋대로, 방황, 안하무인, 폐쇄적, 분위기 편승 등	"해냈어." "와! 훌륭해." "정말." "들떠 있는 경우가 많다." "악의가 없다." "주변의 이목은 생각하지 않는다."	무기력, 무반응, 감정노출을 꺼림, 감정 억압
AC (Adapted Child)	참고 견딤, 타협 감정 억제, 신중, 타인의 기대에 따르려는 노력, 착한 아이 등	주체성의 결여, 소극적, 자기속박, 적대감의 온존, 의존적 등	자기비하, 의존적 태도, 눈치를 살핀다, 자기절제, 타인우선, 주저주저 망설인다, 허무감에 사로잡힌다, 주체성 결여	반항적으로 된다, 독단적이다, 감정폭발, 자기중심적, 주체성 강화

출처: 한국교류분석협회(http://www.ta.or.kr/).

② **어른 자아 상태**(Adult Ego State): 어른 자아 상태는 객관적이고 합리적인 사고를 반영하며, 현재 상황에 기반한 정보를 처리하고 결정을 내리는 역할을 한다. 이는 현실적이고 논리적인 판단을 중시한다.

③ **어린이 자아 상태**(Child Ego State): 어린이 자아 상태는 개인의 어린 시절 경험과 감정을 반영한다. 이는 두 가지로 나뉜다.

- **자유로운 어린이**(Free Child): 창의적이고 자발적인 감정과 행동
- **순응적 어린이**(Adapted Child): 타인의 기대에 맞추려는 행동과 태도

(2) 교류 패턴

교류분석에서 교류 패턴(Transactional Patterns)은 **사람들 간에 상호작용 방식을 이해하고 분석하는 중요한 개념**이다. 교류 패턴은 의사소통의 흐름을 파악하여 사람들이 특정 상황에서 어떻게 반응하고 상호작용하는지를 분석하는 데 사용된다. 이는 자아 상태와 밀접하게 관련되어 있으며, 다양한 상호작용이 어떻게 개인의 행동과 관계에 영향을 미치는지를 설명한다. 교류 패턴을 이해함으로써 개인은 자신의 상호작용 방식을 개선하고, 더 건강한 대인관계를 형성할 수 있다(Berne, 1964).

교류 패턴은 주로 세 가지 자아 상태(어버이, 어른, 어린이) 간의 상호작용으로 구성된다.

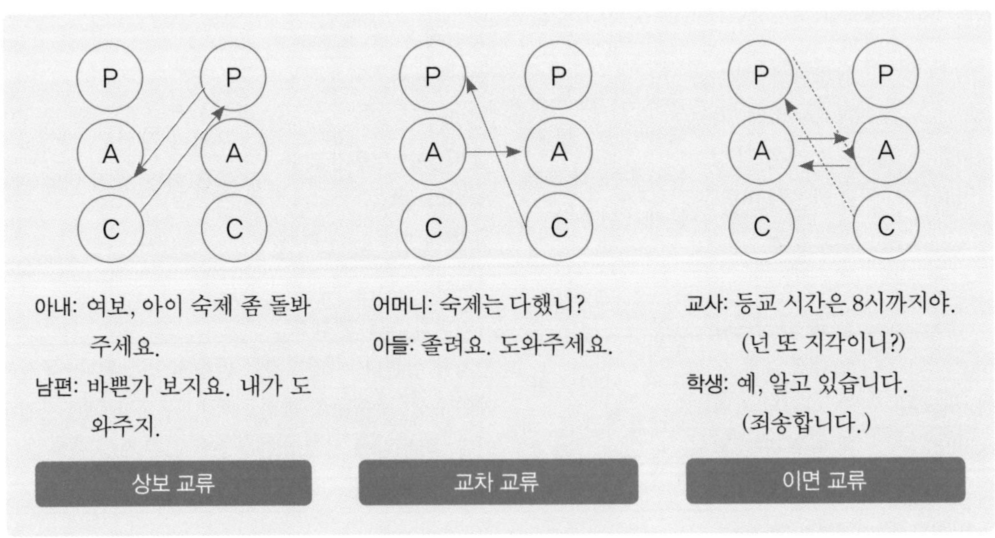

[그림 12-2] 교류 패턴

출처: 이원영(2010).

각 자아 상태는 특정한 감정, 생각, 행동 패턴을 반영하며, 이는 사람들 간의 교류에서 나타난다. 교류 패턴은 일반적으로 상보 교류와 교차 교류, 이면 교류 이렇게 세 가지로 나눌 수 있다(Stewart & Joines, 1987).

① 상보 교류

상보 교류(complementary transactions)는 상대가 기대하는 자아 상태로 반응하는 것으로 대화가 주로 순조롭게 진행되며 예측할 수 있는 방식으로 서로의 자아 상태가 맞물려 있는 상호작용을 의미한다. 이러한 교류는 참여자 간의 의사소통이 원활하게 진행되며, 기대한 대로 반응이 이루어진다.

- 예시: 한 사람이 어른 자아 상태에서 질문을 하고, 상대방이 어른 자아 상태에서 대답하는 경우로, 의사소통은 논리적이고 효율적으로 의사소통이 진행된다.
- 특징: 상보 교류는 서로 간에 갈등이 적고, 상호작용이 원활하게 이루어진다. 이는 대화가 지속될 수 있는 건강한 의사소통 방식이다.

② 교차 교류

교차 교류(crossed transactions)는 상대방이 기대하는 자아 상태에 어긋나는 상태로 반응하는 것으로 대화 참여자 간의 자아 상태가 맞물리지 않고 서로 어긋나는 상호작용을 의미한다. 이러한 교류는 의사소통이 중단되거나 오해가 발생하는 경우가 많다.

- 예시: 한 사람이 어른 자아 상태에서 질문을 하는데, 상대방이 어린이 자아 상태에서 반응하는 경우로, 의사소통에 있어서 혼란을 느끼고 갈등을 유발할 수 있다.
- 특징: 교차 교류는 의사소통의 흐름을 방해하며, 갈등과 오해를 초래할 수 있다. 이는 대화를 중단시키거나 부정적인 감정을 유발할 수 있다.

③ 이면 교류

이면 교류(ulterior transactions)는 겉으로는 상보 교류처럼 보이지만, 그 이면에 숨겨진 동기나 의도가 있는 상호작용으로 주로 심리적 게임을 할 때 자주 사용된다. 이러한 교류는 두 가지 자아 상태에서 동시에 발생하며, 이중 메시지를 전달하여 상대방에게 혼란을 줄 가능성이 높다.

- 예시: 한 사람이 어른 자아 상태에서 질문을 하면서 동시에 어린이 자아 상태에서 감정적 요구를 표현하는 경우이다. 상대방은 표면적으로는 어른 자아 상태에서 반응하지만, 어린이 자아 상태에서 감정적으로 반응할 수도 있다.
- 특징: 이면 교류는 복잡하고 미묘한 상호작용을 포함하며, 오해와 갈등을 유발할 수 있다. 이는 의사소통의 이면을 이해하고 분석하는 데 중요하다.

(3) 생활자세

에릭 번(1961)은 한 인간이 태어나 자신의 삶에 각본을 쓰기 시작할 때, 이미 자신과 세상에 대한 확신을 어느 정도 가지게 된다고 주장하였다. 다시 말해 스스로 또는 타인에 대해 긍정적으로 보거나 부정적으로 보려는 경향성을 가지는데, 자신과 타인에 대한 긍정적, 부정적 확신을 조합하면 다음과 같이 네 가지 관점으로 구분할 수 있다.

- I'm OK, You're OK: 심리적으로 가장 건강하고 이상적인 생활자세로서 자신과 타인을 모두 긍정적으로 바라보고 신뢰하며 존중할 줄 안다. 삶에 대한 기대가 현실적이고 타인과의 관계를 긍정적으로 맺을 수 있으며, 갈등이 발생했을 때 건강한 방식으로 해결할 수 있다. 이러한 생활자세를 가진 사람은 삶에 대해 긍정적 각본으로 살아갈 가능성이 높다.
- I'm not OK, You're OK: 타인을 긍정적으로 바라보지만 자신에 대해서는 부정적으로 인식한다. 이러한 생활자세를 가진 사람은 타인 앞에서 위축되거나 주눅이 들고, 스스로를 가치 없고 무능력한 존재로 여기기 쉽다. 스스로를 잘 못 믿기에 타인에게 의존하려는 경향이 높고 회피적 성향이 강하며 우울감을 자주 느끼며, 평범하거나 패배적인 각본으로 삶을 살 가능성이 높다.
- I'm OK, You're not OK: 이러한 생활자세로 사는 사람은 스스로에 대해서는 너그럽고 긍정적으로 보지만, 타인은 부정적으로 인식한다. 항상 타인 위에 군림하려고 하며, 남 탓을 잘한다. 타인을 신뢰할 수 없는 부정적 존재로 인식하며, 상황이 안 좋은 쪽으로 흘러가면 모두 상대방 탓으로 여긴다. 얼핏 스스로를 긍정적으로 여기고 신뢰하는 것 같지만, 공격적이고 허세가 심하고 자신을 보호하기 위한 일종의 방어기제일 가능성이 크다. 자신의 삶을 긍정적 각본으로 사는 것으로 보이지만, 주위 사람들로부터 인정과 존중을 받지 못한 채 패배자 각본으로 전락할 가능성이 크다.
- I'm not OK, You're not OK: 이러한 생활자세로 사는 사람은 자신과 타인을 모두 부정적

으로 바라보며, 삶을 무용하고 절망으로 가득 찬 것으로 인식할 가능성이 높다. 가장 삶을 살아가기 어려운 유형으로 스스로를 가치 없는 존재로 여기며, 타인 역시 부정적으로 바라보기 때문에 쉽사리 누군가를 믿지도 않는다. 이러한 경향으로 인해 패배자 각본으로 살아갈 가능성이 매우 높다.

이러한 네 가지의 관점을 교류분석에서는 생활자세(life positoin)라고 한다. 이러한 자세는 자신과 타인을 인식하는 데 있어서 가치를 부여하는데 어린 시절 어느 한 자세를 취하면 여기에 맞춰 자신의 인생 각본을 작성하며 살게 된다. 모든 어린이는 처음에는 I'm OK, You're OK로 출발하지만 부모와 어떤 스트로크를 주고받는가에 따라서 생활자세가 변화하게 된다.

(4) 인생 각본

인생 각본은 **개인이 어린 시절에 갖게 된 무의식적인 삶의 계획**을 의미한다. 이는 개인이 자신의 삶에서 어떤 역할을 하며 살아갈지, 어떤 목표를 추구할지, 어떤 행동을 할지에 대한 무의식적인 결정을 모두 포함한다. 일반적으로 부모의 영향에 의해 강화되고, 후속적인 사건에 의해서 굳어지는데 결국에는 자신이 선택한 예정된 결말로 끝이 나는 경우가 대부분이다. 인생 각본은 주로 부모와의 상호작용, 가족 환경, 주변 환경, 사회적 경험 등을 통해 형성된다(Stewart & Joines, 1987).

- **초기 결정**: 어린 시절에 내린 무의식적인 결정이 인생 각본의 기초가 된다. 이는 한 개인이 삶의 목표와 방향을 설정하는 데 지대한 역할을 한다.
- **각본 메시지**: 부모나 중요한 타인으로부터 받은 메시지가 인생 각본에 영향을 미친다. 예를 들어, "넌 절대 성공하지 못할 거야."와 같은 부정적인 메시지는 그 사람의 인생에서 실패를 예견하는 각본을 형성할 수 있다.
- **각본 분석**: 교류분석은 개인이 자신의 인생 각본을 스스로 분석하고, 이를 통해 자신의 행동 패턴을 이해하고 변화시키는 모든 과정을 목표로 한다.

(5) 게임

게임은 **반복적이고 부정적인 대인관계에서의 패턴**을 의미한다. 이는 사람들이 무의식적으로 자신의 각본을 강화하고, 특정한 심리적 이점을 얻기 위해 사용하는 전략이다. 게임은 표면적으로는 일상적인 대화나 행동으로 나타나지만, 그 이면에는 숨겨진 의도와 목표가 주로 있다(Berne, 1964).

- **게임의 구조**: 게임은 시작(start), 진행(progress), 결과(outcome)로 구성된다. 시작 단계에서는 겉으로 드러나는 행동이 나타나고, 진행 단계에서는 숨겨진 동기가 드러나며, 결과 단계에서는 심리적 이익이 실현된다.
- **심리적 이익**: 게임을 통해 사람들이 얻는 심리적 이익은 주로 스트로크(긍정적 또는 부정적 관심)나 역할 강화(각본 강화)이다.
- **게임 분석**: TA는 개인이 반복적으로 하는 게임을 분석하고, 이를 중단하여 건강한 대인관계를 형성하도록 돕는다.

(6) 스트로크

스트로크는 개인이 타인으로부터 받는 인정이나 관심을 의미한다. 상대방의 존재를 인지하는 방법으로 신체적, 언어적 양방향으로 나타날 수 있고 조건적, 무조건적인 스트로크로 나뉜다. 이는 또한 긍정적일 수도 있고, 부정적일 수도 있다. 스트로크는 심리적으로 한 인간이 성장하는 데 반드시 필요한 필수 요소이며, 스트로크의 양과 질은 개인의 자아 존중감과 심리적 안녕에 중요한 역할을 한다(Harris, 1967).

- **긍정적 스트로크**: 칭찬, 인정, 애정 표현 등 긍정적인 관심
- **부정적 스트로크**: 비판, 무시, 거부 등 부정적인 관심
- **조건적 스트로크**: 특정 조건이나 행동에 따라 주어지는 관심
- **무조건적 스트로크**: 존재 자체를 인정하는 관심

(7) 시간 구조화

시간 구조화는 개인이 하루를 어떻게 조직하고 보내는지에 대한 개념이다. 이는 사람들이 시간을 활용하여 사회적 상호작용을 하고, 스트로크를 주고받으며, 자신의 욕구를 충족시키는 방식을 분석한다. 상담하는 사람들이 시간 구조화를 통해 이전보다 더 건강하고 만족스러운 삶을 살 수 있도록 돕는다. 시간 구조화의 방법에는 다음과 같은 요소들이 있다(James & Jongeward, 1971).

- **폐쇄**(Withdrawal): 타인과의 상호작용을 피하고 상상하며 혼자 시간을 보내는 것

- 의식(Rituals): 사회적인 공적 행사나 공적인 관계에 참여하며 시간을 보내는 것
- 잡담(Pastimes): 가벼운 대화나 활동을 통해 스트레스를 해소하며 시간을 보내는 것
- 활동(Activity): 지금-여기의 목표 지향적인 활동에 참여하며 시간을 보내는 것
- 게임(Games): 자극 추구를 위해 반복적이고 왜곡된 상호작용 패턴으로 시간을 보내는 것
- 친밀성(Intimacy): 지금-여기에서 참된 감정과 생각을 공유하는 깊은 상호작용

(8) 라켓감정

교류분석에서 라켓감정은 개인이 반복적으로 경험하는 부정적인 감정을 의미한다. 이 감정들은 주로 어린 시절에 형성된 것이며, 무의식적으로 자신의 인생 각본을 강화하는 역할을 한다. 라켓감정은 건강한 감정 표현을 방해하고, 개인의 대인관계와 심리적 안정감에 부정적인 영향을 준다.

개인이 어릴 때부터 자주 경험하고 표현했던 부정적인 감정들이 쌓이면 이러한 감정들은 현재의 상황에 대한 적절한 반응을 못하게 만들어 주로 오래된 각본을 따라 반복되게 하는 부작용을 낳는다. 예를 들어, 한 사람이 어린 시절에 부모의 주의를 끌기 위해 주로 눈물을 흘렸다면, 성인이 되어서도 비슷한 상황에서 슬픔을 표현할 가능성이 높다(Stewart & Joines, 1987).

라켓감정은 주로 어린 시절에 부모나 중요한 타인으로부터 받은 반응에 따라 특정 감정이 강화된다(Berne, 1966). 그 외에 라켓감정은 여러 가지 심리적 기능을 수행하는 역할도 한다(James & Jongeward, 1971).

- 각본 강화: 라켓감정은 개인의 인생 각본을 강화하는 역할을 한다. 반복적으로 경험하는 부정적인 감정은 각본의 예언을 충족시키고, 이를 통해 개인이 자신의 각본을 계속해서 따르게 된다.
- 심리적 이익: 라켓감정은 개인에게 심리적 이익을 제공한다. 이는 주로 스트로크(긍정적 또는 부정적 관심)를 받기 위한 방법으로 사용될 수 있다. 예를 들어, 자주 불평하는 사람은 타인의 관심과 동정을 얻을 수 있다.
- 회피: 라켓감정은 개인이 불편한 상황이나 감정을 회피하는 수단으로 사용될 수 있다. 이는 문제를 스스로 직접적으로 다루지 않고 회피하게 만드는 부정적인 결과를 초래할 수 있다.

라켓감정은 개인의 삶과 대인관계에 여러 가지 부정적인 영향을 미치기도 한다(Stewart & Joines, 1987).

- 대인관계 문제: 반복적으로 부정적인 감정을 경험하고 표현하는 사람은 타인과의 관계에서 갈등을 겪을 수 있다. 이는 타인이 그 사람과의 상호작용을 피하거나 부정적으로 반응하게 만들 수 있다.
- 심리적 건강: 라켓감정은 개인의 심리적 건강에 부정적인 영향을 미친다. 이는 우울증, 불안, 스트레스 등 다양한 심리적 문제를 유발할 수 있다.
- 자기실현 방해: 라켓감정은 개인이 자신의 잠재력을 최대한 발휘하지 못하게 한다. 이는 개인이 자신을 부정적으로 인식하고, 자신의 능력을 한정 짓게 만들 수 있다.

다시 말해 라켓감정은 한 개인이 어린 시절부터 형성된 인생 각본을 강화하고, 심리적 이익을 제공하며, 회피의 수단으로 사용되며 대인관계와 심리적 건강에 부정적인 영향을 미친다. 이를 인식하고 극복하기 위해서는 심리치료를 비롯하여 자기반성, 감정 기록, 피드백 수용 등을 통해서 건강한 감정을 표현하는 법을 습득하고, 긍정적인 변화를 이루며, 자기 잠재력을 최대한 발휘하는 기회를 가져보는 것이 도움이 될 수 있다.

2) 교류분석의 실제

(1) 상담 목표

교류분석은 개인 상담에서 가장 보편적으로 사용되며, 내담자가 자신의 행동과 감정을 이해하고 변화시키는 데 도움을 준다. 상담 과정에서 치료자는 내담자가 자신의 자아 상태, 게임, 인생 각본을 인식하고 분석하도록 돕는데 이를 통해 내담자 스스로의 부정적인 패턴을 인식하고, 더 건강한 대처 방법을 찾아낼 수 있다(Stewart & Joines, 1987). 교류분석의 상담 목표는 내담자의 비효율적인 삶을 변화시키는 데 있다. 내담자는 어린 시절에 형성한 자기패배적인 인생 각본에 따라 살기 위해 자신과 타인과 세상을 올바르게 지각하지 못한 채 무시하고 자기 방식대로 생각하고 자아를 통합적으로 사용하지 않는 경우가 많다. 그래서 무엇보다 상담 목표는 내담자의 자발성을 획득하고 친밀감을 회복하는 데 집중되어야 한다. 구체적인 상담 목표는 다음과 같이 요약할 수 있다.

- **자각**: 자신과 타인, 나아가 세상을 왜곡하지 않고 있는 그대로 순수하게 지각할 수 있게 돕는다.
- **자발성**: 자발성이라는 문제에 대처하는 데 있어서 스스로가 취할 수 있는 모든 대안을 탐색하고 선택할 수 있도록 돕는다. 궁극적으로 어느 자아 상태에서도 자유롭게 반응할 수 있도록 한다.
- **친밀**: 라켓감정이나 게임에 의존하지 않고 자신의 감정을 명확하게 인식하고 표현할 수 있게 돕는다. 이러한 감정 표현은 직면한 문제를 적절하게 해결할 수 있게 해 준다.

(2) 치료자의 역할

교류분석에 있어서 치료자는 내담자가 자신의 자아 상태, 게임, 인생 각본을 탐색하고, 상호 간에 피드백을 주고받으며 치료자를 통해 배우도록 기회를 제공해야 한다(Berne, 1966). 치료자는 내담자가 변화해 가도록 일련의 과정에 돕는 역할을 하게 된다. 변화의 주체는 내담자 자신이며 감정의 비효율성을 인식하고 스스로를 통제할 수 있는 존재라고 여긴다. 하지만 내담자가 기존에 유지해 오던 관계에서는 비슷한 준거 틀을 가지고 있기에 이러한 변화와 성장을 모색하기가 쉽지 않다. 그래서 상담자가 일종의 교육자 역할을 해 주어야 한다. 상담자는 내담자가 초기 결정을 하고 인생 각본을 쓰고, 건강한 생활자세를 형성하고 자신에게 불리한 조건들을 파악하여 개선하도록 돕는다. 내담자가 변화하는 데 필요한 도구들을 획득할 수 있도록 돕는 것이다.

(3) 치료 과정과 기법

교류분석에서 치료 과정은 교육적 성격이 강하다. 치료자는 내담자에게 교류분석의 개념과 이론을 가르쳐 내담자의 왜곡된 자아 상태에 변화가 찾아올 수 있도록 도와야 한다. 특히 어른 자아 상태를 발달시켜 내담자 스스로 어버이 자아 상태와 어린이 자아 상태에서의 비효율적인 사고와 감정을 찾아 변화시킬 수 있게 해 주어야 한다. 무엇보다 I'm OK, You're OK 생활자세를 되찾아 자율성을 회복할 수 있도록 도와야 하는 것이다.

- **구조분석**: 구조분석은 세 가지 자아 상태의 내용과 기능을 깨닫게 하는 일종의 도구이다. 중요한 타인에게서 모델링한 어버이 자아 상태의 내용과 어린 시절 잘못 결정한 초기 결정이나 전략이 지속해서 삶의 걸림돌로 작용할 수 있다. 이럴 때 구조분석은 내담자 스스로 자신의 사고나 행동, 감정 등이 어느 자아 상태에서 촉발되는지 깨달아 부적

절한 내용을 변화시키도록 돕는 과정이라 할 수 있다. 또한 특정 자아 상태에 얽매이지 않고 필요한 경우 세 자아 상태 모두를 활용하여 변화를 이룰 수 있게 돕는다.

- **교류분석:** 앞서 설명하였듯이 교류분석은 상보 교류, 교차 교류, 이면 교류 이렇게 세 가지가 있는데 내담자가 원활한 커뮤니케이션을 할 수 있게 상보 교류를 훈련해야 한다. 항상 상보 교류만을 추구할 수는 없지만, 비효율적인 교류 유형에 벗어나고 상호 간에 건강한 교류를 유지하기 위해서는 다양한 자아 상태에 효율적으로 반응할 수 있는 방법을 습득하여야 한다.
- **각본분석:** 내담자가 자율성이 결여되는 주요 원인은 인생 각본에 따라 살려고 하기 때문이다. 이는 어린 시절 부모의 명령에 대한 반응으로 내린 초기 결정들을 중심으로 형성이 되는데 여기서 인생 각본은 일생 동안 살아갈 구체적인 인생 계획이라 할 수 있다. 각본분석은 내담자가 이러한 각본을 형성한 과정과 각본에 따라 살고 있는 삶의 유형을 찾아 변화시키는 과정을 일컫는다. 치료자는 각본분석을 통해 자기패배적인 삶의 유형을 깨닫게 하고 더욱 효율적인 대안을 마련해 라켓감정이나 게임에 의존하지 않고 삶을 적절하고 자율적으로 살게 도와주어야 한다.
- **라켓과 게임분석:** 라켓과 게임은 주로 인생 각본에 따라 살기 위한 방편으로 사용된다. 그렇기에 타인과의 비효율적인 상호작용을 밝히는 데 유용하다. 라켓은 라켓감정을 느끼기 위해 환경을 조작하는 행동을 의미한다. 라켓감정은 내담자의 삶에 찾아온 문제를 해결하는 데 있어서 오히려 걸림돌이 된다. 게임은 잘 정의되고 예측할 수 있는 결과를 낳는 일련의 이면 교류이다. 게임을 하는 이유는 인생 각본을 따르고 기존의 생활자세를 유지하기 위한 목적이 크다. 어떤 게임을 하든 결말에서는 라켓감정을 느낄 가능성이 크다. 치료자는 내담자가 자신의 라켓감정과 게임을 깨닫고 변화를 모색할 수 있도록 도와야 한다. 이를 위해서 치료자는 내담자가 라켓과 게임에서 벗어날 때 긍정적 스트로크를 충분히 제공하여 라켓이나 게임을 통해 얻으려 했던 스트로크와 대치시킬 필요가 있다.

교류분석의 궁극적인 치료 목표는 자율성의 회복이다. 인간은 누구나 I'm OK, You're OK 생활자세로 살 수 있는 승리자의 가능성을 가지고 태어난다. 이러한 가능성을 실현하기 위해서는 한 개인이 어린 시절부터 비롯된 부적절한 삶의 전략들을 수정하고 자율성을 회복하는 과정이 병행되어야 한다. 이를 통해 개인의 내면에 잠재한 심리적 문제를 효과적으로 해결하고, 긍정적인 삶의 인생 계획을 실현해 나갈 수 있을 것이다.

4. 긍정심리치료의 이론과 실제

1) 주요 개념

(1) 긍정적 정서

긍정심리치료는 인간의 가치 있는 삶에 대한 새로운 접근법으로서 개인의 강점과 긍정적 정서를 강화하여 삶의 변화를 끌어내는 치료법이다. 긍정적 정서(positive emotions)는 긍정심리치료에서 다루는 개념 중 핵심 개념으로, 긍정심리치료의 주요 목표는 인간의 행복과 긍정적 정서를 확장해서 한 개인의 삶의 질을 향상하는 데 있다. 긍정적 정서는 즐거움, 감사, 희망, 자부심, 사랑 등의 인간이 느끼는 전반적인 감정을 포함하며, 이러한 감정은 일상에서 느끼는 주관적 만족도에 큰 영향을 준다. 이러한 감정은 단순하고 일시적인 기쁨을 넘어서, 개인의 전반적인 행복과 삶의 만족도를 높이는 중요한 요소로 현대 심리학에서 중요하게 여겨지는 부분이다(Fredrickson, 2001).

인간의 정서에 대해서 깊이 연구한 연구자인 폴 에크먼은 인종과 연령과 상관없이 모든 사람에게 공통으로 발견되는 정서 여섯 가지가 있다고 하였다. 이는 분노, 혐오, 공포, 기쁨, 슬픔, 놀람이다. 여기서 주목할 점은 긍정적 정서보다는 부정적 정서가 인간이 느끼는 정서의 다수를 차지한다는 점이다. 다시 말해 사람은 부정적 자극에 더 주의를 기울이는 경향성을 보이고 이는 인간이 수많은 난관을 극복하며 생존해 올 수 있었던 힘이기도 했다. 하지만 불안하고 위기를 느끼는 순간이나 스트레스 상황에서 긍정적 정서를 불러올 수 있는 힘은 각자가 다르다. 결국 긍정적 정서를 의식적으로 가질 수 있다는 것은 삶을 더욱 행복하게 살아가는 내적인 힘으로 작용할 수 있는 것이다.

긍정심리치료의 아버지라 불리는 마틴 셀리그먼에 따르면 긍정적 정서는 개인의 심리적 안녕에 다음과 같은 긍정적인 영향을 미친다고 하였다(Seligman, 2002).

- **스트레스 감소**: 긍정적 정서는 스트레스 호르몬의 분비를 줄이고, 신체적, 정신적 스트레스에 대해 대처할 수 있는 힘을 키워 준다.
- **회복탄력성 향상**: 긍정적 정서를 자주 경험하는 사람들은 어려운 상황에서도 빠르게 회복하고 적응하는 능력이 높다.
- **사회적 관계 강화**: 긍정적 정서는 타인과의 긍정적인 상호작용을 촉진하며, 끈끈한 사회

적 유대감을 형성하는 데 많은 도움을 준다.
- **창의성과 문제 해결 능력 향상:** 긍정적 정서는 창의적인 사고와 문제 해결 능력을 증진하며, 복잡한 삶에 문제들을 좀 더 효과적으로 해결할 수 있도록 돕는다(Seligman, 2011).

이러한 긍정적 정서를 개발하고 확장할 수 있는 방법에는 어떤 것들이 있을지 살펴보면 다음과 같다(Emmons & McCullough, 2003).

- **낙관성 기르기:** 낙관성을 개발하는 주요한 방법은 자기 삶에서 긍정적인 요소와 경험을 명확하게 인식하고, 이에 대해 감사하는 주관적인 마음의 태도를 가질 줄 아는 것이다. 예를 들어, 미래에 대한 긍정적인 기대와 낙관적인 상상을 해 보고, 이를 달성하기 위해 어떠한 노력을 했을지 상상해 보는 것이다. 먼저, 큰 목표를 작성해 보고 이를 이루기 위한 세부적인 목표를 구체적으로 적어 본다. 이 과정에서 찾아올 수 있는 장애물을 극복해야 할 도전 과제로 재구조화해 본다. 그 외에도 감사 일기를 쓰거나, 감사한 사람들에게 편지를 작성하는 등 의식적인 활동을 통해 긍정적 정서를 강화하는 여러 방법이 있다(Snyder, 2002).
- **자기존중감 높이기:** 자기존중감은 자신의 성취나 능력에 대해 스스로를 긍정적으로 평가하는 감정이다. 이는 개인의 자존감을 높이고, 자기효능감을 강화하는 데 중요한 역할을 한다(Tracy & Robins, 2007). 예를 들어, 하루를 시작하는 아침마다 거울 앞에 서서 자신에게 응원의 메시지를 전해 본다. 그리고 기적 질문을 통해서 자신이 발전했을 때의 모습이나 상황을 구체적으로 가정해 본다. '만약 오늘 하루를 더 책임감 있게 살아간다면?' 이런 식의 질문을 통해 스스로를 격려하고 하루를 마무리할 때 이 질문에 대해 얼마나 실천하였는지를 확인하는 과정을 통해 자기존중감을 향상할 수 있다.
- **사랑을 표현하기:** 사랑은 깊은 유대감과 애정을 의미하며, 가족, 친구, 연인 등과의 관계에서 중요한 지지체계의 역할을 한다. 사랑은 신체적, 정신적 건강에 긍정적인 영향을 미치며, 개인의 전반적인 행복을 높이는 데 중요한 역할을 한다(Fredrickson, 2013). 사랑을 일상에서 실천하기 위해서는 주변 사람들에게 안부를 전하고 진심을 표현하는 용기가 필요하다. 이러한 행동은 관계를 풍성하게 만드는 힘이자 긍정적 정서를 개발하는 주요한 방법이 될 수 있다.

긍정적 정서는 전반적으로 개인의 심리적 안녕과 삶의 질을 향상시키는 데 중요한 역할을 한다.

앞에서 언급한 대로 스트레스 감소, 회복탄력성 향상, 사회적 관계 강화, 창의성과 문제 해결 능력 향상 등 다양한 삶에 부분에서 긍정적인 영향을 미친다. 이를 증진시키기 위해 감사 일기 쓰기는 가장 쉽게 실천해 볼 수 있는 방법이며 그 외에도 자기 자신과의 긍정적 대화하기, 사회적 활동 참여(봉사활동 포함)하기, 마음챙김 명상 등 여러 방법이 효과적으로 사용될 수 있다. 긍정심리치료는 이러한 긍정적 정서를 의식적으로 강화하여 개인의 삶에 행복과 만족도를 높이는 것을 목표로 한다.

(2) 회복탄력성

회복탄력성(Resilience)은 긍정심리치료의 핵심 개념 중 하나로, 개인이 스트레스, 역경, 트라우마와 같은 부정적인 경험을 겪었을 때 좌절하지 않고 다시 적응하고 성장할 수 있는 능력을 의미한다. 우리는 삶 속에서 지속적인 스트레스에 노출되며 이는 신체적, 정서적으로 큰 혼란을 초래하는 요소이다. 하지만 스트레스가 반드시 부정적인 영향만을 미치는 것은 아니다. 스트레스는 역경이라는 말로 대체할 수 있으며, 이는 단순히 부정적인 경험을 참고 견디는 것을 넘어, 이러한 경험을 통해 스스로를 다독이고 재해석하여 긍정적인 변화를 끌어낼 수 있는 능력으로 전환될 수 있다.

한 개인이 의도치 않은 외상 경험이나 스트레스 상황에 직면할 때 주로 세 가지로 반응하게 된다. 스트레스에 굴복하거나 회복탄력성을 통한 극복, 외상후 성장이다. 회복탄력성은 이러한 외상 경험에서 심리적, 정서적, 행동적 유연성을 통해 개인이 스트레스와 역경을 극복하고 적응하는 데 있어서 매우 중요한 능력으로 손꼽힌다. 이는 어려운 상황에서도 긍정적인 태도를 유지하고, 문제를 해결하며, 더 나은 상태로 회복되는 전 과정을 포함한다(Masten, 2001).

회복탄력성은 개인의 전반적인 심리적 안녕과 삶의 질에 큰 영향을 미친다(Southwick & Charney, 2012). 먼저 회복탄력성이 높은 사람들은 스트레스를 더 효과적으로 관리하며, 스트레스가 건강에 미치는 여러 부정적인 영향으로부터 자신을 지킬 수 있다. 또한 우울증, 불안, PTSD 등의 정신적인 건강 문제를 예방하고 완화하는 데 중요한 역할을 한다. 삶을 살아가는 데 있어 필연적으로 찾아오는 다양한 변화에 대한 적응력을 높여, 개인이 낯선 환경과 위기 상황에서 효과적으로 대처할 수 있도록 돕는다. 그 외에도 회복탄력성은 개인의 자존감과 자기효능감을 높이며, 주관적인 삶의 만족도를 증가시킨다(Seligman, 2011).

회복탄력성을 이루는 주요 구성 요소는 다섯 가지로 나눌 수 있다. 재구성, 긍정적 정서의 경험, 신체적 활동, 신뢰하는 사회적 지지, 강점의 활용이다. 이러한 요소들은 위기 상황에서 누가 탄력적이고 그렇지 못한가에 대한 여러 학자의 연구를 통해서 추출된 개념이다. 특히 1970년대부터 10여 년간 진행된 베르너와 스미스의 연구는 회복탄력성의 차이를 가져오는 요소들에 대해서 정의 내리는 데 큰 역할을 하였다.

회복탄력성은 앞에서 언급한 요소들 외에도 여러 다양한 구성 요소로 설명할 수 있으며, 이는 공동체 안에서의 상호작용을 통해 주로 한 개인의 회복탄력성을 강화할 수 있다. 응집감은 회복탄력성을 높이는 데 중요한 역할을 한다. 가족, 친구, 동료 등 신뢰할 수 있는 대상과의 긍정적 지지체계는 스트레스 상황에서 정서적 지지와 실질적인 도움을 제공한다(Cohen & Wills, 1985). 자기효능감은 개인이 자신의 능력과 자원을 믿고, 목표를 달성할 수 있다는 자신감을 의미하는데 이는 문제 해결 능력과 삶에 주어진 어려운 과제를 극복하는 데 도움을 준다(Bandura, 1997). 자기효능감이 향상된 사람의 경우 효과적인 문제 해결 능력을 갖추게 되는데 이는 회복탄력성의 핵심 요소 중 하나이다. 자기효능감이 높은 사람은 무엇보다 위기 상황에서 창의적이고 현실적인 해결 방안을 모색하고 실행할 수 있는 위기 대처 능력을 갖게 된다(Nezu et al., 1986). 다음으로 유연성은 심리적, 정서적 유연성은 변화에 적응하고 다양한 상황에서 효과적으로 반응할 수 있는 능력을 의미하는데, 이는 자신 안에 고정된 사고방식을 넘어서, 다양한 관점에서 문제를 새로운 시각으로 바라보고 해결하는 데 도움을 준다(Bonanno, 2004).

회복탄력성 중에서도 외상후 성장은 삶에 필연적으로 찾아오는 고통과 위기를 맞설 수 있는 힘으로 작용한다. 외상후 성장의 주요 영역은 다섯 가지로 나눌 수 있다(Calhoun & Tedeschi, 2004).

[그림 12-3] 회복탄력성의 심리적 개념

- **개인의 강점**: 지각된 자기 변화라 할 수 있는 강점은 외상으로부터 자신을 각성하고 더 나은 사람으로 자기인식을 할 수 있게 해 주는 힘이다. 자신에 대해 심층적으로 이해하고 개방적이고 수용적이고 성숙하게 되었다고 자기보고를 할 수 있게 된다.
- **타인과 관계 맺기**: 외상 경험을 통해 가족을 비롯하여 주변 사람들과 더 친밀해졌음을 확인하게 된다. 특히 동일한 외상 경험을 한 사람들이 있다면 이들과는 진한 우정을 보편적으로 가지게 된다. 이러한 과정을 통해 자신의 주변 관계가 신뢰를 바탕으로 확장되는 경험을 하게 된다.
- **삶에 대한 이해**: 외상을 통해서 사람들은 삶에 대해 고찰하게 된다. 교만하던 사람도 외상 경험을 통해 겸손하게 되고 한 인간으로서의 연약함을 인정하게 되는 것이다. 삶에서 진정 중요한 것에 대해 고민하게 해 주고 결국 죽음이라는 누구에게나 찾아오는 숙명 앞에 어떠한 삶을 살 것인가를 생각해 보게 해 준다.
- **새로운 가능성**: 개인이 스스로 삶의 목표를 변화시키거나 새로운 목표를 가지도록 돕는다. 자기 삶에서 새로운 관점과 이해를 바탕으로 지금 이곳에 초점을 맞추게 된다.
- **영적 변화**: 사람들로 하여금 기존 삶의 방식에서 벗어나 신앙에 귀의하고 초월적 존재에 대한 갈급함을 바탕으로 일상에 감사한 마음을 가지게 된다. 인간의 가장 고차원적인 동기인 영적인 동기가 유발되는 것이다.

결국 회복탄력성은 개인이 스트레스와 역경을 극복하고 성장할 수 있는 중요한 능력으로, 긍정심리치료의 핵심 개념이라 할 수 있다. 긍정적 정서, 사회적 지지, 자기효능감, 문제해결 능력, 유연성 등의 요소를 통해 회복탄력성을 증진할 수 있으며, 이를 통해 개인은 삶에 필연적으로 찾아오는 어려움에 효과적으로 대처하고, 지속적인 심리적 안녕과 삶의 질을 향상할 수 있다. 이는 오늘날 현대인들에게 가장 중요한 능력으로 손꼽히고 있다.

(3) 강점 발견

긍정심리치료의 핵심 요소 중 또 하나는 **개인의 강점을 발견하고 이를 일상생활에서 적극적으로 활용하는 것**이다. 이전의 심리학이 인간의 심리적 문제와 단점을 개선하는 데 주로 집중하였다면, 현대 심리학에서는 개인의 강점에 좀 더 포커스를 맞추고 있다. 강점은 개인이 자연스럽게 잘할 수 있는 특성이나 능력을 의미하며, 이를 통해 개인의 자존감과 성취감을 높일 수 있는데, 이는 개인이 선천적으로 지니고 있거나 후천적으로 개발한 긍정적인 특성과 능력 모두를 의미한다. 더불어 강점은 성격 강점과 재능 강점으로 나눌 수 있다(Linley &

Harrington, 2006).

- **성격 강점:** 인간의 본성과 행동에서 나타나는 긍정적인 특성으로, 예를 들어 용기, 정직, 감사, 창의성, 심미성 등이 있다.
- **재능 강점:** 개인이 특정 분야에서 뛰어난 능력을 발휘하는 능력으로, 예를 들어 음악, 미술, 스포츠, 과학 등이 있다.

강점 발견과 활용은 여러 면에서 개인의 삶에 긍정적인 영향을 줄 수 있다(Peterson & Seligman, 2004). 자신의 강점을 인식하고 이를 활용하면 개인의 자존감이 높아질 수 있다. 강점을 활용하여 목표를 달성하면 스스로의 성취감이 증대된다. 강점을 일상생활에 잘 적용함으로써 삶의 만족도를 향상할 수 있고 이는 긍정적 정서와 심리적 안녕감을 지속하게 도와준다.

이러한 강점을 발견하는 것은 강점을 잘 활용하기 위한 선행 조건이다. 이를 위해서는 자신을 깊이 이해하는 체계적이고 과학적인 접근이 필요한데 다음은 강점 발견을 위한 주요 방법들이다.

① 자기반성 및 자기보고

- **자기반성:** 개인이 자신의 과거 경험을 회고하며, 언제 가장 성취감을 느꼈고, 어떤 상황에서 자신의 능력이 가장 잘 발휘했는지를 구체적으로 떠올려 본다.
- **자기보고:** 자신이 특정 상황에서의 감정, 행동, 성취 정도를 기록하여 패턴을 분석한다. 이는 강점을 발견하는 데 유용하게 활용될 수 있다.

② 강점 평가 도구

- **VIA 성격 강점 검사:** 성격 강점을 평가하는 가장 일반적인 도구로, 24가지 성격 강점을 측정한다. 이 검사는 긍정심리학자들에 의해서 개발하였으며, 신뢰성과 타당성이 입증된 대표적인 검사이다(Peterson & Seligman, 2004).
- **CliftonStrengths 검사:** 재능 강점을 평가하는 검사 도구로, 개인의 재능을 구체적으로 발견하고 이를 개발하는 데 중점을 둔다(Rath, 2007).

③ 피드백 받기

- 타인에게 받는 피드백: 자신을 잘 이해하고 알고 있는 타인으로부터 자신의 강점에 대해 피드백을 받는다. 타자를 통해 자신의 강점을 객관적으로 명확히 인식할 수 있다.
- 전문가와의 상담: 상담사나 멘토 등과의 상담을 통해 자신의 강점을 발견하고, 이를 어떻게 활용할 수 있을지에 대한 조언을 받는다.

강점 발견과 활용은 긍정심리치료의 핵심 요소로, 개인의 자존감과 성취감을 높이고 전반적인 삶의 만족도를 향상하는 데 중요한 역할을 한다. 자기반성, 강점 평가 도구, 타인의 피드백 등을 통해 자신의 강점을 발견하고, 이를 일상생활과 목표 설정에 적극적으로 활용한다면 심리적 안녕과 행복을 증진할 수 있는 현대인들에게 꼭 필요한 방법이다.

2) 긍정심리치료의 실제

(1) 긍정적 정서의 증진

긍정적 정서를 증진하기 위해 다음과 같은 구체적인 방법들이 사용될 수 있다(Seligman, 2011).

- 감사: 가장 큰 효과를 보였던 연구는 감사를 표현하는 것이다. 매일 감사한 일에 대해 기록하는 활동(감사 일기 쓰기)은 감사의 정서를 강화하고, 전반적인 행복감을 높이는 데 가장 쉽게 접근할 수 있는 효과적인 방법이다. 감사는 무엇보다 긍정적 사건들을 음미하고 부정적 기제를 방지할 수 있기 때문에 긍정심리치료에서 가장 보편적으로 사용되는 치료법이다. 감사의 대상을 정해 방문을 하거나 편지를 쓰는 것도 좋은 방법이 될 수 있다. 이 연습은 꼭 편지를 부치지 않더라도 효과가 있는 것으로 밝혀졌다. 궁극적으로 감사는 행복을 추구하기 위한 필수 요소이고 자신의 삶에 주어진 것들을 당연하게 여기는 것을 방지해 준다.
- 음미하기: 음미하기는 자신의 삶에 긍정적 경험에 주의를 기울이고 그것을 재경험하기 위해 회상하는 일련의 과정을 뜻한다. 음미하기는 그것을 실천하는 사람에게 느긋해지고 자신의 경험과 감정에 대해 의도적으로 주의를 기울이게 도와준다. 자기 자신에게 긍정적인 말을 건네는 연습을 통해 이러한 음미를 강화할 수도 있다. 음미하기의 주요 방법들로는 긍정적 경험을 타인과 공유하기, 자화자찬하기, 몰두하기, 시간 자각하기,

축복을 헤아리기, 기억 회상하기 등이 있다. 이러한 의식화된 노력이 우리의 삶을 풍성하게 도와줄 수 있다.

- **마음챙김 명상:** 현재의 순간에 집중하며 긍정적 감정을 인식하고 수용하는 연습은 스트레스를 줄이고, 긍정적 정서를 강화하는 데 도움을 줄 수 있다. 세상과 자기 자신의 사고, 감정을 선입견에 사로잡히지 않고 현재 순간에 집중하게 해 준다. 마음챙김은 궁극적으로 스트레스 감소에 효과를 보이며 이는 심리적 효과를 넘어 신체적 건강을 유지하는 데도 도움을 줄 수 있다. 이는 스트레스와 우울감을 감소시킴과 동시에 에너지를 고양하는 효과가 있다.

(2) 회복탄력성 증진

- **표현적 글쓰기:** 표현적 글쓰기 훈련은 삶에서 경험했던 고통에 대해서 상세하게 쓰고 이를 한 번이 아닌 여러 번에 걸쳐서 지속해서 회상하도록 한다. 일반적으로 고통에 대해서 회피하려는 사람들의 모습에 주목하여 고통을 직면하고 마주할 수 있는 용기를 갖게 해 준다. 이러한 과정을 거친 사람은 그렇지 않은 사람들에 비해 면역력이 더 높으며, 우울감을 덜 호소하는 것으로 밝혀졌다. 이는 카타르시스 가설이라는 개념에서 비롯되는데 이러한 표현적 글쓰기 과정이 고통을 경험한 사람들에게 종이 위에 판단이나 구속 없이 자유롭게 글을 쓰도록 환경을 조성해 줌으로써 내재된 부정적 감정을 적절하게 해소하고 사고와 정서를 순화할 수 있게 도와준다는 의미이다.
- **무작위 친절 행위:** 이 훈련은 타인에 대한 친절한 행위를 통해 자기 존중을 넘어 타인에 대한 긍정적 상호작용을 경험하게 하는 데 목적이 있다. 이는 사회적 지지망을 강화하는 데 도움을 줄 수 있고 근본적으로 긍정적인 관계를 형성하고 유지하는 데 기여한다. 친밀한 관계 안에서 유대관계를 지속하거나 새로운 커뮤니티 활동에 참여하여 예상치 않았던 친절 행위를 통해 지지망을 형성하는 경험을 해 보는 것은 회복탄력성을 높이고 긍정성을 강화하는 데 도움을 줄 수 있다(Cohen & Wills, 1985). 이는 개인의 자기존중감을 높이고, 더 큰 도전에 대한 자신감을 증진하는 효과도 낳게 된다(Bandura, 1997).
- **문제 해결 능력 개발:** 문제 해결 능력을 향상하기 위해 창의적 사고와 현실적인 해결책을 찾는 연습을 하여야 한다. 일상에서 이러한 실천을 하기는 쉽지 않기에 창의적 활동을 할 수 있는 외부 활동이나 책 등을 활용하여 훈련할 수 있다. 이는 스트레스 상황에서 더 효과적으로 대처할 수 있도록 힘을 길러 준다(Nezu et al., 1986). 그 외에도 유연성을 높이는 것은 문제에 적절하게 대처하고 상황에 대한 적응력을 기르는 데 도움을 준

다. 이를 위해서는 과거에 경험을 되새겨 보는 시간을 바탕으로 새로운 경험에 열린 태도를 유지하고, 다양한 관점에서 문제를 바라보는 시각을 키워야 한다(Bonanno, 2004).

(3) 강점의 활용

자신의 강점을 발견한 후 이를 일상생활에서 적극적으로 활용하는 것이 긍정심리학에서 중요하다. 다음은 강점을 효과적으로 활용하는 방법들이다.

- **일상생활에서의 강점 적용:** 일상생활에서 자신의 강점을 활용할 수 있는 활동을 선택하여 참여한다. 예를 들어, 창의성이 강점인 사람은 그림 그리기나 음악 활동 등 예술 활동에 참여할 수 있다. 리더십이 강점인 사람은 팀 프로젝트를 이끄는 역할을 맡아서 강점을 키울 수 있다. 일상생활에서 강점을 적극적으로 활용하기 위해서는 구체적인 생활 습관과 계획을 수립하여 강점을 적용할 수 있는 자신만의 적절한 방법을 발견하여야 한다.
- **강점 기반의 목표 설정과 성취:** 자신의 강점을 활용하여 달성할 수 있는 적정한 목표를 설정한다. 이는 현실적이면서도 도전적인 목표가 될 수 있다. 이후에는 목표를 달성하는 과정에서 강점을 최대한 활용하여 성취감을 맛보는 것이 중요하다. 이를 위해서 자신의 강점과 관련한 추가적인 훈련이나 학습을 받거나 자격증을 취득해 보는 것도 좋은 예가 될 수 있다. 이러한 과정이 반복될수록 강점이 강화될 것이고 자기효능감의 증진으로 이어질 수 있다.

긍정심리치료는 현대심리학에서 대중에게 가장 큰 호응을 불러일으키는 심리치료법 중 하나로 주목받고 있다. 이는 그만큼 현대인들이 긍정적 정서를 불러일으킬 수 있는 환경과 여건이 조성되기 어렵다는 것을 의미한다. 긍정심리치료가 발전하고 성장할수록 과학의 다른 영역들과의 통합을 이루면서 그 강점이 더욱 배가 될 것이다. 하지만 일부 학자들은 긍정심리치료의 이론이 주요 변인들 사이에 논리적 증명이 부족하고 명확하게 정의되지 않는다고 비판하기도 한다. 그리고 인간이 지닌 부정적 사고의 영역이 오히려 인간을 발전시키는 힘이 되기도 한다며 긍정심리치료가 너무 한쪽 면에만 집중하고 있음을 지적하기도 한다. 그럼에도 긍정심리치료는 오늘날을 살아가는 현대인들에게 제공해 주는 이점이 명확하다.

긍정심리치료는 전반적인 심리적 안녕감을 증진하는 데 무엇보다 효과적이며 이는 우울증, 불안, 강박 등 현대인들이 매일 시달리는 주요한 심리적 문제를 예방하고, 내담자에게 존재하는 문제를 완화하는 데도 분명히 도움을 줄 수 있다. 치료자들이 긍정심리치료 이론을 적절하게 활용하여 내담자들 스스로 내적인 힘을 키우고 건강한 정서를 유지할 수 있도록 지속해서 도움을 제공한다면 결국 정신적인 건강뿐만 아니라 육체적 건강에도 긍정적인 영향을 미쳐, 내담자의 전반적인 삶의 질을 향상할 수 있을 것이다(Ryff & Singer, 1998).

5. 주요 기술 실습

1) 관계심리치료의 주요 기술

관계심리치료에서 애도 문제를 다룰 때나 역할갈등을 해결할 때 등 여러 과정에서 의미 있는 타인을 탐색하고 조력자를 찾는 것은 중요하다. 이는 더 나은 삶을 추구하는 데 지원을 받을 수 있는 적절한 시스템을 구축할 수 있다는 것을 의미한다. 다음 표를 통해서 자신에게 의미 있는 타인은 누구인지를 탐색해 보는 작업을 해 보자.

[의미 있는 타인 질문지]

순위	타인 이름	관계	의미 있는 이유
예시	김영희	친구	중학교 때부터 알고 지낸 친구인데 항상 내 편이 되어 주고 특히 공감을 잘 해 줘서 심적으로 힘들 때 큰 힘이 되어 줌

2) 교류분석의 주요 기술

인생 각본은 개인이 어린 시절에 주로 부모와의 상호작용을 통해 형성한 무의식적인 인생 계획을 말한다. 이는 이후 개인의 행동과 삶의 패턴에 큰 영향을 미친다. 인생 각본은 우리가 왜 특정한 방식으로 행동하는지, 왜 특정한 삶의 패턴을 반복하는지를 이해하는 데 중요한 도구가 된다. 이를 통해 우리는 더 나은 선택을 하고, 긍정적인 방향으로 삶을 변화시킬 수 있다. 다음에 제시된 인생 각본 분석 질문지 작성을 통해서 자신의 과거와 현재를 되돌아 보고 이를 바탕으로 긍정적인 미래를 설계해 볼 수 있을 것이다.

[인생 각본 질문지] (출처: 문영주, 2015)

① 당신은 어떤 사람인가요?

② 당신의 가계도를 그려 보세요(배우자가 있다면 배우자의 가계도도 함께 그려 보세요).

③ 당신의 아버지/어머니에 대해서 자세하게 알아봅시다.

a. 아버지/어머니를 떠올리면 연상되는 단어는 무엇인가요?

b. 아버지/어머니의 삶을 한 편의 드라마로 제작한다면 제목은 무엇일까요?

c. 부모님께서는 당신이 어렸을 적에 무엇을 했을 때 기뻐하셨나요?

d. 당신이 볼 때 부모님 각각의 콤플렉스는 무엇이었나요? 그리고 당신의 콤플렉스는 무엇인가요?

아버지의 콤플렉스:

어머니의 콤플렉스:

나 자신의 콤플렉스:

④ 당신에 대해서 좀 더 알아봅시다.

a. 당신의 출생에 대해서 부모님 또는 주변으로부터 어떤 이야기를 들었나요?

b. 당신의 어릴 적 별명은 무엇이었나요?

c. 당신이 가장 자랑스러울 때는 언제인가요?

d. 당신이 가장 마음에 들지 않을 때는 언제인가요?

e. 당신이 읽었던 위인전이나 소설 중에 가장 마음에 드는 이야기는 무엇인가요? 그리고 그 이야기 속에 인물 중 인상 깊었던 인물이 있다면 소개해 주세요.

f. 당신이 현재의 상태로 계속 살아간다면 10년 후에는 어떤 모습일까요?

g. 신이 만약 당신에게 딱 한 가지 소원을 들어준다면 무엇을 빌겠습니까?

⑤ 죽음과 관련하여 가정을 하고 질문을 하니 눈을 감고 상상을 해 봅시다.

a. 죽음의 순간 당신의 나이는 몇 살인가요?

b. 당신은 어디에서 어떤 모습으로 죽음을 맞이하고 있나요?

c. 죽음의 순간에 당신 곁을 지키고 있는 사람들은 누구누구인가요?

d. 당신이 죽음의 순간에 느끼는 감정은 어떤 감정이었나요?

e. 죽음의 순간에 어떤 것이 가장 후회가 되나요?

3) 긍정심리치료의 주요 기술

(1) 감사 일기 활용하기

감사 일기 활용하기는 일상에서 놓치기 쉬운 감사한 에피소드를 기억해 내고 기록함으로써 자신의 삶을 풍성하게 만들어 갈 수 있는 유용한 기법이다. 방법은 다음과 같다.

① 일기 준비: 작은 노트나 일기장을 준비한다.

② 매일 기록

- 매일 밤 잠들기 전에 그날 감사했던 일 세 가지를 기록한다.
- 각 항목에 대해 구체적으로 작성한다.

예시) '오늘 아침 친구가 커피를 사 줘서 감사하다.'
'저녁에 가족과 즐겁게 지낼 수 있어 감사하다.'

- 오늘의 감사했던 일 세 가지
  –
  –
  –

③ 반추하기

- 일기를 쓸 때 그 감사한 순간을 다시 떠올리며 느꼈던 긍정적인 감정을 다시 경험한다.

④ 일주일 후 재회상

- 일주일이 지난 후, 일기를 다시 읽어 보고 그때의 기억을 상기해 본다.

(2) 긍정적 자아 대화하기

긍정적 자아 대화하기는 스스로에 대해 부정적인 패턴으로 반응하는 인지적 오류를 수정하고 긍정적인 자아 대화로 전환할 수 있는 유용한 기법이다. 방법은 다음과 같다.

① **부정적 자아 대화 인식:** 하루 동안 자신에게 부정적인 말을 할 때마다 인식하고 기록한다.

예시) '나는 이 일을 못 할 거야.'라는 생각을 기록한다.

• 오늘 하루 자신에게 했던 부정적인 말 – – –

② **긍정적 자아 대화로 전환:** 부정적인 생각을 긍정적인 자아 대화로 바꾼다.

예시) '나는 이 일을 못 할 거야.'를 '이 일을 잘 해낼 수 있어. 준비를 잘했으니까.'로 바꾼다.

• 긍정적인 말로 바꾸기 – – –

③ **실천:** 매일 긍정적인 자아 대화를 의도적으로 실천한다.

예시) 아침에 일어나서 거울을 보고 자신에게 되뇐다. "오늘은 하루를 잘 보낼 거야."라고 말하거나, 어려운 상황에서 "나는 이 상황을 잘 해결할 수 있어."라고 자신에게 말한다.

• 오늘 하루 스스로에게 의도적으로 했던 긍정적인 대화 – – –

6. 요약 및 리뷰

- 관계심리치료는 우울증 및 기타 정서적 문제의 치료를 목적으로 하는 단기 심리치료 접근법으로, 대인관계 문제와 그로 인한 정서적 어려움을 해결하는 데 중점을 둔다.
- 관계심리치료는 대인관계 문제와 정서적 문제 사이의 상호작용을 중심으로 하며, 주요 대인관계 문제로는 애도(상실), 역할 갈등, 역할 변화, 대인관계 결핍이 있다.
- 관계심리치료의 치료 과정으로는 초기 단계에는 내담자의 대인관계와 현재 문제를 평가하고 주요 대인관계 문제를 확인하며 치료 목표를 설정하고 치료 계획을 수립한다. 중기 단계에서는 특정 대인관계 문제를 중점적으로 다루며, 내담자가 문제를 해결하도록 돕는데 이 과정에는 역할 연습, 의사소통 기술 향상, 대인관계 기술 훈련 등이 포함되어 있다. 종결 단계에서는 치료 목표 달성을 평가하고, 향후 대처 전략을 논의하고, 치료 종료 후 지속적인 성장을 위한 계획을 수립한다.
- 교류분석은 에릭 번이 개발한 심리학적 이론으로, 인간의 상호작용과 개인의 심리적 구조를 분석하여 이해하는 것을 목표로 한다.
- 교류분석에서 가장 중요한 개념인 자아 상태는 세 가지로 나뉜다. 먼저, 어버이 자아는 부모나 권위자로부터 배운 규칙, 태도, 행동을 모방한 상태로, 비판적 어버이와 양육적 어버이로 구분된다. 어른 자아는 현실적이고 합리적인 사고를 하는 상태로, 현재 상황에 대한 객관적 판단을 내리는 역할을 한다. 어린이 자아는 어린 시절의 감정과 행동을 반영한 상태로, 자유로운 어린이와 순응하는 어린이로 나뉜다.
- 교류 패턴은 사람들 간의 상호작용을 분석하는 것으로, 상보 교류, 교차 교류, 이면 교류가 있다. 상보 교류는 기대한 대로 반응이 이루어지는 교류이며, 교차 교류는 예상과 다른 반응이 나오는 경우, 이면 교류는 겉과 속이 다른 메시지가 동시에 전달되는 경우를 말한다.
- 교류분석에서 인생 각본은 개인이 어린 시절에 형성한 무의식적인 삶의 계획으로, 한 사람이 살아가는 데 있어 행동과 삶의 패턴에 영향을 미친다. 인생 각본은 주로 부모나 중요한 타인의 메시지에 의해 형성되며, 긍정적이거나 부정적인 형태로 나타날 수 있다.
- 교류분석은 자아 상태, 교류 패턴, 인생 각본 외에도 게임, 스트로크, 라켓감정 등을 통해 인간의 행동과 대인관계를 분석하고 개선하는 데 중점을 둔다. 이를 통해 개인의 자아 인식과 대인관계의 질을 향상하는 것이 주요 목표이다.

- 긍정심리치료는 긍정심리학의 원리를 기반으로 하여 개인이 자신의 긍정적 자원과 강점을 발견하고 활용하도록 돕는 심리치료 접근법으로 마틴 셀리그먼과 누리나 포크가 대표적인 학자이다.
- 긍정심리치료에서 말하는 긍정적 정서는 일상에서 행복, 기쁨, 감사, 희망 등 긍정적 감정을 스스로 찾아내고 경험하는 것을 중요시한다. 긍정적 정서는 개인의 정신적, 신체적 건강을 향상하고, 스트레스 대처 능력을 강화해 준다.
- 회복탄력성은 긍정심리치료의 핵심 개념 중 하나로, 개인이 스트레스, 역경, 트라우마와 같은 부정적인 경험을 겪은 후에도 적응하고 성장할 수 있는 능력을 의미한다. 이는 단순히 부정적인 경험을 견디는 것을 넘어, 그러한 경험을 통해 더 강해지고 긍정적인 변화를 끌어낼 수 있는 능력을 포함하고 있다.
- 긍정심리치료에서 강점의 발견은 개인마다 지니고 있는 고유한 강점을 인식하고 이를 개발하는 것이 치료의 핵심이다. 주요 검사로는 VIA 분류 체계를 통해 24개의 성격 강점을 정의하고, 각 개인의 상위 강점을 활용하여 더 나은 삶을 영위할 수 있도록 돕고 있다.

학습 문제

1. 관계심리치료의 주요 개념 중 문제 영역 다루기 부분에서 '역할 논쟁'에 대해 설명해 봅시다.
2. 교류분석에서 세 가지 자아 상태에 관해서 설명하고, 각 자아 상태가 대인관계에 어떤 영향을 미치는지 구체적으로 설명해 봅시다.
3. 교류분석에서 생활자세의 개념에 관해 설명하고, 네 가지 생활자세 각각의 특징에 대해 자세하게 설명해 봅시다.
4. 긍정심리치료에서 회복탄력성의 개념에 관해 설명하고, 회복탄력성을 향상할 수 있는 구체적인 방법을 제시해 봅시다.
5. 긍정심리치료에서 강점을 발견하고 평가할 수 있는 도구들을 제시하고 이에 대해 간략히 설명해 봅시다.

참고문헌

제1장 상담 및 심리치료

김계현, 김창대, 권경인, 황매향, 이상민, 최한나, 서영석, 이윤주, 손은령, 김용태, 김봉환, 김인규, 김동민, 임은미(2011). 상담학개론. 학지사.

Asay, T. P., & Lambert, M. J. (1999). The empirical case for the common factors in therapy: Quantitative findings. In M. A. Hubble, B. L. Duncan, & S. D. Miller (Eds.), *The heart and soul of change: What works in therapy* (pp. 23-55). American Psychological Association.

Corey, G. (2015). *Theory and practice of counseling and psychotherapy* (10th ed.). Cengage Learning.

Egan, G. (2013). *The skilled helper: A problem-management and opportunity-development approach to helping.* Cengage Learning.

Gelso, C. J., & Carter, J. A. (1985). The relationship in counseling and psychotherapy: Components, consequences, and theoretical antecedents. *The Counseling Psychologist, 13*(2), 155-243.

Hill, C. E. (2014). *Helping skills: Facilitating exploration, insight, and action.* American Psychological Association.

Norcross, J. C., & Lambert, M. J. (2011). Psychotherapy relationships that work II. *Psychotherapy, 48*(1), 4-8.

Prochaska, J. O., & DiClemente, C. C. (2005). The transtheoretical approach. *Handbook of Psychotherapy Integration, 2,* 147-171.

Rosenzweig, S. (1936). Some implicit common factors in diverse methods of psychotherapy. *American Journal of Orthopsychiatry, 6*(3), 412.

제2장 정신분석적 심리치료

최영민(2010). 쉽게 쓴 정신분석이론. 학지사.

Bass, A. (2015). The dialogue of unconsciouses, mutual analysis and the uses of the self in contemporary relational psychoanalysis. *Psychoanalytic Dialogues, 25*(1), 2-17.

Bettelheim, B. (1983). *Freud and man's soul.* Alfred A. Knopf.

Betan, E. J., & Binder, J. L. (2017). Time limited dynamic psychotherapy. In A. J. Consoli, L. E. Buetler, & B. Bongar (Eds.), *Comprehensive textbook of psychotherapy: Theory and practice* (2nd ed., pp. 45-60). Oxford University Press.

Binder, J. L. (2004). *Key competencies in brief dynamic psychotherapy: Clinical practice beyond the manual.* Guilford Press.

Binder, J. L., & Betan, E. J. (2012). *Core competencies in brief dynamic psychotherapy: Becoming a highly competent and effective brief dynamic psychotherapist.* Routledge.

Cabaniss, D. L., Cherry, S., Douglas, C. J., & Schwartz, A. (2011). *Psychodynamic psychotherpy: A clinical manual.* Wiley-Blackwell.

Corey, G.(2009). *Theory and practice of counseling and psychotherapy* (8th ed.). Thomson Brooks/Cole.

Cramer, P. (2008). Seven pillars of defense mechanism theory. *Social and Personality Psychology Compass, 2,* 1-19.

Frick, W. B. (1991). **자기에로의 여행**. (손정락 역). 성원사.

Gabbard, G. O. (2016). **역동정신의학**. (이정태, 채영래 공역). 하나의학사. (원서 출판 2014).

Gilleland, J., Suveg, C., Jacob, M. L., & Thomassin, K. (2009). Understanding the medically unexplained: Emotional and family influences on children's somatic. *Child: Care, Health, and Development, 35,* 383-390.

Greenberg, J. R., & Mitchell, S. A. (1983). *Object relations in psychoanalytic theory.* Havard University Press.

Levenson, H. (2010). *Brief dynamic therapy.* American Psychological Association.

McWilliams, N. (1999). *Psychoanalytic case formulation.* Guilford Press.

McWilliams, N. (2004). *Psychoanalytic psychotherapy: A practitioner's guide.* Guilford Press.

McWilliams, N. (2011). *Psychoanalytic diagnosis: Understanding personality structure in the clinical process.* Guilford Press.

Mitchell, S. A., & Black, M. J. (1995). *Freud and beyond: A history of modern psychoanalytic thought.* Basic Books.

Maroda, K. J. (2010). *Psychodynamic techniques: Working with emotion in the therapeutic relationship.* Guilford Press.

Ogden, T. H. (1986). *The matrix of the mind: Object relations and the psychoanalytic dialogue.* Jason Aronson.

Quinodoz, J-M. (2016). **리딩 프로이트**. (한국임상정신분석연구소 역). 눈출판그룹. (원서 출판 2005).

Racker, H. (1968). *Transference and countertransference.* International University Press.

Renik, O. (1993). Analytic interaction: Conceptualizing technique in light of the analyst's irreducible subjectivity. *Psychoanalytic Quarterly, 62,* 553-571.

Safran, J. D. (2012). *Psychoanalysis and psychoanalytic therapies* (5th ed.). American Psychological Association.

Schafer, R. (1992). *Retelling a life: Narration and dialogue in psychoanalysis.* Basic Books.

Sharf, R. S. (2011). *Theories of psychotherapy and counseling: Concepts and cases.* Cengage Learning.

Short, F., & Thomas, P. (2014). *Core approaches in counselling and psychotherapy.* Routledge.

Sommers-Flanagan, J., & Sommers-Flanagan, R. (2018). *Counseling and psychotherapy theories in context and practice: Skill, strategies, and techniques* (3rd ed.). John Wiley and Sons.

Strupp, H. H., & Binder, J. L. (1984). *Psychotherapy in a new key: A guide to time-limited dynamic psychotherapy.* Basic Books.

Wachtel, P. L. (2010). One-person and two-person conceptions of attachment and their implications for psychoanalytic thought. *The International Journal of Psychoanalysis, 91*(3), 561-581.

Winnicott, D. W. (1997). **놀이와 현실.** (이재훈 역). 한국심리치료연구소. (원서 출판 1971).

Winnicott, D. W. (2000). **성숙과정과 촉진적 환경: 정서발달 이론에 대한 연구.** (이재훈 역). 한국심리치료연구소. (원서 출판 1965).

제3장 개인심리이론

기시미 이치로, 고가 후미타케(2014). **미움받을 용기.** 인플루엔셜. (원서 출판 2013).

권석만(2012). **현대 심리치료와 상담 이론: 마음의 치유와 성장으로 가는 길.** 학지사.

김춘경(2006). **아들러 아동상담: 이론과 실제.** 학지사.

김필진(2007). **아들러의 사회적 관심과 상담.** 학지사.

Adler, A. (1929). *The science of living.* Greenberg.

Adler, A. (2019). **아들러 삶의 의미.** (최호영 역). (원서 출판 1931).

Ansbacher, H. L. (1992). Alfred Adler's concepts of community feeling and of social interest and the relevance of community feeling for old age. *Individual Psychology: Journal of Adlerian Theory, Research & Practice.*

Bitter, J. R., & Corey, G. (2012). Family systems therapy. *Theory and Practice of Counseling and Psychotherapy,* 432-461.

Cain, D. J. (2002). *Humanistic psychotherapies: Handbook of research and practice* (pp. xxviii-701). American Psychological Association.

Carlson, J., & Englar-Carlson, M. (2017). *Adlerian psychotherapy.* American Psychological Association.

Carlson, J., Watts, R. E., & Maniacii, M. (2006). *Adlerian therapy: Theory and practice.* American Psychological Association.

Clark, A. J. (2002). *Early recollections: Theory and practice in counseling and psychotherapy.* Psychology Press.

Combs, A., Soper, D., Gooding, C., Benton, J., Dickman, J., & Usher, R. (1969). *Florida studies in the helping professions* (University of Florida Monographs, Social Sciences, 37). University of Florida press.

Dinkmeyer, D. C., & McKay, G. D. (1976). *Systematic training for effective parenting: Leader's manual.* American Guidance Service.

Dreikurs, R. (1960). *Group psychotherapy and group approaches: Collected papers of Rudolf Dreikurs.* Alfred Adler Institute.

Dreikurs, R. (1967). *Psychodynamics, psychotherapy, and counseling.* Alfred Adler Institute.

Dreikurs, R. (1997). A demonstration. *Techniques in Adlerian Psychology, 28*(2), 275.

Evans, C. (2020). Adlerian play therapy and trauma. *The Journal of Individual Psychology, 76*(2), 217-228.

Fassino, S., Amianto, F., & Ferrero, A. (2008). Brief Adlerian psychodynamic psychotherapy: Theoretical issues and process indicators. *Panminerva Med, 50*(2), 165-175.

Kottman, T. (2001). Adlerian play therapy. *International Journal of Play Therapy, 10*(2), 1.

Kottman, T., & Meany-Walen, K. (2016). *Partners in play: An Adlerian approach to play therapy.* John Wiley & Sons.

Mosak, H. H., & Di Pietro, R. (2007). *Early recollections: Interpretive method and application.* Routledge.

Mosak, H. H., & Dreikurs, R. (1967). The life tasks III, the fifth life task. *Individual Psychology, 5*(1), 16-22.

Mosak, H. H., & Dreikurs, R. (1973). Adlerian psychotherapy. In: R. Corsini (Ed.), *Current psychotherapies* (pp. 126-157). F. E. Peacock.

Nicoll, W. G., Bitter, J. R., Christensen, O. C., & Hawes, C. (2000). Adlerian brief therapy: Strategies and tactics. *Brief therapy strategies with individuals and couples,* 220-247.

Norby, V. J., & Hall, C. S. (1974). *A guide to psychologists and their concepts.* W. H. Freeman.

Rosenthal, R., & Jacobson, L. (1968). Pygmalion in the classroom. *The Urban Review, 3*(1), 16-20.

Schneider, K. J., & Krug, O. T. (2010). *Existential-humanistic therapy.* American Psychological Association.

Shulman, B. H., & Mosak, H. H. (1988). *Handbook for the lifestyle.* Accelerated Development.

Schultz, W. T. (Ed.). (2005). *Handbook of psychobiography.* Oxford University Press.

Sonstegard, M. A., Bitter J. R., & Pelonis, P. (2020). **아들러 학파의 집단상담 및 치료, 단계별 접근.** (전

종국, 정대겸, 최선남 공역). 학지사. (원서 출판 2004).

Sweeney, T. J. (2005). **아들러 상담이론과 실제**. (노안영 외 공역). 학지사. (원서 출판 1998).

제4장 실존치료

고효진, 최지욱, 이홍표(2006). Templer 죽음불안 척도의 요인구조와 신뢰도. **한국심리학회지: 건강, 11**(2), 315-328.

Alexopoulos, C. J., Mims, C. W., & Blackwell, M. (1996). *Introductory mycology* (4th ed.). John Wiley and Sons.

Buber, M. (1970). *I and thou*(W. Kaufmann, Trans.). Charles Scribner's Sons, 57.

Bugental, J. F. (1976). *The search for existential identity*. Jossey-Bass.

Cahoone, L. E. (1996). *From Modernism to Postmodernism: An Anthology*. Blackwell.

Cooper, M. (2014). **실존치료**. (신성만, 가요한, 김은미 공역). 학지사. (원서 출판 2003).

Cooper, M. (2020). **실존 심리치료와 상담**. (신성만, 이상훈 공역). 학지사. (원서 출판 2015).

Corey, G. (2017). *Theory and practice of counseling and psychotherapy*. Cengage learning.

Corey, G., Muratori, M., Austin, J. T., & Austin, J. A. (2017). Counselor self-care. *Counseling & Human Services Faculty Books, 11,* https://digitalcommons.odu.edu/chs_books/11

Crumbaugh, J. C. (1977). The seeking of noetic goals test (SONG): A complementary scale to the purpose in life test (PIL). *Journal of Clinical Psychology, 33*(3), 900-907.

Crumbaugh, J. C., & Henrion, R. (1988). *The PIL Test: Administration, interpretation, uses theory and critique*. In International Forum for Logotherapy. Viktor Frankl Inst of Logotherapy. *The International Forum for Logotherapy, 11,* 76-88.

Frankl, V. E. (1963). *Man's search for meaning: Revised and updated*. Revised and updated. W. W. Norton & Company.

Guignon, C. B. (2002). *Existentialism. Routledge Encyclopedia of Philosophy*. http://www.rep.routledge.com

Heidegger, M. (2008). Ontology—The hermeneutics of facticity.

Heidegger, M. (2016). **존재와 시간**. (전양범 역). 동서문화사. (원서 출판 1962).

Ingham, H., & Luft, J. (1955). *The Johari Window: a graphic model for interpersonal relations*. Proceedings of the western training laboratory in group development.

Jaspers, K. (1986). *Karl Jaspers: Basic philosophical writings*. (Trans. E. Ehrlich, L.H. Ehrlich and G. B. Pepper.) Humanities Press.

Kiekegaard, S. (1980). *The Sickness Unto Death: A Christian Psychological Exposition for Upbuilding and Awakening*. Vol. 19. (Trans. H. V. Hong and E. H. Hong.) Princeton University Press. (Original work published 1849)

Kierkegaard, S. (2015). *The concept of anxiety: A simple psychologically oriented deliberation in view of the dogmatic problem of hereditary sin.* Liveright.

Kobasa, S. C., & Maddi, S. R. (1977). Existential personality theory. *Current Personality Theories,* 243-276.

Krug, O. T. (2009). James Bugental and Irvin Yalom. *Journal of Humanistic Psychology, 49*(3), 329-354.

Macquarrie, J. (1972). *Existentialism.* Penguin.

Marcel, G. (1949). *The Philosophy of existence.* (Trans. M. Harai.). Books for Libraries.

Merleu-Ponty, M. (1962). *The phenomenology of perception.* (Trans. C. Smith.) Routledge.

Sartre, J. P. (1943). *Being and nothingness.* Washington Square Press.

Sartre, J. P. (1958). *No exit.* Concord Theatricals.

Sartre, J. P. (1996). Existentialism. In L. Cahoone (Ed.), *From Modernism to Postmodernism: An Anthology.* Blackwell. (Original work published 1945).

Schneider, K. J. (2003). Existential-humanistic psychotherapies. *Essential Psychotherapies: Theory and Practice, 2,* 149-181.

Schulenberg, S. E., Schnetzer, L. W., & Buchanan, E. M. (2011). The purpose in life test-short form: development and psychometric support. *Journal of Happiness Studies, 12*(5), 861-876.

Sharf, R. S. (2015). *Theories of psychotherapy & counseling: Concepts and cases.* Cengage Learning.

Sommers-Flanagan, J., & Sommers-Flanagan, R. (2018). *Counseling and psychotherapy theories in context and practice: Skills, strategies, and techniques.* John Wiley & Sons.

Van Deurzen, E. (1988). *Existential counselling in practice.* Sage Publications, Inc.

Van Deurzen, E. (2012). *Existential counselling & psychotherapy in practice.* Sage.

Wong, P. T. (1998). Meaning-centered counselling. *The human quest for meaning: A handbook of psychological research and clinical applications,* 395-435.

Yalom, I. D. (1980). *Existential Psychotherapy.* Basic Books.

Yalom, I. D. (2002). *The gift of therapy: Reflections on being a therapist.* Piatkus.

제5장 구성주의 치료

권석만(2012). **현대 심리치료와 상담이론: 마음의 치유와 성장으로 가는 길.** 학지사.

Adler, J. (2012). Living into the story: Agency and coherence in a longitudinal studyof narrative identity development and mental health over the course ofpsychotherapy. *Journal of Personality and Social Psychology, 102,* 367-389. https://doi.org/10.1037/a0025289

Bond, C., Woods, K., Humphrey, N., Symes, W., & Green, L. (2013). Practitioner review: The effectiveness of solution focused brief therapy with children and families: A systematic and critical evaluation of the literature from 1990-2010. *Journal of Child Psychology and Psychiatry, 54*(7), 707-723. https://doi.org/10.1111/jcpp.12058

Bruner, J. (2002). *Making stories.* Farrar, Strauss, and Giroux.

Carr, A. (1998). Michael White's narrative therapy. *Contemporary Family Therapy, 20,* 485-503.

Carr, S. M., Smith, I. C., & Simm, R. (2014). Solution-focused brief therapy fromthe perspective of clients with long-term physical health conditions. *Psychology, Health & Medicine, 19*(4), 384-391. https://doi.org/10.1080/13548506.2013.824594

Carrick, H., & Randle-Phillips, C. (2018). Solution-focused approaches in thecontext of people with intellectual disabilities: A critical review. *Journal of Mental Health Research in Intellectual Disabilities, 11*(1), 30-53. https://doi.org/10.1080/19315864.2017.1390711

Corey, G. (2005). *Theory and practice of counseling and psychotherapy* (7th ed.). Brooks/ColePublishing Company.

de Shazer, S. (1982). *Patterns of brieffamily therapy: An ecosystem approach.* Guilford Press.

de Shazer, S. (1985). *Keys to solutions inbrief therapy.* W. W. Norton.

Ellison, K. (2023, December 14) Narrative therapytechniques and why they are helpful? Carepatron. https://www.carepatron.com/guides/narrative-therapy-techniques#:~:text=As%20people%20share%20their%20stories,on%20what%20you%20have%20heard.

Gergen, K. J. (1985). Social constructionistinquiry: Context and implications. In *The social construction of the person* (pp. 3-18). Springer.

Gergen, K. J. (1991). *The saturated self: Dilemmasof identity in contemporary life.* Basic Books.

Gergen, K. J. (2009). *An invitation to socialconstruction* (2nd ed.). Sage.

Gottlieb, D. T., & Gottlieb, C. D. (1996). *Couples therapy.* Routledge.

Guy-Evans, O. (2023, September 21) Narrative Therapy: Definition, Techniques & Interventions. Simply Psychology. https://www.simplypsychology.org/narrative-therapy.html#Narrative-Therapy-Techniques.

James, R. K., & Gilliland, B. E. (2003). *Theories and strategies in counseling and psychotherapy* (5th ed.). Allyn & Bacon.

Kim, J. S., & Franklin, C. (2009). Solution-focused brief therapy in schools: Areview of the outcome literature. *Children and Youth Services Review, 31*(4), 464-470. https://doi.org/10.1016/j.childyouth.2008.10.002

Kottler, J. A., & Montgomery, M. J. (2010). *Theories of counseling and therapy: An experiential approach.* Sage Publications.

Kress, V. E., Paylo, M., & Stargell, N. A. (2019). *Counseling children and adolescents.* Pearson.

Kress, V. E., Seligman, L., & Reichenberg, L. W. (2020). *Theories of counseling and psychotherapy:*

Systems, strategies, and skills (5th ed.). Pearson.

Lee, J. (1997). Women re-authoring their lives through feminist narrative therapy. *Women & Therapy, 20*(3), 1-22.

Lewis, T. F. (2014). *Substance abuse and addiction treatment: Practical application of counseling theory*. Pearson.

Lopes, R. T., Goncalves, M., Machado, P., Sinai, D., Bento, T., & Salgado, J. (2014). Narrative therapy vs. cognitive-behavioral therapy for moderate depression: Empirical evidence from a controlled clinical trial. *PsychotherapyResearch, 24*(6), 662-674. https://doi.org/10.1080/10503307.2013.874052

Mahoney, M. J. (1988). Constructive metatheory: 1. Basic features and historicalfoundations. *International Journal of Personal Construct Psychology, 1*(1), 1-35.

Mahoney, M. J. (2003). Constructivepsychotherapy: A practical guide. Guilford Press.

Mallory, A., Brown, J., Conner, S., & Henry, U. (2017). Finding what works: Newclinicians' use of standards of care with transgender clients. *The American Journal of Family Therapy, 45*(1), 27-36. https://doi.org/10.1080/01926187.2016.1223563

Mascher, J. (2002). Narrativetherapy: Inviting the use of sport as metaphor. *Women and Therapy, 25*, 57-74.

Metcalf, L. (1998). *Solution-focused group therapy: Ideas for groups in private practice, schools, agencies, and treatment programs*. Free Press.

Morgan, A. (2000). *What is narrative therapy? Aneasy read introduction*. Dulwich Centre Publications.

Neimeyer, R. A., & Raskin, J. D. (2001). Varieties of constructivism in psychotherapy. In K. S. Dobson (Eds.), *Handbook of cognitive-behavioral therapies* (2nd ed., pp. 393-430). Guilford Press.

O'Hanlon, B. (2014). *Out of the blue: Sixnon-medication ways to relieve depression*. W. W. Norton & Company.

O'Hanlon, W. H., & Weiner-Davis, M. (2003). *In search of solutions: A new direction in psychotherapy* (Rev. ed.). Norton.

Prochaska, J. O., & Norcross, J. C. (2018). *Systems of psychotherapy: A transtheoreticalanalysis* (9th ed.). Oxford University Press.

Raskin, J. D. (2002). Constructivism in psychology: Personal construct psychology,radical constructivism, and social constructionism. *American Communication Journal, 5*(3), 1-25.

Richert, A. J. (2010). *Integrating existential andnarrative therapy: A theoretical base for eclectic practice*. Duquesne University Press.

Sanders, C. J. (2007). A poetics of resistance: Compassionate practice in substancemisuse therapy.

In C. Brown & T. Augusta-Scott (Eds.), *Narrativetherapy: Making meaning, making lives* (pp. 59-76). Sage.

Scholl, M. B., & Hansen, J. T. (2018). *Postmodern perspectives on contemporary counseling issues.* Oxford University Press.

Seo, M., Kang, H. S., Lee, Y. L., & Chae, S. M. (2015). Narrative therapy with an emotionalapproach for people with depression: Improved symptom and cognitive-emotionaloutcomes. *Journal of Psychiatric and Mental Health Nursing, 22*(6), 379-389. https://doi.org/10.1111/jpm.12200

Sexton, T. L. (1997). Constructivist thinking within the history of ideas: The challenge of a new paradigm. In T. L. Sexton & B. L. Griffin (Eds.), *Constructivist thinking in counseling practice, research, and training* (pp. 3-18). Teachers College Press.

Sklare, G. B. (2014). *Brief counseling that works: A solution-focused therapy approach for school counselors and other mental health professionals.* Corwin Press.

Suitt, G. K., Geraldo, P., Estay, M., & Franklin, C. G. S. (2019). Solution-FocusedBrief Therapy for individuals with alcohol use disorders in Chile. *Researchon Social Work Practice, 29*(1), 19-35. https://doi.org/10.1177/1049731517740958

van der Kolk, B. A. (2014). *The body keeps the score: Brain, body, and mind inthe healing of trauma.* Viking.

White, M. (1986). Negative explanation, restraint, and double description: A templatefor family. *Family Process, 25,* 169-184.

White, M. (1989). *Selected papers.* Dulwich Centre.

White, M. (1995). *Re-authoring lives.* Dulwich Centre.

White, M. (2011). *Narrative practice: Continuing the conversation.* W. W. Norton.

White, M., & Epston, D. (1990). *Narrative means to therapeutic ends.* W. W. Norton.

Winbolt, B. (2011). *Solution focused therapy for the helping professions.* Jessica Kingsley.

Winslade, J., & Smith, L. (1997). Countering alcoholic narratives. In G. Monk, J. Winslade, K. Crocket, & D. Epston (Eds.), *Narrative therapy in practice: Thearchaeology of hope* (pp. 158-193). Jossey-Bass.

Winslade, J., & Monk, G. (1999). *Narrative counseling in schools.* Sage Publications Company.

Zhang, A., Franklin, C., Currin-McCulloch, J., Park, S., & Kim, J. (2018). Theeffectiveness of strength-based, solution-focused brief therapy in medicalsettings: A systematic review and meta-analysis of randomized controlledtrials. *Journal of Behavioral Medicine, 41*(2), 139-151. https://doi.org/10.1007/s10865-017-9888-1

제6장 게슈탈트 치료

김지원(2015). 게슈탈트 접촉경계진단검사(단축형)의 준거타당도 연구 및 연결성 하위척도의 매개효과 검증. **상담학연구, 16**(6), 25-43. https://doi.org/10.15703/kjc.16.6.201512.25

Clarkson, P., & Mackewn, J. (1993). *Fritz perls* (Vol. 1-4). SAGE Publications Ltd, https://doi.org/10.4135/9781446280553

Elliott, R., & Greenberg, L. S. (2016). Humanistic-experiential psychotherapy in practice: Emotion-focused therapy. In A. J. Consoli, L. E. Beutler, & B. Bongar (Eds.), *Comprehensive Textbook of Psychotherapy: Theory and practice* (2nd ed., pp. 106-120). Oxford University Press.

Fall, K. A., Holden, J. M., & Marquis, A. (2023). *Theoretical models of counseling and psychotherapy* (4th ed.). Routledge.

Fogarty, M., Bhar, S., & Theiler, S. (2020). Development and validation of the gestalt therapy fidelity scale. *Psychotherapy Research, 30*(4), 495-509. https://doi.org/10.1080/10503307.2019.1571688

Gilbert, M., & Evans, K. (2000). Gestalt counselling and psychotherapy. In *Introduction to counselling and psychotherapy: The essential guide* (pp. 83-96). SAGE Publications Ltd, https://doi.org/10.4135/9781446279755

Greenberg, L. S. (2004). Emotion-focused therapy. *Clinical Psychology and Psychotherapy, 11*(1), 3-16. https://doi.org/10.1002/cpp.388

Greenberg, L. S. (2011). *Emotion-focused therapy.* American Psychological Association.

Greenberg, L. S., & Goldman, R. N. (Eds.). (2019). *Clinical Handbook of Emotion-Focused Therapy.* American Psychological Association.

Greenberg, L. S., & Malcolm, W. (2002). Resolving unfinished business: Relating process to outcome. Journal of Consulting and *Clinical Psychology, 70*(2), 406-416. https://doi.org/10.1037/0022-006X.70.2.406

Hackney, H., & Bernard, J. (2021). *Professional counseling: A process guide to helping* (8th ed.). Pearsons.

Mackewn, J. (1997). *Developing gestalt counselling: A field theoretical and relational model of contemporary gestalt counselling and psychotherapy.* Sage Publications. https://doi.org/10.4135/9781446280461

Mann, D. (2021). *Gestalt therapy: 100 key points & techniques* (2nd ed.). Routledge. https://doi.org/10.4324/9781315158495

Perls, F. S. (1969).*Gestalt therapy verbatim.* Real People Press.

Sills, C., Lapworth, P., & Desmond, B. (2012). *An introduction to gestalt* (Rev ed.). SAGE. https://

doi.org/10.4135/9781473914971

Skottun, G., & Krüger, A. (2021). *Gestalt therapy practice: Theory and experiential learning.* Routledge. https://doi.org/10.4324/9781003153856

Sommers-Flanagan, J., & Sommers-Flanagan, R. (2018). *Counseling and psychotherapy theories in context and practice: Skills, strategies, and techniques* (3rd ed.). John Wiley & Sons Inc.

Timulak, L., & Pascual-Leone, A. (2015). New developments for case conceptualization in emotion-focused therapy. *Clinical Psychology and Psychotherapy, 22*(6), 619-636. https://doi.org/10.1002/cpp.1922

Wagner-Moore, L. E. (2004). Gestalt therapy: Past, present,theory, and research. *Psychotherapy (Chicago, Ill.), 41*(2), 180-189.https://doi.org/10.1037/0033-3204.41.2.180

Yontef, G. (2010). Commentary II: Prologue: From theradicalcenter: The heart of gestalt therapy. *Gestalt Review, 14*(1), 29-36. https://doi.org/10.5325/gestaltreview.14.1.0029

제7장 현실치료

American School Counselor Association. (2019). *The ASCA national model: A frameworkfor school counseling programs* (4th ed.). www.schoolcounselor.org.

Can, A., & Robey, P. A. (2021). Utilizing reality therapy and choice theory in schoolcounseling to promote student success and engagement: A role play demonstrationand discussion. *International Journal of Choice Theory & Reality Therapy, 40*(2), 54-60.

Dinkmeyer, D., & McKay, G. D. (1976). *Systematic training for effective parenting.* American Guidance Service, Inc.

Glasser, W. (1998). *Choice theory.* HarperCollins.

Glasser, W. (2003). *Psychiatry Can BeHazardous to Your Mental Health.* HarperCollins.

Glasser, W. (2005). *How the brain workschart.* The William Glasser Institute.

Guzman, Y. Z., Can, A., & Robey, P. A. (2023). Utilization of Reality Therapy and Choice Theory to Promote Career Development with Adolescents in School Settings. *International Journal of Choice Theory & Reality Therapy, 43*(1).

Fulkerson, M. H. (2023). INTEGRATING SYSTEMATIC TRAINING FOR EFFECTIVE PARENTING (STEP) WITH CHOICE THEORY AND REALITY THERAPY. *International Journal of Choice Theory & Reality Therapy, 43*(1).

Powers, W. T. (1973). *Behavior: the control of perception.* Aldine.

Wubbolding, R. (1988). *Using reality therapy.* HarperCollins.

Wubbolding, R. E. (2014). *Reality therapy and school practice.* Mental Health Practice in Today's Schools: Issues and Interventions.

Wubbolding, R. E. (2015). Reality therapy and school practice. In R. Witte & G. S. Mosley Howard

(Eds.), *Mental healthpractice in today's schools* (pp. 169-192). Springer Publishing Company.

Wubbolding, R. E. (2017). *Reality Therapy and Self-Evaluation*. American Counseling Association.

제8장 인간중심치료

Bruce, A. B., & William, A. V. (2017). **건강관리전문가를 위한 동기강화상담**. (신성만, 이상훈, 박상규, 김성재, 배다현 공역). 박학사. (원서 출판 2013).

Cain, D. J. (1987). Carl R. Rogers: The man, his vision, his impact. *Person-Centered Review, 2*(3), 283-288.

David, B. R. (2020). **동기강화상담 기술훈련: 실무자 워크북**. (신성만, 김성재, 이동귀, 전영민, 김주은 공역). 박학사. (원서 출판 2017).

Fiedler, F. E. (1950). A comparison of therapeutic relationships in psychoanalytic, nondirective and Adlerian therapy. *Journal of Consulting Psychology, 14*(6), 436-445.

Gendlin, E. T. (1962). *Experiencing and the creation of meaning: A philosophical and psychological approach to the subjective*. Free Press Glencoe.

Heppner, R. R., Rogers, M. E., & Lee, L. A. (1984). Carl Rogers: Reflections on his life. *Journal of Counseling and Development, 63*(1), 1-20.

Mearns, D., & Cooper, M. (2005). *Working at relational depth in counselling and psychotherapy*. Sage.

Mearns, D., & Thorne, B. (1988). *Person-centred counselling in action*. Sage Publications, Inc.

Miller, W. R., & Rollnick, S. (2002). *Motivational interviewing: Preparing people for change*. The Guilford Press.

Miller, W. R., & Rollnick, S. (2015). **동기강화상담: 변화 함께하기**. (신성만, 권정옥, 이상훈 공역). 시그마프레스. (원서 출판 2013).

Prochaska, J. O., & DiClemente, C. C. (1983). Stages and processes of self-change of smoking: Toward an integrative model of change. *Journal of Consulting and Clinical Psychology, 51*(3), 390-395.

Rogers, C. R. (1951). *Client-centered therapy*. Houghton Mifflin.

Rogers, C. R. (1957). The necessary and sufficient conditions of therapeutic personality change. *Journal of Consulting Psychology, 21*, 95-103.

Rogers, C. R. (1961). *On becoming a person*. Houghton Mifflin.

Rogers, C. R. (1962). The interpersonal relationship: The core of guidance. *HarvardEducational Review, 32*, 416-429.

Rogers, C. R. (1977). *Carl Rogers on personal power: Inner strength and its revolutionary impact*. Delacorte Press.

Rogers, C. R. (1980). *A way of being* (revised edition). Houghton Mifflin.

Rollnick, S., Mason, P., & Butler, C. (1999). *Health behavior change: A guide for practitioners.* ChurcHill Livingstone.

Rollnick, S., Miller, W. R., & Butler, C. C. (2008). *Motivational interviewing in health care: Helping patients change behavior.* The Guilford Press.

Truax, C., & Carkhuff, R. (1967). *Toward effective counseling and psychotherapy: Training and practice.* Aldine Publishing Co.

Watzlawick, P., Beavin J. H., & Jackson, D. D. (1967). The Pragmatics of Human Communication: A Study of Interactional Patterns, Pathologies, and Paradoxes. Norton.

제9장 행동치료

강진령(2023). **쉽게 풀어 쓴 상담이론과 실제.** 학지사.

김명희, 이현경(2011). **행동수정과 치료: 아동 청소년 행동치료 사례중심.** 교문사.

김정희 외(1997). **심리학의 이해.** 학지사.

박상규, 강성군, 김교헌, 서경현, 신성만, 이형초, 전영민(2009). **중독의 이해와 상담의 실제.** 학지사.

이선영(2017). **꼭 알고 싶은 수용-전념 치료의 모든 것.** 소울메이트.

천성문, 권성중, 김인규, 김장회, 김창대, 신성만, 이동훈, 허재홍(2017). **심리상담과 치료의 이론과 실제.** 학지사.

Bandura, A. (1971). Vicarious and self-reinforcement processes. *The nature of reinforcement, 228278.*

Bandura, A. (1997). *Self-efficacy: The exercise of control.* Macmillan.

Bandura, A., & Barab, P. G. (1971). Conditions governing nonreinforced imitation. *Developmental Psychology, 5*(2), 244.

Bandura, A., & Walters, R. H. (1963). *Social learning and imitation.* Rinehart & Winston.

Beck, A. T. (1993). Cognitive therapy: past, present, and future. *Journal of consulting and clinical psychology, 61*(2), 194.

Beck, H. P., Levinson, S., & Irons, G. (2009). Finding little Albert: A journey to John B. Watson's infant laboratory. *American Psychologist, 64*(7), 605.

Corey, G. (2009). *Theory and practice of counseling and psychotherapy* (8th ed.). Thomson Brooks/Cole.

Corey, G. (2017). **심리상담과 치료의 이론과 실제.** (천성문, 권선중, 김인규, 김장회, 김창대, 신성만, 이동훈, 허재홍 공역). 센게이지러닝코리아. (원서 출판 2014).

Griggs, R. A. (2010). *Psychology: A concise introduction.* Macmillan.

Hayes, S. C., Strostal, K. D., Wilson, K. G. (2011). *Acceptance and commitment therapy, Second Edition: The process and practice of mindful change.* Guilford Press.

Jacobson, E. (1938). You can sleep well: The ABC's of restful sleep for the average person.

Jill, A. S., & Niloofar, A. (2016). **수용전념치료(ACT) 은유(메타포) 모음집: ACT 체험 연습 및 은유 실무자 지침서**. (손정락 역). 시그마프레스. (원서 출판 2014).

John. S. F., & Rita. S. F. (2018). *Counseling and psychotherapy theories in context and practice* (3rd ed.). John Wiley and Sons.

Kaffman, A., & Meaney, M. J. (2007). Neurodevelopmental sequelae of postnatal maternal care in rodents: clinical and research implications of molecular insights. *Journal of Child Psychology and Psychiatry, 48*(3-4), 224-244.

Pavlov, P. I. (2010). Conditioned reflexes: An investigation of the physiological activity of the cerebral cortex. *Annals of Neurosciences, 17*(3), 136.

Ramnerö, J., & Törneke, N. (2016). **인간행동의 ABC: 3동향 인지행동치료 사용설명서**. (곽욱환, 박준성, 조철래 공역). 삶과지식. (원서 출판 2008).

Short, F., & Thomas, P. (2017). **심리치료와 상담의 핵심접근**. (신성만, 남지혜, 신정미 공역). 박영story. (원서 출판 2014).

Skinner, B. F. (2019). *The behavior of organisms: An experimental analysis*. BF Skinner Foundation.

Smith, N. G., & Morris, E. K. (2004). A tribute to BF Skinner at 100: His awards and honors. *European journal of behavior analysis, 5*(2), 121-128.

Staats, W. W. (1996). *Behavior and personality: Psychological behaviorism*. Springer Publishing Company.

Thorndike, E. (2017). *Animal intelligence: Experimental studies*. Routledge.

Watson, J. B. (1913). Psychology as the behaviorist views it. *Psychological Review, 20*(2), 158.

Watson, J. B., & Rayner, R. (1920). Conditioned emotional reactions. *Journal of experimental psychology, 3*(1), 1.

제10장 인지치료와 인지행동치료

권석만(2012). **현대 심리치료와 상담이론: 마음의 치유와 성장으로 가는 길**. 학지사.

김정범(2000). 인지-행동치료의 발전과정. **생물치료정신의학, 6**(1), 140-149.

김중술, 이한주, 한수정(2003). **사례로 읽는 임상심리학**. 서울대학교출판문화원.

Beck, J. (2011). *Cognitive behavior therapy: Basics and beyond* (2nd ed.). Guilford Press.

David, D., Cotet, C., Matu, S., Mogoase, C., & Stefan, S. (2018). 50 years of rational-emotive and cognitive-behavioral therapy: A systematic review and meta-analysis. *Journal of Clinical Psychology, 74*(3), 304-318.

Dobson, K. S. E. (2010). *Handbook of cognitive-behavioral therapies* (3rd ed.). Guilford Press.

Dryden, W. (2016). 합리적 정서행동치료[*Rational Emotive Behavioral Therapy*] (유성진 역). 학지사.

Ellis, A. (1962). *Reason and emotion in Psychotherapy.* Lyle Stuart.

Ellis, A. (1985). Expanding the ABCs of RET. In M. J. Mahoney & A. Freeman (Eds.), *Cognition and psychotherapy* (pp. 313-323). Plenum.

Ellis, A., & Ellis, D. J. (2019). Current psychotherapy. Wedding, D., & Corsini, R. J. (Eds.), *Rational emotive behavior therapy* (11th ed., pp. 157-198). Cengage Learning.

Ellis, A., & Maclaren, C. (2007). 합리적 정서행동치료[*Rational emotive behavioral therapy*]. (서수균, 김윤희 공역). 학지사. (원서 출판 2005).

Froggatt, W. (2005). *Rational emotive behaviour therapy.* Harpercollins.

Greenberger, D., & Padesky, C. A. (2015). *Mind over mood: Change how you feel by changing the way you think.* Guilford Publications.

Grohol, J. (2020). An Overview of Dialectical Behavior Therapy. Psych Central. Retrieved on November 5, 2020, from https://psychcentral.com/lib/an-overview-of-dialectical-behavior-therapy/

Hofmann, S. G., Asnaani, A., Vonk, I. J., Sawyer, A. T., & Fang, A. (2012). The efficacy of cognitive behavioral therapy: A review of meta-analyses. *Cognitive Therapy and Research, 36*(5), 427-440.

Khaleghi, M., Leahy, R. L., Akbari, E., Mohammadkhani, S., Hasani, J., & Tayyebi, A. (2017). Emotional schema therapy for generalized anxiety disorder: a single-subject design. *International Journal of Cognitive Therapy, 10*(4), 269-282.

Khan, S., & Singh, P. (2018). Management of Comorbid Anxiety Through Cognitive Drill Therapy in a Patient of Somatoform Disorder: A Case Study. *South Asia Research & Development Institute, 26,* 129-133.

Kuyken, W., Padesky, C. A., & Dudley, R. (2008). The science and practice of case conceptualization. *Behavioural and Cognitive Psychotherapy, 36*(6), 757.

Mahoney, M. J. (1974). *Cognition and behavior modification.* Ballinger.

Nathan, P. E., & Gorman, J. M. (2015). *A guide to treatments that work.* Oxford University Press.

Nevid, J. S. (2019). 네비드의 심리학 개론 4판[*Psychology: Concepts and applications,* 4th ed.]. (신성만, 박권생, 김주은 공역). 학지사. (원서 출판 2012).

Padesky, C. A. (1993, September). Socratic questioning: Changing minds or guiding discovery. In *A keynote address delivered at the European congress of behavioural and cognitive therapies* (Vol. 24).

Persons, J. B. (2008). *The case formulation approach to cognitive-behavior therapy* (Guides to Individualized Evidence-Based Treatment). Guilford.

Persons, J. B., Davidson, J., Tompkins, M. A., & Dowd, E. T. (2001). *Essential components of cognitive-behavior therapy for depression*. Springer.

Regoli, N. (2020). 15 Pros and Cons of Cognitive Behavioral Therapy. Connect US. Retrieved 6 November 2020, from https://connectusfund.org/15-pros-and-cons-of-cognitive-behavioral-therapy.

Ruggiero, G. M., Spada, M. M., Caselli, G., & Sassaroli, S. (2018). A historical and theoretical review of cognitive behavioral therapies: From structural self-knowledge to functional processes. *Journal of Rational-Emotive & Cognitive-Behavior Therapy, 36*(4), 378-403.

Schimelpfening, N. (2020). What to Know About Dialectical Behavior Therapy. Verywell Mind. Retrieved 6 November 2020, from https://www.verywellmind.com/dialectical-behavior-therapy-1067402.

Simos, G. (2009). *Cognitive behaviour therapy* (2nd ed.). Routledge.

제11장 다문화상담

경제정보센터(2023). 2023 고령자 통계. https://eiec.kdi.re.kr/policy/materialView.do?num=243181

경제정보센터(2023). 국내 거주 외국인주민 수 226만 명, 총인구 대비 4.4%, 최대규모 기록. https://eiec.kdi.re.kr/policy/materialView.do?num=244511

모상현(2018). 문화적응스트레스와 사회적 지지가 다문화청소년의 사회적 위축에 미치는 영향: 교사 및 또래친구 요인의 조절효과. **청소년문화포럼**, 67-93.

보건복지부(2024). https://www.mohw.go.kr/boardDownload.es?bid=0027&list_no=1481120&seq=2

임은미, 강혜정, 김성현, 구자경(2018). 한국 상담자의 다문화 상담역량 척도 개발 및 타당화. **상담학연구**, 19(1), 421-442.

최나야, 우현경, 정현심, 박혜준, 이순형(2009). 영유아기 자녀를 둔 다문화가정 어머니의 양육 스트레스. **가정과삶의질연구**, 27(2), 255-268.

통계청(2022). 2022년 이민자 체류 실태 및 고용조사 결과. https://kostat.go.kr/boardDownload.es?bid=11918&list_no=427263&seq=1&gubun=listPageFileDown

통계청(2023a). 2023 고령자 통계. https://kostat.go.kr/boardDownload.es?bid=10820&list_no=427252&seq=3

통계청(2023b). 전국 장애유형별, 성별 등록장애인 수. https://kosis.kr/statHtml/statHtml.do?orgId=117&tblId=DT_11761_N001&vw_cd=MT_OTITLE&list_id=101_11761&scrId=&seqNo=&lang_mode=ko&obj_var_id=&itm_id=&conn_path=K2&path=%252Fcommon%252Fmeta_onedepth.jsp

한승준(2008). 우리나라 다문화정책의 거버넌스 분석. **한국행정학회 추계학술발표논문집**, 2008, 1-19.

Adler, A. (1964). Advantages and disadvantages of the inferiority feeling. In H. L. Ansbacher & R. R. Ansbacher (Eds.), *Superiority and social interest: A collection of later writings* (pp. 50- 58). Northwestern University Press.

Aguilera, A., Garza, M. J., & Munoz, R. F. (2010). Group cognitive-behavioral therapy for depression in Spanish: Culture-sensitive manualized treatment in practice. *Journal of Clinical Psychology, 66*(8), 857-867.

American Counseling Association. (2014). Code of Ethics. https://www.counseling.org/resources/aca-code-of-ethics.pdf

American Psychological Association. (APA; 2002). APA guidelines for assessment and intervention with persons with disabilities. https://www.apa.org/pi/disability/resources/assessment-disabilities

APA. (2017). Multicultural guidelines: An ecological approach to context, identity, and intersectionality. https://www-apa-org/about/policy/multicultural-guidelines.pdf

APA. (2018). APA Guidelines for Psychological Practice with Girls and Women. https://www.apa.org/practice/guidelines/girls-and-women

American Psychological Association Presidential Task Force on Evidence-Based Practice. (2006). Evidence-based practice in psychology. *The American Psychologist, 61*(4), 271-285.

Beck, A. T. (2002). Cognitive models of depression. In R. L. Leahy & E. T. Dowd (Eds.), *Clinical advances in cognitive psychotherapy: Theory and application* (pp. 29-61). Springer Publishing Company.

Berg-Cross, L., & Takushi-Chinen, R. (1995). Multicultural training models and the Person-inCulture Interview. In J. G. Ponterotto, J. M. Casas, L. A. Suzuki, & C. M. Alexander (Eds.), *Handbook of multicultural counseling* (pp. 333-356). Sage.

Berry, J. W. (1992). Acculturation and adaptation in a new society. *International migration, 30,* 69-69. https://doi.org/10.1111/j.1468-2435.1992.tb00776.x

Berry, J. W. (2004). Fundamental psychological processes in intercultural relations. In D. Landis and J. Bennett (Eds.), *Handbook of Intercultural Research* (3rd ed., pp. 166-184). Sage Publications.

Brown, L. S. (2010). *Feminist therapy.* American Psychological Association.

Burke, B. L., Arkowitz, H., & Dunn, C. (2002). The efficacy of motivational interviewing and its adaptations: What we know so far. In W. Miller & S. Rollnick (Eds.), *Motivational interviewing* (2nd ed., pp. 217-250). Guilford Press.

Butler, R. (1975). *Why survive?* Being old in America. Harper & Row.

Caddick, N., Smith, B., & Phoenix, C. (2015). Male combat veterans' narratives of PTSD, masculinity, and health. *Sociology of Health & Illness, 37*(1), 97-111. https://doi.

org/10.1111/1467-9566.12183

Corey, G. (2011). *Theory and practice of counseling and psychotherapy* (9th ed.). Cengage Learning.

Costa, P. T., & McCrae, R. R. (1964). Set like plaster? Evidence for the stability of adult personality. In T. F. Heatherton & J. L. Weinberger (Eds.), *Can personality change?* (pp. 21-40). American Psychological Association.

Crenshaw, K. (1989). Demarginalizing the intersection of race and sex: A Black feminist critique of antidiscrimination doctrine, feminist theory, and antiracist politics. *The University of Chicago Legal Forum, 1989*(1), 139-167.

Cross, W. E. (1991). *Shades of back: Diversity In African American identity.* Temple University Press.

Dodson, T. A., & Borders, L. D. (2006). Men in traditional and nontraditional careers: Gender role attitudes, gender role conflict, and job satisfaction. *The Career Development Quarterly, 54*(4), 283-296. https://doi.org/10.1002/j.2161-0045.2006.tb00194.x

Durodoye, B. A. (2012). Ethical issues in multicultural counseling. In C. C. Lee. (Ed.), *Multicultural Issues in Counseling: New Approaches to Diversity* (pp. 295-308). American Counseling Association.

Enns, C. Z. (2000). Gender issues in counseling. In S. D. Brown & R. W. Lent (Eds.), *Handbook of counseling psychology* (3rd ed., pp. 601-638). Wiley.

Enns, C. Z., & Byars-Winston, A. M. (2010). Multicultural feminist therapy. In H. Landrine & N. F. Russo (Eds.), *Handbook of diversity in feminist psychology* (pp. 367-388). Springer Publishing Company.

Erikson, E. H. (1963). *Childhood and society* (2nd ed.). Norton.

Eriksen, K., & Kress, V. E. (2005). *Beyond the DSM story: Ethical quandaries, challenges, and best practices.* Sage.

Evans, K. M., Kincade, E. A., & Seem, S. R. (2011). *Introduction to feminist therapy: Strategies for social and individual change.* Sage.

Freud, S. (1937). Analysis terminable and interminable. In P. Rieff (Ed.), *Freud: Therapy and technique* (pp. 233-272). Collier.

Galioto, R., & Crowther, J. H. (2013). The effects of exposure to slender and muscular images on male body dissatisfaction. *Body Image, 10*(4), 566-573. https://doi.org/10.1016/j.bodyim.2013.07.009

Ganley, A. L. (1988). Feminist therapy with male clients. In M. A. Dutton-Douglas & L. E. Walker (Eds.), *Feminist psychotherapies: Integration of therapeutic and feminist systems* (pp. 186-205). Ablex.

Gibbs, J. T. (1989). Biracial adolescents. In J. T. Gibbs, L. N. Huang, & Associates (Eds.), *Children of color: Psychological interventions with minority youth* (pp. 322-350). Jossey-Bass.

Good, G. E., Thomson, D. A., & Brathwaite, A. D. (2005). Men and therapy: Critical concepts, theoretical frameworks, and research recommendations. *Journal of Clinical Psychology, 61*(6), 699-711. https://doi.org/10.1002/jclp.20104

Goodman, D. J. (2011). *Promoting diversity and social justice: Educating people from privileged groups* (2nd ed.). Routledge.

Grieger, I. (2008). A cultural assessment framework and interview protocol. In L. A. Suzuki & J. G. Ponterotto (Eds.), *Handbook of multicultural assessment: Clinical, psychological, and educational applications* (3rd ed., pp. 132-161). Jossey-Bass.

Harris, H. L. (2002). School counselors' perceptions of biracial children: A pilot study. *Professional School Counseling, 6*(2), 120-129.

Hays, P. A. (2008). *Addressing cultural complexities in practice* (2nd ed.). American Psychological Association.

Helms, J. E., & Cook, D. A. (1999). *Using race and culture in counseling and psychotherapy: Theory and process.* Allyn & Bacon.

Herring, R. D. (1992). Biracial children: An increasing concern for elementary and middle school counselors. *Elementary School Guidance and Counseling, 27*(2), 123-130.

Hur, A. (2021). South Korea's demographic crisis is challenging its national story. Carnegie Endowment for International Peace. https://carnegieendowment.org/2021/06/29/south-korea-s-demographic-crisis-is-challenging-its-national-story-pub-84820

Hwang, W. C. (2006). The psychotherapy adaptation and modification framework (PAMF): Application to Asian Americans. *American Psychologist, 61*(7), 702-715. https://doi.org/10.1037/0003-066X.61.7.702

Hwang, W. C. (2009). The Formative Method for Adapting Psychotherapy (FMAP): A community-based developmental approach to culturally adapting therapy. *Professional Psychology: Research and Practice, 40*(4), 369-377. http://doi.org/0.1037/a0016240

Kenney, K. R., & Kenney, M. E. (2010). Advocacy with the multiracial population. In M. J. Ratts, R. L. Toporek, & J. A. Lewis (Eds.), *ACA advocacy competencies: A social justice framework for counselors* (pp. 65- 74). American Counseling Association.

Kim, Y. S. E. (2005). Guidelines and strategies for cross-cultural counseling with Korean American clients. *Journal of Multicultural Counseling and Development, 33*(4), 217-231.

Lee, C. (2012). The cross-cultural encounter: Meeting the challenge of culturally competent counseling. In C. C. Lee. (Ed.), *Multicultural issues in counseling: New approaches to diversity* (pp. 13-19). American Counseling Association.

Lee, C. C., & Park, D. (2012). A conceptual framework for counseling across cultures. In C. C. Lee. (Ed.), *Multicultural issues in counseling: New approaches to diversity* (pp. 3-12). American Counseling Association.

Levin, D., & Kilbourne, J. (2009). *So sexy so soon: The new sexualized childhood and what parents can do to protect their kids*. Ballantine Books.

Lewis, J. A., Arnold, M. S., House, R., & Toporek, R. L. (2002). *ACA Advocacy Competencies*. http://www.counseling.org/Publications/

Livneh, H. (2001). Psychosocial adaptation to chronic illness and disability: A conceptual framework. *Rehabilitation Counseling Bulletin, 44*(3), 151-160.

Loesch, L. C., & Burch-Ragan, K. M. (2003). Preparation for helping professionals working with diverse populations. In N. A. Vacc, S. B. DeVaney, & J. M. Braendel (Eds.), *Counseling multicultural and diverse populations: Strategies for practitioners* (4th ed., pp. 325-428). Brunner-Routledge.

McKelley, R. A. (2007). Men's resistance to seeking help: Using individual psychology to understand counseling-reluctant men. *Journal of Individual Psychology, 63*(1), 48-58.

Myers, J. E., & Harper, M. (2004). Evidence-based effective practices with older adults: A review of the literature for counselors. *Journal of Counseling & Development, 82*(2), 207-218. http://doi.org/10.1002/j.1556-6678.2004.tb00304.x

Myers, J. E., & Shannonhouse, L. R. (2011). Combating ageism: Advocacy for older persons. In C. C .Lee. (Ed.), *Multicultural issues in counseling: New approaches to diversity* (pp. 3-12). American Counseling Association.

Okun, B. F. (1996). Understanding diverse families: What practitioners need to know. Guilford Press.

Pan, D., Huey Jr, S. J., & Hernandez, D. (2011). Culturally adapted versus standard exposure treatment for phobic Asian Americans: Treatment efficacy, moderators, and predictors. *Cultural Diversity and Ethnic Minority Psychology, 17*(1), 11-22. http://doi.org/10.1037/a0022534

PettyJohn, M. E., Tseng, C. F., & Blow, A. J. (2020). Therapeutic utility of discussing therapist/client intersectionality in treatment: When and how? *Family Process, 59*(2), 313-327. https://doi.org/10.1111/famp.12471

Puente, A. E., & Ardila, A. (2000). Neuropsychological assessment of Hispanics. In E. Fletcher-Janzen, T. L. Strickland, & C. R. Reynolds (Eds.), *Handbook of cross-cultural neuropsychology* (pp. 87-104). Springer.

Rogers, C. R. (1957). The necessary and sufficient conditions of therapeutic personality change. *Journal of Consulting Psychology, 21*(2), 95-103.

Root, M. P. P. (1994). Mixed-race women. In L. Comas-Diaz & B. Greene (Eds.), *Women of color: Integrating ethnic and gender identities in psychotherapy* (pp. 455-478). Guilford Press.

Salmon, L. (2017). The four questions: A framework for integrating an understanding of oppression dynamics in clinical work and supervision. In R. Allan (Ed.), *Creating cultural safety in couple and family therapy: Supervision and training* (pp. 11-22). Springer.

Silverberg, R. A. (1986). *Psychotherapy for men: Transcending the masculine mystique.* Thomas.

Smart, J. F. (2001). *Disability, society and the individual.* PRO-ED.

Smart, J. F. (2008). The power of models of disability. *Journal of Rehabilitation, 75,* 3-11.

Smart, J. F. (2012). Counseling individuals with physical, cognitive, and psychiatric disabilities. In C. C. Lee. (Ed.), *Multicultural issues in counseling: New approaches to diversity* (pp. 221-234). American Counseling Association.

Sommers-Flanagan, J., & Sommers-Flanagan, R. (2018). *Developing your multicultural orientation and skills* (pp. 339-366). Wiley.

Soto, A., Smith, T. B., Griner, D., Domenech Rodríguez, M., & Bernal, G. (2018). Cultural adaptations and therapist multicultural competence: Two meta-analytic reviews. *Journal of Clinical Psychology, 74*(11), 1907-1923. https://doi.org/10.1002/jclp.22679

Spengler, P. M., Strohmer, D. C., Dixon, D. N., & Shivy, V. A. (1995). A scientist-practitioner model of psychological assessment: Implications for training, practice and research. *The Counseling Psychologist, 23*(3), 506-534.

Spurgeon, S. L. (2011). Issues in counseling men. In C. C. Lee. (Ed.), *Multicultural issues in counseling: New approaches to diversity* (pp. 127-138). American Counseling Association.

Stewart, A. E. (2004). Can knowledge of client birth order bias clinical judgment? *Journal of Counseling & Development, 82*(2), 167-176. http://doi.org/10.1002/j.1556-6678.2004.tb00298.x

Sue, D. W., Arredondo, P., & McDavis, R. J. (1992). Multicultural counseling competencies and standards: A call to the profession. *Journal of Counseling & Development, 70*(4), 477-486.

Sue, D. W., Bucceri, J., Lin, A. I., Nadal, K. L., & Torino, G. C. (2007). Racial microaggressions and the Asian American experience. *Cultural Diversity and Ethnic Minority Psychology, 13*(1), 88-101. http://doi.org/10.1037/1948-1985.S.1.88

Sue, D. W., Capodilupo, C. M., Torino, G. C., Bucceri, J. M., Holder, A., Nadal, K. L., & Esquilin, M. (2007). Racial microaggressions in everyday life: Implications for clinical practice. *American Psychologist, 62*(4), 271-286. http://doi.org/10.1037/0003-066X.62.4.271

Sue, D. W., & Sue, D. (2016). *Counseling the culturally different: Theory and practice.* John Wiley & Sons Inc.

Suzuki, L. A., Onoue, M. A., & Hill, J. S. (2013). Clinical assessment: A multicultural perspective. In K. F. Geisinger, B. A. Bracken, J. F. Carlson, J.-I. C. Hansen, N. R. Kuncel, S. P. Reise,

& M. C. Rodriguez (Eds.), *APA handbook of testing and assessment in psychology. Testing and assessment in clinical and counseling psychology* (Vol. 2., pp. 193-212). American Psychological Association. https://doi.org/10.1037/14048-012

Sweeney, T. J. (2009). *Adlerian counseling and psychotherapy: A practitioner's approach.* Taylor & Francis.

Thomas, S. A. (1977). Theory and practice in feminist therapy. *Social Work, 22,* 447-454.

Toporek, R. L., & Reza, J. V. (2001). Context as a critical dimension of multicultural counseling: Articulating personal, professional, and institutional competence. *Journal of Multicultural Counseling and Development, 29*(1), 13-30. http://doi.org/10.1002/j.2161-1912.2001.tb00500.x

United Nation. (2020). World Population Ageing 2020 Highlights. https://www.un.org/development/desa/pd/sites/www.un.org.development.desa.pd/files/files/documents/2020/Sep/un_pop_2020_pf_ageing_10_key_messages.pdf

Watt, S. K. (2007). Difficult dialogues, privilege and social justice: Uses of the privileged identity exploration (PIE) model in student affairs practice. *College Student Affairs Journal, 26*(2), 114-126.

Wehrly, B., Kenney, K. R., & Kenney, M. E. (1999). *Counseling Multiracial Families.* Sage.

Wester, S. R. (2008). Male gender role conflict and multiculturalism: Implications for counseling psychology. *The Counseling Psychologist, 36*(2), 294-324. http://doi.org/10.1177/0011000006286341

Westwood, M., Kuhl, D., & Sheilds, D. (2011). Counseling military clients: Multicultural competence, challenges, and opportunities. In C. C. Lee. (Ed.), *Multicultural issues in counseling: New approaches to diversity* (pp. 275-292). American Counseling Association.

Worell, J., & Remer, P. (2003). *Feminist perspectives in therapy: Empowering diverse women* (2nd ed.). Wiley.

Wright, B. A. (1983). *Physical disability: A psychosocial approach* (2nd ed.). Harper & Row.

제12장 그 외 중요한 심리치료

문영주(2015). 교류분석상담의 인생각본치료. 아카데미아.

이원영(2010). 아이는 성공하기 위해 태어난다. 샘터사.

Bandura, A. (1997). *Self-efficacy: The exercise of control.* W. H. Freeman and Company.

Berne, E. (1958). Transactional analysis: A new and effective method of group therapy. *The American Journal of Psychotherapy, 12*(2), 293-309.

Berne, E. (1961). *Transactional analysis in psychotherapy: A systematic individual and social psychiatry*. Grove Press.

Berne, E. (1964). *Games people play: The psychology of human relationships*. Grove Press.

Berne, E. (1966). *Principles of group treatment*. Oxford University Press.

Berne, E. (1972). *What do you say after you say hello?* Grove Press.

Bonanno, G. A. (2004). Loss, trauma, and human resilience: Have we underestimated the human capacity to thrive after extremely aversive events? *American Psychologist, 59*(1), 20-28.

Calhoun, L. C., & Tedeschi, R. C. (2004). The Foundations of posttraumatic growth: New considerations. *Psychological Inquiry, 15*(1), 93-102.

Cohen, S., & Wills, T. A. (1985). Stress, social support, and the buffering hypothesis. *Psychological Bulletin, 98*(2), 310-357.

Cuijpers, P., Donker, T., Weissman, M. M., Ravitz, P., & Cristea, I. A. (2016). Interpersonal psychotherapy for mental health problems: A comprehensive meta-analysis. *American Journal of Psychiatry, 173*(7), 680-687.

DiMascio, A., Weissman, M. M., Prusoff, B. A. Neu, C. Zwilling, M., & Klerman, G. L. (1979). Differential symptom reduction by drugs and psychotherapy in acute depression. *Arch. Gen. Psychol, 57*, 414-419.

Elkin, I., Shea, M. T., Watkins, J. T., Imber, S. D., Sotsky, S. M., Collins, J. F., … & Parloff, M. B. (1989). National Institute of Mental Health Treatment of Depression Collaborative Research Program: General effectiveness of treatments. *Archives of General Psychiatry, 46*(11), 971-982.

Emmons, R. A., & McCullough, M. E. (2003). *Counting blessings versus burdens: An experimental investigation of gratitude and subjective well-being in daily life*.

Frank, E., & Spanier, C. (1995). Interpersonal psychotherapy for depression: Overview, clinical efficacy, and future directions. *Clinical Psychology: Science and Practice, 2*(4), 349-369.

Fredrickson, B. L. (2001). The role of positive emotions in positive psychology: Broaden-and-build theory of positive emotions. *American Psychologist, 56*(3), 218-226.

Fredrickson, B. L. (2009). *Positivity*. Crown.

Fredrickson, B. L. (2013). *Love 2.0: How our supreme emotion affects everything we feel, think, do, and become*. Hudson Street Press.

Harris, T. A. (1967). *I'm OK-You're OK*. Harper & Row.

Hudson, N. W., Briley, D. A., Chopik, W. J., & Derringer, J. (2018, October 25). You Have to Follow Through: Attaining Behavioral Change Goals Predicts Volitional Personality Change. *Journal of Personality and Social Psychology, 84*(2), 377-389.

James, M., & Jongeward, D. (1971). *Born to win: Transactional analysis with Gestalt experiments*. Addison-Wesley.

Klerman, G. L., Weissman, M. M., Rounsaville, B. J., & Chevron, E. S. (1984). *Interpersonal psychotherapy of depression*. Basic Books.

Linley, P. A., & Harrington, S. (2006). *Playing to your strengths*. Pearson.

Markowitz, J. C., & Weissman, M. M. (2004). *Casebook of interpersonal psychotherapy*. Oxford University Press.

Mufson, L., Pollack Dorta, K., Moreau, D., & Weissman, M. M. (2004). *Interpersonal psychotherapy for depressed adolescents*. Guilford Press.

Nezu, A. M., Nezu, C. M., & Perri, M. G. (1986). The effects of problem-solving therapy on coping and stress management. *Journal of Consulting and Clinical Psychology, 54*(1), 156-162.

Peseschkian, N. (1987). *Positive psychotherapy: Theory and practice of a new method*. Springer.

Peterson, C., & Seligman, M. E. P. (2004). *Character strengths and virtues: A handbook and classification*. Oxford University Press.

Rath, T. (2007). *StrengthsFinder 2.0*. Gallup Press.

Ryff, C. D., & Singer, B. (1998). The contours of positive human health. *Psychological Inquiry, 9*(1), 1-28.

Seligman, M. E. P. (1975). *Helplessness: On depression, development, and death*. W.H. Freeman.

Seligman, M. E. P. (1990). *Learned optimism: How to change your mind and your life*. Knopf.

Seligman, M. E. P., & Csikszentmihalyi, M. (2000). Positive psychology: An introduction. *American Psychologist, 55*(1), 5-14.

Seligman, M. E. P. (2002). *Authentic happiness: Using the new positive psychology to realize your potential for lasting fulfillment*. Free Press.

Seligman, M. E. P., Rashid, T., & Parks, A. C. (2006). Positive psychotherapy. *American Psychologist, 61*(8), 774-788.

Seligman, M. E. P. (2011). *Flourish: A visionary new understanding of happiness and well-being*. Free Press.

Snyder, C. R. (2002). Hope theory: Rainbows in the mind. *Psychological Inquiry, 13*(4), 249-275.

Southwick, S. M., & Charney, D. S. (2012). The science of resilience: Implications for the prevention and treatment of depression. *Science, 338*(6103), 79-82.

Stewart, I., & Joines, V. (1987). *TA today: A new introduction to transactional analysis*. Lifespace Publishing.

Stuart, S., & Robertson, M. (2012). Interpersonal psychotherapy: A clinician's guide. CRC Press.

Tracy, J. L., & Robins, R. W. (2007). The prototypical pride expression: Development of a nonverbal behavior coding system. *Emotion, 7*(4), 789-801.

Weissman, M. M., Markowitz, J. C., & Klerman, G. L. (2000). *Comprehensive guide to interpersonal psychotherapy*. Basic Books.

찾아보기

저자 소개

신성만(Shin Sungman)

미국 하버드 의과대학 케임브리지병원 정신과 연구원

현 한동대학교 상담심리학 교수/상담대학원장

금창민(Keum Changmin)

서울대학교 대학생활문화원 전임상담원

인제대학교 상담심리치료학과 조교수

현 한국기술교육대학교 고용서비스정책학과 조교수

김이삭(Kim Isak)

펜실베이니아 주립대학교 Herr Clinic 상담자 및 수퍼바이저

현 네브래스카대학교-오마하 상담학과 조교수

김주은(Kim Jueun)

대전중구중독관리통합지원센터 센터장

현 충남대학교 심리학과 부교수

김향미(Kim Hyangmi)

한동대학교 상담대학원 외래교수

강서대학교 상담심리학과 외래교수

현 김천대학교 상담심리학과 조교수

남소정(Nam Sojeong)

서울대학교병원 소아청소년정신과 연구원

웨스턴미시간대학교 상담자교육 및 상담심리학과 조교수

현 뉴멕시코대학교 상담 전공 조교수

신정미(Shin Jung Mi)

숭실대학교 상담·인권센터 전임 상담사

현 한동대학교 상담대학원 외래교수

이아람(Lee Ahram)

뉴욕 주립대학교 오스웨고 초빙조교수

현 시러큐스대학교 조교수

이영희(Lee Yeonghee)

한동대학교 외래교수

대구사이버대학교 상담심리학과 외래교수

현 토닥토닥협동조합(토닥토닥심리상담센터) 센터장

정정운(Jeong Jeongwoon)

포트헤이스 주립대학교 상담 전공 조교수

현 뉴멕시코대학교 상담 전공 조교수

최희락(Choi Heerak)

미시간 주립대학교 상담자교육과 수퍼비전 연구조교

현 노스웨스턴대학교 의과대학 연구원

추교현(Choo Kyohyun)

한동대학교 외래교수

선린대학교 겸임교수

현 김천대학교 상담심리학과 조교수

최신 상담 및 심리치료의 이론과 실제

Theory and Practice of Counseling and Psychotherapy

2025년 1월 20일 1판 1쇄 인쇄
2025년 1월 30일 1판 1쇄 발행

지은이 • 신성만 · 금창민 · 김이삭 · 김주은 · 김향미 · 남소정
신정미 · 이아람 · 이영희 · 정정운 · 최희락 · 추교현

펴낸이 • 김진환
펴낸곳 • ㈜학지사
04031 서울특별시 마포구 양화로 15길 20 마인드월드빌딩
대표전화 • 02-330-5114 팩스 • 02-324-2345
등록번호 • 제313-2006-000265호

홈페이지 • http://www.hakjisa.co.kr
인스타그램 • https://www.instagram.com/hakjisabook

ISBN 978-89-997-3180-8 93180

정가 27,000원